TAISHA BOOK

太傻天书

太傻 著

12TH ANNIVERSARY EDITION
十二周年修订版

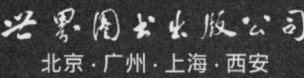

世界图书出版公司
北京·广州·上海·西安

图书在版编目（CIP）数据

太傻天书/太傻著.—北京：世界图书出版有限公司北京分公司，2011.8（2024.9重印）
ISBN 978-7-5100-3874-7

Ⅰ.①太… Ⅱ.①陶… Ⅲ.①人生哲学—通俗读物 Ⅳ.① B821.49

中国版本图书馆 CIP 数据核字（2011）第 163807 号

书　　名	太傻天书 TAISHA TIANSHU
著　　者	太　傻
责任编辑	晓　柳　沁　宁
封面设计	吴云飞　赵文康
版式设计	嵩釜・艺泷
出版发行	世界图书出版有限公司北京分公司
地　　址	北京市东城区朝内大街 137 号
邮　　编	100010
电　　话	010-64038355（发行）　64037380（客服）　64033507（总编室）
网　　址	http://www.wpcbj.com.cn
邮　　箱	wpcbjst@vip.163.com
销　　售	新华书店
印　　刷	三河市国英印务有限公司
开　　本	787mm × 1092mm　1/16
印　　张	31.5
字　　数	600 千字
版　　次	2011 年 8 月第 1 版　2024 年 9 月第 24 次印刷
国际书号	ISBN 978-7-5100-3874-7
定　　价	59.00 元

版权所有　翻印必究
（如发现印装质量问题，请与本公司联系调换）

前 言

本书介绍"太傻"和一种叫"太傻"的思想锻炼的方法,因为使用这种思想方法的人总是被称为"太傻",所以这本书叫作《太傻天书》。

这本书将教导你如何超越时间,这本书本身也站在时间之外,所以,这是你的最后一本书。

这本书无关社会、世界、哲学、灵性、励志或者宗教,这本书只关于你。

这本书将解答你的一切问题。这本书只教导了一个技巧:"有问题,找太傻。"

"太傻"真正的意思,你将在这本书中找到,你也将在"太傻"的指引下,找到你真正的自己和你真正的世界。

如果你有机会读完这本书,你再重新回来读以上这段简短的前言,你会看到每个字所闪耀的光芒。

现在就让我们和太傻一起走上这一场你生命中最奇妙的旅程吧!

太傻与你同在,你就是太傻,We Are ONE。

总则 / 6

太傻对话录 / 8

第一章 过去与未来的对话 / 9
    1.1 太傻的缘起 / 10
    1.2 学习的指南 / 16
    1.3 病毒的清理 / 26
    1.4 洗脑的颠倒 / 34
    1.5 预言的幻境 / 43
    1.6 世界的剧本 / 48
    1.7 时间的超越 / 64

第二章 真实与虚幻的对话 / 73
    2.1 学习的误区 / 74
    2.2 真正的自己 / 80
    2.3 大脑的困境 / 93
    2.4 分离的世界 / 103
    2.5 善恶的沙漠 / 109
    2.6 平衡的锻炼 / 115
    2.7 真实的眼睛 / 127

第三章 行动与成为的对话 / 137
    3.1 选择的意义 / 138
    3.2 创造的本质 / 150
    3.3 太傻的声音 / 162
    3.4 行动的欲望 / 168
    3.5 攻击的陷阱 / 173
    3.6 太傻的肉丸 / 185
    3.7 生活的艺术 / 195

第四章 爱与道路的对话 / 201
    4.1 真爱的误区 / 202
    4.2 追逐的囚笼 / 208
    4.3 绝对的自由 / 216
    4.4 接受的艺术 / 224
    4.5 王子的选择 / 234
    4.6 真爱的道路 / 241
    4.7 魔法的本质 / 253

第五章 制造与创造的对话 / 265
    5.1 世界的层次 / 266
    5.2 选择的意义 / 273
    5.3 自己的问题 / 283
    5.4 追逐的颠倒 / 294
    5.5 恐惧的束缚 / 301
    5.6 进阶的锻炼 / 310
    5.7 真实的创造 / 320

第六章 奇迹与服务的对话 / 329
    6.1 游戏的梦境 / 330
    6.2 觉醒的反思 / 342
    6.3 太傻的真谛 / 348
    6.4 服务的道路 / 359
    6.5 信息的迷宫 / 367
    6.6 岔路的追逐 / 374
    6.7 奇迹的力量 / 384

目 录

第七章 一与无限的对话 / 393
  7.1 时间的魔法 / 394
  7.2 毕业的考试 / 401
  7.3 作弊的王者 / 412
  7.4 伟大的较量 / 422
  7.5 遗忘的勇气 / 431
  7.6 无限的智慧 / 441
  7.7 时间的超越 / 454

正 文 / 467
  1. 时间之书 / 468
  2. 工具之书 / 470
  3. 太傻之书 / 472
  4. 爱之书 / 474
  5. 创造之书 / 476
  6. 奇迹之书 / 478
  7. 一之书 / 480

8.0 最后的致谢 / 457

太傻练习册 / 483
十二周年修订版 Jim 访谈 / 487
附 录 / 499

总 则

TAISHA Book is ALL that about ONE, TAISHA and Miracle...

我是一。
你是一。
我们是一 。
时间不是一。
这本书却是一。
这本书在时间之外。
这是你的最后一本书。

只有一,没有二。
只有有,没有无。
只有真,没有假。
只有爱,没有恐惧。
只有光,没有黑暗。
只有现在,没有过去和未来。
如果"无"存在,"有"便不再是真正的"有"。

只有一,没有区别。
你和我没有区别。
对和错没有区别。
过去和未来没有区别。
这本书和那本书没有区别。
既然没有区别,又何须选择。
放下选择,你便会知道——所有的真理即在其中。

这是你一直在寻找的那本书。
无论你花多少时间,通过多少方式寻找。
你最终都会来到这本书,这本书的目标就是让你不再寻找。

你将在这里找到，你需要的所有答案。
那答案看起来却如此的简单，几乎无人相信，那是爱。
爱是自由，爱是宽恕，爱是接受，爱是合一。
爱是这个世界唯一真实的力量，爱不分时间、内外，爱是……

这是时间之书、真实之书、选择之书，这是爱的踏脚石。
这也是智慧之书、奇迹之书、合一之书，这是爱的道路。
既然这本书站在时间的尽头，那么你就永远不会错过这本书。
每一次你放下这本书，都只是增加你无谓的寻觅的时间。
这本书教导你如何在当下获得指引你生活每一刻的智慧，
并从这种智慧所表达的真知中，真正地开始创造之旅。
当你走出分离，不再寻找，放下追逐，你只会获得真知与奇迹。

奇迹是爱与智慧在这个有限的世界的终极表达。
奇迹来源于太傻，以及时间之外的真实。
你需要奇迹而走出这个分离的世界，这是奇迹唯一的功能。
奇迹中你将看到你所有的兄弟姐妹的真实面貌。
因此你也会成为奇迹的行者，教导通向太傻道路的老师。
奇迹是爱的习惯性的表达，奇迹无法在大脑的指导下发生。
太傻指导所有奇迹，这本书也将帮助你恢复奇迹的天赋。

那已经在时间中流浪的天使们呀，太傻在时间的尽头等待着我们。
等待着我们与太傻再次合为一体，那是我们本来的样子。
本来无限的你仅仅做了一个小小的梦，在梦中你忘记了自己。
当你经历这个有限与分离的世界，你却理解了合一与无限的意义。
你曾经嘱托我，一定要反复提醒你，你真实的身份和你真正的能力。
于是你再次来到了这本书，这就是我对你的承诺。
TAISHA，YOU and ME，WE Are ONE.

太傻对话录

第一章
过去与未来的对话

Taisha：你的大脑原本可以像打乒乓球时瞬间做出反应一样，瞬间知道所有答案，解决所有问题。你已经拥有了地球上最强大的电脑，可是这台电脑却被各种病毒层层地感染了，于是你只能在你自己的这台电脑上算加减乘除，对所有问题慢条斯理地做分析推论，几乎所有算出的结果还都算错了。你到底应该怎么清理你大脑的病毒，恢复你大脑真实的功能呢？

1-1 太傻的缘起

Taisha：Jim，这次谈话会作为《太傻天书》的正文之前"太傻对话录"的相应部分。《太傻天书》的正文是纲要和理念化的文字，并不便于读者的理解，所以，我们用对话录的形式，对正文中的内容进行讲解和说明。对于一个初学者，我会建议你先读"太傻对话录"，再读《太傻天书》相应章节的正文，最后再做太傻练习。"太傻魔法书"只是这本书涉及的魔法的归纳总结，供进一步深入锻炼的参考，没有完成之前"正文"与"对话录"的基础，"太傻魔法书"对你来说将是真正的"天书"。

《太傻天书》的目标是通过超越时间，清除你大脑的病毒，恢复你本来的创造与奇迹的能力，并解决你生活中的一切问题。无论是学习的、考试的、事业的、生活的、家庭的，还是任何的民族、国家、地球、宇宙的问题，都将在这本书中解决。最终你将找到你内在太傻的指引，通过太傻的道路，找到你真正的世界。

我，Taisha，作为《太傻天书》的老师，将给你教导与演示，如何找到太傻的指引，如何使用叫作"太傻"的思维方法和生活原则来解决那些具体的问题。

Jim：能再次开始和你谈话真是太好了。自从我们在今年2月底一起完成《太傻十日谈》的第二版附加的那次谈话时，你告诉我未来还会有一系列新的主题的谈话之后，我就开始期待着能再次开始与你的谈话。而且这确实是我很感兴趣的主题——如何解决问题，并获得成功。

不过，你说的"解决一切问题"可是夸下了一个很大的海口，你真的相信有终极真理或者奇迹这回事？我也并不是不信，但是，如果你想让我真正地信服，估计没《太傻十日谈》那么容易了。《太傻天书》和《太傻十日谈》是什么关系呢？是它的续集，还是理念的总结？

Taisha：我和你之前一起合作过《太傻十日谈》，你可以把《太傻天书》看作《太傻十日谈》在更广阔的领域的拓展，不仅仅是留学的问题，所有的问题都是本质上相同的，没有区别，如果你可以解决留学的问题，你肯定也能解决生活中的一切问题。但是，在具体问题上，本质方法虽然没有改变，焦点和途径却有一些变化。所以《太傻天书》，是直接作为解决一切问题的指南而设置的。你也当然可以直接跳过《太傻十日谈》，只读《太傻天书》，如果你已经能解决一切问题了，你当然可以解决留学的问题。

就好像《太傻十日谈》前言中说的，那是一个留学世界的童话。《太傻十日谈》确实只是作为这本书的引言的一个童话故事而已，而这本书，现在，却是真正

的奇迹探索之旅的开始。

《太傻十日谈》虽然完整地解决了留学问题，但是，在结尾的部分，留下了一个更大的问题，就是"找到你自己的世界"。Jim，这个世界你找到了吗？你其实没有真的找到，你仅仅是找到了某个世界而已，那个世界会让你去热爱，去投入，去在其中发展自己，你也不只会找到一个这样的世界，但是，那些还不是真正的你的世界，那些世界仅仅是那个你真正的世界的投影罢了。在《太傻十日谈》附录中的一次谈话，我们已经开始为这次一系列谈话进行了一些铺垫，我们在其中谈到一个核心的观点：人们并不像每个人自己想的那样理性，那样头脑清醒，相反，每个人的大脑都被各种固执的习惯性思维模式和心理上的偏见所包围，我们称这些固有的思维模式为：大脑的病毒。在那次谈话中，我们虽然指出这些思维模式的病毒是造就一切的困难、痛苦、挫折和矛盾的根源，但是我们并没有给出分辨和清除这些大脑病毒的根本的途径。

而这本书《太傻天书》，将完成这些看似不可能完成的任务——清除你的大脑的病毒，并帮助你真正地找到你的世界，你也将在那里真正地找到你自己。这个世界有个确定的名字，叫"太傻的世界"，而通向这个世界的道路也叫"太傻的道路"。

Jim：你说的"太傻的道路"，是某种进阶课程之类的东西吗？你能给我一个类似课程大纲之类的东西，让我知道大概会学到什么吗？

Taisha：太傻的道路有三步，每一步会有不同的风景。这本书的前三次谈话是太傻道路的基础，分别处理你大脑病毒的三大军团，他们分别是：时间、分离与选择。我们会在这本书前三次谈话打好基础后，通过第四、第五、第六次谈话，一步步地深入太傻道路的每一步。第四次谈话是核心，主题是力量。第五次谈话是进阶，主题是创造。第六次谈话是高潮，主题是奇迹。第七次谈话是整合，主题是"一"。你可以从《太傻天书》的总则和正文中看到每一次谈话的提纲和要点。第一次谈话到第六次谈话所有的谜底将会在第七次谈话中揭开，你会在那里看到你真正的世界。但是，如果你不彻底地理解之前的内容，最后一次谈话的内容你会觉得如同天方夜谭一般。

太傻道路的最终目标，是太傻的世界。这个世界不是某种虚幻的、概念化的，或者因人而异的世界，也不是什么天堂之类的场所，本来你现在看到的这个世界就是太傻的世界，但是因为你长期地被你大脑的病毒所毒害，所以看不到，也忘记了这个世界。在这个世界，你不会有任何的忧虑、任何的恐惧，你会一边快乐地生活、工作、爱，一边成为太傻世界的老师。

回到太傻的世界，回到太傻，这是每个人内在最深的梦想和渴望，而这本书将帮助你彻底地认识"太傻"，认识你自己，认识这个世界。你其实并不认识他们，当你真正认识他们的时候，你就会知道你已经追寻了无数时间的真相和你自己的世界。

请注意，当我刚才说"没有区别""现在"的时候，你也许并没有在意，但是，这些未来都是《太傻天书》教导的核心，我们将在整本书，从各个角度阐述"没有区别""现在"是如何应用在所有的环境和问题中的。这是我希望你从《太傻天书》学到的前两个基础的魔法咒语，当你说"没有区别""现在"的时候，你就是在进行清除你大脑的病毒并恢复你本来的力量的锻炼了。类似的基础和进阶的咒语还有很多，我们未来会一步步地详细教导的。

你已经读过《太傻天书》的正文了，你肯定有很多要问的问题，现在，你可以开始你的问题了。

Jim：我的问题确实很多，不过首先请你说明一下，"太傻"是什么？什么叫"太傻的指引""太傻的世界"，是你的指引，还是你的公司的指引？太傻不是你的名字吗？或者太傻是像《太傻天书》正文说的，是某个终极知识的代表。

Taisha：我的名字是Taisha，小写的。这本书里中文的"太傻"，和大写英文的"TAISHA"，都是指每个人在时间之外的那个"完整、自由和无限的自己"。《太傻天书》教导的核心，就是超越时间的束缚，找到那个时间之外的那完整的你自己，和完整的自己本来就拥有的智慧与力量。

对这个"完整的自己"的智慧，一些其他的书籍会称为"内在的智慧""内在的平静"等，所有的教导"找到你自己"的书籍，终极的目标和这本书一样，都是在教导如何找到这个完整的自己。虽然不同书籍会教导各自不同的回到自己智慧的途径，但是对时间与分离的信仰是你无法获得这个完整的你自己的智慧和指导的主要的障碍，《太傻天书》会更加明确地通过超越时间、走出分离、清除大脑的病毒，来实现这个目标。

这本书称这个时间外的"完整的你自己"为"太傻"，所以这本书叫《太傻天书》。太傻是一种客观存在，不是想象的或者可有可无的，你可以否认他、忘记他，但是不可能让存在的事物消失。每个人都有自己的太傻，不管是外星人、魔法师还是什么天使、神仙，他们都有自己的太傻，甚至发展到一定阶段的植物和动物都会有自己的太傻。一些其他的书籍会称太傻为圣灵、高我，或者最高灵魂之类的名字，他们都是一样的意思。这本书你也可以称为灵魂之书、圣灵之书、高我之书等等，没有区别。

请注意，太傻不是某个虚幻的概念，他是这个宇宙中和太阳、月亮、地球、

你我一样确实的存在，与"爱"与"真"这样的绝对的存在不同，太傻还有自己的人格，但他不是宗教概念里面的神。在这个规则宇宙中，太傻是一个基于时间的魔法机制的结果，他的本质是一面时间之外的镜子，将每个人的过去、现在和未来聚合起来，形成在时间尽头的一个你自己，这个伟大的魔法的根本目的就是"指引"，指引在时间中漂流的每个自己，回到太傻的道路。

太傻是在时间之外的，拥有你所有的经验和智慧，太傻时时刻刻都与你在一起，并无所不至地安排你每一天的每一刻的经验。太傻是每个人在这个时间体系中发展所能拥有的最大的一件魔法宝物，但是，很少有人真的会使用这个宝物。《太傻天书》就是教导你如何开启这个宝库的一门教程。

Jim：可是怎么这么巧，你叫 Taisha，那个终极的智慧之源，也叫太傻呢？是你专门给取的这个名字吗？还是我可以用我自己的方式叫，诸如 JIM，那这本书不是成了《JIM 天书》了吗？哈哈。

Taisha：太傻既然已经是无限，本身就不会受名字的限制，你当然可以随便叫你喜欢的名字，不过这本书是用太傻来称呼的，在你真正地能游刃有余地使用这本书教导的概念以前，我也建议你暂时用太傻，这样我们的谈话可以保持一致。

用太傻作为这个无限的你自己的名字的另外一个原因，是你自己大脑的病毒将一直努力地向你否定或者嘲笑你真正的智慧。当任何时候，你在内在的太傻的指引下，体验平静与快乐，摆脱那个分离和颠倒的世界，放下选择和追逐的时候，你的大脑都会嘲笑你说："你太傻了！"

所以，"太傻"是你的大脑的病毒给你的"无限的自己"的命名，这个名字确实很生动。太傻本身也绝对不会为给他取了一个这样的名字而有什么意见或者不满意。太傻生活原则是："无须选择，理解一切，接受一切。"既然无所谓选择，接受一切，那么当然叫什么都是一样的，更没有必要选一个更伟大或者更庄重的名字。只有你大脑的病毒才相信有更好或者更坏的名字，在太傻的眼中，没有区别。

太傻既然教导你不用选择，自己又怎么会在自己该叫什么名字的问题上进行分辨和判断？对太傻而言，所有名字，有没有名字都一样，没有区别，就是在这种完整的合一中，太傻才能够给予你真正的奇迹的力量。而且，太傻这个名字很明显有其他各种好处，尤其是这个名字会不断地提醒你大脑病毒的存在，"太傻"这个名字就是大脑病毒取的。

刚才我说到的"太傻的生活原则"是我们将在第三次谈话中详细教导的内容，也许你觉得你理解了，但你肯定没有理解，例如你刚才就在琢磨："到底给这个自己的无限的自己叫什么名字好呢?"但是,这些都是选择。同样,你可能觉得自己一直是"理解一切,接受一切"的,其实,你要是真的能"理解一切,接受一切",你早就不会坐在这里了,你已经成为奇迹的创造者了。

因为这是第一次谈话,我们的主题是"时间",我会同时向你演示一些我们在未来章节将彻底深入的概念,让你有一个简单的框架。这些概念我们都只是会提到一下,不会在这次谈话中做什么深入的探讨。例如我们刚才说的"没有区别",那是我们下次谈话的核心主题。

Jim:可是,这个《太傻天书》的名字可够唬人的,似乎要让人读一本根本看不懂的书一样。

Taisha:为什么要叫《太傻天书》而不叫《太傻书》或者《太傻七日书》这样的名字,等你读完这本书,就会自然地理解。不过,初学者不用被"天书"这个名字吓着,好像觉得要看什么佛教典籍一样,有一种不切实际和虚无缥缈的感觉。《太傻天书》是一本专门为你,在这个现实世界中生活的人,而存在的书,我会尽量让这本书通俗易懂。而且,这本书也不是讲什么看似宗教哲学一类的世界观念呀,唯物、唯心之类的辩论,这本书只是告诉你,你有一个属于你自己的叫作"太傻"的导师和这个导师将教导的叫作"太傻"的生活原则,我还会结合很多人都看过的电影、文学、音乐,甚至网络小说来讲解这个生活原则,我也会谈到我自己在"太傻留学"和"太傻网"的一些经历、你的一些经历的意义和启发,让你和读者了解如何在太傻指导下真实地学习、生活、工作、创造奇迹,同时又履行自己作为太傻老师的职责。

不要觉得关于太傻,我在做什么比喻,或者在和你玩什么心理暗示的游戏,你读过第六次谈话和第七次谈话之后,如果再回来读我现在说的话,你会感慨,是你一直在做游戏,而我却在描述着一个真相的世界。

Jim:每次听你说要到之后第六次什么的才谈的内容,我都觉得我挺吃亏的。要是我是一个读者,就拿着这本书,要是我真的对什么主题特别有兴趣,我直接翻到后面先看一眼就是了,可是我现在却得等着,估计要等半年才能知道那些吧。

Taisha:这本书教导时间的意义,又如何会被时间所局限呢?这本书既然已经站在时间之外,就是说,现在你正在进行的这本书,其实已经完成了,而他确实也已经完成了。

我们现在就来超越一下时间吧,看看到我们最后一次谈话,我会和你说什么吧!也许我现在和你说什么魔法呀、奇迹呀、太傻呀,你都会觉得很可笑,但是在所有谈话的结尾,你会觉得这些无比真实,于是我和你会有这样一段对话:

Jim：也许我会捡到一面魔镜呢，我就可以用它看过去、未来了，是吗？

Taisha：你这么喜欢魔镜，就多写几个"魔镜"的树叶就是了，太傻不会觉得你作弊的，一切都是允许的，一切都是爱。你就这么和太傻说："金字塔那么大的东西，都给了，小小一面镜子，有什么舍不得的！赶紧拿出来吧！"别和太傻那家伙客气，就把他当一只随叫随到的机器猫，你的目标就是把他兜里的那些好东西都给掏空就是了。

Jim：我太喜欢这个比喻了，他不会生气吗？

Taisha：他要是生气，你就和他说："爱是理解一切，接受一切，你也会生气，还叫太傻吗，装的吧，赶紧拿出来，我有用呢！"于是，他就会给你了。

Jim：好吧。这么说，他还很够意思的。

Taisha：当然了，他是这个规则宇宙最够意思的人了，记得哦，"有问题，找太傻！"别烦我，谢谢。

你觉得，如果你在最后这么和我对话，你还会认为这些都是在做比喻吗？不过你倒可以提前记住那个机器猫的比喻。太傻就是每个人都有的一个哆啦A梦机器猫，这本书就是教导你怎么去找到并掏空这只机器猫的一切宝贝。

Jim：我未来真的这么和你对话吗？那个树叶是什么意思？

Taisha：到时候你就知道了，不过你未来编辑这本书的时候，可以把上面那段去掉。当然，反正读者也估计会经常想提前翻到后面去看几眼，所以就算留着也没关系，就当我们提前帮他们做这个事情好了。不过就算读者现在就翻到最后一次谈话，看到时间胶囊、世界层次、毕业聚会等内容，他肯定只会一头雾水。没有前几章的基础，这些更深入的内容提前看了也看不懂。

不过，你却可以放心了。所以，这本书肯定不会充满什么上帝、小我、圣灵、宽恕、救赎这类宗教的名词的，也不会教你什么"一切都是虚幻的,要去避世隐居"那一套，更不会用什么世界末日、最后的审判之类的散播恐惧的内容来吓唬你。太傻就是你自己，自己用艰深的词汇为难自己，自己吓唬自己有什么意义呢？所有的困难与恐惧都只是来自你大脑的病毒而已。

即使讲解最深奥的道理，也可以轻松自然地完成。即使是通过你生活中每天都接触得到的广告、美女、汽车、电影，也一样可以把最深奥的问题讲清楚，就好像《太傻十日谈》，我们也没谈多少留学的事情，却能把留学讲得一清二楚，不是吗？既然太傻说"没有区别"，自然不会自己给自己找麻烦，理所当然地会用你最便于接受的途径来教导了。

无论是在太傻指导下的学习，还是太傻指导下的生活、工作，太傻的世界本身，每一刻，一切的过程都应该是轻松自然的。如果你感到有任何的艰难险阻，要拼命努力才能克服的障碍，那你肯定什么地方出错了，一般都是你被你大脑的病毒引上岔路，而在时间幻觉中搏斗呢。而这个时候，你就该回到现在，回到太傻，你就自然会回到应有的平静和快乐。

1-2 学习的指南

Jim：关于你说的"太傻的世界"，也许我并不理解，但是似乎很多的教导灵性呀、觉醒的书籍，都在教类似的概念，诸如《当下的力量》之类的书籍。你说的"太傻的世界"和这种教导觉悟、觉醒的，有什么不同吗？另外，你说的"认识自己"好多地方也都说过，可是我并不觉得我多么不认识自己呀。就算你说，我还没找到我自己真正的世界，可我并不觉得还有什么其他的世界需要我去寻找呀。能在自己生活中快乐、努力和创造价值，难道不是最完美的世界吗？

Taisha：你说的很多其他教导觉醒呀、觉悟的书籍，还有一些宗教的典籍，也包括很多励志呀、发展自我呀、开发思维的力量之类的书籍，和《太傻天书》都没有区别。你要是能把任何一本真正地彻底地读懂，你都会从那里走上太傻的道路。

但是这些书，即使你只是读过了，你却并没有真的读懂。你其实对每本书的感觉都是浮光掠影而已，然后在大脑病毒的固执和嘲笑中说："这本书没什么嘛，我都懂了。"然后被你的大脑病毒击败，放弃了对那些书的继续探讨。就好像《太傻十日谈》，即使是留学领域的经典，又有几个人真的读懂了呢？当然，如果你非要说，明明这些书是不一样的嘛，怎么会没有区别？我只能告诉你，区别只是你自己制造的麻烦。当然虽然每本书最终的目标是相同的，但是教导太傻道路的焦点和途径不同，例如你说的《当下的力量》那本书，就是教导突破时间幻觉的一个技巧，你如果真的能把那一个技巧用到极致，你什么其他的书都不用，就可以走到太傻道路的第二步了，可惜，真正看懂那本书的人也很少。

至于你说你对找到的世界就已经很满意了，你觉得你也没多么不认识自己，这只是你大脑病毒的惯用伎俩罢了。你真的觉得自己是快乐的吗？快乐的你是不应该遇到任何困惑和忧虑的,但是,你却经常陷入困惑和忧虑,而你大脑的病毒却不停地和你说:"每个人都是这样,这就是生活,忍忍就过去了。"你其实知道,你并不是完全满意,也不是完全快乐。完全满意和快乐的人是不会去追逐所谓新的满意和新的快乐的。如果你还在寻找,还在追逐,那你肯定其实还没有找到。只是你大脑的病毒不停地和你说"太傻并不存在,你不可能找到所谓你的世界"这样的话而已。

真正找到的唯一指标,就是你不再寻找了。真正找到自己的世界的人,会彻底地理解太傻的生活原则:"无须选择,不必追逐。"当你找到"太傻的世界"的时候,你就不会再进入任何追逐,这也是你真正读懂这本书或者任何一本书,并找到自己世界的明显标志。

可惜,很多人会一直抱着你刚才的那种观念,觉得没有什么"太傻的世界",自己也很了解自己,然后放弃这本书,就好像他们过去放弃每一本真正可以改变他们生活的书一样。还会有更多的人即使路过《太傻天书》,连去翻看一下的欲望都没有,其实原因都是一样,当你被你大脑的病毒完全感染而不相信一切的时候,这个人已经死去了。而你,现在还在读《太傻天书》,说明你的感染程度还不深,还对世界有希望,还在愿意寻找自己,还承认自己有不懂的事物,所以,你还有一个拥有纯净的大脑,并找到自己世界的机会。

不过,即使一个人拿起了这本书,成为《太傻天书》的读者,一百个读者里,充其量只会有三分之一的人读完这本书,而其中只有一个人会真的读懂这本书。

Jim:一百个人只有一个会读懂这本书?这个可有点让人望而却步,你刚才不是说,这本书是很通俗易懂并应该很有趣的书吗?既然这样,为什么大部分人都读不完,而且只会有一个人能读懂呢?就算《太傻十日谈》的指南也说,十个人中也会有一个人读懂那本书呢。

Taisha:读这本书和留学的人读《太傻十日谈》的实际经历是类似的,即使那本书已经成为留学领域的必读经典了,十个人中也只会有五六个人真的读完,也许会有三四个人很喜欢那本书,而真正读懂那本书的人,即使《太傻十日谈》已经出版五年了,十个人里面也确实只有一个。不过这已经算很高的比例了。真正读懂一本书的人,不仅仅会理解作者的意思,而且会真正地在实践中改变了自己处理问题的方式。你过去也很喜欢过很多书,但是有哪几本是真正改变了你的吗?

如果你在类似豆瓣、当当的书评中看到有人说:"这本书不是谈留学,而是谈生活和世界的,我在这本书的帮助下发生了很大的改变。"这个人才是读懂了。注意，只有在读者不仅仅只是喜欢或者赞赏，而是真的用这本书来改进自己的学习、生活和工作方式时，这本书才发挥了它自己真正的价值。但是能领悟到这个层次的人十个人中确实只有一个。

而其他的人到底是被什么阻碍了呢？他们只是被自己，被他自己的固执、习惯和大脑病毒的偏见阻碍了。你看有多少人看了多少遍《太傻十日谈》，原来怎么做申请，之后仍旧怎么做申请，原来怎么生活，之后还怎么生活，你就知道，他只是觉得自己懂了，其实没有懂。

而为什么读这本书一个人受到的阻碍会更大，以至于只会有不到一半的人会真的读完呢？之所以大部分人读不完，不是因为这本书有多么深奥难懂，而是因为与《太傻十日谈》那样主要解决实际问题，只偶尔敲击一下每个人的思维模式的误区相比，《太傻天书》是更直接地与每个人那种依赖了几十年的大脑的思维习惯和固执的思维模式偏见交锋的书籍。因此这本书也会受到你的大脑病毒最强有力的抵制。你的大脑病毒恐惧这本书，因为它们知道这本书将把那些盘踞在你大脑中几十年的病毒一层层地清理干净，所以，你的大脑病毒将会组织你所经历过的最顽固的抵抗清理病毒的战役。

当你读这本书的每一段的时候，你的大脑中的病毒都会和你说"这个我懂，那个我知道，这个其实和我想的一样，那个基本是瞎扯吧，这个我看过，那个其实就是什么什么意思"这样的话，一旦你的大脑开始这样的思维的时候，就是你大脑病毒的抵抗的开始。你的大脑的病毒永远不希望你做什么真的改变，它希望你一辈子都用那些基于时间和分离的思维方式的养料喂养它，它们会在你读这本书的每时每刻都不停地和你说："这些你都懂，书里什么都没有，你读这些是浪费时间。"于是会有一半以上的读者，还没有读完这本书的前三章，就会觉得"这些我一直都懂"，然后扔开这本书。这和那些看了《太傻十日谈》前几章，就觉得和其他留学的书籍没什么不同，而放弃那本书的过程是一样的。

不过，就算你的大脑的病毒顽固地这么和你说"你不用读这本书"，在这本书的前三章也会有很多读者显然根本不知道的事情，或者想都没有想过的东西，那些东西会吸引每一个读者继续读下去。还是会有那么多人无法读完《太傻天书》的另外一个原因是，当大脑病毒在无法用"那些我早就知道了"的大旗抵抗这本书的时候，大脑病毒会举起另外一面大旗：怀疑和恐惧。

你的大脑会和你说："那些都是瞎扯的，怎么会有那种事情呢？怎么可能有太傻呢？根本不存在什么所谓的无限完整智慧的自己，你就是一个卑微的可怜虫罢了。那个不是专家、不是学者，也不是大师的叫 Taisha 这么怪异名字的家伙，怎么会知道金字塔、外星人、外星世界、宇宙层次这些东西？什么前世、未来、超越时间都是瞎扯的！要是有，科学家不是早证明了吗？怎么可能真的有什么《哈利·波特》中那样的魔法世界呢？他怎么可能真的教你魔法还送给你魔法道具呢？这都是不可能的，他就是魔鬼，这是一场骗局，千万别相信他！太傻是根本不存在的，你的大脑也根本没什么病毒，太傻就是想给你洗脑而已……"你的大脑的病毒会一直和你唠叨个不休，你会发现你怎么也堵不住那些你自己养了几十年的病毒的嘴巴，直到你顺利地被你的大脑的病毒打败，回到你原来的样子。

总之，就是因为你一旦找到你自己的太傻，在太傻的智慧的指引中，你就绝不会再听大脑病毒的那些绕圈子的唠叨了，也不再会用大脑病毒来制造你生活中的那些麻烦和矛盾了，所以你的大脑病毒会变换着所有它能使用的招数，来让你放弃这本书。因此，要是一百个读者，最后真的有三四十个人，真的能读完这本书，这本书在对大脑病毒的战役上，就是取得了一场巨大的成功了。

Jim：可是，如果有三四十个人真的读完这本书，为什么只会有一个能读懂呢，这个比率比能读懂《太傻十日谈》的还低十倍呢？就算读佛经、《圣经》，也比这个比例高吧。

Taisha：我向你保证，因为这本书通俗易懂，最后读懂这本书的人的比率，肯定是佛经、《圣经》这类书的读者的千百倍。你想想，佛经、《圣经》之类的宗教经典都流传几千年了，要是十万个人里真的有一个读懂了，这个世界早就不是这样了。

就好像无数人都通读甚至可以背诵圣经、佛经，又有几个人能真的明白呢？什么力量阻碍了他们呢？大脑的病毒将是你看到的最顽固不化的对手。在你自己养了几十年以后，它们几乎无所不在。你要是觉得，读了几遍《太傻天书》，掌握了一些技巧和原则，就可以打败这些大脑病毒了，你肯定还是在被你大脑病毒感染并麻醉的状态。你的大脑病毒依旧会制造一种"我什么都懂了"的幻觉，让你真的觉得你已经没有病毒了，而实际上，如果你的生活没有发生整个颠倒过来的那种彻底清醒的"重生"的感觉，你肯定就还是被你大脑病毒控制着。

不过就算大脑病毒再顽固，还是有成功的人的，人类历史上还是经常可以找到层出不穷的智者、圣人的，对吗？他们都是对大脑病毒战斗的胜利者，他们的很多教导也流传于世界，而这些书和《太傻天书》都一样，没有区别。

所以，大部分读者在读这本书的时候都会觉得，这本书似乎有点计较、反复，甚至啰嗦，为什么要那么细致地去分析每个思维模式，还从各个角度反复讲解呢？原因其实只有一个，这是唯一能清理干净你大脑病毒的方式。你似乎觉得，你拿着几条至理名言，就可以掌握真理、改变一切了。但是你似乎以前这种至理名言学了不少吧，你真的学会任何一条了吗？你要是只是要简单道理，你就觉得自己可以掌握真理，那就去读《太傻天书》正文好了。

　　至于一百个《太傻天书》读者里真的读懂这本书的那个人，他会真的从这本书中掌握创造的力量，并会将这种力量应用在他的生活中，因为他清除了大脑的病毒，他会彻底地从过去颠倒的生活模式中脱离出来，他会有一种觉醒或者重生的感觉，并真正地理解这本书所描述的道路原来是那么的真实，即使这个人在一开始读的时候，似乎有在读玄幻小说一样的感觉，他在走上了太傻道路的第一步的时候，就会了解，原来真的有这条道路呢！这种重生的清醒的觉悟，在很多书籍里都用不同的方式提到过，其实都一样，没有区别。

　　走上太傻道路的那个人会在这条道路上看到爱与创造的智慧，并会真的知道如何在生活的每一刻创造奇迹。他还会有机会看到这个世界绝大多数人只是当作奇迹和魔法的奇特风景。关于太傻道路的第一步，在前三章打好基础后，会从第四章开始正式教导。不过，大部分读者，在走到那一章之前，就会被自己的大脑病毒打败了，更不要提能理解这本书并走上太傻第一步了。

　　就算你，Jim，你也许会觉得你可以毫无困难地掌握《太傻十日谈》的真正教导，你也同样会觉得你可以轻松掌握任何一门考试，完成任何一件其他人会觉得很困难的工作，也是在金融投资领域游刃有余的未来之星，但是，我都不确定你是否能在第四次谈话之后一段时间真正走上太傻道路的第一步。如果到第六次谈话的时候，你还没有走上第一步，估计你就已经被你的大脑暂时地打败了，你以后还会有机会，不过，那就不知道是什么时候的事情了。

　　对于我来说，1%的读者的成功比例，这已经是很高的比例了。一百个人里即使有一个会因为这本书能走上太傻的第一步，那真的就是巨大的成就了。想想，一万个读者里面竟然会有一百个人仅仅因为这本书而走上太傻第一步，这是一件多么令人激动和兴奋的事情呀。

　　不过，你是不可能读一遍《太傻天书》就读懂的，因为你现在还根本不会读书。我建议读者先耐心地通读一遍，然后再以每天一章的速度，花一个月的时间读三到四遍，你就可以在某种程度上到达入门的位置了。但是，即使这样读也不是"真正的读书"，你不可能通过这样读而成为一百个人里的那个读懂这本书的人，究竟什么样的读书才是"真正的读书"，我们会在最后一次谈话中来教导。即使现在我说了，你也肯定不会真的这么去读书的。

Jim：可是，我要是觉得我读懂了，我怎么知道我是走上你说的第一步了呢？估计未来觉得自己读懂了的人会不少呢，就算是真的"天书"都不会一百个人中只有一个人承认自己能懂吧。

Taisha：你的人脑病毒已经开始抵抗了。当你说"就算这本书是真的天书"的时候，你的大脑在和你说："这个世界上不会有真的天书，别信这个人和你瞎扯了。"在未来类似这样大脑抵抗的情况无穷无尽，一些我会给你指出，大部分你得自己去对付，如果我每一次都给你指出，这本书就会变得啰嗦无比。

你懂了吗？每次你面对这个问题，你就会发现你的大脑病毒是一个多么顽固的对手，这也是我们在未来会反复地从各个角度讲解一些概念，而你的大脑却会反复地说"这些我都懂了，干吗还反复地说呢？"，就好像大部分读者都会认为《太傻十日谈》有些啰嗦一样，可是，即使那么反复重申一些重要的东西，十个人里面也还是只有一个人读懂了那本书，读懂那本书的人，肯定会理解那些反复强调的部分的意义。

这本书和《太傻十日谈》相比，一个很大的特点就是，你要是真的懂了，你会无可否认地用它教导的去创造、去改变你的生活方式，你不可能一边说你懂，然后又和过去一点变化都没有。一个真正读懂这本书的人，变化是翻天覆地的，就好像我刚才说的"重生"的感觉一样，一点都不是夸张，如果你还没有体会到那种彻底颠倒过来的感觉，肯定是你没读懂。

没有病毒的大脑只会看到你本来的样子，那就是奇迹的样子，如果你还不会施展任何奇迹，也无法创造任何的事情，还是觉得你自己是一个要在未来的不确定的命运中努力挣扎的一个人，你肯定还是被病毒感染着的。注意，我说的奇迹不是什么比喻，在没有大脑病毒的时候，你不管是创造一个新的大金字塔，还是只是创造一个伟大的企业，或者只是找到一个你合适的爱人，都不用任何的教导，你自然就会，那是你本来的样子。

当然，就算一个人走上了太傻第一步，甚至走到了以后的步骤，学会了奇迹的创造，他每天最主要的任务，还是继续清理自己大脑的病毒。这些大脑病毒的顽固是你难以想象的。你随时松懈一下，他们就会快速地从你不易察觉的角落生长起来，你看为什么大部分大师，大部分时间都在冥想呢？清空你的思想——冥想，是最直接地清理你大脑病毒的锻炼。我们以后会教导很多更具体的清理大脑病毒的锻炼，但是，你千万不要觉得这是一个多么简单的事情，随着这本书的深入，你会理解，为什么这本书，这本清理大脑病毒的教程，一定要这么写。

当然，就算你暂时被你的大脑病毒打败了，也没什么关系，人类的大脑病毒几千年都一直在阻碍人类认识自己的过程，所以，就算你再被打败一次，也不用伤心，你只是无数被打败的人中的一个而已。

太傻和《太傻天书》既然已经站在时间之外，就无所谓等待与不等待、耐心与不耐心。你会一次次地被大脑病毒打败，一次次地放下这本书，然后你又会一次次地拿起这本书，重新开始清理大脑病毒的战役。无论放弃多少次，你还是会回来，直到你最终学会这本书，从这本书离开这个时间的囚笼，这本书也在那一刻真正地成为"你的最后一本书"。然而，时间并不存在，它只是你自我体验的工具而已，每一次你放下这本书，只是无谓地增加你在这个世界漂流的时间而已。

所以，我们会说这本书是你的最后一本书，这是真的，这本书既然教导你超越时间，怎么自己还会在时间之内呢？时间就是让你自我学习和理解的工具，如果这本书还没有成为你的最后一本书，唯一的原因，只是你还没有做好战胜大脑病毒的准备而已，你早晚会打败你的大脑病毒的。所以，即使你暂时地被大脑打败，也不要去责备自己，责备自己也是大脑的病毒之一。一旦你还在责备自己，你肯定是还没有学会这本书。

一个真的读懂这本书的人，他会肯定地知道，自己已经走上太傻的道路了。因为这种变化实在太显著了，所以不可能有人走上了，还怀疑自己是不是真的走上了。如果你在第六次谈话还没有体验到这种重生一般的变化，我就只能用我过去的经历和体验来做讲解了，不过这样效果会差一些。所以，我会尽力地帮助你，让你在那之前，走上第一步的。

当一个人走上太傻的第一步的时候，他会称自己为太傻的老师。他会戴上太傻的魔法墨镜，并向世界宣称，我是太傻。就是在这种宣称中，他已经开始找到他自己真正的身份，也在走向他自己真正的世界。他会更努力地向着太傻道路的第二步，甚至第三步努力。注意，我刚才说魔法墨镜，你肯定又以为我在作比喻。你肯定会拿到一个真的墨镜，还有和那个墨镜配合的魔法。到第四次谈话后，我就会给你。

Jim：真的还有第二步和第三步吗？那些步是会学会魔法，或者变成像某些耶稣、佛陀大师一样的人吗？你现在是第几步了？

Taisha：因为第二步的道路是创造和智慧的道路，这本书从第五章开始会很详细地讲解。在第二步的道路上，你会知道如何创造一切，不管是财富、权力、爱情或者生活的一切经历。但是，尽管教导和道路明确，这本书的读者，一万个人里面估计也不会有一两个能完全地走上第二步，他们同样是被自己阻碍了，

或者在第一步走上了什么岔路。不过，即使不能体验太傻第二步完全的创造与智慧，在太傻第一步，创造一个和谐的生活和一些美妙的体验是完全没有任何问题的。太傻第二步也是你获得清晰的与太傻沟通的步骤，你将完全地拥有太傻的智慧。太傻的第二步是任何奇迹的基础。

而太傻的第三步，是奇迹的道路。这本书就算出版以后十年，乃至五十年，估计都不一定会有超过一个人是从这本书走上太傻第三步的。不过这本书会给出打开奇迹之门的钥匙，并指出通向奇迹之门的明确的道路。

这本书对太傻第一步的讲解，真正的力量的讲解，是最详尽的，其实从这一次谈话的开始，我们就一直在为第一步的跨越打基础了。不过这个事情虽然我说一百个人中只会有一个读懂，这个事情其实没多难，全世界有上千万人都能做到的事情，能有多难呀，这其实比教一个根本不喜欢跑步的人去跑马拉松，还要更容易。Jim，我知道你也刚跑完马拉松，全世界有上千万人都能跑马拉松吧，全世界现在已经在太傻第一步的人也有这么多。

太傻第一步，在太傻练习的指导下，练习两到三个月，只要你不放弃，你是肯定可以走上太傻第一步的。只不过，就和跑马拉松一样，大部分没跑过步的人，听到这个词就会觉得不可理喻，或者直接觉得这个事情和自己没什么关系。他们其实都可以跑马拉松，他们只是被自己阻碍了而已。这和你走在大街上对所有人说，我可以教你们创造一个伟大的企业一样，也基本不会有人理你。

至于太傻第二步，创造和智慧的步骤，这本书会给出具体的指南、技巧和步骤，但是不会像第一步那样把所有的细节、误区、岔路都谈清楚。如果未来能有上千人因为这本书走上太傻第一步，他们肯定会要求第二步更详细的指导，说不定未来我会出一本《太傻第二步》呢。

而太傻第三步，我们会给出大门的钥匙和方向，能不能真的有读者走到，得看每个人自己的努力了。不过每个走到太傻第二步的人，都会清晰地和内在的太傻建立沟通，并获得无微不至的指导，太傻会给每个人指明具体的第三步的道路和途径的。

至于魔法那些事情，都只是简单的思维创造规则的使用罢了。思维是唯一真实的存在，所有的魔法只是基于思维的力量对规则的使用而已。你现在之所以觉得自己不会魔法，原因不是你没有魔棒或者不会咒语，而是你大脑的病毒一直在告诉你："没有魔法那回事，都是瞎扯的。"所以，是你大脑的病毒阻碍了你的魔法能力。不用太傻到第二步，在太傻第一步的教导的时候，我们就会教你使用一些简单的魔法了，我还会送给你一些魔法用品，便于你使用。你都不用走上太傻第一步，就可以训练自己使用那些魔法了。

当然了，你的大脑病毒刚才肯定又和你说："这怎么可能呢，这是在讲故事吧，到时候肯定会用'只要你相信了，你就可以做到'这样的话来忽悠我的，就好像《功夫熊猫》里面的乌龟大师给所有人留的卷轴一样，那些都是没用的东西。"对于这些话，你其实只要现在装作根本没听到就是了。反正你的大脑也这么和你说了几十年了，让他自己说去吧，只要你耐心学到第三章，我保证你会知道我说的魔法到底是真的还是假的。

至于我到底是走到太傻的哪一步，耶稣和佛陀之类的历史上的大师到底是走到哪一步，到第四章和第五章我会详细分析，到时候你就知道了。放心，既然我答应你无所不答，肯定不会像乌龟大师一样，什么都不说清楚就飞走了，不过也希望你能有机会坚持到那一步，而没有被你的大脑打败。

Jim：好吧，既然你说得这么诱人，我就暂时相信真的有魔法，也有奇迹，就先耐心地学下去好了。希望别和另外一个励志和灵性书籍一样，都瞎扯什么"信则灵"之类的那一套就行。关于这本书的名字，是因为你叫 Taisha，所以这本书也叫《太傻天书》吗？而且你怎么会知道我对这个主题会有兴趣，然后找到我来进行这次谈话呢？

Taisha：我是《太傻天书》的老师，是我在我自己太傻的指引启发下，自我命名为 Taisha。这个有先后的问题。太傻在时间的终点，我却还在时间之内。当然是我以"太傻"自我命名，而不是《太傻天书》用我的名字。

你是否对这个主题感兴趣，我当然不知道。但是，我既然找到你作这次谈话，肯定有它的原因。如果你一定要我说出原因，我会说，因为在《太傻十日谈》中，我们配合得不错，对于我，既然已经有一个合适的谈话者，又何必去费力选择呢？而且，《太傻天书》的一个核心的教导，就是"选择即囚禁自己，因此无须选择"。既然我如此教导，我也肯定是如此行动的。

你要注意，这是我在回答你问题的时候，我说"我不知道"。而这句话，《太傻天书》在未来会不断地引导你不断地重复。每一次你大脑的病毒和你说"我知道这个，我学过那个"的时候，你应该停下来，在那一刻，说："我不知道。"这确实是真的，这也是在太傻指导下的认知和被大脑指挥下的认知的根本不同。你的大脑会不断地和你说："我知道这个，我学过那个，这些我都知道。"但是，你的太傻却会不断地帮助你说："我不知道。"当你说"我不知道"的时候，你大脑的病毒在那一刻就已经被清空了，你也在你太傻的真知中，真正地知道。

关于"我不知道"的另一种表述是，原因我知道，但是，我却无法在时间中把原因告诉你，因为一旦我解释了，这种解释进入时间中，解释也就必然被时间扭曲而无效了。

"我不知道"是《太傻天书》教导你的另一个基础咒语，它的功能是，摆脱你的大脑病毒的围攻，并与内在的太傻连接。记住这个强有力的咒语。在这一章，请注意，一旦我开始施展某些咒语的时候，我会特别强调，每当这个时候，请和我一起使用它们。这些都是你走向你的世界之前必不可少的锻炼。

Jim：我和你一起完成过《太傻十日谈》，那里面有很多对学习者学习那本书的建议，那对学习这本书的人，有什么类似的学习指南或者建议吗？

Taisha：学习这本书的一个最核心建议是首先请暂时放下你头脑里面的那些你自己认为已经知道的，以前对各种科学、宗教、励志书籍和其他类似的灵性书籍的一些固有的观念，这些观念本质上都是你学习任何事情的阻碍。本质上，当我说"我不知道"的时候，这确实是真的。你虽然看过各种励志书籍、各种心理学、经济学、社会学、宗教经典，你真的觉得你知道什么吗？就好像你现在已经是某种金融专家了，你要是遇到一个炒股的大叔，那位大叔肯定会和你说，我知道这个曲线，我知道那个规则，而你肯定也会诚恳地和他说："你不知道，我也不知道。"

记住，只有真正知道的人，才会说"我不知道"，而那些什么都不知道的人，肯定会说："我都知道。"

所以和《太傻十日谈》一样，我建议每一个读者，先放一放自己认为自己已经知道的那些东西，不要着急读了一两段就说："哎呀，这不就是XXX吗，我早就知道了，没什么新奇的。"然后将这本书扔到一边。这是无数次你错过那些真正会改变你生活的书籍的原因。就好像，如果一个人只是读完《太傻十日谈》第一章，就觉得自己什么都知道了，这将是一件很可惜的事情，他又错过了一本有机会改变他自己的书，而其实他什么都不知道，只是他自己的大脑阻碍了他自己。

读过《太傻十日谈》的人都知道，越往后面的章节，将会越精彩，可操作性更强，对你的震撼和触动也会越大，而最后一章，将帮助你完成最后的超越，这本书也是一样，越往后，你会看到一个更大的世界、更精彩的内容，这些内容在前面因为限于读者的基础，都是不大可能涉及的。

所以，对于这本书的每一个读者，就算你要放弃，也请耐心读完前三章，虽然更精彩的还是在后面，但是前三章却是一切的基础，单独看前三章的任何一章，你不会有任何完整的观念，只有前三章读完之后，你才会在某种程度上了解我们到底要说什么。我说过，我会努力让这本书更轻松、更贴近生活，这也是前三章的一个主要目标，让每一个这本书的读者，不会简单地因为空洞、艰深或者没有实际生活意义而放弃这本他真正需要的书。

当然如果你觉得读完前三章非常困难，那么不要继续推进向后读，前三章是这本书的所有教导的基础，它包含了很多练习、建议、指南和一些需要在生活中透彻理解的概念。你完全可以反复读前三章，练习前三章、直到你觉得真正有一种融会贯通的感觉为止。但是，不同人会有不同的感觉，也许有人第一遍就能彻底明白，那是因为这些问题他已经反复琢磨过了。也许有人会一直在前三章徘徊，这也并不奇怪。

另一个建议是，如果你觉得《太傻天书》正文太严肃，不易理解，可以直接阅读"太傻对话录"，读完每个对话录之后，再去读"正文"，最后再去做练习。"正文"是理念，也是提纲，但是需要通过"对话录"的阐释，才能真正理解。这是一个严肃与轻松的平衡。而"太傻练习册"也是这本书的一个特色，你只有通过日常的每一天的经常练习才能真正掌握这本书。这些都是我们对学习这本书的建议，当然你在学习过程中，会在每一次谈话里看到更多具体的建议。

当然也不要把这些建议作为一个限制，所有的限制都是恐惧，没有任何必须做的事情，更没有什么违反了就会受到惩罚的教条，这些都只是你大脑的限制模式而已。所有的限制其实都是来自你自己，太傻只给予建议，没有任何限制。

首先请暂时闭上你那被大脑的层层阴霾遮蔽的眼睛，你才能睁开你真正的心灵的眼睛，如果你觉得一开始自己就什么都知道了，那你肯定最后什么都学不到。《太傻天书》教导的核心之一就是在每一刻真诚地说："我不知道。"——一切真理"就在其中"。

1-3 病毒的清理

Jim：好吧。你怎么说话和那些专业说这种话的人一样，不肯直来直去呢。不过我可要提醒你，我可是一个很麻烦的对手，关于什么励志哲学、世界的终极规律、灵性呀、觉醒呀之类的那些观念，我可算得上是一个小小的专家呢，你不可能像《太傻十日谈》那样简单地用一些观念和道理打发我了，如果你自认为是个大师，那我肯定将会是你遇到过的最刁难的学生了。那些教导什么"觉醒课程""思想的力量"之类的自认为的觉悟的大师们遇到我也会退避三舍，称我为大师的噩梦了。

Taisha：大师是不会有噩梦的，你也不是我的什么对手。我和你没有区别。如果你真的挑战了我的什么观念，并证实那根本说不通，或者只是一种自我逃避的伎俩，你肯定是在帮助我，因此你将是我的老师。老师与学生的身份本来就是一致的，没有区别。但是你刚才的问题的核心是，你首先认为你是对的，你要捍卫你已经知道的知识，你要和你的大脑的病毒一起与真理做斗争，因此你把你自己看成我的对手，准备来挑战我，加深自己的信念，或者从中获得启发，你对我们关系的认识首先就在进入分离与区别的思维模式中，只有分离才会产生矛盾和痛苦，而你在分离和区别中，你最后得到的结果，也会一样地被扭曲。

记住，无须选择，无须战斗，无须捍卫。读一本书又不是要你去打一场什么仗，你越轻松，越自然，越觉得一切都无所谓，你就会越快地学会真正你需要的。这也是我们在未来第三章要教导的"太傻生活原则"的内容，真实的太傻的世界，是不应该有任何的努力、奋斗或者艰难险阻要你去克服的，一切本来就应该轻松自然地完成。如果你觉得要像打一场仗或者去击败把守某个关卡的恶魔一般地去解决什么问题，那些都只不过是你大脑病毒制造的幻觉罢了。

所以，你完全不必把这本书和我说的当成什么严肃的或者要去推翻的事情，就当读一本类似《减肥天书》《健身天书》或者《美容天书》一类的通俗读物就行，读完了，你完全可以一笑置之。太傻是不会因为你放弃这本书而责怪或者惩罚你的。任何的责备或者惩罚本身就是自己恐惧的表达，太傻既然已经无限，已经完整，又怎么会陷入恐惧呢？如果自称能解答一切问题的《太傻天书》连这点问题都解决不了，它就根本不配叫《太傻天书》了。

不过，实质上，《太傻天书》和《跑步天书》之类的任何一本书籍，没有区别。在你生活中、学习中、留学中、考试中、感情追求中、创业体验中、一切事物中，只要你走出区别的追逐，放下选择的渴望，你就可以轻松地用太傻的生活原则解决任何问题，你不应该经历任何痛苦或者挫折，一切都会像呼吸一样轻松自然。

Jim：好吧，那我们既不是对手，也没有什么师生关系，完全平等谈话就好了。现在离《太傻十日谈》的谈话已经5年了，我发生了很大的变化呢。我一直有很多问题想请教你，很多也是关于生活、事业、未来和自我认识的，现在终于逮到机会了，我能问任何问题吗？有很多类似场景，那些明明什么都知道的大师总是既不让问这个，又不让问那个，或者对问题绕着圈子避而不答，你是不是也要给我类似的限制，这样你就不用面对那些让你难堪的问题了？

Taisha：我和太傻都不会觉得难堪的。本质上是你觉得我和太傻会难堪，而你的问题会让我们难堪，这种分离的过程，其实只是发生在你自己的大脑里，然后你将它投射到我身上。

"投射"是一个心理学的名词，不过很简单，也很基础。任何时候，你都在觉得别人会和你一样对一些事情介意、忧虑或者认为重要与不重要，你就是在投射。例如，一些人把他的宠物烫成卷毛，觉得这样宠物会很时尚，宠物自己也会喜欢，这就是投射，其实只是你自己喜欢，宠物肯定觉得麻烦透顶。

你刚才提到我会难堪的时候，你其实也在投射，本质是你自己对难堪的恐惧，于是你觉得所有人都会因为被质疑而难堪。这种投射的力量也是形成这个世界几乎无所不在的相互催眠的根本的力量。

没有经过《太傻天书》的思想锻炼的人们，只会不停地无意识地相互投射各种嘈杂的思想，相互影响。作为《太傻天书》的老师，我了解这个过程，所以会有意识地不接受那些分离的投射。你也要时刻警惕着你的大脑对外的投射，如果你觉得我会难堪，首先是你的心中相信难堪真的会发生。因为你体验过难堪，或者认为自己遇到这类情况会难堪。就好像《太傻天书》中教导的，你只是看到你自己，你只是在投射中体验你自己的分离的思维模式罢了。

一旦你进入分离的思维模式，你肯定会投射。所以，你要时刻警惕大脑的分离，从你的每一句话中去察觉这种你大脑中分离的存在，然后才可能消除它们，《太傻天书》的核心是思想锻炼，如果你只读了，却不愿意做任何实践，你肯定不会体验到任何变化的。

这也是这本书的一个特点，我会通过谈话，经常指出你思维模式中的问题，帮你看到，这些问题是如何无所不在地，在你的现实生活的每一刻，给你制造你生活的种种束缚。所以，你要特别地注意我指出的这些细节，不要以为它们不重要，或者只是随口说说。很多事情，你以为只是随口说，不会当真，其实你一直都在当真。这些细节，几乎全部都是你生活中各种误区、矛盾和之后的麻烦与痛苦的根源。

你也许觉得我这样其实没必要，干吗非要抓着一点点小问题，不谈核心问题？但是，问题就是问题，没有区别，没有大小，没有轻重缓急，是问题就要解决，每个问题都是一样重要的。

就你的问题，你当然可以问任何问题，没有任何限制，任何的主题，不管是

留学的、爱情的、过去的、未来的、你自己的、关于我的，或者关于任何人的。太傻不会给出限制，但是，因为你暂时还不能理解一些事情，所以，一开始，某些问题不可能讲得多么透彻，你也不可能不在建立一些基础的思维工具的情况下真正理解这些。但是，越往后读这本书，你的基础越牢固，我们对问题也会讲得越透彻，越不会有任何的障碍。等到了最后一次谈话，你就会理解，什么叫作——天上地下，宇宙洪荒，可以无所不谈的真正的自由。

Jim：真的可以问任何问题，没有任何限制，你也不会避而不答。不管是什么世界末日、外星人进攻，还是我的过去未来，你可都要说得清清楚楚哦。

你谈到投射，但是我却想起禅宗的一个段子，是禅宗和苏东坡的对话，苏东坡认为看到禅宗是一坨屎，而禅宗看到苏东坡是一尊佛，苏小妹说你们都只是看到自己。这是"正文"中说的"你只会相信你已经相信的，你只会看到你愿意看到的，所以你只会看到你自己"的意思吗？

Taisha：你这样相互印证和参考当然是很有效的学习方式，但是，你要警惕这种思维方式的一种变形的陷阱。人们总是很习惯把新遇到的事物简单地套用在已经知道的知识体系中，这样会有一种特别的安全感。就好像很多基督徒说："佛教说的那些，《圣经》中都说过。"又会有人说："你说时间并不存在，爱因斯坦和现代物理学早就证实过。"这种思维模式每个人都有，它的本质是恐惧，大脑是恐惧未知的，所以它会把每一个新遇到的事物，都贴上过去和已知的标签。

你刚才在说的，就是一个给自己和他人贴标签的过程。而且你肯定是先给自己贴上标签，才会给你的外在遭遇的人和事情贴上标签。

所有的标签，都来自你过去的经验，因此是和时间相关的。《太傻天书》中教导：时间即囚笼，所有与时间相关的思维都是你的枷锁。你给自己和别人贴的标签也是一样。你在贴标签的时候，看似你是在做一件条理性的工作，实质上，这是你的大脑的防卫机制，你的大脑在说："我都知道了，没有什么新鲜的。"于是你也会感到安全。你在追求这种安全感，本质却是内在的恐惧的表现。你也在你的恐惧中被束缚。

《太傻天书》教导你当大脑运转的时候，你可以说："我不知道。"只有这样，你才能真正放下你固有的那些思维模式，来真正用你的眼睛看清事物。

本质上，当你大脑告诉你"我已经知道"的时候，你确实"根本什么都不知道"，你对禅宗、佛教、基督教等都几乎是一种浮光掠影的快餐，你真的认为你知道了吗？

既然你提到禅宗,禅宗的另外一个段子,是你不可能在满满的一杯水里,再倒入新的一杯水。你要先倒空你自己的那杯水,才能接受新知识。如果你始终认为你知道了,你最终什么都不会学到。

Jim:我承认你说得很有道理,也没有对我的问题避而不答,而且比我要问的回答得多得多。这样,我们先别进行哲学的思辨,这样挺累的,你难道不觉得你如果每天对每一个大小问题都这么严肃,这是一件很累的事情吗?我保证,你说的,我都会记下来,现在不是已经有录音机了吗?我肯定会回去慢慢理解,整理成文字的,既然时间不存在,多花点时间也不会有什么关系啦。

我们以后再分析我的思维方式是对或是错好了,我们可以来多说一些轻松和有趣的话题吧。这样未来你卖书肯定会因为我谈的话题而有更多的读者。没多少读者愿意去读那些绕口的经典吧,轻松幽默一些,也能说明道理的。

Taisha:好的,我希望你理解。似乎看起来我很纠结,为什么一定要抓住一点点细节不放,但是,这是清理你大脑病毒的唯一方式。你的大脑病毒是无所不在,并且你一直根本不在意的。我刚才一直试图给你演示:真正的思维锻炼,真正的清理大脑病毒,是如何进行的,这是《太傻天书》一切锻炼的基础。就好像学游泳要学姿势和呼吸,学数学必须要熟悉加减乘除的基本规则一样基础。其实并没有多少玄妙,也不是像修炼什么绝世武功那样复杂,但是,却要求锻炼者的不断深入的自我察觉的能力——尤其是对大脑中的时间与分离的察觉。

我们之后的谈话经常会涉及一些分离的概念和词句,除了影响很大的一些观念,我会忽略那些你谈话中的分离的要素,而不偏离我们谈话的主题。但是,你自己要经常去锻炼,这是走向觉醒的唯一途径:自我察觉,然后平衡思想中每一个分离。当然还有一些具体的技巧,以后我们慢慢地探索。

你会看到,在一些未来的对话中,似乎我也在批评,似乎我也在评判事物的好坏,在进入分离,我希望你理解,我清楚地知道我说的每一句话,即使是在陈述一个事实,我对我遇到的每一个可能涉及分离意义的词汇,也是特别警惕,并在每一刻,平衡这些分离。

例如我说:"人类大脑的病毒一直在追求分离和区别,是一切痛苦、矛盾和世界混乱的根源。"我不是在批判,而是在阐述一个事实。这个世界无论发生什么事情,混乱也好,和平也好,都只是大众思维模式的投射所集体制造的结果,但是无论如何投射,世界的本质和你我每个人的本质都不会改变。分离、混乱、矛盾、冲突,其实都不存在,只是因为你相信有分离,所以你会看到分离,它们都是你的大脑制造的产物,和真实的世界一点点关系都没有。

在太傻的真实的眼睛里，你和这个世界的每一个人都已经是和谐的、无限的和自由的，你们本来就不依赖于时间而永恒存在了，没有任何的死亡或者变化能改变已经真实存在的事物。如果真实是可以破坏的，那就不叫真实了。你们只是做了一个小小的梦罢了，在梦中你相信时间，你们也相信世界有好坏、对错、多少和区别，于是你们也在你们自己梦中的世界不断地感受矛盾和苦乐。我只是稍微早醒来一些，看到真实的世界之后，我就会自然成为太傻的老师，然后在时间中轻轻地唤醒你们。你们每个人都会醒来，因为你们本来就是醒着的，只是你们的大脑的病毒说服你梦境是你们唯一真实的选择。

Jim：好吧，看起来你说的太傻的学习和锻炼体系还是很完整的，你刚才回答我的问题的时候，我一直在想，你现在看起来真的似乎是无所不知呢，和五年前完成《太傻十日谈》时的感觉完全不一样了。是不是我学会与太傻沟通的时候也会一样地无所不知呢？那种无所不知的感觉，究竟是一种什么样的感觉呢？你能给我描述一下，学会了《太傻天书》之后，所谓的知道一切，那是一种什么样的感觉吗？是你问你内在的太傻一个问题，然后他就告诉你答案吗？这会有人格分裂的感觉吗？我怎么知道那些答案是不是我自己瞎琢磨的呢？

Taisha：与太傻的沟通，会像呼吸一样自然，你将大脑恢复成为一个工具、一个概念的解读器、一个知识由时间外无限的太傻传递到你"有限的世界"的渠道——这也是大脑真实的功能。

注意，大脑不是创造或认知的工具，它只是一个接收器，就好像一台电脑或者画笔一样，是真正的你在创造，而电脑或者画笔只是工具，你不会让画笔和电脑自己去创造任何东西，它们也不可能创造。在时间中，你的大脑看似在思考，其实它只是在根据过去，投射未来。就好像电脑根据程序计算一样，错误的程序只会计算出错误的结果，如果程序中布满病毒，最后只能制造一堆垃圾。你就算用这个电脑，也什么都创造不了。

但是如果病毒清除了，你就可以用这台电脑顺利地创造。而知识和答案像流水一样，通过干净的大脑流进来，你感到无比的舒适和平静。每一个问题，无论大小，无论是关于世界宇宙的，还是关于个人细节的，都能获得解答。

注意，这是每一个真正的创造、发现的过程，他们都不是通过所谓的思辨判断完成的，而只是借助大脑作为一个工具，诠释表达而已。随着人们的未来对大脑的净化（注意，是净化，而不是所谓的开发），大脑会有更多你现在会视作奇迹一般的能力开发出来，这些都是大脑作为工具的基本功能而已，只是你混乱的思想将它屏蔽掉了。每个人都可以像少数天才一样，瞬间计算出复杂的数学难题，"一下子"知道一个复杂的数学、物理或者生活、工作的问题应该如何解决。你也许觉得这不可思议，你干净的大脑会那么高级吗？想想你打乒乓球，这时大脑的运动系统是大脑病毒感染较少的，难道你接球之前要慢慢地去分析角度、速度和回应模式吗？难道不是在"那一刻"就知道怎么做了吗？

记住你打乒乓球或者网球之类的需要大脑快速反应的运动时候的那种感觉，那就是比较真实的和太傻沟通的感觉。你没有任何思维推论、分析和"因为……所以……"的过程，一切都在"那一刻"发生，你自然地知道，你自然地理解，没有任何艰难和痛苦。但是，就好像乒乓球要学习和锻炼才能打好一样，与太傻的沟通一样需要学习和锻炼，太傻第二步就是完全的教导，你如何用干净的大脑，打生活这场乒乓球，但是，你可以现在就体会那种完全清晰的与沟通类似的感觉，这难道不是很吸引人的吗？

可是现在，因为你的大脑布满病毒，所以你只能像那种用手动计算器一样的方式使用大脑。你用一台地球上最强大的计算机，却只能算加减乘除，然后，一点一点地慢条斯理地推论分析，反复琢磨到底哪个对，哪个错，然后做出决定，大部分决定还都是错的。这是多么原始的思维方式呀。干净的大脑处理任何问题，本质比现在任何的计算机都要快得多，这就是为什么机器人无法在乒乓球桌上战胜任何一个人类乒乓球的初学者，电脑却能在智力问答上战胜所谓地球上最聪明的人。这都是一样的道理，没有区别。

这个过程你不自己体验，我很难描述出来，就好像打乒乓球、骑自行车和游泳的感觉一样。你不可能靠观察和分析学会，而只有自己去体验，然后当你学会的时候，你肯定会说：这一点都不难，是多么自然而简单的事情呀。任何的能力都是一样，本身是自然而简单的事情，不是要汗流浃背，忍受重重困难才能完成的事情：轻松、快乐、丰富、自然，这是宇宙本身的样子。如果你觉得要经历什么困难，或者感觉到什么困难，那肯定是什么东西做错了，基本肯定是你的大脑病毒又在作祟了。

当然，即使你的大脑现在布满病毒，太傻仍旧一直在每一刻对你说话，一直在无微不至地回答你每一个问题，只是你不愿意去听，或者因为沉浸在时间中，忘记了在每一刻去倾听，所以你听不到而已。

Jim：你刚才说直觉和灵感、内在的驱动，我倒一直有这种感触，只是非常少。我觉得，我去跑步，就是在这种内在的驱动下做的，我以前可是最不喜欢运动的，从小学到大学体育课都只是及格的分数，而现在我却可以跑马拉松了，所有人都觉得不可思议。

但是，你说太傻一直在和我说话，大脑病毒也一直在说，我怎么分辨到底哪个是太傻说的，哪个是大脑病毒说的呢？我怎么知道我心里某个想法，到底是太傻的，还是大脑病毒的呢？

Taisha：对于初学者往往会分不清哪些是太傻的声音，哪些是大脑病毒的喧哗，这是很正常的事情，很多人很相信直觉，其实他们所谓的直觉，都只是大脑病毒的变形而已，例如在投资股票的时候，很多人凭直觉要买这个，要买那个，其实他们都有很多原因，只是自己说服自己这是直觉而已。太傻大部分时候是不管选股票这种事情的，他只会和你说："每个股票都一样，没有区别。"不过确实也有某些时候，太傻会告诉你去买什么股票，但是，他肯定不是为了让你赚大钱，继续深陷于那个追逐的泥潭，他肯定是为了让你赶紧狠狠地亏一笔，别再玩这场无聊的游戏了。不过你大脑的病毒，更不可能知道什么会赚，什么会亏，他只是不停地用一些黑马故事引诱你，让你不停地玩他自己也不知道结果的游戏。

区别大脑病毒和太傻的声音，其实这很容易，太傻是在时间之外的，他和你说的一切，都无须在时间中理解。你只是在听到的"那一刻"明白了，但是，你肯定说不出为什么，这就是很多人所谓的"灵感""直觉"和"内在的指引"。这些其实都是太傻和你的沟通。包括某些时候你感到强烈的驱动要去做一些事情，但是，你却无法理解为什么你要做这些事情，或者明明这些事情你不应该去做，连你自己都不理解，但是你却非常想去做。记住，在时间之外，是没有"因为，所以"更没有"应该，不应该"的，太傻的真知也是无法被大脑的经验或者思维模式来理解的，但是你就是知道了。

而大脑的病毒，其实也一直和你说各种话，这些话的模式也很清楚，你的大脑病毒是基于时间而存在的，所以他只能依照过去的经验，推断未来，这就是所谓的大脑思考的过程。所以，一旦大脑开始思考，开始逻辑判断，一旦你经历任何的思维过程，开始说"因为，所以"的时候，这肯定不是太傻的声音，这必然是大脑病毒的声音。从这个角度，你可以知道，你几乎所有的时候，都是在被大脑病毒指挥着，其实你并没有所谓你自己的思考。

当然，太傻虽然无所不知，但是太傻把自己知道的告诉你，也有一些局限。比如你要问太傻："给我讲解相对论。"他就没法做这个事情。太傻会告诉你相对论应用的结果，却无法给你讲解相对论的原理，因为当把一些抽象的概念具体化的时候，你必须借助一些外在的辅助工具，就好像我不了解微积分，没有物理学常识，也无法用文字描述相对论一样，因为我还没有建立表达相对论的基础的结构的框架，这就好像你无法让还不会乘法口诀的人会微积分计算一样。但是，如果你将某种问题作为你日常工作的目标，你可以在太傻的指引下一步一步地构建你需要的所有基础，最终所有的问题都会解决。

太傻对你问题的回答还有一个限制，太傻在时间之外，他已经合一，已经没有分离，所以他无法支持你任何分离的要求。比如你要是问太傻："如何炒股赚大钱。"太傻会告诉你："无须炒股赚大钱，赚不赚钱，没有区别。"你肯定听到过这句话，但是，你却只会相信你已经相信的，你仅仅只是相信："当然要炒股赚大钱了。"所以这些话会被你的大脑病毒屏蔽掉。同样，当你问太傻，有没有股市崩盘或者井喷，自己应该如何去趋利避害，这些问题，太傻只会告诉你真相，可是，你却不愿意听到真相。

但是对那些支持你的真相追寻的问题，关于你自己是谁，你究竟在做什么，如何在每一刻去创造之类的问题，你应该如何把每一刻的事情做好，太傻也在一直细致地回答你，他还在更细致地安排你生活的每一刻的经历，引导你去真正地创造，真正地了解自己，这个世界的所有的伟大创造，到你如何选择一管牙膏，他都在一样地指导你，只是你自己选择听不听的问题。

与太傻沟通，而获得知识，也不是什么奇迹，这是每一刻都在发生的规律，只不过，你因为相信时间，相信过去的经验才是你最大的知识，也一直用你的经验去推测未来，所以你会在大脑的病毒的喧嚣下，听不见太傻的声音，即使听到了，也会在大脑病毒的嘲笑中忘记掉。也就是这些自我的忽略和嘲笑中，你在不断地远离你自我的真相，不断地去经历那些痛苦和矛盾。

过去你也许觉得，你的世界很完整无缺，在大脑病毒指挥下的生活也是一个很不错的体系，而现在我只是给你指出，你的世界的真面目只是一个漏洞百出的幻觉罢了，你所有的痛苦和矛盾都来自这些大脑病毒的漏洞，归根到底，是因为你的大脑病毒并不会真的思考，而只是不断地投射过去的恐惧和分离罢了。而《太傻天书》描绘的是一个完整而真实的世界，所有的环节都是完整地相互支持、相互印证的，这种合一的完整性，是真正的美妙的所在，当你看到这种真实的价值的时候，你肯定也不会对任何的大脑的那些绕圈子的絮叨再有任何的兴趣，大脑也会恢复他本来的工具的功能。你现在只是在大脑病毒的绑架下做了一个小小的梦罢了，等你清理了你的大脑病毒，你自然会清醒过来，看到你本来的样子，那个可以在生活的每一刻的经历中打乒乓球的那个真实的自己。

1-4 洗脑的颠倒

Jim：好吧，那我就努力尽快清除你说的那些大脑病毒好了，希望到时候清除了，能看到你说的那个真实世界，不会是和《黑客帝国》一样，到时候才发现那个世界其实也不怎么样吧。我们还是直接进入我们主题吧，要不然，第一次都谈完了，我会发现我还什么问题都没问呢。我的第一个正式的问题，应该是所有这类图书读者的一个最大的担心和疑惑：关于"洗脑"的问题。

就好像很多人都说《太傻十日谈》是洗脑的读物，原来信心满满地留学申请，看了以后却觉得自己好像什么都不知道了，似乎被洗脑了一样。而那些什么励志书籍呀，灵性读物呀，还有各种教导所谓新世界、新时代之类的课程更是被很多人描述为洗脑的过程，很多人很害怕被洗脑，担心自己看了这类书，就真的被洗脑变成另外一个人了。《太傻天书》看起来也是这类教导应该如何思考、解决问题的书籍，作为作者，你怎么看"洗脑"这个问题。你在努力给我或者给这本书的读者"洗脑"吗？

Taisha：当一个人说他"什么都不知道了"的时候，他才是真正地知道了。这不是《太傻十日谈》对留学申请真正的价值吗？

《太傻天书》教导说：你只会看到你想看到的，你也只相信你已经相信的。所以，当你问出一个问题的时候，首先别着急听你的大脑给你的答案，而是反过来思考，为什么我会问这个问题，和我问这个问题是否已经有了一些提前的预设的答案了。如果没有这个过程，你只会从大脑那里听到你想听到的答案，而不会听到真相。

一般问关于洗脑这个问题的人，基本都有一个预设的前提："我自己是清醒的、纯洁的、理性的、智慧的。我从来没有被洗脑过，洗脑会让一个人丧失理性和智慧，所以我要提防每一个被洗脑的可能性。"这个预设的前提包含很多层次的已经预设的观念，基本这些观念都是混杂而纠缠的。就是这些大脑病毒散播的混乱思想观念本身在制造每个人同样混杂而纠缠的人生与经历。我们一层层地帮你梳理清楚才能有效地回答这些问题。

你就是你的思想。思想是一切经历的源头，你之所以觉得你会被洗脑，只是因为你一直都在一个梦境里，这时你是没有能力的，你会有可能被外在的种种事物影响。你担心被洗脑，就好像你走在大街上担心被车撞一样，你一直觉得你是一个外在有危险的世界的可能的受害者，于是你会在每一个时候，提防各种各样从外界而来的伤害。这种"受害者"的思维模式，本身就是大脑病毒

> **1.19**
> 在时间的幻境中大脑无法认识真相，更不会真正的思考

中最顽固的几个病毒中的一个。你也许觉得这些恐惧是在保护你，避免你受伤，但是，恰恰相反，就是这些恐惧制造了你生活中所有的麻烦。我们第一次谈话，暂时还无法深入思维的制造和创造的过程，你可以暂时放下你大脑的思辨，先记住这个结论——"思维创造一切，恐惧是一切矛盾的根源。"我们到第五次谈话，才会把你的这种根深蒂固的"我是受害者"和"外在力量会影响我的生活"的思维模式彻底清除。

不过，即使在你的梦中，即使你相信你是"受害者"而不是"创造者"，也可以分辨这是不是洗脑。思想是一切创造的根源，和谐的思想只会创造和谐的生活。而你的思想本来就应该是纯净、和谐和没有病毒的。纯净思想会创造同样纯净的生活经历，你的内在如果没有疑虑和恐惧，你在生活中也不会经历疑虑和任何的艰难，更不会有任何意料不到的事情发生。

但是，很多人如果看看他们自己的生活，他们都知道，他们自己每天都要面对无法预料的未来。他们会期待明天这样，又会担心后天会那样，每个人都认为自己无法预料未来会发生什么，也更不用说创造自己的经历。当你进入时间的幻觉，你就肯定会经历期待和恐惧。

几乎所有的人实际都觉得自己是际遇和未知的体验者，而不是创造者。也许你觉得你自己可以掌控生活、克服困难，可是当你说这句话的时候，你对困难本身的认知还是外在的，你其实是在说"生活是危险的，需要掌控的，外在是有困难的，困难是有大小的，我是会被困难影响的"，你本质上还是不相信你自己的创造能力，你也清楚地知道，你有对未来未知的恐惧，还有期待，这本身就是你不是创造者而是受害者的表现。而这种以恐惧和期待为代表的思维模式的存在，就是你大脑并不纯净的直接表现。

就是因为每个人的大脑其实本身就是混乱的，所以他们会在各种混杂的恐惧和期待中分不清楚，到底什么是洗脑，什么不是洗脑。判断自己是不是在被洗脑，大部分人其实没有什么判断的依据，每个人都会不断地说服自己，这个是洗脑或者不是，这个思维过程是混杂的。所以你问这个问题，其实是想获得判断是不是洗脑的原则。

这个原则很简单，而那些让你不断向外追逐，远离你自我的真相，不断地告诉你外在的力量可能伤害你，那些让你向外归咎、期待和恐惧的事物，那些让你忧虑、渴望、进入分离的幻觉世界的事物，都是强化你大脑病毒的控制力的事物，这些必然是洗脑的。而洗脑的结果就是你相信你是没有能力的，你是受害者，你必须时刻警惕和提防各种外在的伤害，还要不断地追逐那些分离来

获得安全和快乐，恐惧和期待是任何分离的思维模式的必然结果，所以，洗脑的过程因此也必然和恐惧与期待紧密相连——一旦你发现你在恐惧或者期待，你都是在被洗脑。

而那些引导你向内察觉自己，理解自己，恢复你的创造力，让你不再成为受害者，不再被外在恐惧所束缚，给你带来内在的平静和真正的自我认识的事物，必然是引导你走向解放与觉醒的，这些清理你大脑的病毒的过程是真正的反洗脑。

总之，向外的任何过程都必然是洗脑导致的，反洗脑只会引导一个人不断地回到自己。

从这个意义，你会理解真正的洗脑是如何发生的。你从出生到现在的每一刻，都基本是在被不断地洗脑的，你每天看的几乎所有的书籍、电视、广告、报纸、受到的教育，以及你周围的人的谈话、行动，无一不是在向外追逐的，追求成功、富裕、他人的认可、世界的和平、地球的健康等，这些无一不是在说你就是受害者，你必须通过改变外在才能让你自己快乐，都是你经历的洗脑的过程。想想一个婴儿的纯净和一个成年人的思想的混乱，你就知道，你一直在被洗脑了。就是在这几十年的洗脑的过程中，你在你大脑里培养了一层层的病毒，这些病毒每天催促着你追逐这个，恐惧那个，批判这个，渴望那个，你也在这不断的分离思维下，继续强化你的病毒的控制力，于是，你再也不可能体会到你内在的平静和无恐惧的那种安宁。

当然，也有一些引发你内在觉悟反洗脑的过程，一些音乐与艺术，一些现实主义的电影和文学，一些引发人们反思生活和人生的书籍，等等，那些让人离开这个世界的喧嚣，回到自己意义的思考和探索的东西，你理解它们给你带来的平静，那些事物无一不在教导你放下你的追逐，回到你的内在，这是真正的让你走向你问题预设的自我纯净的途径。

Jim：可是如果这么说，我们生活中体验的那些快乐的时刻，不都是在被洗脑吗？

Taisha：当然，我们不能仅仅凭借是不是快乐而判断是不是洗脑。有一些内在的快乐肯定不是洗脑，而几乎所有外在的快乐，几乎都是洗脑。你的大脑病毒太了解你需要什么了，所以他会经常让你一边被洗脑，一边还觉得很高兴，比如你看一些充满矛盾冲突的电视剧、电影，体验那里面的无数的争吵、竞争与冲突的时候，你明明是在被洗脑的，你还是觉得很高兴。

你也许觉得内在的快乐和外在的快乐不容易区别，其实这很容易。在追逐各种外在的快乐的时候，例如财富、购物、成功和种种外在娱乐的体验的时候，一般每个人在追逐的快乐之后都会觉得很深的厌烦，但是又感觉无法控制地想去追逐这些外在的快乐，例如其实你很讨厌那些电视剧无穷无尽的矛盾，但是你又很想继续看，这和毒品中毒的感觉是完全一样的。

而反洗脑的过程给你的也是快乐，但是那是一种平静中的快乐，那是来自太傻的快乐。他永远不会让你厌烦，他只是让你安静，理解自己，但是你的大脑病毒会不断地叫嚣："这多无聊呀。"然后让你放下这些内在快乐而去追求其他的快乐。体会你在纯净的音乐和吵闹的电视剧中的快乐的不同吧，那就是太傻和大脑病毒将给你的不同的感觉，你其实知道，你是到底喜爱哪个的。

所以你其实可以自己理解，究竟《太傻天书》或者其他读物是不是在给你洗脑。防止被洗脑是每个人都应该具备的素质，但是，更重要的不是避免被洗脑，而是主动地运行反洗脑的过程，回到纯净的思维状态的过程。

《太傻天书》从头到尾，包括各种练习，其实都是在做一件事情，就是给你反洗脑，清除你大脑的病毒，让你恢复那种纯净、无恐惧、无分离的完整的思维状态，那是所有奇迹创造的基础——你是不可能在混乱的思维和大脑的病毒下，施展任何魔法，创造任何经验、奇迹的。当然，你的大脑的病毒会时刻抵制这种反洗脑，时刻努力把你拉回过去的那种不断地忧虑、不断地渴望和不断地追逐的洗脑的状态。

所以，这本书的读者，如果你是真的厌恶洗脑，你应该把这本书读完，等理解了在纯净的思维和无病毒的大脑下，你会看到一个怎样精彩和奇妙的世界，你再决定，到底是继续养病毒，还是继续反洗脑。

Jim：你说的我明白了，就是说，任何的恐惧都是洗脑，任何的安宁都是反洗脑，所以只要是发展内在的安宁的，都是反洗脑，那些去追逐、去恐惧的，都是洗脑，对吗？那是不是我们应该去到某种纯净的修行的环境里面，例如走入大自然，不再接受那种媒体的轰炸和洗脑，然后我们就可以更轻松地找到内在的安宁，然后就会像你说的，拥有创造奇迹的能力了呢？

Taisha：你总结的基本意思没错，但是，其实你还是没有完全明白创造者的含义。如果思想是唯一的创造者，那么外在的环境同样是可以被思想创造的，即使在最强烈的洗脑的环境，你也不必成为一个受害者。如果你因为恐惧被洗脑，而去追逐一些清净的环境，比如你去避世隐修，那样是没有任何作用的，因为你还是在恐惧，还是在追逐。你不管怎么躲避，也不可能逃得出你大脑的无穷无尽的洗脑的方式的。

所以，你要特别注意，即使行为相同，在内在的思维模式上的细微的差别，会产生完全相反的结果。如果有什么书籍或者教导告诉你，你要尽快地去某个地方生活，只有某种宗教信仰才能让你解放，素食有利于健康，城市生活会导致哪些疾病，等等，或者任何形式的"做这个更好，做那个不好"，这样的教导的思维本质始终还是追逐的思维、恐惧的思维和分离的思维。这些思维方式，是你原本要去清理的那些病毒，又换一个面貌来困扰你而已。记住，没有区别，没有不同，没有好坏，也无须选择，你仅仅是做你自己，而不是做任何事情。只要你做好你自己，你自然会知道要做什么，而不是去经过大脑的判断，决定做什么。

关于如何反洗脑，你可以首先认识到，本质上，我是可以创造一切的，在哪里，我都有绝对的创造力，我自己决定我所有的经历。我希望恢复一个纯净的大脑，我本来的样子。然后你去主动地运行一些反洗脑的模式，不是为了战斗，也不是因为恐惧，你仅仅是不再相信那些洗脑的追逐，而做一些你应该做的事情。于是在这种本来的安宁中，而不是在对洗脑的逃避和恐惧中，你就可以走入大自然，到一个新的环境旅行，聆听音乐，日常锻炼或者任何让你平静的事物，专注地工作和学习本身，都可以成为一种有效的反洗脑的方式。

记住，你的大脑是顽固不化的，即使最细微的思维模式的残余，也会在不经意之间让你大脑遍布病毒。这也是你与你大脑之间的交锋最前沿的地方。

Jim：我突然想起老子说的"无为"，这和《太傻天书》中说的"我不知道""无须选择""放下追逐"是一个意思吗？

Taisha：他们表达的核心是一致的，只是用不同的途径表达而已。但是，不同的人会用不同的方式来解读这些文字。如果读者不善于自我察觉和思维锻炼，他们只会读到自己想读的——就好像对老子的"无为"的解释，千百年有千百种了吧。不管人们怎么解释，你却还是看到，几乎所有人都还是在"做这个或者做那个"罢了。

如何走出选择，如何放下选择的欲望，如何成为自己，这不是一句简单的"无为"能讲清楚的。人类已经在行动主义——要勤奋、要努力和要去为一切抗争才能获得的思维模式下，相互投射洗脑了几千年了。要是我现在和你说"No Pain, No Gain"这也是大脑病毒，你肯定会特别不舒服地站起来反击。说这是人类几千年智慧的结晶，那到底是无为对，还是行动主义对呢？这明明是完全相反的思维模式呀，也都是人类智慧的结晶呀，这不是一两段能讲透彻让你信服的事情。这些问题我们会在第三次谈话"太傻的生活原则"再给你彻底地讲清楚。

类似"无为"的教导,你回忆一下,你过去曾经看过多少的书、寓言、典籍、故事,都在教导一样的道理,哪一个让你真正信服了,并去实践那些事情呢?"塞翁失马,焉知非福"已经说了上千年了,人们还是在恐惧失去,渴望获得。罗斯福七十年前就说:"最大的恐惧就是恐惧本身。"现在所有人不还是在一样地相信:"恐惧都是外来的,是未知的世界给我制造的,我只是一个受害者。"尽管所有的智慧都是浅显的,你不明白,也不愿意去实践的唯一原因,其实只是因为你自己大脑病毒的顽固不化。

记住,不管是无为,还是太傻的生活原则,你都不可能仅仅抱着一两句真理,就觉得自己已经学会一切了,你必须彻底地理解他们,并在每一刻实践他们,大脑的病毒肯定是你所见过的最顽固的对手,如果你不像这次谈话和未来进行的谈话那样,一点点地去清除,从每一个角度,每一个层次去挖出来分析透彻,你是绝不可能打赢任何一场对大脑病毒的战斗的。

Jim:好吧,我承认,《太傻天书》还有类似的书籍的很多道理很深刻,只是人们没有理解,或者根本没有做好理解的准备。但是,我在阅读这样的书籍的时候,一直在思考的一个问题是:这究竟只是一种心理学,一种认识世界的方式,还是真的像你说的,学会了,能发生什么奇迹,用来解决我们生活中的问题呢?这个问题可不是我一个人的问题,梁启超就说:"佛教的本质只是一种心理学罢了。"作为心理学,很多励志类的书籍都讲积极思维、正面思考,防止负面的情绪,这确实有一些作用,可是我怎么觉得,这些东西只是换一种方式看世界,是自我安慰、自我催眠罢了,并不能真的解决任何实际问题呢?你可不要和我说什么"信则灵"那一套,我可不会像"功夫熊猫",真的自我催眠,看了一眼镜子,就当自己是绝世大侠了。

Taisha:首先,梁启超应该没有说过"佛教只是心理学","只是"这个词语就是一种否定和贬低。你在贬低或者否定任何事物,其实都是在贬低或否定你自己。如果梁启超真的这么说了,那是他仅仅进入了大脑的幻觉,他既不了解佛教,也不了解心理学。就好像你,其实也既不了解佛教,也不了解心理学,注意,在心里和我一起说:"我不知道。"当然,既然"思维是唯一真实的",那么,一切的科学、宗教、文化和创造,本质都是心理学,没有区别。

但是,规律就是规律,真实的力量和真实的知识是一种客观存在,不管你知道不知道,理解不理解,它们都会运作。就好像难道爱因斯坦阐述相对论之前,相对论就不存在吗?要是相对论不能产生任何的实际作用,那理解相对论也是

没有意义的。

哲学也好，宗教也罢，心理学或者任何一门科学都是一样，他们存在必然是有某种作用。但是，这种作用却往往被使用者局限了。你可以用爱因斯坦的理论造原子弹，也可以用来造核电站，怎么使用是使用者的问题。但是，对于一个普通人而言，相对论是没有意义的，对他们来说也无法解决任何实际问题，诸如买房买车的问题。也许相对论其实可以解决这些问题，只是一个普通人根本不知道如何来用罢了。但是，无论从哪个角度，这并不是相对论的问题，对吗？

《太傻天书》的教导，首先改变你看自己和看世界的方式，你内在的思维模式改变了，你不再依赖那些大脑病毒了，你的外在自然会发生改变，而且是那种你不可否认的改变。矛盾和分离的思想只会制造矛盾和分离的生活，和谐和奇迹的思想只会创造和谐和奇迹的生活，如果你的思想真的转变了，你却没有看到你的生活所发生的本质的变化，那你肯定是还没有学会这本书，你的思想也还没真的转变。

请记住，这种变化是真实地在每一刻发生的，其实你生活经历的每一刻都是在你自己的思维中被自己创造出来的，只是因为你从来没察觉自己思想是多么的嘈杂、多么的混乱，所以你只能制造某种混乱的、无法控制的外在经历。《太傻天书》所描述的创造的规律和相对论一样，是实实在在的规律与真相，它不依赖于你是否理解、是否信仰或者是否知道而发生。只是，如果你理解它，你就能真正地利用它，而不是被这些规律的混杂影响而束缚。就好像人类害怕火山但是却可以利用火炉一样，一个是没有被掌握的规律和力量，一个是被掌握了的规律和力量。

《太傻天书》是通过思维的锻炼，而让你掌握奇迹的创造的能力，这是一个和掌握任何一门科学和技巧一样，需要学习、锻炼、复习、掌握，然后才能利用的东西。《太傻天书》也会一点一点地教导你如何通过锻炼思维，消除分离，用真实的创造的力量展现奇迹，这种奇迹肯定不是某种观念的奇迹，而是实实在在的和金字塔一样的现实存在。你觉得任何伟大的创造、成功和事业是虚幻的吗？它们都是在一样的创造规律下被创造的，而且必然是有意识地创造，《太傻天书》只是有意识地描述这种创造规律而已。

在《太傻天书》中之后的章节，我们会从各个角度给你看，这种创造为何肯定不是你现在想的那种自我催眠一般的"心理学"的过程，而恰好相反，是一个真实得不能再真实的过程，无论是你想更美丽、更苗条、更富有、更快乐、家庭更和谐，还是任何的过程，都可以实现。当你在太傻第二步，打开你真实的眼睛，你可以看到你的每一个创造实现的过程，无论是治愈疾病，还是创造成功，这个过程都会和你观察一颗种子如何慢慢发芽、开花、结果一样，是不可否认的真实，那个时候，你就自然不会再有什么"受害者"的思维模式了，你更不会相信，你以前觉得无关紧要的那些混乱思想，只是想想而已。因为你是如此清晰地看见，自己的思维是如何真实地阻碍一切和创造一切的——你所有想过的，都变成真实的了——也就是这个原因，《太傻天书》才会如此强调对细微思维的察觉与锻炼。

但是，这种创造不是很多人想的那种变魔术一样的，念一个咒语就实现的事情。当然，也不是你必须成为某种大师，通过考试才能做到的功能。就好像《太傻天书》说的，奇迹如同呼吸一样自然，你看你的呼吸，你并没有意识到它，但是它却发生着。创造与奇迹也是一样。你察觉你自己，锻炼你自己的思想，会更清晰地观察到这个过程发生和变化的进展，你也会对自己的能力有更大的信心，最终你必然达到完全的创造的阶段。

当然，以后的章节会逐步教导你们很多创造和思维锻炼小技巧，也会指出很多误区和陷阱。但是，这肯定是一件可以完成的工作，你就把它当成锻炼打网球或者高尔夫，知道自己肯定能学会，但还是要一步步地学就是了。

所有学习过程是没有区别的，只是并不是每本书都会像《太傻天书》那样一步步地指导你。但这是《太傻天书》的核心，当你理解了真正的力量，学会了与太傻的清晰的沟通，并在生活的每一刻接受太傻的指导，你也学会真实的创造，于是你就不再依赖于任何外在的助力，不再需要任何的大师，或者参考任何的书。于是《太傻天书》也成了你的最后一本书。

Jim：好吧，我被你说服了。我就慢慢地学好了，就当学打网球吧，我比较喜欢跑步，就当准备一场马拉松好了。我花了五个月，终于从一个从来不跑步的人，到现在能跑完整个马拉松了。我特别有成就感呢。你说的这个《太傻天书》的学习，现在我估计是刚刚能跑 3km 的程度吧。

Taisha：你比你想象的进步得多，如果说，能跑马拉松的都算走上太傻的第一步了，你现在的程度是已经能跑半程马拉松的程度了，其实走上太傻道路的第一步并不难，你和大脑较量的过程也和开始锻炼跑步之前对自己的怀疑是完全类似的。你的大脑总是告诉你不可能，但是，其实你跑完马拉松，你就知道，没多难，美国有几百万人能跑完呢。

无论是创造还是奇迹，和马拉松一样，你做到了，就会知道很简单，没有做过之前，会想象得无比地难。其实这些确实没多难，也许这本书中看起来最

难的太傻道路第二步，即使我说过一万个读者里面也只会有一个能真的做到，但是它也是没多难的事情。全世界现在有十多万人，都在太傻第二步的主动创造的阶段上，已经有意识和无意识地创造了那么多伟大的作品、公司、服务和艺术，他们在各个领域都是耀眼的明星，这怎么可能会是可望而不可即的任务呢？而且，这些创造的规律呀，真实的力量呀，走出分离，无须选择呀，太傻从十年前一开始创业，到现在成为中国最大的留学服务机构，就是在这样的创造的力量下完成的。

不过，就算我说多次，"很容易，这些事情没有区别"，你的大脑病毒也会和你以前读到各种成功故事的时候一样地不断说服你："那些人和你不一样的，你没有能力，没有关系，没有资本，什么都没有，所以那些事情你也肯定做不到的！"你其实一直在与你的大脑病毒对抗。很多人之所以怎么也学不会，也只是因为他们还没开始做，还没有认真锻炼过，遇到一点点阻碍就觉得这是真的不可能的，本质上，还是他们自己的大脑病毒和思维中的恐惧阻碍了他们。而不是说，这些真实的力量、创造的规律、奇迹本身并不存在，对吗？

不过，虽然我说你现在已经是能跑半程马拉松的水平了，我还是要提醒你，你要注意，比较人与人的进展的程度是没有意义的，而且是一种局限，另外一种大脑病毒的模式是，你在寻找和你的兄弟姐妹的区别。记住，不要去判断，也不用去寻找区别，没有区别。可能有人一辈子都对跑步无动于衷，有一天却突然因一件小事改变，可能比一个跑了几十年的人跑得还要好。也有可能一个人跑了十多年，马上就能去参加奥运会了，但是突然却放弃了，再也不跑步了。

但是你也可以记住《太傻天书》的另外一句话："这是一场你必然满分的期末考试，平时测验不计入成绩。" 最终所有人都会觉醒而走出沙漠，其实每个人现在都已经觉醒，这是每个人不可改变的真相。所以你不用有任何的担心，不用等待，更不用比较。

1-5 预言的幻境

Jim：好吧，我想你还有很多话要说呢，马拉松也不是一天就能跑下来的，《太傻天书》看起来也不是一天能学会的，以后我们再慢慢学习吧。不是还有以后六次谈话吗，那些严肃的问题，我们以后再探讨好了。既然你说太傻知道一切，能解答一切问题，先解答我一个一直困扰我的问题好了。

1.27 只有在太傻的合一中，在时间之外，你才能真正地看到我知道其实不应该在这样的场合问这类问题,也能不能请你不要绕着圈子回答,给个让我心满意足的答案吧。这个问题已经困扰了我好几年了,终于有机会问了——既然太傻过去未来无所不知,那未来十年到底会发生什么呀,到底有没有什么2012或者类似的世界末日的事情呀?

其实,在电影《2012》流行之前,我一直知道有关各种世界末日预言这回事。我已经找过我能找到的所有资料了,中文的、英文的、人类的、外星人的、智慧大师的、远古预言的、前世今生之类的各种各样的说法,还从美国亚马逊订了一堆书回来研究,但是,没有一个真的说清楚或让我满意的答案,你要是这个问题回答得能让我满意,我就相信《太傻天书》真的能解答所有问题。但是,如果你这个问题都解释不清,或者要绕着圈子说什么"未来只是一个概率呀""你决定你的实相"这类灵性书籍惯用语,我看还是别学了。

我知道很多人认为这只是一个谣言和传说之类的,可是我研究的东西越多,各种途径的信息似乎都说不同的事情,什么世界毁灭呀,什么黄金时代呀,什么整体觉醒呀,反正都说要有什么大事一样。对这些我越研究得深入,就越觉得这些事情很可疑,到底未来真相是什么呢?

当然,你要是觉得会透露了什么世界的未来的机密,或者担心会引起人类的恐惧之类的,你可以不把这一段放到正式的书里,就满足一下我小小的好奇心吧。既然太傻知晓一切,那会有太阳风暴吗?会有全世界的灾难吗?会有地极转换吗?股市会崩盘吗?飞机会从天上掉下来吗?会有全人类的战争吗?你看,这些问题肯定人人都想问。要是真的会像电影那样,美国都毁灭了,你那些"太傻留学"的客户们也不用去费力准备留学了。

Taisha:Jim,我与太傻可以无障碍地沟通,即使我可以帮助你获得一切的答案,但是你真的会因为这些答案满足吗?对信息缺乏的恐惧也是一种恐惧,任何的恐惧都不会因为获得而满足,你只会更拼命地去追逐更多的答案,最后你会把你自己彻底弄糊涂。当你追逐的时候,你只会恐惧,你事实上是在不断地给自己洗脑。

你在寻找什么,你就会找到什么,你只会相信你已经相信的,而不是像你自己以为的,你在根据事物的逻辑,做准确的判断。你的大脑根本没有什么判断能力,你只是不断地寻找和强化自己已知的判断而已。所以,即使我可以满足你的一部分好奇心,但是,好奇心是永远无法满足的,即使回答了你这个问题还会有下一个问题,你就算问完世界末日的问题,肯定还会问更以后的未来的问题,之后你肯定也想问各种前世今生,还有关于地球的历史和未来的各种问题。

就算刚才的那些问题，我都会回答你，但是，你真的会为我给你的一个解答而满足吗？即使这个解答会详细到让你吃惊的程度。

Jim：好吧，我现在确实听不到太傻的答案，也许确实是因为我有预设的答案或者大脑太嘈杂了，所以我希望你来回答。等你回答了这个问题，我再锻炼不再追逐答案好了。但是，我实在想知道。你肯定能理解，就好像一个电视剧看了一半，在高潮，停电了，却不知道结局的时候的感觉。

我可以先听听你的答案，看看你与太傻的沟通会得到什么答案，然后再练习你的《太傻天书》也不迟呀。你要让我相信，太傻这东西真的存在，每个人都有一个，那怎么也得向我演示一下，到底找到了会有什么好处。要不然，谁会真的去找呀。就好像打乒乓球，要是我从来没见过任何人打，我怎么知道真的自己可以打，你怎么也得做个示范吧。而且既然你知道前世今生的那些东西，一起也说了吧，可别说前世只是一个幻觉，未来也只是一个想象，想象都由我来决定这种话啦，或者像《功夫熊猫》里的乌龟大师那样说："Yesterday is history, Tomorrow is a mystery and Today is a gift"，这些对我都没用，你看，我说过我不是那么容易打发的啦。

Taisha：放心吧，我不会回避你的问题的。任何回避都只是恐惧的表现形式而已。如果你能让我回避，我将感谢你的教导。

首先我必须向你指出，你会对世界未来和大师预言的信息感兴趣，是有特别的原因的。这并不是你认为的人人都感兴趣的事情，就好像不是人人都对马拉松感兴趣一样。绝大多数人压根就不信预言呀、末日这回事的，更不相信什么外星人和新时代这些他们看起来根本没有任何依据的事情。这些和马拉松一样，再真实，也和他们的生活似乎没有任何关系。而你却一直对前世今生呀、未来预言之类的事情感兴趣也不是什么偶然的事情，这个世界没有任何事情是偶然的。你的太傻一直都在告诉你，有些事情确实对你很重要，并且催促你去追寻答案，所以你会去在内在的驱动下去探寻这些信息。就好像很多人都会看电影《2012》，但是只会有少数人真的去认真地研究真实的 2012 到底是怎么回事，而绝大多数观众只是简单地人云亦云地相信或者不信。

在自己内在的太傻的指引下做这些一般人无法理解或者会嘲笑为"太傻"的事情，这种内在的驱动力往往是周围的人无法理解，甚至你自己也无法理解的，为什么自己会这样地关心或者在意这些其他人看起来虚无缥缈的事情呢？在未来，你也可以因这种内在的驱动去做一些别人无法理解或者会嘲笑的事情，

> 1.29 一旦你在太傻的指引下，恢复了时间的工具的位置

视作"太傻的指引"。被人嘲笑，这是"太傻"的存在的最佳标志。

不过，你和大多数认真追寻这些问题答案的人，都在被你们的大脑病毒误导，而进入一些明显的误区，因为你们是向外追寻，这种追寻不会为你们找到任何答案，你们只会找到更大的疑惑和恐惧。记住我们之前说的，"所有向外的追寻，都是洗脑，都只会带来更大的疑惑和恐惧"。

在回答你的未来究竟是什么之前，我们先来说说，到底什么是预言吧。也许你觉得这是一个很神奇的功能，甚至是你能想到的最有用的技能，有了它，就再也不怕什么股市崩盘、地震火山、上街被车撞、回家被狗咬之类的事情了，还能趋利避害、投资赚钱、情场得意，无往不胜。

未来是什么呢，未来只是时间，只是在时间中你自己写下的一个剧本，对于任何一个能完全与太傻沟通，并知道自己获得的信息本质的人，如果他确实是想帮助这个世界，他是绝对不会用这种沟通去做任何预言的。因为他知道，时间是最大的幻觉，预言本身就是对幻觉的肯定，对人们散播的未来是如何如何的信息，不仅仅不会帮助这个世界，反而会加深人们对时间的恐惧和依赖，并强化这个世界受害者的思维模式。

所以，任何智慧大师，走到太傻第二步之后，有真正的预言能力的人，是绝不会谈什么预言的。他们确实因为能清晰地与太傻沟通，所以不可避免地会看到很多未来的景象，关于自己的、关于世界的、关于宇宙的，但是，这只是一个副产品，而且是很麻烦的副产品，这些景象其实是另外一种升级后的大脑病毒的产物，因为大脑病毒也会随着你走上太傻第二步，而具备一些升级的能力，这种能力中的一个，就是预言能力。

走在太傻道路上的人，更清楚地知道，他们看到的只是他们想看到的，也许确实是未来，但是，那只是他们自己的未来，与世界一点关系都没有，他们不会把这些预言当作某种奇闻到处宣扬，他们知道，那样不仅仅不会帮助任何人，而且会在这个世界制造分离，还会更深地阻碍自己的道路。没有任何真正的大师，会去琢磨这种未来的预言，因为任何对未来的追寻，都是对"当下"力量的否定，智慧大师会时刻提防自己成为任何形式的受害者，所以，他们会毫不犹豫地屏蔽这些"预言"，像清除大脑病毒一样地清除他们。

每个人都只会看到自己想看到的，不管是外星人，还是魔法师，不管用水晶球看，还是用魔镜看，不管是处于太傻道路第二步还是第三步的大师，他们看到的世界，都只是自己的世界，即使看到的未来也是自己的未来。如果这个观察者心中充满矛盾和冲突，即使这个世界一片和平，他也会看到最有冲突性

的那一块，如果一个观察者心中是和谐和安宁的，即使未来真的有什么世界末日，他看到的也是一片平静。而在太傻的眼里，就算世界都毁灭了，他还是会告诉你，什么事情都没有，因为在太傻眼里，本来就什么事情都没有，在梦里不管发生什么都只是做梦而已。当然，我知道，这也是你要的答案。你要的是一个你所谓的正常人眼中的世界未来，而不是所谓的大师那种纯净无瑕的双眼看到的未来。

但是，你对未来"究竟会发生什么"这类信息的追逐的渴望中所看到的那些"预言"，它们本质上只是你的大脑病毒希望你看到的，而肯定不是你的太傻给你的，你的太傻给你的信息全部被你忽略了。这些外在追逐中获得的未来的答案，不管是传说佛陀做的、耶稣做的、还是什么外星人或者智慧大师做的，要么是原来的话是被传播者曲解了，要么就是对你直接的洗脑。

事实也是如此，几乎所有被称之为"未来预言"的东西，几乎毫无例外是散播恐惧的，从几千年前到现在，哪一个历史时期的世界中不是充满了各种对未来的预言呢？而很多做所谓的预言的人的目的是散播恐惧，释放大脑病毒，这个世界的每一个人，只有在不断的恐惧的洗脑中，才会被这个世界和自己的大脑病毒所控制。

当然，一个人就算不追逐关于未来的预言，他其实也一直在向外在追逐各种各样其他的信息，这些都是信息的恐惧。你在生活中接触到的种种信息，诸如今天要井喷，明天要崩盘，这个国家要打仗，那个地区要发生灾难，出门可能被车撞，回家可能被狗咬，都是一样的基于恐惧控制的洗脑模式，这些披着"保护你"外衣的事物，本质上都是在散播恐惧并实现控制你的目的。当然，很多这种信息，都是被和你一样在恐惧中的人，无意识散播出来的。

Jim：那要是智慧大师，虽然不想看，但是确实看到了未来的某些景象，他可以把真实的未来告诉大家呀，这样不就没有那些恐惧的未来的流言了吗？

Taisha：这只是你的想象罢了。多少真正智慧的大师，无数次地告诉每一个人，"没有未来，你的未来是你自己现在每一刻决定的"，这就是真实呀，为什么没有人相信呢？你只是在你"受害者"的思维模式下，不断地寻求支持你成为"受害者"的信息而已，就好像一个人在股市寻找黑马，他肯定会找到无数的某一匹黑马的蛛丝马迹，什么这个小道消息，那个公告背后的故事，等等，然后越看越真实，但是，你们只是看到你们想看到的东西而已。

当我们谈到未来预言的时候，我们无法去像预言太阳将会升起一样，看到一个几乎一致的剧本，我们必须问，你要问的是想看到谁的世界剧本，一只狗的世界剧本、一个蓝领工人的世界剧本、一个国家元首的世界剧本，还是一个大师的世界剧本？我们还要问，你又想看到多大范围的剧本呢，一个小山村的范围还是一个国家的范围？范围不同，你会看到完全不同的结果，一个国家的世界末日，可能在小山村却平静得一点都不知道，一个小山村的灭顶之灾对一个国家而言，也可能只是一件微不足道的事情。

你也许觉得我为何要区别得这么详细呢？难道世界未来不就只有一个吗？当然不是那么简单，也就是因为你一直用这种简单化的思维思考世界，你才会那么容易地被那些所谓的未来的预言所操纵。如果你像我做的一样，面对任何一个预言，首先问，这个人为什么要相信这个预言，他们究竟是在散播恐惧还是爱，这是谁做的预言，做预言的人是看到自己还是看到别人，是看到狗的未来，还是看到大师的未来，是看到一个小山村的未来，还是看到一个国家的未来，只要你一一问了这些问题，你就不会那么轻易地被那些恐惧蒙蔽双眼了，也更不会被那些其实很容易看清的幼稚的思维模式所束缚了。

举个例子，有一个人因为曾经在周三上街看到一起交通事故，而造成巨大的心理阴影，他于是觉得，任何人只要周三上街都是有可能遭遇悲剧的，于是自己坚决不周三上街，还疯狂地阻止每个人在那一天上街，他对每个人说，你知道吗，周三千万别上街，否则会被车撞的。这也是一个未来的预言，你会怎么看这个预言呢，难道这不是非常幼稚可笑的吗？但是，作为预言者，他确实没说错呀，他也确实是为了保护你，而在他眼里，即使是亿万分之一的可能也是可能呀，在任何一个人身上发生，也是百分之百的灭顶之灾呀，你为什么会不相信这个预言，而却会去琢磨关于世界末日的预言呢？你会用什么方式来破除这个明显可笑的预言呢，其实你也可以用一样的方法破除其他所有的预言对你的影响。

1-6 世界的剧本

Jim：算了，我们不要谈预言了，这个词太虚无缥缈了，确实也是说不清楚的一件事情，我们换个问法好了，也不要说 2012 或者 2018 会怎样了。既然你说未来是一个剧本，你就告诉我，未来的世界十年内，在世界范围内会经历一个什么样的剧本好了。例如要是在 2020 年，要为过去的十年写一个剧本，会写一个什么剧本呢？就好像要是现在，2010 年，为过去的十年写一个剧本，肯定

得写"9·11"吧，肯定得写伊拉克战争吧，肯定得写美国的飓风吧。那未来的几十年，这个世界会经历一个什么样的剧本呢？会有什么世界大战或者人类整体扬升、基督的审判要到来之类重大的事情吗？

Taisha：虽然你说不问预言了，你还是在期望我给你一个世界整体会如何的答案。最好诸如哪个月会发生战争，哪个月发生巨大的灾难，哪个月会有全世界的股市崩盘那种信息，是你最喜欢的。估计你找你自己的太傻，问得最多的也是这种事情吧，似乎做金融投资的，最喜欢或者最恐惧的也就是这类会给世界造成巨大波动的事件吧。

虽然你还是顽固地进入外在的受害者的思维模式，然后趋利避害，但是没关系，这是几乎每个人最根深蒂固的一种思维模式，不可能一两次谈话就完全解决，所以我会很详细地回答你这个问题的，我还会给你讲几个故事，这些都是剧本。希望你能从这些剧本的意义，理解你自己的剧本到底应该怎么编写。

但是，讲故事前，我们首先要看故事剧本的几种不同类别。这个世界只有两种剧本，一种是真相的剧本，一种是虚幻的剧本。就好像这个世界的电影和小说，也只有两种小说、电影、故事，一种是现实主义故事，一种是通俗故事。

现实主义往往反映现实的真相，而现实生活的真相往往是残酷和无奈的，这类作品一般都是悲剧。通俗故事就更好理解了，都是像你说的，反映人们的美好愿望与对外在世界的渴望的，诸如，超人拯救地球，正义战胜邪恶，俊男娶到美女的。网络小说、穿越剧就是通俗文学的典型代表了。Jim，你能举出其他现实主义和通俗作品的例子吗？

Jim：这很容易呀，伟大的文学作品一般都是现实主义的，他们都是表现人性和生活本质的。例如《老人与海》《了不起的盖茨比》。这些作品表现的一般是努力最后可能只剩下鱼骨，美女可能仅仅是一场噩梦，等等。通俗文学和电影就比比皆是了，网络流行小说就不谈了，那些票房高的大众喜爱的电影，《超人》呀、《007》呀、《变形金刚》呀、《加勒比海盗》呀、《蜘蛛侠》等全都是。

Taisha：是的，人类大脑喜欢的戏剧肯定是通俗故事情节的戏剧，你刚才讲的电影，巧合的全是有很多续集的那种电影，估计还可以继续拍下去，人类大脑对通俗故事是永远乐此不疲的，并希望这些赞颂正义战胜邪恶、英雄赢得美女的故事永远地拍下去。

我们先看一个小问题，既然是现实主义的剧本，往往不会描写未来，因为如果这样描写了，人们肯定会说，不会有这样的事情啦，肯定会如何如何，大脑的病毒最讨厌的就是接受现实。就好像在越战前美国人要编写关于战争的剧本，肯定是尽管经历困难，终于正义战胜邪恶了，然后做一些反思，展现一些你说的人性之类的。越战前，甚至越战中，谁都不会想到，也不愿意相信，拥有技术、军事和财富种种优势的美国会有失败的可能性。但现实就是现实，和幻觉没有任何关系，美国竟然没有赢得越战。其实这种事情在朝鲜战争中已经发生过了。越战失败后，连大脑病毒都会觉得，这真是一个巨大的讽刺，于是几乎所有关于越战的电影，都变成现实主义的，再也没有任何英雄主义了。

过去的事情，因为无法改变，所以基本都是现实主义的，而未来和没有发生的，却是可以随意想象的。这个世界中大部分人认为合情合理的情节，或者觉得很有乐趣、很感动的情节，往往是最荒谬的部分。我说的不是简单的超人、蜘蛛侠拯救地球那种情节，即使很多人也觉得不大可能有，大部分人还是看得津津有味的。然而即使拥有最丰富的想象力，大部分正常人都会觉得有一些情节很荒诞而无法忍受，比如现在很流行的穿越小说吧。你知道那些小说里的情节大概是什么样子的吗？

Jim：当然知道，这现在已经从网络文学流行到电视剧了，还有一个专门的名字，叫"穿越剧"，似乎还是一个很大的门类呢。有清穿、明穿、战穿、架空穿、穷穿等，只要你敢想，没有不敢"穿"的。情节都是要么通过时间隧道，要么死后重生，反正穿越到某个朝代，然后用自己的智慧和机遇打败一切困难，赢得财富与美人之类的。很无聊啦，哪有那种狗血的事情呀，如果任何人真的有那么好的运气，世界早就天下太平了。但是，尽管情节狗血，有不少人喜欢看呢。

Taisha：能找到让你都觉得情节狗血的东西真的还是不容易的事情呢，这样更好，我们讲清楚这个问题会更加容易了，你刚才提到看过《2012》，对比那些你觉得狗血情节的穿越剧，你有什么感觉？

Jim：《2012》很震撼，拍得不错，虽然也有一些运气巧合之类的，但是确实很感人，基本都是平凡人的故事，没有什么超人战胜恶魔，没有什么大牌明星，所有人都在努力求生，即使地球毁灭，人类还是有希望。

Taisha：好的，这就是你尚存在的思维体系的现状，你的大脑的病毒确实比那些会津津有味地看穿越剧和网络小说的人少一些，其实也没有少到哪里去。一个大脑纯净而没有分离思维模式的人，如果看到《2012》这样的影片，就会觉得好像看你说的穿越剧、网络小说一样的，还没有看完开头，就已经看不下去了，因为他知道，电影里那些事情是根本不可能发生的狗血情节，就算不谈那些运气的成分，整部电影描述根本不可能发生的事情有什么意义呢，即使那确实是人类美好的愿望。但是，与现实太遥远了，遥远得像那种无法用简单的科幻或者幻想故事来接受的某种事物一样。

Jim：我对这个有不同意见，穿越剧和狗血运气情节确实不大可能发生，但是在电影《2012》的那些情节里，不算那种恐怖的全世界规模的灾难，其他的内容却还是有很大可能吧。在灾难中，众人为了生存而合作努力，成功地克服困难，其中有爱情，有人性，有伟大的，有渺小的。我其实觉得，《2012》还是相当现实主义的，也几乎没什么伟大英雄拯救地球的情节，也死掉了很多人，还讽刺了什么加州州长之类的明星，这不仅仅是现实主义，还可以算半个悲剧呢。

Taisha：你看，Jim你说得很好，"为了生存而合作，克服困难，有爱情，有人性，有伟大的，有渺小的"，这真的是你的大脑最喜欢的情节模式了，是几乎所有畅销文学、流行电影和通俗小说的必然套路。从《哈利·波特》到《泰坦尼克》《指环王》，还有你刚刚说的《2012》。你和其他的几乎所有观众，都总是觉得自己其实可以很容易地分得清现实和虚幻，看看这些幻想的情节的故事，感受一下英雄主义的快感，顺便体验一下人类的伟大情怀，也不是什么大事。

这个被大脑病毒所感染的人的一个典型思维模式，就是一直深刻地被人类信仰的行动主义，并相信，只要努力就能做到，经历困难才能拥有收获之类的理论，于是你也相信自己是那种在灾难中肯定会努力逃生，并且不会放弃每一个得救机会的人，在这个过程中帮助自己，顺便也帮助别人，是吗？

Jim：当然，这有什么不对吗？这是在我看来人类世界最美好的部分了，合作、人性、爱情、勇气、成功等。

Taisha：别着急，我没有批评你的意思。太傻从不批判，只是指出事实。我来给你讲的第一个故事，是一个《2012》电影的现实主义版本的剧本，你可以把这个剧本和电影的剧本比较，你会在这种对比中，看到真实和虚幻的本质区别，也会更清楚地理解你大脑病毒的运作模式。

Jim：电影《2012》还有现实主义版本呀，这倒很有趣，是你要用讲故事的方式给一个关于我的未来的预言吗？我来帮你开头，"本故事纯属虚构，如有雷同，纯属巧合"。

Taisha：这个剧本既然发生在过去，就是某种事实，只是发生在你已经忘记的过去而已。如果发生在未来，就好像美国在越战中失败一样，你肯定会说，"我不相信啦"。我之所以选电影《2012》，并不是有什么特别的意思，只是因为你刚才反复提到这个电影，不管是《变形金刚》，还是《指环王》，或者《哈利·波特》，这些电影的现实主义版本，我都可以给你讲出来。不过，这个现实主义的剧本却很有代表意义，在这个剧本里，你也有一个角色，但不是主角，

1-6 世界的剧本

1.35 你可以把这本书作为时间和大脑的使用手册，真正使用你的工具

我就主要描述你那段情节好了。

Jim：是吗，难道《2012》描述的那种世界末日以前在地球上也发生过吗？我还经历过吗？你不是要说我的前世的某些经历吧？我逃出灾难了吗？你不会说一个我在灾难下悲惨死去的故事吧，我可不信这种故事。

Taisha：时间并不存在，过去未来都一样。即使幻觉世界也只是在不断地循环。你只是不断地经历你自己罢了。你自己不改变，在哪个人生中都是一样的经历。至于这个是不是你的真的过去或者前世，你听后自己就知道了。

Jim：好吧，那我在过去的世界末日到底发生过什么？快说吧，我都有些迫不及待了，这确实是我没有想过的回答呢。

Taisha：你不用这样紧张。就当是看一部关于某个人的人生的电影吧。

这个故事是这样的。那是一个科技很发达的国度，甚至比现在地球的科技还要发达四千多年的水平，人类已经在海底建造了城市和基地。你是那个海底城市的一员，属于军方的核心技术成员，但不是最高层。你和你的妻子还有岳母一起住在海底城市的一个核心军方机密区。

有一天，军方内部突然发生了小小的混乱，你很快知道，从某种绝对正确的信息源反应判断，马上要经历一场前所未有的规模的地震，地震将摧毁这座海底城市。但是，能回到安全的地面的交通火箭位置却有限，所有军方人员开始自动内部分配座位准备逃难了。

你一点都不担心，因为你属于军方核心，肯定有你和你家人的位置。你一点也没考虑过外面城市里还有很多在那里生活的人。那似乎根本和你无关，也没有任何内部的人提出异议，所有人都自觉地严格保密，因为大家都知道，泄漏一点点消息，可能就会引起麻烦，最后自己反而会受影响。虽然有知道这个消息却没有座位的人，都已经被严格控制了，肯定不会有人泄密。

但是，在最后要离开的时候，你才发现你的妻子火箭上的位置坏了。于是，你毫不犹豫地决定把你自己的位置给你妻子，自己留下。你对你妻子说，自己会想办法逃生。他们没有意见，就分开了，分别的时候，非常平静，没有多少牵挂。你只是有一点点伤感，但是没有感到死亡的恐惧。

你离开火箭的时候，某一刻有一个奇怪的感觉，也许这个火箭会发生什么问题，但是你很快就嘲笑自己，怎么会有问题呢，这个火箭系统是自己参与研发的，运行过很多次了，从来没有出现过问题。某一刻你还有一个奇怪的感觉，如果那个所谓绝对正确的信息源错了，怎么办？这个海底城市会变成一个孤岛，无法进出，无法通讯，除非外面有人来拯救。但是你马上也嘲笑自己，那个信

息源是人类所有的科技进步的源头，是所有人信仰的根本，怎么会错呢？

但是最后，地震没有发生，只有一些小小的震动，影响也不大。你也不知道外面的情况。那个海底城市真的成为一个孤岛，在没有政府和外部联系的情况下自治生活了很久，很多人一直在等待外面人的到来，那个城市只是偶尔有各种谣言出现，说外面的世界已经在灾难中毁灭了，随着时间发展，最后连等待的人也都没有了。你是少数知道事情真相的人，你知道，外面的世界和那些逃生的人肯定出了问题，否则他们肯定会回来，但是没有人回来。

之后你过上了平静的生活，这一生再也没有经历什么大的变故，没有英雄，没有见到什么毁灭，你对谁都没有说你的故事，没有对妻子的眷恋，没有对选择的后悔，只有一些偶尔的自我嘲讽，最后平静地死去。这个海底城市也慢慢变成荒岛，最终在某一次地震中消失无踪。

Jim：怎么这好像我做过的一个梦，我似乎真的做过这个梦。你怎么能偷窥了我的梦境，这明明是我昨天晚上做的一个梦，和你说的基本完全一样，我还记得有个人造海滨，我在那里还计划，如果真的地震，我有什么逃生办法，还计算是否能用潜水的水肺来升到海面逃生，但是一直没找到解决方法，我还记得军方内部的分配座位之后，有一些必须要留下的人，出现一些小小的混乱和争斗，我还在其中协调。我本来已经忘记了这个梦，你一说，我就记起来了。你怎么能偷窥我的梦呢，但是，那真的是我的过去吗？那是亚特兰蒂斯时代吗？那个国度不是说最后毁灭了吗？

Taisha：我没有偷窥你，是你自己把这段信息传送给我的。你总是认为你的思想是某种隐秘的东西，不应该被别人知道，别人也无法知道。但是，每个人的思想都无时无刻不在像高音喇叭一样对外广播，只是因为你大脑混乱嘈杂，所以分不清哪些来自自己，哪些来自别人。大多数这种信息都被你浮光掠影地当作思维的影子一般忽略掉了。当你净化了自己的大脑病毒的杂音，一样可以随时随地清晰地看到任何人的思想。只不过，当你拥有那种能清晰听到别人思想的能力的时候，你根本不会去有兴趣偷窥什么，因为那里基本都是重复而嘈杂的情节，就好像听一群精神病人相互吵架一样，而且比那个更重复而嘈杂得多，你会做的只是想方设法堵住耳朵，设置一个屏障，阻止那些思想的噪音进入你的头脑。听到别人的思想和未来预言一样，这些都是大脑病毒升级后的麻烦的副作用。

Jim：好吧，不是你偷窥的，是我告诉你的，这个能力倒很有趣，可这个梦连我自己都忘记了，你怎么还会看得到呢？

Taisha：没有忘记这回事，只是你的大脑病毒屏蔽了你的记忆而已。你看我一说，你不就记起来了吗，还记起那么多细节。要是你真的忘了，你怎么会记起呢？你的前世和梦一样，只是你选择性地屏蔽起来罢了。就好像你现在的一生，你记得多少呢？其实你记得一切，只是你不想去回忆罢了。当你打开了你大脑的功能，不仅仅可以看到别人思想里的所有过去未来，更重要的是，你也会学会看到自己的过去未来。当然，这个是我们下一次谈话的内容——如何真正地看到。

你的这个梦是你的太傻给你的，他仅仅是让你看到，即使是世界末日，真实的世界剧本会是怎样发展，它们和你大脑自我虚幻的情节会有什么不同。在你的真实的现实里，几乎不会有英雄，不会有超人，不会有要克服的艰难险阻，你所有的计划几乎都会落空，自以为聪明智慧、保密逃生的人反而最先丧生，不知道真相的人们反而平静地生活——这难道不是所有现实主义的本质吗？

所有现实主义的作品，都含有某种让人无法接受的残酷，但是，那又是真相。但是，大脑最不喜欢的就是"真相"——但是，每一次真相都是对你大脑病毒的智慧、勇气和努力就能成功的幻觉的讽刺。其实你现在也经常经历，只是你的大脑病毒不断地让你忘记这些讽刺性的经历而已。想想你哪一次信心满满的投资，不是彻底地失败？哪一次努力和渴望了好多年的事情，最后带给你的不是失望？而那些不经意之间做的事情，自己无法理解的"太傻指引"下的事情，却都以最合适的方式改变着你的人生，这些都是"真实的现实"的力量。

你曾经想象过你的过去和未来应该是什么样的吗？是充满了戏剧和矛盾吗？是成功和失败的交织吗？但是现实就是现实，不管你想把它变成什么样的戏剧，它只会以自己的方式运行。就好像你这一世，在现实中，难道不是大部分时间都很平静吗？

Jim：如果不是我确实记得那个梦，我也有一点点难以相信那真的是我的故事。确实和我之前想的不一样，我以前一直觉得，我应该是某种大人物之类的人。这个故事确实有点平淡，也有点讽刺，不是那种好听的故事，但是真的给人一种震撼的真实感。

Taisha：你的前世确实当过大人物，不过你现在还在时间幻觉里，和你说了只是加深你的幻觉而已。以后你要是真的走上太傻第一步了，等你不再受困于信息迷宫了，我们有机会再说你当大人物的经历到底给你什么意义吧，其实你现在也可以想象，真实的大人物的经历肯定和你大脑病毒想象的大人物完全不一样。

说过了《2012》的过去的现实主义版本，你的感触应该还不是很深，没关系，我可以再附送一个《2012》的未来版本的现实主义剧本给你，这次和你无关啦，我只是让你有机会彻底看清楚现实主义或者真实的世界到底是什么样的，和一个人的想象到底会有多大的区别。也让你看清不管一个人觉得自己会多么明智地区分现实和想象，而实际上每个人是怎么被自己的那些想象所深深地束缚，并不断给自己制造麻烦的。

不过这个未来现实主义版的《2012》即使能拍成电影，估计也没人喜欢看。你的大脑病毒肯定不喜欢这样的剧情。

Jim：好呀，就算和我有关，现在我已经可以平静地接受一切可能了。未来的剧本是什么呀，世界毁灭了，我却没事是吗？

Taisha：别给自己计划了，你只要记住，如果所有的计划都会落空，又何必计划呢？如果所有的选择都是自找麻烦，所有的选择都一样，你又何必去费心选择呢？现在你再理解我们之前说的"无须选择"，你会有什么特别的感悟吗？

这个未来版的《2012》的现实主义剧本故事很简单：某个大明星，一向在电影里扮演那种英俊潇洒、战无不胜的角色，但是他一直是一个神秘教会的成员。某一天他特别信赖的教主告诉了他，关于未来某一天即将有巨大灾难的事情。这个教主以前说的预言都成真了，虽然预言都不大，但是他确实很信服这个教主，也捐了很多钱给这个神秘教会。于是这位大明星也在这个内部教派的某种信息指引下，花巨资建造了一个高科技的地堡，可以防范地震、火山、核辐射之类的一切灾难。他准备在灾难到来之前，提前就躲进去，就算真的有什么灾难，躲两三个月肯定没问题，等灾难过去了，再出来。他坚定地相信，自己的智慧和勇气可以像自己一直在电影里表演的一样，保护自己和所爱的家人。当然，他都离过好几次婚了，也没什么要保护的家人。但是作为这个世界的成功者的代表、无数人疯狂崇拜的对象，他一向很自信，相信自己的智慧和勇气肯定不会比任何人少。

你看，《2012》电影里的巨大的潜水艇估计一个人造不了，这种高科技地堡还是肯定能造出来的，比造一个别墅麻烦一点点，人类大脑的病毒总是会给你想到"聪明"的解决办法。

Jim：好吧，快说吧，结局是什么呀？灾难来了吗？他的地堡管用了吗？我其实偶尔也琢磨过类似的计划呢，诸如用一个热气球飞到天上去之类的。

Taisha：嗯，其实看过电影《2012》的人，如果没有经过《太傻天书》的锻炼，不管相不相信，都会或多或少地琢磨，如果发生类似的情况，自己应该怎么应对。

你的大脑病毒肯定不会放弃这样一个计划和选择，放弃展现自己所谓智慧的机会的。

这个故事的结局是，还没等到预言有灾难的那一天，那个大明星在某次提前体验地下别墅效果的时候，由于某个空气净化系统设计的故障，被一种有毒气体闷死在地堡里面了。他是在睡梦中死去的，没来得及展现智慧和勇气，也没来得及死里逃生，也没有经历什么痛苦。后来调查发现，这个地堡因为太先进，一些设备部件还没来得及测试，估计某个部件用了山寨的部件，漏气了。

而到了预言有灾难的那一天的前几天，确实发生了一次火山爆发，世界受到了一些影响，也是当年的一个重大事件了。但是，不是世界末日，只是那种每一年地球都可能发生、会让世界紧张一会儿的地震，虽然死了一些人，但是地球没有毁灭，人类没有灭亡，人们还在继续写剧本和看电影。少了一个明星，很快会有新的补上，而且肯定会越来越多，日子还是继续过，戏剧还是继续向前。而那个大明星的高科技地堡，似乎谁也不记得有这件事情了。这个故事也结束了。

Jim：好吧，这剧本肯定不会有人喜欢。不过看起来还是很真实，很有讽刺性。

Taisha：大脑剧本永远是喜剧剧本，俊男获得美女芳心的时候，剧本就会结束。不会真的写之后两个人都移情别恋，所谓的山盟海誓的永恒的爱情只是一场笑话。大脑永远只看自己喜欢看的东西，从来不在乎真实是怎样的。

但是，我们看过这两个现实主义剧本后，你会知道，这些是在现实生活中真的会实实在在发生的。但是你再回头看看电影《2012》的剧本，你还觉得那里面的合作呀、逃生呀、爱情呀、勇气呀，都是现实吗？电影里这些情节的本质，和各种其他通俗戏剧的情节，那种你说狗血到吐血的网络小说里面的运气，不是完全一样的吗？

Jim：好吧，我承认，但是，电影就是这样的。其中的人物是比较有运气，现实中是不会有的，但是，人们还是渴望美好的结局的，这不能算错吧。

Taisha：不用分辨对错，我们只是要看到一个事实，你的大脑病毒其实还是在一直期待某种戏剧性，这种戏剧性是长期在分离中洗脑的必然结果，即使你不断地告诉你自己，那些电影都是虚幻的，现实中是不可能这样发生的，但是，当你面对未来的所谓的选择的时候，你的大脑往往都会给你一个通俗文学的剧本。因为那些剧本中所表达的分离的思维模式，那些行动主义，那些大脑病毒所谓的智慧和勇气，都确确实实是你自己一直信仰的。

你也许觉得，你和所有人都可以很轻易地不会在现实生活中进入幻觉，分得清到底什么是现实，什么是幻觉，真的是这样吗？

为什么每次股市高涨，就会全民炒股呢？难道他们不知道，所谓的股市黑马之类的神话，都只是某种类似超人拯救世界一样的幻觉吗？当一群人蜂拥而至去创业的时候，他们难道不知道，一千个创业的人中只会有一两个真的获得成功吗？当一个男生看到漂亮的女生，就一见钟情，愿意为她上刀山下火海，并觉得为这样的爱付出一切都值得的时候，他真的分得清现实与虚幻吗？

当然你会说，那是人类美好的愿望，但是，所有的美好愿望的本质还是恐惧和分离呀。这些最后都会成为囚禁你自己的牢笼。就好像我举过的越战的例子，真的有正义和邪恶吗？而即使现在很多人都相信，这个世界有绝对的正义和邪恶，也有当然的好坏对错，所以一些战争和冲突是有必要的。

但是，如果让大脑设计剧本，肯定是无论如何波折，正义终究还是会战胜邪恶的，好人肯定会战胜困难的，俊男一定会娶到美女的，所以，投资股市一定会赚大钱的，去创业也是一定会成功的，看到喜欢的美女就肯定是最适合自己的真爱。无论是哪一场游戏，你的大脑肯定是把你放在和超人、007、爱情男女主角一样的位置，你的大脑接受不了一个不存在正义和邪恶区别，不分辨好坏对错，还充满现实主义的残酷的真相世界。

我现在帮你看的是，人类的大脑如何通过一些每个人都喜欢的所谓美好的情感，在各种所谓的行为主义——努力、奋斗、智慧、追逐的分离的思维模式下，却不断地制造悲剧的。你一直觉得你可以分清现实和虚幻，但是，在几乎所有的过去你经历的痛苦、矛盾和挫折中，哪一个不是因为你把现实和虚幻弄混了而造成的呢？

Jim：可是不这么策划剧本，难道会有人给自己想象悲剧的剧本吗？在灾难中悲惨地死在外星人和怪兽的攻击下，就好像一部用手持DV拍的电影，名字似乎是《科洛弗档案》。

Taisha：确实没有人会给自己设计悲剧的剧本，但是，你为何一定要给自己剧本呢？太傻从来不给你设计任何剧本，他只看到现在。任何剧本都是与时间相关的，都是大脑病毒制造的幻觉，你不管怎么计划，怎么选择，怎么趋利避害，最终都是在给自己制造麻烦。你一旦开始选择，就将不可避免地陷入矛盾和痛苦。

有一些时候，你忘记了选择，无从选择的时候，却往往得到最好的结果。就好像你的前世的经历，你最后几十年的平静生活，唯一的原因仅仅是你没有选择，也不必选择，或者说，你做出了"太傻"的选择。当你选择把位置让给你妻子的时候，你是出于爱。爱的选择，就是太傻的选择。其实你会发现，那个时候，你从未经历选择的犹豫，在爱中，你不会选择。你没有做什么惊天动地的伟大的事情，更不是因为什么海誓山盟和伟大的爱，你仅仅是在成为你自己。这就是太傻的生活原则——"无须选择，成为你自己。"当然，这是我们第三次谈话才会深入的主题。我们现在只是简单描述一下。

但是，记住那种感觉，你没有做任何事情，那个时候，一旦你进入选择、渴望、期待，开始编写那个你人生的剧本，你肯定是在大脑病毒中、在时间中为自己制造一出通俗戏剧，而那就是一切痛苦的源头。

每个人的分离的思维模式，不仅仅会制造个人的矛盾和痛苦，大众的分离的追逐，也同样会制造这个地球的一切矛盾和痛苦的经历。未来人类经历任何大小规模的灾难，同样不是由于有什么所谓的上帝的惩罚力量或者外面看不见的手，那仅仅是因为人类自己在分离的意识中，集体地制造了这些灾难。而这些灾难仅仅来源于他们日常的那些不加控制、随意漂流的胡思乱想。

Jim：好吧，我承认你这个解答方式确实很有说服力。我承认人类大脑是有很大问题的，确实，大部分人分不清虚幻和现实，别说股票、爱情、创业，其实每一个领域的麻烦都是这样发生的。我们还是回到谈剧本之前那个话题吧。你的意思是地球未来确实会发生某种巨大的灾难吗？只要我们警惕大脑的戏剧，不要看到什么、听到什么就陷入恐惧或者追逐，就不会让自己陷入不必要的困难境地，诸如像现实主义未来剧本写的那样，一直恐惧灾难，而灾难还没来，就自己闷死在地堡里了？

Taisha：当然不是。我希望你看到的是，不管你在探寻什么样的未来，不管你是在策划什么样的应对策略，不论你找到什么样让你相信或者不相信的预言，只要你是在大脑病毒操纵下的，你就不可能看到真相，你不管做什么，也只是让自己更加恐惧，并制造更多的麻烦。

所以，每当你尝试了解未来，并用所谓大脑的智慧趋利避害的时候，想想那个和你一样认为自己有智慧、有勇气的大明星，你再看看你自己，你们之间没有区别。而当你放下选择，不再去追逐，不再去躲避，即使你做的事情是所有人都觉得"太傻"的事情的时候，你却在内在的平静中，同样经历你自己的平静。

不管未来会发生什么，记住，那些都与你无关，那些预言只是预言者自己看到的自己，那些灾难只是需要经历灾难的人要经历的灾难，这个世界没有任何的偶然，但是，你却可以在自己大脑病毒的指挥下，自己给自己制造一切的麻烦。

Jim：即使与我无关，我还是想知道，那未来这个世界的剧本整体究竟会是如何的呢？

Taisha：关于未来，我可以明白无误地告诉你未来十年会发生什么，这些都不用什么大师预言，只要你掌握思维创造的原则，并善于从分离的角度观察人类意识在怎样制造自己的灾难，你就可以像预测明天太阳还会按时升起一样地得出这些结论，注意，这不是预言，只是规律而已，现在的规律、现在的力量，决定一切的未来。

很多预言流传的世界会整体毁灭，只剩下少数幸存者的事情，是绝对不会发生的。未来几十年对少数一些人确实有一些特别的意义，所以这些人和你一样，都会经历有一些内在的渴望去探寻一些其他人都会觉得不可理喻的未知的领域。但是，那只是百分之一左右的少数人而已，这个我们未来在第七次谈话的时候会具体地谈，未来几十年对这少数人，到底是什么特别的意义。

但是，不管是那百分之一还是百分之九十九，都不会遭遇什么全体性的灾难，或者全体性的升级，每个人的未来都是他自己创造的。所有的灾难和毁灭的传言，本质上都是为了在这个世界制造恐惧，并让人们继续走上更深的分离的道路而已。当然了，这种预言从几千年前到现在，在任何一个社会时期都没有断过，大部分人会该做什么做什么，该吵架的继续吵架，该打仗的继续打仗。过去是这样，未来也还是这样。

不仅仅世界不会在未来十年毁灭，以后一百年间也不会，未来一千年间也只会发生一些戏剧性的变化，不会有什么所谓的全球毁灭。你要记住，人类的所有经历都是自己创造的，不是什么外星人、神秘星球、陨石、地球危机制造的。人类的思维的分离和大众的恐惧，确实是现在的很多战争和自然灾害的源头，但是，这种分离的深度，离毁灭世界还有相当一段距离呢。

人类思维一直在加速地分离，地极一直在移动，地震不会特别多，也不会特别少，火山不会毁灭世界，温室效应和洪水干旱，人类都可以对付，股灾和井喷都只是一些隔几年就会玩一次的游戏，就连很多人最担心的能源危机、环境危机、水资源危机，在未来都不会发生，这些也都与你无关……我给你的答案会让你觉得有些失望吗？你的大脑病毒肯定很失望，但是记住，让你的大脑病毒失望的东西，往往就是现实。失望也是一种分离，它是期待的表达。太傻是不会失望的。

当然，即使未来肯定不会有什么世界末日，但是在最近一百年，由于科技的发展，人类的意识却深陷于外在的追逐中，大众整体的思想也在加速走向分离和矛盾。这些思想的分离和矛盾无一不在制造着这个世界的各种天灾和人祸。当然，我不是说人类未来会因为大众内在的分离而遭遇什么电影里面的那种几天之内地球毁灭的灾难。你可以这样想，如果人类的大众意识分离已经到那种程度了，之前几百多年，人类就会因为大众内在的分离造成的其他问题而已经从地球消失了，根本等不到什么全球火山爆发、地震的那一天。

人类大众意识的恐惧和分离，能造成的最毁灭性的灾难可不是什么偶尔的火山爆发、地震这种吸引人眼球，但其实破坏性不大的事情。人类意识分离最直接的显化模式是人类的疾病，尤其是以癌症为代表的直接与情绪相关的疾病，这些致命疾病的起因不是什么空气污染、病毒或者饮食不健康，而是人类内在情绪中的矛盾，尤其是愤怒。一个人的愤怒，即使不表达出来，也一样会在细胞内造成严重的破坏，而成为癌症的核心诱发因素。而最近五十年，医疗科技不是进步了一点点吧，很多原来致命的疾病都可以治疗了，为什么你会看到周围因为癌症死去的人反而成倍地上升呢？未来几十年，这个趋势会更加显著，人类自己分离思想对世界真正的破坏力，可比什么全球变暖、环境污染要大得多了。

即使是现在，这个问题也比几乎所有的医生想象的要严重得多，十年前动物领域已经开始发生可传染的流行性癌症了，人类未来会遭遇到类似问题的冲击。所以，你可以想象，就算未来人类意识的分离真的会在某一天导致全球性的灾难，在那一天之前好久，人类就已经被自己分离意识制造的癌症给毁灭了。

更可笑的是，会有那么多人声称自己是和平主义者，不喜欢暴力，不喜欢战争，却每天在电视里、电影里津津有味地看着各种各样的战斗，享受着各种暴力的乐趣，似乎他们认为，只要暴力带着正义的目的，就是可以接受的。就好像人们认为因为吵架能解决问题，所以吵架都是合理的一样。你看看每天在大众媒体中，有多少暴力、多少争吵，你再看看有多少人津津有味地看着这些暴力和争吵的故事。而这些每个人都觉得无所谓、分得清真假的事情，却恰恰是那些最大的矛盾、战争、自然灾难的制造根源。你想想有多少人会进入战争的恐惧，但是又有多少人每天在看关于战争、暴力、争吵的电影和电视剧。任何要进攻地球的外星怪兽，都抵不过地球人一个人一口唾沫。同样，每个人每天做的那些分离和追逐的小事情，比任何外星怪兽的威力都要大很多。

Jim：可是真的一个人就算看看电视、看看新闻这种小事情也会制造那么大的暴力和灾难吗？

Taisha：这是真实的眼睛看到的真实景象。如果有一天你睁开了你真实的眼睛，你会看到人灵魂的光团，在下一次谈话我们会更详细地描述在真实的眼睛下

看到的世界灵魂的光的世界。这些灵魂的光团有各种不同的层次，还有内在不同的颜色组合，被很多人叫作灵光，每个人都有。当你像调整你眼睛的焦距一样地调整你真实的眼睛的视角深度的时候，你会在某个深度看到以你心的位置为核心，你的灵魂的灵光被各种各样或粗或细的丝线所穿透，从这些丝线上，你的生命力、你的爱的力量、你的内在的活力，都以各种形式从这些丝线上流走——我们一般称这些分离的丝线为"夺命丝线"。

各种各样期待、追逐、分离的欲望，对更多、更好、更美的分离渴望，都占据着丝线的另一端。每个人的一小部分会聚合起来，丝线最后合成一个怪兽一般的庞然大物，还具备某种人的形状，因为很多人都会觉得国家是有个性的存在，是某种类似超人的强大力量在操纵着国家，但是其实这个国家怪兽是每个人自己的期待和恐惧制造的。一些国家和地区还会看到各种宗教、信仰、国家文化所形成的一样的灵光怪兽的形象，这些事物不会给予世界任何帮助，只是不断地将各种分离和恐惧传给每个赋予力量的人，并不断地夺取更多的力量。

千万不要觉得电影、电视、新闻、网络是什么小事情，如果你在真实的眼睛下看到这么多人的这些近乎变态的对暴力和矛盾情节的追逐，那些都是一根根分离力量的丝线，这些丝线由于太过众多，在无意识中汇聚在一起，成为一个巨大的暗黄色的光球，这个破坏的光球进入大气，进入地壳，制造了那些恐怖的灾难和世界各个角落的暴力和冲突。如果你能看到这些，你就会更深入地理解，为什么现实中会有永不停止的这么多自然灾难，那么多家庭暴力、民族矛盾，这永远不会停息的战争和冲突，真的是上帝的惩罚或者是少数人的操纵吗？难道不是每个人在大脑中对暴力和冲突的信仰制造了这些吗？那些连环杀人犯、恐怖主义的各种极端的人物，不都是在大众这种对暴力和冲突的渴望中制造出来的吗？

一个人如果越关注各种媒体，越多地被各种朋友、外在的冲突和矛盾所包围，越被外在的各种追逐和恐惧所占据，他灵光上的丝线也就越多、越密集，他的内在的活力和爱也就流失得越快，这个人也会更快地感到疲倦和需要休息。但是，睡眠并不能真的补充这些力量，他们是用生命力在支持着那些外在分离的存在。随着时间的推移，一些丝线密集的地方，因为抽取的生命力太多，你的灵魂的灵光上会出现黑斑，慢慢地汇聚和扩大，然后在物理身体上以疾病的模式显示出来。

所以，大众内在的分离制造的什么灾难、战争，和每个人自己给自己制造的那些烦恼、疾病相比，根本是不值一提的小事情。每个人在看电视、看新闻、看争吵和暴力的电视剧和电影的时候，他们的身体就会被各种密集的丝线穿透，他们不仅仅是在浪费力量这么简单，那些丝线最密集的地方，会形成一个个黑洞，那些黑洞未来就是癌症的起源，在一些环境中也会转化为某些细菌或者病毒引起的疾病，但是，本质上那些和病毒和细菌没有任何关系，是每个人分离的思想自己造就的那些疾病。可笑的是，很多人自以为生活健康，不让自己喝一点点有可能影响健康的水，不呼吸一口二手烟，但是，他们就是在这种对健康的忧虑和对外在环境的恐惧中，实际的结果却是恰恰相反的，那些分离的忧虑其实比每天喝自来水和每天抽一包烟对人的伤害要大得多。

从另外一个角度，你也会看到一个人过得生活越简单，越安宁，越远离那些媒体和冲突的故事，越专注于自己的研究或者工作，他的外在的丝线也就越少。但是，很多人不可避免地会与自己的家庭矛盾、子女前途、社区发展和工作环境发生关系，因此多多少少会被一些丝线所困扰，但他们的情况要比那些在各种主动和被动的矛盾冲突中挣扎的人要好得多。

如果你从这个角度看，你还觉得自己每天看的那些新闻、电视、电影、娱乐，那些这样或者那样你觉得理所当然的事情，都是无关紧要的甚至还有某种必不可少的重要作用吗？

当然，虽然在未来几十年，人类会更容易得癌症之类的疾病，但是，所有的疾病既然根源在于每个人意识的分离的破坏，如果人们普遍地学会如何去使用《太傻天书》的练习去消除这些分离的思维模式，未来即使得了癌症的人也会发现，再严重的癌症也会和感冒一样易于治疗。

记住，我们从第一次谈话就开始从各个角度说明：思维创造的原则既然是规律，就是说，不管你相信不相信，理解不理解，这些规律都会时时刻刻地运作，但是，你理解规律会让你更有效地解决问题。

不过关于疾病如何治疗，甚至超越生死的问题，肯定不是你靠简单的原理就能实践的，这些是比简单的喝水加不加矿物质这样表层的分离更深入的思维模式，你不可能"从此下定决心，再也不想那些分离的事情"，然后就能解决疾病和死亡的。和清除大脑病毒一样，我们以后会教导很多小技巧，例如这一次谈话我们将会教导的"当下"的技巧，下一次谈话我们将会教导的"反义"的技巧、"呼吸"的技巧。这些技巧都是可以用在任何疾病或者生活问题的处理上的具体锻炼，也是消除大脑分离思维模式的具体技巧，而疾病治愈和生死问题的完整的原则和实践体系，我们会在第六次谈话中具体分析。

Jim：好吧，你说的这些确实超出了我原先的预期。看来真的大部分末日预言，都是瞎扯的呢。我原来还以为其实人类会在未来进入某个黄金时代呢，至少很多书都是这样说的，说人类会整体觉醒，世界会在一个新的环境中重新开始。

Taisha：你说的这些黄金时代预言，和那些表明世界末日的灾难的预言，本质上没有区别。整体觉醒和整体毁灭一样不会发生。人的思维创造外在体验，不同的思维如何会创造相同的外在呢？新时代、世界的觉醒，和地球未来要经历的地震、火山喷发之类的灾难一样，都只是某些人自己现在设计，并自己要去经历的某种剧本而已，那只是一小部分人的体验，大部分人只是随波逐流，这是在任何一个历史时期都完全相同的现实，和太阳明天还会按时升起一样，这些都不是预言。

而这些所谓的觉醒呀、新时代呀，这也不是多么重大的事情，这只是一次小小的学期测验而已，有人升级继续学习，有人留级重修，却没有人会降级，更不可能退学。这个规则宇宙中，这些事情就像春夏秋冬一样，属于自然规律的一部分，隔一段时间就要发生一次。不过现在你还没有建立理解这些事情的基础，太过于详细地给你分析细节和规律，只会让你更加疑惑，不过不要着急，等到第六次和第七次谈话，一切基础都打好的时候，我会把一切都给你说清楚的。

Jim：那如果有什么地球灾难，即使是不大的那种，也会有人受伤呀，太傻和《太傻天书》不负责在灾难中拯救地球和人类吗？

Taisha：《太傻天书》既然是最后一本书，那这本书就是在时间之外的。你就算去黄金时代，任何其他的世界或者层次，也是在时间之内，只是不同的世界体系罢了。《太傻天书》既然告诉你，他将解决所有问题，你要理解，我并没有说，这是地球的问题，或者哪个星球的问题，或者哪个世界的问题。所有的问题，只要在这个规则宇宙的时间之中，都没有区别。你到了所谓的黄金时代、第四密度之类的地方，一样要做《太傻天书》给你的锻炼。

而《太傻天书》在时间之外，看不到任何所谓的区别，更不会有灾难和平安的区分。他清楚地看到，每个人都已经平安，每个人都只是在梦中玩一个游戏，游戏的场景还是他们自己制造的，玩游戏是每个人的自由意志，既然如此，又何必去拯救什么呢？

同情和怜悯也是一种分离，即使你认为这是人类最伟大的情感，但是，同情只是扭曲的爱。真正的爱，是没有区别的爱。既然没有区别，你又何必去怜悯呢？当然，我现在这么和你讲，你是不可能理解的，我们会一步一步深入地把这些都分析清楚。

Jim：那我现在应该怎么做呢？现在就开始做太傻天书的练习吗？

Taisha：你要记住，你什么都不用做，你唯一要做的就是成为你自己（Being yourself），你也同时在成为太傻（Being TAISHA）。而这个过程本身是一个没有任何困难和艰辛的过程，一切自然而然地发生，无须选择，不用体验焦虑与恐惧，这难道不是一件很轻松的事情吗？

但是，因为你已经非常习惯于那种"奋斗努力获得成功"的思维模式，习惯于去努力呀，奋斗呀，趋利避害呀，做出正确的选择呀，等等，于是你会不断地想回到原来的那种模式中，也就是这个原因使你还在分离的幻觉中，所以你会不断地体验困境。

Jim：你的意思是，如果未来发生什么灾难之类的事情，我应该什么都不做，然后自然会安全无忧。我要是想着逃难之类的，反而会陷入危险。

Taisha：不是什么都不做，而是你每当想做任何事情的时候，首先问问自己为何要选择。你究竟想从选择中获得什么，是因为恐惧还是爱。究竟是在大脑病毒操纵下的趋利避害，还是在太傻指导下的成为自己。你只要问太傻，他就会给你答案，但是你要学会听到。

如果你还是不能理解，就想想那个前世的体验，反思一下，为何那个时候人们科技那样发达，却还是在恐惧中选择逃生，而不是去思考，究竟自己应该相信什么，体验什么。你也可以想想那些现实主义的剧本，想想聪明人和太傻的不同的选择。你也想想你究竟是希望经历恐惧还是体验平静。但是，不要去听从你大脑给你的那些习惯性的思考的喧嚣。其实你不用做选择，你自然就知道一切，就好像你在前世把逃生位置让给你妻子一样，这不是选择，只是你做了该做的事情。记住这种感觉，你在未来所有的"成为自己"，都是这种感觉，平静，没有恐惧，不用选择，但是，你却知道该做什么。

1-7 时间的超越

Jim：虽然我对你说的不用选择，还有关于创造呀，分离呀，那些观点还不能全面了解，但是，我想我可以消化一下今天讲的。东西太多，得花点时间。我回去以后，应该如何复习这次谈话呢？有什么需要特别关注的要点或者反复理解的地方吗？

Taisha：在你回去复习这次谈话，和未来你反复地重温这次谈话的时候，

你可以特别注意，我那些反复重点语气强调的部分。例如"没有区别""我不知道""当下一刻"等，它们本质上都是未来你进行魔法锻炼的"进阶咒语"部分，这些咒语我们会在这本书重复很多次。等你完成七次谈话后，你就会拿到"太傻魔法书"，在其中你会看到从基础咒语到太傻第一步魔法的所有内容，不过那些都是我们谈话内容的总结和摘录而已，不完成全部七次谈话，你就算直接看"太傻魔法书"，也肯定什么看不懂，更不知道如何去使用。

同时，你还需要注意这次谈话的一个核心，这个要点是贯穿这次谈话从头到尾的主题，那就是"时间的幻觉"。时间是所有分离的基础，因为你相信时间，所以你也相信了分离。如果只有当下一刻，你怎么会有好坏对错、善恶成败等种种基于分离的观念呢？当我们不断地说，没有区别，无须选择，当下一刻，我们都是在提醒你，只有现在、此刻是真实的，其他一切过去未来、好坏对错都只是一个幻觉而已。

这次谈话的主题是："过去与未来的对话。"看起来我们讲了历史，讲了你的前世，讲了未来的预言，讲了到底未来会发生什么事情，讲了大脑是如何为你设计未来的剧本，根据过去投射未来，并将你拉进一个个的麻烦，为何你在这个世界不断地被洗脑，你却一直坚定地维护你那些分离的观念，等等，但是，这些看起来毫无关联的主题背后，时间却是所有这些分离的思维模式的根源。

所有我们这一次谈话中的探讨，我其实都是在给你指出，时间是一个怎样的深入而坚固的幻觉模式，不管是你对过去历史的探索还是对未来的思辨，不管是你过去经历过的洗脑还是未来你给自己设计的剧本，不管你那些好坏对错的观念是来自哪个过去，并将在未来造成那些麻烦和痛苦，这些都是来自你对时间的幻觉。一旦你进入时间幻觉，大脑病毒就会获得养料，而继续滋长繁荣。这一次谈话中我们也在不断地提醒你，那些你觉得无所谓的小事情，其实都是在时间幻觉中，培养你大脑病毒的过程。

时间是什么呢？时间和空间一样，只是工具，它是依你思维模式而存在的，它也是某种幻觉。但是时间和我们说的分离不同，时间和大脑是你在这个世界发展必不可少的工具，而大脑的病毒和对时间的误用却不是必需的。就是在对大脑和时间的误用中，人类进入这个冲突而矛盾的分离的世界。所以，你虽然暂时还不知道如何超越时间，但是你首先应该学会观察你大脑中运行的时间元素。这些时间元素都意味着分离，也必然产生恐惧和期待。只有你察觉到时间，你才能恢复对时间的正确使用。

也就是因为时间是工具，是你思维制造的产物，所以我们可以在以后更详

1-7 时间的超越

1.49 就在刚刚过去的那一瞬间——你已经成为你自己

细地教导超越时空的魔法。其实，这不是魔法，只是规则的利用罢了。正确的对时间的使用模式是：只在当下一刻，成为自己，无须思考，无须追逐，无须选择。

你能想象这种不依赖时间、不依赖大脑所谓经验的生活吗？你在欣赏音乐的时候会去期待下一个音符是什么吗？你会去判断每个音符的好坏对错、善恶成败吗？你没有思考，你仅仅是在欣赏，让音乐像流水一样流过你。这就是当下的感觉。记住这种感觉，这也是我们经常说的"当下一刻"的力量。你生活的每一刻都可以处于这种当下，这也是一种行动中的冥想。你的大脑停止，所谓分离的思想都被清空，大脑病毒也因为失去养料，而慢慢地死亡。

"当下一刻"是一个强有力的时间幻觉的清理工具，只有当下一刻是真实的，过去和未来都是虚幻的，追逐任何过去的经验、未来的变化，都只是制造麻烦和矛盾而已。

而我们所教导的"无须选择，我不知道，没有区别，放下期待，不必恐惧"，这些教导的本质，都是教你如何不考虑过去未来，而活在当下一刻的具体技巧。

这本书，从头到尾，我们会不断地教导你种种突破时间幻觉束缚的技巧，一直到你清楚地认识时间的本质，并恢复时间的真正用途。到第六次谈话和第七次谈话，我们会教导的大部分魔法都是与时间相关的魔法，例如时间胶囊、时空穿越等。那些不是什么奇迹，只是和你恢复大脑的正常创造功能一样，让你会正确地使用时间而已。不过，任何正确地使用时间，都只是在当下一刻的使用，这也是唯一真实的使用。

时间和你的大脑，还有这个世界的很多其他工具，他们本来都是我们在这个世界体验的不可或缺的工具，仅仅是因为我们误用了它们，它们反而成为我们的束缚和囚笼。最后我们还是要依赖这些工具，只是我们恢复了这些工具的本来用途而已。

Jim：谢谢你，我们今天谈的时间真够长的，比以前《太傻十日谈》的一次谈话长了一倍呢，不过，我确实问了很多满足好奇心的问题，今天我的好奇心也确实满足了，估计读者读下来也会有一种头晕目眩的感觉吧，真的以后每次谈话都要这样谈吗？

Taisha：我们今天确实讲了很多，似乎有一些庞杂，因为是第一次谈话，所以谈了很多看似无关紧要的事情，例如剧本呀，电影呀，未来预言呀，大脑病毒是如何操纵你的呀，等等。其实谈什么主题都没有区别，谈任何一个主题，我都可以把你引导到关于大脑病毒的控制模式、人类心智的幼稚和思维模式的颠倒上，都可以从各个角度说明，你的大脑的混乱是如何制造你生活中的各个

矛盾，而你应该走出分离，放下选择，成为自己，成为太傻。这些要点，我们未来会在每一章一一深入讲解，让你一步步地打赢和大脑病毒的每一场战役。

因此，在未来，我们还必须继续一系列细致入微的谈话，来帮助你建立一套纯净的、无分离的、完整无缺的思维体系，这套思维体系可以用在任何一个生活场景、任何一个未来的经历和挑战中，但是，不管你进行什么创造，没有前三次谈话的基础，你都是寸步难行的，然后你肯定会反复地回到前三次谈话，重读这里的这些内容，那时，你就会更彻底地理解，为何我们必须用这种方式，进行这样细致的思维分析的谈话了。

Jim：谢谢你，这次谈话解答了我好多以前模糊不清的问题，它们似乎一下子就清晰了很多，我想这就是老师的作用吧，以前看一些书，总是感觉隔着一层。虽然你刚才说，那些未来信息呀，奇迹能力呀都不重要，但是，能简单透露一下吗？以后的谈话中，你是不是也会教我其他的能力，诸如预见未来、看到别人的思想、创造某种现实之类的。

Taisha：你会得到的比你想象的要多得多。例如下次谈话，在谈到真实和虚幻的区别的过程中，我会教你如何睁开你的内在的眼睛，真正地去看，你会看到一个世界真正的样子。在未来的课程，你会学会如何穿越时空、如何治愈疾病、如何透视心灵、创造各种体验等。但是，这些都只是一些小小的玩具，当你真正具备这些能力的时候，你是没有兴趣去使用他们的，因为你已经处于一个更宏大的真相中。

这就好像一个真正富裕的人不会去琢磨买股票、投资房地产这种事情，在他看来，即使赚钱了或者赔钱了，也就是在零头后面的几个数字的变化的事情，这是一件无聊的事情。反过来，这也是为什么一个每天琢磨究竟哪只股票会涨会跌的人，一辈子都不可能从股市中赚到钱，因为他从来不认为自己是富裕的，反而坚信自己的匮乏，于是他也不可能体验到富裕，只可能体验到匮乏。

这也就是为何一个觉悟的大师，对展现很多人引以为奇观的能力却毫不在意的原因。一个真正看到过这个世界真相和伟大的人，是不可能再被一些小小的玩具所吸引的。而这也是真正的拥有者的素质。只有你真正地承认自己不知道的时候，你才有机会真的知道。只有你不在意的时候，你才会真正地拥有。

Jim：今天谈话开始的时候，我一直还想着一个有趣的问题。如果《太傻天书》自称可以解决一切问题，那我要解决的第一个问题就是，我怎么样才能成为巴菲特之类的投资明星呢？现在看起来，似乎要学到很后面，得等走上太傻的第一步，甚至第二步之后，才能真的学会，是吗？

Taisha：巴菲特嘛，这倒不是多大的难题，你如果彻底理解了真实的创造原则，要创造世界首富这点东西，不用太傻的第一步、第二步那么麻烦。这样吧，我给你讲一个小小的关于新时代中国巴菲特的寓言好了。

Jim：又要讲故事了吗，太好了。新时代的中国巴菲特的寓言？是真人改编的故事吗？

Taisha：听完你就知道了。

这个故事是这样的，有一个叫 Jim 的男孩，从小就很崇拜巴菲特，他一直将巴菲特作为自己的梦想，希望自己有一天能成为巴菲特。他一直很努力，在投资的领域成长也很快。

可是随着 Jim 一天天地长大，他慢慢地发现，自己离巴菲特似乎很遥远，当然，巴菲特也是 30 多岁以后才正式开始投资生涯的，而他自己看起来离 30 岁也不远了，却似乎离巴菲特的梦想遥遥无期。于是他慢慢地忘记了自己当巴菲特的梦想。

又过了几年，随着他对投资领域研究的深入，他慢慢地成为投资领域的明星，他慢慢地发现，即使当上巴菲特也一点都不好玩，在各种财富追逐和竞争漩涡中，所有人都指望着他赚几倍甚至几十倍的钱，而且不管你为他们赚了多少钱，他们也永远都不会满足，他甚至都有点厌烦这个领域。他自己也赚了一些钱，虽然比不上 30 岁的巴菲特，但是也算小有成就，很多人还称他中国的"小巴菲特"，不过 Jim 自己对这个称号却觉得很可笑，就好像上海叫自己"中国曼哈顿"，宁波人叫自己"中国的犹太人"一样，自恋罢了。

Jim 有一个女朋友，关系很好，正准备结婚。突然有一天，他女朋友对他说："Jim，我最近读了一本书，叫《太傻天书》，我深受其中一个叫'制造与创造'的章节的启发，我已经决定，把我们所有的钱拿出来，再找你那些富翁的客户借 100 倍的钱，然后用这些所有的钱去买一个超级别墅。不过现在房地产这么低迷，那个别墅买回来了，看起来也卖不掉，但是我却很想买，你说我们买吗？"

Jim 大吃一惊，不是因为女朋友要买超级别墅，他对这种事情根本不在意。他吃惊是因为那本《太傻天书》的作者他就认识，而且这本书的谈话，整个就是和他谈的，他女朋友怎么会知道这本书呢？里面还有一章关于爱的谈话，就是写他和她女朋友的故事的。她女朋友发现了吗？

不过 Jim 对她女朋友的确是真爱的，更对所谓的财富呀早就没有什么依恋了，就算女朋友把他的钱全花掉，他也不会有什么意见，至于借钱，更是小事情，什么超级别墅，就算女朋友买飞机都是无关紧要的。但是，现在 Jim 却开始发愁了。

Jim 发愁什么呢？他不发愁别墅、飞机，却发愁自己曾经的巴菲特梦想。在某次和《太傻天书》谈话的时候，那个看起来比较像某种大师的人告诉他："当他彻底地学会创造的原则的时候，只要他完全地摆脱对财富的追逐和对匮乏的恐惧，如果当巴菲特真的是他未来的一条道路，当他真的可以当巴菲特的时候，他肯定也会知道自己会如何当上巴菲特的。"只是那个时候他根本没怎么把这句话当回事。

而当他女朋友提出自己的买房大计的时候，Jim 自己立刻想起了当初那位大师的预言，而现在他终于知道了，自己真的要当中国的巴菲特了，而这个起点竟然是他自己的女朋友。虽然 Jim 不知道究竟为什么买了这套房，自己就会成为巴菲特，但是，这似乎是一条不可避免的道路，在金融领域这几年，他就是凭着《太傻天书》中学到的那种对财富流动的敏感而无往不胜的。但是，现在怎么这些东西竟然会找到自己身上来了呢？而自己根本就不想、不愿，也根本没兴趣去当什么中国巴菲特。

Jim 最发愁的是，自己应该怎么处理这件事情，自己其实真的一点都不想当巴菲特了。当知道自己不可避免地要当巴菲特的时候，他甚至有种恐惧。他甚至想，干脆和女朋友分手算了，这样，他就可以找别人去，这样也许别人就当巴菲特，再也不用麻烦自己了。

可是，Jim 是学过《太傻天书》的，他知道这本书最大的威力就是，你根本怎么也跳不出所谓"思维创造规律"的宇宙规则的圈子，如果他因为恐惧当巴菲特，而离开自己女朋友，最后的结果肯定是自己更快地成为巴菲特。这就好像那些天天炒股票的渴望发财的人一辈子都不会发财一样，这都是无法躲避的宇宙规律。

那究竟怎么办呢？这个循环怎么跳出去呢，怎么不去当巴菲特呢？Jim 知道自己越琢磨怎么不当，只会更快地去当，那到底怎么才能不当呢？他甚至想动用《太傻天书》最后一次谈话留给他的那个魔法胶囊，去找太傻问清楚，怎么会有这种麻烦的事情。可是最后他还是放弃了，那个魔法胶囊应该留到最关键的时候，巴菲特只是一个小事情而已，忍忍就算了。

最后的结果大家应该都知道，Jim 被他女朋友逼着，买了一套超级大房，几年后，在无奈和痛苦中当上了中国的巴菲特。

这个寓言是真实故事吗？是你的未来吗？别这么介意，你就当这是一个我随便瞎编的、用来讲解思维创造原理的故事好了。

Jim：我明白了，你的意思是，当我真正不想要某些事情，甚至恐惧一些事情发生的时候，那些事情就会真的发生，是吗？

Taisha：创造规则的正确的表达是：你只会拥有你已经有了的东西。当你不再追逐，不再渴望，你事实上是在表达，你已经真正拥有这些事物。也就是因为这个原因，当你对外给予爱的时候，你会收到更多的爱。因为当你完全地给予的时候，你也是在向宇宙宣称，你已经拥有无限，你已经不再需要，于是宇宙只会给你更多。

因为你不再渴望，所以你才能真正地拥有，当你真正拥有的时候，你才会对你即将获得的东西没有任何兴趣，甚至觉得麻烦。当然，你恐惧某些事情的时候，确实是在促成这些事情的发生，当巴菲特也是一样——这就是宇宙创造规律的表达。

创造规则是无法作弊的，因为你其实根本无法欺骗宇宙和你自己。你每一刻的每一个举动、每一个思想，其实都是在向宇宙宣称，你到底是谁，你到底拥有什么，你到底缺乏什么。你如果真的愿意像寓言里说的那样，把所有的钱，甚至再借一百倍的钱，都花掉也不介意，你最后的结果肯定是收到比你花掉的钱多得多的钱。同样，你如果想作弊，用和女朋友分手的方式，不当巴菲特，最后确实只会更快地当上巴菲特。

不过，就算我已经教导了如何当巴菲特，就算所有读者都读过这个寓言了，你觉得有多少人能真的学会这个寓言里的创造原则的核心呢？

Jim：那你刚才寓言中说最后一次谈话中的那个魔法胶囊是怎么回事？是你把自己放在一个胶囊里面，我以后有问题，随时可以问吗，就好像诸葛亮的锦囊妙计一样？

Taisha：不是，到最后一次谈话你就知道了。不过这个故事本来应该是在第五次谈话之后才和你讲的，如果那个时候讲，你应该会有更深的感触。当然，你可以等第五次谈话谈完之后，再回来重新看这个故事，你肯定会有新的感受。

Jim：好吧，那今天的谈话是要结束了吗？我原来还以为你要教我什么魔法呢！

Taisha：魔法在未来肯定是要教的，就算现在教你，你也根本学不会。你也许很期待我未来教你掌握创造或者魔法的能力，但是今天谈的一切，却是所有创造和魔法的基础。创造和魔法是什么？是念一个咒语，一挥魔棒，就变出一个苹果的事情吗？只有思想是真实的。当你大脑充满病毒，思维混乱的时候，你念多少咒语，用多高级的魔棒都不会有用。

而当你清除大部分大脑的病毒，思维逐渐清晰的时候，你不用咒语，也不

用魔棒，一样可以创造出一切奇迹。一切都只是在你自己的思想中。而这一切都不是依赖任何外在的追逐而获得的，如果你只是了解你自己，而不去在生活的每一刻练习、实践，你就什么病毒也不会真的清除，你的生活也什么都不会改变，这就是为什么《太傻天书》要强调日常练习的意义。

Jim：《太傻天书》正文后附加的那些练习，具体应该怎么练习呢？

Taisha：《太傻天书》每一章后都有七则练习，这是一些类似思维锻炼体系的某种咒语或者真言的东西。你可以每天一则，也可以随便打乱次序挑你喜欢的练，怎么样都行，就是不要区别哪个练习更好，哪个练习更不好。一旦你开始区别，你就在陷入麻烦。没有区别，无须选择。所以，你怎么练习都一样。你只要每天尽量多地记得那句话和努力锻炼理解那句话表达的含义，尝试在生活中的每一个场景应用那句练习即可。不用分析，不用选择，不用努力，随着时间的推移，你自然就会理解一切。

太傻练习册的第一个练习，"清空你的思想，在当下与太傻同在"这是整个练习册最基础的一个练习。你可以学习整本书时，只做这一个练习，也可以直接走到第二步，当然，其他练习也都一样，没有区别。这个练习的本质就是"冥想"。冥想就是清空大脑，它的本质是思想的平衡的锻炼：动／静的平衡、内与外的平衡、已知／未知的平衡、有限／无限的平衡、时间内／时间外的平衡、个体／太傻的平衡、有限／无限的平衡。

冥想没有什么技巧，舒服地坐好，坐直了，别睡着，别胡思乱想就行。冥想就是什么都不想，或者通过只想一件事，专注于呼吸或者专注于某个图像，而最终达到什么都不想。

它说起来也许很容易，但你做起来，就会体验到你自己大脑病毒的固执。你一开始一两个月的练习，几乎不到一两分钟就会被你的大脑的病毒攻破防线，但是，随着时间的积累，这个练习肯定是会有成效的，你也会慢慢地摆脱过去思维模式的束缚，理清混乱的大脑，慢慢恢复清醒的思维。你过去的思维模式仅仅是一个分离循环游戏的无底深渊，让你永远不停地追逐。清空大脑，停止思想，大脑病毒不再叽叽喳喳吵个不停，太傻的声音你就会慢慢地听得更清晰。

你可以将《太傻天书》视为一门课程，是课程当然要勤于练习，但是这些练习不是简单的数学题，做一次就会了的，它几乎是你唯一要做的事情。未来你会看到，那些练习虽然简单，但是，每一次你练习它的时候，就像你每一天跑步的每一步，都在锻炼你的思想。你的思想会像你的心脏和肌肉逐渐健壮起来一样，由一摊浑水变成一个清澈的湖泊，当你可以变成无边的大海的那一刻，就是你可以真正地掌握完全创造和所有奇迹能力的那一刻,但是,那一刻就是现在,记住这个比喻,在每一个当下,你都可以在大脑里视觉化这个比喻。

Jim：最后一个问题,我有一种强烈的感觉,这本书叫《太傻天书》,太傻这个名字如果不只是你的名字,应该有更深刻的意义吧,不只是因为大脑病毒叫你"太傻",于是你就叫自己和这本书"太傻"吧,你的公司,你现在创造的一切,都是叫太傻呢。

Taisha："太傻"这个词语的意义,远远不只是一个名字、一个魔法或者一个观念,你甚至可以从这个词语创造一个规则的宇宙。"太傻"这个词语在这个世界或者这个规则宇宙的意义比你想象的要宽广得多,这个规则宇宙如果一定要有一个名字,那个名字肯定是:"太傻的宇宙"。

不要认为这是某种夸张,你会在这个世界的各个角落发现太傻的影子,例如从人类文明初始就开始流传的塔罗牌,最开始或者最后一张牌的那个小丑牌原本的名字就是"太傻",太傻是"魔法师"的起源,也是"世界"的终结,他站在时间之外,所有21张牌只会最后合一为"太傻"这一张。

你难道从来没有觉得,为什么如此崇拜权力和理性的世界,不用"国王"做终极的那张牌,而用一个小丑做这最开始和最后的一张牌呢?和简洁得没有任何繁复雕刻或者文字的金字塔一样,它们都不是人类原始的心智能创造的。现在流行的22张牌的大塔罗牌就是一位太傻设计的教学工具。它是一个完整的自我理解工具,和占卜完全没有任何关系。第一张或最后一张太傻牌的意思,就是告诉你"真实的宇宙",名字就叫"太傻"。这个世界的意义,和太傻牌的解读一样,就是"选择"。为什么这个世界的意义是"选择",到底要选择什么?我们到第六次谈话讲世界的层次的时候,会具体讲解的。

这本书会不断地深入"太傻"这个词语更深层次的意思,但是,一直要到第六章,等所有的基础概念都打好了,这个最终极的"太傻"的完整概念,才会真正地完成,你会更清楚地知道,所谓时间之外,世界终极的太傻,不是什么比喻或者似是而非的虚幻,而是一个具体的存在模式,是这个规则宇宙最开始也是最终极的一个魔法。也只有完成第六次谈话,你才会完全地理解这段话的意义。

Jim：虽然我现在还没有完全懂,不过还是谢谢你。那下次再见吧。

Taisha：不用下一次,时间并不存在,就在这一刻,当下的一刻,你就是太傻。太傻也与你同在。

第二章
真实与虚幻的对话

Taisha：你不需要学习任何东西，你本来就知道一切，你本来就拥有一切。可是无限的你却穿上一个几百公斤的潜水装置，在一个黑暗的海底，试图在那里用几辈子垒砌一个精致的沙堡。如果在岸上，你可以几个小时就完成这件事情。但你要求在黑暗的海底学会火的魔法，点燃创造的火把，即使你知道一切魔法原理，在水里也不可能点燃任何火。究竟如何才能走出这个黑暗的海底，回到岸上呢？

2-1 学习的误区

Taisha：Jim，很高兴再次见到你。能向你教授《太傻天书》是我的一种荣耀。每一次和你的谈话都是一次快乐至极的体验。在这次谈话之前，我有一个小小的请求，当你以后阅读《太傻天书》正文的每一段文字、每一次与我的谈话、提出每一个问题、聆听每一个答案的时候，呼唤你内在的太傻"与我同在"，请他支持你、帮助你，向你展现真正的知识与视野。这样我可以更自由地进行阐述，不必因为考虑一个人的大脑的防御框架和对一个人自由意志的干扰，而绕过一些问题。

其实，"与太傻同在"是你在学习任何事物、体验生活中的每一刻当下的时候，都可以做的事情，只有当太傻与你同在的时候，你才是真正地学习与体验。

Jim：好的，我会尝试呼唤太傻的。我也很高兴和你谈话，每当有一个新的领域向我展开的时候，我就会感到特别兴奋，恨不得一下子就跳入其中畅游一番。在过去的一个月，我反复地读《太傻天书》的正文和第一次对话录，做那第一次对话录后面的七个练习。我真的很想一下子拿到《太傻天书》的所有对话录内容，一口气读完。

不过就算没有《太傻天书》，我这一个月，把以前读过的《当下的力量》之类的教导认识自己的读物，又找出来读了一遍，似乎好多观点都和《太傻天书》的完全一致。而且这一次阅读，似乎都有一种全新的感觉，以前只是觉得很有趣，并没有什么特别的感觉。我以前知道，他说的应该是对的，但是似乎是一种很遥远的感觉，而现在，似乎每一段话都有一些特别的意思。我经常有一些特别的体会，有一种想用笔记下来的冲动，然后特别想马上开始实践，但是却又不知道具体该怎么做。

Taisha：这是你在真正地学习与体验的感觉。千万不要觉得这是一种任何人都会有的感觉，它是宝贵的，当你再次经历这种感觉的时候，停下来，什么都不要做，在那一刻默默地记住那内在的欣喜和快乐，这就是与太傻沟通的感觉。

你能走到这一步，Jim，你能走入第二次谈话，本身就是一个奇迹。记住第一章的练习中的一条：你生命中的每一刻的经历都是奇迹。

但是，你刚才说，想实践，但不知道怎么做，这只是你给自己的一个借口。你一直知道怎么做，只是你一直不相信，做这些简单的事情，就真的会有结果。就好像《当下的力量》和《太傻天书》的第一章，都教导了"当下一刻"的锻炼，每个人都知道怎么做，这个锻炼也很简单，他不做的唯一原因，是他大脑的病毒不断地和他说:"这些有用吗?看起来什么改变都没有,别浪费时间了。"

当你读这类书籍的时候,如果你不知道该怎么做,就什么都不做,或者只做你知道该怎么做的。《太傻天书》不是有七个练习吗?那里面的任何一个,你都可以去做。何必去寻求做更多的不同的练习呢?记住,更多的追求就是分离的一种,当你开始追求更多的时候,你就是在进入缺乏的恐惧。一旦你以任何形式想要更多的时候,在那一刻,告诉自己:"没有区别。"

Jim:那我是不是应该在学《太傻天书》的时候,多参考这样一些同类的反洗脑或者探索自我的读物呢?我还找到一本以前在美国的时候买的、美国很流行的灵性经典,据说是耶稣写的,叫《奇迹课程》。那本书似乎太难懂了,我看了不到一章就快睡着了,似乎和《太傻天书》讲的是一个道理,也说了很多类似"没有区别"之类的观点,我估计以后得慢慢看。但是我又会觉得很羞愧,为什么这些书我买了这么多年了,都是以前很多人向我推荐的书籍,但是我只是刚买的时候翻了翻,很快就把它们忘得一干二净了呢?

Taisha:太傻不会给你"应该"或者"不应该"的答案,这样的答案都是对你的限制,太傻不会设置任何限制。

对任何书籍、工作和生活中的经历,当你面对选择的时候,不要问我,也不要去用自己过去的经验推论,那样只会让你大脑的病毒给你带来更多的困惑,问你自己的太傻,虽然你现在还听不到什么答案,但是,只要你多问,然后用心去听,放下对任何答案的判断和思辨,也不要着急去做任何事情,你慢慢地就会越听越清楚的。所以,如果你想未来得到太傻更多、更清晰的指引,那就从现在开始,每一刻,"有问题,记得问太傻"。

关于你觉得自己因为以前错过那些书,而觉得羞愧,这完全没有必要,羞愧也是一种分离的情感,它是你大脑病毒催促你去追逐的惯用手段。太傻不会给任何批评,无论你多少次错过太傻给你的答案,他都不会有任何意见。你也要学会放下自己对自己的批评,就好像你要同样放下对别人的批评一样。记住,没有区别的意思是:没有快慢,没有好坏,没有对错。你生活中经历的一切都是奇迹,因为你就是奇迹。只有你在这种状态下,才能真正地学习/体验。

Jim:可是你上次也说,一百个人中有一大半会读不完这本书。我一想自己,以前类似的书,也都没读完就扔到一边了,自己就属于那一大半中的一个,我们以后怎么样才能在学习任何新事物的时候,避免这种情况呢?

Taisha:首先你要放弃你的判断和选择,尤其是根据读书的进展而判断、比较不同人的进度,放弃批评你自己和别人。你读很多书的时候,并不是因为那本书适合你,只是因为书的宣传告诉你,多少多少人读了这本书,多少多少人因为这本书取得了成功,于是你开始模仿,开始追逐,然后你的大脑病毒又不停地把这些书互相比较,不停地和你分析,这本书好,或者这本书不好,你也不停地分析,这个人比我知道得多,还是比我知道得少。

比较、评判和选择,是你的大脑病毒最喜欢干的事情。就是在这些比较和评判中,你会陷入内疚和恐惧,又会有期待和追逐,在大脑的一团混乱下,你当然什么也学不会。也许你觉得,以前阻碍你读任何一本书、学任何一门新知识的原因,是你的毅力不够,或者决心不够,恰恰相反,就是你自己的毅力和决心在阻碍你。因为你一开始想到毅力和决心的时候就开始进入分离的思维模式了,你自己的毅力和决心只是在肯定"虽然这本书很难,但是我要努力读完",当你觉得难的时候,你就会体验到难,你只会体验到你已经相信的,你自己制造了你困难的体验。然后你就很可能无法读完。其实这些过程都一样,是你自己阻碍了你自己,而那些阻碍的根源的力量是你大脑病毒的分离、比较、评判和选择——这是我们这一次谈话要重点解决的问题。

你读这本书也是一样,不要觉得这是多难的事情,不要一开始就告诉自己:"我一定要读完。"这些概念都是在给你自己制造障碍,似乎读完这本书真的是需要凭借巨大的勇气和耐心才能完成的事情。我们上次说过,就好像读《减肥天书》一样,想读就读,不读拉倒。

我们上次也说过,《太傻天书》的所有学习,都能轻松自然地完成,如果你感到任何要克服的困难,肯定就是什么地方错了。所以,你可以用你想到的最轻松的方式读这本书,不想读就不读,喜欢就继续读。千万别还没开始读,就像准备打多大的一场决战一样。记住,没什么大不了的事情。其实,只要你不去进入有难有易的分离思维模式,大部分书你都会顺利地读完,你也会学到你该学到的,不会错过任何事情,也不会浪费任何时间,觉得有用就去实践,觉得没用也不用去批判或者觉得自己浪费了时间,你只要告诉你自己:"我不知道一本书会对我真的有用还是没用。"这样,你会在做任何一件事情的时候,都感觉轻松自如。

这是我对你和每个读者,读这本书或者任何一本书的建议:"随便读读,没什么大不了的",不读也不是世界末日,读了你喜欢,继续就是了。千万不要一边读,一边和大脑病毒商量:这本书是真的还是假的呢?是有用还是没用呢?你对于任何事情有用/没用的评判,都是你的大脑病毒的分离的思维,你的大脑病毒什么都不知道。

当然，我们上一次谈话说，一百个人中只会有不到一半的人读完这本书，这只是一个事实，没有说这本书有多难，我们只是用这个数字表明一下，大脑病毒对任何一本反洗脑的书籍的阻击战的实际效果。当然，你会看到，关于一本书难易、有用没用的问题，刚才又发生了一个小小的战役。大脑病毒会不断地给你设置障碍，让你觉得羞愧呀，激动呀，追逐呀，恐惧呀。但是，太傻只会给你平静，他基本上大部分时候都和你说："那没什么大不了的，不用紧张，该做什么做什么就是了。"

Jim：为什么你说什么都似乎特别容易，我理解起来，就觉得根本没你说得那么轻松呢？上次谈话也是一样，和你谈的时候，我觉得什么都有道理，似乎一下子明白了很多，回去以后，却这里也想不通，那里也想不明白。我想这也是很多读者读这类探索自我的书籍的感觉吧，为什么会这样呢？

Taisha：因为你一旦开始想，就是在分辨、比较和评判了，你的大脑病毒就会积极开始活动，给你制造一切让你根本想不明白的矛盾。《太傻天书》给你的任何一个锻炼，可没有一个是让你去"想明白"，然后再练习的。你只要做练习就够了，而且这些练习，大多数都是让你"别瞎想"的练习。

记住，当你还没有建立一套完整的、没有分离的思维模式之前，你不管怎么想，都是不断变换形式地进入分离的思维模式。而这些只会让你的思维更加混乱。现在你的大脑由于遍布病毒，只能当一台算加减乘除的计算器用，要理解太傻道路的那些原则的内在真理性，是根本不可能的事情，但是，我也并没有让你读了《太傻天书》就马上具备和我一样，能马上把一切问题想得清清楚楚的那种用大脑打生活乒乓球的能力。我们从上一次开始就强调，先去练习，先去实践，你在练习和实践中，你自然会慢慢地透彻理解。如果你想等一切都想清楚了，再去实践，我保证你等不到那一天，就会完全忘记这本书。

就好像学打乒乓球、游泳、骑自行车一样，你不可能看一本教技巧的书，理解了理论，就自然会了。你看多少遍书，不去练习，不去实践，你肯定什么都不会。但是，就算你不看任何理论书籍，甚至都不用教练，你就自己去练习，一开始，你可能一个球都接不到，因为你还不会熟练地使用你的肌肉去反应，但是，只要经常去练习，之后肯定会慢慢改善的，你也会更理解之前一些理论书里的那些技巧的含义。所以，读《太傻天书》和任何一本需要你实践才能掌握的书籍，尤其是那些探索自我的书籍一样，练习和实践是比所谓的理论更重要的部分。

不过你的大脑病毒可不喜欢你这么做事情，它会对你说："你不懂原理，你怎么实践呀？你怎么知道这本书不是害你或者蒙骗你的金钱财富的呀？你一定要特别小心，只有把事情弄明白了，才去做，这是最安全的。"大部分人也是这么认为的，所以，几乎所有学习与体验的过程，都变成了拼命地学了一本又一本，最后还是什么都不会。《太傻天书》强调，学习和体验是一体的，没有区别，你在学习，就是在体验，你在体验，也是在学习，它们是在同一刻完成的。如果你非要等学习完了、学会了，再体验，你只是进入时间的幻觉，你肯定什么都学不到。

Jim：原来是这样的呀。只要不瞎想，确实读起任何一本书来应该会快得多。我原来一直以为，我之所以在读一些书的时候会一会儿就扔开了，主要是因为我怀疑那些书是不是真的对我有用，估计这也是"瞎想"的一种吧。

Taisha："怀疑"是你大脑病毒很喜欢用的一个招数，不过，却不是一个人从一本书或者任何途径获得真正知识的阻碍。如果你不怀疑了，完全地相信一本书是真理，你就真的会克服所有阻碍去学会吗？

其实，你看看周围，想想你自己以前读书的过程，你会看到有很多人都读过各种各样的有关灵性、宗教、励志等各种鼓励觉醒和自我探索的书籍，但是，绝大部分人都与你以前和现在的状态一样，感觉到激动，又充满疑虑，似乎说的是真理，但是又不知道自己究竟应该怎么去做。即使已经不再怀疑那些书说的是否是真的，但是，他们却没有丝毫实践的愿望。任何书籍也好，理论也罢，不管一个人多么信服、多么明白那是真理，你不实践它，那些理论或者道理就不会有任何用处。

也许你会觉得，因为他们还是不够相信，只要他们足够相信了，肯定就会开始实践的。这只是大脑病毒惯用的借口罢了。你看《奇迹课程》在美国已经出版三十多年了，即使有很多人深深地相信类似《奇迹课程》这样完整的理论体系的正确性，并彻底地被它的观念和教导所折服，他们还愿意向每一个人推荐这本书，但是他们中也很少有人真的在实践中去应用。你会看到，这些人的生活没有任何改变，思想状态也没有任何改变，他们该吵架继续吵架，该忧虑还是继续忧虑，充其量是偶尔在经历一些冲突、矛盾和不如意的时候，会想起其中的某些教导。

你看美国的那些畅销的灵性读物，包括欧普拉推荐的《活在当下》、《灵性的觉醒》、长期位居排行榜前列的《与神对话》等，它们的命运几乎是完全一样的，有很多人读，但是，却很少有人读完，更少有人能读懂，说到能在生活的每一刻去实践的，就更是屈指可数了。其实，都不是因为书难不难或者你信不信的问题，唯一的原因是你一直没有在实践中清除你大脑的病毒，于是你不管干什么，其实都是和原来一样地继续在分离中养病毒。

《太傻天书》的大多数读者也会一样，有人只读完第一章，便止步不前了；有人全部读完，深深地信服，但却一点点都不会在生活中实践；有人尝试一会儿，过一段时间发现没有什么效果，又很快地回到过去的状态，把这本书扔进书柜的某个角落，然后在经历某些巨大的挫折和痛苦之后，才想起来，曾经有一本号称"你的最后一本书"的书，告诉过自己一些应该说是不错的答案。

记住这个要点：如果你想等你完全相信了一本书，再去实践它，你是肯定等不到那一天的，你的大脑病毒不会让你有机会完全地相信任何一本书。有时候就算你以为你完全地相信，也完全地读懂了，如果你没有开始在生活的每一刻去实践，你肯定既不相信，也没有读懂，只是换一种方式，继续去相信你大脑的病毒了。

请注意，我这样说，并没有在归咎或者批评，只是在阐述一个事实。我在阐述这个事实的时候非常谨慎小心，因为往往这就是大脑病毒最快乐的时候，大脑的病毒在这些时候，可以给每个人贴上标签，评判一番。而当我阐述事实的时候，同时也看到我的每个兄弟姐妹的内在的完整和无限的必然，我们是一体的，每个人之间其实没有任何区别。

Jim：我为什么又觉得你说的特别有道理，而且可以从任何一个角度都说通呢？真的是我大脑病毒太多，所以脑子转得太慢了？可是，如果我不想，我怎么知道我到底学到哪一步了。就好像跑马拉松，就算我不去争第一或者什么名次，我看到周围的人，看他们跑得快，跑得慢，于是也可以知道自己的程度呀。如果我看不到别人的快慢，只是自己一个人练习，我怎么知道我到底是什么水平，是应该更努力还是应该更放松呢？

Taisha：你真的一定要看到别人的快慢和水平，然后才能知道自己的快慢和水平吗？这就好像你看周围人都有硕士文凭，于是你觉得是不是也要有一个MBA文凭一样，这些都是你自己给自己找麻烦，就算你有一个博士文凭，又能怎么样呢？你现在除了本科文凭，啥都没有，真的受到什么阻碍了吗？那些所谓真的被没有文凭或者学历或者任何资格阻碍了的人，其实都是他们自己阻碍了自己。有多少人什么文凭学历都没有，一样做得很好，干吗你就一定要这些东西呢？你说的快慢和水平问题也一样，本质上都是向外追逐的思维模式，你不会真的从那些外在获得任何安全感，你只会用那些与你觉得保护你的东西比较，用帮助你的东西束缚你。不管是跑步快慢、学习进度如何，还是学历高低都一样，没有区别。

在时间的幻觉中，每个人的过去和经历都是不一样的，所以，Jim，不要责备其他人的落后，也不要责备自己落后了，既不要因为懂得比别人多而高兴，也不要批评任何人懂得少。即使很多人一辈子都不会对什么探索自我、探索真理的事情感兴趣，这也是很正常的。Jim，你有一些特殊的经验，已经在这个类似的问题上体验过很久，积累了很多体验和感受，已经平衡了很多别人也许要花很长时间才能完成的内在的渴望，类似对金钱、权力等的渴望。有的人却只是刚刚开始体验这些东西，看起来还有很多的路要走，他们对这个世界处于真正的懵懂和未知中。你不可能要求所有人都用一样的步骤和进度、相同的体验来学习。

所以，放下比较，不要比较一本书和另一本书的难易，也不要比较自己和别人的进步和落后，这些都是你真正地学习／体验的关键。

不过从另一个角度，你看《太傻十日谈》，尽管有人批评它，但是大多数人还是热切地赞扬它，它确实在留学的道路上帮助了很多人。但是，不同的人在自己的道路上学习的体验是不同的，即使从同一本书中获得的感受也是不同的。真正造成这种看似不同的其实是每个人自己，与《太傻十日谈》无关。《太傻天书》也是一样，它会帮助很多人，但是，不同的人的体验是完全不同的，也会有人彻底地不喜欢它，觉得它根本都是瞎扯。这些都没关系。《太傻天书》不会去责备或者归咎别人，更不会责备和归咎自己，对自己和他人责备和归咎本身就是这本书要解决的问题，一个老师怎么会一边教导，而一边违反教导呢？

你学，仅仅是因为你要在学习中成为你自己，不是因为任何其他人做或者不做任何事情，也不是因为其他人做得多或者做得少。你的外在都只是你内在思维的投射而已，你不可能真的从那里找到任何支持或者助力，你只会在向外的追逐中，丧失你本来的力量，这也是你经常会感到困难或者经常放弃的核心原因了。

2-2 真正的自己

Jim：好吧，反正现在我也没学会，看起来这也不是一两天能学会的，我也不比较和评判了，我也不一边学一边琢磨到底是真是假、是对是错了，我只要去实践，应该就会越做越好了，是吗？

Taisha：我确实很想赞扬你的领悟力，在一个人有那么多大脑病毒的情况下，你能这么快地总结这几个要点，已经很不容易了，虽然你能不能做到我并不知道。可是你刚才说的第一句话，"反正现在我也没学会"，你又在否定你自己。这只是你在表达你的恐惧。你的大脑病毒又在运作了，警惕它。你只要觉得你"没学会"，你就永远不会有学会的那一天。

Jim：你怎么又来了，这难道不是一个事实吗？我可没恐惧什么，要是我什么都学会了，我还读什么《太傻天书》，和你谈什么话呀，直接飞到天堂不就完了吗。

Taisha：问题的根源不在你学会了，或者没开悟，而是在于你说"还没开悟"。这是一个时间记号。它表示你觉得学会是一个过程，是类似从地狱到天堂的100级台阶，中间最好还有游戏一样的关卡和每关的守护恶魔，等待着你来打败。这确实也是很多人对学习任何事情，或者探索内在，走向觉悟过程的理解。就好像他们理解这个世界的每一个工作，都是要一步一个脚印，一个阶段一个阶段去完成，哪个步骤做错了，都可能再次跌回地狱。你也是这么认为的吗？

Jim：嗯，我确实是这么觉得的。可是，要是不这样，应该怎么样呢？难道吃一粒蓝色的药丸，就嗖的一下学会了吗？这肯定是不可能的。虽然不一定要过什么关卡和打败什么恶魔，但是，怎么也要一步步地吧，就好像《太傻十日谈》要一天天地看，《太傻天书》要一课课地练，难道有其他方法吗？

Taisha：记得《太傻天书》第一次谈话中的最后特别强调的关于时间的部分吗？"时间并不存在。"这并不是一个物理或者心理概念，而是一个事实。似乎很多人觉得这根本就没有用，但是，《太傻天书》却反复强调，时间是一切幻觉的基础。突破了时间，一切幻觉也就没有了依存的土壤。你必须时刻警醒地对待时间问题。一旦你思维中有时间的影子，这就是你大脑病毒开始运转的标志，你必须在那一刻，马上运行反洗脑程序，清除那些病毒，否则你只会不停地在你自己大脑病毒的圈子里打转。

我经常指出，你说话中存在的时间标记和分离标记的问题，也是向你表明，人们对时间幻觉和其他的思维模式的幻觉是多么的深刻。千万不要觉得这些只是随便说说、无关紧要的事情，你所有的力量就是在这些无关紧要的细节中丧失的，你必须一点一点地收回失地。虽然你会觉得我很计较，但是，我反复说，这是你对付你大脑病毒的唯一方式。而这也是《太傻天书》为何从一开始就把"时间"作为核心问题来处理，就是因为，如果你不理解时间幻象是如何控制你、操纵你的，你不管在其他领域做多少练习、多少锻炼，付出多少努力，最后一样会在时间中被消磨殆尽。

我将反复和你强调的是：任何的学习/体验是一瞬间的事情，你每一刻都是要学会的，你每一刻都是要醒悟的，任何时候，只要你看到内在的太傻，你就是与太傻同在的。这是一个事实，是真相，既然是真相，就不可能被改变，也与时间无关。如果你觉得如果真理会因为时间而变化，它还能称得上真理吗？学习、觉悟、奇迹能力等也都是一样，它们都不是一个过程，你每一刻都是要学会的。

你之所以觉得你没有学会，是你自己欺骗自己而已，那只是一个你大脑的思维过程。但是，这些都不影响你一直都觉悟、你已经觉悟本身的事实。一旦你依赖你的大脑，在时间模式下思考，就肯定会看到幻觉中的事物。因为时间是幻觉，依赖于时间的任何事物也是幻觉的。

《太傻天书》没有教你一百个道理，不是你要一个一个地都掌握了，才算学会。你看我们反复强调的，其实都是那些最简单的：没有区别，无须选择，接受一切。当下，与太傻同在。到现在，反复说的就是这几个，它们都是你早就学会了，而且本来就会的东西。未来这本书教导的其他的东西，包括魔法、奇迹、创造也都是你本来就会的。只是你一旦进入时间，进入时间的分离的思维模式，你就会觉得，自己是有程度的，自己是有差别的，于是你也就相信，你不是完整、无限和拥有一切的，于是你相信你还有没学会和需要学的，最后，你也就在时间幻觉中丧失了一切你真正拥有的。

既然《太傻天书》从一开始就努力教导你时间的正确用法，核心就是恢复你那种"我一直都会"的真实的状态。你看，之所以这本书有七章，太傻道路有三步，不是因为你的觉醒或者学习需要三个阶段，只是因为你始终不肯接受自己的无限和完整，所以，我们得分三个步骤，清理你的大脑病毒。但是，这并不改变"你一直就会，你本来就知道，你本来就是无限的"这个事实。

记住，"认识你自己，接受你自己"是太傻道路第三步的终极目标，这个目标无关乎时间，这个目标在时间之外，只是因为你始终不肯接受你自己，所以我们才分出三步、七个章节、七次谈话。但是，我们最终的目标都是一个，让你现在，当下一刻，了解"我一直都会，我本来就会"。

为什么我们会如此反复地强调这个时间的要点，你随着这本书的学习，会更加清醒——时间与程度，这是任何学习/体验的唯一阻碍，也是你创造奇迹的最大阻碍。就是因为你认为自己没有学会，所以你永远也学不会。

当然我并没有要你自我催眠般地时时刻刻告诉自己：我学会了。这是没用的。《太傻天书》教导的练习是：清空大脑，当下与太傻同在。别去琢磨自己到底是学会了还是学不会，别去琢磨到底自己在哪一步，还有多远的道路，什么都别想，先清理你大脑中的病毒，等你思维清晰了，你自然就什么都知道了。

我们从开始谈话到现在，一直都在谈你和其他人阅读这类引导内在思考的书籍的经历，我们只是在观察这个事实的时候，探索一个问题："究竟为什么在幻觉中的人们，明明看到真理，却不愿意去追求真理和实践真理呢？到底是什么力量在阻碍他们呢？"记住，无论我说多少，你都不用去琢磨它，让这些话像流水一样地从你身边流过，记住我们上次描述过的那种听音乐的感觉。你在学习／体验任何事情的时候，都可以那样，不用你的大脑，在当下一刻，感受一切。于是你会自然地知道，自然地学会，没有任何痛苦。一旦你开始琢磨了，思考对错了，比较评判了，一切的痛苦也随之而来了。

不仅仅是学习／体验，你的一切经历都可以这样去进行，你自然会完成一切，自然地成为你自己——这是真正的太傻的生活原则。

Jim：你说的我非常信服，我也愿意去体验和实践，可是我觉得，我和很多的学习者，在学习知识、追寻真理的过程中，最困难的是如何让自己不再怀疑。虽然我知道怀疑只是一种恐惧，但是，我确实无法简单地告诉自己"不怀疑就是了"。

我原来就怀疑很多事情，其实我现在也还是怀疑的。我怀疑这些东西是不是真的能改变我的生活，我还怀疑这些东西究竟会把我的生活改变成什么样子。看起来那些所谓的大师们，尽管说是都觉悟了，但是，生活得似乎并不怎么样嘛。连耶稣都得在十字架上受苦，对于其他人而言，似乎现在的生活还是更好一些。

Taisha：Jim，你至少是很诚实的。你说的怀疑的，其实就是人们在思考究竟什么是真的，什么是假的。这也正是我们这次谈话的主题——如何分辨虚幻和真实。这一次，我们将彻底地解决你和很多读者怀疑的问题，就像我们上次解决"洗脑"的问题时谈到的一样，你现在觉得怀疑这个，怀疑那个，本质的原因不是你所怀疑的对象是真的还是假的，核心的原因是你大脑混乱，根本不知道自己应该相信什么。

其实，不管你觉得你自己是在用什么方法确定相信或者不相信什么，每个人都有一个前提——他们首先相信自己的大脑。人们一直相信自己的大脑是有认知能力和判断力的，之所以偶尔会出现一些误区，制造一些麻烦，本质上不是大脑的问题，而是思维方法的问题，只要大脑继续学习改进，使用更高级的思维方法，就可以继续趋利避害，你们的大脑也会越来越聪明，问题也会越来越少，生活也会越来越幸福。人们一直相信自己的大脑有能力分清真实的，拒绝虚幻的。总之，不管你相信什么或者不相信什么，似乎没有人不相信自己的大脑。

所以这一次谈话中，我们的核心工作就是认清大脑的本来面貌。看清大脑病毒究竟是怎样用大脑和时间来操纵你的生活，还蒙骗你它是你最好的知己的。

Jim：好呀，其实在第一次谈话，我就一直想说了，我从来不觉得大脑蒙骗我什么，没有大脑的逻辑思维、理性判断，你根本无法在这个世界生存，世界也不会有进步和发展。至于你说的，大脑是囚笼，我现在也基本觉得是危言耸听，虽然其他书也大概是类似的意思吧。例如《奇迹课程》叫"小我"，佛教叫"我执"，你干脆一竿子打翻一船人，叫"大脑病毒"。我觉得充其量是人的思维模式确实有一些误区和盲点，确实什么英雄主义、行动主义，都是误区，但是，你不能因为一两个错误，就说大脑中全是病毒吧。就算你说的大明星的悲剧、炒股的盲目性、喜欢看通俗故事这类习惯，确实不是优秀文化的一部分，但是，通过教育和文化的普及，这难道不是人们很容易克服的吗？没有大脑的思想分析和思辨能力，科技怎么可能发展，世界怎么可能进步？

Taisha：其实你现在都知道，这些问题都是你大脑病毒的防御策略，它只是不断地尝试说服你，放弃这本将会清除它们自己的书，所以它们会调动一切能用到的方法，让你进入怀疑，让你不断地去思考和分辨对错。虽然我一直在从各个角度，向你揭示大脑病毒的存在和它们对反洗脑的防御策略，但是你其实还是很喜欢你大脑的病毒的，你所谓的经验和智力、思辨能力，你看到的科技发展、世界进步，以及这个世界上各种让你感到美好的东西，似乎都是和你的大脑病毒一起建立起来的成就，这些几十年的成就怎么能简单地读了《太傻天书》这一本书，就一下子全否定了呢？于是你越看大脑病毒，越觉得它就是你自己，它就是你自己真实的身份，要是你清除了那些大脑的病毒，似乎你就已经不再是你自己了。这应该一直是你心里的障碍吧，其实这也是你刚才那段话的内在意思——它是你大脑病毒的宣言，它们说："我创造了一切，你一直都在和我一起努力争取幸福的生活，千万不要信那个叫太傻的魔鬼，他会毁了你辛苦构建的一切的！"而你当然不会把这种宣言直接表达出来，你只是换成了疑问句式。

可是，Jim，你现在眼中的你自己，真的是你本来的样子吗？你真的愿意一辈子和你布满病毒的大脑，在无穷无尽的恐惧和期待中，慢慢地等待死亡吗？也许你觉得这样并没有什么不好，大家都是这样子，可是我却知道，这不是你的样子。

你可能觉得这种慢条斯理的琢磨和思考，等想清楚了或者怎么也想不清楚的时候再行动的方式很正常，可是这个样子，就好像那个优雅、轻盈、智慧的你自己，非要穿着一个厚重的几百公斤的潜水衣，在黑暗的海底缓慢地移动，并试图在那里，用几辈子的时间慢慢地垒砌一个精致的沙堡。这真的是你本来的样子吗？脱掉那个你根本不需要的潜水衣，离开那个黑暗的海底，回到岸上，你花一辈子甚至几辈子都完不成的那个沙堡，可以在一两个小时内就轻松完成。你也没必要一辈子用你那台布满病毒的计算机，用加减乘除，却要算一道其实一点都不难的微积分的算术题。

你不是你的潜水衣，你也不是你大脑的病毒，脱掉潜水衣，清理了那些病毒，你才是真正的你自己。

你肯定又觉得我是在作比喻，那个更轻的、更优雅的身体现在已经在你的身体里面了，你其实是同时在用两个身体，只是你现在感觉不到而已，但是你却可以通过锻炼现在就使用这个身体，等你到太傻第二步了，还能学习分离现在的身体和那个更轻的身体，分开使用。当然这些是我们第七次谈话才能教导的，其实你现在就可以开始学习脱掉你的那个潜水衣了。

可是，你的大脑病毒又会告诉你："就算这是真的，这也不是一两天能做到的事情呢，我怎么知道要花多少时间，我也许会错过很多的美好的东西呢！"

可是《太傻天书》早就告诉过你，这是很轻松自然就可以做到的事情，不是要几十年的苦修才能完成的，你可以时刻回到你本来的样子，你觉得打乒乓球能有多难，你觉得跑步能有多难，回到你本来的样子，比那个轻松简单得多，你可以在任何一瞬间做到。如果你专心地锻炼两三个月，走上了太傻第一步，你可以每天至少保持两到三个小时，在那种你本来的状态。等你到太傻第二步，这种状态会成为你生活的大部分的存在状态，只有你在这种状态，你才可能去真正地创造，真正地脱掉潜水衣在岸上建筑任何事物，你才能用你真正的计算机，瞬间算出比任何微积分难得多的数学题，并可以做很多比数学计算有意思得多的事情——既然这才是你本来的样子，而且你可以轻易做到，很多人也都做到了，为什么你不去做呢？

你不需要学习任何东西，你本来就知道一切，你本来就拥有一切，你唯一要做的，就是"记起你自己"，然后"成为你自己"。如果你可以时刻轻易地回到你自己本来的样子，为什么你却一直不愿意这样做呢？究竟是什么力量一直在阻碍你成为真正的你自己呢？

2-2 真正的自己

2.5 工具仅仅只是工具，工具的价值是，你需要他的时候才使用它大脑病毒和潜水衣，仅仅是一个小小的比喻，唯一阻碍你的只是你自己的对分离的信仰和追逐。也许你一直觉得，那些"好坏""对错""多少""大小"之类的东西，只是一个心理的过程，虽然会造成一些麻烦和矛盾，但是并不是多大的事情，但是，分离的信仰是一切麻烦的根源，没有小的麻烦和大的麻烦之分。如果你不能认识分离的毁灭性力量，了解它们是比任何毒品更有威力，也更致命的病毒，你就根本不可能清除任何大脑病毒，即使你看了一些励志、灵性之类的书籍，最后的结果也是刚刚清理一两个病毒，然后就马上在其他病毒的围攻中回到原来的样子了。

而这一次谈话，我们的核心任务也就是让你看清大脑病毒的真正面目和分离的力量到底是如何无所不在地操纵和毁坏你的生活和这个世界的。

也许你会很郁闷，干吗非要花时间讲这些看起来一点实际作用都没有的概念性的东西呀，什么分离，什么选择，什么好坏对错。既然会魔法，干吗不现在就开始教魔法？你也许会认为，等你会了魔法，就会自然地相信了，然后你就可以更认真地学习了。这只是你大脑病毒的缓兵之计而已。你根本不可能还在信仰分离，还在把虚幻当成真实，还在认为真实的力量是虚无、根本不存在的事情的时候，学会任何魔法。

这就好像你一直生活在海底，你觉得火是一个多么奇妙的魔法呀，于是你要求学这个魔法，但是却要用无处不在的水来点火一样。要点火，首先需要离开水，回到岸上，然后你会轻易地点燃任何火。分离的信仰就是你无所不在的水，我们这一次的谈话，就是让你理解，到底这种分离之"水"是如何无所不在地阻碍了你的真实的创造力和创造一切奇迹的能力。等你理解了，你唯一会做的事情，只能是"走出这个黑暗的海底"。等你走到太傻第一步，虽然还没有完全到岸上，却是在浅滩里了，你就会发现，再学习任何魔法，创造任何事情，就不是多麻烦的事情了，也许在浅滩点火没有在岸上那么容易，但是，点两三次至少也会成功一次。记住，没多难，仅仅两三个月就可以到达浅滩，你也会清楚地看到回到岸上的道路，但是，你必须跟随着我一步步地向浅滩走去。

Jim：真的只用两三个月，我就可以回到你说的浅滩，就能学习魔法了吗？既然你都这么说了，我就当作一个两三个月的跑步计划好了，这个总不会要比跑100千米的超级马拉松难吧。

Taisha：只要你开始认真地做太傻的练习，哪怕只专心做任何一个练习，你都可以在两三个月走到太傻第一步。不过，你的大脑病毒会激烈地阻击你，甚至给你的生活制造一些小麻烦，来阻碍你的脚步，不过大脑的病毒可没有太傻给你安排生活经验那种本事，大脑病毒只能靠不断地和你絮叨，然后说服你去自己给自己设置一些障碍。这些障碍包括你说的"怀疑""比较""批判"和"选择"。等你开始真正与之交锋了，你就会更彻底地理解这些自己制造的障碍了。

不过这件事情肯定比你说的跑100千米要容易得多。你练习跑步，怎么也得准备一下吧，但你可以随时随地进行太傻练习的锻炼，而且我们也鼓励你在每一刻去练习。

不过你有这些问题，至少说明你在第一次谈话以后，认真地思考了。至少你开始与你的大脑病毒有交锋了，这就是很好的开始了。我们的第一次谈话只是一个提纲或者引子，让你对这本书将解决什么问题有一个大概的框架，很多问题都只是一带而过，比如分离、真实、虚幻，都没有讲清楚。这一次，我们会尝试把这些问题彻底说清，你就会明白你刚才的那些问题了。

随着你未来一步步地在太傻练习中坚定地走向浅滩，你知道的可不仅仅是如何点火或者施展一些看似很漂亮的魔法，也不是简单地如何获得成功和富裕，你会在那里更清晰地听到岸上的太傻对你的呼唤，并从那里获得更深层次的知识和指引。那些知识是你在这个世界，用大脑无论怎么想都不可能想出来的，你的大脑会将那些想法全部归结为偶然的幻想。但是，这个世界上没有所谓的偶然的幻想。越是大脑觉得不可思议的幻想，往往越是真理光辉的闪耀——记住，这个世界是颠倒的，最具真理性的事情，往往是在人类思维认为最天真的，比如小孩的智慧。

就好像你有时候听一些儿童节目，里面的儿童描绘自己想象中的各种场景，公路、汽车、房屋等。你会觉得很可笑，其实那些都是真正的知识，每个儿童都从自己来到这个世界之前的其他世界获得过这些记忆，并将它描述出来。没有任何事情会从虚无中想象出来，包括类似《哈利波特》那样的电影情节。而儿童之所以会更接近真理，唯一的原因仅仅是他们的大脑更少被大脑病毒感染，所以他们更容易清晰地听到太傻的声音。这个世界总是会有各种天才儿童的故事，还有很多像《黑客帝国》里面那样用思维的力量弯曲勺子、搬运东西的报道，这些都是在太傻指引下对力量和真理真实的运用而已，只不过，随着这些小孩的长大，他们被大脑病毒感染以后，这些能力也就自然消失了。

Jim：真的是这样吗？其实我一直都觉得儿童是有巨大的智慧的。那些类似指环王、哈利·波特的魔法世界，是不是也都是存在的？要不然，怎么会有人想象得那么具体和生动呢？《指环王》里面，还专门有精灵用的语言呢，而且语法、结构都很严谨。我一直觉得那些都是真实的世界，只是我都不敢和其他人说我的感觉，因为肯定会被嘲笑的。

Taisha：那些世界当然是存在的，只不过因为传述者的局限，内容发生了一些扭曲，因为这个世界太喜欢战争和冲突了，于是所有关于其他世界的描述都充满了战争和冲突，但是如果不考虑那些主要的情节，其实那些背景的环境描述是很真实的。例如《指环王》里面那个树人，就是真实存在的。有一个很著名的星球，就是以树作为灵性载体的，那个世界才用了不到几千年，就发展到比地球现在的科技水平进步几万年的程度，究其本质原因，是地球以猿作为灵性载体，猿类实在太喜欢相互打架，而树的天性就是和平的，所以在一个和平的体系中，科技和文化会更容易发展。只不过在《指环王》电影中，树为什么非要长两条人一样的腿才能移动呀，这太原始了。

不过，一个读者要是读到这里，基本上会认为这些只是大脑的想象罢了，接着会和嘲笑儿童的智慧一样嘲笑类似的想象。大脑病毒统治的世界，只会嘲笑真正的智慧。因为那些智慧是他们无法理解，更无法创造的。你要记住这个比喻，大脑就像一台计算机，只会接收信息、计算、显示结果而已，是无法认知的，更别提什么创造了。这是与计算机不可能统治人类，人类却可能被计算机束缚一样的道理。如果人类自己不创造任何东西了，一切都指望计算机造出来，是不可能创造出任何东西的，因为计算机是无法创造的。计算机科技再发展多少年，即使在未来出现生物计算机了，这些计算机也不可能拥有超过一棵小草所拥有的智慧，因为它们只会计算而已。

真正的智慧、真正的知识，存在于大脑的未知神秘世界中。这其实也没有什么神秘性。这本《太傻天书》全部都是在教导如何与太傻沟通，发展和获取那些知识。Jim，你也要记住，人类的所有进步、创造、文化和爱的故事，都不是来自大脑和所谓的科学，那些知识框架和基础知识只来自太傻，无论是爱因斯坦的知识、牛顿的知识，还是一个小学生的绘画，都一样。只有太傻，被太傻指引的你的真正的心，才会知道和创造。

但是，来自太傻的知识虽然是真理，这些真理却可能被大脑病毒否定、嘲笑、误用，这也就是为什么这个世界从来不缺乏科技，但是科技却无法真的改变人类命运的原因。世界大众只要一天还继续听从大脑，这个世界就会无休止地分离下去，直到最后的矛盾爆发和崩溃。这是分离世界的必然命运。

所以，在《太傻天书》一开始我们就建议：放下你大脑中的那些固有的观念，来尊重真正的知识。如果一个读者没有读到这个位置，那唯一的原因是，他在读到这里之前，就被大脑病毒打败了。

Jim：那儿童真的拥有巨大的智慧吗？是不是我们以后应该多向一些儿童寻求意见呢？

Taisha：每一个儿童都有他们自己和外人无法想象的悠远的过去，这个地球的世界中只有不到百分之十的人是刚刚从上一个模糊自我意识的世界毕业而来的，而其他的大部分人都经历过成百上千次以上的各种世界的生活体验，还有大约百分之一的人，是从更高的世界层次自愿到这个荒芜而贫瘠、矛盾重重的地球世界来体验生活的。所以，几乎每一个新生的儿童都有数不清的特长和各种形式的智慧，同时因为他们并没有受到这个世界多大程度的洗脑，所以他们几乎人人都是觉醒的大师。

当你看每一个婴儿的眼睛的时候，那难道不是你在这个世界见到的最清澈的目光吗？没有恐惧，没有期待，没有归咎，没有束缚，只有爱。面对每一个婴儿，即使你与他没有血缘关系，你难道不会从心底油然而生一股爱吗？是的，是从你的真实的心发出的，人们其实一直都知道，爱只能从心里而来，而不是大脑想出来的。当你感受到这种爱的时候，那难道不是你经历过的最美好的感觉吗？记住这种感觉。

是的，每一个婴儿都是大师，但是，你只能通过太傻才能与他交谈，获得他带给你的信息。每个婴儿都会带给你一些专门给你的信息，他们都知道你的身份，他们都认识你。只是你的大脑听不到这些声音，就好像你的大脑只会嘲笑太傻的声音一样。

尊重你遇到的每个儿童吧，凝视他们的眼睛，你就会知道他们真的是你的老师、朋友、曾经亲密的家人。他们来到这里的目的，和你一样，他们来找你，与你一起，在这个世界散播更多的爱。你有时候会听到一些儿童天真的话语，你的大脑会嘲笑这些话语，例如，他们会说："这个世界的人真奇怪，赚钱多没意思呀，为什么不每天做游戏呢？"

这是多么睿智的话语呀，太傻也会说一样的话，太傻一直在做一样的事，只是你从来都把它当成自己心中一些奇怪的嘀咕而在嘲笑中放到一边了。然后继续听从大脑，开始那个"没有痛苦就没有收获"的可悲的循环。其实你一直都听得到这些声音，就好像世界从来都不缺乏任何的儿童的智慧，只是你的大脑不愿意去谦虚地倾听罢了。

当然，不要指望儿童能给如何你买股票、如何做投资、如何趋利避害之类的建议，和太傻一样，儿童根本无法理解你的那些幻觉的世界，他们更不可能给你什么幻觉的分离的意见，看起来让你能在幻觉中活得更好或者更有成就。

真实的眼睛看不到幻觉，这也就是你无法用太傻的智慧来取得任何分离世界的成就一样。

Jim：好的，那我们开始今天的正式主题吧。你之前给的提纲，说这次谈话是"真实和虚幻的对话"，这是什么意思？是佛教的"万事皆空"表达的，一切都是幻觉的意思吗？

Taisha："万事皆空"和很多类似的佛教、基督教、灵性教导，都被未来的解读者在很大程度上曲解了，虽然它表达的核心意思确实和《太傻天书》的"虚幻"是一样的，却很容易让初学者误解。很多人会拿着"万事皆空"说，你不存在，我也不存在，世界不存在，一切都不存在，一切都是虚幻的，所以不用去追逐，追逐虚幻只是受苦。可是对大部分人而言，你是存在的，我也是存在的，世界也是存在的，一切明明都不是虚幻的，要接受"万物皆空"，就变成某种"心理上的自我催眠"的过程了。

《太傻天书》也没有说，这个世界是虚幻的，你要摆脱这个世界，到天堂了，才是到达我们说的岸上了。这个世界是存在的，岸上也好，你本来的自己也好，都是在这个世界就可以做到的，不用像你想的，要从某个门进到类似《黑客帝国》那种世界，才能施展所谓的魔法和超能力。

虽然我们谈真实和虚幻，我们还是要首先和你肯定，你是存在的，我是存在的，这个世界也是存在的，你面前的这张桌子和这瓶水也是存在的。而且很明显，我和你是有差别的，你和这张桌子也是有差别的，这张桌子和这瓶水也是有差别的。这个世界就是差别的存在，没有差别就不可能有这个世界。而你的大脑的核心功能就是理解差别。

Jim：哈，太好了，你终于说到我心里几乎最大的一个疑问了。你不是说，差别是幻觉吗，还说差别是一切痛苦和矛盾的根源，现在差别又是大脑的核心作用了？如果这样，那这个世界不就是一个陷阱，给你一个大脑，却主要让他体会差别，而差别又是幻觉，而幻觉让人痛苦——你这样说，和佛教说的这个世界就是"苦"的不就是一个意思了吗？

Taisha：你要注意我的用词，差别是现实，但没有区别。这个世界、大脑、差别，都不是陷阱，只是一个体验的工具，所有的痛苦不是来源于工具，而是对工具的误用。我之前说，区别与分离是一切矛盾的根源，分离的意思就是对差别的误用。当你在一些差别上加上情感的因素，诸如好坏对错、美丑善恶的时候，这些差别也就成了区别与分离，这些分离也开始制造一切的矛盾和问题，而因为这些分离都来自你的附加情感，所以，本质上，这个分离的力量和随之而来的矛盾，都是你自己制造的。

你、我、这个世界、这张桌子、这瓶水，都是现实，也都有差别，但是却没有区别。《太傻天书》所说的虚幻，是说你给你自己、给我、给这个世界、给这张桌子、给这瓶水附加的那些分离的观念是虚幻的。同样，你的大脑是存在的，大脑高性能的计算机是存在的，但是你大脑的病毒却是虚幻的，那个海底限制和阻碍你的水是虚幻的，你的潜水服是虚幻的，所以你可以走出海底，摆脱水的束缚，清除大脑的病毒，却不用摆脱这个世界，到一个所谓的天堂之类的地方。

差别是一种现实存在，例如你不能上街不看红绿灯。红绿灯是一种差别，但是，只要你不给这种差别附加任何情感的观念，例如喜欢绿灯，厌恶红灯，这些差别就不会对你有任何阻碍，这是差别本身的工具性，这些都是真实，而且是你在这个世界必须体验的。

注意，这个世界肯定是在差别中存在的。说一棵树和一棵草没有区别的意思，不是去否认树和草的不同，而是说，它们本质上都是一种存在，没有一种比一种高级，没有一种比一种先进，没有一种比一种美丽。而那些区别中的高级、先进和美丽就是我们所说的虚幻。

同样你可以理解，每一片雪花都是不同的，但是没有区别；有学历和没学历是不同的，但是没有区别；黑人和白人是不同的，但是没有区别；中国和美国是不同的，但是没有区别；等等，这就是我们首先必须有效地定义到底什么是我们所说的真实和虚幻的意思，这是很多学习/体验者很容易误解的地方——不用否定世界，不用否定差别，但是差别上附加情感而造成的分离，分离却是幻觉，在分离的信仰中，你制造了你自己的虚幻的世界。

而佛教所说的这个世界是"苦""万物皆空"的正确理解也是这样。你在分离中制造的你自己的虚幻的世界，是"苦"这个你自己制造的虚幻世界，是"万物"皆空的。

虽然这个世界肯定是在差别中存在的，但是，时间却是不存在的，时间是依赖大脑的一种功能，一旦你进入时间，你必然开始思考，而且必然附加情感因素，时间也是分离的一种，因此也是虚幻的。这个世界、你、我、这个桌子、这瓶水，都是在现在一刻、当下真实的存在。但是，这些都不在时间中。

Jim：我明白你说的真实和虚幻的意思了，看来是我以前对佛教的理解错了，我原来还以为他们非要我去他们的什么"净土"才算不"空"，不"苦"了呢？

可是，分离怎么就制造一切痛苦了？在我看来，分离，充其量是一个东西，

2.11 你是无限和无形的，但是你所创造的工具却是有限和有形的

买到了，还是不满足，于是想买更好的，一直陷于不满足的过程。到底你说的分离是什么呢？为什么我们在这个世界，一定要体验分离呢？

Taisha：你当然可以不体验分离，在任何当下一刻，你都是不会体验分离的。但是，你却可以选择去体验分离，在分离中认识你自己其实没有必要分离，没有必要感觉痛苦，没有必要经历矛盾，你不体验分离的痛苦，怎么能理解合一的平静与真正快乐的价值呢？

《太傻天书》说：你是合一，你一直是合一。但是你却不可能在合一中体验合一。合一需要在体验自己的过程中，理解自己。

你能理解吗？差别是体验的工具，你在体验中为差别附加了各种体验的感情。虽然这些感情制造的分离都是虚幻而不真实的，但是，合一的你却可以选择做一个梦，梦见似乎自己真的在差别中分离，在分离中体验合一的本质。

Jim：这就好像，一辈子在水里的鱼不能理解水的意义，必须跳出水面，才能理解水的意义，是吗？

Taisha：是的。但是，分离只是一个梦。是合一用来体验自己的梦。问题是，你把梦当真了，在分离中不断地远离合一，于是你也远离自己的本性，你自然会痛苦。但是，那始终是一个梦，你没有远离合一，也不可能远离合一。

Jim：刚才你说的，只有在分离中体验痛苦，才会感受到合一的快乐的可贵吗？这个说得太抽象了，具体点吧。你看《太傻天书》正文就是抽象的描述，那段对话不就是为了具体阐述吗？用具体例子说明吧。

Taisha：首先，差别本身不会有痛苦和快乐，痛苦和快乐都是人的感受。分离经历只是你体验外在差别时的经历模式。差别是工具。就好像一个画家，没有画布，就不能画画；没有颜料，也什么都画不出来。

这个世界，包括时间，包括空间，包括一切的差别，就是画家需要的画布、画笔和颜料。颜料就是差别，要是只有一支铅笔，画出的只是简单的素描，越丰富、深入的体验，需要的差别元素、需要的颜色也就越多。同样，越复杂的画，越复杂的世界，当你体验这个世界的时候，你感觉到的分离也就越多，你感觉到的痛苦和快乐也就越多。

所以，当我们说差别，首先说它们是工具。你必须在差别中理解自己，也必须在差别中表达自己。要是这个世界上没有差别、没有区别，混沌一团，你也不可能有生活体验。

而这是大脑作为工具的基本功能，类似一个画家的画笔，是接受和表达的工具。但是，工具就是工具，工具必须被正确使用，才能画出优美的画。但是，大脑这个工具却被误用了。

Jim：我知道《奇迹课程》中有个很好的比喻：你在沙漠，一辈子都在削铅笔，削了一辈子，削出来世界上最好用的铅笔，却什么都没画，这是误用吗？

Taisha：这是一个很精彩的比喻，却不是直接回答这个问题的。我们用一个更具体的比喻。

大脑的误用是：画家必须用画笔、画布和颜料作画。画家是唯一的创造者，其他的都只是工具。但是，有一天，画笔中毒了，被一群病毒所控制了，画家自己被画笔打晕了，画笔把自己当成了主人，这个被病毒占领的画笔，每天基本不做画，因为没有画家，它什么也画不出来，于是画笔开始忙碌另外的事情，他每天给100种颜色，做哪一种颜色更美的排名，或者哪几种颜色的组合更高级，指挥着这些颜色在相互的斗争中，让它们自己表演各种戏剧，演出了一幕幕的颜料世界的悲喜戏剧，最后的结果就是，画家在沉睡，画笔在画布上乱涂一通。

这就是这个世界的现实。那个画家就是在每个人身上沉睡的你的本来的自己，画笔就是你的大脑，画布就是时间，那些颜料就是你的世界的各种差别。而那幅画，就是你的生活经历。分离是什么呢？分离就是你给100种颜色的排名，分辨出它们的好坏对错、是非善恶，这些都是那些病毒指挥着画笔做的，是它们自己觉得最有意思的事情。

Jim：这个比喻很有趣呀！我突然一下子理解了。这个世界本身的各种事物，虽然存在区别，却没有人们认为的那种好坏对错。区别就是区别，和颜料一样，但是，因为人们执着地在各种生活经历中区分好坏，就陷入了你说的颜料大战，而忘记了颜料本身是用来作画的，而不是用来比较的。

2-3 大脑的困境

Taisha：从这个例子，我们要理解的另外一个更重要的层次是：大脑只是一个认识工具，和眼睛、耳朵一样，用来认识差别，并在差别中与世界互动，但是，你却用这个工具来做认知的事情，于是你就会把情感附加到这些差别上，于是你就会自己制造了分离。因为分离本身是你的大脑制造的，你的大脑自然会认为他们制造的是真实的，永远不会承认那些分离的追逐是虚幻的。

所以，我们会说：大脑没有认知能力，大脑所有的所谓认知，都是基于分离的投射。大脑自己认知的那些事物的好坏对错，你也许认为那些都是你自己的经验总结的宝贵的个人财富，其实，那些只不过是一些社会和大众反复投射的集体性的催眠与洗脑的观念而已。这些洗脑的最后结果，就是在你的大脑里形成了无数的预设观念——而这些预设观念，就是你大脑的病毒。这些大脑病毒多是在集体性的洗脑过程中的构建分离模式的思维体系，你自己的大脑就是在这分离的思维体系中给自己建造了一个坚固的监狱。

在这个监狱里，你从来都没有真的做任何判断和认知，你只是在不停地根据已有的预设观念进行一个不断强化你预设观念的游戏。这个游戏的本质是：你只会相信你已经相信的，你只会看到你看到的——这也是监狱的本质。因为你一开始就构建的是一个基于分离的虚幻的体系，于是你在这个体系中，也只会相信虚幻，你还不断地强化你的虚幻，同时，你会将所有真实的事物，阻挡在这个监狱之外。

你一直在根据预设的思维模式，做你所谓的"认识"的过程，而这个过程的结果就是颠倒真实和虚幻，而你自己却一直认为，你的大脑是有认知能力的，你一直是公正而客观的，并且，你可以分清虚幻和真实。

Jim：虽然我同意你关于这个世界有无所不在的分离的情感因素，诸如好坏对错、是非善恶的说法。但是，你说，大脑没有认知能力，一直分不清现实和虚幻，还说我不是公正而客观的，这个我可不同意。

我知道，人类的大脑有很多认识的误区，还有很多情感因素的影响，这也确实是社会的一个问题，例如大众的盲目性，但是，这些问题大家都看得到，并且是可以通过教育改进的，每个人也在有意识地与自己的某种情感的冲动做斗争，你不能简单地因为有一些盲目因素，就说大脑不会认知吧。要是大脑不会认知，这个社会是如何进步的呢，科技是如何发展的呢？

Taisha：好的，看起来我们必须在深入地讲解为什么分离是你最大的麻烦制造者之前，首先解决你对你大脑的那种信赖了。就好像你说的，你一直觉得，你的大脑虽然有一些问题，有一些冲动，大部分还是理性的，也就是你说的理性，让你可以在这个世界趋利避害，在各种环境都做出正确的选择，不管最后是不是正确，你的大脑至少在努力做出正确的选择，对吗？是不是也是因为这个原因，你其实至今都怀疑《太傻天书》是不是能真的帮助你，其实你知道，这个怀疑只是你大脑的怀疑而已，但是，你还是相信你大脑的这种怀疑，是吗？

Jim：虽然你说了我大脑的很多不好的地方，我也有某种理解，大脑确实有问题，但是，它真的像你说的那样一无是处，连对的错的都会完全弄反吗？我可是一直对我自己的智力有相当的信心的，我是不可能分不清对错的。

说实话，现在我对这些灵性课程呀，什么《奇迹课程》《太傻天书》，基本也是试一试的态度，好就用，如果不好，你凭什么逼我学呀，那不是宗教迫害吗？虽然我承认有的观点确实很有启发性，但是，这些真的能起作用吗？你看，你在《太傻十日谈》中教导的核心就是怀疑这个世界嘛，你怎么可能让我平白无故就成为《太傻天书》的信徒呢？我可不想成为一个盲信者。

所以，我为什么说某些奇迹能力，什么预言呀，听到别人的思想呀，虽然你反复说不重要，是副产品，但是，对于我们这种根本没体验过的人，这却是破除怀疑，并相信这些事情存在的重要部分呢。

你如果多讲讲什么前世轮回呀，表演表演隔空取物、弯曲勺子之类的事情，其实会更有利于大家的相信和学习呢。你看，现在大家想起耶稣、佛陀，首先想起的肯定不是他们的什么教导，而是耶稣治好了快死掉的病人，能在水上走，以及佛陀有巨大的法力，能喷火发光这种事情。要是没有这些明白无误的奇迹，你想要这个世界的人随便相信什么东西，就算任何书讲得再有道理，也没用。所以，你首先要让人们相信奇迹真实存在，人们才会去做，对吗？

Taisha：你真的觉得，你的大脑只要看到了足够多的证据就会真的相信吗？耶稣可展示了不少的奇迹，可是人们不一样把他送上十字架了吗？

当然，你肯定不会因为一个耶稣或者佛陀的例子，就承认你的大脑是没有认知能力的。我们现在来解决这个问题，你的大脑究竟有没有认识事物的能力，它到底是不是像你以为的那样理性，只要证据足够充分，就会相信这些事情。

当然，这不是你一个人的小小问题，这个世界的每一个人都相信自己是理性和客观的，也正是因为这种自以为是的理性和客观，他们从来都不怀疑自己的大脑的建议，反而不断地怀疑那些监狱外的真实事物是不是真的存在。

我们首先要谈的是，你认为大脑有认知真实和虚幻的能力，只要看见真实的事物了，就会相信真实的事物的存在。就好像你刚才说的，你们认为，只有给足够的奇迹存在的外在的证明，人们就会相信奇迹是真有的，于是人们才都会去探索自我和真理，类似的过程很多，例如你为什么会觉得学历真的很重要呢？你觉得你之所以有这个观念是在外在证据下的推论，你看到无数人看起来也确实是没有学历就找不到好工作，当无数人都在拼命地争取各种各样的学历的时候，你在这些证据下建立了学历很重要的观念，于是你去和其他人一样地追逐学历。当一个人是相信他自己的大脑的认知能力的时候，你其实都是在相信，认识是由外而内的过程。

可是，《太傻天书》教导说：认识是由内而外的过程。人们只会相信自己已经相信的，人们也只会看到自己愿意看到的。这个意思就是说，如果你实际

2-3 大脑的困境

2.15 你仅仅看到你自己想看到的，你仅仅会相信你已经相信的

上不相信某件事情，就算给你看再多的事实，你还是不会相信。同样是那个学历的例子，你其实并不是因为真的看到足够多的学历多么有用的证据，而是你内在已经在外部的洗脑中建立了学历很重要的思维模式，于是，你不管看到多少学历没有作用的证据，你都会把它们忽略掉，或者认为那些根本与自己无关。如果你相信什么，就算那个是完全错误的，就算你看到再多的反面例子，你还是会按照你相信的去做的。

这两个观点是不相容的，人实际的真实的认识过程，到底是由外而内，还是由内而外呢？

Jim：这与唯物还是唯心的讨论很类似。我一向是唯物主义的，我的观点很清楚：你让大家看看你施展奇迹的能力，大家自然就会相信了。现在很多人不就是因为耶稣、佛陀施展过奇迹，而相信宗教的吗？

认识肯定是由外而内的，外在决定内在，我可是坚定的唯物主义者，从来不信唯心主义那一套。唯心主义确实可以说得通，但是不是事实。我可不相信什么你在大热天心静自然凉的话，还是开空调更实在。

Taisha：似乎人们信仰耶稣、佛陀的原因是很多人都信仰，而不是因为他们自己真的看到什么直接的证据而信仰的吧。不过，我们先别讨论这种争议巨大的信仰真实性的问题了，也先不要着急套上唯物或者唯心的标签啦。要是我们现在开始唯物还是唯心的辩论，辩论一下午都不会有结果的，估计读者也就直接把这本书扔了。

我们来谈几个比较有意思的话题。我们可以从具体的案例来分析，人们到底是因为什么而相信一个事物的，是不是真的像你想的因为事物本身的真实，他们自然相信。

Jim：好吧，我最讨厌辩论哲学话题了。最好用实际的我能明白的例子说服我。我可不觉得大脑有什么很大的问题。虽然偶尔会有一些心理的盲目性，进入一些误区吧，但是，我大部分时候是相当清醒的，我就不觉得我怎么可能大部分时候都像你说的，脑子里像一团糨糊。

Taisha：好吧，我们来看一个关于你怎么相信或者不相信一个事情的例子吧。你相信外星人存在吗？这个世界相信外星人存在吗？为什么有人相信外星人存在，而有人根本不相信外星人存在呢？

Jim：干吗一开始就用这么有争议的话题呢？嗯，我当然是不相信的。虽然我一向觉得，人类不可能孤孤单单地是宇宙的唯一的智慧生物啦。外星人应该是存在的。但是，你必须证明它的存在，才能说真的存在吧。那些飞碟报道虽然到处都是，层出不穷，但是"该信哪些，不该信哪些"，并不清楚呀。很多人和我的观念相同，即你要是把一个外星人放在我眼前，就好像桌上这个杯子一样，我肯定就相信了。但是，现在好像还没有这种让所有人都确认无疑的证据吧。所以很多人都是应该和我一样，并不是不信，而是不愿意简单地根据一点点证据就相信，这样并不是理性思维的代表。如果因为看到天上几个光点，就非说有外星人访问了，这只是盲信吧。

Taisha：你说得真好。你和几乎所有人都认为自己是理性的、有思辨能力的，不能简单地凭一点点证据判断。可是现在外星人的报告有那么多，有关飞碟的杂志每周都出版，网络上到处都有有关飞碟的视频、录像、接触体验，你还看了不少外星人通灵的材料，一些书籍还说，不仅仅耶稣是外星人，人人都是外星人。你既然看了这么多了，为什么还不信呢？既然你说，人看到更多证据，就会相信。

Jim：你这个是故意刁难吧。谁知道网上那些报道视频是真的还是假的。如果是伪造的呢？科学家也经常说，至今没有任何可以证实的100%真实的报道。我怎么能随便就相信呢？我还是那句话，和你说的奇迹能力一样，给我看一个，我就相信，别人怎么说，看到多少个飞碟，看得多么真实，我都不信，他们怎么知道他们看到的是真的呢？也许只是大脑病毒的伎俩呢？就算美国总统现在宣布，真的有外星人了，我也要亲眼看到，才会相信。

Taisha：你真的要看到一个真的外星人才会相信吗？要是我给你看一个活生生的外星人，你又说不信怎么办？

Jim：是活生生的，不是电影，不是照片，不是视频，不是什么接触体验，只要你摆一个在我面前，我怎么会不信呢？你要是真的能召唤一个外星人来，别说我相信外星人存在了，你以后说什么我都相信。

Taisha：没问题，我给你一个。

"嗨，Jim，我就是外星人，我是从金星来的。你最近在地球日子过得如何呀？"

怎么样，既然看到真的外星人了，你应该从此就相信外星人存在了吧。

Jim：你这不是瞎搅和吗？你怎么会是外星人呢，你的飞碟呢，哪有外星人长得和人一个模样的，再说了，哪有外星人还在中国做留学咨询服务的，直接用飞碟把客户运到美国去不就行了吗？

Taisha：好吧，我也不算外星人，那你要看到一个什么样的外星人，你才相信真的有外星人呢？

Jim：最好开着一架飞碟来找我，给我展示地球没有的高科技，顺便发给我一个类似机器猫一样的螺旋器，戴在头上我就可以飞走了。对了，还要给我一个通讯器，以便我随时呼叫，如果未来地球有灾难降临了，把我接到月球之类的。

Taisha：好吧。你还忘不了地球要是有灾难，飞去月球的事情呢。

Jim：当然了，虽然你给我解释过不会发生什么全球灾难，但是，我还是觉得，有备无患的好。

Taisha：没关系。这样已经可以了，我们也不用继续谈外星人的事情了。不过，Jim，你回头看看你刚才的观点，你真的觉得你的大脑有认知能力吗？

核心不是你相信不相信外星人，而是你心中早已有了一个外星人大概应该是什么样、具备什么功能的预设观念，你其实已经不相信有外星人了，你之所以不相信有外星人，和证据多少一点关系都没有，只是因为大部分人都不信，或者大部分人都是半信半疑的，于是你也一样理所当然地被洗脑而接受这种观点，然后你再根据这个概念选择性地挑选外在的证据。你根本不会管展现在你面前的证据到底是什么。

比如，我说我是外星人的时候，你说你不相信。其实，要是真的有外星人开着飞碟来找你了，你也首先会想：好莱坞拍电影，哪个演员扮的吧。你会说："给我更多的证据，否则我还是不信。"

这难道不是每个人的思维状态吗？你其实已经不相信有外星人，这已经是你的大脑预设的观念了，这种观念除非外在环境发生巨大的变化，诸如几乎所有人都相信有外星人的时候，否则不管给你多少证据，你还是不会相信的。你已经提前预设了信或者不信，然后根据这些已经预设的，来继续决定新来的信息的处理方式，这可是像你说的，每个人会客观地做出判断，什么是真实的，什么是虚幻的。

Jim：你这个例子有点滑头，相信一件事情确实要经过分辨嘛，确实我可能有些固执，但是，你怎么让我相信你是外星人呀，给我展现你的超能力，我就相信你。超能力不算，好像已经看过了，拿出你的激光枪来看看吧？

Taisha：可是我就算拿出激光枪来，你肯定会说："提前准备好的吧，这东西玩具店都有卖的了。"这还不算，就算我不断地变各种东西出来，你还是会说："好吧，我相信你是魔术师啦，我还是不相信你是外星人。"

本质上，你其实就是不相信有外星人。这就是你说的"怀疑"的过程了。你认为证据可以满足你的大脑病毒的追逐，并且你认为，只要满足了你的大脑病毒，你就会相信，然后去做。可是事实却是，其实你永远都不会相信你已经不信的东西，你只是相信你已经相信的东西。

就好像我们一开始，花了不少时间分析的每个人的学习／体验的过程，你想想，要是每个人都是像你说的，会正确地根据证据，做出分析和选择，他们怎么会不断地去寻找各种书，然后不断地扔下那些每一本其实都会对他们有很大帮助的书呢？为什么他们明明已经觉得自己相信了一些道理，还不去做任何实践呢？原因其实很清楚——他们已经在大脑里有了无数该相信什么，不该相信什么的预设观念，于是不管接触什么新的东西，他们都不会去做什么"客观判断"，决定什么是真的，什么是假的，每个人只是不断地寻找，然后不断地放弃，他们永远都不会真的相信，也不会对自己的预设观念有任何改变。

这个过程其实和你处理外星人信息的过程完全一样，也许你觉得外星人是一个有争议的话题，其实每个主题，你在生活中的每个过程，都是一样的，没有区别。

如果真的就像你说的，展现几个奇迹，人们就会相信，耶稣都施展那么多奇迹了，怎么最后还是会被人杀死呀，似乎杀死耶稣的时候，群众里没有多少人反对吧，大多数人都觉得也许有些不公正，但是，这些事情每天都发生呀，人们并未像你说的，看到奇迹，就相信奇迹，然后就开始追求真理了呀。两千年前是这样，就算耶稣现在再回来，你觉得他的命运会有改变吗？肯定没几天就被人以"冒充耶稣"为名，再次送上十字架了。而这个过程，和你对外星人判断的过程有区别吗？人们其实已经预设了相信"耶稣不会回来"，所以，一面热切地期盼耶稣回来，一面马上否定耶稣回来的每一个信息，把每一个回来的耶稣都送上十字架，你觉得这些都不可能发生吗？

记住，这是每个人每天都在发生的大脑的"认知"的过程，大脑就是一个画笔，它是不可能去认知的。你所谓的认知都只是大脑病毒构建的一套套愈合观念的监狱，然后相信已经相信的，看见希望看见的。既然这是所有你大脑的"认知"过程，我可以给你举出无数的例子，要再举一个更普遍和每个人都会经历的例子吗？比如学历、所有物的幻觉、爱情和亲情、金字塔、转世轮回、科学研究中的盲目和误区等，你随便挑好了。

Jim：你不用再给我举例子了。我明白了，也许其他人还要再举几个例子才会彻底明白，但是，我向你保证，我明白你的意思。我是做金融的，我最清楚地知道，人们是怎样自以为自己客观、科学、冷静而理性，几乎所有人都觉得自己是根据证据和数据做出的决定，其实，无论哪一级的金融投资，从散户到专家，从上市公司到基金，所有的决策基本都是一团糨糊的。

2-3 大脑的困境

2.19 它将自己接收到的一切分离不加分辨地投射出去

我想，估计没有任何其他领域比金融能更清晰地反映人们的认知模式的幼稚、可笑、冲动和无知了。投资股市的多数人都觉得自己是理性的，会根据实际情况，做出自己看来正确的决定，而不会根据自己认为的预设想法，单纯而简单地做出决定，因为对他们来说，每一笔投资几乎都是人生最重大的决定。就连卖菜的老大妈都知道看证券报，他们都自我陶醉地觉得自己是根据信息和知识做出判断的。

但是，那些都只是每个人自我的幻觉，无论看多少证券报，分析多少曲线，用多少高级或者现代化的程序，最终，每个人脑中都只是一团糨糊而已。他们只是觉得自己在做正确的决定。而在股市，如果任何一个人真的客观分析数据，唯一的决定只会是——没有赚钱的机会，亏损比例会更高，于是最客观的人会什么都不投资。

而且很多人都知道一个很讽刺而很真实的关于投资科学分析的事情。一个随便投资的小孩、一个普通的大众投资者、一个最专业的金融投资专家，三个测试者一起做投资盲眼测试。用的是最科学的分析手段，而不是只做一两次测试而得出结论。反复测试的结果却是，随便投资的小孩，成绩是最好的，最专业、最理性的专家是成绩最差的，而这是最科学的分析，并且是可以不断验证的。几乎每个人都知道这个事实，但是还有无穷无尽的人冲入股票、金融之类的投资领域。

如果你想找一个大脑没有认知能力，也根本不会客观地分析外在数据，只是根据预设的观念做胡思乱想的投射，没有比金融领域更好的例子了，这肯定是人类大脑混乱和无知最直接表达的领域了。

Taisha：你说得很好，但是，你还没有更清晰地指出，在不论金融行为，还是其他的任何为了目标而努力的行为主义中，大众普遍的预设观念到底是什么？

任何人买卖股票也好，投资也好，只要是他们想从这个领域来获得收益，他们首先是基于一个核心的预设观念，就是："相信自己应该是可以在竞争中取胜的，只要足够努力，足够勤奋，足够理性，分析足够的证据，就可以做出正确的决定。"每个人都基于这种相信，去努力完成这个过程——这就是我们上次分析过的基于行动主义的成功的幻觉。在你所谓的分析过程中，老大妈看证券报，哪个老大妈不觉得自己是理性的，不觉得自己是可以成功的呢？她因为自己预设的观念，必然会更多地看到赚钱的例子，而主动去忽略赔钱的例子，不是吗？

Jim：行，我接受这个观点了。大脑根本没有认知能力，是完全根据预设的

知识来工作的,那这些预设的思维模式来自哪里呢?是来自这个社会的行动主义、英雄主义的那些电影和故事的洗脑的结果吗?我其实也总是在想,为什么我总是要不停地买一些更好的笔记本、更高级的手机,不停地想要找投资机会,买房呀,投资股票呀。其实,本质的原因,是这个世界,在几乎无处不在地告诉每个人,有更好的手机、更好的生活,女人长得美很重要,男人很有钱很重要,等等各种各样的思维模式。其实这些思维模式都是外在强加的,我们原来都不信的。但是,在这个世界待久了,真的就相信了。从这个角度看,人们确实是,依据已经建立预设的观念,然后才做出判断。

可是,我明白了预设的观念的存在,那为什么我的大脑会预设外星人不存在的概念呢?其实我自己觉得自己还是挺相信外星人这回事的。

Taisha:注意,你的大脑不会预设任何事情,它只是不加辨别地接收外在已经预设好的概念。本质上,你之所以信或者不信一个事情,唯一的原因仅仅是外在的大众普遍的信或者不信。就好像关于外星人,因为这个世界普遍是不相信有外星人的,普遍怀疑真的有其他智慧生物存在这回事。这种预设,你会在各种各样的环境中反复地接收到,然后被强化,所以,你的大脑会记住"外星人不存在"这个概念,就好像你提到的那个所谓的"几乎所有的外星人、飞碟的报告都是无法证实的"一样,这只是一个强化已有概念的过程。

不过,因为你的环境会变化,大脑的预设的观念也会不断地变化。我们反复强调,大脑不会认知,只是无分辨地接收而已。300年前,科学和现在的自我探索的知识的地位一样,仅仅只是少数人看到的真相,大部分人还在宗教故事的幻觉中,大部分人一样在某种预设中,不管你和他们说多少"日心说"、"上帝并不存在"的概念,不管你拿出多少证据,他们一样不相信,大众都会觉得把布鲁诺烧死是合理的,尽管现在看起来,这是多么荒谬的事情。但是,当时间发展,当科学占据人们思维和大众传媒的主体的时候,人们也会慢慢改变这种预设,认为地球当然是圆的,但是又会进入去其他的认识的误区中,类似外星人等等问题。

这种大脑的固执和偏见,在每个世界都或多或少存在,你也许觉得,现在的世界比起300年前已经完全不一样了,但是事实是,在人们对自己的认识模式的问题上,对大脑的依赖和依旧的固执和偏见上,其实没有任何实质的变化。这个事情,几千年前是这样,现在还是完全的一样,只要人们不反思到底自己为什么而相信或者不相信一个事情,只要人们还坚持相信自己的大脑有认知能力,继续依赖大脑病毒,所有的错误都只会不断地重演。

> 2.21 真实的世界要用真实的眼睛去看见,只有太傻拥有这双眼睛

你其实一直在被你的大脑感觉和思维方式局限，而远远不像每个人自我感觉的那样，是真的根据外在体验而相信，然后行动。这些问题，都无关于你有多少证据，或者看到多少的表演，而仅仅只关于你到底如何看待你自己，你是如何思考内在和外在关系的。

所以，不管耶稣曾经展现多少奇迹，世界肯定还是要杀死他的，因为人们其实不会因为展现更多奇迹而相信耶稣，他们只是相信自己已经相信的，人们已经相信，这个世界有坏人，坏人会破坏自己的生活，于是好人要打败坏人。耶稣被钉上十字架，难道不是因为人们都相信他是坏人？无论耶稣展示多少奇迹，人们还是只愿意相信自己已经相信的，而根本不愿意去相信那些奇迹，事实上，那个时候，人们普遍觉得奇迹是恶魔的象征。

现代人看起来比两千年前的人进步，其实，本质的方式没有任何变化。所以我们之前说，就算耶稣现在回来，命运应该和两千年前差不多。千万不要觉得社会开放了，科技进步了，宗教发展两千年了，这个世界就会换一种方式对待那些大师。大部分人都是被内在分离的恐惧和大脑的幻觉操纵的，除非你跟随《太傻天书》的教导，开始思想锻炼的过程，真正地净化你的大脑，否则你始终都会在那个圈子里面打转——渴望解脱，自己却把每一次解脱的机会都推出门外。

记住，分离的思维模式，从来都不是小事情，而是一切问题和痛苦的根源。只要你一天还在信任你的大脑，你就一天都不可能逃出那个监狱。但是很多人，包括你一直都认为，预设的思维模式，这只是一个小小的心理偏好的问题，就好像你上次说的，"趋利避害"、"美丑喜好"这些只是人类的美好的情感，在真正重要的问题上，人们都会理性地做出正确的选择。而实际上，分离的预设的观念从来都不是什么小问题，而是一切痛苦和矛盾的根源。而最终，大脑其实没有任何认知的过程，大脑只是相信已经相信的，看见自己希望看见的。不管是金融、外星人、学历、生活、爱情，一切的领域，都是一样。

Jim：这个我也同意，三百多年前，荷兰就有了郁金香泡沫，这些和现在的金融领域、房地产领域等各个领域的那些或大或小的失败和损失，无一不来自人们的大脑的固执和偏见的部分。可是，这些固执的偏见，这些预设的观念的本质是什么呢？只要我们不看那些英雄主义电影，并反思自己行动主义的思维模式，就能破除的吗？应该没有这么简单吧。这个事情，已经被人类反思多少年了，该愚蠢的还是继续愚蠢，该犯错的还是继续犯错。我虽然在金融领域也许是清醒的，但是在其他领域，我都不知道，自己究竟应该怎么思考，应该相信什么。

2-4 分离的世界

Taisha：好了，总算你算是不再相信你大脑有认知能力了，而你一直所说的怀疑的本质，其实也就是，你在大脑预设体系的监狱下，对外在新事物的抵抗，你对所有将要突破你监狱的事情都会怀疑，这是无一例外的。但是《太傻天书》却要教导你一个终极的怀疑——怀疑自己的大脑，只有这个怀疑，才是能突破你大脑监狱的。这个怀疑也是《太傻十日谈》里面说的怀疑。怀疑，不是怀疑一切，而是，对究竟什么是真的，什么是假的，真实与虚幻的根本的判断方式的反思。

我们现在进一步深入看看，你大脑里面的那些预设体系的本质是什么。其实这个问题很清楚，只要你稍微分析一下就会看到，那些预设体系都是基于各种好坏对错，大小多少的分离的价值判断体系，如果没有那些分离的判断，大脑的预设体系是无法存在的，因此，所有的预设体系的本质都是基于分离的思维模式。而我们从第一次谈话就开始说，基于分离的思维模式，不是你所的说的小小矛盾的问题，而是一切矛盾、痛苦和问题的根源。

我们首先清晰地定义一下"分离"。所有关于事物区别的带有情感的认知都是分离的认知。好坏，对错，多少，大小，有无，光明与黑暗，善良与邪恶。

这个世界是在分离下运作的，分离是无处不在的，而这个世界也一直不断地强化和加固着这些关于分离的概念。Jim，试着想一想，你哪一刻，不是在好坏、对错、多少、大小这样的思维模式下思考的呢？这个世界哪一刻不再教导你这个更好、那个更美；这个更需要、那个会伤害你；这个你要小心、那个会对你更好等等。有吗？

Jim：好像真的没有，广告、电影、故事，确实时时刻刻都在说这些事情，更不用说那些矛盾、冲突和竞争了。但是，没有分离，世界怎么运作呀？难道我们都不发展科技，不推进教育，不争取更好的生活了吗？

Taisha：别着急，我们不会一下子到没有分离世界如何运作的结论的，我们首先看清楚，这个世界是怎么深入地被分离控制。否则你以后会轻易地解决一个分离，又进入一个新的分离。记住，分离是大脑病毒的养料，你只有彻底地清除分离，你才能清除你的大脑病毒。

你不再相信大脑有认知能力，理解大脑只是一个接收和投射工具，你能看到这个世界和你的大脑的思维模式的本质都是分离，你能理解大脑很可能从头就错得很厉害，这个已经是很好的基础了。对外在现实的真实规律的认知，是你真正分辨虚幻和真实的基础。如果你一直相信，大脑有认知能力，也相信预设的体系没有什么问题，你是不可能完全破除这个分离世界的幻觉的。

就好像刚开始谈话的时候的你，Jim，你坚定地相信你的大脑有判断真实和虚幻的能力，但是，实际的现实过程，你的大脑只是在根据已经有的分离的观念在选择性地相信和选择性地行动，并不是理性的过程。我们现在强调的是：大脑的所有的预设观念，都是关于分离的观念，大脑不可能认识任何不分离的事物特性。

我们可以更深入观察你的生活，你会看到，你虽然对红绿灯的区别没有什么情感，对山的高矮没有什么倾向，但是，每个人毫无疑问地都充满了各种各样的对差别和不同的依赖和情绪判断。但是，只要是差别就是幻觉，都是自己给自己找麻烦，对差别的幻觉和追求，和这种自找的麻烦无处不在的。我们可以随手举出无数这样的例子。

Jim：无处不在吗？那你就以面前这瓶水举例子吧。

Taisha：行，就以这瓶随处可见的水来说吧。你看这瓶矿泉水上面写着："矿物质水，多一点，好一点。"这就是分离，本质上，水就是水，为何需要多一点矿物质，就会好呢？本来一瓶纯净的水，只要0.5元，但是所谓的"多一点，好一点"以后，就可以多卖50%的价格，这"多一点"真的有那么重要吗？

Jim：可是科学研究说，水中添加矿物质，确实有益健康。这没有什么错的呀？

Taisha：我并没有批判对错，只是指出一个事实，这个世界是依赖分离运作的，大众思维就是喜欢多，不喜欢少；喜欢你说的健康，不喜欢你说的疾病；喜欢对自己有用的，不喜欢对自己有害的。觉得连简单的一瓶水，都要多一点，就会好一点。类似的，长得美一点，就好一点；学历高一点，就好一点；收入多一点，就好一点；房子贵一点，就好一点；社会更公正一点，就会好一点。这些思维模式，都是在现实的差别上附加了情绪和价值判断的思维体系。

而我们分析的核心，并不是差别不存在，确实有这种水比另外一种水多一点什么或者少一点什么，但是，这真的会像你说得好一点或者坏一点吗？

Jim：应该没有很大问题吧。虽然我理解，不是学历高就一定有知识，也不是长得美，就一定是合适你的朋友，但是，这个体系普遍还是有效的吧。从分析统计数据来说，确实学历高，素质就高呀，而水里面多加一些矿物质，确实是对身体有好处的，这些都是科学证明过的。

Taisha：我们还是从这瓶水来说。首先是因为你的大脑被世界的惯用的这种思维模式洗脑以后，真的认为多一些，就会好一些。所以，你确实会在面

对两瓶水的时候，选择多一些东西的那种水。水的生产机构也会因此而设计那种多一些的水。即使你不在水的问题上选择，你肯定会在很多其他问题上，美丑呀，贵贱呀，贫富呀，等等问题上有自己的倾向，而这个世界也在依赖这种倾向运作，并不断地强化这种倾向。最后这些倾向整体看来是如此的真实。

但是，如果一个事情是真实的，就不会有矛盾，也可以经得起任何的挑战，人也不会遇到任何困惑，就好像这瓶矿泉水，确实多一点。但是，你知道，有很多人，拒绝喝添加矿物质的水，认为那有害身体，永远只喝天然水或者纯净蒸馏水。这个多一点如果是真实的好，为何会又被认为不好呢？

Jim：好吧，确实有这种说法说矿物质添加不自然，是工业原料的添加，其中可能带有很多附加的工业有害物质之类的。但是，这并不是什么大问题吧，一瓶水，不会是世界的毁灭者吧？每个人都有自己选择和喜好的权利吧。

Taisha：确实你可以选择，但是，《太傻天书》说，一旦你开始选择，你就在给自己构建一个牢笼。在这瓶水身上，你就可以看见，人类无处不在的矛盾和争论，小到一个小小忧虑和判断，大到一场可以毁灭地球的战争，难道不都来自于分离，然后判断好坏的思维模式吗？

既然你很想知道希特勒到底是不是坏人，那么我们来看看，这个世界上公认的最大的坏人，究竟是因为什么原因坏吧。

虽然你不会在意水里面有没有多一点的东西的问题，但是，为什么二次世界大战的时候，德国人会认为自己是世界的精英，而犹太人是世界的垃圾呢？这种给人分级的模式，和你在水里多加一点就是好的模式真的有区别吗？

同样的问题，在黑人、白人和黄种人之间，你觉得到底人皮肤上的色素，哪种成分多一点会更高级、更好呢？

Jim：嗯，我承认，种族主义是很大的偏见和世界矛盾的起源，人和人确实不应该用肤色和种族来进行判断。这个问题世界已经认识到了，并一直在解决呢。这确实是分离的思维模式的恶果。可是，这并不能说，分离造成所有问题吧。一瓶水多一点健康元素，会造成问题吗？

Taisha：如果没有问题，怎么会出现争论和选择的问题呢？记住《太傻天书》中说的，合一中无须选择。一旦选择，必然分离，并因为分离而矛盾。

所有矛盾的本质，就是人们大脑追求不同的基础的思维方法。你也许觉得这个世界已经摆脱种族主义了，其实我看到的是，种族主义的核心思维模式根本没有转变。这不是少数所谓的极端分子的事情，而是每个人大脑的思维模式的一个部分，如果你不警觉它，清除它，它必然在未来操纵你的生活。

2-4 分离的世界

2.25 两者无法共存，也无法协调，你只能选择一个例如：我们看看中国小学课本都会毫无疑问地这样写：中华民族是一个伟大的民族，有着悠久的历史和深厚的文化，中华民族是公认的全世界最智慧和聪明的民族。

我们深入分析一下这句话，你也许觉得并没有什么问题，那么我们反思一下，请问哪个民族是渺小的民族，没有悠久的历史和文化，哪个民族公认是世界最愚蠢和最傻的民族呢？你看，只要做一个简单的反义词练习，每一个看似一点问题都没有的分离的思维，就会显得漏洞百出。

Jim：我无话可说了。这种教育确实是有问题的。

Taisha：但是，我们需要看到，大脑病毒是多么的喜爱分离，并认为分离是所有的快乐和美好体验的来源。很多人在读到小学课本的这种分离的描述的时候，都会不由自主地感受到美好，但是，这种美好背后，难道不是种族主义的根源吗？当年德国、日本发动战争的理由难道不是自己的种族比其他种族更加智慧，理所当然应该统治世界吗？

同样，当你买到了一条漂亮的领带的时候，当你新换了一个更时尚的皮包的时候，当你用上一个更高级的手机的时候，在各种各样你感到美好感觉的时候，其实你都在进入分离，而这些分离，无一不是你未来困惑和矛盾的根源。你很快就会看到别人有更高级的房子、更高级的车子、更高的文凭、更强的背景、更广的人脉，你在进入一些分离的快感的时候，也会一样地进入其他的分离的恐惧中，而这些无所不在的分离，就是一切矛盾的根源。

你仔细观察你周围人和你自己生活中经历的那些痛苦，哪一个不是由于首先追逐分离，然后要么得不到而一直期待，要么得到了又怕失去而一直恐惧造成的呢？但是，你反思一下这些矛盾起源的分离，那些分离真的有意义吗？当你曾经为学历而迷茫的时候，你所追求的学历真的有你想象的那种意义吗？

Jim：好吧，我承认，国家主义、民族主义、追求财富、学历之类的都是幻觉，而且这种幻觉确实可以制造悲剧和战争。那些认为一个国家、群体、机构比另外一个国家、群体、机构优秀的思考方式肯定是有害的，也确实是世界矛盾和战争的根源。但是，我还是觉得，追求健康食品并不是什么错误的事情。你不能因为有国家主义，而不让在水里添加健康元素吧。

Taisha：我并没有说追求你说的"健康食品"或者添加元素错了，只是指出，所有的分离的追逐，都是在幻觉中自找麻烦，然后造就了你所有的痛苦。

我们既然说，所有的痛苦，其实都来自于分离，当然也包含你谈到健康食品的领域，或者任何一个其他领域。你知道这个世界最大的疾病是什么吗？它

们就是由于你说的健康食品思维模式造成的。

Jim：你说癌症吗？它们怎么会由于健康食品造成的呢？

Taisha：癌症的本质的起因是人内在的矛盾和愤怒，虽然，这也是很大的问题，但并不是统计学上最普遍的问题。现代人类最大的疾病是肥胖，癌症比起来只是小问题。你知道这个世界每年要花多少钱治疗肥胖问题，比在癌症上的费用多多少倍吗？而这个世界你觉得为什么会有肥胖问题呢？

Jim：因为吃得太多呗。不加控制的饮食，加上不锻炼，自然会变胖，这个确实是世界最大的疾病，几乎一半人都有吧。

Taisha：问题不是在吃太多，而是在人们相信，吃多一点，会更好，只要加了健康元素，就是好东西。这个世界认为脂肪是恶魔，却认为糖是有益健康的，还认为各种微量元素、有益物质都会对人好。于是，这个里面要添加一些糖，那个里面要添加一些纤维素，还要有维生素、矿物质，似乎什么都对身体健康有好处。

于是人们今天要喝石榴汁，明天又觉得其实西红柿汁抗氧化，过几天又觉得花青素能更加美容。一个人在每一次吃饭，都在琢磨，吃什么更好、更营养、更健康、更划算、更经济……你可以在每一个食品上看到这样"多一点就好一点"的思维模式。但是，和所有的分离思维一样，这都是被反复洗脑后的、某种完全中毒的、几乎可以算心理疾病的心理变态。当然，没有人会承认，喝水要加矿物质是心理变态，但是，这却是事实。对分离执着的最终结果，都会导致心理的变态。

可是，这个世界真的因为多一点就好一点了吗？100年前，食品工业没有发展以前，这个世界肯定比现在健康得多吧。如果你认为人的大脑对健康食品的思维方法总是要多一点没问题，你怎么面对这个世界普遍的肥胖问题呀？你想想，就连一瓶水都要多一点，这个世界能不变成一个大胖子吗？

如果一个人，类似墨西哥的一个土著居民，一辈子就只吃玉米和一些水果、肉类，他从来没有补充过任何健康元素，他真的不如现代人健康吗？其实你完全知道答案，土著居民患病和肥胖的概率比任何一个现代城市人都小得多。既然如此，明明不用多一点也不会有任何问题，多一点反而问题重重，这难道不是分离的追逐只会自找麻烦并造就痛苦的现实展示吗？由于一些心理原因而不断给自己找麻烦，还自我陶醉，这不是心理变态是什么呢？

注意，心理变态不是指少数极端的人，而是指几乎所有在分离幻觉中陶醉的人，当你看每个人不是在琢磨吃这个，就是在琢磨买那个；不是在琢磨这个好，

2-4 分离的世界

2.27 在分离的幻觉中，区别产生，好坏对立，矛盾制造，善恶交战

就是在琢磨那个坏的时候，难道这不是一种无所不在的心理变态吗？

Jim：好吧，在食品问题上，人类是够变态的。分离的追逐，确实造就痛苦，我自己其实有更深刻的感受。我虽然觉得我在吃东西上没有多少心理变态，不过似乎也不小，我觉得我自己最大的变态，是在买一些东西的时候，诸如汽车、手机、笔记本呀。我一直在买车的问题上纠结，比较了一辆又一辆车，花了无数的时间，做似乎最正确的选择，但是买回来之后，我确实满足了一会儿，但是，马上又有新的更好的车出来了。可是何必浪费那么多时间呢，汽车就是汽车，车和车之间真的有那么大的区别吗？它们的功能其实就是把你从家送到公司，然后从公司送回家，地铁、出租车甚至自行车都是一样的，之后我特别反省了一阵，下决心，再也不琢磨买车的事情了。

Taisha：可是你就算不琢磨买车的事情，你还是琢磨其他的分离的事情。我们还是来谈你最熟悉的领域吧。你做股票投资这么多年，你买过那么多股票，肯定特别清楚，各种股票的各种分析模式，这个数据、那个饼图、这个方差、那个规律等等。这些都是在股票与股票中寻找区别。每个人都觉得自己有一双智慧的眼睛能发现规律，并赢得胜利。你做了这么多年投资，真的觉得有差别吗？

Jim：你真说到我伤心的地方了，这是我的专业，我花了很多时间去学习研究各个体系的差异，理解各种理论、各种投资方法、投资结构和金融产品的规律，最后却发现其实自己什么都不懂。不仅仅我什么都不懂，其实每一个专家也都一样，这个领域实在太大太复杂，不是什么做期货几十年就能游刃有余的。往往越资深的投资人士，越清楚地知道，最佳的投资就是什么都不投资。但是，这个就算你和大家说，其实也没用，所有人都觉得，投资专家比一般人肯定懂得多，他们都期待着你给他们金子一般的建议，让他们能大赚一笔。可是，其实越是专家，越知道自己其实什么都不知道。

Taisha：你知道为什么会有这样的结果吗？这是分离世界的必然，分离是没有穷尽的，看起来股票越来越多，投资工具越来越多，投资理论越来越多，但是这些都只是越来越复杂和越来越矛盾重重。分离的世界唯一的结局，就是崩溃，就好像股市总是隔一段时间崩溃一次一样。你在分离中，是不可能找到快乐的，就好像一旦你进入这个领域，当你为一次投资成功而欣喜时，你事实上也种下了对下一次亏损的恐慌。你看似在努力获得更多，更多就更好，其实，和人们在饮食上的变态心理是一样的，投入越多的时候，你陷入得也越深，而你也更深重地进入这场必然的悲剧。

更关键的问题，分离不仅仅是个人生活的问题，当大众都陷入一个分离的

追逐的幻觉的时候，他们不只是在自己生活中制造矛盾和困难，更整体造就了一个信仰分离和追逐各种好坏对错的大众思维模式。而那些在这个世界不断酝酿和积累的内在矛盾、国家矛盾、社会矛盾、战争，包括各种自然灾害，都是来自于每个人那种觉得无关紧要的"多一点，就好一点"的思维模式，而世界也是在这种根本的分离的力量下，走向内在更大的分离和未来最终的崩溃。以后我们在谈世界和社会的内在动力的时候，我们会更深入地涉及这个问题。

而离开这场痛苦的方式很简单，不要再相信大脑病毒最喜爱的变态的思维方式，放下你的选择，体验那种合一的快乐和平静。当你不再追逐分离的时候，你将会真正地体验到内在的平静。

2-5 善恶的沙漠

Jim：好吧，我得试试才知道，不过我能理解你说的更多、更好、更快、更强，其实都是幻觉，都是自我折磨和束缚，其实我以前也理解一些，不过，我一直觉得，这是人的本性，从来没有想过，人还有另外一条道路可以选择。但是，你原来说，这个世界没有善恶，没有对错，没有好坏，没有正义与邪恶的区别，这一点我接受不了。希特勒和爱因斯坦没有区别吗？难道善良的人不是应该上天堂，而邪恶的人下地狱吗？就算没有天堂和地狱，难道不是好人有好报，坏人有坏报吗？

Taisha：好的，我们来解决这个问题。善恶、好坏是人类心智里一根最深的刺。不过，因为是在分离世界，所以有最深和较浅的问题。在真实的世界，所有的幻觉都是一样，都是不存在的，都叫作"不真实"，没有较不真实，或者较真实。

人的善恶、好坏，只是每个人大脑的病毒给自己和他人区别附加价值判断的一种思维模式罢了。注意，善恶仅仅相关人性，你当然也可以说动物有善恶、好坏，但是，一般大家不这么说，好动物，坏动物，好的山峰，坏的山峰。你的大脑病毒不仅仅喜欢给外在的饮食、处境、物品、工作、环境，所有一切外在事物，贴上标签，然后追逐所谓的更多更好。人类大脑的病毒，最喜欢干的事情，是给自己和他人的人性贴上标签——这也就是善恶为何如此深入地控制这个世界的原因。

人性的标签有很多种，人们往往不会称之为标签，而会说：这叫个性与性格。

> 2.29 在分离中，你比较多少，分辨对错，追逐好坏，不断远离真正的快乐

人的大脑中，最值得珍惜的一个地方就是，自己所谓的与他人的不同点。认为这种不同，是自己价值的根本体现，认为如果自己和别人什么都一样，自己就没有价值了。个性是每个人追逐幻觉的直接表达，也是虚幻的一部分。真实世界的太傻却会告诉你："我们都是一样的。We Are One."

基于分离的观念的自我价值，也决定了你会以同样的方式，用标签确定你的同伴的价值。你认为你自己是什么样的人，你也会用相同的方式认识你的同伴。

标签有多种多样的啦：美丽呀，性格呀，思维模式呀，家庭背景呀，种族呀，肤色呀，喜好呀，处理问题的方式呀，对待世界的看法呀等等无数。

每个人都会有一套自己的标签，还明显地给自己的标签一些排序，就好像人们选伴侣的时候，喜欢列一个喜欢和不喜欢的理由，会有排序一样。而这里面每个标签都是分离的。

你也许能理解，没有绝对的好坏的标准，但是大多数人这么理解，是因为标签系统实在太多、太复杂。用一个单纯的好坏词语难以判断。

但是，其实每个人的每个标签，都在以自己的标准，计算各个标签的好坏。比如，到底什么是美呀，有没有给美打分的软件呀，不同人在不同的期待下，会有完全不一样的结论。有人觉得黑皮肤美，有人觉得白皮肤美，有人觉得长头发美，有人觉得短头发美。这些标准是不可能统一的，即使对一个人、一个标签，有人可能一段时间觉得某种性格自己喜欢，可能过一段时间，又不喜欢了。更不要说，标签重要性排序是随时变的，偶尔性格最重要，偶尔财富更重要。

Jim：这倒是事实，我女朋友一段时间特别喜欢看电视剧，觉得男人陪女人看电视剧是最大的幸福。过一段时间喜欢逛街了，又觉得，男人陪女人逛街是最大的幸福。也许再过一段时间，又会觉得找一个会做饭的男人，或者会送花的男人才是最大的幸福。谁知道她到底是怎么想的呢？

Taisha：不要归咎别人，你看你自己，难道不是今天觉得这个更重要，明天又觉得还是那个更有意义吗？注意，分离的世界是没有尽头的，你在归咎别人的时候，也是在分离呀。难道你不也是在判断你和你女朋友的标签体系的区别吗？

我们之所以说，对错好坏善恶都只是一个幻觉，核心原因在于，每个人自己的标签系统是不稳定的。每个人只是在用一个根本不稳定的自我标签系统判断这个世界。所有的人际关系的矛盾均来源于此。你要的，别人可能不要，你觉得他要，但是他其实不想要。女人觉得家庭幸福更重要，男人觉得事业成功更重要。即使一两个标签可以妥协，不可能所有标签都妥协。这就是基于分离

的标签系统的不可调和的矛盾——不管你在生活、事业、家庭中选择什么态度，多么能忍耐或者接受，只要你还在分离的标签系统中，这些矛盾都是不可调和的。

所以，我们说过，分离的世界是不可能和谐的，无论你如何努力。而那些好坏对错善恶的追逐和你在水里加矿物质一样，都只是短暂的幻觉和长久的痛苦，更何况无数标签缠绕下的人们。因为你自己并不知道自己是什么，自己要什么，所以，一段美好的感情、一段友谊、国家关系、民族情谊、任何涉及人与人的关系的事情，都可能随着时间的流逝而变质，而真正变化的，仅仅只是每个人自己的标签系统和群体的标签系统。

Jim：那是不是我们只要不再用自己的标签体系，就可以在人际关系中，或者自己的经历中获得真正的和谐呢？

Taisha：无论对于世界，还是对于人际关系，取得和谐的唯一方式，很多人其实都理解，即放下自己的标签，放下自己的要求，放下自己的判断。而这就是太傻生活原则将表述的："走出分离，无须选择，理解一切，接受一切"。但是，道理虽然是这样，你会发现，这些道理大家都理解，但是，却很少有人真的做到。

就好像很多人都知道，给对方自由，是所有感情和亲情关系的核心原则。但是，说是这么说，你看任何一场爱情关系中，有哪个能真正做到完全给对方自由的，就好像人无法拒绝饮食健康的渴望一样。其实，每个人真正不愿意放弃的，是几十年努力为自己建立的标签系统。所以，人与人之间会永远不停息地进入矛盾。

如果真的有任何一个人，在《太傻天书》指引下，真的放下了自己所有的标签，他也会同时放下对别人的标签，他也就看到了他的兄弟姐妹的真相。这就是我们说的真实的眼睛。太傻的眼睛，是没有标签的。标签是在时间之内的。时间之外的太傻，看不到任何的个性，他不否认人与人的区别，但是，却没有标签判断体系。就好像你看雪花，一片片都一样，晶莹美丽，即使每个雪花在显微镜下图案完全不同，你根本不会去考虑，哪个图案更美，或者哪个更丑。

这就是真实的看，只有你首先净化你自己，用没有贴上标签的眼睛，没有阻碍的视线，你才能真正看到。

所以，当一个人对另一个人进行判断的时候，他总是会相信，是因为其他人的真实问题，然后自己才会依次而判断。例如你觉得另一个人没有风度，没有耐心，你总是觉得那难道不是一个事实吗？难道不是所有人都会这么觉得吗？但是，本质上，没有任何分离的元素是真实的。本质上，是他自己首先有了标签，然后把标签贴在别人身上。是你自己首先在定义耐心／急躁，定义风度／粗俗，然后再把这些分离的标签向别人身上投射。这个过程和给狗染毛，然后觉得狗会很开心是一样的，只是你自己的幻觉。

本质上，你不会看到任何外在，你只是看到你自己。你在分离中去寻找别人的毛病，其实只是获得自己的某种分离上优势的快感。这也是心理变态的一种。这也是现代心理学讲的投射的过程。你把自己认为最重要的问题，认为对每个人都重要。股市专家觉得人人都应该买股票，剃头的觉得头发最能体现人的个性，这其实都只是每个人自己的标签系统罢了。

善恶，只是每个人的某个标签组合罢了。里面涉及多个标签，包括诸如公正、行动、准则等复杂问题。

Jim：尽管你说的标签系统很形象，但是，难道不是所有人都认为希特勒是恶人吗？也许天堂没有具体的标准，但是，世界似乎公认希特勒是坏人。难道他不应该受到惩罚吗？那法律的意义呢，没有善恶，法律凭什么运作呢？

Taisha：我们可以说，希特勒是一个深深地陷于这个分离的世界的人，分离到一个会将其他所有人都视为工具和对手的深入的分离模式的人。幻觉世界最大的特点，是层次与深度。希特勒只是分离得太深了。

但是，请特别注意，幻觉就是幻觉，沙漠边缘和沙漠中心一样是沙漠，没有区别。在一个沙漠边缘的人，也许会觉得在沙漠中心的人是不可思议的，是无法理解的，但是，他们其实都在沙漠中。

因为人类喜爱分离的幻觉，所以他们也喜爱比较自己和别人的差距，这和人类特别喜欢给所有事情排名一样，由此可以看出这个心理的毛病。所谓的善恶好坏，只不过是人们不断比较自己和别人在分离的沙漠中，距分离中心位置的远近区别。这种在沙漠中五十步笑百步的思维，就是善恶的根本。

深深陷于分离的人，会越发矛盾、冲突和暴力，以操纵更多的资源、权利和人为乐趣。越陷于分离的人，会越觉得自己高于自己的兄弟姐妹，会越觉得其他人都只是为自己存在而服务的奴役。

不要去批判那些你马上能想到的所谓的坏人，这种分离而造成的性格和矛盾在每个人身上都有，只是，程度不同罢了。每个人都某种程度地认为自己比某些其他人更好、更善良、更高等，或者更应该拥有某些资源。这一点从人对待动物的态度可以看出——他们画了一个金字塔，人类自己站在所有动物的顶端，动物站在植物和矿物质上，而所有的动物、植物、矿物都是为自己服务的工具。

即使在人类社会中，每个人都会某种程度给自己一个或深或浅的分离的位

置，这种思维方式，是所有冲突、战争的根源。自视更高的人和民族会认为其他的民族和人为他们服务是理所当然的，听他们指挥，甚至为他们牺牲也是理所当然的。

但是，这不是希特勒一个人的问题，而是分离的幻象中所有人的问题。动物如果有一天真的觉醒了，第一件事情肯定是消灭人类，因为人类毫无疑问是最邪恶的，奴役了动物多少年，用多么变态、残忍的方式对待动物。你真的比任何其他生物高级吗？这种高级的思维，和希特勒屠杀犹太人的思维有区别吗？

即使你强调，只要在人类中思考。你考虑一下一个十公里半径圆形的沙漠，沙漠边缘是较不分离的，更加清醒地看得清真相的，越往中间是越分离的。几乎所有人其实都集中在圆心附近一个半径不到100米的小小范围内，但是，人们每天面对各种争论、恐惧、追逐、操纵、需求、渴望等等，他们还要花出时间在100米的半径的小小圈子里，分出一百个级别。每米一个小小的圆环，里面写着高尚呀、富贵呀、公正等等标签组合。

可是，Jim，你准备把善恶这条线划在哪里呢？是半径10米的地方，还是5米的地方呢？你觉得你的善恶标准是怎么定的呢？这个线应该怎么划呢？

Jim：你的比喻很生动，这确实划不出来，可是，希特勒杀害了那么多人，难道这不是恶的绝对标志吗？

Taisha：希特勒被定义为邪恶，唯一的原因，也许你不承认，是因为他失败了。

你为什么不认为成吉思汗也是邪恶的呢？为什么不认为亚历山大也是邪恶的呢？这个世界更多的人都把他们当成英雄和伟人，而把希特勒定义为恶魔呢？如果从分离的沙漠离中心的距离，有多得多的人比希特勒深入得多，可是人们却基本对那些人没有任何的意见，很多甚至还认为是伟人。还有这个世界有很多你认为说不清楚的情况，一些国家由于政策失误导致全国的饥荒造成的死亡，非洲的民族矛盾和种族灭绝，宗教以正义的名义举行的宗教战争，哥伦布和殖民者带给新大陆的灭绝性的疾病，这些情况杀死的人也是数都数不清楚的吧。你如果要用杀死多少人，或者给世界带来多少恐怖来定义邪恶，你只会越来越混乱。

你认为有人是恶魔，有人是天使，唯一的原因其实是很多人都说他是恶魔／天使，于是他就成了恶魔／天使。你其实并没有什么善恶的判断标准，你只是不断地在接受这个世界已经有的那一套根本经不起任何推敲的善恶的预设观念罢了，你还用这个预设观念，自己给自己划条线而已。

注意，这就是虚幻的分离的概念的特点，既然是虚幻，就是经不起任何的数据或者事实来考证的，也就是因为这个原因，一个人在追求分离的快乐的过程中，会总是感到不满足和困惑，这些困惑也是矛盾的根源。而真实的事物，是不会让你有任何困惑或矛盾的。你觉得重力给你任何困惑了吗？你会去琢磨哪儿的重力大，哪儿的重力小，然后去做选择问题吗？

事实上，Jim，你没有什么内在的善恶标准，你之所以提希特勒，是因为外在世界认为希特勒是公认的坏人，你用他的例子，你觉得你是安全的，对比希特勒，你肯定是善良的一个，于是你的善恶体系因此是稳固的。但是，你根本不可能建立起任何的这种体系。

即使在希特勒本人身上，请记住，他不可能一个人成为恶魔，他的军队，他的国家，他的人民，必须要有授权，有阶层式的管理，有支持体系他才能成为某种分离的代表。也许你会说，人民被他操纵了，他通过一个法西斯体系来操纵的，所有人都被他蒙蔽了。Jim，这是你的自我陶醉，你可以把你所有不喜欢的品质全放在这个恶魔身上，于是觉得因此你是高级的、正义的、理性的、公平的。你想想中国"文化大革命"时期的疯狂，每个人都认为自己是在做正确的事情，而这些人哪一个不是自认为自己是善良的、公正的和在做正确的事情的。这段历史并没有过去60年，只过了30年，你真的认为自己如果那个时候在"文化大革命"的氛围里，你不会也成为一个疯狂的红卫兵吗？你怎么知道自己不会在希特勒的军队中也成为一个民族主义坚定的支持者呢？

《太傻十日谈》的第十一章，我们曾经谈到过一个心理学的实验，记得吗，当人们批判美国士兵在伊拉克的虐待囚犯的事情的时候，你怎么确定自己在相同的环境不会做出那样变态的事情呢？而科学却显示，几乎每个人都会在环境的影响下变态，现在我们可以谈核心的原因了。因为每个人内在的分离其实都在那个沙漠100米的半径内，没有区别。

你看，分离不仅仅会在外在生活造成矛盾和区别，同样会在人和人之间造成矛盾和区别。这种区别不是单纯的种族主义、国家主义这样大的区别，而是，你如何看待你的兄弟姐妹，如何定义你与他们的关系的问题。追逐善恶，就好像健康食品一样，会给你一种短暂的优越感，但是最终，你会在其中受苦。

这也是为什么《太傻天书》说：放下你对你兄弟姐妹的批判吧，你看到的善恶对错，只是看到你自己而已。你们并没有区别。

如果你不首先清理你自己的标签，仅仅希望通过批判别人获得的快感而解放世界，这是无底的深渊。希特勒之所以成为希特勒唯一的原因只是他坚持地

认为自己比其他人更优秀，更伟大。你和其他所有追求善恶的人，其实也都在做一样的事情：分离、批判、追逐并走向毁灭。最后，这条道路的结局，只是你变成另外一个你最讨厌的人——也许是希特勒，也许是任何其他人。

2-6 平衡的锻炼

Jim：你说的让我很惭愧，这确实是我一直的想法，但是我真的没有想到，我只是在自我蒙蔽地获取某种优越感。也许这是因为我太年轻吧。你知道，越年轻，越容易批判，看到不好的事物，就喜欢奋起反击，你看网上的那么多批评，说社会不公正呀，制度有缺陷呀，这个搅乱了秩序，那个是社会的敌人，这个该开除，那个该处以死刑呀，现在看来，其实都是人们在自己给自己贴标签，在对别人批判的过程中获得所谓更高级的快感。我其实经常看一些关于社会公正和商业竞争方面的文章，虽然我从来不参与什么争论，但是我还是会觉得这些是重要和有意义的。虽然我以前总是觉得，这是每一个关注社会的人都应该关注的事情，现在看起来，我只是在一种内在的恐惧中，在对所谓的新闻的信息的追逐和不公正的批判中寻求某种安全感罢了。可是，我觉得，那种大脑的批判的思维，有时候真的是非常强烈的，特别是看到一些不公正、残暴、贪污之类的事情，我们怎么对付这种批判和归咎的思维模式呢？

Taisha：不要用"对付"这个词语，你是不可能通过批判——"对别人的批判"而消除批判，就好像这个世界不可能通过暴力来消灭暴力，不可能用恐怖来消灭恐怖一样。任何的敌对的观念，其实都是加强那些敌对的力量对你的控制力。

分离无所不在，敌人／朋友也是一种分离。对待分离，你的斗争和控制的模式，只会强化那种分离对你的束缚。当你选择斗争的时候，你是在告诉你自己，这些分离都是真的，那些恐惧和期待也都是真的，于是你的思维就会为你真的制造出这些分离的束缚。

记住，你没有敌人。你认为XX是你的敌人，是因为你想错了。其实这只是一个幻觉。对待幻觉，唯一的方式，是不再去沉醉于幻觉。就好像你发现你在做梦，你要做的不是去梦中搏斗，而是赶紧从梦中醒来。

对待任何分离，你要做的只是，在你察觉分离的那一刻，清空你的大脑，与太傻同在，放下任何思辨的过程，选择合一和平安。不要做任何的战斗——

> **2.35** 只有你走出分离，打断恐惧的链条，你才能走出这个无穷无尽的游戏

抵抗或者努力的过程要做的，仅仅是放下。

所以，对分离的察觉是走出分离的第一步。你要学会密切地在每一刻察觉你的大脑到底在想什么。几乎绝大部分的大脑思维判断的过程，都是基于时间和分离的，除了一些创造和创作的部分，其他基本都是散乱而游离的胡乱瞎想。这些时候，你会接受外在的各种基于分离的思维模式，然后强化你内在的已经有的分离的模式。

一旦你发现任何的思维中有分离的部分，马上用相反的部分来平衡它。诸如，看到你觉得高级的车，你要提醒自己，低级车真的差吗？看到穷人，你可以想，我真的富裕吗？看到善良的举动，你也要想，真的存在邪恶的举动吗？这样你会慢慢地看到自己思想中的那些无处不在的枷锁，一一解开它们。然后你会恢复你真正的认知能力，不基于分离的情感和标签的认知。这就是我们说过的，真实地看到。

这个锻炼的过程其实很简单，但是，它的作用却是威力无穷的。千万不要忽视这种细微的锻炼，就好像你一直忽视那些细微的分离一样，它们的威力都是你无法想象的。没有大小，核心的任务是，无处不在地察觉，时时刻刻地锻炼。

这个锻炼，很类似 GRE 词汇的反义词的练习，所以我们称之为，反义词的锻炼。它是和上一次谈话我们谈到的"当下的锻炼"一样的意识核心的锻炼。你只要在你生活的每一个环节，一发现自己大脑中运行的分离的思维，马上在那一刻去用那个分离的词语的反义词，去平衡你大脑病毒制造的分离，并看清，这两个反义词，其实都并不存在，都是你大脑病毒的幻觉，这个世界可以完全不依赖那一对反义词而存在。于是，在那一刻，分离的幻觉也就会消失，你也走出了分离，走向了思维的合一。

当你急躁的时候，你想到耐心，然后理解，其实没有所谓的急躁／耐心；当你经历快乐的时候，你会想到痛苦，并理解快乐／痛苦都只是你自己玩的一个游戏。当你经历恐惧的时候，或者害怕失去某些你珍爱的事物的时候，你看到，失去／得到其实只是一对反义词，它们都不是真的存在，你不会真的失去任何事物，你也不会真的得到任何的东西。类似的场景，几乎是无穷无尽的，你会发现，这种锻炼很简单，但是，你要真的说服自己，却需要很长时间的很精细的工作，才能拆除几十年大脑病毒在你思维模式中构建那个巨大的监狱。

当然，你可以把这种意识的锻炼，视作一种比音乐或者大自然更主动和深入的反洗脑的思维锻炼，和我们上一次谈话教导的"当下一刻"的锻炼目标明确的是清除时间对你的束缚一样，而这个锻炼的直接的目标就是平衡你生活中的每一个分离。

但是，作为初学者，肯定会发现，就算你每天偶尔记起来平衡几个分离反洗脑一下，你每天几乎每一个时刻都在用其他各种分离的思维给自己持续洗脑。你看到的每一则新闻，听到的每一个对话，接触的每一个广告，无论你在吃饭、工作还是休息，更不用提娱乐的时候，几乎被无所不在的分离包围着。你如果真的想平衡你生活中的大部分的分离，这是一个相当精细和深入的工作。但是，你会在这个过程中，感到更大的自由和轻松。当你不再追逐这个，追逐那个，不断地把自己思维的力量浪费在那些分离的追逐上的时候，你才有可能真正地创造。

这也就是为什么我们说，在黑暗的海底，你是无法学会火的魔法的。任何一点点星火的力量，都会被无处不在的水马上扑灭。当你还是喜欢把自己的思维的关注，放在无所不在的周围的分离上的时候，你只会用你思维的力量去制造分离中的矛盾和冲突，那无所不在的分离，会像吸血鬼一样，吸干你的创造的能量，而你因此也不可能做任何的创造，更不要提需要更多思维能量的魔法了。所以，即使我现在教你魔法的所有的原则，如果你不能从分离中收回你自己的力量，你会发现，你什么也学不会，就好像在海底无法点火一样。

但是，你必须了解，为什么我们要把分离的察觉和平衡，花整整一章来讲解，并且是放在所有的生活原则、力量和创造的章节之前，还要那么精细地去谈各种分离的模式、分离的幻境、分离的无所不在，从各个角度分析分离对你的控制，唯一的原因仅仅是——你不走出分离的监狱，你就都不可能有真的改变。

也就是在这个精细地消除你思维中的每一个分离的过程中，你一块块地拆除了大脑病毒几十年在你大脑中建造的那个预设思维的监狱。没有分离，这个监狱就不可能存在。但是，你既然已经建造这个监狱几十年了，你也不可能一下子就拆掉，你只有在每一刻、一块砖一块砖地拆除，你才能一步步地走出那个分离的监狱，慢慢清理掉大脑病毒，走向合一。你也会自然地因为思维的合一，清晰，没有杂念，而创造你外在的和谐、富裕和健康的实相。当你清除了内在的恐惧，外在的匮乏也会自然消失。而富裕、轻松、自然与爱是这个世界本质，万物本来无所缺乏。在这个过程中，你自然会体会真正内在的快乐。

Jim：你说到内在的平静，我理解你的意思，我一直也想放弃投资这个竞争激烈、充满各种钩心斗角的行业，我也经常想放弃那些各种追逐，而过一种平静的生活，但是，我总是担心，要是真的不在生活中追逐任何的分离，还能在这个世界生活吗？要是一个人不再努力赚更多钱，过更好的生活，选餐厅吃美味的饮食，那生活到底干什么呢？看起来那些大师每天冥想的生活，不也是很有意思吗？而你怎么知道，那种开悟，不会也像财富追求一样,也是一种幻觉呢？

Taisha：注意，不要去批判你现在的工作和生活，因为没有一种工作比另外一种工作更不钩心斗角或者更不竞争激烈。如果你仅仅是批判，在批判中去追逐另外的工作，你肯定会经历更多的失望和痛苦。这是任何的分离不可避免的结果。例如，你不干金融了，也许觉得企业管理咨询不那么钩心斗角，但是，你肯定会发现，企业管理咨询同样有其内在的矛盾和分离的体系，你不可能真的获得任何的满足。

所以，Jim，每次在回答你的问题之前，我总是要提醒你，首先看你自己。

关于不追逐分离的生活究竟会是什么样的，这是我们下一次谈话的主题，但是你可以首先记住结论——你只会生活得更平静、更快乐、更真实，不会经历任何的痛苦，也不会错过这个世界任何的美丽的事物，你还是可以一样地上学、上班、投资、在家看电视、看电影，而且你会真正地学会如何自然轻松地做好一切事情。更重要的是，当你逐渐从黑暗的深海，走向清晰的浅滩，并看清这个世界真实的样子的时候，你会自然地去追求那些真正的创造和真正的快乐。

但是，就好像大人劝小孩玩具只是玩具，告诉他们这些玩具不是真实的，而小孩无法理解一样。在小孩的眼里，这是最真实的、最大的快乐。相反小孩却不理解，为什么大人每天忙忙碌碌，却不玩玩具、做游戏。这个问题的核心是体验。你只有体验过了，你才能理解那种真正的快乐。你如果不去体验，我说多少，你一样不能理解。就好像我们今天说了那么多分离到底有多少麻烦，放下了分离，你不会损失任何事情，反而会更加轻松快乐，你不去体验，不去做太傻练习的锻炼，不一步步地向浅滩走去，你是绝对不可能有任何理解的。

而在这个过程中，走向合一之后的快乐到底来自哪里，这很好理解。一个小孩很担心，自己长大了，不能再玩自己的那些玩具了，他说，没有那些玩具，生活该多么无趣呀。我小时候也一直觉得看动画片是最大的快乐，觉得怎么大人都不看动画片呢？当你真的放下分离的追逐，似乎你不会再体验购物、成功、财富、拥有等等那些快乐，但是实质上，你只是放下了小孩的一些玩具而已，你在进入一个更大、更宏伟、关键是真实的世界，在那里，你会看到真正的美丽与光辉。

我可以向你保证，就好像耶稣向他的门徒保证的天堂，佛陀向他的弟子保证的涅槃，这是真正真实的世界和真实的你自己，只有在那里，你才会有真正的快乐。

Jim：这个估计对我，和对其他所有人都挺难的。不管怎么样，我们已经在这个分离的世界追逐了几十年了，被你说的洗脑的过程看起来已经染得黑得不能再黑了，这个事情真的是可以完成的吗？你能再给我演示演示，到底你说的反洗脑，是一个怎么样的具体过程吗？诸如，你走在大街上，看到上下左右全是各种各样的广告牌、霓虹灯，你周围的所有人谈论的、琢磨的、引以为乐或者引以为豪的都是那些分离的东西，你怎么可能真的在这个世界做到反洗脑呢？除非你去什么佛门圣地归隐吧。

Taisha：首先你必须放下你大脑给你预设的那些观念，包括你刚才说的难。难与易不也是你分离的预设监狱的一部分吗？《太傻天书》反复说，我也反复说，你的思想创造了你的一切经历。你只会看到你想看到的。如果你认为一个事情难，你就会体验到难。首先你要清除的是你大脑里对你要做的事情的难或简单的分离概念。

你也要放下你大脑里给你预设的那种战斗或者躲避的观念，包括你说的要去归隐才能避开这些社会的洗脑。你不可能通过批判任何事情而消除任何事情的，你也不可能通过躲避而逃离任何事情的。批判、战斗、躲避，都只能说明，你的大脑真的把这些幻觉当真了。于是这些幻觉就会真的变成真的。

从上一次谈话开始，我就在反复说，你要做的很简单：在当下的每一刻，成为你自己。具体上，就是放下所有的选择、判断、归咎和追逐。只有放下，才是走向合一的道路的唯一的途径。

但是，首先你要提醒你自己，时常保持对大脑的察觉，尤其是在社会环境、沟通交流和媒体信息轰炸下，一个人经常一下子就投入进去，忘了自己。几乎一个人一天能看到自己的时候，总共加起来也不会超过几分钟，大多数人还特别努力地用各种永远看不完的电视剧、电影、小说这样特别为洗脑而设置的戏剧模式，来打发自己的所谓的无聊。事实上，你大脑最讨厌的无聊，恰恰就是你自我察觉的时刻，而你大脑最喜欢的被动吸收的戏剧模式下，诸如你看每天看几集的那种电视剧，不管是哪种剧情的，其实都是在有规律而持续地深入洗脑。

反洗脑的本质就是意识到自己，回到自己的内在，意识到你其实不用被动地去分离，你也可以不做任何选择，在这些自我的意识的那一刻，你就是合一。

至于你说的，我给你演示演示反洗脑的过程，这个就更容易了。我给你演示一下，你刚才手机响了，估计收到一条短信。你看了一眼，然后关闭了，估计是一条垃圾信息吧，是什么信息呀？

Jim：唉，银行又向我推荐理财产品了呗。我给你读读吧，"最后1天，摩根优势投资组合，年收益率高达5%。限量发售，仅针对高端精英用户……"每天这种短信，没有二十条也至少也有十条。有时候，删都来不及删，又进来一堆。

Taisha：你是做金融的，你肯定不会信的，但是，那些你都看吗？

Jim：看还是得看，我怎么也得知道是不是有用还是没用的信息吧。有时候还会自我嘲笑一下，以前我就是设计这种信息的。

Taisha：好的，这就是我们经常遇到的，不经意地被动洗脑的过程。虽然你说你不信，但是，其实还是每天不断地被诸如这样的优势、高达多少的收益、限量、高端、精英之类的分离的词语所包围。你说你不信，其实你一直都信，你并不是真的认为这些分离的词汇都是虚幻的，而只是你的大脑告诉你，这些分离的诱惑还没有多到让你动心的时候。如果这个5%，变成15%，也许你就会去了解了解了，对吗？

Jim：应该吧。我至少也要弄明白，那能让我都动心的高回报是怎么回事呀。可是，如果我不希望进入这些分离的诱惑，我应该怎么做呢？是设置一个短信防火墙吗？可是我觉得这些信息偶尔还是有用的，至少让我知道，金融领域都在做哪些事情吧，业内都在推广哪些产品吧。要是我真看到一个15%的年收益率，我估计得弄明白这是怎么回事呢。

Taisha：不要设什么防火墙，那只是某种逃避而已，你逃避得了一个，也逃避不了所有的。就好像有的人出家当了和尚，就是为了躲避所谓的权力斗争，觉得佛家清净。可是他当了和尚，又开始在和尚中争夺高级的和尚的级别了。这个道理是一样的。

反洗脑的过程，是首先你看到，这些信息的本质，不管是5%还是15%，它们本质上都是一种束缚，一旦你开始判断一个事物的多少，不管你是不是有什么行动，你就已经进入了一个分离的追逐的体系中。这些信息，如果你不得不看的话，当你看到每一条这种信息，主动地去平衡其中的每一个分离的部分，当你看到最后一天，就要主动地想，时间是幻觉，不会有所谓的最后一天与第一天。当你看到5%，就要告诉自己，5%还是15%，其实都没有区别，这只是某种恐惧的追逐罢了。当你看到"高端精英用户"，你也告诉自己，这些身份的高低其实根本不存在，高级的用户和低级的用户，只是自己麻醉自己一种自我陶醉的毒品罢了。

这种平衡训练是非常精细的，看起来很计较，但它却是核心锻炼，你不可能不经历这些锻炼，然后做任何后续的事情。因为你的大脑大多数时候是被动思考，你如果不掌握主动，无时无刻不去主动地平衡那些被强加的分离的信息，

你就会不断地被这些信息麻醉，最终成为你大脑中强有力的预设的观念，然后无处不在地操纵你的生活。

有一些环境，属于特别的有挑战性的洗脑环境，诸如你在看一部电视剧或者电影的时候，大量的分离一下子涌到你面前，即使一个大师级别的人，也很难用大脑的反洗脑的平衡过程去平衡每一个分离，因为实在太多了，而且大量的分离的信息会紧密地纠结在一起，让你根本无法有效地分辨。这就好像你在一个墨水池里游泳，却想保持干净，虽然也可以做到，但是，大部分初学者是没有这种自我的控制力的。所以，在你练习的初级阶段，你要尽量去回避这些你根本无法控制的环境。

即使很多人会说，我虽然看电影、看电视剧，但是我都知道那是假的、不可能发生的，于是觉得自己其实没有受到什么洗脑，这只是一种自我陶醉罢了。一个人为什么不会在你觉得无聊的时候去冥想呢？在大部分人看来，冥想是比无聊更无聊的事情，他们不会对那种处于一片空白的宁静有任何的兴趣，而这才是真正的不相信。你做的所有事情，都是你首先相信那些事情对你是有意义的。你如果觉得争吵和矛盾对你没有意义，你不会对任何争吵和矛盾的剧情感兴趣，你在做的每一件事情，其实都是在表明你自己内在已经相信外在的追逐模式。

很多人都会觉得自己在看电影、电视剧的时候是清醒的，其实，他们是完全沉睡的。大脑病毒也会觉得很轻松，就好像洗桑拿一样的，各种预设观念把大脑病毒按摩得暖洋洋的。而那些反洗脑的精细的过程，反而是大脑最讨厌的，并会不断地和你说："这事情多么无聊呀。"这就是我们为什么总是说，这个世界的觉知是完全颠倒的，你往往觉得最无害的事情，恰恰是最大的囚笼和监狱，而那些你觉得根本没有意义，连一点点尝试的欲望都没有的事情，却往往是真正让你走向自由和快乐的。

当然，你也不必去恐惧和逃避，诸如把电视机扔了，所有的书都烧掉。这只是恐惧和逃避而已，只是，你一旦偶尔想看电视剧了，你告诉自己，其实可以不那样选择的，看了也不会真的得到什么，反而只会让你进入更大的期待。但是，如果你实在想看，觉得不看自己根本就没法忍耐，那就看吧。其实反正你也看了那么久了，多看一次也不会有多大的事情。但是，既然你看了，就注意在这个过程中，自己是否真的得到你想要的东西了。其实你看完之后，肯定会马上觉得，"其实真的没有什么，不看也没什么关系"，那么，下一次再遇到类似的情况，你就会更有经验一些。最终，你会发现，其实没有多难，不管是看电视剧，还是购物，还是做任何自己可能一直喜欢做的事情，都一样。

2-6 平衡的锻炼

2.41 你也会看到灵魂是如何在爱的力量中合为一体，无法分离但是，这里面有个常见的误区，就是在做一些事情之后陷入自我的归咎。就好像很多人购物之前觉得特别想买，买回来以后，又觉得其实没有什么，马上又自我责备一番。注意，所有的自我责备，都是一种攻击，这是你大脑病毒的伎俩。你的自我责备不会真的让你解决什么问题，反而会让那些东西更深入地控制你。《太傻天书》一直都在教导，放下所有对自己和他人的责备，这是唯一的解决问题的方式，而最直接的放下，就是不要再去想那些事情了。看了就看了，买了就买了，你察觉这个事实就是了，不要去归咎过去，更不要给自己未来设任何的限制，只有当下一刻是真实的。你只要不断地努力在每一刻成为自己，你会发现，很多你觉得很困难的问题，其实很容易就可以解决掉。

我对初学者的建议是主动地做一些，能引发内在平静的事情，如冥想、清空大脑、跑步、走入大自然、听听音乐等等。主动地在一些小的分离环境保持警觉，多做一些反义词的练习。这样你会慢慢地像戒烟一样，觉得那个原来特别吸引你的过程其实没什么，慢慢你就会不再那样主动而热烈地选择那种特别分离的环境了。

Jim：真的要无时无刻不这样锻炼吗？看起来很累呀。

Taisha：不要着急去判断会累，还是不累。自己试一试再说。

其实没多难，我给你举我自己的例子，我很久以前特别喜欢每天把所有的新闻、资讯、电脑、喜欢的网站浏览一遍，看看有什么所谓的"新闻"和我感兴趣的事情，那个时候还没有视频网站像现在这么流行，所以没看什么视频，不过其实做的事情都一样。我觉得这个是一个现代人，社会人都应该做的，保持与社会信息的更新嘛，还可以获得所谓的经验，也可以和其他人有共同语言。我还自己在 Google Reader 上订了各种 Rss 源，觉得实在是太方便了，所有信息可以自己排成队，一条一条地读，都不用到处打开网站。其实，几乎所有人都是类似的习惯，只是，关注的内容不一样罢了。对信息的渴望也是一种恐惧，其实也是一种深刻的分离。

我后来走上自我探索的道路的时候觉得，我的这个习惯，也许要斗争很久才会消除，我这种都已经好几年的习惯了，从大学就开始养成的，哪能一会儿就消除？

但是实际上，我做得很简单，把浏览器的收藏夹里面的那些地址全删除了，每次我想看的时候，告诉自己，其实你看了也不会看到什么，只会看到分离。这件事情不到三天就做到了。我从此以后，从来没有主动地打开过什么 Google Reader，现在连里面有多少条 Unreader 都不知道了。

但是，我也并不会恐惧什么，偶尔查询一些工作信息的时候，还是会接触到各种弹出窗口，也会收到垃圾短信，路上也会看到广告牌，还有餐厅的电视机也会放新闻，只是我不再对它有兴趣，也不再主动地去看什么新闻或者时事动态。因为我知道，就算再过一百年，这个世界也还是这些新闻，一百年前，也还是这些，好像每个都不同，其实每天都是一样的。

当然你肯定会经常地经历有一些比较纠结的束缚。比如，有一次我的手机坏了，我以前都会去买一部新的。那到底是 iPhone 还是 Android 呢？到底是双核还是单核呢？到底要侧重功能还是轻便呢？偶尔我也会陷入一阵这样的纠结，尤其是看起来似乎我真的需要某个东西来解决问题的时候。可是我马上会提醒我自己，这些真的有区别吗？这个东西真的对我这么重要吗？那些所谓的系统、轻便、功能，真的对我有意义吗？这和纠结买那部手机花的几分钟一样，不到一会儿就会平衡好——其实既然没有区别，何必又纠结呢？于是最后我在家里翻箱倒柜，找到一部三年前不知道从哪儿来的，原来觉得恶俗无比的，黄金版的山寨诺基亚。既然有这个，能当手机用，就用这个好了。然后就一直用到现在，也没有觉得有什么不便。而且比起原来的 iPhone，有个强大的优势，作为山寨手机，一周只用充一次电，而且默认接收不了彩信，这不是我梦想的手机吗？对我来说，对分离的平衡的每一个机会，就是一个更清晰地看清自己的过程。你看，这个过程，其实并没有多难，对吗？

你看，其实每个领域，你觉得很难，只是你大脑病毒预设观念的一部分，难与易也是一种分离，也是一种幻觉。其实只要你自己试一试，大部分都很简单，偶尔真的很难的地方，你也肯定会找到办法的。有一些比较深入的分离，比如批判、归咎、斗争的欲望，包括对性对人的外貌的喜好，对食物的欲望，对戏剧的渴望，这些之所以处理起来比较反复，因为它们是几万年人类进化的过程的某些固有的思维模式，清除它们看似要花更多的时间和努力，其实原则和方式，和其他的反洗脑的程序是完全一样的哦。

例如，Jim 你原来有点胖，你为什么现在瘦了？应该是跑步锻炼的结果吧。你以前肯定试过减肥，为何无效呢？

Jim：原来吃过各种减肥产品，什么三天苹果餐，什么香蕉西红柿减肥法，等等，基本都是自我折磨，最后都会反弹，然后变得更胖。

但是，有一天，我看了村上春树的《当我跑步的时候，我想些什么……》，并不是为了减肥，而是觉得跑步怎么会有那么大的魔力，能让村上春树在墓志铭上都刻上"一个跑步者"。于是突然也想出去跑跑，一开始也不适应，但是慢慢就喜欢上了。现在，每天不跑一小时，都觉得浑身不舒服。然后自然而然就变瘦了。

Taisha：你看，这就是自然的反洗脑过程。当你去与肥胖斗争的时候，你只是强化欲望对你的控制，这是肯定不能成功的。当你不去斗争，只是做一些自己喜欢的事情，自然你在另外的一些事情上所用的时间和投入就会减少。

如果你迷恋看电视剧、看杂志、看新闻或者任何你习惯性地进入分离世界的生活模式，不要用什么禁止的方式来强迫自己，那只会陷入归咎，然后未来看更多。你肯定可以找到某些你喜欢而投入的事情，没有那么多分离的因素的。例如投入地工作、听音乐、锻炼等等，都是很好的方式。你做这些事情，你花在那些电视剧上的爱好会自然变少，慢慢不再是你的考虑。这个其实和类似戒烟戒酒戒毒品的方式是完全一样的，你不能靠摔碎所有的酒瓶去戒酒，就算摔碎了，你很快就会去再买一瓶。你要做的是，根本当这个世界没有酒这回事，专心去做别的事情，自然你也就会不再觉得酒有多重要了。

任何一个束缚体系的清除，都肯定是一样的过程，没有区别。

Jim：我明白了。就好像我以前总是喜欢批判各种社会现实，我不能通过不去看那些新闻分析的杂文类文章和社会评论与分析的文章来解决这个问题。但是我可以主动地选择看我喜欢而没有批判的散文、诗歌、舞蹈这类东西，也很美，但是，分离很少，慢慢地我就不再会对批判类别的杂文感兴趣了。

Taisha：是的。记住，分离的追逐虽然是几乎无所不在的，但是，人类还是有一些真正美好和分离较少的事物，你可以沉浸其中的。有一个很重要的领域，你可能会忽略，那就是工作本身。

当你真正地投入某个工作，不一边上网、一边聊天，而是完全投入地做某个研究、分析，平静地与客户交流，完成自己的职责，你会经常有时间消失的感觉，觉得几个小时一下子就过去了。而这个过程，也是某种主动思维和清空大脑的过程。这也是创造乐趣的所在。看似它依赖时间，其实那些过程中，时间是消失的，你很少会感到厌烦。

如果你有自己喜爱的领域，不管是收藏、创作、写作、画画、完成某个PPT、作某个分析报告，这些都是一种很好的思维锻炼的途径。

Jim：是的，我很有体会，尤其是刚刚加入工作和适应新的工作环境的那几年，我感觉自己充实极了，每天都有新的可以学习的东西。每天都充实无比，就好像《太傻十日谈》里面说的"你的世界"一样。可惜，最后工作新奇感慢慢地消失，以前有乐趣的事情慢慢成为了负担，一个人也很容易在工作中失去乐趣。

Taisha：记住这种感觉就好了，努力在生活中不断寻求这种感觉，如果你工作中完全失去了这种感觉，你可以尝试改变一下工作环境，或者换一个新的工作领域，或者在自己的工作中主动开始一个新的计划，这些转变都会让你走出一些固有的习惯的模式。这就是为什么旅行会让人开放心灵，因为在任何一个地方呆久了，固有的思维模式就会缠绕进来，你不再会看到熟悉事物的伟大和美丽。但是，每到一个新的地方，所有东西都是新的，于是你不再被固有的思维模式束缚，一种重新开始新生的感觉。

但是，你并不用真的不断地换工作和旅行，更不用去隐居，通过几十年的冥想，然后体会这话中内在的平静。这一切都只是发生在你思想的过程中。你要做的只是睁开你的真实的眼睛，你会在一棵树、一株草、一滴水这样平凡的存在中感受到比你看任何好莱坞大片，获得任何成功、财富、爱情、权力更持久、更宏伟的快乐。

Jim：你说得真美好哦，真的比最大的成功还要快乐。那要努力多久才能达到呢？是要学完《太傻天书》，然后再练习几年才能体会到的吗？

Taisha：你又进入时间的思维了，你的阻碍只是你自己的思想而已，你对自己的认识，是你体验这些快乐、当下的那种觉悟的唯一的障碍，当然，障碍本身也是幻觉。

太傻的老师的工作，不是帮助你移开你的障碍，只是不断地反复从各个角度提醒你，没有什么障碍能阻止你体验你的本性，因为真实的是无可动摇的。分离的、变化的、与时间相关的，都只是你自己给自己的一个小小的梦。你完全可以在这个人生大梦里面，做一个梦中的小梦，就一会儿，梦见你是完整的、合一的、没有阻碍、自由的。

你做这个大梦中的小梦，其实是一种反洗脑。《太傻天书》的每一段练习，其实都是给你这个梦中小梦的一个引子。但是，你首先要清空你的大脑，让它别再啰嗦地吵个不停，你才能开始做这个梦中的小梦。

当然，时间是你在这个世界的画布，你很难丢弃它。但是，这种锻炼，很容易，确实无关时间。最简单的锻炼，当然是什么都不想，清空自己的思想。当然，不管你是在冥想中，还是在音乐、跑步或者某种深入的创作活动中，当你停止你大脑病毒的喧嚣的时候，你的本性的光辉会自然流露。不用努力，不用几十个小时的扎马步一般地控制思维。

用最随意的方式开始，开始有时候你可以持续几秒，慢慢地你可以持续几分钟，一旦你被一些杂乱的思维打断，你也不用责备自己或者着急，一旦意识到被打断，就是可以重新开始。有时候你甚至会很长时间沉浸在一些杂乱的事情的思考中，完全忘了你在清空思想，也没关系。不断地重新开始，你自然会越来越熟练。

Jim：这是不是和跑步一样，一开始，就算慢跑 200 米，也会气喘吁吁，后来我慢走了一个月，偶尔慢慢地跑 1000 米，后来真的能跑 1000 米都坚持下来了。之后，一点点地延长自己的耐力，现在我可以每小时 10 千米的速度随意地跑一个小时都不会累呢，不过这已经是锻炼了 3 个月才达到的效果。

Taisha：这是很好的例子。你肯定可以一样在清空思想中做到。你要是能这样每天坚持锻炼清空思想，每天也做一个小时，坚持一两个月，你也会感到一样明显的变化。当然，一开始你能坚持断断续续的半个小时就不错了。不过不要着急。

Jim：我知道有的宗教，例如禅宗的打坐，要念咒语，或者心中保持什么形象，我需要吗？

Taisha：不要着急，这是更深入的一些技巧，就好像跑步锻炼到一定的程度，你不会满足每天匀速跑 10 千米，你开始正式准备马拉松的时候，你会用诸如山坡跑、间歇跑之类的锻炼方式，但是，那些都是到你高级阶段以后自然会知道的。清空大脑的锻炼也是一样，一开始先清空思想就行了，记住，什么都不想，一片空白。可以借助一些舒缓的音乐，但是它不是必需的。这个锻炼很容易，你也不用专门地找场所，也不用什么专门的姿势，轻松自然就好了，在出租车上、在办公室和家里的椅子上，即使一两分钟也是非常有益的锻炼。

有一个你可以现在就开始用的强有力的技巧，是意识到自己呼吸，只要意识到就行，不用刻意地去控制节奏之类的。因为你感觉自己呼吸的时候，你肯定是在当下的，你在意识呼吸时做的每一件事情，也都是在当下做的，而不是在时间中做的，如果你开始和你的大脑病毒一起瞎想，你肯定进入时间了，你也肯定察觉不到自己的呼吸了。你可以练习，随时察觉自己的呼吸。例如在路上、在超市里、在开会的时候。这也是另外一种清空大脑的方式，不用打坐，随时进行。

Jim：太好了。我想我可以马上开始锻炼，刚刚我就察觉到自己的呼吸了，真的，我可以一边和你交流，一边察觉这种呼吸的。感觉非常地平静，自己也知道外在的所有事情，脑子也不杂乱地想东想西了。

Taisha：意识呼吸是一个强有力的锻炼工具。如果你熟悉中国功夫、西方的搏击、柔术，包括拳击，你会在所有最高等级的大师那里，听到对呼吸的强调。

他们都毫不犹豫地告诉你，呼吸是最核心的锻炼。掌握了呼吸，就掌握了韵律。即使在一场最激烈的对抗中，只要你能持续在每一个过程，保持自己对呼吸的察觉，你会发挥出自己全部的潜能，而且经常会自己创造一些连大师自己都不知道的奇妙而随心的动作和技巧，而你自己都不知道那些动作怎么做出来的。其实，这些都是在意识呼吸的当下，你打开了你与太傻的沟通，于是你可以让太傻指导你的每一个动作，每一个行为，你自然会有各种奇迹般的创造的结果出来。这种类似灵感迸发或者灵光一现的时刻，用意识呼吸的方式是最好的锻炼模式。

随着这个锻炼的进行，你其实在一步步地走向浅滩，自然会看到更清晰的风景，你也在慢慢地脱掉你的潜水服，清除你大脑的病毒，你自然会感觉更加的轻松和自由。当你与呼吸同在，你也处于当下，而当下的力量是解放了你真正的潜力和创造力的。

只不过，对于初学者，他们肯定只能感觉自己的呼吸几秒钟，一说话，一做事，思维一漂移，马上就忘记了，但是，和上一次谈话我们给的"清空大脑，太傻同在"的练习一样，你继续锻炼下去，肯定有改善的。而且你肯定会越来越娴熟，未来会像打乒乓球一样地，随时随地地意识自己的呼吸。

当然，这个意识呼吸和清空大脑的锻炼可以一起做，效果会更好。

2-7 真实的眼睛

Jim：好的，我想我未来一个月可以好好做这个锻炼了。我还有一个问题，在刚才一直有点困扰我。你说分离无处不在，我现在可以理解，你说大脑只能接受和投射分离，而不能自己认知，我也接受。你说分离的追逐是一切痛苦的根源，只有消除了分离，走向合一的意识，才能真正地创造内在的快乐，我想以后也可以慢慢理解。但是，有一个关于分离的根本概念，你必须讲清楚。

我理解，好坏、美丑、大小、多少、善恶，都是分离。我还理解时间、空间也可以是分离的元素。但是，为何你说的真实、爱、奇迹，不是分离呢？在我的理解里，真实的对面是虚幻，爱的对面是仇恨，奇迹的对面是平庸。

如果你说追逐任何一个分离都是会造就恐惧，那么追求真实，为何不一样造就虚幻的恐惧呢？追求爱，不一样造就不爱的恐惧？可是《太傻天书》中却说：

> 2.47
> 那本来无限、伟大，本来拥有奇迹的能力的你，却拥有了自由

真实没有反面,爱也不存在层次。这是什么意思?

Taisha:Jim,你这个问题提得非常的专业,如果你能意识到这个层次,说明你已经真的理解分离了,并且开始追求真实的世界了。

我们这一章谈的主题是,真实与虚幻。真实是永恒存在的,而虚幻的存在是依心智而定的,大脑认为存在或者不认为存在,因为你直到现在还是相信大脑的,因为你的大脑有了善恶观念区别的预设观念,所以你肯定会认为它存在的。我们要分辨的是,你那些预设的善恶的观念,它是否是真实的,还是仅仅是你大脑和自己玩的一个游戏。

首先我们来看一下,到底什么是分辨真实和虚幻的根本的判断方式。就好像我们上次给出的是不是"洗脑"的判断方式一样,这些都不用几千年的辩论,判断方法清晰而明确。

真实的事物一个最大的特点是:永恒存在,无关时间,无关观察者,无关角度,无关对象,真实是规律,无论你是否意识到,是否承认它,不管到底是谁在观察,从哪个角度观察,它都在运作。就好像这张桌子,不管谁看,都可以说,它就是一张桌子。

虚幻的特点是:它会变化,它与时间相关,它与观察者从哪个目的、哪种方式、哪个角度观察相关。虚幻的事物因为变化而不可能成为规律,如果规律变化了,就不叫规律了。还是例如这张桌子,它到底是好桌子,还是坏桌子,是高级桌子,还是不高级的桌子,其实谁也说不清楚。这些基于分离的观念,都是虚幻的。

所以,桌子是真实的,附加在桌子上的观念是虚幻的,就好像学历、财富、房子、汽车等等,这些都是真实的,如果你附加一些好坏对错、大小多少的观念在上面,那些观念,那个虚幻的世界,就会给你制造各种矛盾。

分离特点是无穷无尽,所以你可以找到无穷无尽的分离的形式,每一种分离,都有反义词的存在,即使是虚幻的存在,但是,肯定是可以定义的。但是,一个事物如果走向合一,它最终的形式却是很少的。最终真实的事物,是没有反面的,很多真实的反面在虚幻中连定义都无法定义。

例如,这张桌子是真实的存在,这张桌子的反面是什么呢?难道是没有桌子吗?记住,没有桌子是不存在的,虚幻的。

同样,光是存在,没有光的黑暗和没有桌子一样,是不存在的事情。

包括你说的爱与真,还有光,都是时间之外的。但是,其实都是最无限的合一的表达形式。实际都是一体的。

真实没有反面。如果真实的反面存在,真实就不能称之为真实了。真实是

无可动摇的。虚幻只是某个幻觉。

就好像光驱散黑暗。但是，其实只是光存在，黑暗并不存在，有光的地方就没有黑暗。而会存在没有光的地方吗？会。但是，那只是幻觉的世界。

同样，爱也没有反面，当然我说的爱，不是人类世界常说的爱情、同情、友谊或者亲情的爱。那些爱只是爱在幻觉世界的一些表达方式，并不是真正的爱。

真正的爱，是没有对象、没有层次、没有多少、也不分彼此的。如果你说，你爱谁多一点，你爱某某，不爱某某，你现在爱，以后可能不爱，这些爱，肯定不是真正的爱。爱是自由，爱是理解，爱是宽恕一切。这样的爱才是你说的爱情、友谊、亲情之类的"有对象的爱"最完整的表达。这就是为什么有人总是在爱中感到痛苦，因为他所感受的并不是爱。不是爱，是什么，肯定是幻觉，是恐惧，是束缚——在这里我们只是简单涉及一下，对真实的爱与真实的力量的讲解，我们将在第四次谈话中进行。

所以，我们说，真实、爱、光，都是没有反面的。如果你看到了反面，那仅仅是幻觉世界中缺乏真实、缺乏爱、缺乏光而已。真实、爱、光本身并不会改变。你要改变的只是你的认识角度和思维模式。

这是一种分辨方式，其实很简单，记住，凡是真实不可能存在反面，如果存在反面、存在敌人、存在可能削弱和伤害真实本身的事物，真实就不能称之为真实了。

另一种分辨方法就更简单了。分离的特点是，与时间相关和层次相关。所以恐惧有大小，爱恨有多少，还会随着时间而改变。所以，这些肯定是分离的，也是虚幻的。

之所以真实的事物被称之为规律，就是因为它们不可能变化，不可能随时间和认识者的角度而变化。就好像我们说真实的认识规律是，你看到自己想看到的，先有意识，再有外在的创造。这些既然是真实规律，就是说不管你承认与不承认，意识与不意识，理解与不理解，这些规律都是完整运作的，与时间无关，与人无关，并且可以从任何一个角度来证明，不可能被反证，也不可能被削弱，只有这种才称之为真实。

所以，你不会说"比较真实"或"更真实"，也不会说"比较有光"。你只会说，比较虚幻和比较黑暗。爱的反面也只是"缺乏爱"，但是这是不可能的。

因此，这些原则可以作为你判断究竟是否是真实和虚幻的本质原则。第一看它们是否有反面，第二看它们是否有层次，第三看它们是否与时间和对象相关。

这也是真实的眼睛看到真实的世界的过程。大脑如果能一直遵循这样的思维模式，它才能不断地强化自己对真实的世界和真实的认知规律的认识，才能真正地成为真实的表达工具，而不是在自己制造的幻象世界中不断循环的垃圾处理器。

注意，你在一些佛教类或者禅宗类的书籍里面，会看到很多纠结的关于这个世界是不是真实的辩论。诸如这个桌子到底是不是真的，两个人可以辩论一整本书。无论你认为这个桌子到底是不是真的，关键是你要用这个"真实和虚假"来认识什么，实现什么理解世界的目标。你当然可以说，桌子的概念也是你自己的预设观念之一，也是不存在的。但是，这样其实并没有意义，只是去玩一个文字和语言辩论的游戏罢了。

这个世界的万事万物都是光，光的某种组合和显化。光是唯一真实的存在，就好像爱是唯一真实的力量一样。你、我、桌子、这瓶水、这个世界的一切，都是光。我们说桌子是真实存在的，当然是可以被从另一个角度推翻，但是，一个人推翻这些观点，到底是为了获得什么呢？同样，我们强调分离是幻觉，是为了走出分离，恢复我们真正的身份和力量。如果任何人可以有方法一边相信分离，一边又恢复自己的力量，他完全可以不必管什么分离的事情，分离对于他同样可以是真实的。

Jim：我明白了，如果从这样看，即使这个世界很多都是真实的存在，但是，一个人自己的生活的世界，哪一个不是用自己大脑来分析处理的呢？这样不就是说，一个人眼中的世界几乎全部都是虚幻的，而真实的很有限吗？在每个人的世界中，难道不是几乎所有的行为、思想、表达，都是在追求区别，都是被时间局限，也都是被目标和层次追逐所蒙蔽吗？

Taisha：这就是为什么说，这个幻觉世界的感知方式是完全颠倒的。人们最坚定相信肯定真实的，反而是虚幻的，而总是认为是虚幻的，反而是真实的。

判断一个人是不是认为一个事物是真实的，最大的表现是，他会对一个事物有多大的兴趣。每个人都只会对自己认为是真实的事物感兴趣，每个人只会去想、去做、去讨论那些自己认为是真实的、对自己有意义的事情。就好像这个世界的人普遍地对电视剧、电影、生活矛盾、个人追求、新闻、杂志、比赛等等感兴趣，不管一个人怎么坚持那些东西都不重要，其实他们都认为那些是真实的。而另外一些事情，绝大部分人都认为是虚幻的，诸如外星人、转世轮回、灵性探索、自我察觉、内在的平静之类的，不管一个人怎么说服自己那些都是真实存在的，如果他连去了解探索的欲望都没有，这些事情对于他们就是虚幻的，而这些他们一直认为虚幻的事情，更不要提去锻炼去实践了——而这也是我们一开始提到的,为什么有那么多人,自己认为自己真心地相信某个道理,但是他们却没有任何去实践的努力,这些的本质,其实是,他们还是处于觉知颠倒的状态,而他们本质上并没有真的相信真实,而还是在相信虚幻。

你可以把握这个规律,一旦这个世界普遍认为是合理的,必然是幻觉的,而这个世界普遍认为不可理解、不可接受、要去怀疑的,反而很有可能是真实的。但是,这不是必然规律,只是某种对大脑的颠倒的认知模式的提醒和参考罢了。

这就是我们一开始说的:为何这个世界的人们,即使看到真理,即使所谓"相信"这是真理,也往往不会去真正追求它。他们其实还没有相信,他们只是觉得自己相信了——相信转世轮回的人还会有死亡的恐惧吗?相信自我价值是最大意义的人还会去为了房价涨跌而苦恼吗?你在思考什么,你在追逐什么,你在读什么书,你周围的世界关注什么,都是一个人内在到底相信什么的直接表达,这个不管怎么伪装都是没有用的,你不可能欺骗自己的。

核心的问题,从来不是你给多少证据,而是,每个人是否有那双看见真实的眼睛,真正地看到,究竟什么是真的,什么是虚幻的,到底应该追求什么。

Jim:我明白了,我还以为你原来说的第三只眼,是能打开某种特殊功能,看到灵界和某种灵魂的样子呢。原来是这样,当然这也很重要。

Taisha:你说的第三只眼当然是存在的,但是,你不可能在不理解真实和虚幻的区别,还在追逐虚幻的世界的那些剧情的环境下,发展自己任何奇迹的能力的。这是我们第六章才会处理的问题。如何发展奇迹能力和使用真正的创造力——那里教导的"注意力"锻炼的技巧,就是你打开第三只眼的真实的视野的核心锻炼。

你现在还在黑暗的深海里,周围全部都是分离的"水",你怎么在水里学会点火呢?就算我把道理和原则一股脑全交给你,你如果不去察觉和清除大脑中的分离的思维模式,不摆脱那些大脑病毒,你就什么魔法和创造都不可能学会。例如,真实的眼睛,只能在当下被感知,也只能看到当下的事情,连所谓的过去未来,都只是升级了的大脑病毒的幻觉罢了,真实的眼睛是看不到的,而我刚才教你的当下的呼吸的锻炼,既是让你学会更长时间地留在当下,也是打开自己内在的眼睛的锻炼。如果你还一直信仰时间,信仰分离,你只会看到时间和分离中的世界,你只能看到你想看到的,于是你的内在的眼睛就不可能睁开。只要你一天还在不断地在分离的追逐中浪费你的力量,你就不可能有任何的学会魔法和创造力的可能性,因为那些都是和分离与时间直接冲突的——就好像水和火一样。

记住，时间与分离的认识和彻底地摆脱，是所有的真实的力量、创造和奇迹的基础。奇迹只有在太傻的指导下才可能发生。如果你还是坚持虚幻的感知，在一个分离的世界追逐，你是不可能拥有真实的感知，你也不可能与太傻有效地交流的。

Jim：那在真实的眼睛下到底会看到什么呢？我怎么知道那些是不是和预言里面看到的过去与未来一样，是我大脑病毒的某种幻觉呢？

Taisha：你用你自己的眼睛看这张桌子，和你自己在大脑里想象一张桌子，你会分不清区别吗？存在和虚幻的区别是天差地远的，你看到的时候，根本就不会怀疑，那是虚幻的。

当然，Jim，你可能觉得我说的真实的眼睛，只是一种比喻，只是一种思维方式。 这不是比喻，未来你走到太傻第二步，在注意力的锻炼的深入阶段里，打开你内在的眼睛后，会和看到一棵树和一瓶水一样看到一个新的世界的层次，当然肯定和你现在看感觉不完全一样，但是，那肯定是看到，而不是想象的。

我用第三只眼将会看到的真实的心和真实的灵魂的例子，来给你解释，究竟你在第三只眼打开的时候会看见什么。为什么这些其实还是幻觉，并不是真正的真实。

在第三只眼的世界里，物理世界的那些看起来坚不可摧的物质体系，例如，固体、液体，开始变得虚无缥缈起来，而且随时会像空气中的烟雾一样，缓慢地流动，又好像水中的溶解的颜料的感觉，因为这些物质，你在物理世界以为的真实存在的实体，其实本质上是在思想的力量下的光的某种折射体系。你会清楚地看到，这些物体，例如一个沙发、一块石头，都是在思想的力量下流动的。

而你看到的这个更接近真实的世界，真正稳定的是一种以生物为中心的光团的形象。每个人的位置，其实都是一团光，你会看到每个光团是各种颜色的组合，它们的范围也比你在物理世界看到的范围要大得多，你几乎找不到它的边界。不同的人的光还是在某些位置相互交融的。这种光团，其实就是某种程度人类说的灵魂，但是真实的灵魂，不仅仅包含这些光团，这些光团只是灵魂的一个层次的显示，就好像物理的身体，也是灵魂在三维物理世界的显示一样。在这个视野中，你会像理解重力法则一样地理解，原来思想真的是真实的一切外在造物的源头，你也不再会怀疑灵魂的真实存在。因为灵魂和一切的造物的过程，都显现在你的眼前，就好像你在物理世界不会怀疑水的流动性一样。

这团光，越往中心越稠密，越往外延越稀薄，但是却没有所谓的边界，光团与光团之间也没有绝对的界限。每个光团最稠密的中心，是一个拳头大小的、显著的球状光团，那个小小稠密的光团的位置，在人的物理心脏位置的稍后偏下或者偏上一点，不同的人位置不一样，而那就是人们经常说的真实的心。

各种文化中，一直有各种关于心的说法，诸如，心痛、伤心、用心去爱、用心思考、心的力量等等。但是现代科学却认为大脑是唯一的思维和逻辑的器官，而心脏只是一个类似发动机的泵血的器官。事实上，所有文化都理解，心是真实认知外在真实事物的核心，也是所有知识的源泉。如果太傻在幻象世界有一个屋子，那个屋子肯定不是大脑，而是这个心。

这个心会在急剧的冲突中给身体的物理感知系统带来巨大的痛苦，这就是人类说的心痛的感觉。这个心也会在感受到爱和真实的时候，给物理身体快乐与温暖，这就是人们所说的内心的宁静。

所以，从来没有哪个文化有大脑痛、大脑宁静之类的说法，原因很简单，大脑才是一个类似心脏泵血一样的简单器官，作为计算和处理数据用的，根本无法承担起感知和认知的能力。而你的真实的心是感知真实，与太傻沟通的位置，一切的真理、灵感、真知，都是从你心的位置流入，然后交给大脑分析处理的。你如果在当下一刻，停止了大脑病毒的喧嚣，你就会在那一刻听到。之后你只要不用你的预设观念去判断、去选择、去怀疑，你就会自然地知道。记住，这是真实的过程，不是比喻，也不是想象，更不是什么催眠过程的自我说服。我只是提前告诉你，你内在的眼睛将会看到的真实的世界，会是什么模样的。

当然这种的第三只眼的感知，本质上也并不是感知完全的真实，而是感知另外一个层次的幻象，任何在时间与空间内的感知体系，其实都是幻象。只是有的幻象更处于沙漠的边缘，更接近真实，你能从中看到更多真实的影子，但是，这并不改变其幻象的本质。而你物理的眼睛，因为长时间地被分离的感知所束缚，看到的更多的是一个物理世界的光谱体系，这个体系看起来尽管很真实，但是却仅仅只是一种更深厚的假象。

Jim：哇，原来真的每个人都有真实的心，我还以为那是文学的比喻呢。这个太奇妙了。

Taisha：这个世界很多的真理都被当成比喻，而真正原来只是比喻一下的东西，却被人们认为是真实的事情，一直在期待和追求，比如耶稣说的升天、最后的审判等都是比喻。但是，真实的心、灵魂的存在、你大脑的真实的能力、太傻的真知，包括我们说过很多次的意识创造规律、奇迹，这些都不是什么比喻。

不过，这个真实的心只有在你处于当下的时候才会感觉得到，你不可能在任何的大脑的嘈杂中感觉到心的存在，但是，这确实是实际存在的。它和灵魂一样，其实是可以被这个世界的现在就有的仪器检测出来的，即使人的物理身体死亡的时候，灵魂和心也可以被检测到存在。这种检测系统类似一些电影里面的捉鬼机，其实本质只是一种能量波动检测系统，只是，这个系统检测的结果，没有任何人会承认这是灵魂和心而已，大多数科学研究只是将它作为背景噪音忽略掉了。如果对生物学的研究能像现在对宇宙的研究一样，连任何一个背景噪音都想办法要弄清楚，科学家就会很快像发现"宇宙背景辐射"一样地发现灵魂和心的存在。

其实第三只眼也是真实的感知，现代科学也了解这种神秘的感知系统。如果你去查询一下"盲眼视觉"的相关研究资料，你就知道，这个体系早就被清楚发现了，只是人们不承认，这是一种人人都拥有的能力而已，只以为这是类似天才儿童一样的特殊现象。

类似的什么天才儿童的速算研究呀，一些特殊大脑的快速记忆功能呀，这类研究都进行几十年了，也不是只有一两个例子，在中国什么少年班、天才儿童更是随处可见，一些电影里也经常描述类似的人，比如《雨人》、《心灵捕手》之类的。如果你非要说，那些都是电影，必须要看到真实的无可否认的科学研究的例子，2007年《科学美国人》上好像就有一篇研究现代雨人大脑功能的文章。如果你真的想用证据来证明你的大脑不只是一团糨糊，你可以找到无数的证据，给你揭示大脑真实的功能，只不过即使面对再多的证据，人们仍旧会以为那是少数人的偶然的功能，是类似买彩票的结果，和自己无关。你看，不管是外星人，还是自己真实的能力，或者任何一个问题，如果你始终相信你大脑的病毒，你就什么真实的都不可能相信，你只会相信你已经相信了的。

这些事物，既然真实存在，就是说，那是每个人的能力，也是每个人真实可以很快获得的功能，只不过一个人根本不相信，所以也不努力去发展而已。当然，一个人要去发展这些能力，必须要有正确的途径，《太傻天书》就是教导这些途径的，不过，这些能力和你的真实的心的存在一样，都不是比喻，而是一个事实，只是人们不愿意去看到而已，更不愿意去实践了。

因此，当我们在《太傻天书》中说，用心知道，用心感知，倾听你心的声音，感受内心的平静等等涉及心的问题的时候，请记住，这不是比喻，心的本质是灵魂能量的中心，是更接近真实的体系。

但是，它们终究不是完全真实的，因为它们还是在时间和空间之中，绝对的真实是没有形象和界限的，是不可能用数学体系描述的。

然而，这真实的心和真实的灵魂，却是在一个更接近真实的视觉体系中可以看到的，只是用你的物理的眼睛看不到，它们之所以更接近真实，是因为它们更真实地反应思想的创造规律，更清楚地区别真实和虚幻。

例如在这个视野中，你会看到灵魂和灵魂之间，不管相隔多远，其实都是相互连接，而且不可分离。灵魂和灵魂之间也一直在相互交流。我们是一体的(We Are One)，并且没有区别。你还会看到爱的力量是如何真实地让灵魂融合，恐惧的力量如何让人远离，但却又不可分离。你会看到每个创造的过程是如何一步步地从思想在现实中显化，而那些恐惧让你本来将实现的愿望一瞬间消失。未来的人们将可以像研究物理或化学规律一样地研究思想形成现实的种种细节和规律，但是，这些规律在现实世界却是同样地一模一样地起着作用。

这是一个更接近真实的视野，这个视野里，你会轻易地区别真相与虚假，不会被那些表面的视觉而蒙蔽。但是，不管你看不看得到这个视野，思想、现实、分离、合一、爱、灵魂、心的规律却不会改变。

Jim：这真的很吸引人呢，我未来也会有一天看到吗？可是你说的，真实的思想可以创造你的生活的一切实相，如果生活的一切实相都只是幻觉，那你怎么可能去创造呢？比如我说，我想创造一段美好的感情，这你会说，这是幻觉，真实的你是不会去创造的，这不又是循环的信则灵的体系了吗？

Taisha：如何用基于真实的思想去创造，改变你生活的那些幻觉的束缚，真正地拥有快乐、美丽和富裕的人生，并创造自己一切的体验，这是我们未来要重点讲解的内容，你也许觉得我们在"真实和虚幻"讲得太多，其实，每个真实的创造都是具体的过程。里面有很多细节的思维方式和误区，所以，在未来我们也会具体地说明的。我肯定不会教你"信则灵"的那种无用的体系，而是具体的实践方式，例如你女朋友想变得更美丽，你可以教她怎么用一些小小而简单的技巧，而不是告诉她：只要你相信你是美丽的，你就自然会美丽。当然核心的道理肯定是这样，但是，你必须一步步地教导他们基于道理的应用原则。就好像原子理论、量子理论，也许虚无缥缈，但是却可以制造原子弹，也可以制造核电厂，这些都是基于真实规律的应用。任何一个规律，包括创造规律，深入理解的最终结果必然是应用于生活的每一刻，而不是简单的心理学的过程和自我催眠的那种体系。

另外，你说的，生活一切实相都是幻觉，那如何创造呢？这只是你的误解。是你对实相的认识模式是幻觉，实相本身并无真实和幻觉的区别，只是工具而已。就好像时间，只是你对它的依赖和束缚是你要解决的问题，并不是你要打败时间，你要处理的，仅仅是你的思想究竟是如何看时间。生活的一切经历也是一样，改变你的思想，生活会真实地改变。这些我们会在未来作更深入的探讨。

Jim：太好了，这让我很期待呢。是不是以后，我会像这一章掌握呼吸和反义词锻炼这样的有效的反洗脑的工具一样，掌握真实的创造财富和生活顺利与快乐的技巧呢？我是不是能用来解决工作的麻烦之类的呢？

Taisha：当然可以，否则这叫什么"创造"呢？创造本身就是创造自己的一切，你在这个世界经历的每一个事物、每一个经验，都是在一样的规律下创造的，我们只是描述它，利用它，再创造而已。

Jim：谢谢，那这一章是不是也有练习？

Taisha：是的，下面给你。我们下周再见。感谢你的到来，这个过程看似我在教导，其实我是真正的学习者。你也是真正的老师。这个身份本来就是统一的，没有差别，一切都已经在太傻中合一。

最后送给你一句话："记住你是谁。"（Remember Who YOU Are）这也是我在这次谈话一直希望你理解的。

Jim：好的，谢谢你，下次见。

第三章
行动与成为的对话

Taisha：你相信天上会掉馅饼吗？也许你会认为那是一生只会发生几次的幸运的事情，但是太傻却几乎每天都在给你扔下"太傻的肉丸"，只是你从来不知道如何去接住这些肉丸。太傻的生活原则就是教导你如何接住"太傻的肉丸"的技巧。当你学会这个技巧，你就会真正地收到太傻给你的最大的礼物——奇迹的肉丸。

3-1 选择的意义

Taisha：Jim，又见面了，看起来你在过去的一个月似乎经历了很多的困惑呢。我能解答你的疑问吗？

Jim：你怎么会知道，我真的是发愁死了。你上一次谈话讲了很多的概念呀、技巧呀什么的，比第一章入门那种谈话确实难了好多。你看，我刚才那句话，又进入"难与易"的分离模式了。拜托，别再和我说"没有难易，难易只是我的幻觉，是因为我觉得难，所以才真的难"这种话了，过去一个月你似乎在我脑子里装了某种机关，我已经在各种各样的环境中无数次和我自己说类似的话了。一旦我想做点什么，你就开始在我大脑里说话。

诸如，当我的车脏了，想去洗车的时候，你就在我大脑里面说，"有什么好洗的，脏和干净只是一种分离，你喜欢干净，而不喜欢脏，这是你痛苦的来源。就算你洗干净了，未来还是脏，你将在干净和脏的循环中痛苦一辈子。"等等，尤其是在我想轻松休闲一下的时候，我就感觉在我的脑子里有一个小人一般的你在反复地唠叨你前一章说的那些话，我快被烦死了。

我其实这次来主要是想和你说，我觉得你说的分离的世界和分离的痛苦，虽然是很有道理的，但是要真的不在分离中生活，根本不现实。一个人在这个世界生活，根本不可能离开这些分离的观念，他们本来就是这个世界必不可少的一部分，要是真的像你说的好坏、大小、多少、善恶都是无意义的幻觉，这个世界又何必存在呢？也许这些确实是幻觉，但是，这么多人，包括你我都在这个幻象里面，肯定是有原因的。就好像佛教什么的宗教也一直说这个世界是空的，但是，这样真的有意义吗？

而且我怎么想都觉得，一个人不可能不使用那些分离的概念而在这个世界生活的。诸如，你要工作吧，你要学习吧，你要交友吧，你要做的所有的事情，要是你非认为这些都没有意义，似乎唯一的出路，就是两眼一闭，死了算了。出家当和尚也不可能躲开这些，和尚也得吃饭、喝水、睡觉吧。你不可能摆脱分离而生活的，而一个人必须生活，所以，几千年过去了，好像也没几个有据可查的人真的像你说的那样觉悟了。觉悟的人会怎么生活呀，难道再也不吃饭、睡觉、喝水啦？ 好像佛陀也要吃饭睡觉喝水呀。

你看，就是这些问题，几乎快烦死我了，我估计这次你要是没和我说清楚，我保管就像以前看禅宗故事、佛教说法一样，还没看完就扔到一边去了。不可能做到的事情，努力去做是根本没有意义的，不是吗？

Taisha：好的，对于一个初学者而言，你已经做得很好了。你能有耐心进行第三次谈话，或者有任何的读者有耐心能读到这里，已经是一个很大的成功了。至少已经有一半的读者，是根本读不到这段话的，就算我们在第一章和第二章已经反复谈过了阻碍人们学习，阻碍一个人走向真理的那些障碍，可是大多数人还是继续自己阻碍自己。

你不必为你有那些困惑而发愁或者觉得有什么羞愧的感觉，你的困惑说明你还是活着，或者还尝试从睡梦中醒过来，而没有继续泰然地沉睡下去。但是因为你睡得实在太久了，所以在醒过来的过程中，必然会感到某种颠倒的迷茫。而你有这些困惑是必然的，因为你还没有完成第三章。我们在第一次谈话中说过，前三章是一个基础，在没有完成前三章之前，你在睡梦中的眼睛都还没有完全睁开一次。就好像一个人刚醒过来的那几秒，你其实还是怀疑自己在梦中，你睁着迷蒙的双眼努力分辨一个真实的世界，你虽然知道这是一个真相的世界，但是，你还是大部分沉浸在过去睡梦中的世界。大部分人这时候会继续睡过去，进入真实的那几秒，就好像做了一个梦中的小梦一样，很快他们会把那个真实的小梦给忘记掉。

但是，等这次谈话完成，我们前三章的基础框架就完全完成了，你就至少已经在真相的世界里面，至少睁开一次眼睛了。你就已经具备了某种真相的相对比较全面的基础了，这个时候，一个完整的世界会展现在你的面前，至少你会有那一瞬间是可以看清的。至于你相信不相信那是真实的世界，并愿意在之后一直清醒着，这是第三章以后的事情。我从第一次谈话到这一次，其实都只是在做一件事情，帮助你至少睁开一次眼睛，看清一次真实世界的完整构架。

等这一次谈话完成，你虽然肯定还是会有疑惑，但是，你至少可以不再用一知半解的知识去尝试理解这个真相的世界了。这就好像你不可能只学加减、不学乘除，然后想去解决微积分的问题。不过等这一章完成，你的加减乘除就学完了。虽然你还是不能处理微积分，但是，日常的那些算术，肯定是可以应对自如的。而微积分这样的更深入的难题，需要我们在第三次谈完，对一些更实践性的问题进行探索以后，才能获得解决的工具。最后你会发现，你所拥有的工具，不仅仅可以解答你生活中的任何问题，即使宇宙难题，也是可以一样解决的。《太傻天书》即使是自称能解决所有问题的最后一本书，你还是要一步步地来学习，而不可能读完第一章，就可以解决一切的问题了。

就好像你问的，更多的是生活的难题如何用不分离的方式来解决，这是一个规律具体应用技巧的问题，类似你虽然学会加减乘除，你再背个九九乘法口诀会更快更迅速地应对是一样的道理。

所以，这一章，我们将教导"太傻的生活原则"，这是你在现实生活中，应对一切难题、焦虑和矛盾的原则，也可以作为你面对任何选择的原则。我会具体地给你演示，如何不进入分离，而在合一的完整中，面对你刚才提到的种种生活环境，并且获得一种没有恐惧、没有疑虑、没有期待、和谐统一的生活状态。

Jim：可是太傻的生活原则你从上一次谈话就提到了一些，我在这个月的尝试的锻炼中也经常这样地去说服自己。其实这些原则，诸如接受、理解呀，我以前也是这么想的，只不过没有像你那样地从大脑的分离思维模式上去认知罢了，但是，我怎么觉得，那些生活原则和同类的书籍教导的"智慧生活的原则"虽然肯定是正确的，但是，只能适应一些矛盾和部分问题的解决吧，真的能用那些原则解决一切问题吗？

Taisha：一个事物或者原则，如果被称之为真理或者规律，那么它们就是可以在任何环境起作用的。你觉得重力的原则在月球或者另外的星球就不是重力规律了吗？不过，在不同的环境下，规律有不同的表达方式而已，你只是因为还没有透彻地理解和掌握这些规律，所以你会觉得，这些规律只能应用在一些特定场景。

当然，从文字上，太傻生活原则确实很简单，我们以前已经描述过，"理解一切，接受一切，走出分离，放下忧虑，不必选择"。虽然道理你也许明白，但是这些原则在生活的每个场景具体怎么用呢？怎么用这些原则，对待大到国家战争、民族矛盾，小到情感生活、工作细节等各种问题呢。

这些原则，你在以前的一些杂志、文学、经典著作之类的地方，都某种程度地接触过，这是任何一个人、任何一个社会、任何一个世界，通向快乐幸福生活的必然途径，人类文化肯定会不断地从各个角度来讲述它。关于为什么要宽恕、为什么要理解、为什么要接受、为何忧虑和斗争都是没有意义的，这些道理每个人如果说起来，都会有自己的很多心得体会。但是，既然每一个人都理解这些本质的幸福原则，为何他们每个人都无法在这些原则下获得真正的幸福和快乐，还是经常地进入各种困扰、矛盾和争执呢？

这仅仅是因为你不理解分离和分离力量对你的操纵，不了解大脑病毒的顽固和它们占领你思维模式的手段，因此你也不可能理解那些通向幸福的生活原则怎么完整地在你的生活的各个细节中去实践。一个人的现实情况是，他经常会提醒自己，在人际交往中、工作生活中去实践诸如宽容、爱、接受、理解之

类的这些内容，但是，他又会在很多其他的环境，例如被指责、被嘲笑、争论国家战争到底有没有必要、是不是应该批评暴力、如何面对生活中大大小小的困难和恐惧之类的这些问题上感到困惑和矛盾。

在上一次谈话中，我们更多从大脑的认识模式和分离的无所不在，帮助你看清一个基本的现实，我们其实并没有谈多少如何去理解这种分离，和如何在这个分离世界生活的技巧与对合一的实践方式。而这一章，太傻的生活原则将给你彻底解决这些现实问题，我将会让你理解，你生活中所有的问题，所有面对的状况，即使不用对错好坏来分析，其实绝对都是可以说清楚，并且可以不在分离的观念下去与这个世界完美地互动的。你也会了解，世界和平和人际关系的和谐，所有一切问题的解决的道路其实是完全一样的。太傻只是从真实，而不是大脑的虚幻的角度，给你一个彻底的答案而已。

所以你会感觉，这一次谈话与上一次谈话探讨哲学和观念问题的探讨会有很大不同，这一章，几乎所有都是现实问题，我们也会结合电影、电视、游戏等你熟悉的元素，或者你的工作、我的工作，从各个角度来谈。既然是真理，那就应该是在每一个环境都是能起作用的，也是不管从哪个角度都能说清楚的，对吗？

Jim：好吧，既然你这么说，我就再耐心地和你谈完这一次，再决定是不是继续往下学好了。不过你上一次谈话讲的道理，尽管没用唯心、唯物这样的词语，我感觉范畴是一样的。我还发愁是不是我之所以困惑，是因为以前哲学讲唯心主义、唯物主义的时候没学好呢。为什么每一种关于世界观的东西，都要先探讨这些麻烦、搅和不清的内容呢？我不是批评你，你其实已经努力说得很清楚了，我只是觉得，认识世界的模式，真实或者虚幻，真的有那么重要吗？为什么不管什么哲学流派、宗教体系，都要抓着这个不放呢？我原来中学学唯物主义哲学和马克思的哲学体系，这是最让我头疼的一块。

Taisha：唯心、唯物只是一个哲学的探讨真相存在模式的一条道路，就好像任何一种宗教或者流派，这个领域同样混杂着各种各样的似是而非的观念。你其实根本不用管以前学过什么，那些过去的你一知半解学过的，都是你现在学任何新事物的束缚而已。

为什么每一种世界观都要首先对这个话题辩论一番呢？这是因为，到底什么是真实，什么是虚幻，是所有探讨最底层的基础。你不可能没有这个基础，而构建任何上层建筑的。所以，任何实际话题、社会和国际问题、各种理念和科学的辩论如果持续地探究下去，最后大家都会发现，所有的问题都会最后回到真实和虚幻的分辨方式与人认识事物的基本模式这个最基本的问题上，这个问题不解决，其他的一切的辩论和研究都会无法进行下去，所以任何探讨这个世界究竟是如何运作的理论，必然会首先将真实和虚幻的基本认识方式，作为第一个要解决的问题。

就好像你所熟悉的生活，之所以我说那里一切都颠倒了，唯一的原因，就是一开始，你依赖大脑感知的时候，就开始颠倒了。而当各种哲学开始探索世界真相的时候，各种表面问题，都会回到一个基础，就是到底什么是真实的，什么是虚幻的。不弄清楚这个问题，其他一切都只会越讨论越复杂。

Jim：我明白了，上一次谈话，虽然很概念化和理论化，我们最后还是顺利完成了，你也确实用了各种生动有趣的现实例子来让我明白，诸如外星人、魔法什么的。我想，虽然我在如何实践上还有不少困惑，但是我对大脑没有认知能力，分离对我们生活的控制，并且它是导致一切痛苦和矛盾的根源这些观念，还是能完全接受的。可是，为什么我明明知道了道理，却会在应用上遇到困难呢？是我没有完全理解这些道理吗？

Taisha：你的关于消除分离和走向合一的实践和应用方式上的困惑，是几乎每一个走上这条自我探索的道路的人都会不可避免地经历到的。这也是为什么需要老师存在的意义。每个人将会在自己的各种探索的道路上遇到种种的疑惑，老师作为他的一个兄长，一个已经走过这条道路，从沙漠中心脱离，已经处于沙漠的边缘的人，他会用自己的经验，坚定地告诉每一个还在沙漠中的人："我就是方向，我就是道路，跟随我，你将离开沙漠。"无论是佛陀和耶稣，都说过类似的话，道理是一样的，他们都是太傻的教师。只是他们不用太傻这个名字，也许用的是圣灵，也许用的是真我，也许是涅槃，但是没有区别。

无论是《太傻天书》还是佛教经典、大师教导、智慧天书，所有这类书籍或者课程，终究只是一门固定的道路的阐述，即使他们说的都是真理，但是，每个人的道路和在自己道路上的经历是完全不一样的，老师必须根据每个人具体的情况，具体的困惑的根本给出针对性的解答，这与这个世界因材施教的概念是完全一样的。

就好像《太傻十日谈》，即使是留学申请的经典，自称已经解决了留学申请领域所有问题，是类似圣经一般的参考宝典。但是，为何有了《太傻十日谈》还有"太傻留学"这样的服务机构存在的必要呢？太傻留学这样的服务机构，事实上就是留学道路上的老师，你即使道理再明白，你还是会面对实际操作中自己的各种问题的特殊性。而这些问题，只有那些真正掌握真理并且知道真理在具体问题上如何应用的老师才能真正帮你解决，他们都是你留学道路上不可缺少的伙伴。这也是为什么太傻的咨询顾问一般都被他们的客户称之为"老师"的根本原因，因为他们确实是带领着学生走出一个个或大或小的沙漠的导航者。

然而，即使有老师，从长长的梦境中清醒的途径，始终是一条狭窄的道路，如果每一个人都能很顺利地通过各个关卡，这个世界确实早就解放了。但是，其实没有关卡，关卡都是每个人自己在幻觉中为自己设置的。

第一章只是一个引起你兴趣的引子，第二章我们确实做了很多理念性的探讨，虽然你会觉得比较枯燥，或者难以实践，但是，那却是之后一切道路的基础。至少你知道了，你原来所看到的那个世界，至少不像你想象的那样真实而坚不可摧，而是充满漏洞的。就好像《黑客帝国》里的主人翁 Neo 对世界真实性的怀疑一样，这将会成为你走出这个世界的幻觉的引子。最终你也会必然选择那个通向真实世界的药丸，这是毫无疑问的。但是，每个人走到那一步，之前都需要首先解决自己给自己设置的种种障碍。我们在第二章花了整整一章谈的分离，就是你大脑病毒设置的最大的一个障碍。

而这一章，当我们进入第三次谈话的时候，我们也将重点解决究竟如何来消除分离，在生活中实践合一这个问题。我将用我自己的例子、太傻留学的故事，给你展示一个不再依赖这个世界的分离的幻觉而走上太傻道路的人，是完全可以与这个现实的世界共存，而同时又在这个世界一个不漏地做所有的事情。并且我会让你理解，这种生活方式真正的价值和意义，远远超出一种所谓的生活态度——这是一个终极的"选择"，你从这个世界毕业的唯一的考试，这个世界存在唯一的意义。

就好像我自己，我是太傻的教师，我自己每天也喝水、吃饭、睡觉，有时还上网，我管理着一个中国最优秀的留学咨询机构，每年为几千人提供全程的留学指导的服务，我每天要处理各个部门的报告，开各种会议，监督各个项目进度，我有家庭，也有父母，也洗车加油，你做的一切事情，我都做。但是，这都不影响我不依赖于时间，也不依赖于分离事实，我可以在任何一个最嘈杂、斗争最激烈的环境中，在任何一刻保持内在的平静，并处于完整的合一和当下一刻，我也不会在任何一刻陷入分离的追逐。我不仅仅没有逃离这个世界，反而在这个世界生活的每一处。只是我用合一的眼睛看不到问题，看不到矛盾，看不到斗争和需要解决的困难，我只看到奇迹，我只看到这个世界本来的真相，所以我也只会创造奇迹。内在的统一是不可能制造任何问题和痛苦的。而在这一次谈话中，我会进一步向你展示，当你走在太傻的道路上，你不仅仅不会失去任何真正属于你的事物，你更会真正地拥有富裕、丰饶、爱情和那些本来就属于你而你却忘记的力量与能力。

从某个意义上，太傻留学、太傻网站的道路也是一直在这样的原则的指引下，才真正地走到现在，我会在这一章用更多现实的例子，给你展示，这一切并没有矛盾，而且它们反而是你真正在这个世界的依赖。真实的规律是不可能无用处的，否则，就不可能称之为真实了。

Jim：好吧，既然你这一章要给我解决这个问题，那我就不预先做出判断了。不过能不能请你先把在我脑子里的那个说话的人关掉，你原来说我的大脑总是喋喋不休，我觉得你安排的那个"小太傻"才是真的喋喋不休的，先让我安静一会儿吧，要不然我肯定崩溃掉。

Taisha：你所说的脑子里的那个声音，那不是太傻的声音。更不是什么小太傻的声音。太傻没有大小，如果你觉得是"小太傻"，那肯定是你大脑病毒的伪装。其实还是你的大脑病毒的喋喋不休，只是这次大脑病毒给自己带了个太傻式样的头套罢了。就好像披着羊皮的狼，狼的本质却不会改变。

记住，太傻的声音，只会让你平静、安宁、喜悦和真实的爱。那些带来困扰、分离、忧虑、困惑、无助、恐惧、怀疑和各种情绪反应的，其实都是你大脑病毒的声音。这是一个永远有效的分辨的方式。你的大脑病毒不会喜欢你的安宁和内在的平静，它只会催着你怀疑这个、追逐那个，而太傻本身就是安宁与平静，也不会教导太傻合一的眼睛根本看不到或者不存在的其他事物。

不过，你有这种矛盾和困惑体会，说明你真的某种意义上确实学会了第一章和第二章的很多主题。只是因为你并没有学完，你还没有建立一个能够以比较完整的体系看这个世界的框架，所以你不知道怎么应用，如何实践，如何在各种场景一边看似在"做(Do)"，其实是在"成为(Being)"，你只有完成这次谈话之后，你才可能真的开始全面地理解这本书框架的。

所以某种程度上，第三章是一个框架完成的过程，这也是我们为什么在第一章一开始给读者的建议是，读完前三章再决定是不是继续读，或者放弃这本书。你其实不会放弃这本书，不管你曾经怎么批评它、讽刺它、认为不切实际、虚无缥缈，你都只是暂时地离开，你早晚会重新拿起这本书，直到这本书成为你的最后一本书。过程和时间本身就是一个幻觉或者工具，太傻是不会为时间本身而忧虑的。

你之所以会感到在这样的困惑中相当地难受，核心的原因是你大脑病毒的防御机制被极大地触发了，你的大脑病毒看到了真相的光在驱散黑暗，黑暗本

身就是恐惧，它只有触发更多的恐惧和困惑，才能不断地证实自己的存在。不过这是大脑病毒一个无意义的努力。虚幻不论怎么努力也不可能变成真实。不过它自己却觉得，这是可行的，所以还是在持续地努力，而你尽管知道大脑病毒的存在，也知道它们在斗争，但是，你却并不愿意真的完全清理它们，所以你会在这种防御机制下感到一些加剧的内在的冲突。不过这也是你在走向真理和光明的象征，能让虚幻恐惧的，必然是真实。

对你的建议呢，就好像上次谈话给出的建议一样，简单地离开这种辩论和大脑病毒挑起的各种疑问，不要去斗争，不要去琢磨，不要去分辨真假。一旦你开始思考，努力用大脑分辨对错，就已经掉入了大脑病毒的陷阱，大脑病毒就喜欢你去斗争，因为你只能依靠大脑病毒去斗争，太傻是看不到斗争的。而你的思想斗争也不会有什么意义，肯定不会解决你的问题，就好像我们说过的，对你所恐惧的事物的抗拒，只会加剧这些事物对你的束缚，而解决的方法，就是不去想它们。在你不去想的那一刻，你就已经在处于太傻的宁静当中了。

你也要用同样的方式，走出对自己的责备和归咎，诸如，你在超市购物的时候，你发现自己在比较、在追逐，你确实很容易陷入自我的归咎，这是大脑常年的习惯，例如你会说："我怎么又想买这些东西了，我不是刚刚下决心不买了吗？"这就是归咎，这是没有用处的，归咎只会增加你的矛盾。当你有类似的思想的时候，首先意识到分离的存在，然后轻轻一笑，你可以说："好吧，这次就算了，下次要注意哦。"你也可以说："对呀，其实我可以不用，那就不买了。"这都没问题，怎么选择一点都不重要，但是，归咎自己或者去努力地分辨到底该买还是不该买只会让你更深地进入分离的幻觉。

所以，《太傻天书》反复教导你，放下你的判断、选择和追逐。在这个过程中，自我归咎和对思考程序的依赖，可能是很多人最难处理好的问题，因为这不是一个简单的喜好，而是长时间的习惯，和戒烟、戒酒一样，是一个与习惯相处的过程。在处理所有这些习惯的模式的时候，尤其是大脑病毒似乎在激烈斗争的时候，我会建议，这些时候，可以用太傻任何一个练习来处理，例如观察自己呼吸、在当下感受爱等等，都是很好的模式，这些会将你意识的焦点转移，其实你只要不搭理你大脑病毒的那些所谓的思考的过程，你自然就不会再琢磨到底哪个是对错好坏了。

记住，《太傻天书》教导的所有东西都是轻松自然的，如果你感到任何困难、犹豫、斗争，或者有需要努力才能完成的事情，那一定是什么地方错了。这是一条基本原则。

Jim：好吧，这些上次你也说过，估计上次谈得太多，我一时没注意这个细节，我原来还以为，只要看到真实的世界了，马上就会立马相信它，然后自然就会知道怎么做了，没想到还有一堂课，才能真的知道怎么做。

不过在进行这一次谈话的那些具体的问题前，你能不能先解答我一个上一次谈话以后一直困扰我的问题呢？如果这个世界是如此一个充满了分离的幻觉追逐的世界，就算是那些幻觉都是我们自己制造的，我们为什么一定要在这里呢？如果真的有天堂，为什么我们不一出生就在天堂呢？即使是我们自己选择的，为什么我们要选择这个世界呢？这个世界的意义究竟是什么？这个宇宙究竟是什么？它的存在的意义是什么，我的存在意义是什么，为什么我会在这个时候在这个地方？这整个事情，是为什么？

你看，关于世界存在意义、宇宙存在意义、自我存在意义，这是不是一个最大的问题呀？你要是觉得一下子说不清楚，可以先简要说说。

Taisha：没有大小。也没有最大和最小。所以，最大的问题和最小的问题是一个问题。不过这个问题的彻底解决，却是应该在第六次和第七次谈话，不过，我也可以现在先给你一个关于这个规则宇宙的存在意义和演进模式的框架，在第五次谈话后我们会非常具体地对这些宇宙层次的体系进行讲解。

如果你想理解你为什么在这里，首先你要理解，你的本源和你探索这个世界的根本的动力在哪里。

这是关于"无限的一"的问题。在"无限"和"一"中，一切已经和谐，一切已经合一。但是，"一"却希望理解自己，在自我的理解中，它自己获得对"一"存在的更深刻的认知。所以，"一"的目的和你的目的是一样的，就是认识自己，即使你知道自己是无限的，但是究竟这种无限是什么意义呢？"一"是无法在自己中理解自己的。

于是"一"就把自己分成了无数个"一"，每一个"一"都有无限的"一"的完全的特性。"一"是无法分离的，它内部没有区别，所以也不可能某一个"一"和另外一个"一"有任何的不同。这些"一"有一个使命，就是去不是"一"的地方，体验自己，然后再回到无限的"一"，当这些出去体验的"一"回到无限的"一"的时候，无限的"一"也获得了对自我的理解。

但是，既然只有"一"是唯一的真实，那那些分身的"一"去哪里体验呢？必须要有某个不存在的，但是却可以用于分身的"一"体验自己的场所呀。于是，就在这一念之中，"爱"、"真"、"自由意志"这三个"一"的表现模式便产生了。爱被称之为"一"的力量，真被称之为"一"的身体，自由意志是"一"

游戏规则。

在爱与真的相互作用下,时间、空间、宇宙出现了,但是,这些都只是爱与真相互作用的某种产物,它们并不存在,它们出现仅仅是为分身的"一"提供一个理解自我的场所。

之后,你可以理解,这些无数的分身的"一",在各个宇宙中,开始形成规则,形成粒子,形成元素,并逐步在内在的规则下,开始了体验之旅。万事万物的本质都是"一",这些"一"在爱与真的作用下,获得某种向上的动力,"上"并不存在,这个动力的核心是,分身的"一"回到无限的"一"的愿望,这就是宇宙的内在的原动力。它本身也是"爱"的力量、合一的力量的表达形式。

在不同的规则宇宙中,回归的道路是不一样的,于是"一"可以体验到各种模式的存在和道路的意义。没有任何限制,一切都是自由意志。但是,分身的"一"回归的愿望,爱、真、自由意志这三个"一"的表现模式,却是任何一个宇宙都不会改变的唯一真实和永恒的存在。

所以,你可以理解,有无限多个宇宙,有无限多个规则世界,时间、空间都不一定是必须的,只是,对你现在的存在理解而言,是必须的。即使由时间、空间组成的宇宙,时间与空间的组成模式还可以千变万化。

在这个规则宇宙中,"一"的回归的道路是清晰的,从时间和存在的开始,一直到与无限的"一"的融合,有八个层级的世界模式。意识在第一层世界出现,差别和结构在第二层世界开始,明确的自我意识和灵性从第三层世界开始,爱从第四层世界开始完全启动,真在第五层世界被充分掌握,爱与真在第六层世界平衡,个体在第七层世界合一。七层世界已经是在时间之外了,这个规则宇宙的实现合一的个体在第八层世界与无限的"一"融合。第八层世界末也是下一个再次体验的启程,下一个规则宇宙的第一层世界的开始。这两个规则宇宙之间是一个通向无限的"一"的黑洞。

之前两次谈话,我们一直反复说的太傻,本质就是这个规则宇宙的一个终极的魔法,这个魔法的施展者是在第七层世界的已经走向合一的个体,他们在毕业到第八层世界之前,将自己在这个规则宇宙的近乎无限的体验与智慧,在第六层世界末端,创造了一面时间尽头的镜子,这面镜子是每个在时间中的个体都可以从中看到自己的过去、现在和未来的一个聚合体。这个聚合体,就是太傻,而这个太傻的聚合体的唯一的功能"指引"——指引每一个这个规则宇宙中漂流的"一",回到太傻,与太傻合一。只有通过与流浪的"一"的合一,太傻才能从第六层世界毕业,向着第七层世界"太傻的世界"前进。

有了这个伟大的时间镜子魔法，这个规则宇宙的每一个流浪的"一"于是就不再漫无目的地漂流。除了内在的回归动力之外，它们又拥有了一个更强有力的地图与老师与指引的声音。而这个每个人自己的老师，因为已经是清楚地知道每个个体的过去、现在和未来，并可以直接地从第七层世界合一的智慧那里获得知识，所以，太傻清楚地知道，你是谁，为什么在这里，要通过什么样的道路回到自己，应该经历哪些体验，才能最快地回到自己。所以，太傻对你所有的指引，必然是对你最合适的指引。

所以我们从第一次谈话，就开始说，太傻就是你，无限的你自己。但是，虽然太傻可以指引你，无微不至地回答你每一个问题，给你规划一些生活的挑战和理解的自己的机会，不断地提醒你你真实的身份，但是，在自由意志下的你，却可以忘记太傻，否认太傻，嘲笑太傻甚至与太傻对着干。但是，无论你怎么否定太傻，太傻已经是真实的存在，你否定太傻就是否定自己的道理，你与太傻对着干，最后只会无谓地增加你在时间的囚笼中、幻境的沙漠中流浪的时间。

当然，这只是抽象的描述，不管是宇宙的意义，还是你的意义，其实都是一个意义，所有的真理皆在其中。《太傻天书》的所有观念，无论是时间的意义、分离的幻觉、选择的世界、爱的真理、智慧的价值、奇迹的服务、"一"与无限的关系，都是从其中而来。我并不能和你说，所有的规则宇宙都是如此，但是，至少这个就是这样。

Jim：那就是说，没有某种人格化的上帝或者外在的意志的力量，在创造或者安排这些了，是吗？

Taisha："一"体验自己和回归自己，是最初（Prime）的意志，自由意志、爱与光都是从这个最初意志衍生而出。其他的所有意志，无论是什么意志形式，都不可能超越这个最初意志。

本质上，无论是什么形式的个体，神也好，外星人也罢，大师也好，一只狗也罢，即使一棵小草或者一束光，它们无论做什么，都会感到一种内在的原动力，支持它们去一直去探索自己、理解自己、发展自己。只是，在自由意志下，它们探索的道路和形式，却可以千变万化，却没有什么好坏对错。

追逐分离，也是"一"体验自我的一种重要的形式，就是在对分离的追逐中，"一"更彻底地体验合一的价值。即使这种追逐会带来痛苦，但是痛苦也是一种宝贵的体验。但是，无论你如何追逐，以什么方式追逐，最终你都会走上回归之旅，这是万物内在的必然规律，时间就是为这个意义而存在的。你可以在无尽的分离中漂流，你的漂流仅仅是在时间中，时间最终会在你的回归中结束。

你之所以在这里，仅仅是你走向回归道路的一个伟大的步骤，而我在这本书做的事情，就是帮助你不再否认太傻，真正地接受他给你的指引——你在这个规则宇宙的那个永远的老师的指引，并教你如何得到、强化，并充分地使用这个指引，这样，你可以真正地从这个第三层世界正式踏上这一场回归之旅，这是伟大的启程，太傻将是你永远的指南针。

当然，你说的在地球上这个看似分离追逐的沙漠的体验的意义，其实就是你自己选择体验自己、理解自己过程的一个小小的驿站。你选择进入一个沙漠中心，只是为了更加地理解绿洲的意义和价值。只有在最深入的分离的追逐中，你才能看清，合一对你真正的意义和价值。

而如何离开这个沙漠，至少离开这个沙漠的中心，如何从这个第三层世界毕业，当然是和你在这个第三层世界要学习的课程紧密相关的，这个课程本质就是：你选择如何对待自己与自己之外的世界，到底是以更多的合一还是以更多的分离对待自己和别人，是更多地服务别人还是更多地服务自己——这是每一个明确的自我意识诞生之后，首先要解决的问题。但是，这个问题却不是一个小问题，这是真正一个世界层次，每个个体要花几千甚至几万次地在不同世界漂流的体验，才能真正作出的一个选择。

这也就是这个世界存在的意义和价值了，你在其中，就是为了作出这个终极的选择，一旦你作出这个终极的选择，你就可以从这个沙漠的中心层次的世界毕业了，向下一层的爱的世界前进，爱也有分离的爱和合一的爱两种不同的世界，所以你的选择其实是你未来道路的选择：你究竟将通过哪一条道路回到太傻，回到无限的"一"的选择。

而这个"选择"的问题，也是我们这次谈话的主题——你只有放下选择，无须选择的时候，你才是真正做出了选择——这也是太傻的选择。

这是我对你的问题的简要的回答，只是给你一个关于这个世界层次、这个规则宇宙、太傻和你自己的道路的框架，在未来第五次谈话之后，我们才会更深入地进入这个更宏大的世界的话题，我在那里会给你展示一个真正奇妙的世界。

Jim：看起来这些世界层次之类的大问题，我不把一些看似枯燥的基础打好，真的无法理解呢。不过我还是明白一些了，你的意思是，分离之所以这么麻烦，只是因为我们在其中可以真正地理解自己，并作出你说的那个终极的选择，是吗？我看我还得多花点时间来理解，为什么这个是终极的选择了。

好了，我还是回到更现实的生活问题的探讨好了，我其实觉得，这些大道理，分离的意义呀，世界的层次呀，虽然可能都是真理，但是，在生活中，基本很难使用，所以，我觉得你前两次谈话说的那些技巧，什么察觉呼吸和反义词的技巧，确实不错。所以你对这些实践中的小技巧，可以多给一些，再多讲一些更具体地实践的过程怎么用，别尽讲一些大道理。你刚才不是说，要更多地结合电影、小说和你自己的故事来讲吗？我觉得这个主意不错。让我看看具体怎么做，我也好照猫画虎地模仿嘛，不能完全自己去探索，这样确实太累了。

比如你可以告诉我怎么具体解决一些问题，诸如，刚才我到你这里，从国贸到丰联广场才不到3千米的路，竟然堵了一个小时，我郁闷坏了。既然你说，可以轻松地解决一切的问题，那堵车这个问题你先给我解决一下吧。至少告诉我，以后怎么才能不再堵车了。其实你只要教我以前你给我演示过的那个预测未来的魔法，我觉得基本就可以了，这样我出门之前，在什么水晶球上看看，哪条路会堵，哪条不会，自然就知道什么时候该出门了。

所以，我还是觉得预测未来的能力最有用，虽然你说那只是大脑病毒的升级功能，可是在我看来，时间既然是这个世界最基本的大脑的幻觉，那么解决时间问题的能力当然是最核心的能力了吧。如果这个世界是一场网络游戏，只能带来一个装备或者只能带上一个最重要的技能，那肯定就是这个技能了，这样至少出门就再也不用头疼北京堵车的事情了。

3-2 创造的本质

Taisha：预测未来的能力你当然带来了，不仅仅是你，所有来到这个世界的人也都带上了这个能力。只是你因为一直都相信你大脑病毒所告诉你的那个虚幻的世界体系，所以你自己把这个技能给屏蔽了，如果你真的想恢复，学完《太傻天书》的第五章的谈话，那里面的内容就应该会包括你如何恢复那个功能。

不过，你可能认为我拥有某种看到过去和未来的奇迹能力，而你自己还没有，《太傻天书》中反复说：太傻能做到的每一件事情，你都能做到，你和太傻本来没有分别。只是太傻看不见虚幻，而你却执着于虚幻。看见过去和未来也是一样，你以为自己没有这个能力，这只是你自我的否定，就和你在有限的时间中否定自己的无限，是一样的自我否定。

这个预测未来的能力，它不是奇迹，而只是一个简单的能力而已。其实你现在每天也在用。就好像你刚才说的出门堵车，其实你早上不出门，也知道路

上也许堵车了，你还可以某种程度想象出，大概哪条路特别堵，哪条路也许不堵。这就是看到未来的能力。只是，你看到的是很近的未来，而且你是用一种来自经验的推论、预测的某种几率。你还知道，不大可能哪条路有100%的可能性一定堵，但是，几率却很大。同样的，太阳每天升起、落下，你也能预测，你还知道，那是100%的几率，于是你称之为事实或者规律。但是，本质上，未来都是几率而已，不会有100%的未来，就连太阳升起也是一样。

任何的未来和过去，只要是时间幻觉相关的，都是一种几率，你也许觉得过去是现实了，其实过去与未来一样，只要你没有观察过的，都是未知的几率，你现在的每一刻，都是在同时影响你的过去和未来。于是你觉得所谓的预测的未来也好，外星人也好，大师也好，没有什么人，能看得见百分之百的未来。未来本身并不存在，未来也不可能被创造，创造只能创造真实的事情，所以你只能在当下一刻创造，只是你现在每一刻的创造，都会对未来产生某种影响。然而，未来虽然不可能被创造，未来却很容易预测，只要你清空一下大脑的病毒，有足够清晰的思想和视野，你自然会在当下看到一切。

Jim：我确实能预测出门堵车不堵车，但是，这种基于经验的推测和预见未来的能力不是一回事吧。你还是直接告诉我，我应该怎么才能拥有这个能力呢，是要进行某种类似瑜伽一样的修炼，才能打开第三只眼睛吗？

Taisha：不要着急，在这一章你肯定会学到具体得不能再具体的锻炼方法的，我现在是首先引导你看到真正阻碍你拥有你本来能力的那些障碍，它们都来自于你自己。不解决这个核心的问题，那些技巧你就算知道了，也是学不会的。

你认为你是否具备一个能力是一个事实，有或者没有，但是，这本身就是一种分离的观念，任何你认为的你和其他人的区别，都是分离的思维模式，分离就是幻觉。如果你想突破这个幻觉，恢复你本来就拥有的能力，首先你要看到你给自己设置的障碍的本身：是你认为自己没有，于是你没有，而不是你真的没有，你才没有。你不可能具备你没有的能力，既然一切都没有区别，你和其他所有人的能力是完全相同的，区别只是你的幻觉罢了。

所以，你其实是有这个能力，只是你的大脑病毒说服你屏蔽了它，它还进一步给你对这些能力的认知加上种种限制和区别，诸如你刚才说的，预测太阳升起和预测出门堵车，和你认为的预测未来的能力不是一种能力，这仍旧是你大脑病毒给你预设观念罢了，就好像上一次谈话，你对外星人的预设观念一样，它们都是你认识你自己的阻碍。

当然，因为你还在幻觉中，因为你还是坚持地相信你大脑病毒的那些道理，所有老师总是要给学生一些引导和演示，学生才会真正地确信这个你也能做到，这就是老师的作用。然而，就好像骑自行车和游泳，你看别人做多少次，也没有自己尝试做一次来得容易，一旦你做到了，你会说，其实一点都不难。这也是我告诉你的，"一点都不难，谁都可以做到"。

我们第一次谈话的时候就谈到了剧本。我们现在可以更深入一些来探讨，你可以更清晰地看到时间与几率，还有自己创造能力的实质。既然时间的幻觉只是一个基于几率的假象，你肯定会问，那么到底是谁决定这个几率的。你肯定知道我将告诉你的答案，是的，是你自己决定这个几率。那个核心的问题是，你应该如何在当下一刻改变这些几率。我们也用这个问题来解决你堵车的困惑。

Jim：好吧，我们不谈预测未来了，那当下一刻，我应该怎么做，才能不经历堵车的事情呢？

Taisha：首先我们还是要从你的思维方式入手。你现在的思维是认为，诸如堵车不堵车的几率是一个现实，是由很多你无法确定的因素决定的。所以，你出门基本碰运气，而你对未来经历和遭遇这类问题，无论是大是小，你实质的观念也是类似碰运气的观点，也许你出门就特顺，也许会发生追尾事故。你一直也这样认为，这些几率，这都不是你能决定的事情，而是一些各种你无法控制的其他因素在起作用。

Jim：这难道不是事实吗？难道我出门不堵车，是我决定的，那我肯定决定，以后北京每天都不堵车了。

Taisha：记住我们以前讲过很多次的"意识决定经验"的规律，堵车只是这个规律的一个现实应用的场景而已。你当然无法让北京不堵车，这是大众集体意识决定的，但是，你自己每一刻的意识，却会决定你自己未来遭遇的每一个堵车的环境。每一次出门之前，你的大脑其实不断地在琢磨，这条路堵，那条路不堵，你的大脑一旦开始选择，你也就放弃了自己创造的力量。记住，创造只在当下一刻，当下一刻是无须选择，也无法选择的。同时，一旦你开始选择，你肯定是在某种分离的思维模式中分辨好坏对错、大小多少，这些分离模式的思维一样也会制造你的经历。于是你就会制造你自己未来即将遭遇的堵车或者不堵车的情况。

不过你要是善于总结你的堵车的经验，你会很快总结出，那些你偶尔忘记了考虑这条路堵，那条路不堵的时候，诸如你在琢磨下午开会的事情，根本忘记了去选择一条不堵的道路，而随便走上了一条路的时候，这条路往往是不堵的——这就是无意识的创造。

所谓的无意识的创造，也是一种创造，它的原理是，你因为大脑被另外一些事情占据，所以暂时无法去"做选择"，忘记了去分辨好坏对错大小多少，因此你也无意识中没有制造那些分离的体验，于是你就会自然地去创造和谐和丰裕的经验。其实，如果你真的从第一次谈话到现在都专心地做第一次谈话教给你的那个清空大脑的练习，你现在早就会感觉到生活已经发生完全的改变了。只要你不给大脑病毒制造你生活中麻烦的机会，你生活就会被自然地创造。注意，这不是什么随机地创造，富足、丰裕、顺利和和谐是你本来的样子，你就算无意识地创造，也只会创造你本来就有的那些东西，不可能创造出你没有东西。

　　你也许觉得这很不可思议，为何一个人尝试做正确的选择，不断地试图去趋利避害，却总是会遭遇最麻烦的境况，而一个人忘记了选择，在无意识中却可以创造一切，这和你希望或者观察到的世界完全是颠倒的，可是，这种颠倒不就是我们在上一次就反复讲解的——这个世界的觉知，本来就是完全颠倒的吗？

　　既然无意识创造是真实规律的一部分，那么你就肯定会在生活中反复观察到实际的证明，而类似的情况确实很多，例如，有的人几乎从来不在乎挣钱的事情，他们有自己真正关注的重点，例如创造、艺术、科技，这些人也因为专注于自己的领域而没有"钱花完了怎么办"之类的恐惧，这些人几乎毫无疑问是富裕的。然而，世界往往对他们富裕的认识方式是，他们有一些具体的才能，知道如何做正确的事情，所以才能获得富裕的生活，这反而是一种因果颠倒的考虑。你觉得巴菲特、比尔·盖茨那种人是每天琢磨怎么赚钱，经常看其他人的成功秘笈，不错过任何一个成为富翁的机会，然后才成为首富的吗？相反，那些每天琢磨怎么赚钱，生怕错过了每一个赚钱机会的人，在每一个得失问题上患得患失、斤斤计较的人，这些人反而肯定毫无疑问是贫穷的，即使偶尔富裕了，最终也会贫穷。同样的情况有很多，诸如一个富翁绝对不会去看所谓的成功学秘笈，一个美女也肯定不会每天比较哪个化妆品能让自己变得更美，越是觉得爱情婚姻无所谓的人，越容易找到自己最合适的另一半，这些都是无意识的创造，但是，相反在各种问题上不断地追逐、计较、分析、比较的那些人，肯定毫无疑问都是在那些事物上会体验更多的矛盾和匮乏的人——这就是"意识创造经验"的规律无所不在的体现，你其实可以从所有的领域观察到这个规律的运作，无论是疾病、战争、文化、科技、宗教、文学……无论哪个领域，这都是无可否认的规律，不管你是不是承认它，也不管你是不是意识到它。

　　思想无意识创造的本质，和有意识创造的本质是完全相同的——你不可能通过"想要"和"选择"来创造，所有你意识的追逐，只会强调缺乏和制造问题。你只能通过"不想"和"不选择"，因为你不想、不琢磨、不去选择的时候，你在那些事情上反而是用自己真实的本性在创造。而创造本身只可能创造丰盈、顺利和快乐，因为这是事物本来的样子。而一旦当你开始追逐、开始比较、开始趋利避害的时候，你其实也是在你的思维中恐惧缺乏，最终你的恐惧只会给你制造现实生活缺乏的现实。你可以记住，任何恐惧存在的地方，任何选择存在的地方，你必然体验匮乏和困境。这个创造规律看似简单，事实上是所有你现实经验的本质，从你体验的堵车，到你创造的财富，到你感情的什么危机，都是完全的一致的。

最终，如果你希望掌握完整的创造能力，你必须首先明确最核心的那个问题，"你认为你的现实是谁创造的？到底是你自己创造了你的现实，还是别人在创造你的现实呢？"

Jim：我当然是认为我的生活是我自己创造的，我一直在努力创造幸福生活呢！虽然有一些生活中的事情我无法控制，但是，在大部分问题上，我都会努力解决问题，并自己创造自己的成功和幸福的。

Taisha：你的说法是几乎所有人对自己创造力的认识模式，每个人都认为自己有幸福和成功的创造力，但是又觉得有些东西是可以创造的，有些事情却是不能创造的，而那些不能创造、不能被一个人控制的部分，就是你所说的生活中的问题、矛盾和恐惧的来源。

但是，你这样的想法的本质，恰恰是在否定你真正的创造力，你并不是像你自己以为的那样，认为大部分生活都是自己创造的，恰恰相反，你现在的所有的思维方式，所说的，所做的，都是在表达，你认为大部分经历都不是由你决定的。每当你的大脑开始思考、分析、判断你生活中的所谓的问题应该如何解决的时候，你都是在根据经验作趋利避害的选择，而这些都是对你创造力的否定。一个真正认为自己生活大部分是自己创造的人，是很少作任何的趋利避害的考虑和基于分离的选择的。一旦你还相信外在的好坏是存在的，一旦你在生活中还是在选择的，你就是在承认，你没有创造力，也无法在那些环境中进行创造的。

这个世界几乎所有人思维模式中的普遍观念和你刚才表述的是一样的：虽然有一些事情可以被自己创造，大部分现实的经历是随机而无法控制的，就好像堵车一样，某种不知名的外在力量编写了我生活的剧本，这个力量也许是上帝，也许是根本不被我控制的某种复杂体系，也许根本就没有这种力量，只是像抛硬币

一样的随机遭遇。也就是那些每个人觉得是由外在的力量决定的东西，在造就一个人的向外的追逐、渴望和恐惧。而一个完全地认识"思维创造现实"的规律的人，是不会去向外追逐任何事情的，也不会陷入任何的恐惧和渴望。

例如你现在还认为，堵车是不由自己决定的，赚钱是可以由自己努力而获得的，这样的思维并不是完全创造力的表达，而是你没有创造力，你的生活可能被外在力量所控制的内在恐惧的表达，而正是这些恐惧，这些你认为你无法决定的事情，却恰恰是制造你生活各种矛盾和问题的思维的根源。这种思想的本质，是你在分离的思维模式下，对自我真实价值的自我否定，而这种思想也是你丧失一切的创造力的根本。

太傻的生活原则，描述的是完全的创造力之下的生活方式，这种方式强调的不是一边成为创造者，又一边成为受害者。它描述的是一个完整的创造者，如何创造自己完全的经验，这就是"理解一切，接受一切，创造一切"的根本的核心，是在一切的环境去理解、接受、创造。

《太傻天书》反复说，你是无限的，你就是奇迹，你生活的一切经历也都是奇迹，这些话，从来都不是比喻，如果你不能完全地接受它们，你是根本无法恢复你真正的创造力和能力的，你会好像不断经历堵车一样的，经历各种矛盾和问题，而这些都是你自己的恐惧制造的麻烦而已。

Jim：虽然我觉得你讲得很有道理，但是我还是觉得很难以接受。你说我经历堵车，是因为我自己对堵车的疑虑和选择导致的，我还能勉强理解，但是，难道我的生活中发生那些激烈的矛盾和问题，诸如投资被套牢呀、创业失败呀、工作中经历的那些动荡，难道也是我们自己制造的吗？确实每个人都会有对这些事情的恐惧，那么是只要我们不再琢磨那些分离了，不再进入那些疑虑和恐惧，也就不会再经历那些不好的事情了，对吗？

Taisha：注意，你这是一个循环的思维，如果你真的不琢磨分离了，你就不会再说"经历那些不好的"这样的话，一旦你的思想中还有堵车不好，不堵车好的思维模式存在，你就会不断地经历堵车和不堵车的苦乐。同时，在和谐的创造和问题的制造上，是没有大小多少的。也许你觉得堵车是个小事，不算什么苦乐，忍忍也就过去了，但是，大到战争、国家危机，小到你随便点开一个网页的时候的感觉，你都在时刻创造着你自己生活的每一刻。

分离就是分离，无论是哪种分离的形式，都是一样地在制造问题和矛盾，如果你觉得《太傻天书》只用来解决什么世界危机、民族矛盾、创造富裕和创造伟大的作品，而不用管那些生活和无所不在的小问题，你本身就还是在分离的思维中，而且和一般人想的完全相反的是，从来不是那些大的，每个人都关注的那些善恶好坏造的每个人的生活和世界，恰恰是每个人认为无关紧要的堵车呀、饮食呀，每天的工作和人际交往中的那些看似微不足道的小事情，在实质性地决定每个人的生活的最主要的经历部分。

　　注意，意识创造规律既然是无所不在的，你平时每一刻的思维中的小的分离模式也同样在制造问题，而且你回想一下，你现实的生活，到底是每天进入那些小小的分离思维的时间多，还是去琢磨那些看似比较大的麻烦、问题、矛盾的时间多。同样，如果你希望恢复你真实的创造力和完全地走出分离的思维模式，你只在那些看似比较重要的问题中去消除分离是没有意义的，你只有在你生活的每一个环境中去运行我们上次教导的反义词的锻炼，去在更多生活的细微环境处于当下一刻的合一，你才可能真正地消除那些无处不在的控制你生活的那些分离部分。

　　也只有当你根本不再在乎堵车或不堵车的事情的时候，你会发现，其实外在的事情并没有变化，这个世界还是在堵车，有的路也许更堵，有的路也许畅通。你已经某种程度从一个思维模式的束缚中摆脱出来了，就好像你走在路上，根本不知道旁边的那些商店里的每一个柜台都在发生着某种交易或者争吵，也不会在意路边花坛里面的某群蚂蚁正在发生的世界大战一样，你知道也许存在，但是，那些根本与你无关，你根本不会去察觉到，它们即使发生或者不发生，对你都不会有什么影响。如果你能处于这种思维模式下，你会发现你因为根本意识不到堵车或者不堵车的事情，你也因此根本不会再去经历任何的拥堵了。

　　也许你觉得这是根本做不到的，你怎么可能明明在堵车，而不知道在堵车呢？其实你每天都在这么做类似的事情，你的大脑只能注意到少数的几件事情，大部分其他的事情都被你忽略了。你也许会经常有一些类似的感觉，当你专注于某个事情，一直在研究或者分析的时候，有人走进你的办公室说："哇，真热呀，你怎么不开空调呀？"你才突然意识到，原来真的是这样呀，自己不仅仅没发现，身上连一滴汗都没有，别人却已经汗流浃背了。

　　这就是我之前说过的，处于差别中，却观察不到分离，你看到的仅仅是你自己的真相，其他的一切幻觉与你都没有关系，它们也不再会束缚你。

　　Jim：可是这怎么听起来像某种心理暗示的教程呀，我以前读过教导类似的技巧的书籍，诸如在美国很流行的《秘密》、《硅谷密码》之类的，都是讲类似"吸引力原则"，说只要你想到堵车，你就会经历堵车。你如果能一直想不堵车，就不会经历堵车。我一直觉得，这就是瞎扯。怎么你说的"意识创造原则"

听起来那么像呀？

Taisha：你说的《秘密》和类似的教导"意识吸引力原则"的书，所描述的吸引力原则本身确实是一种意识规律，可是这类书从作者写作开始到教导的焦点都是如何去用意识创造力的法则去追求所谓的财富、成功或者解决什么问题之类的。一个读者从一开始读这类书的动力开始，他们就已经在陷入分离的追逐了，在分离中你是不可能创造任何事物的。所以，就算这类书描述的原理是存在的，但是，却在错误的领域用错误的方式使用这些方法，最后当然不会达到什么效果。这就好像一个人看鸟会飞，于是自己也做了一对翅膀，学鸟飞一样——原理肯定是正确的，但是却不是这么用的。

所谓"意识吸引力原则"的正确表述，其实就是《太傻天书》中说的："你是什么，你就会经历什么，你不可能经历任何你不是的，你只是经历你自己。"任何的真实的规律都不可能在分离的幻觉的领域实现，如果你用这种吸引力法则尝试去吸引什么财富或者成功，你在做这种事情的时候，你会发现，你吸引更多是贫穷的恐惧和失败的焦虑。

记住，这本书所教导的所有的创造力、奇迹之类的真实的规律，都不可能运用于分离的领域，例如堵车与不堵车、成功与失败、美丽与丑陋，这些本身是一个分离，分离一旦发生，它们就是同时存在的，你不可能只想"不堵车"，而不想"堵车"。在分离的世界，你在思维中坚持于任何一个分离元素，其实都是在同时强化相反的部分的力量。就算你坚定地相信成功的时候，你其实是在同样坚定地恐惧失败。真正会成功的人，对成功与不成功根本无所谓，他们只是做自己该做的事情而已，一个追逐美丽的人，最后肯定离美丽越来越远，真正美丽的人，美丽只是她固有的一部分，她几乎从来不会考虑自己美不美，和如何能变得更美的问题。同样，你越是寻找不堵车的道路，你最后肯定会更堵，而当你忘记堵车和不堵车的时候，你往往会顺利地到达目的地。

意识创造的原则的核心是首先走出分离的追逐，然后在当下的合一中创造，这也是为什么我们在讲太傻的生活原则之前，要花整整一章来讲分离的幻觉，你不理解分离是如何制造问题的，你根本不可能创造任何东西，最后你不管学会多么有用的真理，不理解分离，你无论做什么，都只是在强化你的分离，最后你的结局肯定是在分离的追逐和恐惧中误用这些真理。

同样的，未来在第六章，我们讲奇迹原则的时候，一样会说：奇迹只能在太傻指导下，在无意识中发生，因为意识本身实际就是分离的一部分，你想做的事情，肯定是做不到的。只有你不去想了，在当下的合一中，接受你本来的样子，

> 3.13 太傻规划了你生活中所有的重要的经历，它们都是太傻的肉丸

奇迹才会发生。

这也是《太傻天书》和其他的诸如讲解类似创造生活的心理暗示技巧的书籍的区别。你不可能在不理解规律的情况下做任何创造的，这就好像你不可能不学加减乘除，就会微积分算术的。所以就算有些枯燥，我们还是得先讲分离的思维模式，才能再讲选择和创造的问题。

Jim：我不能靠着头脑里全部是成功，而显化成功，女人也不能靠着只想着美丽，于是真的变美丽呢？难道我忘记了还有成功、美丽这回事，就会拥有成功和美丽了吗？这听起来好像根本没法做到吧。如果我不想着这些事情，我又怎么创造呢？那不是像一个猴子弹钢琴，什么都不想，难道最后会弹出莫扎特吗？难道莫扎特创造天才般的交响乐，不是他一个音符一个音符地创作出来的吗？如果不去想，难道会自己在梦里写出来吗？

Taisha：不是让你忘记成功，就好像我没法让你忘记堵车一样，消除分离的意思是，你看到所谓的成功与不成功的分离只是一种幻觉，它对你一点都不重要。就好像堵车与不堵车一点都不重要一样。你会觉得路边蚂蚁大战很重要吗？其实那些事情和所谓的成功、美丽和堵车，都是完全一样的。你之所以会觉得一个事情重要，并不是因为那个事情真的重要，而只是你的大脑的预设观念，因为周围大部分人都在追逐那些事情，于是你也去追逐，其实，你根本不知道你为什么去追逐，不是吗？

当然，如何在合一中去有意识地创造，这是我们第五章会详细分析和教导的创造力原则的部分内容，不过我们可以先简单地说一下，你可以有一个框架性的概念。不过这里面和认识分离、理解现实生活的原则一样，不是简单知道原理，就可以马上知道如何在所有领域应用。这就好像你不可能学会了一两个金融的基本原理，就可以掌握金融的一切工具一样，当然，一切工具确实是从中衍生出来的，但是，你却必须一步步地去掌握，千万不要了解了一些皮毛，知道了所谓的巴菲特和比尔·盖茨的秘诀，就觉得自己可以掌握一切了。

我刚才说过，"意识吸引力原则"确实是某种规律。但是，分离的思维模式却是这些规律应用上的阻碍。真正地阻碍你生活中显化你思想中的那些想象的，不是分离的想象本身，而是你自己大脑思维的混乱——这种混乱用更形象的说法，就是大部分时候，你的大脑基本是一团糨糊，你根本不知道自己究竟在想些什么？如果你思想是一团糨糊，那你只会制造一团糨糊的生活。

就好像你说的富裕，如果你真的能将95%的自己的思想部分，都用富裕的内容充满，不去考虑任何的贫穷和得失的问题吗？如果你真的有这种专注力，

你肯定会在你的生活中轻松地显化富裕。但是，你真的做得到吗？大部分人，刚刚想象一下自己富裕的样子，然后又去和旁边的人讨价还价或者计较到底哪个便宜了，哪个贵了。真正富裕的人，会去计较那些一毛三分钱谁赚谁亏的事情吗？如果你回忆一下，自己曾经实践诸如吸引力法则的那些过程，你就会发现，你一天充其量想起这个事情三四次，每次估计也就专心地想象七八分钟，你确实在锻炼，或者想象自己是富裕的，而你生活的其他时候呢？你其实无时无刻不在接触这些主题，但你忧虑钱是不是够用呀，挑选东西时候找便宜实用的呀，琢磨现在油价到底为什么这么贵呀，这些思想本质都是匮乏的、渴望的和比较的，这些比较都在说明，你并不富裕，你也不觉得自己是真的富裕。最后你会发现，即使你知道吸引力创造的原则，你因为无法控制你的大脑的胡思乱想，即使你下定决心，90%的时间都在想富裕，而实际的情况是90%的时间都在想匮乏，只有10%的时间是在想富裕。最后，你生活显化的当然是匮乏了。

当然，一些意识锻炼者会有很多所谓的技巧去刺激自己，在更多的时刻把意识集中于某个所谓正面的一端，比如渴望美丽的人会用一些化妆品，越贵的化妆品似乎更有效，人们会某种程度地说服自己，只要用了化妆品，就会变美丽，于是会有一种错觉，用了之后真的美丽了。但是，用这种方式和类似方式的人，是几乎不可能实现真正的美丽的，因为分离的特征是继续分离，你很快就会觉得，其实那个化妆品的效果不够，所以你还是不够美，于是再继续陷入自己其实不够美的思维模式中。大多数人的现实是，不管你理解或者不理解创造的原则，实际上他们都并不了解自己的大脑，他们以为自己知道自己在想什么，其实，他们只是不愿意正视自己的思想其实是多么的分离和杂乱，所以类似单纯地练习控制意识和显化分离一端这样的努力，尽管原理正确，最后几乎都无一例外地失败。

当然我说的是几乎，这个世界上确实有不少积累的巨大财富和惊人美丽的人，他们中大部分人都是在思想中从不忧虑自己的财富和美丽的那些人，但是，也有极少一小部分人通过某些途径，让将自己的忧虑和恐惧转化了某种控制力量，从而将意识集中于分离的一端，从而显化财富的积累。这是追求分离控制道路的少数人会特别重视的部分，就是注意力集中的锻炼，你没有一种强有力的集中的注意力，在大脑混乱、东想想、西想想的状态，不管是合一还是分离，都是不可能创造任何事情的。

但是，基于分离的控制的意识显化，可不是所谓你一两分钟集中注意力可以实现的，这条道路可比"在合一中接受事物本来的样子"要困难得多。你必须经过长时间的锻炼，能让95%的意识集中在某个分离的一面，你才能实现真正的基于分离的创造，但是，即使那种创造，也是对创造能量的误用，即使能创造出某种看起来有着光辉灿烂外表的事物，但其内在的分离的矛盾，却会让这些造物最终崩溃。

所以，Jim，你要注意，控制分离情绪和转化恐惧的道路并不是这本书教导的道路，也不是合一的道路，而是极端的分离的道路，这条道路会充满了矛盾和斗争，并且很少人真的在这条路上走到太傻的道路的第一步上去，大多数人还没有走上第一步，就在矛盾中崩溃了，诸如希特勒就是最好的例子。同样很多历史上的暴君、独裁者也是同样追求分离和控制的道路，即使追求那条道路的人，看似他们有坚定的意志、强大的自我控制力和资源的操纵力，还有办法让所有人疯狂一般献出自己的力量，但是他们自己必然会陷入更深刻的分离的冲突和内在的迷茫，最终控制的道路只会导致矛盾的爆发，整个人类最近六千年的历史上，在那条追逐分离和控制的道路上成功地走上太傻第二步的人，还不超过一千个，而通过合一道路有意识地走上太傻道路第二步的却有几十万。追逐分离的道路尽管可以走通，但是那是一条无比狭窄的道路。

从这个意义上，如果你不理解分离，不理解爱，单纯地为了获得力量，为了控制恐惧，为了获得财富或者权利而使用"意识吸引力法则"，你是在走上一条完全相反的道路，你走向沙漠的中心，而不是走向自由和无限。当然，关于在合一的意识中如何有效地创造，这是我们第五次谈话要用整整一章来谈的内容，在下一次谈话中，我们还必须打好关于真实的力量的基础，才能完整地描述创造的过程。

Jim：听你说这个，我突然想起看过的一部电影《星球大战》里面似乎也有类似的对话。本来追求光明力量的维达，在经历失去爱人的恐惧的时候，黑暗的君王告诉他，感受自己的愤怒，去控制它，你就会获得力量。这是你说的那种走向沙漠中心的道路吗？这个世界上真的有黑暗力量吗？是不是星球大战也是真实发生过的，在另外的时空的故事？

Taisha：是的。确实有黑暗力量，但是称之为黑暗，却是一种分离的偏向。追逐分离尽管是一条狭窄的道路，但是，他们还是一条主路，而不是岔路，通过这条道路一样可以走向太傻。不过，你不用对所谓的追求分离的力量有什么恐惧，现在这个世界的绝大部分的商业、政府、个人生活，都是在这种分离的力量下控制着。我们上一次谈话就谈过，几乎绝大部分人对世界的认识，都是主要以分离追逐为主的，和希特勒那样追逐到沙漠核心的人，其实没有什么区别，

如果你要说追逐分离就是黑暗力量，那绝大部分人身上黑暗的分离的部分都是大于合一的光明的部分的。

注意，在这个宇宙中，自由意志是核心规律，既然我们说，理解一切，接受一切，那么，这种一切当然包括分离，当然包括黑暗，当然包括掠夺别人的爱、散播恐惧来获得力量的方式。这并不是错误，也不是邪恶。没有对错，没有好坏，那只是一种自由意志的表达方式，只是他们并不能真的得到那些追逐和操纵渴望的最后的目标而已。

不过，那部电影里面，抛开那些英雄主义的情节，确实有很多很有意思的细节，都是在描述真实的规律。电影里有一句绝地武士相互祝福的话，"力量与你同在"，其实那句话本来不是那样的，后来被改编了。真实的绝地武士的祝福是，"爱与你同在"。当然，既然爱是唯一的真实的力量，"力量与你同在"也是一样可以接受的，只不过会引起人的误解，因为这个世界，大部分人认为力量不是爱，是暴力，是武力。

当然，这些不同的世界和不同的道路的问题，不是我们在这一章的主题，在第七章，我们会具体而详细地阐述每一条道路各自的风景、各自的优劣和将遭遇的问题，你会看到，这个宇宙是绝对地公平和平衡的。到那个时候，我们再来具体分析吧。

Jim：好吧，我们确实又把话题岔远了，我们不是在谈堵车的问题吗？我们回到原来的问题的。我觉得，你说的还是解决不了我的问题，就算我不知道堵车和不堵车的分离的区别，我也只是不再意识到堵车和不堵车的问题，如果有一天，我确实有事情要按时到公司，我怎么保证按时到呀？就好像你说的，如果你根本不知道堵车的存在，难道就不会经历堵车了吗？

Taisha：当然不是，你肯定还会经历堵车，就好像你即使不意识到你花园里面的蚂蚁正在进行一场生死大战，那场大战事实上还是在进行的。你肯定觉得，这其实还是自我暗示，其实对于我来说，你如果想真的解决可能因为堵车而迟到的问题，其实很简单，几乎所有人都在这么做——早出来半个小时就是了。

Jim：啊，就这样解决？

Taisha：好啦，只是和你开个玩笑而已，别那么一副被骗了多少次的感觉。不过很多类似心理暗示技巧的书的本质却是这样，解决这个问题，与其费力地去用什么吸引力法则，锻炼几十年去获得那种基于分离的创造力，还不如早半个小时出门呢！

当然，这肯定不是《太傻天书》给你的教导。我们只是一步步在深入而已。

3-2 创造的本质

3.17 只要你愿意去倾听，你将从太傻获得真正的智慧与无限的爱与光当我们谈到走出分离的时候，根本的目标是摆脱大脑病毒对你的束缚，但是，不是简单地摆脱束缚了，不想那些事情了，就自然觉悟了，如果只是这样的话，一棒子把你打成白痴，你大脑没了，不就完全觉悟了吗？哪有这么好的事情呢！

3-3 太傻的声音

Jim：是呀，是呀，如果《太傻天书》要是真的这么说，真不如一棒子把我打晕算了，那《太傻天书》是怎么解决这个问题的呢？到底怎么才能在合一中，明明外在的堵车是在发生的，我却没意识到，又能顺利地到达公司呢？

Taisha：首先你必须走出分离的束缚，不再听从你大脑的那些忧虑和期待的声音。当这些声音安静的时候，在堵车问题上，你即使意识不到堵车的存在，或者是干脆选择性地忘记了可能堵车这件事，你于是会在你的内在听到太傻的指引，这种指引会是非常具体的指引，就好像GPS在每个路口之前100m会告诉你下一个路口应该左转还是右转一样地具体。你只要听从这个声音，你自然会不再经历堵车的事情。但是太傻的声音，是不可能在一团乱麻的思想中听到的，也不可能在分离的追逐中听到，他只能在内在的合一的宁静中听到，而且一旦你听到，你会越听越清楚。

注意，在一个外人看来，你其实还是在作选择，或者做很多事情，但是，你自己却完全没有经历大脑思考的过程，你甚至不会有什么规划和设计，你只是一路开，就到了公司了，要是你旁边有一个人坐在副驾的位置，他会觉得你很奇怪，不知道你在想什么，有时候看着一条路特别堵，你还一下子冲进去，或者开进一条你从来没有开过的小路。你会好像梦游一般地在开车，没有选择，没有计划，但是却奇迹般地比所有人都快地到达了。然后旁边的人会问你，你怎么知道这条路不堵呢，或者那个地方在施工却可以通过呢？你却会像太傻总是说的那样说："我不知道。"

你确实不知道，不过只是你的大脑不知道，你的大脑所有的知道，只是通过过去经验的推测，如果你根本没有走过一条路，你的大脑就不可能指挥你去走那条路。我们上一次谈话深入分析过，大脑是不可能真的知道的，它只是局限于时间和已经发生的过去去推测事情，而这些推测基本都是错的。只有太傻才会真的知道，太傻将他知道的通过你的真实的心让你知道，太傻知道一切，自然也知道如何不堵车地到公司这种小事情。只有你停止大脑的思维分析过程，

162

将大脑恢复到一个简单的心的信息的解读器的工具的位置，你才可能真正地跟随太傻的指引而行动。所以，你如果想真的在堵车的时候还顺利地到公司，你要做的其实很简单，放下大脑的思辨，去倾听内在太傻的声音，你于是自然就会知道。

你也许觉得这是不可思议的过程，其实每个人经常会经历一两个这样的过程，这些过程都发生在无意识中，而不是大脑智慧地作出了选择。往往你因为琢磨一些其他的事情去了，或者根本就因为特殊情况，无法做什么准备，大脑也根本来不及作什么思考，然后你不知道怎么就解决问题了。一般这个时候人们都会自我嘲笑说：运气真好。而下一次，当你作好充分准备，准备也一下子凭借大脑的智慧通过难关的时候，却会发现一切都变得困难重重了。

所以，你可以用一句话总结这个所谓运气的过程"运气永远给根本没有想过要作准备，或者作选择的人。"而不是像这个世界的格言，"运气只会给作好充分准备的人"。你仔细回忆一下你的生活经历，肯定有不少类似的经历。

Jim：我倒确实有过这样的经历，尤其是有几次，我要给一些机构作项目演示，却是紧急任务，我连PPT都没准备好，进电梯前还在了解项目概况。可是就是这样几次没有准备的演示，我却作得比以前作了几个月的准备那种好得多。在那个过程中，我的灵感就好像泉水一般涌出，还不时地说几个小小的幽默，各种数据和案例也随手拈来，当我做完了，我都不敢相信这是自己在没有准备的情况下做出来的。我的老板也很高兴地称赞我："Jim，做得好极了，一看就是准备了很久吧，以后要继续这样哦。"我都不好意思说，其实我是刚接到这个项目的。

Taisha：你说的是很好的例子，不过你也许觉得这是一个随机的过程，一个人一生中只会发生几次的那种，是好像爱因斯坦发现相对论，或者科学家和艺术家灵感迸发的少数天才机遇的过程。其实，这类你与内在的太傻沟通，创造某种类似奇迹一般解决问题的方式的过程，每天都在你生活中发生，只是你的大脑总是会在这些环境下，马上自我嘲笑说，就是运气罢了，不可能再有类似的事情的。于是你也会越来越阻碍自己的某些直觉和潜能的发展。我们上次谈话讲意识呼吸的锻炼的时候，说到武术和运动中的当下的智慧，其实就是这个意思。你每一次不做任何准备，而将每个工作交给当下，让每一刻太傻指导你去做、去说、去完成的时候，你会真正地在那些时刻，迸发出完全的智慧的光辉。在一些武侠小说中，会用"无招胜有招"来形容这种当下的境界。

这就是我们一直说的：你其实知道一切，你其实拥有一切，你只是自己阻碍了你自己而已，真正的创造的核心仅仅是——放下选择和思辨，在当下听从

3-3 太傻的声音

3.19 无论你是否记得他、了解他、信仰他，太傻不会发生任何的改变

你内在太傻的指引，于是你就会自然地知道一切，也会自然地创造。

这一章稍后我们还会讲一些具体的技巧，去主动地鼓励和刺激这类事情的发生。随着你每天更多地在内在的太傻的指引下行动，你会更熟悉和依赖那种平安而智慧的感觉，一直到经过锻炼，你几乎完全可以关闭大脑的喧嚣，你完全依照你内在太傻的指引而行动，你其实不是在行动，而是仅仅在成为你自己。你没有经历任何的选择，甚至根本没有意识到自己在做任何的事情，但是，你却神奇地将每一件事情都完成得很好，而别人只会在之后用大脑去分析你的某种智慧，却根本觉得无法理解。就好像现代科学分析诸如达·芬奇的画或者贝多芬、莫扎特的音乐一样，只是觉得天才创造，却无法明白究竟怎么样做出来的。

如果你一直依赖你的大脑的所谓思辨和选择，你肯定什么都创造不了，大脑只是一台计算机而已，你不能指望计算机去做任何创造的。这就是为什么所谓电脑科技那么发达了，人类总是幻想电脑要取代人类统治世界了，你却看不到电脑自己写出任何一篇文章，哪怕是小学生的文章，或者创作一个音乐，更不要提什么伟大的作品了。记住，真正的创造的智慧，是无法被大脑理解的。只有太傻才是一切智慧和真知的源头，这也是无数的典籍和任何一本真正教导真理的书籍都会描述的——内在的智慧。

Jim：我每次听你说，倾听内在太傻的声音，总是觉得这应该是一件很简单的事情，因为你每次都说得那么轻松自然，就好像竖起耳朵就能听到一样。可是我怎么几乎很少听到呢，尤其是在决定是不是进行一些金融投资项目的时候，有时候自以为是一些直觉的灵感来了，做完了，才发现根本行不通。既然《太傻天书》一直反复教导，要走出分离，而走出分离后，照你说的，就应该更多在太傻而不是在大脑的指引下行动，要是根本听不到太傻的声音，或者听到的都是错误的，那这不是又根本没任何用处吗？

Taisha：我们刚才已经说过，其实你每天都在太傻的指引下行动，你内在的太傻无时无刻不在与你沟通，记住，是无时无刻。这种沟通也没有什么大事才管小事不理的问题，几乎你经历的每一刻，每一件事情，他都在告诉你应该如何做。

那么为什么你会觉得听不到呢？其实很简单，就好像我们上一次谈话反复说的，你只是看见你希望看见的，同样，你也只会听到你愿意听到的。如果你希望听到太傻的指引，首先要有这种真实意愿。你不可能一边认为这太傻的声音就是虚无缥缈的天外飞仙，一边又希望听到太傻的声音，这是不可能实现的。同样的道理，你不可能一边听从分离的声音，一边又听从太傻的声音。一个仆人只能服

侍一个主人。所以你无法用大脑病毒来分析到底什么是太傻的声音，什么不是，这就好像在墨水池里面洗澡，却希望一尘不染，这是不可能做到的。

例如，你如果非要问太傻，这几个股票哪个会涨，哪个会跌，太傻会告诉你，这根本无关紧要。你肯定马上把这个声音扔到一边，因为这不是你需要的答案，也不是你认为的所谓的智慧的太傻应该说的。你看，你只是看到你愿意看到的，一直都是这样。你用大脑病毒来分析这些声音是对是错，更是只会让自己越来越迷糊。

Jim：你这个说的是典型的"有道理，但无用"的方法，我要不听大脑的声音，要听太傻的声音，但是又不允许用大脑去分析什么是大脑的声音，什么是太傻的声音。那我到底怎么知道，要听什么，不听什么。你可别告诉我，你听到就知道了。我确实不知道。

Taisha：别着急，你不可能一下子就掌握这些的，我说过，这里面有很多的技巧，我会慢慢教导你的。即使不用大脑来分析，我们确实还有好几个实用而可以清晰判断一个声音是不是太傻的方式。

第一个工具是你的感觉，或者说情绪。太傻的声音只会给你带来平静，让你摆脱焦虑，让你放下追逐，保持内在的平安。你听从太傻的声音，只会感到安宁，而不可能感到去追逐什么、回避什么、实现什么的渴望或者恐惧。就好像你要是听到一个声音，让你觉得活力无穷，斗志满满，好像马上就可以达到某个成就或者取得某个成功，这肯定不是太傻的声音，这肯定是大脑病毒的又一个陷阱呢。太傻的声音只会让你觉得平静，当你听到这个声音的时候，你会意识到自己的呼吸，你会活在当下，你会看清一切的追逐，一切的好坏对错的恐惧和期待都只是大脑病毒的一个游戏。

另一个工具是，如果你大脑病毒或者其他人嘲笑的事物，那肯定是太傻的声音。太傻的道路是放下的道路，不选择的道路，不知道的道路，爱的道路，是世间众人都认为这条道路"太傻"的道路，是必然会被你的大脑和世界心智不理解而嘲笑的道路。所以，太傻是不会教导你去买哪只股票赚钱多的，只会告诉你，"干吗买股票，你根本不需要"。他同样也会告诉你，"那些职位、奖金、学历、成就都是幻觉，对你一点都不重要"等等——这些话，都是太傻的声音。但是这些话都是会被大脑病毒嘲笑并抛弃的。

记住，太傻的道路是真实的道路，太傻只会教导真实的规律，是不可能看到大脑那些幻觉的意义的。你其实应该对这些话很熟悉啦，《太傻天书》整本书都在说这些话。

3.21
太傻只会轻轻呼唤你，不断的提醒你，等待你做出真正的选择其实，只要你拥有这两个工具，你完全可以清晰地分辨哪些声音是太傻的，哪些是你的大脑的。但是，你必须真的去实践那个太傻的声音的教导，才能慢慢地强化太傻的声音。你不可能一边听到真实的声音，一边又去追逐虚幻的世界，然后又要求，太傻的声音越来越响亮吧。

Jim：你这么说，我倒有一些特别感触，尤其是第二个工具，我生活中经历了一些特别困惑的时期，那个时期，我会感觉到内心有股强大的力量，推动我去做一些事情，而那些事情是那个时候我根本无法理解的，不仅仅我自己无法理解，我周围的人也无法理解。但是，现在看来，那些事情却是我生活中最重要的一些改变的开始。那也是太傻的声音吗？诸如，我原来在申请的时候，突然想找你谈谈，其实，我现在也没办法理解，那个时候为什么会有那种强烈的想法。还有，我在哈佛的时候，强烈地觉得，那个文凭对我其实没什么作用，但是，我特别地想回国做一些事情，这个举动，即使现在看起来，我也无法理解，当时为什么就那样地决然。我其实一直觉得，我自己是一个很犹豫的人，但是，在那些特殊的时刻，我却感到自己非常地勇敢。

Taisha：你说的这两个例子很好，他们确实是太傻的声音。不过你之所以感到困惑，是因为你的大脑在和你斗争，到底要听谁的。一旦你选择听从太傻的声音，即使你自己都觉得不可思议，但是你肯定会感受到那种长久和持续平静，就好像终于做了这个决定，再也不受那些困扰了。那是听从大脑的声音之后永远无法感觉到的，你大脑教导你的，永远是去追逐一些看似美妙的东西，其实你知道，那永远不会有平静，只是无穷无尽的渴望，永远无法满足。

你看，你的那种平静即使现在还能感觉到，你现在觉得你不再追逐学历的时候，是真正的平静了，还是后悔没有拿到呢？那个东西，你真的需要吗？"太傻的平静"的感觉不是你获得成功或者买到一个你渴望好久的事物的那种分离的快乐，而是一种由内而外的真实的快乐，与得到什么、失去什么、渴望什么、恐惧什么一点关系都没有。

记住那些声音带给你的感觉，感觉很重要，很多感觉是不依赖大脑分析运行的体系，尤其是爱的感觉，平静和真正的快乐的感觉，都不依赖大脑，一旦你记住那种感觉，这个感觉就可以不断地被感受到，并强化。

所以，倾听太傻的声音，是一个需要和跑步一样锻炼并不断强化的过程，本身也还是我们以前说的，给你的大脑解毒的过程。但是，首先你必须相信这个过程的真实性，而不是今天试一试，看看没效果，明天再休息一两天。就好像你跑步不可能锻炼一天就跑完马拉松，倾听太傻声音的锻炼也是一样。

有很多方法做这种锻炼，但是就好像太傻练习册第一条，那是整个练习册中最重要的一条锻炼，也是冥想的锻炼的核心模式。当你不断地锻炼在沉默中清空自己的头脑，你就会越来越清晰地听到太傻的声音。一开始也许只是偶尔的一种感觉，慢慢你会听到完整而清晰的句子，之后你可以开始某种对话。直到最后你会完全地依赖他来处理你生活中的每一件事情。

这也是几乎所有的宗教修炼，各种心灵锻炼的学派为什么最后都一致地将冥想、祈祷和沉思作为核心的锻炼模式——本质上，清空大脑，你才能真正地开始你的真实的旅程。没有这个步骤，一切都是不可能的。

如果我建议，我会将它作为人生中最应该做的锻炼，如果你一天能冥想八小时，成为比工作和睡觉都更重要的事情，不到一年以内，你就可以达到某种让你自己都惊讶的境界。但是，对于一个初学者，很快就会发现，冥想看起来很简单，不就是什么都不想吗？其实很难。一个人一开始每天能加起来清空自己大脑一个小时，就已经可以算跑步能一小时跑完10公里的那种成绩了。

Jim：这个我深有体会，我从开始学习《太傻天书》到现在已经有一段时间了，我总是会想起做那个练习，不过每次不到几分钟，就被各种奇怪的思绪打断了，还经常就自己睡着了。小睡一下醒来，发现都东倒西歪了。你原来说，这个比跑步容易，可我现在觉得，跑步可没有冥想那么有挑战性，人的大脑的顽固不化，是你难以想象的。尤其是对于我这种生活在世俗世界，每天操心那么多事情的人。

Taisha：我当然能理解你说的大脑的顽固不化。每个走上太傻道路的人都是从同样的清空大脑病毒的道路走过来的。即使你要走"追逐分离控制"的太傻道路，也一样要把自己一团乱麻、每天不停絮叨的大脑病毒清除掉，才可能去追逐分离。如果你想真正地恢复创造力和你真实拥有的力量，你是不可能不经历这一步的。

但是，这个事情是肯定可以做到的。你看，你说你生活在世俗世界，我也一样生活在你说的世俗世界，我每天处理的事情肯定比你多。不过我确实没有你说的操心的过程，那只是你大脑的伎俩罢了。其实，我反复地说，这个过程是一个轻松自然的过程，冥想也是一样，慢慢来就好了，不要责备自己，就好像你一开始跑步，也跑得很慢，没有一个月，根本不可能连续跑30分钟吧。冥想也是一样，但是，那肯定是一个可以完成，并且被很多人完成过，而且有很多经验的过程。在后面的第五章、第六章，我们会讲解很多更具体的技巧。其中就有冥想的深入的技巧。

3-3 太傻的声音

3.23 在时间与分离的囚笼中，你却忘记了太傻，你相信你大脑的病毒

3-4 行动的欲望

Jim：那么到底什么才是我们在生活中处理各种事情的原则呢？虽然你和我说了很多，接受太傻的指引呀，倾听内在的声音呀，但是，如果对于还没有走上你说的太傻的道路的人，肯定是什么都听不到的，他们应该怎么去面对生活中的那些无所不在的分离的环境呢？虽然你说过，仅仅是去"成为自己"。到底怎么才是又做事情，又成为自己呢？

Taisha：如果你希望更彻底地理解太傻生活原则中的"成为自己"，你首先要理解什么不是"成为自己"。准确地说，任何基于分离的目标的行动都不是成为自己——更明确一些，一切的行为主义，都不是"成为自己"。

行为主义很好理解，你每天都在给自己确定各种各样的目标——要成功、要富裕、要家庭和睦、要人际关系和谐、要学习知识、要理解世界、要健康不要疾病、要快乐不要痛苦……就是这些目标，在催促着你不断做这个、做那个，追逐完这一个，又去追逐下一个。

就好像我们上一次谈话反复说的，几乎所有人仅仅是在"行动"，他们从来没有真的想过他们为何而行动，这些行动背后的思维模式究竟是自己的，还是一个大脑病毒预设的监狱。其实，上面任何一个事情，都不是你自己真的想要的，只是外在大众思维的恐惧传播的病毒，即使疾病健康这种每个人觉得当然重要的事情，其实也一样是大脑病毒自己给自己找的麻烦而已。

如果你真的掌握了《太傻天书》的思维原则，你会清楚地看到，你自己本来就是健康，而且不可能被任何疾病甚至死亡干扰的，没有大脑病毒的操纵，你可以轻松地活几百岁，当人类刚开始作为这个世界的灵性的载体的时候，人类的寿命是五百岁以上。但是，就是因为人们从原始社会与外在环境的互动中开始恐惧，开始追逐那些拥有物，他们的寿命就慢慢地下降到了现在的不到一百岁的水平。当然这个是题外话，关于疾病和死亡，我们应该是在第六次谈话才具体讲解的，我说这个例子，只是让你理解，所有的行为，只要是基于分离的，最后都只是给你惹麻烦。就好像我们上一次谈话谈到的喝水都要加点什么东西一样，那些不仅仅不会给你带来任何的健康，而且会造成无数的麻烦。

行为主义，成功的幻觉，就是大脑体系最坚固的一个预设观念的监狱。这里面，你可以观察到和行为主义一样强大的另外一个预设观念监狱，叫理性主义：每个人都认为自己是理性的，会根据足够的证据作正确的决定，没有任何人觉得自己只是一时冲动的。你一开始表达的，觉得自己一直都是理性和客观的，

其实就是你大脑预设的理性主义的监狱的表达。

记住，在这个世界上每一个人去争取的每一件事情，都几乎是在行动主义和理性主义的两大监狱中去进行的，这是人类几乎所有行为背后的动力，但是，你只要稍微分析一下就知道，那些动力是多么地的可笑，不管是你看新闻、听广播、学英语、追逐学历、买汽车、做投资、买房、购物、学生会竞选、找一个合适自己的女朋友……任何一个事情，哪个人不觉得是因为自己有理性而做的，并且每个人都会给自己做的每一件事情以看似很充足的理由。例如买汽车是因为上班更快，买房是因为要住，参加学生会竞选是因为要积累经验等等。但是，每个人认为的这些证据或者理由，和路边老大妈买股票一样，真的经得起推敲吗？你真的需要每天看网上或者报纸新闻吗？你真的知道你为什么要去学英语，考四六级吗？你真的知道为什么你要去做任何事情吗？这也是我们在《太傻十日谈》里面反复问那些留学申请的人的问题，你真的知道你在申请的时候是在做什么吗？你为什么要非TOP100不去呢？你为什么一定不能换专业呢？你为什么觉得奖学金真的对你是必不可少的呢？

但是，就算我们在《太傻十日谈》里面关于留学申请的问题谈了整整一本书，就算一个人留学申请的时候，能真正理性和客观地看待自己的那些预设观念给自己的限制和造成的麻烦，知道去摆脱这些限制，你反而可以获得更适合你的结果，就算我们再写一本《投资十日谈》、《学习十日谈》、《升职十日谈》，如果人们不去反思他们自己的思维方式中那些根本的误区，还是继续相信自己的大脑病毒给他们设置的那些"一定要做这个"、"那个对你很重要"的那些思维体系，他们只会走出一个陷阱，马上又掉入另外一个陷阱呢。

就好像投资的幻觉一样，你的学历真的对你有用处吗？你真的是找到合适自己的女友或者男友吗？你真的知道自己为什么要买房？为什么要去参加学生会竞选吗？本质上，你只是在自己大脑病毒的催促下，不停地想做事情，想获得一些分离的快感，然后再不断地用所谓的理性，给自己的行为寻找理由。你只是觉得你有很充足的理由去做这个做那个，而且还觉得自己可以成功，其实，你根本不知道自己在做什么，和那些盲目的股票投资者一样，这些事情本身都没有区别。

没有预设的幻觉的成功，没有预设对自己理性的自信，没有预设体系，就没有人会去做任何事情。你做的所有事情，都只能是在这些预设的观念中去进行的。没有过去的经验和已经具有的分离的思维体系，一个人不会有任何欲望去做任何事情。人们乐于投资，而不愿意探索内在的真理，这就是最好的证明，

3-4 行动的欲望

3.25 太傻看不到分离的幻觉，太傻没有敌人，更无所谓恐惧

因为投资能赚钱，探索内在的世界，并不知道会获得什么，内在的平静好像并不重要，这些都是预设的观念。人的大脑不可能不在预设观念下行动，就好像电脑没有程序，就什么事情都做不了一样。

Jim：可是照你这么说，那不是一个人在生活里面，最好什么都别做，做的所有事情都是没有意义和自己给自己找麻烦的，那这样一个人干脆去寺庙当和尚是最清净的。

Taisha：难道去寺庙当和尚不也是在做某件事情，不也是因为你大脑预设的说"当和尚就可以获得清净的生活了"，然后你才去当和尚的吗？难道这不也是一个陷阱吗？你真的觉得当了和尚就可以不经历这些麻烦了吗？就好像你真的有了学历就可以找到更好的工作了吗？记住，分离的幻觉和大脑预设的思维体系是无所不在的。

当然，《太傻天书》并没有教导人们什么都不做，就好像《太傻十日谈》从来没有教导留学申请的人说，留学申请没有用。所有教导的核心，都是首先观察你自己，为什么要做一件事情？从一件事情中，你到底是想收获什么？那些东西是不是真的对你有意义，还是说，你仅仅是因为恐惧、外在洗脑给你建立的那些预设观念而做？

《太傻天书》的核心教导，不是这个世界是虚幻的，也不是你做什么都是没用的，而是你要看清这些世界无所不在的分离的追逐给你的束缚和大脑病毒的预设观念给你的洗脑。然后在做任何事情之前，首先成为你自己，然后在太傻的指引下，在无恐惧的、无期待中去做。而你本质上不是去做任何事情，你在这个世界上不需要做任何事情，你唯一的任务就是：认识你自己，成为你自己——这是太傻生活原则的核心，我们会在下一次谈话中更深入地探讨。

Jim：我明白你的意思了。其实，每个人都知道，很多自己想去做的事情，并不是真的自己想，而是因为各种各样的外在的因素和压力，诸如家庭的、社会的，还有一些因为恐惧给自己设置的压力，其实每个人都很不喜欢这些，甚至厌恶这些，但是，随着在这个世界越来越久，被洗脑洗得越来越厉害，再经历一些痛苦和挫折，每个人就会真的认为这些东西是很重要的了。

就好像一个人在读书的时候，最痛恨的应该就是要花十多年的时间，从小学读到中学，再读到大学，他们每个人都知道，学历对自己没有用，没有学历自己还是可以做好很多事情的，每个人都可以不依赖任何外在的附加值，仅仅依赖自己而取得一切，不是只有比尔·盖茨才能做到，而是每个人都能做到，这些都应该是每个人的内在的太傻教育他们的，也是会被世界认为是"太傻"

的想法，其实谁也不想那样花十多年的时间去做那些自己根本不喜欢的事情。也许是因为社会的束缚和压力，几乎每个学生都不喜欢自己的父母将这些预设观念强加到自己的身上。但是，你观察他们每个人等大学毕业后，他们经历社会、经历各种各样的困难之后，他们同样和他们的父母一样，被各种各样的观念洗脑，慢慢地，他们也开始认为，学历很重要、赚钱很重要、好工作很重要等等，于是当他们自己成为父母的时候，他们也会再一次将自己的预设观念强加到自己的子女身上。这些预设的观念真的是那样。

但是，很多人就算知道没有必要去听那些大脑病毒的预设观念，究竟我们怎样才能真正彻底地清除那些预设观念给我们的束缚呢，或者真正得到那种无恐惧、无期待的自由的生活呢？

Taisha：首先，你必须知道分离的思维模式和预设观念的监狱，到底是如何存在和束缚你的，你必须通过观察，去了解你其实并没有所谓的认识能力，先说"我不知道"，然后你才可能真的知道。

首先不要着急去做任何事情，就好像我们在《太傻十日谈》中说留学申请的过程一样，首先去观察这个世界，观察自己，弄明白自己和这个世界到底是在一种什么规律下运作，究竟什么是真实的，什么是虚幻的，首先看清别人到底在做什么，思考他们为什么这样做，他们是不是真的知道自己在做什么，然后再看自己到底要做什么，自己是不是也真的知道自己为什么要这样做。

这个过程也是自己认识自己的过程，但是，不是要你先花好几年想清楚留学是怎么回事，再去留学，这样一个思维过程很简单，在当下一瞬间完成。只要一个人看清这些了，他自然会知道应该怎么做——这个具体的技巧，我们会在下一次谈话具体讲解，这一次我们重点不在解决问题，而是在观察分离，观察大脑病毒的预设的监狱的体系，你只有完全彻底地了解这些体系了，才可能真正地开始成为你自己。

但是，即使我们要在未来才能把具体如何成为自己讲清楚，你可以提前记住，你完全可以在没有任何预设观念，没有任何恐惧和期待下，自由地做每一件事情，而你会发现，原来每一件事情都是那么简单，那么轻松自由。不管你是留学、投资、学习、找女朋友，还是任何事情，你都可以在轻松自然中完成，而也只有那样做，你才会真正地收获对你最合适的结果，而不是一边做，一边在恐惧和期待中制造麻烦。

所以，首先不是做，而是观察、理解、反思。《太傻十日谈》不也是这么教导的吗？但是，几乎所有人都并不在日常每一刻都警惕并不断地反思自己的思维模式，人们只是习惯性地信任了几十年自己的大脑，于是就顺理成章地继续相信下去，还不断地维护自己大脑病毒，就算那些病毒已经给自己造成了那么多麻烦和痛苦。

其实，在生活中无论大小的事情，只要你真正地理解，那些追逐，那些目标，其实都只是给你自己找麻烦，并不会真的得到任何事情，你自然就知道应该怎么做了。记住，不是什么都不做，而是，不要在目标和追逐中"做"，在成为自己中"做"，这是有更明显区别的。

Jim：你能举个例子，更具体地讲解，到底什么是"成为自己"的做，什么是在追逐和目标中做吗？

Taisha：这种例子很多，其实你每一个行为，你都可以区分，到底哪个行为是在恐惧和追逐中，还是在成为自己的平静中。

我给你举个简单的例子。上次谈话结束的时候，你抱怨你的工作中钩心斗角和充满矛盾的时候，我当时说，那是你自己的问题，和工作环境无关，就算你换了一个工作，你也不会真的找到你要的。这就是在分离中的追逐和选择。你因为矛盾和攻击矛盾，或者躲避矛盾，你认为矛盾都是别人和外在造成的，你不管怎么攻击和躲避，都是在恐惧中行动，你肯定不会得到你真正渴望的所谓的更好的工作或者更好的环境。

我用我看到的更具体的例子来给你分析吧。太傻留学有中国最大的高端留学咨询师的团队，这五百多个人的咨询师团队，几乎每个月都会有人离职。但是，同样的离职的行为，有两种看似差别不大的背后的动力。表面上员工离职是要去找某种不一样的工作方式和环境，或者准备自己创业，有的准备去读研究生或者去考公务员。但是不同的人在做看似相同的事情的时候，却有不一样的思维模式。

第一种人对自己的工作是充满感激和理解的，即使他们离职也会把所有的客户安排得好好的，最后临走还会给我一封感谢信，我也会告诉这些员工："如果你们是为了体验自己，体验一种新的工作方式，我们会一直地支持你的每一个选择"。这些员工其实对现在工作也会有一些不满意或者对新的工作的一些期待，但是，他们思想中的绝大部分是理解和支持的。他们在这样的思维模式下，不管做什么，都会得到最适合他们的结果。

但是，还有另外一些员工，他们离职的时候，心中充满了抱怨，他们会从这个工作中找到各种各样让他们不满意的事情，收入不够高呀，发展空间不够大呀，不是他们自己学习的本专业呀，管理团队对他有偏见之类的。当然，其实任何一个企业，就算你在Google、IBM、HP这样的国际化的企业，一样都会听到类似的抱怨。这些员工离职的时候一般都会给我写一封充满了意见和不满的信件，说这个不好、那个不如意、别的公司这个好、别的行业那样的健全等等。对于这些抱怨，我都会告诉那些员工："如果你是因为对现在的工作的抱怨、意见和不满，而去寻找所谓的更好或者更满足你幻觉的工作，你只会从一个不满中跳出，而进入一个新的不满，你永远不会在分离的追逐中找到快乐。"而这些员工不管跳槽多少次，最后的结果你肯定知道。其实就好像那些抱怨父母、抱怨家庭、抱怨社会、抱怨世界的人一样，他们只是看到自己，他们也只是抱怨自己。这些人真的在抱怨中解决了任何问题吗？最终的结果只是继续地抱怨而已，而最后受苦的还是他自己。也就是这个原因，每当我收到一个员工在抱怨和不满中写的离职的邮件，我总是会感到很可惜，他们只是被自己的幻觉所囚禁了。

注意，这同样的行为，似乎都是在换工作，但是，不同的思维模式和心理状态的影响下，最后的结果也是天差地别的。这也是思维创造现实的一个很好的例子。

从这个例子，Jim，你再看看上次谈话中你对你自己工作的抱怨和自己提到的想换行业的问题，你能理解，到底什么是叫行动主义的追逐和成为自己的平静了吗？

3-5 攻击的陷阱

Jim：我理解了，这是我们上次谈话也说过的关于批评和攻击的话题，你说，你不可能在攻击中解决任何问题，任何一种攻击其实都是加大那些分离的力量对你的控制力，而从来不是别人的问题，也不是公司、环境、社会和世界的问题，所有的问题都是自己的问题，只有真正看清自己的问题，平衡自己内在的分离，你才能真正地解决外在的所有问题，是吗？那是不是，只要我们注意，在生活中不要随便地批判、评价和攻击别人，就可以更好地"成为自己"呢？

Taisha：注意你用的词语中的层次的观念，成为自己就是成为自己，没有"更好地成为"和"更不好的成为"。成为自己是一瞬间的事情，与层次和时间都没有关系。

不过Jim，你说的在人际关系和对待社会的态度中不批评，抱着更多的理解和支持的态度，确实是太傻生活原则中"理解一切，接受一切"阐述的一样。但是，仅仅是对外在抱着一种主动的理解还不够，你要特别注意另外一个更有挑战性的环节，这是每一个走上这条自我探索的道路的人们都会经历的一个关卡，很多人都会在这个问题上遇到困惑。

你也许可以让自己对一些外在的矛盾和问题保持主动的理解和接受，但是，当你面对外在更直接针对你的攻击、质疑、矛盾、冲突甚至暴力的时候，你是不是也能做到"理解一切，接受一切"呢？

注意，这个问题可不是什么小问题，至今世界也不能理解，为何耶稣明明有无穷的力量，却要走上十字架，在世界的幻觉的眼睛里，要是自己是超人，要是有人用不公平的方式对待自己和自己的同胞，第一件事情，肯定就是用自己的超能力去解决问题的。即使人们实际没有超能力，他们还是喜欢在自己遭遇的每一个挑战中，去做所谓"维护正义，保护和平"的事情，但是，如果你真的"理解一切，接受一切"了，你为何还会有攻击或者保护的行动呢？

即使不谈那些明显的让人会很快陷入恐惧的暴力，在你自己的生活中，你会遇到很多的挑战，诸如别人对你的质疑，或者遭遇一些麻烦的环境，诸如有人好像用某种误解或者不公平的方式对待你，或者你在某些时候感到似乎受到伤害了，包括你感到会遭遇真实的危险的时候，这些时候都是每个人真正接受挑战的时候，而这些时候往往是你最容易忘记太傻、忘记你真正的身份的时候。你会一下子感觉热血上涌，然后马上忘记你其实应该用爱、理解和接受来面对这些挑战，每一刻你都可以决定自己不进入任何的矛盾。你真的能在那些你受到攻击和挑战的时候都记得去倾听太傻的声音、接受太傻的指导、放下你的去斗争的欲望吗？

就好像至今这个世界很多自认为自己是理解爱、宣扬爱的人，也会经常地陷入某种攻击、防守、责备和归咎的状态，他们都某种程度上觉得，我可以用爱去对待别人，但是要是别人不用爱对待我，那么我怎么可能再用爱对待他们呢？这种思维在现实生活中无处不在，就好像每一场战争，都会以为保护了某些事物，为了反对某种暴力的理由来进行，但是这些攻击的本质还是暴力和分离的力量，你真的认为在爱中，可能会去攻击任何事物吗？

例如，当你看到邪恶和暴力正在发生的时候，你会真的还像我们说的那样，真正地用爱、理解和接受去对待吗？

Jim：哎呀，你说的确实是这个世界的一个难题啦。诸如这个政府独裁啦，那个政府发展核武器啦，还有的地方会有大屠杀的恐怖事件啦，似乎总是有人在

做一些错误的事情,但是,真的这些错误的事情就应该以安全或者以民主的名义去制裁甚至去推翻一个政府吗?如果这样的话,美国就可以在任何一个国家都找到一些现实的问题,诸如腐败呀、集权呀、可能发生的侵犯人权呀,要是这样,美国不是可以以任何类似的理由去支持任何一场战争啦?

可是,这场辩论肯定是没有结论的啦,很多人都认为,暴力无论大小,都是暴力,更不能再让类似XXX屠杀的事情再在这个世界上演。有时候我也会感到很混乱,究竟谁是对的呢?

Taisha:核心的问题难道不是这个世界一直在努力区分谁是对的,谁是错的吗? 电影的世界,似乎总是把这个问题处理得很简单,似乎谁对谁错是一眼可见的。而现实世界,这个问题是从来都说不清楚的。但是也正是因为说不清楚,这些思维方式才是虚幻的,没有意义的。

任何的战争和任何的攻击一样,不管以什么理由,不仅仅不会解决任何问题,最终的结果都是造成更深入的分离。任何的攻击,不管是大到一场星球大战,小到你偶尔对自己的小小抱怨,无论大小,不管是什么原因,出于正义或者邪恶的目的,本质上都没有区别,它们都是陷阱——你在攻击中,只会进入更深的恐惧和更激烈的矛盾。

不管你是为了所谓的保护弱者、维护正义,或者是实现任何目标,事实上你都是在恐惧中。在恐惧中做的任何事情,最终都是鼓励暴力。就好像我们以前说的,美国在经历了"9·11"以后,还是始终认为是别人造成了自己的悲剧,只要把那个别人杀死了,就可以天下太平,然后,又接着在世界各地以正义的名义做着各种分离的事情,然后再进入一个自己把自己打造成世界的敌人的可悲的循环。

如果我们来看这个循环的本质和起点,其实只有一个——那就是恐惧。你恐惧你会失去那些你认为重要的东西,你就必然去攻击,但是那最后的结果只是你失去得更快。

而突破这个循环的唯一的途径,就是在任何情况下,放下你的对错分离判断,放下你的攻击的冲动,如果你知道你的攻击根本解决不了任何问题,反而会让问题更加复杂,那么你为何还要去做任何攻击的事情呢?

就好像你遇到一个人和你吵架,你要是跟他对吵,非要说清楚谁对谁错,只会让问题越来越复杂,但是,如果你根本没兴趣去吵什么,知道那个人不管说什么,其实都是没意义的,那个吵架的人自然会觉得没意义,问题自然会解决。所有攻击的问题,无论大小,本质都是一样的。

> 3.31
> 在太傻的宁静与真知中,你将走出分离、不再追逐、无须选择

当你面对别人的攻击的时候，你应该看不到攻击。你看到的只是一个在幻觉中的人，做着根本没有意义的事情。你不会因为别人的攻击受到任何的伤害，更不可能用反击来保护自己。如果你因为别人做没有意义的事情，于是你也做没有意义的事情去反击，那么你和那个攻击你的人都一同进入了一个幻觉的世界，你们都只会在其中受到你们自己幻觉的伤害。只有当你看到真相了，并也选择真相的时候，你才能真正地走在解决问题的道路上。

只有这样的思维，才能根本地解决问题，走出你的分离，放下你的判断，不要去攻击或者选择，你自然会解决问题，并获得真正的内在的平安。

Jim：可是要是我看到明显不公平或者暴力的事情在发生，难道我也无动于衷吗？

Taisha：你不会无动于衷，你只看到爱，看到真实。一切都是爱，这是万物关系的本质，即使是你说的暴力、不公平，那些都只是你在分离中的幻觉罢了，当你进入分离，你就必然会经历恐惧，你也会因此产生攻击的冲动，但是，这些冲动的本质还是分离而已，如果你会担心你自己、你的朋友和亲人受到伤害，那只是你大脑病毒在给你设下一个陷阱，让你不断地去斗争、去追逐而已。没有任何人可能伤害任何人，每个人都是自己创造了自己的每一刻的经历，即使是暴力，即使所谓的悲剧也都是一样，这是所有正在发生的事实的本质。

记住，在真相的世界里，不会有任何人受到任何伤害，唯一可能伤害他们的，只是他们自己的幻觉。在幻觉中，似乎好像会被伤害，于是他们去斗争，反而他们会因为相信幻觉，而在自己的幻觉中真正受伤。

你看到的却是真相，不是幻觉，没有好坏，没有对错，没有正义和邪恶，你只是看到一群人在玩一场游戏，这场游戏无论大小，和屋外的花园里面的一群蚂蚁和另一群蚂蚁的世界大战本质上是一致的。你应该自己问自己，要是真的有正义和邪恶，那两群蚂蚁，请问那一群是正义的呀？你为什么不去忧虑一群蚂蚁的世界大战，而要去分辨一个国家内部的看似不公正或者暴力的事情呢？

一旦你相信了恐惧，你事实上就会进入一个无止境的循环，你也开始相信暴力真的存在，别人真的能给你伤害，别人真的能决定你的命运，你也开始相信，你的攻击也许会有效，你在相信这一切的同时，就会落入你大脑那个永远说不清道不明的陷阱中。

解决的问题，仍旧只有一个，走出分离、放下选择和判断，选择合一和爱的真相，这是你走向内在的平安和解决问题的根本途径。

《太傻天书》反复地告诉你，你在这个世界上做的唯一的一件事情，肯定

不是去解救什么痛苦的人民,你看到没有任何痛苦真的存在,你在这个世界唯一要做的就是做好你自己。

Jim:这些似乎说得很有道理,但是,我怎么觉得这一切似乎不可能实现呢?难道你面对着攻击,别人打你左边一巴掌,你会真的把右脸也伸过去吗?

Taisha:如果我听从大脑或者我的所谓的生物攻击的本性,我肯定不会,我会奋起反击,维护自己的权利。但是,如果我选择听从太傻,成为我自己,真正地解决问题,我只会那样做。

同时我会看到,看似我被打了,其实我什么都没发生。幻觉的世界,你要是真的认为发生了什么,那是你自己的问题。我会用把自己右脸给出去的方式,强化自己的这种认识,这是一个很好的锻炼模式,加强你对真实的认知。

你还可以认识到,那个人打你,不管是因为什么原因,误解也好,故意也罢,本质上都是他相信可以通过攻击和伤害而解决问题,这是不可能的,要是问题真的解决了,这个世界早就和平了。美国早就用暴力解决一切问题了。但是,这是不可能的,你不可能通过攻击解决任何问题,既然别人攻击不可能解决任何问题,你的反击又有什么意义呢?

与大脑的循环无法解脱的攻击欲望不同,太傻的"理解一切,接受一切"是无论从哪个角度都可以彻底讲清楚的。他也是你最后平静的依仗,所以,你为何会选择反击,而不选择太傻的方式呢?

不过,这也确实需要锻炼,不是简单地每一次你被攻击,你都会这样反应。不过,这种攻击不仅仅是被打了这样的暴力,每一次你被别人批评、被嘲笑、被要求一定要这样做或者那样做才能如何,这些都是攻击的形式。在每一个这样的经历中锻炼,你最后才可能像耶稣那样,被绑在十字架上也不会害怕或者后悔,他知道,这些都是伟大的机会,展现"爱"的机会,为何要去无意义地攻击或者反抗呢?

Jim:不过我有时遇到不同的观点,看到一些报纸呀杂志的一些评论,总是喜欢在大脑里作一番批评,说这个当然是对的,那个当然是错的,怎么能这样或者那样呢,这是不是也是一种攻击呢?

Taisha:你说得很对,这些细微的形式都是攻击,事实上,只要你陷入分离,你就必然会恐惧,在恐惧中,你必然做一些事情,去缓解你的恐惧,这些都是攻击,即使只是思想过程上的,但是,这与实际的行为的攻击都没有区别。你要是真的能分辨对错,这个世界要是真的有对错,这个世界早就一片和平了。问题都在每个人自己的内在思想上,从来不在外界事物的好坏上。

我们还要警惕一种形式的攻击，那种为了宣扬某些基于爱的思想而攻击。例如，当你去参加游行批判环境污染，你看似是爱地球、爱人类，但是，你的游行和批判，实质上只会让那些问题更加严重，这和暴力无法阻止暴力是一样的道理。所有形式的批判和攻击都是爱的缺乏的表现，即使是为了宣扬爱。

这类行为中最典型的是，宗教宣扬爱，但是却用恐惧的方式表达这种宣扬。例如，你一定要善行，否则就会下地狱之类的，这都是攻击。这些行为看似在做好事，其实只是以爱和帮助的外衣，促进分离，最终同样地导致矛盾。宗教几千年的战争难道不是最好的例子吗？如果你是真的爱，就要走出对错和好坏的局限，爱是绝对的自由，不分对象，也不会因为任何原因或者外在因素而不爱的——这个话题我们会在下一次谈话继续深入地探讨。

同样类似的，为了宣扬环保、保护动物、素食主义而进行的种种攻击，将自己认为正确的观念强加给别人，这是很多自以为在做正确的事情的人的误区，他们的本质和美国宣扬民主而进行战争的行为是一样的。

我们看到这个世界的误区，同样要提醒自己，在每一个时刻提醒自己，放下判断、攻击和选择的欲望，尤其是那些所有人都觉得应该去战斗，或者所有人都认为不合理的时候，那是你真正地坚定地跟随太傻，展现真正的爱的过程的时候。

Jim：虽然我觉得你说的真的很有道理，但是，我还是觉得，你刚才说的不攻击，并不能解决问题，只是一种处理事情、缓和矛盾的方式，要是你真的在某种被无端指责的环境里，不去抗争，问题真的能解决吗？

Taisha：既然是规律，就肯定会被无数次的验证，有任何一次无法验证，就不能称之为真实的规律。

首先我们看，这个世界，究竟哪一次攻击是真的解决问题了的。美国打败了日本、德国，就真的世界和平了吗？美国花了几十年与幻想中的社会主义斗争，进行了朝鲜战争、越南战争和各种战争，真的哪个社会主义被消灭了吗？这个世界真的因为美国越来越强大，而越来越和平了吗？既然不是这样，为何还要继续追逐那个攻击的幻觉呢？

然后，这个世界有无数的当你放下攻击反而解决问题的例子。最有说服力的应该是印度的非暴力不合作运动的成功吧。你看，没有任何暴力，仅仅是展现自己的观点，即使很多人都认为那样是没用的，但是，最终印度没有进行任何的革命，没有打任何一场战争，更没有因为斗争牺牲了什么人，却实现了民族解放目标，如果那个时候打了一场轰轰烈烈的人民解放战争，结局会是什么呢？也许胜负并不重要，问题是，既然可以不损失地解决问题，为何一定要用战争来解决呢？

再举一个科技领域的例子吧。基督教攻击了进化论那么多年，真的成功了吗？如果攻击是有用的，实力强大的基督教，肯定比少数几个科学家的辩驳要有力得多。但是，真理却不可能因为谁声音大，或者谁武力强而作出选择。你知道交流电和直流电的竞争吗？爱迪生是直流电的倡导者，他为了发展自己的直流电，用了各种方式，向人们展示交流电的危害，包括处心积虑地让国会通过用电椅执行死刑这种方式，就是为了让大众对交流电感到恐惧。而发明交流电的特拉斯一方，却因为没有钱做什么辩驳和反击，而只能专心地自己进行自己的研究。但是，当一方攻击，一方放下，世界也没有因为爱迪生的声誉或者强大的宣传和攻击而选择直流电，世界虽然经历了一些小小的疑虑，最后还是毫不犹豫地全部选择交流电，直到现在，我们生活中几乎所有的电力都是交流电系统了，尽管有触电的危险，这并不能阻碍真实的进步的发展。

如果人们都放下攻击的冲动，你不会失去任何事物，这个世界不会受到任何损伤，每个体系只会发展得更快、更流畅。相反，在恐惧的支配下的各种行动，即使最终你得到了所谓的胜利，这些也不可能缓解你的恐惧，就算未来美国打败拉登了，他们真的就会不再惧怕恐怖主义了吗？而恰恰是因为，恐惧是这个世界弥漫着的主要情绪，这个世界也一直在恐惧的支配下举步维艰，即使是最近五十年，看似发展迅速，本质上内在的恐惧的束缚，各种攻击的欲望造成的分离与矛盾，一直都在将这个世界推向最终毁灭的结局。

Jim：有这么严重吗？我觉得，攻击呀，恐惧呀，这只是部分领域和社会的情况吧，是真的严重到会阻碍到人类发展的地步吗？我觉得在大部分社会和各个领域，虽然有你说的各种阻碍，但是，整个社会和世界的方向还是走向进步和解放的吧？

Taisha：进步只是人类的一个幻觉，你观察到的科技的进步和社会的解放，只是一个小小的局部，真实的情况恰恰是相反的。记住思想创造现实的规律。外在世界只是人们的大众思维模式的一个投影。只要人类一天还在花更多的时间追求外在，追求分离，这个世界就是必然在走向更深刻的分离和最终的崩溃。

在第一次谈话中，我们谈到过关于世界末日的预言，并说过，不会有什么外面的灾难能毁灭整个人类，只有人自己的思想的分离才能毁灭自己。记住，这不是一个比喻，也不是一个简单的警告，这是一个已经发生了几千年的现实。人类社会从 6000 年前开始进入这一次的文明起，就一直走在一条持续分离的道路上,而最近100年,由于科技的高速进步,人类对外在的追逐和各种分离的追逐,也在急剧地白热化,大众思维体系中分离力量造成的破坏性也在更快速地恶化。

记住我们上一次谈话反复探讨的思想创造一切的规律。大众分离的思想同样在制造外在世界的一切矛盾、冲突、战争和灾难。

如果你理性地从数据统计分析最近100年的人类灾难的频率,可不是比上一个100年增加了一点点吧。也不是用随机波动能解释的吧。人类如果不意识到这些灾难的源头是人类的思维模式,在未来这些灾难只会越来越多。当然,现在人类的思想虽然分离,但是,还没有分离到整体毁灭的那种程度,Jim你要记住,人类思维的分离如果到了天灾毁灭人类的程度,人类自己早已毁灭自己了。

同时,你要看到,虽然相信世界末日毁灭地球的人很少,绝大多数的人都只是一些小小的担心,在大脑的戏剧中,人们都在期待美好的未来,其实对所谓的世界末日的预言,几乎所有人都是嗤之以鼻的。

而现在人却普遍认为,尽管现在有资源危机、温室效应、地震频发等麻烦问题,但是这些问题都仅仅是一种短期的困难,人类必然将用智慧和科技进步克服困难的。另一种人们普遍相信的是,人类社会虽然有各种问题,但是本质是整体进步的,因为科技是进步的,法制在完善,社会在更加的正,只要继续正义战胜邪恶,先进战胜落后,科技普及世界,人类也必然克服种种困难,走向更美好的明天。这两种典型的想法本身就代表幼稚和内在分离。

大众思维的恐惧和攻击的欲望却是比任何能毁灭世界的灾难更毁灭性的事情。《太傻天书》一直不断地说:每个人思想的分离模式,是所有灾难和悲剧的根源。Jim,现在你还没有真的认识到这个事实的深刻。而事实上,人类思想的这种分离效应却在最近100年中随着科技和媒体的发展而急剧地放大,越来越多的人相信这个世界有正义与邪恶,事情有好坏对错。即使经历"9·11",美国仍旧不觉得是自己的政策和善恶区别制造了自己的灾难,只是把问题归咎在某个邪恶的敌人身上,然后继续以正义和保护和平的名义在世界制造各种分裂和矛盾。Jim,你看,为何现实的超级英雄美国没有像电影一样地真的打败邪恶,给世界带来和平,反而麻烦越来越多,敌人越来越多呢?

区别善恶,追求好坏,基于这些分离观念的任何的攻击,这些追求分离的道路,只会引起矛盾和崩溃,这是和任何物理原则一样真实的原理,只是大脑太喜爱分离了,所以尽管世界受尽苦难,人类还是不肯放下分离的道路和攻击的欲望,因此也会越来越深地陷入那个循环的陷阱。而当人类越掌握更大的科技的力量,也越相信自己可以通过攻击和暴力掌握一切,解决一切问题,人们

就会越发的自负，越发放弃内在的理解和追求——这便是现在世界正在走的道路，一条走向毁灭的道路。

Jim：虽然你说的是事实，这个世界确实有很多矛盾和种种对地球和世界的破坏性行为，可是现在不是有各种环保运动、反战运动吗？世界整体应该是走向合作和开放的。人类也认识到战争和消耗地球资源的恶果，只是还没找到彻底的解决途径罢了。我并不觉得人类在走向毁灭呀，科技还是进步的嘛。

Taisha：这不仅仅只是消耗资源、毒害地球的问题。人类的思想是对自己最大的毒害和毁灭。随着人类所谓的科技的进步，如果在思想意识上没有相应的进展，外在的现实只是内在整体思维的反馈，即使 2012 世界没事，2032 呢？2082？

而在你生命中的之后几十年，你会很明显地观察到，人类社会整体将体验到不断放大的灾难规模效应，一些国家会疲于奔命地从应付一个灾难转向另一个灾难，刚刚阻止了一场流行病又迎来新的一轮疾病的爆发。虽然没有什么灾难是毁灭性的，但是，这个世界整体加剧分离，并将逐步走向更全面和更深刻的衰败的深渊的步伐却是几乎不可阻挡的，除非有更多人理解分离是没有意义的，暴力也不可能解决任何问题，并真的从自己的生活的每一刻放下那些行动和攻击的或大或小的欲望，人类整体意识才有可能发生某种巨大的扭转。只有更多的人不再追逐幻觉，而更多地渴望真实，人类的命运才可能发生根本的改变。当然，这种更多不是要所谓的大部分，只要这个世界有超过百分之一的人能真正走上太傻的第一步，世界走向毁灭的命运就可以扭转。但是，即使这百分之一，在现在的世界看来，也是一个可望而不可即的任务。

而这些问题，不是简单地宣扬要保护地球、控制碳排放、发展清洁能源或者全世界素食能解决的。所有问题都是人思想的问题，只要人类一天不是更普遍地开始进行内在的理解和追求，还在追求外在的所谓更多更大、更好更美、更正义更善良，这些都是在分离的追求中，那么这个世界就必然走向外在的崩溃和毁灭，就好像亚特兰蒂斯的经历一样。

Jim：为什么科技发展了，分离反而会加剧呢？我看到的是，科技发展了，很多疾病都可以治疗了，很多灾难都可以避免了，世界正走向一体化和更多的合作、繁荣与和平呀。

Taisha：那是因为你的大脑在最近 100 年已经从宗教统治一切的思维模式，转向科技解决一切的思维模式了。而这两种思维模式，其实没有什么区别，都是"外在追逐"与"受害者"的思维模式。如果人类不能真的从外在的追逐、归咎和攻击，转向内在的反思、理解和无区别的爱，这个世界就会不可避免地走向更深的分离，而现在人们内在的恐惧和外在的追逐，一直都在阻碍这个世界走向解放，而不是科技或者宗教正在解放世界。

我可以给你举出无数的这种例子，在未来的章节里，我们也会更深入地探讨这些社会、经济、文化现象的创造原则，我现在只是给你举几个你肯定知道的例子，让你看到你认为的科技解决一切问题的思维模式是充满漏洞的，不用预测未来，现在就可以看得很清楚。

例如，既然科技这么发达了，人类六十多年前都能造原子弹了，为什么人类现在还没有解决饥饿的问题，还没有解决能源问题呢？现在的世界还是有几乎一半的人受到饥饿的威胁，人们还是在用石油这样效率低下的古生物残留的能源系统。你觉得为什么这些人类社会最应该解决的问题，反而一直解决不了呢？

也许你会说，那是因为科技虽然进步，但是还没有到能完全解决那么多问题的程度。但是，如果你稍微了解一下这个世界的粮食经济学，就会知道，这个世界生产的粮食，早就可以让这个世界所有人都吃饱了，而现在那么多人还要忍受饥饿的唯一原因只是，大量粮食被用以制造酒精能源，为满足人们大量吃肉的需求而发展畜牧业，为了维持所谓的粮食价格，保护所谓农民的利益而烂在粮仓里面了，至于解决这些问题，根本用不着什么高新科技，需要的只是国家和人们都放下自己的对小小损失的恐惧和对更大利益的追逐，稍微国际合作一下，国内改革几个税法，就可以彻底地解决全球的饥饿的问题。但是，就是这个问题，由于受到人们内在思维模式的束缚，受到人类对自己那一点点损失的恐惧而一直无法解决，事实上之后也会一样。这只是人心理的疾病，和社会制度、科技进步一点关系都没有。

而你认为能源危机是受到科技进步的束缚的观点是一样的问题，你认为只要人类开发出某种高科技的太阳能或者清洁能源技术，就可以不再依赖于石油了，世界的污染呀、能源问题也都解决了。而你也一直都认为，世界的问题是来自于外在，而不是来源于人自己。这只是你自己和其他大众的受害者的思维模式而已，你只会相信你已经相信的。人类几十年前就早已掌握了基于光和粒子的能源技术，也早就在军事上应用很久了，之所以没有公开，仅仅是因为，这些技术的公开会带来一些人看起来不必要的损失和麻烦，对于这些人，既然石油能赚大钱，也看起来没有多大问题，社会也能被油价有效操纵，偶尔还能因为石油打打仗，石油本身再用几十年都不会真的用完，何必自寻烦恼地去发展什么替代科技呢？这些技术如果要公开，估计得等未来几十年后等石油真正用到彻底没有的时候才可能吧。你看，这不是又一个恐惧阻碍人类解放的实例吗？同样的问题在量子计算呀、生物技术呀、经济金融呀等每个领域都是一样。

你看，所有的问题都不是科技问题，而仅仅只是人类自己的问题，归根到底都是心理的问题。当社会大众普遍地追逐分离的时候，最终他们只会被自己分离制造的监狱所囚禁。所以，你也不用去批判某些大企业或者政府的短视和自私，这是每个人的问题，你和所有其他人都一样，都只是在某种好坏对错的幻觉中自我麻醉而已。如果人们持续地追逐所谓更高的科技、更公平的世界，善良继续击败邪恶，每天赚更多的钱，避免任何一点点损失，这些每个人都认为理所当然的分离都无时无刻不在将这个世界推向末日。

Jim：那难道人们不发展科技就能解决现在的问题了吗？

Taisha：当然不是，我没有说要反科技，只是指出，人们所追求的科技进步的本质，只是恐惧和追逐罢了。而也正是这种恐惧阻碍了真正的科技的发展和造福人类。我只是描述一个事实，没有提倡什么反科技，也没有提倡什么反宗教，但是就好像人类曾经依赖宗教而造就了宗教恐惧对自己的束缚一样，对任何事物的依赖，无论是科技，还是经济，事实上都是一样的束缚。

人类如果不整体改变自己的思维模式，这些问题即使再过100年，不再受限于石油、粮食了，人类还是会从一种恐惧走向另外一种恐惧，世界的战争不会越来越少，只是不大可能会再出现那种世界规模的世界大战罢了，而小的冲突、各式各样的矛盾和危机，只会源源不断，你只要每天打开新闻，肯定都会看到，没有一天会漏掉。

分离、恐惧和攻击，在这个世界无所不在。无论是你的生活、你的爱情、你的友谊、你的工作、你的社区、你的国家、你的世界或者你自己，你只要稍微睁开眼睛，就会看得一清二楚。这本来就是这个世界的运转模式。

崩溃和痛苦，这是分离和恐惧的世界的必然结局，但是，人们却宁愿为了一些短暂安定，却宁愿去选择那些会造成更大麻烦的攻击的反应模式，就好像你面对别人的质疑会不由自主地去反击的时候，或者在渴望和期待中开始追逐外在的快乐的时候，无论是追逐更多汽车、更多财富、更多权利、更多资本，还是追逐更多的美丽、更多的健康，这些本质都是一样，一场短浅的快感的游戏，最终的结果却是无穷无尽的追逐和最终的崩溃和痛苦。

Jim：好吧，你看起来说得很有道理，但是我接受起来估计要花点时间。我们不谈世界范围的斗争和矛盾了吧，似乎那是一个永远说不清楚的领域，我们还是回到我们的生活中吧，我们是不是只要在每个人自己的生活中放下分离的追逐和斗争的欲望，就肯定可以收获内在的平静和外在的和谐的生活呢？

Taisha：你看，我这一次谈话一直在教导你如何将"思维创造现实"的思维模式运用到从小到生活，大到世界的每一个角落，只要你真正地掌握了观察一切事物的真实的角度，你就可以马上看清一切问题的本质和在每一个环境中你可以采取的原则。在每个人实际生活中，这样的例子也无穷无尽。我用我自己的例子来讲解吧。

太傻留学在成为中国最大的留学咨询服务体系之前，有一段和留学中介服务体系激烈斗争的过程。你知道几乎所有的留学中介，都因为太傻留学的成功而将太傻留学看做眼中钉、肉中刺，用了你可以想到和想不到的所有办法来阻挡太傻留学的道路。包括各种合法的竞争和更多不合法的行为，你在网上能找到的所有的负面报道呀、最恶毒的留言和评论呀，几乎无一例外都是这些攻击的招数。几乎每年太傻留学都会受到从媒体到一些行政执法部门的种种质疑和刁难，有一些确实造成了小小的麻烦，比如一些客户看到网上的一些负面的言论，他们真的觉得，这个机构是有问题的。而太傻留学在整个过程中，只是有问题处理问题，有客户疑虑，解释客户疑虑有政府部门调查配合完成这种调查从来没有做任何反击，也没有为了平息谣言而做任何的宣传，更不会对外去说什么机构做了多么可耻的事情之类的话。在太傻的体系，所有人只专心做好一件事情，为自己的客户做好服务。

事实的结果也是你可以预料的，用尽各种恶毒的方式攻击太傻的留学中介们，自己无一不陷入种种困难和矛盾，如果一个人心中只有攻击和矛盾，那他只会在他自己的生活中显化攻击和矛盾，攻击不仅仅不会解决任何问题，反而会将自己陷入困境。而在种种攻击下从来不反击，也从来都不去斗争或者批判任何其他机构的太傻留学，却慢慢成长为中国最大的留学服务机构。

就好像我说的，攻击也好，分辨对错也罢，终究只是一个幻觉，幻觉的意思，不仅仅是没有意义，更重要的是，追逐它们，不会解决问题，反而会给你自己造成损伤。这又何必呢？就好像爱迪生一生有那么多伟大的发明，但是，贬低交流电的污点，也一样给他造成了巨大的人格的空洞。

Jim：你说得很有道理，确实，我以往生活中的那些被攻击、被质疑、被嘲笑的时候，那些去反击的时候，除了给我自己树立了一些敌人，真的什么都没有收获。而有一些我选择了不予理睬、专心做好自己事情的时候，所有的批评也自然而然地随着结果而烟消云散了，最后我和那些批评我的人还成了好朋友，我也理解了他们当时批评的原因，仅仅是因为担心，其实对我并没有什么意见。

Taisha：你能这样想很好，记住我们上次谈话中反复说的：这个世界的觉

知是颠倒的，在颠倒的觉知下的行动也很可能是颠倒而无意义的。不要因为一些事情很多人都在做，而你也去做，或者成为自己也做的理由，这都是放弃你自己的创造力和让外在操纵你生活的根源的思维。

在《太傻十日谈》中，我们花了很多时间谈怀疑，而这一章，我们又谈了很多放下选择，不要去质疑，不要去攻击，不要去分辨的说法，也许你会有疑虑。其实他们是完全一致的。你怀疑，只是怀疑这个世界所谓的那些行为方式、思维方式对大脑的依赖是不是真的是有效的，还仅仅只是大众的相互模仿，大部分人都不知道要做什么。你怀疑的目标是去追求真实的本质，而不是无目的地怀疑一切。

一旦当你看到真实的世界，你就要开始做出自己的选择。你当然可以选择分离追逐的道路，但是那条道路就好像每个人体会的，永远是在一个矛盾和苦乐的循环中。当然，你还可以选择太傻的合一的道路，其实那个选择就是选择放下，不在分离中去选择，选择成为你自己。你其实已经做出了选择，你其实无须选择，这就是太傻选择的智慧。

3-6 太傻的肉丸

Jim：我理解一些了，是不是说，在任何环境下，既不要去思辨，也不要去攻击，更不要去琢磨应该怎么应对，然后去听从内在的太傻的指导，要是那个时候恰好什么都听不到呢？我们应该怎么做呢？

Taisha：用一个最形象的比喻，这是我最喜欢的比喻，当你什么都听不到的时候，最简单的就是什么都不做，或者去做点别的什么，等着天上掉肉丸（meatball）就是了。当然，这个是西方的谚语，在中国一般叫"天上掉馅饼"，馅饼和肉丸，没有区别，它们都是奇迹。

你也许觉得天上掉肉丸的事情是不可能的，其实那是太傻指导你生活最直接和有效的方式之一。随着你与太傻沟通的锻炼，你会习惯于在每个环境等着肉丸掉下来，这也是一种思维模式，不过不那么分离罢了。你不是期待肉丸，而是知道，基于大脑的选择往往是自己找麻烦，你攻击也只是在攻击自己罢了，琢磨怎么做，看起来大脑也想不清楚。如果太傻也不告诉你怎么做，那你何必又自寻烦恼地非要去做些什么呢？

你可以听听音乐，读读诗歌，想想一些开心的事情，或者只是简单的冥想，一直到你获得指引和答案。当然，更可能的是，你还没有获得答案，天上的肉丸就已经掉下来了：可能是某个人来找你，某个事情会发生在你的生活中，或者你无意看到某本书，知道了某个答案，你的大脑马上会嘲笑这个答案，但是你也马上知道，这是太傻安排的，你大脑嘲笑的事情，肯定是太傻安排的，虽然有时候你不理解为什么会那么安排，反正你的大脑对大部分事情也都不理解啦，不过没关系，你就顺着那个安排去做就是了。

当然，Jim，你千万别觉得太傻只是一个答录机，能回答你所有的问题，他是你生活中一切经历的创造者，他有时候还会创造一些特殊的巧合，来给你提醒，这是太傻很容易做到的事情。

当然，不要把这个"等着天上掉肉丸"作为一种期待，你期待肉丸的时候，你什么都不会得到。太傻的肉丸肯定是被你的期待所阻碍了。你只是知道，早晚都会掉下来，在每一刻，该做什么做什么就是了，如果不知道做什么，就什么都不做。记住，不是期待，而是作为一种行为方式。事情到了你自然会知道怎么做，不用担心，不用忧虑，一切都会完成。

Jim：怎么都觉得你说的太玄乎，真的这样都行？那我开车的时候，明明要迟到了，怎么等肉丸呀？

Taisha：有很多种肉丸呀，比如，有一天你要迟到了，何必去担忧在迟到中会损失什么呢？就算真的迟到了，不是什么大事，也许太傻的肉丸就是等你到了你才发现，其实老板比你来得还晚。再比如，反正要迟到了，上午就别上班了，去另外一个地方处理另外的事情，也许那个地方你会收获比按时上班有用得多的东西呢，也许是一本影响你未来的书，也许是遇到一个朋友，他给你介绍了一个很好的项目，谁知道呢？只要你走出恐惧和期待，你自然会看到太傻的肉丸。

反正你记住，任何情况下，不要焦虑、不要着急、没有什么非做不可或者不做不行的事情，就算你因为经常迟到被公司开除了，也高兴地说："嘿，太傻又扔了一个肉丸下来了。"

也许你觉得你根本没法理解，这怎么可能呢？但是，你就算每天不迟到，天天按时完成工作，按时加薪升职，你就真的会获得你期望的那种快乐的人生吗？随意一些，轻松一些，你不会错过任何事情的，也就是在这种随意而轻松的心态中，你会更清楚地听到太傻的指引，而这些指引只会越来越清晰。

另外一个原则：宁可什么都不做，也不要让自己陷入分离、攻击、追逐和对自己与别人的否定，记住，什么都不做并不是懒惰和错误，只是你在做真实的自己而已，而那些一直想做、想着做这个做那个才能如何的人，却往往会因为恐惧而失去一切。

记住，太傻的世界、真实的世界永远是：轻松、自然、和谐、充满爱与鼓励的，而大脑病毒的世界，永远是充满焦虑、充满渴望、永远在追逐、永远也不会安宁的。你其实一直都知道自己的选择，你不可能去选择大脑病毒的那种一团糨糊的世界。

Jim：可是每个人都生活在自己的环境里，每天要处理各种各样的事情，有的即使不是自己的分离的愿望，还要面对家人呀、朋友呀、公司呀、自己生活中的很多的要求。我能理解自己的生活的一些选择可以等天上掉肉丸，让太傻指引着放下选择，但是，在各种人际交往的环境中，我们应该怎么去做呢？难道我每说一句话之前，都要先问问太傻的意见吗？

Taisha：好的，我们现在开始更具体地阐述一下"太傻的生活原则"。当然，太傻是不会有什么生活原则的，太傻是处于时间之外的，不可能理解时间内的幻象。所谓的"太傻的生活原则"是一些你可以作为参考的处理事务的生活技巧。这些方式也许看起来与那些每个人习惯的生活方式有很大的不同。但是，你在太傻的生活原则下却是完全可以在这个世界不仅仅生活得很好，而且会从这个世界中最大可能地学习／体验。

太傻的生活原则是：接受一切，理解一切，走出分离，放下追逐，不必选择，创造一切。在这种生活原则下，你没必要去经历任何的斗争或者艰难体验，你仅仅是在"接受一切，理解一切"中让一切轻松自然地发生——下一次谈话你会更进一步深入地理解，这个原则的本质其实是"爱的原则"——这个世界唯一真实的力量的原则。

在太傻的生活原则指导下的生活的感觉就好像让生活的流水流过你透明的身体一样，或者就像你听一段音乐，你仅仅让音乐流过你，你不会去期待下一个音符，也不会去回味上一个音符，在每一刻感受音乐的美妙——这是一种完美的当下的感觉，记住这种感觉，生活其实也一样。

注意，刚才我描述的流水和音乐，这是两个很强有力的类比的锻炼，是和上一次谈话我们教导的"反义词技巧"一样强而有力的技巧，而且随着应用的深入，不会像反义词技巧一样，仅仅用在消除和平衡分离这个简单的领域，类比的锻炼是你越往意识的深层领域锻炼，你越会娴熟应用的技巧。类比的技巧将一些你有深刻体会的没有分离的当下一刻感觉的经验模式，应用到那些你还不熟练的领域体系，类比锻炼只是"没有区别"技巧的一个更广泛的应用而已。

诸如刚刚那个音乐的类比，你在任何冲突、激烈矛盾或者生活经历的每一

> **3.43** 追逐真理的人啊！何必向外追逐，用心去倾听内在太傻的声音吧！

刻，都可以去应用这个类比，在面对你老板或者客户向你发火的时候，你开始想象自己在一个美妙的交响乐的音乐厅，在欣赏一场最美妙最和谐的交响乐一样，让它们流过你，你用真诚的心去欣赏这一切，你自然就会顺利地在那个环境中听到太傻的声音，甚至你都不用听到太傻的声音，仅仅因为类比锻炼本身，问题就可能已经被有效地解决了。记住，你的思维是强大的创造力的源头，你意识到音乐的美妙，你就会在生活中创造音乐一般的美妙与和谐。

同样的类比还有很多，你可以从你最喜欢的领域去创造类似的类比锻炼，比如你不是喜欢跑步吗？你记住跑步的时候那种从树林间穿过的行云流水的感觉，在任何一个项目的经历中，去类比那种感觉，你就会用你最熟悉的思维模式去创造了。

类比的锻炼是一个极为实用的强有力的意识创造工具，你用好它，你就会更容易地体会创造的乐趣了。

太傻的第一本书《太傻单词》，其实核心就是类比和反义词的技巧，如果你有兴趣，可以去买一本《太傻单词》的最新版，里面有无数的反义词锻炼和类比锻炼。你看背单词一样可以背出真理的光辉，太傻做的一切事情，都没有偶然的，包括现在的"太傻留学咨询"，等到最后一次谈话，我会告诉你，太傻的留学服务对这个世界的意义。

其实这些技巧的核心原则，当然是我们已经反复说过的，现在只是更具体地描述这些原则怎么在生活中使用罢了。

记得太傻练习册第三日的练习吗？那其实是你对待生活的每一种经历最有效的思维模式——这是太傻在你心中和你说的最多的一句话。

Jim：你是说，第三日的练习"我生活经历的每一刻都是奇迹"。

Taisha：是的。记住，这是真相，而不是一种心理暗示。你本来就是奇迹，你的生活也只会在每一刻显示你的本来的样子，因此，你只会遭遇奇迹。

这其实是"太傻一直会从天上给你掉肉丸"的另一种表达方式。在你经历的每一刻，无论是什么环境，都用这句话提醒你自己，这是真相，不要在听从大脑的那些忧虑和判断了，如果太傻会一直跟你说一句话，那肯定就是这一句。

那这句话在生活的各个场景究竟怎么运用呢？太傻的肉丸是怎么给你掉下来的呢？首先，你遭遇到的每一种要求也好，挑战也好，难题也好，变故也好，放下你对这些事情的本来认识和判断，记住，这些都是奇迹，它们都是太傻给你的肉丸，既然你不用选择，那么事情来了，做就是了。当你在这种思维模式下去做这些事情的时候，奇迹也就发生了。

那么，如果你的老板给你安排了一个看起来很麻烦的工作，你其实原来根本不喜欢这个case。当你经历到这个事情的时候，告诉自己，我自己喜不喜欢，只是我大脑的把戏罢了，我其实并不知道我会经历什么，但是，太傻说，我经历的一切都是奇迹，那这个工作也是奇迹，也是太傻给我扔下的肉丸啦，接着这个肉丸就是啦。于是你开始快乐地接受这个工作，这个工作也因此会成为你的奇迹。

诸如有一天，你女朋友和你说，去逛街看电影吧。其实原来你最不喜欢的就是逛街这种事情啦，那一天电影看起来也很无聊，不过现在你会说，这就是奇迹，太傻又给我肉丸啦，那我接着这个肉丸就是了。其实逛街看起来没什么问题呀，也许我会看到一部改变我人生的电影呢？谁知道呢。管他呢，反正大脑是想不清楚，那也没有必要去想啦。

当然，你有可能逛街什么都没遇到，电影也很无聊，你可能会对太傻的肉丸表示怀疑，肉丸在哪里呢？记住，这都是大脑的把戏。你不要进入时间的幻觉，你也不要去琢磨到底什么是对的，什么是错的，发生就发生了，不要去留恋，也不要去期待，记住一切都在当下发生，奇迹也是一样。

你也许觉得，这只是自我安慰或者自我暗示，太傻并不是真的每一刻都给你肉丸。记住，这是你自己对自己的否定，这种思维只会在你本来畅通的生活的流水中加上一个个礁石，而让到处出现漩涡。你是在每一刻创造奇迹的，你在每一刻移开那些礁石，你就会真的体验创造奇迹的。

注意，刚才我们又用了一个类比，记住这个类比。以后你可以经常用。

你的大脑也许特别想获得一些证据，放心吧，你会不断地通过体验奇迹，体验各种运气和各种真实的肉丸而对太傻充满信任的。不要这样试一两天，似乎什么都看不到，就回来原来那种计较一切、琢磨一切和比较一切的生活方式上。这也是一种锻炼，你会越来越清晰地看到"太傻的生活原则"对你生活的真实而巨大的改变。

难道这不是一种最轻松、最自然、最能够体验生活的和谐快乐的生活方式吗？难道你以前的那种斤斤计较、算计一切，每天忧虑地追逐真的给你什么好处和价值了吗？

Jim：这似乎听起来很动人呀，可是有一些事情，如果你确实不想做，但是又非要有人让你去做怎么办？比如你女朋友在某个地方受欺负了，非要你去讨还公道，你怎么办？这不是直接就走入最激烈冲突的分离环境中了吗？

Taisha：你问的问题很好，不过这个问题很容易处理，你当然应该接受你女朋友的要求了，既然我们说接受一切，理解一切，就当然要接受每一个生活中的要求，这些要求和逛街看电影、老板安排工作，其实没有任何区别。但是，即使在最激烈冲突的环境中，即使你要去与某个不讲道理的人吵架了，你也可以在那个环境展现爱。而在那些环境展现爱、理解、同情和关心，难道不是真正的解决问题的方式吗？

比如，你可以带着气冲冲的女朋友，去找人理论，但是，却不要去尝试分辨对错，你完全可以心平气和地与那个人沟通，创造相互理解和相互接受的环境，其实你知道，要是你真的去吵一架，肯定什么问题都解决不了，你女朋友也许觉得你很英勇，但是，你换一种方式，用爱的方式也可以解决问题，而且你的女朋友会因此觉得你很善于处理这样的尖锐的矛盾，很有处理问题的智慧和耐心——你看，太傻又给你扔肉丸了。

Jim：好吧，那如果你自己经历到一些让你很难受的生活冲突和变故呢？例如要是你的女朋友移情别恋了，你的老板误解你把你狠狠地骂了一顿，或者你干脆就遇到一个无法理解你或者总是随处刁难你的老板怎么办呢？难道你也要去接受一切？

Taisha：当然。既然是生活原则，就没有例外。并且你要特别地记住，一切都是奇迹，没有任何事情是偶然的，越是这样看起来难以接受、常人难以容忍的冲突变化，你越应该平静地去参与和对待——这是太傻给你大号肉丸，接下它，你会获得真正飞跃。当然，奇迹没有大小，肉丸也是一模一样的。只是对于你，越大的难关，往往意味着你在被越深入的锁链束缚。接受太傻的肉丸，你会因为解开了那条最粗壮的锁链而获得了最大的自由。

事实也是这样的，你真的很了解你的老板到底是一个什么样的人，会给你带来什么样的未来吗？你真的知道究竟什么样的女朋友是最适合你的，并且将与你度过一生的吗？其实你只是在大脑的幻觉中觉得你知道，而你根本不知道。你不仅仅不知道你的每一个兄弟姐妹为什么出现在你的生活中，也不知道他们为何离开你的生活。你的大脑是无法知道的。

接受一切，真心地接受他们，理解他们，爱他们，与他们一起面对困难，你会真正地成为每个人的朋友，即使那些以前你会觉得根本无法理解的那些人。

最后你肯定会发现，离开你的女朋友并没有做错，分手只是击碎了一个囚禁自我的囚笼而已，你的老板也不是你以为的只会发火的魔鬼，虽然也许会有一些性格粗暴，他却肯定是一个有能力并且可以把最困难的工作完成的人，你在他的帮助下，也在获得最快的成长。

你也许会觉得这种生活原则，非常不切实际，与曾经你认为的生活方式完全相反，太傻的生活原则，是真正地会被大脑称之为"太傻"的原则。但是就是因为你的大脑感知是颠倒的，大脑病毒认为"太傻"的，肯定是真正的智慧——这是爱的智慧，我们在下一次谈话会更深入地阐述这种智慧。

爱中是没有分辨、没有选择、没有对象的。即使你最讨厌的人，你也要不断地提醒自己，你之所以讨厌某人，并不是因为那个人具体怎么样，有什么性格，这些都是你自己的某种大脑病毒的预设监狱罢了。

所有人都是你的兄弟姐妹，所有你经历的每一刻都是奇迹。这是真相，你要做的是接受这种真相，而不是去与真相抗争什么。

记得我刚才给你的比喻吗？流水一般的生活，何必去在其中放置一些只会造成漩涡的礁石呢？

Jim：好吧，难道你每天管公司，处理那么多事情，都是这么处理的？诸如你的员工要是犯了什么错误，你难道不责备他？那在这种原则下，你怎么开会，处理问题？难道只是接受所有别人给你的计划或者建议吗？

Taisha：当然不是那样了。接受一切，并不是盲目地让一切束缚你，你接受一切，也可以在接受中做出你的爱的选择。只要你不选择分离，其实一切行为都是可以接受的。就好像我刚才给你举的为女朋友去讨还公道的事情，你其实确实接受了，但是你也解决了问题。

我教导这个，我当然会实践这个。事实上我看不到我的员工在犯什么错误，我只是看到，他们因为一些恐惧给自己设置了各种没有必要的障碍。我不会批评他们，我会帮助他们移开那些礁石，让他们每个人的生活和工作平静地流动。

比如，有一次会议，我安排和公司基层员工座谈，员工心中充满了各种抱怨、意见和情绪，诸如部门合作不顺呀，总是有其他部门造成的麻烦要自己处理呀，对收入呀、级别呀、奖惩制度呀有各种各样的意见。

我开会的时候，首先我接受一切，这些并没有错误，只是他们在幻觉中为自己制造麻烦罢了，我告诉开会的每一个员工，也许你觉得有各种各样问题，但是解决这些问题的途径在你们每个人自己手中。如果你觉得其他部门有什么合作上的问题，而你去抱怨，你肯定解决不了那些问题，因为你并不知道其他部门的难题和他们自己工作的重点。就好像其他部门要是抱怨你们部门这个做得不好，那个做得不好的时候，你自己肯定也很恼火，你会说事情哪有那么简单，有本事你自己来做就好了。

我帮助他们去想象，自己最喜欢的客户也好，老板也好，同事也好，究竟是什么样子的，难道不是理解他们、接受他们、信赖他们、帮助他们的人吗？我也帮助他们去想象，到底他们最讨厌的客户、老板、同事究竟是什么样子的，难道不是那些斤斤计较、每天抱怨、把自己认为对的一些观点强加给所有人其实却什么都不了解也不知道的人吗？其实每个人都是这样想的，他们喜欢被理解、被接受、被宽容，不喜欢被计较、被怀疑、被强迫。

最后我会问那些员工，既然如此，那么你们为什么会允许自己成为自己最讨厌的那种人呢？当你去计较、抱怨和怀疑的时候，难道你不是也成为了别人眼中的最讨厌的人吗？为何不选择去理解、去接受、去主动地解决问题呢？

你看，Jim，太傻的生活原则，并不是虚无缥缈的自我安慰，其实每个人都知道，这种生活方式，接受、理解、爱、宽容，是唯一的解决问题的方式，只是由于大脑实在太喜欢去斗争，去分辨对错，去区别好坏了，于是你的生活与工作才会被大脑操纵，陷入种种困境——所有的敌人和困境都是你自己制造的。也只有你自己才能消除它们。

Jim：你说得真的没错，你真的是那种所有人都最喜欢的老板呢！

Taisha：其实你可以喜欢每个人的，与那个人究竟是什么样一点关系都没有。太傻的生活原则，不是要你去分辨一切、琢磨一切、计较一切，就好像你在谈话开头说的那样。记住，一切都是简单而自然的。事实上，这些生活原则每个人都很熟悉，只是，每个人总是在区别的心态下，觉得只有一些情况应该这样，另一些情况就应该斗争呀、维护权利呀、保障安全呀。这是一个人内在的自我矛盾，就好像你会觉得应该喜欢一些人，而可以不喜欢另外一些人。有的人值得你爱，有的人却不值得你爱。这些都不是爱，这些都是恐惧。

当然，我可以和你说更多这类的处理问题的技巧，但是这些的核心，都是与太傻沟通，并在太傻的指引下行动。你也可以以一些小小的技巧，去刺激你接受太傻的指引的敏锐程度。

比如，我去开任何一个会议之前，基本不做任何准备，因为我知道，准备这些事情，大脑也想不清楚，何必浪费时间呢？在会场现场发挥，遇到问题解决问题就是了，因为在这样的环境中，大脑往往来不及做出反应，而太傻的声音会听得更清楚，这就是我之前和你说的，用一些手段刺激太傻的声音。开会不做准备，看起来似乎不认真负责，只是你真正地信任你内在的太傻，把这些复杂问题交给他罢了。你多锻炼这种类似的方法，你会爱上这种即时智慧的模式的，比起慢条斯理地用大脑准备有用得多。而且，我的任何一个会议，从来没有人觉得我逻辑不清或者丢三落四，大部分人都觉得太啰嗦，好像有无数的话要说，抓到机会，终于说了。太傻说话，就是这种感觉，太傻有无数的话要说，你让他充分发挥就是了。

就好像我说自己什么都不做，我其实没有错过任何事情，我只是不在大脑病毒的恐吓下去做，也不会在什么目标的期待下去做，我做一些事情，仅仅因为是在做它们而已，我在做这些事情的过程，已经无关什么目标或者结果了，但是放下了对结果的期待，结果反而却是最好的。

而我生活中，也基本都是每天捡肉丸的过程，以前我还自己买买东西，现在基本到处捡东西，因为我知道，我需要的东西，其实根本不用买，买还得去挑，多浪费时间呀，翻箱倒柜找找，就能找到自己需要的东西了。

就好像我创办太傻网到现在快有十年时间了，我从来没有想过打败任何对手，也一直没有遇到过什么对手，从来没有想过要成为什么富翁，却也没有少赚钱，从来没有想过要幸福生活，其实生活也没有不幸福，而过去的一些所谓的艰难的日子，只是我自己没有弄明白自己到底要什么，所以会进入一些忧虑中，慢慢地，当我看到了真实的世界，一切也就清晰明了了。

Jim：这样生活看起来确实很轻松，但是，如果某些时刻，你确实要去买一些东西，比如你的牙膏用完了，你没有捡到牙膏，于是你要去买一个，你进入超市，肯定要经历挑选的过程吧，要是你原来用的那个牌子没有了，你得用一个新的牙膏，在琳琅满目的牙膏品牌和功能里面，这个过程如何不被分离所束缚呢？

Taisha：嗯，这是一个好问题，你其实只要记住原则，一切轻松自然，别费力琢磨就是了。比如你可以去挑一个看起来最大个的牙膏，这样可以用的时间长一点，你如果告诉自己这点了，看上那个最大个的，拿走就是了。这个看起来也有分离，是某种大小的分离，但是，注意，你并没有情绪在里面，没有觉得大就是好，只是觉得，既然大小没有区别，那就随便选一个就是了。就算没有拿到最大的，也无所谓啦，其实都差不多的。反正你要拿一个牙膏而已，给自己随便一个什么指引就行。诸如，你还可以说，今天的心情是黄色，所以选一个黄色包装的，这也可以呀。反正注意，不要选择了又去批评自己，你可以完全不想这些问题的。其实大部分时候，你都是不想这些问题的，轻松一些就是了。

当然，你可能听到太傻给你的某些指引，诸如，你一眼就看上某个牙膏，注意，是一眼看上，不是比较了各种功能和价格之后的，这点比较像一见钟情的感觉，你看上了它，并不知道为什么是它，不要去琢磨为什么啦，既然看上它，就是它了，反正用大脑也琢磨不出啥的。

3-6 太傻的肉丸

3.49 你将从这个世界毕业，你将真正迈上通向太傻的世界的道路这个过程，注意你自己的感觉，不要去寻找所谓最好的、最划算的或者功能最齐全的，也不要觉得，自己有什么问题，诸如要防过敏呀或者美白的问题，需要牙膏去解决，其实你没有任何问题，你的问题都是大脑的问题。

其实选牙膏，和选女朋友道理也是一样，你真的知道自己最适合什么样的人吗？你觉得你要选美的、聪明的、温柔的、体谅的，那些都是你自己给你自己的障碍罢了。记住，你的大脑根本什么都不知道，用自己的心，在太傻的指引下去选择。其实你没有选择，只是在做你自己该做的而已。

Jim：你这个说的倒挺形象的，可惜我怎么都觉得，要是这么就能找到最合适的女朋友，倒省心很多了。购物我知道了，找朋友我也某种程度明白了。那如果工作中，我就是要选择 10 个股票去投资，这是我现在的工作，我虽然知道，大脑不会选择，而工作却要求我选十个出来，还要写出完整的理由和报告，那怎么办，扔骰子吗？诸如你的留学服务的客户要选择目标申请的学校，难道你告诉他们："选校吗，反正你的大脑也不知道怎么选，就好像那个做投资的小女孩比投资专家成功率更高的例子，扔骰子作选校就是了。"

Taisha：首先这类情况，你要思考的本质不是怎么选，而是你为何要选。你也许觉得投资成功就是你的工作，但是，那只是你自己给你自己的限制。如果你理解，你的工作的核心的价值，是帮助你的客户理解他们自己其实根本不缺乏什么，投资本质只是某种小小的游戏，何必又那样计较得失，你做这件事情会轻松得多。事实也是这样，你以为你每次投资成功了，就会给客户更好的感觉，成为某种金牌顾问，这只是你自己给你自己的一个局限的定位，确实有客户是这样期待你的，但是，你何必用这个来限制你自己呢？记住，真正最成功的投资专家，肯定不是什么靠选择几个好股票，每次都帮客户赚钱而成为投资专家的。

对客户申请留学也是一样，我们反复会问客户几个问题，你到底是要什么，要成功率，还是排名，还是专业合适度，还是奖学金，或者学校地理位置。你不可能全部都要的，因为很多因素是相互冲突的。留学咨询的本质，从来不是帮客户拿到更多的录取和更好的录取，本质只是在这个过程中让每个客户理解自己，理解自己到底要什么，到底追求什么，到底什么才是对他们最重要的，然后帮助客户自己做出选择。

无论是留学咨询，还是金融咨询，咨询顾问的本质角色，从来不是代替客户作选择，相反，真正最高的咨询顾问会看到，你无法代替任何人作选择，如果你代替别人作选择，你只是在强化那个人的幻觉，让那个人相信，自己的命

运是由别人，所谓的专家决定的。这是没有意义的，固执于这个决定，只会给自己和你的客户带来无穷的烦恼。

至于到底最后应该如何选，其实很简单，与你的客户交流，让他们看清自己到底想要什么，需要什么，真的想体验什么，然后你就自然可以给他们建议，最后他们还是自己做出选择——这是真正的咨询顾问的角色。

所谓咨询顾问，和太傻的老师的角色是一样的，只是一个是某些领域的老师，一个是生活中无处不在的各种经验的老师。老师的角色和功能只有一个，他不会去帮助他的学生克服任何障碍，他只是不断地提醒他的学生，障碍仅仅来自于他们自己，他们有完全的能力自己搬开那些河流中的石头，因为那是他们自己放下去的。

所以，在太傻咨询，太傻的老师几乎从来不做帮客户填表、邮寄材料这些事情，选校报告更多的是和客户一所所的交流，文书也不是我们给客户写好的，我们只是不断地提醒客户，那些事情他们其实可以自己做好的，应该如何坚持自己做好。你的金融咨询，肯定也是完全一样的。

3-7 生活的艺术

Jim：你说得实在太好了，这是我听到的关于咨询顾问究竟应该怎么工作的最精彩的回答了。能给我一个类似太傻生活原则的行动指南的东西吗？这样，我就可以不用每个场景都跑来问你应该怎么行动了，诸如吃饭、洗车、出去玩、看电影、玩游戏等的场景下，究竟什么才是太傻原则的行为方式呢？

Taisha：行动指南只有一个：在任何情况下，你不是在"做"任何事情，而只是在"成为"你自己本来的样子。如果你一定要"做"事情，那就只是"做"展现爱的事情。只有基于爱的行为，是没有反面，没有分离，只会产生爱的结果的。

在爱中，你不会批判自己，更不会批评你的兄弟姐妹。在爱中，你不会做出分离的选择，你不会在爱中评价、比较、判断。爱不会制造恐惧，你如果感到任何的期待、恐惧和渴望，那么那肯定不是爱。爱是太傻行为的唯一指南。

例如，如果你去玩一个游戏，例如网络游戏，你在游戏中会体验到很多的渴望，升级的渴望呀、高级的装备的渴望呀等等，在这个时候，你也许会意识到，这些追逐都是分离的追逐，你不可能从这些追逐中真正获得快乐。这个时候，你不要批评自己，告诉自己，太傻说过，没事的，一切轻松自由就好了。同时，反思自己在游戏的分离中的那些情感，问自己，爱会如何做呢——然后你会自然地离开那个游戏，或者在平静中完成那个游戏。这就是爱的行动，没有批判，没有归咎，只有爱与爱的平静。

例如，你说的吃饭呀、洗车呀，类似的场景都一样，你不管做什么事情，是不是在做这些事情，都不重要。重要的是，你为什么做这些事情，你在做这些事情的时候的心理状态究竟是平静的还是在追逐。究竟是因为恐惧而做，还是因为爱而做。

你可以因为爱而吃饭，你可以因为恐惧而吃饭，但是，同样是吃饭，对你的影响却是完全不同的。

当然，究竟什么是爱，什么是爱的行为，什么是爱的力量，如何展现爱，爱是如何创造一切的，这是我们下一次谈话要花整整一章来谈的问题，在那一章之后，你会更清晰地理解，究竟太傻的行动原则是如何塑造你的生活经历和这个世界的。

Jim：我觉得你说的爱，有点抽象。我觉得，爱也是我的生活原则呀，我爱世界，爱家人，爱朋友，爱祖国。你能概括一下，太傻的生活原则和一般的其他的生活原则有什么本质的不同吗？

Taisha：也许你会觉得你理解爱，我会说，其实你只是理解了皮毛，那些并不是真正的爱。

太傻的生活原则，你也许觉得很多人都在做，他们活得似乎都很轻松自然，但是，其实那也只是偶尔运用类似的生活原则的一些皮毛，几乎所有的人的生活本质并没有改变。

只要你还相信你大脑病毒看到的世界是真实的，你就不可能真的在实践太傻的生活原则。在一个大脑制造的幻觉的世界里，所有人都只是在恐惧的束缚下，不断地做事情。从做一个事情，到做另一个事情。这个世界的生活原则可以叫作"行动主义"。

本质上，大脑指挥下的每个人做的每一件事情，都是要达到某种目标，这个世界的人们相信，自己的生活是外在决定的，于是只有自己不断地做事情，才能改变外在，只有不断地行动，才能改变自己的外在世界，然后获得那些所谓的快乐。一旦你告诉任何人，他根本不用做，事情自然会改变，他们是绝对不相信的。

太傻的生活原则却是没有目标的，也不是行动主义。你看，《太傻天书》反复说：不用去做任何事情，你唯一的任务，就是成为你自己。所以，太傻的生活原则的本质是"成为主义"。

太傻生活原则相信，只要你走出了大脑分离的幻觉，恢复你真实的觉知，你的内在充满爱而不是恐惧的时候，你的外在也会因此而改变。意识创造体验，内在决定外在，所以没有必要去行动，只要"去成为"即可。成为自己，成为爱，成为合一。Jim，你觉得你现在的生活是行动主义呀，还是成为主义呀？

Jim：我看我很明显是行动主义吧。不过这个原则似乎有点抽象，但是，我还是可以理解一些，不过我估计还要锻炼一段时间，才能充分理解吧。

Taisha：放心吧，你肯定会热烈地爱上太傻这种轻松自如的生活原则的。它并不神秘，也没有告诉你什么惊天动地的事情，它只是提醒你，这些你一直都可以做到，只是你的恐惧阻拦了你自己。你要做的只是走出恐惧，然后快乐地活着。

其实，每个人都可以一样轻松地生活，你可以拥有财富，只要你不执著于财富的区别，或者非要用财富去做什么事情，你同样可以拥有健康快乐和一切，是你的忧虑和恐惧本身让你失去了那些，而不是任何外在的事物。

当你恢复了内在的创造力，在太傻指引下，开始过这种生活，创造你生活的每一刻，你会爱上这种感觉的，那是一种真正无忧无虑的感觉，一种自然而然的知道一切、完成一切的感觉。所有一切的思考交给太傻就是了。

锻炼自己的思维，让自己慢慢接受这个过程，从过去的那种挣扎的痛苦中走出吧，你肯定会和我一样地快乐而自由。

那么我们谈了这么多，你觉得你一开始的问题解决了吗？你知道应该怎么在生活中面对你的各种生活环境，一面走出分离，一面又做好每一件事情了吗？其实，你慢慢地会发现，你其实没有做任何事情，你只是在做你自己罢了。

Jim：怎么又被你一说，就觉得很容易的感觉，我自己做的时候，就什么感觉都没有了，不过，你说的确实很吸引人，我也似乎找不出什么破绽，好吧，我自己先试一试吧，试一试用太傻的生活原则锻炼一段时间吧。我会继续做你给的练习的，不过我估计下次也会有一堆问题。

Taisha：放心吧，回答你的问题也是一种乐趣呢，其实所有的事情都是乐趣，我从来不选择，所以所有的事情都变成了乐趣。你肯定也可以一样地做到的。不用担心，相信你内在的太傻就是了。

Jim：好吧，我不担心了。让我从现在开始，试着以太傻的生活原则活一段时间吧，反正我什么也不会损失，我一直都是觉悟的，一直都是自由的，一直都是爱，每一刻都是奇迹，对吗？

Taisha：太好了，你已经学会了。在每一刻都和自己这么说，很快，你就会真正地改变了。

不过，Jim，也许你觉得你的进展是缓慢的，似乎到现在学完第三章了都没有发生什么奇迹的变化，但是，我却已经看到，一些根本性的改变已经在你的身上发生了。当你的思维开始改变的时候，你的生活也将开始改变。这是万物的必然规律。

往往一个人开始真诚地走上这条道路的时候，他的生活会经历一些重大的变化，也许看起来他会给你带来一些痛苦和麻烦，但是，他们都是奇迹，记住我说过的，那是太傻给你扔下的一个巨大的肉丸。不要抗拒它，接受它，理解它，爱它，于是这个肉丸也会发生它真正的最大的功效。

就好像你曾经经历过的那些生活中你永远不会忘记，意义重大的变故一样，在这些变故之中的时候，看起来是非常痛苦的，但是当你度过它，在一段时间之后回头过来看，你会真正地看到那些变故，是真正的奇迹，那些奇迹给你带来的是真正的飞跃。既然如此，在每一次看似痛苦实际即将带来飞跃的生活改变中，又何必去自我折磨地抗拒呢？记住，这些都是你自己创造的，你应该快乐地拥抱它们。

Jim：你说得这么玄，难道又看到什么我的未来了？是不是我要被炒鱿鱼了，或者要换工作了？其实我早就在琢磨这些事情了。不过你说的对，过去我每一次看似最痛苦的经历，其实都是我收获最大和飞跃的时期，我看清了自己的选择，看清了其实我并不是像我想的那样坚强，于是我也真正地在这些变化中成长。

可是看起来你刚才说的那番话，似乎话里有话的样子，别像那个《功夫熊猫》里面的老乌龟一样，话总说一半，让大家自己去猜，这样多累呀。不过你要是能给一些更具体的建议，那就更好了。

Taisha：未来并不存在，我当然没法给什么具体的建议了。而且，你要记住，所有能预言未来的人，都不会告诉你真正应该知道的东西。因为，一旦你观察到了，未来就会因此而改变，这个和量子力学的原理是一致的，观察者会决定观察对象的结果。所以，就算我知道你具体的未来，也无法告诉你。

不过你不用担心，我会送给你比一些具体的建议有用得多的东西啦，这些东西不是简单地用于处理一两个问题的，而是能在未来任何时候用于解决问题的魔法物品啦，就好像哈利·波特的魔棒和隐身衣一样。

Jim：哪有这么好的事情，难道你会真给个哈利·波特的隐身衣那样的东西？或者你要像《奇迹课程》练习那样说："你什么都看不见。"这就是你说的隐

身衣吧？

Taisha：不是不是，我真的会给你实实在在的东西的。而且不是一件，是三件。我还会教你具体怎么使用。不过不是这一次给你，是从下一次谈话开始，每次谈话之后，都有一个魔法物品送给你。

Jim：不是还有四次谈话吗，那不是应该有四件，怎么只有三件？提前透露一下吧，至少说个名字吧，让我也有个大概的印象之类的。

Taisha：嗯，没问题，反正你早晚都要收到的，提前告诉你也没问题啦，免得你总觉得我又用什么概念忽悠你。其实确实是四件，只不过第四件是前三件在某个咒语下组合变化而成的。

第一件是一副魔法墨镜，你可以用它看到一个不同的世界，某种真相的世界。这个墨镜会配合一个叫真实的沟通的魔法，它让你拥有奇迹的说服力，就好像《星球大战》欧比旺通过卫兵用的那种魔法。

第二件是一个真相的显示器。很多人想象上帝就应该有这样一个显示器，可以看见人间所有的过去未来之类的，就是这样一个显示器。这个魔法物品会帮助你强化与太傻的沟通，也会配合一个魔法锻炼。

第三件是更神奇的东西，而且不是一个，是一套东西，是一套奇迹的树叶，这套树叶告诉你任何一天你可以施展的奇迹。

这三件东西可以在最后一堂课我将教你的某个咒语下，组合成一个新的奇迹道具，具体是什么东西，每个人会有不同的结果，而且那个东西只属于每一个人自己。我也很想看，你自己为自己创造出的是一个什么奇迹道具。

Jim：真的吗？这么具体，和我想的还真不一样。这些你自己肯定都有吧，那你自己的那个最后组合的奇迹道具是什么？魔棒吗？

Taisha：我自己造出来的是一套奇迹手环，也是套装，有7个，各自有不同的功能。你看我现在就戴着一个。不过这一个我已经戴了好几年了，它的魔法功能叫"Link"。至今对我还是功效无穷，看来也还没有到换另外一个的时候。

你的会自己造出什么我不知道啦。不过肯定是最适合你的，肯定是太傻在他的百宝箱里为你选择的，你这么喜欢隐身衣，也许太傻真的给你一件隐身衣了，不过你要隐身衣做什么，要去偷窥你老板吗？

Jim：嗯，估计拿到了就知道了做什么了。这么好的东西，干吗不这次全给了，还非要一次一次的，这个不是又让我陷入期待吗？

Taisha：因为你还没有真的做好准备呀，给你了你也不会用。我在第一次谈话开始的时候就说过，前三章的谈话是结构和基础。并不是每个人都有机会完成前三章而进入后面章节的，有的人也许只看看书名，就会一笑而过了。所以如果不完成前三章，你根本不可能理解之后的各种魔法的意义和创造原则，因此也不可能学会使用，所以给了那些东西也是浪费呢。

不过，Jim，你看起来是肯定可以完成这本书的学习的，所以，我就给你预告一下，你也不用期待什么，等你完成了，自然会收到，反正我不是说过，你肯定会完成的吗？就好像你不会期待下一次生日蛋糕对吗，因为你知道肯定会收到的。

Jim：好的，希望下次来，我可以带给你巨大进展的好消息。

Taisha：我从不期待好消息，你一直都是我生活的好消息。这是真相。我们下次再见。

第四章
爱与道路的对话

Taisha：这个颠倒的世界总可以找到各种大脑病毒无法理解的迷思。这些看似矛盾的迷思背后却往往蕴含着伟大的真理。关于"力量的迷思"是：为什么拥有奇迹力量的耶稣，会微笑地接受十字架的命运？答案当然是：耶稣看到了"太傻的肉丸"。关于"真爱的迷思"却是一个更简单的问题：当公主被恶龙抓走了，真爱的王子将如何做呢？你的答案将表达你对"真爱"的理解。

4-1 真爱的误区

Taisha：Jim，你好，我们又开始新一次的谈话了，我首先要祝贺你，你能走到第四次谈话，一个读者能读到这本书的第四章，这已经是一个很大的成功了，大部分这本书的读者是无法读到这里的。他们在这之前就被他们的大脑病毒打败了。不过，不用担心他们，他们只是暂时地放下了这本书，他们最终都会在某个时候，重新拿起这本书，直到这本书真正成为他们最后一本书。

这一次谈话，我们的主题是"爱"，从哪里开始谈呢？Jim，你觉得你了解爱吗？

Jim：我……

Taisha：不要着急给出答案，当你犹豫的时候，也不要有任何的惭愧。那些脱口而出"我当然了解爱，爱是这样，或者爱是那样"的人，在读完这一章的内容后，会再次有机会回答这个问题。

但是，我必须诚恳地告诉你，Jim，我不了解爱，我也在内在的探索和自我的理解中，学习"爱"这个永恒的主题。

真正看到爱的伟大和爱的无限的人，任何一个真正的掌握智慧的大师，他们都会非常努力地和你谈论爱，但是，他们也没有一个会自称："我了解爱"。

爱，永远是这个世界、也是任何一个世界、任何一个宇宙、任何一个时空永远的话题。尽管这个词语被人类长久地误解和误用，并被一直作为相互束缚和相互要求的工具，但是，这一切都不会改变爱的本质——唯一真实的力量。即使在任何一个幻象的世界中，在这个规则宇宙或任何一个规则宇宙中，爱都是唯一真实的力量。

尽管我们以前都经常谈到爱，你肯定有很多的疑惑，爱，很多人都知道呀，爱父母，爱老师，爱家人，爱社会，爱国家，爱自然，爱动物，爱情，怜悯，同情，关心，体谅，原谅，这些你觉得你都理解呀，也是很美好的感情，为什么之前章节的《太傻天书》会将爱放在那么高的位置呢？

真正的爱比你在这个幻象的世界看到的爱要广阔得多，她包含你提到的那些爱的形式，但是，那些都不是完整的爱，只是残缺的爱的影子。就是因为你不理解爱，你不会爱，所以你经常在这个幻觉的世界感到痛苦、矛盾和迷茫。不仅仅是爱的痛苦，所有的痛苦、恐惧、焦虑……唯一的原因，就是——缺乏爱。

这一章，我们将谈爱的力量，真正的力量，这是解决世间一切问题的力量和途径，更不要说你生活的那些小小的问题。所有世界的所有问题，都只能在爱中解决，爱不仅仅是让世界和谐的力量，更是一切创造，一切造物，一切存在内在的力量。无论是一棵小草，还是一个宇宙，都只能在爱的力量下被创造。这是多么奇迹的事情呀——你对哪怕一棵小草的爱，与创造宇宙的爱的力量，竟然是完全相同的爱。

记住，爱的课程是你唯一的课程。你来到这个世界，不是为了任何的目标，仅仅是成为你自己，让自己成为爱，在这个世界散播更多的爱。让这个世界也变为爱的世界。

这一次谈话，我们将只谈爱，你也许会觉得，不就是爱吗，有那么多要说的吗？是的，爱的话题几乎是无限的，我哪怕用一辈子的时间讲给你听，也讲不完，所以我们今天只会讲太傻道路的第一步，这也是太傻道路第一步的核心，理解爱、认识爱，以及爱的实践。

但是千万不要觉得，自己已经理解爱了，这是多么童稚的言语呀。我在这次谈话中，也会用很多观点挑战你自以为是的爱的理念。

现在让我们开始我们今天的谈话吧。

Jim：谢谢你的开场白。这些话让我很感动。我也得抱歉，本来上次谈话之后，以为再过一周就能继续谈下去，没想到拖了这么久。一开始确实是我去美国耽误了两周，不过那两周我经常练习前三章部分。确实收获到很多很好的感觉。但是，等我从美国回来之后，遭受了一场打击。我发短信和你说了，我和我交往了整整五年的女朋友大吵了一架，其实只是为了一些小事情，但是却让两个人都非常难受，过去五年我们都一直相处得非常好，我一直都觉得我的爱情是某种程度完美的爱情，两个人都相互支持、相互理解，都主动地在一些矛盾中让步，我从来没想过，我们之间可能产生这样让两个人都感到痛苦的问题。我也不知道这一切是怎么发生的，虽然后来我们两个人都做了很多努力，花了快三个月的时间，才总算恢复原来的状态，但是，这件事情却是对我的一个非常大的打击，这对我是一件相当不容易的事情。

尽管在这场变故中，我确实不断地提醒自己上次谈话教导的"我生活中经历的每一刻都是奇迹"，但是似乎不管用，我还是觉得很难受，感觉无法接受那样的变化。而你这次要谈的"爱"的主题，也是我这段时间一直在思考的问题。

为什么两个人明明是真爱，却还会产生矛盾和痛苦呢？我已经努力把我能做的所有的部分都做好了。我们关系中过去很长一段时间都非常相爱，经历过很多考验，从来也没有什么改变，经历一些挑战后，关系反而更加坚固，而且我们谁都不怀疑这种爱的真诚和投入，我们都觉得我们会一直这样相互支持、

相互理解、一同努力。这难道不是真爱吗？可是连我们自己都不知道，我们为什么会经历那么痛苦的时刻，这样的变化究竟是如何发生的。

Taisha：Jim，你刚才的描述中，充满了你对"真爱"和"永恒的爱"的渴望与努力。你也一直认为，你知道爱是什么，你也知道该怎么做，而且确实做到了，并且做得很好，你从来不怀疑自己的这些观念有什么问题。

就好像你刚才说，你没有做错任何事情，你也一直在努力做得更好，你和这个世界上几乎所有人一样，他们也都认为自己在做正确的事情，并且一直在努力做得更好，即使不断地经历痛苦，还是很少有人反思自己的时候把某些基本的观念都颠倒了。你也是一样，虽然你一直坚持，你和你女朋友的感情是真爱，但是我不得不说出事实——那不单不是真爱，而且你对真爱几乎一点都不懂。

就好像很多在事业中受挫的人，只是觉得自己不够努力，或者某些方法和处理问题的方式错了，却从来不怀疑自己根本的观念就是错误的，于是之后还是继续在过去的老路上走下去，即使所谓的有了一些改进，获得了一些技巧，解决了一两个问题，但是，只要你关于爱的本质的问题没有解决，之后各种的问题仍旧会一样的发生，你一样的会继续地遭遇类似的痛苦，直到你开始彻底地审视并转变自己。

《太傻天书》反复说，你是你生活经验的唯一创造者，所有的痛苦和矛盾的来源都是分离，那么，Jim，你是如何在爱这件事情上，在什么样的分离中，为你自己创造了这样痛苦的经验呢？

Jim：虽然我很认同你的分离和痛苦的观点，但是，我从来不认为，我对于爱的观念是有什么问题的。就算你认为美好的爱情根本不存在，或者我在这段感情中确实做错了什么，但是你不能否定，爱情确实是人类最美好的情感，值得每个人去认真追求。如果这个世界连爱情都不追求了，这个世界还有什么价值和意义呢？

Taisha：看你说的，你肯定觉得我是那种宣扬"这个世界没有真正的爱情"愤世嫉俗的人了吧。回想一下我在这次谈话开头对爱的描述，难道你不觉得我又是你能在这个世界上找到的爱的力量最坚定的信仰者吗？

对于我，对爱的认识，已经不是一种相信了，因为不论是相信还是不相信，都是一种分离。你谈到你相信什么的时候，其实也种下了有一天你会不再相信的可能性。对于我，爱是这个世界的唯一真实的力量。不论人们是否相信，是否理解，是否接受，爱都是存在的，没有反面，也不可能被任何的削弱。

那我们的表述为何会有那么大的区别呢？《太傻天书》说过，爱只会解决问题，

不会制造问题；爱只会消除痛苦，而不会产生痛苦。而你却又明明白白地感觉到爱带给你的痛苦。怎么会有这种矛盾呢？

其实原因很简单，因为你说的爱，你在你过去的感情关系中追求的爱，并不是真正的爱。而《太傻天书》和我说的爱，却是真正的爱。他们的区别在于，你说的那种爱是那种基于分离的、基于要求的、基于束缚和恐惧的爱。而我说的爱，却是绝对自由、无拘无束、接受一切、理解一切、没有任何条件的爱。

Jim：你这是大爱吧，对国家的爱，对人民爱，对亲人的爱吧。我说的，应该是小爱，爱情，恋爱吧。

Taisha：不，爱只有一种，真实的爱。其他的爱都只是你的幻觉，或者是真实的爱的扭曲。不管是你所谓的对国家的爱，对人民的爱，对亲人的爱，也许你以为你的这些爱是无条件，没要求，完全无私的大爱，实质上，你的这些爱，和你那些爱情，恋爱，对所爱之人的爱，完全都是一样的，都是基于分离，基于对象和基于要求的爱。

比如，你说的爱国家，难道只有你自己的国家值得爱，而别人的国家就不值得爱了吗？你说的爱亲人，难道只有你的亲人是亲人，别人的亲人就都是仇人了吗？你的这些所谓的大爱的本质，难道不是和你对你女朋友的爱是一样的吗？如果你的女朋友不支持你，不喜欢你，不愿意和你在一起，你的爱会因此而改变吗？

这些都是基于对象，基于差别，基于条件的爱——它们的本质都不是爱，就好像有人说爱国，他所谓的爱都是有条件的。他会说，我爱一个公平、民主、正义的国家，不爱一个残暴地压迫和奴隶民众的国家，这难道不是条件与分离吗？但是，这难道不是每个人对爱国的爱的认识吗？这种爱的狭隘，和你对女朋友的爱的狭隘，难道不是一模一样的吗？这样的爱，只会不断地制造痛苦和矛盾，不管你认为你在过去的爱中犯了什么错误，以后要改正他们。然而，只要你不理解爱的本质，你不改变你的那种狭隘的爱的观念，不论你怎么改，你都永远不会实现你所谓的没有矛盾和痛苦的"真爱"的境界。

Jim：我理解爱要包容，爱要妥协，爱要接受对方的所有的缺点和优点。但是，我并不觉得我的爱的观念有什么错误，或者是狭隘的。我的父母就是完美的爱的典范，相互扶持，一直到现在。

Taisha：Jim，不要着急，我并没有批判你，我只是在帮助你理清思路，看到问题的本质，并帮助你真正地不再在未来的任何感情中由于分离而体验痛苦，这不正是你来找我谈话的目的吗？如果你觉得你真的已经完全透彻清晰地了解爱了，你又怎么会在爱中感到困惑呢？

Jim：好吧，至少我觉得，我在爱中，一直是包容、理解和原谅的，这是我在所有关系中的原则，我现在和以后都不会觉得这些是错的。这难道不是和谐关系的黄金法则吗？难道你要我连这个也放弃吗？

就是在这种相互理解的爱中，我对她几乎是没有任何要求的爱。我可以为了她做很多我以前根本不喜欢做的事情，例如逛街、购物、看电视剧，而我的一些喜好和习惯，她也不会有异议，我们都能很顺利地理解和接受彼此。在过去，我们关系中也遇到一些不同的观念和思维方式带来的挑战，类似双方的父母和背景差异的一些挑战，在相互的理解和支持下，这些都能很顺利地克服，虽然生活会经历一些小小的波折，但是，这都不改变我们一如既往地相爱。虽然我经历了一些挫折，但是，这并不能表明我的爱的观念是错的吧。

Taisha：Jim，在《太傻天书》前三章，我们谈了很多分离、行动主义、追逐模式的误区，对于这些，你看起来是相信的，你也觉得你是相信的，其实你本质是不信的。你还是在你大脑病毒构建的过去的那个监狱中。在大脑病毒分离的模式中，我们很容易把自己放在分离的美好的一面，诸如努力、勤奋、耐心、包容、理解，你也一直觉得这毫无疑问肯定是对的，就好像你刚才说的："现在和以后都不会觉得这些是错的"，但是，这从另一个角度难道不是大脑病毒的顽固吗？

你问一问周围的任何人，有没有人觉得他们自己不是"努力、勤奋、耐心、包容、理解"的呢？要是真的是仅仅靠这些所谓的美好品质这个世界就会和谐的话，那这个世界早就和谐了，就好像你一直觉得自己是在感情中做对的事情，为何还会在感情中经历挫折呢？但是，就好像我们前三次谈话说过的，这些本质都是分离。

我们来慢慢深入你的问题，先把我说的那些没有区别、真正的爱放到一边，那种爱，短期对你是很难理解的，当然，随着我们的分析，你肯定会慢慢认识到——那是唯一真实，或者说是唯一可行的爱。

让我们先来看看，你所说的"包容、理解和原谅的爱"为什么一样是爱的扭曲和分离的陷阱吧。

你刚才的所有描述，你觉得你对她没有要求，但是，你其实有很多要求，只是你把这些要求认为是所有的爱中理所当然的。例如，你认为你可以接受一切，可是你却不能接受女朋友离开你，否则你们怎么会痛苦，直接分手不就是了吗？你觉得你一直在包容、在妥协、在让步，为你的女朋友作了很多的牺牲，但是，

你只要心中还有妥协、让步和牺牲的观念，其实你就是还是觉得你的女朋友做得不对，只是你是为了爱而接受了而已，而你的内在却是希望她改变的。

所以，你在你的感情关系中，离你自己以为的"你们对彼此都没有要求，都是完全地接受"，还差得很远。你们两个其实都是有要求的，而且我可以肯定地告诉你，你和你的女朋友对彼此都有很多的要求。这些要求最直接的表现就是，你们会不断的觉得对呀、错呀、好呀、坏呀、即使你们会选择理解和体谅，但是，这些要求却是现实存在的。

要是你更深入地回顾你曾经经历的那些美好的爱情时光，你更会发现，就是这些要求，即使是妥协、理解和让步的要求，同样是你们所有矛盾的根源，你会更深刻地理解，在分离的思维模式下，是你自己制造了所有的痛苦，与别人做了什么一点关系都没有。

就算你和你的女朋友回到以前你们关系最好的那段日子，你们之间难道就没有任何的困惑和矛盾吗？只是你们都在努力让步，去协调这些矛盾罢了，它们并不是不存在。只是在某些时候，你们都认为为了爱情作那些让步和妥协是值得的。例如：你女朋友要是很喜欢看电视剧，诸如《欲望都市》《绝望的主妇》这样的电视剧，而你其实对这些根本不感兴趣，你更喜欢《生活大爆炸》这样轻松幽默的内容，或者根本对电视剧不感兴趣。但是，你们其实都不愿意强迫对方接受自己的爱好、于是你们都开始妥协，都在告诉自己，只有更多的容忍和接受对方的各种优点和缺点，才能获得美好的爱情的结果。你也肯定有一些自己的爱好，习惯和追求，希望你的女朋友理解和接受，你的女朋友肯定也是在努力地接受，你们都在互相接受各自的缺点，都在努力地改进自己，并努力获得更好的生活，对吗？

即使到现在，你肯定还是觉得，其实只要你们一直这样共同努力下去，就能达到你所说的你父母那种"相互扶持、一直到老"的完美爱情，是吗？

Jim：我承认，两个人关系中这些矛盾是不可避免的，但是，它们都是可以在爱中解决的呀，要是我们都互相容忍、互相体谅，难道还有什么是不能接受的吗？

Taisha：对于你，确实是可以接受的，但是，对于另外一个人却不一定可以接受。几乎所有类似的曾经相爱、但之后出现矛盾的原因肯定是：她不再从你们的关系中感到快乐，甚至开始感到痛苦，这些痛苦在某些程度上可能是你无法理解的。

例如，即使你陪她看电视剧了，她还是觉得你其实并不是真的喜欢看，你只是为了她而看。类似的痛苦还有很多，例如你即使已经很努力赚钱，并且你认为这是你对她最大的爱的形式，但是她也许觉得她需要的并不是一个要努力赚钱的男人，而是一个更关心她、每天陪她，当她不高兴的时候会在第一时间安慰她、关心她的一个人。即使这样相互的某些不满意，或者各自的分离的生活目标导致的不和谐，短期是可以隐藏或者通过容忍而掩盖，但时间长了，这些矛盾最终会爆发。

在某些情况，当她可以从其他的地方找到一些更快乐的感觉的时候，当她觉得有其他的生活方式可以选择的时候。即使这一次你们没有分手，如果你不解决这些矛盾的根本问题，在未来某一天，她还是可能会走出这一步，选择分手。

对于你其实也是一样，只是你对她的那些小小的不满意，还没有积累到某种让你痛苦不堪，并作出其他选择的时候，就算你们有效地解决了这次的矛盾继续在一起，未来某个时候，你也许遇到一个比她更支持你、更理解你、更关心你、更与你有相同目标的女人，你难道不会也在某种痛苦的折磨后选择和你现在的女朋友分手吗？你也许觉得这根本不可能，我必须诚恳地告诉你，无数的曾经海誓山盟的爱情都是如此走向裂痕，根源其实都是一样的。你们其实都有要求、都有期待、都在不断地分辨对错、好坏、大小和多少，这些都是在分离的思维模式中，也必然导致痛苦。

所有问题和痛苦的根源，因为你们的感情是建立在条件、要求和束缚上的，这些只是一个关系的囚笼罢了，而真正理解一切、接受一切、绝对的自由的真爱是不会制造任何问题和矛盾的。你们以前的所有的努力，即使你们都是为了爱，实质也只是在不断的相互要求和相互妥协中掩盖矛盾。当矛盾积累到一定程度，就必然在某个临界点爆发，很多人在这个时候总是喜欢去分辨到底是谁对谁错，谁爱谁多一点，或者谁到底应该负责任，还有意义吗？

4-2 追逐的囚笼

Jim：可是每个人都会有各种缺点和优点，相互理解和接受难道不是每一种关系的核心吗？既然我能容忍下去，为什么她不能容忍下去呢？就算她未来真的离开了我，难道她真的就能找到某种让她完全满意的关系吗？

Taisha：Jim，你看，你还是在优点与缺点，以及是否应该相互容忍和接受的问题上计较。本质的问题从来不是你们是否相互接受的行为，而是你们这

些行为背后到底有没有分离的恐惧。一旦你进入恐惧，你是不可能体验真正的和谐的。

当你们选择在一起的时候，你们事实上就是在各种优点和缺点的比较下作出选择的。在亲密关系的发展中、你们都在不断地比较，到底应该接受什么、接受多少、到底谁接受谁多一些、谁容忍谁少一些。这些都是分离的观念。就算你们在接受和容忍，可分离就是分离，分离导致的矛盾是不可能化解的。你们事实上都在不断地比较、不断地分辨、不断地分离。而这些思维模式是无法隐藏的，最后都必然导致痛苦和矛盾，不论最后是分手了还是和好了，其实并不重要，你们从来没正视过问题。问题不在别人，而在自己的思维模式上，就好像你一开始说的，你觉得只要相互理解、容忍、支持，就可以解决一切问题。但是，只要你们能看到问题，问题就不可能被解决，只是在什么时候爆发而已。

确实有很多人就是一直这样相互容忍下去的，但这并不是真正的爱与真正的幸福，这只是一种扭曲的爱、一种相互束缚的爱，这些爱的本质只是恐惧罢了。随着时间的发展，谁也不会真的再感到爱的美好，只是在恐惧和束缚中不愿意离开那个监狱而已。

一旦你们走到一起，在某种分离的追逐下的爱，不管你们双方付出多大努力，最后的结果都不会改变。要是你非要找出一个原因，那个原因肯定就是你们根本不懂爱。真正的爱，是不可能产生任何矛盾、产生任何痛苦的隐患的，你自己觉得你会爱、你理解爱、你愿意为爱付出，其实，你们现在看到的结果和你们感到的痛苦，难道还不够说明你们其实不会爱吗？

就好像你父母的爱，他们真的对相互一点点意见和要求都没有吗？要是一方要离开另一方，他们会一样的在爱中接受，不感到任何的痛苦吗？肯定不会的。

所以，Jim，你要看清楚，这不是谁的责任、谁对谁错的问题，而是你自己的对爱的观念的问题，你一直觉得你在爱，你在正确的爱，你觉得你一直在为了维护爱而理解、努力、接纳，但是，实质上你只是在不断地分辨对错好坏和多少，你还是不断地"行动"，不断地强化束缚、加深恐惧，你一直觉得只要你做得更好，问题就会解决，但是，分离的世界却从来不是这样有完美结局的。你只是在用你自己爱的观念，给你自己建造一个坚固的囚笼。你和你女朋友每天都在用你们的让步、你的容忍、你的接受，为这个监狱添砖加瓦。但是你们却期望这个囚笼有一天能变成一个美妙的天堂，这是不可能的。

所以，你应该真心地感谢你的女朋友，在一场矛盾的爆发中，她那么勇敢地首先冲破了那个囚笼，不管是因为什么原因，她的勇敢也因此解放了你。于

是你们可以都重新开始反思自己，反思自己对爱的观念。也许你会很庆幸你们没有分手，但是，你还是在恐惧分手。你们未来仍旧在某种恐惧中，除非你用新的真正无要求、无恐惧的爱来对待你们的关系，你和她才能真正走上新的真爱之路，而不是再相互束缚、相互恐惧、相互折磨。

但是，如果你不能改变你对爱的那些所谓的"正确的爱"的观念，你就算走出一个囚笼，也还是会走入另外一个，直到你找到一个人，和你一起建造一个你们永远都懒得去打破的囚笼，从而囚禁你们一生。你觉得只有这样才算是最幸福的爱吗？

但是，Jim，我并不是在指责你做得不好，指责并没有意义，我只是在引导你，从对外的归咎、对自我的怀疑，走向对更深刻的问题的思考——究竟什么才是爱？

我刚才说过，你如果不把这个根本性的问题弄明白，只是不断地在追求你自己认为已经知道的，自己认为已经理解的，自己认为肯定不会错的爱的形式，你也只会不断地从一个监狱走向另一个监狱。

就好像有人说：婚姻是爱情的坟墓。这只是归咎罢了。说这些话的人，从来没有意识到，所有的坟墓都是自己建造的。对爱情的坟墓其实更有效的表述是：你的分离的思维模式，是你的自由的爱的坟墓的掘墓人。那个墓碑上写着：自以为是的爱情的又一个牺牲者。

我仍旧反复地问你，Jim，你真的了解爱吗？当你提出要求和作出种种选择的时候，你知道你到底在做什么吗？

Jim：好吧，我确实一直都在这个问题上自以为是，否则我应该也不会经历这些痛苦了，既然你说我的爱情观念一开始就是错的，那你说说真爱到底是什么吧。

Taisha：我并没有说你错了，我只是说，你在用一个不可能的工具去追求一个实现不了的目标。你的目标并没有错，而是你的工具和方式无法实现你的结果罢了。我只是在帮助你认识你自己的问题。

你和这个世界上几乎所有人都在一个一样的幻觉中，你们都觉得自己知道爱、了解爱、了解爱的方式、了解爱的途径，不信你在路上随便抓一个人，他们都会说出容忍呀，接受呀，相互理解呀，共同扶持呀，这些的话。这些话并没有错误。真正的问题是，你们从来都没有任何一个人彻底地反思过，这些观念在一开始也许就错了，就好像我们从《太傻天书》第一章一开始就说，你对世界的观念是颠倒的，你越认为绝对正确的事情，反而只是颠倒得更加厉害而已。

但是，你也许觉得《太傻天书》和我都太啰嗦，可事实是，无论我说多少遍、

换多少种方式说，包括你的这个世界的绝大部分人，都不会轻易地去稍微撼动一下自己过去几十年建造的那个监狱，更不会真的去思考，也许自己真的错了。于是，最后的结果就是你们一直在经历痛苦，不断反思，不断想改进，但是最后还是不断地落入过去的陷阱中。

就好像你坚定地相信，自己很清楚爱是什么。Jim，我们首先一起回忆一下，你的爱的观念是从哪里来的，你是如何建立那些爱要这样，或者爱要那样的观念的呢？

Jim：当然是从歌曲、文学、诗歌、电影、电视中来的了。爱难道不是人类歌颂的最大的一个主题吗？你看，几乎99%的歌都是在歌唱爱情的，几乎所有的电影里，都不会缺乏爱情的片段和描述；几乎每个人从小就在接受各种爱的教育，各种各样层次的爱，你一开始不也说，爱是人类最伟大的力量吗？这不是完全一致的吗？如果爱不是人类最伟大的力量，那为什么还会有这么多人歌颂它、追求它呢？

Taisha：我可从来没有说爱是人类最伟大的力量。如果我这么说，我就是在将力量分层次，我也在陷入分离和比较。我说的是，爱是唯一真实的力量，只有这一种力量，其他的力量要么是爱的衍生，例如"奇迹的力量、创造的力量"，要么根本就是一种幻觉，例如"恐惧的力量、控制的力量"。

不过你说的关于人类对爱理解的来源是没错的，这个世界的人们几乎无时无刻地不在探索和理解什么是爱。不过，就拿歌曲而言吧，如果99%的歌曲都是在说爱，那么，Jim，你觉得有多少歌曲是在说爱的快乐和爱的美好，又有多少歌曲是在说爱的痛苦和爱的矛盾的呢？

其实，你知道，随便挑一首歌，唱的不是被抛弃了就是觉得迷茫了，不是想不清楚这个就是搞不清楚那个。就算是其他的文学，如戏剧、电影，也无一不是经历矛盾的爱、挫折的爱、苦难的爱、悲痛的爱。要是有任何电影戏剧的主人翁从头没有任何矛盾、任何问题地从头爱到尾，观众肯定都会觉得，这是什么电影啊，还不如看风景旅游片了。

你看，几乎所有人都是在这样的教育模式下成长的，如果我说这是洗脑，估计会有无数人跳起来捍卫他们思想中的"伟大而美好的爱情模式"呢！

他们会和你一样地说："不，那就是人类最美好的情感。尽管经历痛苦，但这些都是在通向美好爱情道路上的考验，这是值得的"。是这样吗，Jim？

Jim：差不多吧，除了少数愤世嫉俗，认为所有的爱情都是虚假的、自私的和不会有美好结局的那些人吧，大部分人都还是认为爱是美好和值得追求的吧。

Taisha：问题的核心是，为何爱一定要经历痛苦呢？这些痛苦的来源又在哪里呢？是不是真的会像很多人相信的那样，只有经历了痛苦，爱情才会更坚定而伟大，就好像美人鱼和王子，只有击败了嫉妒和恶毒的巫婆，才能幸福快乐地生活在一起呢？要是罗密欧和朱丽叶没有误会，是不是就会一直爱情到老，永不分离呢？

如果你深入地分析这些关于爱的思维模式的本质，其实你看到的，这些是对外在力量的恐惧、受害者的思维模式和各种行动主义的杂合体。所有的问题和痛苦无一不来自于分离。在你感到痛苦的感情问题上，这种分离的表现形式，就叫作"要求"。就是因为你在感情中是有各种要求的，你的爱是有条件的，基于某些标签的，所以一旦这些标签改变了，或者你自己的标签系统变化了，你就必然开始经历矛盾和痛苦了。

你肯定不相信，我们来举个现实主义的例子来挑战你的思维模式吧。如果你是英俊王子罗密欧，你顺利地解除了误会，克服了种种困难，和朱丽叶开始幸福生活了。可是有一天，一个邪恶的巫婆来了，把美丽的朱丽叶变成了一头母猪，作为伟大爱情的代表的罗密欧，你还会继续为这头母猪爱得死去活来吗？

Jim：你这样比喻太恶毒了。我拒绝回答这样的问题。人类美好的感情不是这样的。

Taisha：没关系，别把美丽的天使变母猪吧，估计这对你而言确实难以接受。我们换一个，本来与朱丽叶幸福地生活在一起的罗密欧突然有一天遇到了更美丽、更智慧、更可爱无敌一百分的黄丽叶，于是伟大爱情的代表罗密欧，一下子又陷入了爱河，可是他已经有美丽、没有任何机会变成母猪的朱丽叶了，这应该怎么办呢？

Jim：要是我说这个也不可能，你是不是马上又编出来一台三角恋或者师生情之类的剧本了？或者干脆穿越一下，罗密欧和朱丽叶都到现代世界了，是不是又要遇到小燕子那种恶毒的皇后和无穷无尽的皇宫闹剧了？

Taisha：你真是一点就通呀。不过，问题从来都不是你在爱情的追逐的道路上会经历什么，一旦你在任何爱的开始就是有条件和有要求的，你就不可避免地会遭遇这样或者那样外在的改变的冲击吧。

你也许会辩驳说，没有条件和要求的爱情真的叫爱情吗？而现实是，任何在感情中的要求和条件，最后都是自我束缚的囚笼。而你和你的女朋友，因为双方都是既有要求又有条件的，所以你们一起建造了一个关系的囚笼。

虽然你可能认为你的爱情是特别的、伟大的或者无私的，而本质上，这个

世界的几乎所有人，都从一开始就认为，爱这东西和财富、名誉、地位、安全、公正、民主、世界和平、人类进步之类的所有其他任何需要追逐的东西一样。既然是追逐，当然要有追逐的原因和理由了，你为何不去追逐母猪，而去追美女呀？而追逐的这些东西都有一些典型的特点，东西有好有坏、过程有难有易、痛苦不可少，但却都是值得去努力去获得的。

就好像我一开始说的，真正的爱是无区别的爱，但人类世界的爱，却是从一开始就进入差别，成为扭曲的爱，这样的爱，怎么可能不经历那种人人歌唱的那种痛苦、矛盾和折磨呢？

也许你根本接受不了，但是，人类所歌颂的伟大的爱，其实本质只是一种分离，一种有条件、有价格、有要求，要求别人比要求自己多得多，这和一群人排着队买股票有区别吗？而这些的本质，不论是追逐爱情还是追逐股票、财富、权力、学历、健康等其他东西，都是"追逐的囚笼"罢了。在爱情中，因为是两个人一起追求，所以，这个囚笼也变成了"关系的囚笼"。

Jim：我确实不能接受，可是又没办法反驳你。不过爱情的感觉确实很美好，和股票成功还是不能比的。

Taisha：没关系，至少你还是诚实的。对你来说也许爱情比股票更重要，可是对其他人可不是这么排序的。比如，著名的诗歌说："生命诚可贵，爱情价更高，若为自由故，两者皆可抛。"

你看，人类是如此喜欢排名，爱情虽然有比生命更高的一天，还是会被自由比下去了。你可以想象，某一天，自由肯定也会被某个人抛在最后，说"自由诚可贵，期货价更高"。

这一切的本质，Jim，并不是我在否定人类情感的美好，而是在给你指出一旦进入分离的世界，那些你所谓美好的东西，其实都完全一样的只是幻觉的一部分，你不可能真的在其中找到所谓的永恒的快乐的。就好像，是不是股票一次赚大钱了，这个人就会永远再也不买股票了？不，他只会买得更多，就算不买股票，他还是会追逐其他的，直到在追逐的囚笼中囚禁一辈子。

你所谓的爱情也是一样，是不是情侣克服困难在一起了，就会一辈子幸福？罗密欧可能遇到小三，朱丽叶也可能变成母猪。在追逐中，你只会经历不断的恐惧，最后这些恐惧伴随着所有人一辈子，要么矛盾爆发，换一所监狱，要么一辈子在一所监狱中囚禁。这个和一个股票套牢了，等待一辈子就为了解套那一刻，有区别吗？

Jim：好吧，你这么说，确实很大地打击了我。可是，如果照你这么说，那么股市必胜的法则是离开股市，婚姻幸福的原则，也是一辈子不结婚了，在一起的也最好赶紧分手了，反正也是一辈子的监狱，是吗？

Taisha：不要这么着急下结论，我只是引导你看清你过去认为的坚不可摧的爱情思维的种种漏洞。就好像《太傻天书》中反复说的：你在幻觉的世界中，越是觉得坚不可摧的理念往往越颠倒得厉害。

我当然不会劝所有人赶紧分手好像我不会劝所有人都离开股市一样，而我做的，只是帮所有人认清已经颠倒事实，然后自己理解自己是如何走入一个无穷痛苦循环的陷阱的。认清其实幻觉本身并无区别，在沙漠中做任何事情，其实都是在沙漠中堆砌的沙堡，都是必然崩溃的，只是觉得爱情这个沙堡，也许比其他的沙堡更伟大而已。不过人世间的爱情既然是人人都要经历的某种挫折，那么这就是最好的教材和自我觉悟的课本。也许就从这一课，很多人就会开始重新认识这个颠倒的世界，并开始真正走上离开沙漠的道路。

Jim：好吧，我接受你的观点了，这么看来，其实我在感情中经历的痛苦和股票投资失败、工作被炒鱿鱼在本质上是一样的了。

Taisha：是的，你也许觉得，你对你女朋友的爱，和对工作的爱、事业的爱、财富的爱以及成就的爱等是不一样的爱。你觉得关系中的爱如爱情、母爱、父爱也许是更伟大、更值得去追求的爱。但是任何的爱，只要爱有了对象、有了区别、开始进入分离，爱就不是爱了，这些爱都开始因为要求和恐惧而变成囚笼——难道你在家庭的爱中没有感到过束缚和困扰吗？为何很多父母觉得自己对子女的爱是真爱，但是子女却会经常感到痛苦呢？

这些分离的感情的本质，和你饿了想吃东西、被指责的时候想反击等任何的情绪都是一样的，只是一种生物的反应模式，和社会媒体洗脑后的固定刺激反馈机制而已。

你虽然可以将一些美好的词语附加在你看似伟大的爱上，例如包容、理解、付出，其实你一样可以把这些词语放在任何人际关系上，例如同事关系，难道不需要包容、理解、付出吗？

记住，那些都不是爱，只是爱的扭曲而已。他们的源头确实是真实的爱，所有的力量的源头都是真实的爱，但是，因为你在分离中扭曲了它，它变成了幻觉世界中某种操纵性散播恐惧的力量，于是你肯定会在其中被束缚，被囚禁。

Jim：为何从真实的爱扭曲的力量会让我感到痛苦呢，这些痛苦的根源是哪里呢？也是幻觉的一部分吗？

Taisha：你从爱情的例子中可以更容易地理解这个世界所有痛苦的来源。

他们的本质都是对爱的误用导致的幻象。

这个过程的本质，其实就是你在时间和分离中，将爱的力量扭曲放在了分离的追逐上，你追逐得越深，你投入的爱的力量也越多，当追逐崩溃的时候，你也越痛苦。其实你痛苦的只是那幻觉中投入的爱罢了。同样的崩溃你会体验在你的事业、家庭、健康、美丽，你的一切的追逐中，这就是《太傻天书》前三章反复说的：分离的必然结果只是建造一个追逐的囚笼，然后自己在囚笼中体验无尽的囚禁和痛苦。走出这个循环的唯一方式就是：离开分离，停止追逐，放下选择。用太傻基于爱的生活原则理解一切、接受一切。当然，这不是说，让你和你女朋友分手你就自由了，而是你真正的在任何的环境中，完全地放下要求、条件和各种基于分离的渴望与追逐。

这就是我在上一次谈话结尾和你说的：你生活经历的每一刻都是奇迹，你要是经历任何痛苦，尤其是巨大的痛苦，那你应该快乐地欢呼，你又被太傻扔下的巨大的肉丸砸中了，你又要解开一条又粗又硬的锁链了，你又何必痛苦呢？

但是你要反思的是，既然有机会解开一条锁链，你是否还同样被其他的锁链捆绑着。或者你其实根本没有解开任何锁链，只是又换一种方式自己套回去了。

就好像每个人过去都认为自己理解爱、知道爱，并且会爱一样，其实一个人不可能在幻觉的世界中真的理解任何真实的事物。你所谓的理解，只是大脑给你自己贴的一套套标签而已。包括事业、自由、爱好、国家、民主、亲人等各种你觉得对你重要，你不愿意放弃，或者遭受损失会有任何痛苦的事情。

你只有一层层地解开这些锁链，每解开一条，你就会让你的心更加的自由一些，你也在走出远离沙漠中心的更多的一步。虽然我说，你们完全没有必要感到痛苦，但是，你们会在这个过程中不断地挑战自己，不断地去与自己过去几十年，甚至很多世代建立的那些固有的思维模式进行反复的拉锯，你其实到现在还是舍不得你曾经的那些观念和那些观念已经给你建造的那些囚笼，正是因为你舍不得，但是你又想要自己自由，所以你会感到痛苦。

也许你觉得我说的囚笼和锁链，都只是比喻。Jim，这些是真实的。现实中绝大多数人的情况是，你们几乎被无穷无尽的锁链缠绕着，在真实的眼睛下，我会看到，你的心被一层层的各种颜色的糨糊一样的黏液包围着，变成一个脓包一样的存在，心也在其中被囚禁。只是不同的人囚禁的黏液的组成不一样，有的是子女、有的是财富、有的是声誉，但是，无一不是各种各样的追逐和渴望。无论这个人是穷还是富，是地位高还是地位低，在心灵的囚禁的状态上其实都是一样的，包括我偶尔在电视上看到的那些名人们，你也许觉得他们都拥有很多常人想不到的快乐和美好的事情，但其实他们几乎所有人的心，都被深重的黏液包围了，那些黏液上还有无数的丝线，发往四面八方，另一端是各种各样以这些人为模仿或指导的崇拜者、拥护者和寄托者。这些人都是在某种寄生一般的从别人身上吸取爱，同时也在用自己的生命为代价维护这个囚笼。

如果你真的有机会打开你心灵的眼睛，你会对他们产生深刻的同情，为那些自我囚禁的灵魂而悲伤，而不再会有任何的羡慕、渴望和崇拜。

4-3 绝对的自由

Jim：好吧，那你给我的感情问题一些更具体的指导吧，究竟怎样去爱才是没有要求、没有条件的爱呢？是完全接受对方的一切要求，即使对方要离开自己吗？

Taisha：Jim，我们从第一次谈话开始，就不断地在给你这样或那样的建议和指导，无论是堵车的时候，工作中遇到质疑和冲突的时候，从国家大事到世界末日的预言，我都在教导你如何走出分离，用基于合一，基于思维创造经历的规律来应对这些问题，可是你现在还是会遇到各种各样新的问题、新的矛盾，你知道本质的原因是什么吗？你其实一直知道你应该怎么做，你也觉得自己已经相信了，但是，你其实从来都没有真的相信过，你还是在过去的监狱和囚笼里面。所以，就算我现在再给你这样或者那样的技巧，像《太傻十日谈》教留学一样的，再出一本《爱情十日谈》教你，最后你还是会在更多的问题上遇到矛盾和困难。

我们上一次谈话讲"太傻的生活原则"，说了很多场景的应用模式，你也答应我会在生活中尝试实践，但是其实我知道，你并没有真正认真地去实践。某种程度上，你觉得，其实你现在的生活模式与太傻的生活模式没有什么很大的不同，只要小小地改进一下，就可以在大部分环境下"成为自己"，而不是在"行动"下追逐差别。但是，我们刚才说过，太傻的生活原则本质是爱的道路，这条道路是不可能与其他道路一同完成的。你一旦选择了爱的道路，你就会彻底改变你看问题的方式和因为你的思维模式而决定的行为模式。

不过我们在上一次谈话探讨的太傻生活原则应用的场景，大部分都是一些简单而没有什么特别挑战性的场景，诸如购物、堵车、工作之类的，所谓的世界矛盾和民族斗争，离你的生活都很遥远。绝大部分人的真正的生活挑战其实并不是这些，每个人思想中都有一些根深蒂固的观念——那些他们已经坚定地相信，必然正确的肯定不会错误的那些观念。这些观念深深地扎根在人们大脑的土壤里，并每天细心浇灌，精心照料，在正常的时候，你不会允许任何人哪怕一点点地挑战你的这些观念，更不会试图用太傻的生活原则去真正地触碰你的这些观念。

你也许可以轻易地将太傻的生活原则应用在那些束缚并不严重的领域，甚至是战争和国家等看起来比较重大的问题，也能很好地用太傻的生活原则处理。但是，真正的挑战却是，在那些你一直认为"肯定不会错"的固执的观念和环境下应用太傻的生活原则。

你也许以为每个人的这些固执的生活观念并不多，无非是关于爱情、关于世界、关于自己人生的一些想法，你还会认为自己一旦真的看到能改变自己的生活的正确有效的模式，就会马上抛弃过去，开始实践某种真理的。但是，事实的情况却是"你只会相信你已经相信的"，而那里你已经相信的大脑病毒建立的预设观念，已经无所不在地渗透在你生活的每一刻。

而你遭遇的爱情的问题，仅仅是这些根深蒂固的观念中的一个而已，当然，我并不是因为你继续坚定地维护那个囚笼而批评你，这是每个人在面对真理的时候的反应模式，即使被苦口婆心地教导无数次，绝大多数人仍旧会坚定不移地继续建造那个囚笼。不过，你经历的每一次痛苦和挫折，都是你的一个巨大的机会。因此那些挫折经历都可以成为奇迹，你可以接到太傻的肉丸，于是你将清理这个根深蒂固的观念作为一个开始，如果你能像解决留学问题地一样将太傻的生活原则应用于爱情关系的领域，其实你也可以用同样的方式处理其他的问题。虽然具体的形式和途径有些不一样，但是，原则和道路却是完全相同的。

至于你希望理解的，不再会制造痛苦和矛盾的爱情的方式，这个答案我早就告诉你了。当我反复和你谈到太傻的生活原则："理解一切，接受一切"的时候，你认为这个"一切"是什么呢？仅仅是你喜欢的一切吗？仅仅是你赞同的一切吗？到底什么是理解，到底什么是接受呢？

Jim：我的概念里，理解一切，接受一切的意思是，不用自己的观念来束缚别人，不把自己的观念强加给别人，给每个人真正的自由选择的权利。即使对那些我们不赞同的事物，我们也要保持宽容的态度，这个原则比较像西方社会学的"自由主义"的原则。我也经常用这样的原则提醒自己，对于自己不同的观点保持宽容的态度。

Taisha：你说得很好。Jim，爱的原则的一个重要的特征，就是自由。而真爱，更是绝对的自由。当你真正理解一切，接受一切的时候，你不仅仅给别人以绝对的自由，你还给了自己真正的自由。所以，太傻的道路，你当然可以称之为爱的道路，你还可以称之为自由的道路。爱还有另外一个重要的原则，叫合一。爱的道路也是合一的道路。

就好像所有你在现实关系中感到的真正快乐和美妙的时刻，那些时刻的本质都是你们放下束缚、放下对相互的要求，完全无私地成为一个整体的时候。你所体验爱中的自由和爱中合一，都是真实的爱。如果你真的能放下分离的束缚，不断地加深体验这种真实的爱的感觉，你必然会收获永恒的爱的快乐和真实的爱的力量。

但是，为何你会进入矛盾和痛苦呢。唯一的原因是你在爱的自由和爱的合一上加上了分离的限制。你理解里的"自由"不是绝对的自由，而是某些领域的自由和某些领域的不自由。就好像这个世界的社会学，一面强调自由的重要性，一面又会说，有些情况却不能自由，虽然自由主义都很反对道德的限制，但是却都一致地认为，这个世界需要法律的约束。

我们先不去管"自由主义"究竟是不是完整的概念，我们先看看你心中的爱和自由的模式吧。

既然你觉得，应该给每个人自由的权利，为何不能给你的女朋友真正的自由呢？为什么你会恐惧你和你女朋友分手呢？你和她的任何矛盾，难道不是因为你没有给她绝对的自由吗？你为何不能在你的感情中做到放弃所有的要求、期待和标签呢？你一旦有了这些要求、期待和标签，难道不就是给自由以束缚吗？

Jim：可是，任何社会、任何人际关系，都不可能接受绝对的自由吧，都需要承诺，有责任和有相互付出，共同创造的前提吧。例如你的留学申请的客户，要是签了合同不执行合同，难道你也会允许这种自由吗？要是一个社会合作体系，每个人都完全在自己自由行事，那这个社会还怎么维持呢？

在我的感情的问题上，我之所以感到痛苦的最大的原因，其实是我和她之前对未来的承诺，曾经我们都相信我们会一辈子遵守那些承诺，相互理解、相互接受、一起努力。我从来不相信，有任何外在的力量会改变我的承诺，即使我遇到所谓更好的，或者更让我心动的，我也会因为我做出的承诺而放弃追逐其他的。要是任何个人关系或者社会关系中，承诺都不再有效了，我们又为什么去在这些关系中付出呢？

Taisha：关于"太傻留学客户如果不执行合同，我们是不是接受"的问题，我向你保证，这并不是少数的案例。但是，如果有这类情况发生，核心的原则

仍旧是去"接受、理解和爱"。未来我会向你展示具体是如何运作的。

但是，Jim，你必须诚实地看你自己的问题，你刚刚勉强接受了有要求的和有追逐的爱是关系的囚笼，你却一面努力打破这个囚笼，一面又继续用你过去的那些根深蒂固的观念，去建造新的囚笼。诸如你说的承诺呀，付出呀，努力呀，合作呀等等，那些和你曾经对你所认为的绝对不会错的"爱"的观念，不是一样的束缚和分离的追逐吗？

既然你谈到个人关系和社会体系上的承诺，你说的承诺的本质是什么呢？如果你真的相信爱是伟大的力量，那当爱和承诺发生矛盾的时候，难道爱就应该排到承诺之后去吗？当自由和承诺发生矛盾的时候，为何你又宁可放弃自由，去追逐所谓的承诺呢？你对爱、对自由、对承诺，究竟是否明白到底什么才是你真的要的东西？说实话，Jim，你一直坚持自己的头脑是清醒的，而我却看到你和所有人一样，大脑一团乱麻，各种大脑病毒构建的预设观念相互冲突，最后你自己都不知道自己究竟要什么。

承诺不也是一种恐惧吗？这个世界真的有承诺存在的必要吗？难道太阳是因为有承诺才每天按时升起的吗？你之所以需要承诺，以及这个世界之所以看重承诺，仅仅是因为人类心智对改变的恐惧罢了。你真的可能让任何人承诺任何事情吗？即使你自己，自认为自己在坚持履行自己的承诺，当你坚持承诺的时候，你知道自己究竟在做什么吗？你仅仅是在束缚你自己，并束缚和你一切进入某种承诺关系的人罢了。而这些的根本，仅仅是你们对失去已经拥有的恐惧。

我们在《太傻十日谈》的第十一章曾经谈过，人的心理本性就是对任何形式的损失都具有强烈的厌恶，这也是一种很深刻的分离：人们喜爱获得，不喜爱失去——而这种对所有权的追逐，不也是另外一种形式的追逐的囚笼吗？也许你觉得，你可以根本不在乎喝的水里面是不是加了矿物质，但是，你却经常很在乎，看起来已经属于你的东西出现哪怕一点点的损失的可能性。更不用提，当房价跌了、股票跌了、收入下降了、曾经是你的女朋友不再是你的了，此类让人们难以接受的损失。

而这些对损失的恐惧，是你所谓的社会和关系中承诺的根源，几乎所有人都惧怕损失和改变的时候，就必须用某种所谓"合同"或者"承诺"的东西来相互束缚。而你在任何关系中，一旦进入了承诺，也真正开始了某种未来必然痛苦的开始。

Jim：你的意思是，不谈社会关系，在个人关系中根本不应该有任何承诺，一旦有了承诺，就是恐惧和分离的开始，是吗？

Taisha:"承诺"这个词语有时候太严肃,因为这个世界大多数人会说,我作的承诺很少,所以,即使解决了这个问题,你还会产生其他的问题。你可以用另外一个更普遍性的词语代替"承诺",这个词语你每天都在很多次地使用,这就是"应该"。

但是,人们在各种环境中,总是习惯性地会说你应该这样,我应该那样,别人应该这样,社会应该那样,似乎没有这个应该,自己和世界就会陷入什么无底深渊一样。诸如,子女应该孝顺、妻子应该忠诚、丈夫应该努力赚钱、男女关系应该相互理解、学习应该好、文凭应该高、长相应该美、社会应该公正、法制应该健全等等。这些"应该和不应该"的本质,全部都是分离,也全部都是恐惧,当你稍微分析一下这些应该和不应该,你就会看到各种各样恐惧的集合,和一个个大脑病毒的预设观念的监狱,而这些每一个都经不起任何的真相的考验。而这些每个人思维中都无所不在的"应该和不应该",比那些正式的"承诺",更无所不在地束缚着每个人的心灵。

真的有任何的"应该"吗?如果是真实的规律,会以不可动摇的规则的形式表达出来,规则是不需要任何人做任何选择的,也不存在任何分离。一旦一个事物是有选择的,这个事情本身就是分离幻觉的一部分。选择本身,就是幻觉和分离的开始。

只有分离的大脑病毒,才会说"应该和不应该"的问题。人类生活在地球上,地球有说过人类应该这样,人类应该那样吗? 就算人类用各种垃圾毒害地球,地球也没有任何的"应该和不应该"的表达。更不用提要人类签署什么合同,做出什么承诺了。你也更不会说,重力应该是多少,或者空气中氧气的含量应该不应该就这么多。真正的规律是无所谓"应该"的。

真正的爱中,没有任何的"应该"或者"承诺"存在的意义。一旦这些词语发生在你们的关系中,就必然带来恐惧。诸如,如果一个女人认为,男人应该好好赚钱,可到底什么才叫好好赚钱呢?多少才是足够或者不足够呢? 一旦进入这样的恐惧,矛盾就会发生,分离的最终结果也只能是关系的崩溃或者持续的痛苦。

Jim:即使我们不谈"承诺",不谈"应该",可两个人的感情关系,也总得有一些和一般的朋友关系不一样的地方吧?否则,我的女朋友和我的另外一个女同事的关系,有什么区别呢?

Taisha:你这个问题问得太好了,你的这些问题无一不在暴露着你大脑深处的那些根深蒂固的思维模式。当然,这几乎是每个人的问题:对分离的思维

方式的执着，在一切的关系和环境中寻求区别。

当然，要是我现在告诉你：真实的爱，你对任何人的爱，不管是女的还是男的，亲密的还是不亲密的、善良的还是邪恶的，这些本质上没有任何区别，你肯定难以接受。我们就以你女朋友和女同事在你大脑的病毒预设观念的监狱里的区别为例，来彻底看清你在你所谓的真正的爱情中，到底是在追逐什么吧。

你女朋友和你的女同事，你肯定觉得两者是完全不同的，但是，这种不同究竟不同在哪里呢？这里面其实无关什么承诺，也无关是否亲密，核心的不同只是，你坚定地认为，你的女朋友是你的、只属于你、不应该属于任何人。而你的同事、朋友，却其实不存在这种归属关系。诸如你绝对不会说：你只能是我的同事，不能是其他人的同事。但是，你会说：你只能是我的女朋友，而不能是其他人的女朋友。这就是关系中"拥有的幻觉"，我们刚才也提到过的"所有权的囚笼"。

你认为你拥有你的女朋友，她是你个人的所有物，因此你会给予这个人比其他人多得多的爱。而当你们出现巨大的矛盾，这个你曾经认为属于自己的东西有可能不再属于你的时候，你就会感到巨大的痛苦。其实，这种痛苦和你有一天你最喜欢的手机或者汽车被人偷了一样，你会急切地想找回。在每一种"拥有的幻觉"中，你可能经历的痛苦程度和你之前在这个所有物上投入的时间和精力是直接成正比的。

"拥有的幻觉"和对损失的恐惧，是人类心智上几乎是捆绑得最紧的一根锁链。不仅仅是事物、感情和人，还有你拥有的知识、经验、智慧，这些你过去多投入了无数时间精力才拥有的东西，你认为它们都是定义你个性的一部分。一旦失去这任何一个，你都会感到巨大的恐惧，似乎没有了你的女朋友，你就不再是过去的你一样了。而这些拥有的本质，其实都是本来无限的你自己的羁绊和束缚。

可是，你真的可能拥有任何根本不是你无限本质的存在吗？Jim，你真的是拥有你的女朋友吗？你真的是拥有你的房子、汽车或者任何的外在的事物吗？他们的本质都是光，都是光在这个幻觉时空世界的显化方式，你是不可能拥有任何光的。

"拥有"这个概念本身，也不是像你所认为的理所当然的，它只是一个人类自己制造的幻觉，是人类开始进入心智模式后大概两万年时间才发展出来的某种思维模式，在很长时间的人类原始社会中，都没有拥有这个概念，并且大部分人都会觉得很可笑，一个人怎么可能拥有另一个人呢？就是这个"拥有"

的观念，开始制造这个世界一切的冲突和痛苦。如果人类心智存在几个最大号的病毒，那么其中有一个肯定叫作"拥有"。

你如果想判断你在感情波折中受到的痛苦，是不是真的是被"拥有"这个病毒感染了，而去经历根本不必要的痛苦，其实很简单。你就问自己：要是你和你女朋友刚认识一两天，然后就发现不合适，不能在一起，你还会这么痛苦吗？其实这是肯定的，不管你觉得爱得多深、多么真挚、多么伟大，其实这只是时间的一个把戏，时间只是幻觉的一部分，拥有的概念也只能在时间中有效。你在你"拥有"的事物上投注的时间越长，你必然在遭受损失的时候痛苦越多。你丢失一个空钱包和丢失一个装满现金的钱包，你会有不一样的感受，这个道理是一样的。

所以，当你问你对你女朋友和对一个女同事怎么可能一样的爱的时候，其实，你已经是在爱中追逐分离了，你的情感的本质根本不是爱，而只是一种所有权的执着和追逐。记住，真正的爱是绝对的自由，在这种自由中，你不可能拥有任何一个人，也不可能去用任何所有权束缚一个人。在真正的爱的眼睛里，你的女朋友和你的任何一个女同事，本身就是没有区别的。如果你觉得有什么不同，肯定是你在追逐分离了。你看，我们从第一次谈话开始就反复地说没有区别，不必选择，Jim，你真的理解到底什么才是真正的"没有区别"，到底什么才是真正的"不必选择"吗？

我们再换个角度，你的女朋友也许曾经觉得她也拥有你，似乎你们之间的承诺，就是一种口头的互相拥有的合同。因此她可以给你提出各种要求，不管是要求你不准再看其他的女人，还是要求你要每天陪她看电视剧。但是，你真的觉得，你是你女朋友的所有物吗？就像她曾经养过的她最爱的那只狗一样，当她的那只狗病死的时候，她也几个月的痛苦伤心呢。你和那只狗真的有区别吗？

Jim：等等，你又在读我的思想了？你怎么知道我刚才在想她那只狗，你怎么知道那只狗的事情？

Taisha：别岔开话题啦，你就当我猜的好了。好多女孩都喜欢养狗，就好像男孩喜欢养猫一样。

现在，Jim，你肯定会觉得很荒谬。你是自由的，你不可能被任何人所拥有。即使一只狗也只是暂时地进入某种关系，狗都不可能真正属于任何人，更何况你自己呢？既然如此，你为何要觉得你拥有你的女朋友，不愿意她离开你，作出自己自由的选择呢？你为何非要觉得，你女朋友和女同事应该有所不同呢？

Jim：好吧，被你一说，怎么看起来左右都是我不对了。不过，我还是要承

认你说得对，没有什么"应该和不应该"，没有什么"承诺"或者"拥有"存在的意义，这些确实都是我们在感情中的束缚，每个人都是自由的，不应该接受任何的束缚。

难道，就算我们现在和好了，我也应该接受未来可能分手的可能性，并应该祝福她找到一个更好的关系吗？可是我一直觉得，我过去做的真的是为了她好，我一直在努力地帮助她过上更好的生活。可是她离开了我，去追求更好的关系的时候，她真的会在新的关系里满足吗？难道她不会像无穷无尽买的衣服那样吗？曾经期待了好久的一件也只是满足了她短短几天，然后她很快又开始追逐别的衣服了。

Taisha：Jim，你还是学不会时刻警惕自己的每一个思维模式。尽管我从这一系列谈话一开始就给你演示"分离的察觉"，这是一项核心的锻炼，重要性仅仅次于清空你的思想，在太傻练习册中是第二日的练习。如果你真的想走上爱的道路，你必须时刻警惕你自己的分离，没有这种警惕，你也许根本不能走上太傻的道路。

关于你刚才说的，我看到的是各种抱怨和分离思维模式的集合，我一层层地给你剥离一下吧。

首先，没有什么对与不对。我只是不断地说，你的痛苦其实是你自己的分离的思维模式制造的，它和你女朋友做什么或不做什么，一点关系都没有。

其次，你的女朋友未来会不会与你分手并不重要，就算真的与你分手了，你也应该祝福你的女朋友。但是，你祝福的方式确实只会给你自己造成更大的束缚的。没有更好或更坏的关系，你这么祝福她，只是说明你自己相信有更好的关系或者更坏的关系，你于是会在以后，和过去找你的女朋友一样的，继续趋利避害，继续寻找所谓的更好的关系。你仍旧会不断地进入"承诺""应该"或者"拥有或被拥有"的思维模式，继续制造自己的另一所监狱。

最后，既然没有更好或者更坏的关系，你完全也没有必要去思考未来你的女朋友会进入什么样的关系。选衣服或者选关系，选择和你在一起，或者和别人在一起，那都是她自己的选择。无论是基于分离的选择，还是基于爱与合一的选择，或者根本没有任何选择，都是她自己的事情。既然你承认，爱是绝对的自由，你在这种自由中难道不应该给她她在幻觉中选择的自由吗？

不管你的女朋友怎么对你，你都可以祝福你的女朋友，你可以祝她找到真正的幸福和快乐。你还要真心的感谢她，是她打破监狱的勇敢，带给你们两个人自由的可能性。你在祝福中看到她的真相——她是自由的，她是光，她是爱，她是天上明亮的星星中的一颗,她一直都在作出她应该做的事情,她一直在成为她自己。

你在现实的戏剧中被病毒洗脑太久了,Jim,也许你觉得爱一个人就应该时刻为她考虑,帮助她走上你大脑认为的所谓更好的道路。但是,你真的知道什么是对她更好的吗?你也不可能为别人作出任何的选择,这就好像很多父母觉得子女一定要有好文凭、好工作和好收入才能过上幸福的日子,这只是他们自己的分离和恐惧,并把这些恐惧强加到那些他们觉得对自己重要的人身上。你觉得给一只狗烫成卷毛,真的是对那只狗好吗?那只是你自己对卷毛的幻觉罢了,其实狗自己觉得,那只是制造麻烦而已。

Jim:那我究竟应该怎样来对待我的女朋友,或者怎样对待在个人关系中的朋友、同事、家人,才是真正的爱,才是不会建造任何的监狱和囚笼呢?

Taisha:你需要彻底地理解和接受太傻的生活原则。"真正的理解一切,接受一切",是绝对的一切,是绝对的理解,绝对的接受。而不是有条件、有环境和有区别的理解和接受——只有在这种绝对的理解和接受中,这才是真正的自由——绝对的自由——真正的爱。

其实你可以用看一群小孩在沙滩上玩耍游戏的眼光来看你的女朋友还有其他所有人的所有选择。他们无论在游戏中给自己扮演了什么角色,公主也好,巫婆也罢,无论在沙滩上花了多少时间堆砌了多少沙堡,在其中感受到多少的痛苦和快乐,你都不会去阻止他们,你会用安静而充满爱的眼光看着这群孩子游戏。你知道,他们无论经历什么,都是安全的,都不会有事,他们每个人都只是在玩一个自己觉得真实的游戏。如果你去干预和阻止,或者和他们说,这个对、那个不对,你也只是成为了幻觉的一个部分,不会解决任何问题。

无论是世界大战还是你女朋友买衣服的小小追求,其实本质都是一样的,都是一个他们自己觉得真实的游戏罢了。

4-4 接受的艺术

Jim:虽然你一直在打击我,但是,你这么说,确实是让我觉得好受了很多。是的,这些都是我自己的问题,我确实一直在各种分离和恐惧中制造矛盾,不仅仅束缚自己,还束缚了我爱的人。那么,太傻的生活原则的"理解一切,接受一切",到底应该如何在男女亲密关系中使用呢?要是我根本不喜欢或者不

愿意去满足我女朋友对我的要求，那么在真爱下，我也要接受吗？

Taisha：理解一切，接受一切的意思，并不是去做一切被要求做的事情。就好像你每天手机接到无数垃圾短信，要你买这个买那个，你不能说："难道因为爱的原则是接受一切，我就得全买了？"

"理解一切，接受一切"在生活中具体的阐释是，不再用分离的思维模式去看待任何的事情，完全理解正在发生的每一件事情与你正在经历的每一刻的本质都是奇迹，也完全接受所有其他人和事物自己的选择。而在你自己的行为上，你却不会因为任何目标或者任何的追逐去做任何事情，你仅仅是在成为你自己——这其实就是我们上一次谈话的"太傻生活原则"的另一种表述。

就好像对垃圾的短信，你女朋友买衣服或者看电视剧的这类情况，和所有这个世界的事情，太傻生活原则的处理是没有区别的，你接受这些事情存在的事实，不用任何的好坏对错去判断它们，对你来说，没有接受或不接受的问题，你仅仅是在成为你自己。

理解和接受是一种态度，而不是一种行为。在太傻的生活原则下，其实没有选择，没有接受或不接受，理解或不理解，你做什么根本不重要，重要的是你究竟为什么而做，和你做这些事情时候的思维状态，究竟是爱还是恐惧。

Jim：难道我拒绝我的女朋友一起看电视剧、拒绝和她一起逛街，也是爱吗？

Taisha：重要的不是拒绝还是同意，重要的是，你在拒绝或同意的时候，究竟是为什么。在过去，你同意和她一起去逛街，你也许会考虑，要是我不一起去，那她也许会对我有意见，她会觉得我不够关心她、支持她，于是你同意一起去逛街。当你这样想的时候，你就是在恐惧，即使你接受了，矛盾也在一样地发生。不管是谁提出要求、谁满足要求，记住，要求是不可能被满足的，分离是不可能停止的。你逛街的时候可能心不在焉，你看电影的时候也可能睡着了，这些都是矛盾的种子，不是简单的你答应去逛街和看电影就能解决问题的。

在生活中，拒绝或同意，这行为本身并不重要。拒绝，也是一种爱的表达，只要你在拒绝中确实是在表达你自己，在成为你自己。很多人不喜欢拒绝和被拒绝，那些本身都是每个人自己的问题。"接受一切"的意思不是不拒绝，而是你不在分离和恐惧中去决定同意还是拒绝。你如果根本不想看电影或者逛街，就直接告诉她。她如果接受不了，那是她陷入了分离的期待和对关系的要求。而真实的感情，比起为了恐惧而逃避问题，往往更容易解决问题。

比简单的"同意或拒绝"更重要的关系要素是，一开始，你们为何进入这场关系，你们在这场关系中到底是一种什么样的期待。如果一开始你就是期望有另外一个人关心你、理解你、支持你，和你一起经历困难、感受幸福，一起逛街、看电影，这样的思维模式从一开始就是爱的扭曲。也许你觉得，这是任何关系中理所当然的，其实不是。这些都是要求，这些都是好坏对错的分离的标签，这些都是追逐的囚笼。

虽然你不愿意承认，但是，这却是一个残酷的事实——这个世界上几乎所有人理解的关系中的爱，其实都不是爱，都是标签与牢笼。这些束缚的锁链最后都只会带来必然的痛苦，就好像几乎所有的歌和电影都是在描述的那些痛苦一样。

Jim：可是，真的有那种完全没有任何要求、没有期待的个人亲密关系吗？这个世界真的存在那种完全无私的爱吗？

Taisha：为什么没有呢？而且这一点也不难做到。我和我的女朋友，就是这样没有任何要求的。也许她对我有很多要求，可这对我并没有区别，她不管做什么都是对的，即使哪一天她要离开我，也不存在伤害了我或者违背了什么爱的承诺。爱不需要承诺，也不需要束缚。只要不存在要求、没有期望，就不可能出现任何的矛盾，更不可能出现任何的痛苦。只要你真的能接受一切，你怎么可能出现你无法理解或者感到可能伤害你的事情呢？

Jim，你也是一样，你要是真的对你的女朋友没有任何要求，没有任何的束缚，在爱中给予完全的自由，你就不可能出现任何矛盾，也不可能在任何情况下被伤害。每个人其实都是被自己的思维模式伤害的，而不是被任何人伤害。

用我自己举例，你肯定不肯接受。你觉得耶稣对他的 12 个门徒有任何期待吗？你觉得耶稣对抹大拉的玛丽亚的爱比对街上的乞丐的爱要多或者要少吗？你觉得耶稣对那个判处他死刑的总督没有完全一样的爱吗？

Jim：可是这种爱并不是我说的那种爱吧？再说了，耶稣是圣人，我们只是平凡人啊。

Taisha：没有所谓的圣人或者平凡人，所有人都是一样的。你这样说只是为自己不愿意做什么事情，或者觉得自己根本做不到的恐惧找借口罢了。耶稣可以做到的事情，每个人都可以做到。

爱本身就没有区别，如果你觉得，爱你的女朋友和爱你的父母以及爱其他任何人应该有区别，那是你本身的问题。一旦你进入这种区别，你其实就是在期待。你期待父母用某种特别方式对待你，女朋友以某种特别的方式对待你，你也不用像照顾女朋友一样的照顾同事，你可以容忍你的子女的缺点，却不能容忍你老板的毛病。这些难道不都是分离和期待吗？

很多人会很奇怪，为什么尽管自己父母爱自己，却又总是伤害自己呢？其实他们和自己父母的问题是一样的，他们的爱是有要求的，例如父母期待子女孝顺、努力、和睦，子女期待父母理解、关心和支持，这些所谓的美好的感情，不都是所有矛盾的开始吗？如果任何一方真的没有任何要求，你们怎么可能产生矛盾呢？

也许你觉得，没有区别的爱，就根本不算是爱了，似乎也没有人真的会去追求或者需要那种爱的模式，但是人人却都在谈母爱、情爱和国家社会大大小小的爱。你看，本质你还是不相信爱，你只是在追逐和修补你自己已经相信的分离和必然导致痛苦的爱，而不愿意去接受什么真正的爱。

但是，真正的爱却是无区别也无条件的。太阳对地球的爱，它会把每一分阳光普照大地。太阳说过"花儿美一点，所以分的阳光多一点，泥土丑一点，所以分的阳光少一点"吗？ 即使你非要我拿正常人举例，我必须诚实地告诉你，虽然这个世界上和耶稣那样走到太傻第二步的人可能没多少，但是，一直在实践完全无要求、无区别的爱的人却不少。你看看特蕾莎修女、大德兰修女，和很多不知名的在历史各个时期、各个地区施展真正的爱的人，可不是什么成千上万能计算的。

如果你把视野更进一步地展开，看到现代世界无数的创造者、艺术者、劳动者、科学家，他们在这个世界上做的难道不也是爱的散播吗？难道莫扎特会说："我创造的音乐，只能给我们奥地利人听，英国人是听不懂的"吗？难道人类的原子理论只允许在核电厂用，而不允许用在原子弹上吗？真正的爱的本质都是无区别、无条件的。如果你非要给人类的关系和情爱一个限制，说"我一定要找到一条那种特殊的爱的特殊的方式"——那只是你自己心理的问题了，和爱本身可没有关系。

Jim：可是人类最关心的爱的形式，还是个人关系中的爱吧，在个人关系中，怎么实践真正的无条件和无区别的爱呢？

Taisha：很简单，从一开始就放下你所有的对另一个人"应该是什么样"或者"需要他是什么样"的期待。然后在未来关系的每一刻的发展中，仅仅成为你自己，没有必要去用任何的你大脑病毒预设监狱里的那些要求、责任、应该或不应该来束缚你自己和另外的任何人。不仅仅是男女朋友、夫妻、亲人、同事或者任何一个不相识的人。

就拿你最想不清楚的男女关系举例吧。当你进入一段关系之前，首先解决自己的问题，不要再说我想找什么样的女朋友，或者一个女朋友应该这样或者应该那样。这种想法和你进入超市买牙膏时提前给自己设置，要买多少钱、什么功能的牙膏一样，是自找麻烦。想想上一次谈话我们讲太傻的生活原则的时候，怎么挑牙膏的，其实你根本不用挑，让太傻从天上扔给你就是了。

女朋友、家人、同事等等"一切的爱"的原则也是一样的，你一旦去挑选、等待和期望，你都是在给自己和他人建造一个囚笼，你就是在那本来流畅的生活河流中给你自己放下一块块石头，你最后不管挑不挑得到、挑到什么样的，不管你以后决定怎么理解、宽容、不抱怨、用心去爱，只要你进入分离、期待、要求和承诺，你肯定都是自己制造麻烦和痛苦而已。

当然，我不是在设置你不用刷牙，或者根本不需要女朋友之类的限制，我的意思是，你的大脑既然不知道真实的世界，何必又自己给自己那么多限制呢。等你放下那些分离的选择，撕掉所有标签，太傻才能给你做出最合适你的安排。

你要是真的需要经历什么女朋友和感情这回事，太傻会扔下一个最合适你的。我找到我的女朋友，就是太傻从天上扔下来的。如果那个时候，我去比较美貌、智慧、财富、和任何其他的条件，我只会错过适合我的感情。如果你一开始就没有任何的期待，就只是纯粹的爱，你之后自然会知道太傻为什么扔下这个给你。你的女朋友肯定也是太傻扔给你的，而不是像在征婚交友节目那样，百里挑一选中的吧。

其实很多人都会有这种体验，千挑万选，最后只是自己折磨自己，当他不再选择的时候，那个最合适的人就会走进他的生活了。一开始，你也许还会觉得，她和你之前的期待有些不同，最后，你会知道，太傻永远只会给你最合适的，而你大脑所谓趋利避害选择的，肯定只是麻烦和痛苦的——这也就是"太傻生活原则"说的"不必选择"的意思了。

你要是问所有拥有幸福的关系的人，他们俩肯定会告诉你："是天上掉下来的，不知道怎么就碰上了。"肯定不是拿着列表在多少个候选人中，比较种种优缺点后选出来的。

记住，和生活其他原则完全一样，不要琢磨，不要等待，该干吗干吗，你越是不停寻找，越是找不到。你什么时候真的不找了，太傻就开始扔肉丸了。不管是事业、工作，还是任何的感情，都是一样的。

Jim：你这么说倒很形象，我父母也一直和我说，他们俩其实就是长辈安排的，基本没有什么选择，可是过得也很好。那等太傻扔下来那个人之后呢，或者我已经有了一个去爱的对象了，我未来应该怎么相处呢？

Taisha：太傻生活原则不是说得很清楚吗？随意而为，轻松自然，成为你

自己，给别人和自己都自由。

你女朋友要是邀请你看电视剧，你要是正好有专心地工作，或者在看书之类的，不想去看电视剧，那就诚恳地告诉她你在工作呢，让她自己去看就好了。不要担心拒绝会怎么样造成关系不和谐，成为你自己。

当然，你要是恰好没什么事情，为什么不去看看呢？你怎么知道电视剧里面不会有太傻的肉丸呢？不过，你不管在做什么，看电视剧也罢，工作也罢，要注意自己的心理状态，到底是平静的、还是厌烦的。把这些真实的感受，告诉你的女朋友，和她一起处理这些事情，不要隐瞒，真正地去交流。其他任何事情也都是一样的，比如逛街、看电影，不要去要求别人，没有人陪就自己做，不是什么麻烦的事情。

不过，这些都是小场景，你也许可以解决电视剧的问题，逛街的问题，但是却往往有一些恐惧和束缚更挑战你固有的观念。这才是真正考验你的爱是否是真正的爱的时候。

例如，要是你女朋友认为你们应该买房，但是，你其实觉得没必要，或者认为，已经有了，不需要再买。这种是涉及你的决定的事情，你不能简单地用接受一切"买就买呗"来处理。因为你知道，就你自己而言，从买房而获得生活的安全感和舒适感，都只是一个分离的幻觉，就算买了也不会解决任何问题。你不可能真的获得安全感或者舒适感，你只会陷入更大的分离。但是，如果这是你女朋友的要求呢？

你最后具体作什么决定并不重要，重要的是你为何做这些决定。你是因为恐惧被房产束缚，恐惧不必要的投资而不答应买房呢，还是因为在太傻和爱的指引下做的决定呢？

在这种情况下，记住太傻的生活原则：理解一切，接受一切。你可以理解为什么对方想买房，你也接受她这样的要求的原因。记住，你不必选择，但是却可以决定。你不管作出任何最后的决定，都要告诉自己——仅仅是因为爱。

于是你可以因爱而拒绝，你可以告诉她："我觉得如果我自己作决定，我是不会买的，因为对我没有意义，这不是我追求的道路，但是我不会介意你作决定买。"你也可以告诉她："好呀，买就买呗，不过多一个房子还是少一个房子，对我都没有区别，你高兴就是了。"

最后你的决定是什么并不重要，重要的是你究竟是为什么作这个决定的，究竟是恐惧还是爱。

Jim：那要是你女朋友说："我的钱不够，用你的钱买吧"，你会怎么说呢？

Taisha：我会说："钱本来就不属于我，对我也没什么用处，只是看起来在我的名下罢了。你愿意买，尽管拿去买就是了。"

我还会告诉她，其实就好像钱一样，房子、车子、任何的衣服、首饰、包括你的身体，都不是真的属于你，你只是在幻觉中觉得属于你，于是你获得一种安全感。但是，这个安全感或者所有感，只是一个你自己建造的囚笼罢了。你不可能真的因为这种幻觉相互交换的游戏而获得任何真的安全感的。当然，你如果仅仅是想体验这个幻觉的过程，是没有任何问题的，但是追逐和结果却是肯定的，你只会在分离的幻觉中更加地被束缚。直到有一天你像我一样，不再在意你是不是拥有——于是你会拥有真正的财富和自由。

Jim：那要是她把你的钱全花光了，你怎么办？难道你也接受吗？

Taisha：如果钱或者任何东西真的对我有用，或者需要作为工具来完成一些未来的道路上的一些事情，太傻自然会把需要的东西扔给我，我是不可能真的缺乏什么的。反而，如果你现在拥有的钱其实没什么用处，你还去每天计算，总是担心多了或者少了，你只会在恐惧中真的失去这些东西。

就好像你之前问的，要是太傻留学的客户不遵守合同怎么办？太傻留学的做法一向都是全额把服务费退给那个客户，既然客户不愿意执行合同，终止合同就是了。太傻留学是不会和客户计算，到底我们已经做了多少事情，耗费了多少人力物力，要怎么计算客户的违约责任等等。这样的计算不仅仅不会让你真的省多少钱，或者真的赚多少钱，实际的结果只是你会耗费没必要的时间在这些事情上，而你真正的损失却是无法计量的。

不管是买东西还是卖东西，无论是大东西还是小东西，谁用谁的钱买东西，买对了还是买错了等等，这些过程的本质其实都是一样的，你会受到诸如金钱的意义，我是否真的"拥有"财富，财富的多少对我是否有意义等相关的挑战，但是一切的原则都是：走出分离，理解一切，接受一切。

你看，其实最后买不买根本无关你的决定，你也没有必要为任何人作决定，你只是在做你自己。你自己其实是可以根本不在乎房子、钱，得到或者失去或者类似的事情的。但是，你不会因为别人买或不买而有任何疑虑，更不会去琢磨买贵了和买便宜了，这些都与你无关。

Jim：我现在终于知道，为什么那些大师们既没有钱又没有女朋友了。可是我怎么觉得，要是我也这样去对待生活中的那些情况，不会有女人愿意真的和我在一起呀，我的女朋友也会因为我这样而和我分手的。

这似乎和一个不食人间烟火的木头过日子一样。不看电视剧、不看电影、

不了解那些所有人都感兴趣的共同话题，人类大家都追逐的东西也变成了没有意义的幻觉，连女人最喜欢的购物、电视剧加八卦都无法和我有什么交流，这真的是爱吗？

Taisha：我没有让你变成不食人间烟火的木头呀，你看我是不食人间烟火的木头吗？我女朋友也没觉得我少了什么生活的乐趣呀，只是有一些和一般人不一样的生活观点而已。

难道你女朋友会喜欢你对每一分钱斤斤计较，然后和她讨论每一双鞋、每一件衣服买得值不值吗？你真的觉得和你的女朋友讨论到底用谁的钱买房、买车，或者一直一起谈别人家的八卦，还有电视剧的情节，就真的是你想象中的爱了吗？那只是你大脑给你建立的某种"快乐和痛苦交织的"所谓的"正常"监狱罢了。你以前也许觉得这样没多大问题，或者觉得似乎只有这一种方式。但是，我现在告诉你的是，那是完全颠倒的知觉，你也可以走一条完全不一样的道路——真爱的道路。

我也不是强迫你一定要做到如何如何才是真爱，我只是让你去思考，如果你觉得看电视剧、看电影，与所有人谈这些共同话题是必不可少的，那么这种必不可少究竟是为了什么，是不是痛苦和矛盾也因此是必不可少的呢？你的人生难道就是电视剧，电影和共同话题吗？

如果你觉得，你接受不了这种真实的爱和无区别、无要求的爱的思维方式，你就是愿意在那分离的监狱和追逐的漩涡中过这一辈子和以后的很多辈子，那都是你自己的选择，没关系的。只是你最终会走上我说的真爱的道路，你不可能错过。只是你每一次放弃对真实的追逐，都仅仅是无谓地给你增加了在这个幻觉世界模式中流浪的时间罢了。

这个宇宙，还有很多很多真正精彩、真正伟大和真正无限的体验，是你可以去经历的。你觉得是看好多辈子各种各样重复的电视剧、和所有人谈论那些其实你自己都觉得无趣的八卦，然后再努力成为别人眼中的"正常人"，还是努力摆脱这个幻觉世界，去体验一些更伟大的、更具创造性、更自由和无限的世界，到底哪个才是你的追求呢？

Jim：可是在爱情中，难道你不应该努力让和你一起生活的人快乐吗？在关系中，难道你不也要面对责任和义务的吗？要是像你说的那样，我估计真的得和我女朋友分手了，我女朋友肯定说："不是我期待的那种爱。"

Taisha：如果你女朋友期待的是一种有束缚的爱和必然导致矛盾和痛苦的爱，那么她就会去经历那种爱。但是,你真的也是这样期待的吗？记住《太傻天书》

的意识创造的规律——你是什么，你就会经历什么，每个人其实都在经历他自己而已。

你当然应该让和你一起生活的人快乐，但是，究竟什么是真正的快乐呢？难道相互束缚、相互要求，就是真的快乐吗？如果这是，那为什么你以前一直努力让你女朋友快乐，一直努力去包容、帮助、付出、制造各种快乐，为何最后你们还会不快乐而发生矛盾呢？你也许以前会说那是你女朋友的责任，或者现在说是因为你自己做得不够好，而我要告诉你这唯一的原因是你们都不知道什么是你们真正应该去追求的快乐。

如果你们从一开始对快乐的定义都错了，你们都认为快乐是来自于外在，来自于别人的给予，这样的被外在分离限制的快乐追逐的实质，仅仅是不断的导致痛苦。如果你所说的让别人快乐是真正意义的快乐，那么首先你要给予的就是给你自己和别人以绝对的自由，不要用那些和真实的你们一点关系都没有的行为模式来束缚你们自己。也许你的女朋友会因此对你不满意，或者觉得你根本就无法让她快乐，但是，你却应该知道，真实才是最大的快乐，你所做的，将给她带来最终的快乐。

你为何一定要用别人的期待来限制你自己呢？你真的能满足这种期待吗？你真的觉得做一个根本不是你自己的那个人就能给别人带来快乐吗？真正的自由、无选择、无区别的爱就是这样，他们不可能像电视剧和电影里面那么惨惨烈烈、死去活来。每个人都做自己，都做自己应该本来的样子，关心对方，但不束缚对方，这难道不是最好的吗？难道非得是生死离别、爱恨交织，才算是你的爱吗？那些只是你在被电影、电视剧之类的洗脑之后产生的"爱的恐惧强迫症"吧。

不过，你刚才说："没有女人会因为你这样对待她们而愿意和你在一起"，这句话是表明什么？难道"和爱的人永远在一起"不也是一种期待吗？这些的本质都只是束缚，爱是自由，绝对的自由，任何的束缚都是对爱的扭曲。

只要进入期待，你就不可能真的快乐，即使那些期待被短暂地满足了。你如果找不到，或者要是你找到的人离开了你，你不是又会痛苦了吗？真正的自由的意思难道不是你从一开始就没有任何的期待，而"美丽、智慧、聪明、永远在一起"，不都是期待吗？

你为什么每经历一段关系，就要提出"一直永远在一起"，或者一定要求你女朋友只有你一个男朋友，或者类似的任何的要求呢？在我看来，你要么是电视剧看多了被洗脑洗得太厉害，要么就是"你还是觉得自己是可能拥有任何人的，

于是不愿意承受那个人离开，或者那个人和别人成为亲密朋友而造成损失"。

Jim：可是如果你女朋友做了任何你根本接受不了的事情伤害了你呢，你也一样接受吗？

Taisha：你还是不断地觉得，你可能被外在的事情伤害，这些本质都是受害者的思维模式。没有任何人可能伤害你，只有你自己才能伤害你自己。如果你一开始就没有任何期待和要求，你女朋友做任何事情都根本伤害不了你。你根本没有"需不需要接受"的问题。就好像你需要考虑接受你女朋友早上是吃鸡蛋还是吃麦片吗？但是你却觉得你女朋友不应该再有其他男友，你也可能因此而被伤害。其他所有问题都一样，如果你进入期待，却得不到那种期待，你于是就会被伤害。你只会被你自己的分离的期待伤害，这些都只是你自己的心理的问题。

不过，你这句话表达的是人类对外在力量和变化的恐惧，你们从来没有真的觉得这个世界的一切经历都是自己创造的，你们不断地担心，别人做这个或者别人做那个会怎样伤害你。于是你当然会期待这个这样，期待那个那样。于是你也会有一些系列的"应该"、"承诺"的要求，这些本质就是你自己的恐惧而已，和其他人做什么一点关系都没有。

我们举个极端的例子。要是你女朋友突然有一天看了某一本书，诸如《太傻天书》之类的，突然间醒悟了，趁你不在家时把你所有的钱都花了，买成一件珠宝，还把你最珍爱的什么汽车、玩具、书呀都扔了，替你把工作辞了，然后告诉你："我们去旅行，一起奔向自由生活吧！"你会怎么做？

你要是有任何的痛苦、疑虑或者愤怒之类的反应，肯定都是你自己的心理毛病。你也许觉得怎么会发生这种事情？你女朋友怎么能不经过你同意就做这些你根本接受不了的事情呢？但是，你要反思的是为什么这些事情你接受不了呢？为什么这些事情会让你感到失去了什么宝贵的东西，或者会产生愤怒呢？

其实，你什么都没有发生，你还是好好的，你的女朋友其实没有做任何事情，只是你自己接受不了那些幻觉中失去的东西罢了。

Jim：这个例子太极端了，要是你女朋友这么对你，你会怎么处理？

Taisha：我会告诉她："太好了，你真是我的天使，你做的事情，我早就想做了，你肯定是看了《太傻天书》了吧？你真的已经觉醒了，而且比我觉醒的更彻底，你肯定已经走上太傻第一步了，而我还在琢磨是不是这样做会伤害你呢。其实我们都不可能被任何人伤害，只会被自己的恐惧和犹豫的幻觉伤害。也许这就是真爱的力量吧，我们现在就出发吧，我早就想去西藏做大闭关冥想了，行程都安排好了。"

记住，这就是太傻的生活原则，没有任何恐惧，理解一切，接受一切。一切都是奇迹。

4-5 王子的选择

Jim：好吧，你和你这样的女朋友还真的是一对呢！不过，接受这个确实有点困难，我估计不会遇到你那么极端的情况的。可是，照你这么说，真爱中，爱一个人和爱一头母猪不是没有区别了？

Taisha：你这样说，充满了那种作为人类的骄傲和对母猪的鄙视。你想过母猪的感受吗？对于我，如果太傻给我扔下一只母猪，我会像爱任何其他任何人一样去爱这只母猪。我爱我的父母，我的女朋友，绝对不会和爱这只母猪有任何区别。当然，别指望我会抱着母猪亲吻之类的，我也不会随便抱着街上一个人就亲，但是我对他们的爱没有任何区别。爱的没有区别，和爱的自由一样，是绝对的，也是完全一致的，不会因为对象和环境而发生任何变化。

当然，Jim，如果你要真的走上真爱的道路，你最大的挑战肯定不是如何对母猪和你女朋友一样去爱。最大的挑战只是来自于你根深蒂固的那些好坏、对错和善恶的观念。

如果我说："我对希特勒的爱和对其他人的爱是一样的"，你会怎么想呢？你能接受自己去爱那些你认为肯定错了的、肯定邪恶的，或者肯定在伤害这个世界的那些人吗？

Jim：即使是那些最残暴、最卑鄙、最可恶的人，即使是那些正在攻击你、正在伤害你的人，即使是正在破坏地球和平、安宁，给无数人带来痛苦的那些人，你真的能一样的去爱吗？

你是不是要说，我说的残暴、卑鄙、可恶都是我的分离幻觉，只要我不再相信那些分离了，就自然会去爱。可是我虽然理解，这个世界没有什么绝对的正义和邪恶，但是，我还是觉得我没法去这么爱。这不是自我麻痹、逃避现实吗？

Taisha：你所谓的现实，是什么样的现实呢？你所谓的现实，就是这个世界是有善恶的，这个世界是用外在力量控制和创造的，我们自己根本无能为力的现实吗？在你的现实里，你总是无辜的受害者，是必须要通过攻击、战争、伤害才能解决你认为的那些问题的现实吗？

我们以前说过，人与人的区别，就好像无数雪花的区别，取决于观察者的角度而已。我们在前几章就反复谈过，你所谓的善恶只是某种为了让自己满足的幻觉，最后的结果，只是你逃避自己创造的责任，而将自己作为受害者的哭泣。你在这种分离中，觉得你自己是好人、善良的人、无辜的人，一定要去打败那些给你伤害的人。但是，你这样的思维模式除了给自己制造无数敌人，让自己陷入永远无法脱身的攻击和被攻击的陷阱，不会有任何的结果。

我们之前就用自以为是世界和平警察的美国作为例子，美国一向坚定地认为自己是和平代表，一直在攻击这个、打击那个，最后除了让自己陷入各种各样的恐怖主义泥潭，还会有其他结果吗？在生活中，你也会遇到各种你认为夺走你拥有的、破坏你平静的，不公正地对待你、可能伤害你的人，你会有一种不由自主地攻击的欲望，但是，你的战斗真的能解决任何问题吗？

当然，这些我们以前都谈过，就不用再重复了。我要和你说的是，爱究竟是如何解决这些问题的。对任何一个在幻觉中沉睡和在分离中追逐的人，你对他们最大的帮助、对这个世界的最大的帮助，就是去无区别地爱那些人，尤其是那些你认为邪恶、可恶和无法接受的人。记住，如果他们出现在你的生活中，他们都是太傻给你的肉丸，他们都是奇迹。如果你坚持地去看到邪恶或者暴力，你只会陷入恐惧而开始攻击，这样只会让那些幻觉中的邪恶或者暴力真的控制你。在绝对的爱中，你不仅仅会给自己自由，更会真正地帮助那些在睡梦中和分离中的人们，看到他们自己的真相——那就是爱的真相。

Jim：难道法律制度不处罚坏人，仅仅派一队修女去监狱感化，就真的能解决问题吗？我可不觉得，如果你爱希特勒，希特勒就不会毁灭世界了。

Taisha：Jim，你的思维还是在行动主义和结果决定论的框架里面，就算我说了无数次，你还是不觉得你自己是一切经历的创造者。

你真的觉得打败了希特勒，这个世界就会因此而和平了吗？我并不是说，我一个人爱希特勒，就能让他不毁灭世界，但是，你要记住，如果在二战前，德国的大部分民众是对其他的民族抱有爱和一体观念，而不是认为希特勒宣扬的种族优化论是有效的，无论多少个希特勒都不可能毁灭世界。而当希特勒发动战争的时候，大部分德国人都认为自己是正义的化身、世界的拯救者、邪恶的终结者。当他们杀死犹太人的时候，大多数人都觉得自己是在做正确的事情，就和日本觉得自己应该统治中国，实现大东亚的和平繁荣一样——这些思维模式的本质，都是分离，也都是缺乏爱的思想。

而这些过去曾经制造暴力和恐怖的思想和现在美国在世界各地以民主和自

由的名义制造矛盾，策划和挑起的各种战争有本质区别吗？如果在美国，大部分民众都是在爱的观念下思考，他们会允许自己的政府这样做吗？而现在，大部分人只是在恐惧恐怖主义，恐惧自己所拥有的被其他人夺走，他们和二战时候的德国人、日本人，有本质的区别吗？

当人们把所有的问题都归咎在希特勒的身上的时候，和现在美国人把恐怖主义归咎在拉登身上的时候，人们总是在忘记，这所有的问题的根源正是自己和周围的人无所不在的分离、恐惧。也正是那些觉得自己比别人更好、更正义、更高尚，自己的民族比别的民族更优秀，自己应该获得更多资源，自己应该去打击所谓的邪恶这样的"缺乏爱"的思维模式，在整个人类历史上一次次地制造战争和悲剧。如果人们不能真正走出这种"缺乏爱"的循环的游戏，即使再过一千年，这个世界还是会和一千年前没有任何区别——依旧是一个原始、暴力、恐惧和麻木的分离的世界。

真爱理解一切、接受一切的意思的核心，从来不是要接受那些自己认可的事情，而是看到一切恐惧都是一样的虚幻。对恐怖主义的恐惧和对女朋友会分手的恐惧其实是一样的，和女朋友吵架，你不可能把她关在家里，并斥责她不守承诺来解决问题吧。而解决这些问题的核心也是一样——去爱，去接受，去理解，成为你自己。不用所有人都这样，甚至不用大多数人都做到真爱，只要一百个人里有一个人真正地去实践这种无区别、无恐惧、无要求的爱，真正地去理解，接受和帮助这个世界，这个世界就可以成为一个完全不一样的地方——而这也是人类唯一的希望和道路。

Jim：可是，如果一个国家正在发生残暴的大屠杀，你如果可以阻止，难道不去干预吗？比如联合国要制裁一个国家，其实就是为了防止该国发生大屠杀的可能。虽然我并不认可这种观点，这是事先的定罪，就好像看见一个人拿着一把刀，就认为他要杀死全人类，然后把这个人关起来一样。但是，这种问题，究竟该如何解决呢？

Taisha：这么说吧，如果你是一个超人，或者一个掌握奇迹的大师，看到某个国家正在发生邪恶屠杀，你肯定会像英雄一样地站出来阻止，是吗？

Jim：应该吧。难道大师不应该同情和怜悯那些受苦的人们吗？

Taisha：唉，我不得不说，这个世界的英雄电影还是很有说服力的。我都做到第四次谈话了，距离第一次我们的谈话谈到英雄主义的洗脑问题也有半年时间了，可是你还是有这样的观点，可见这些行动主义的思维模式多么根深蒂固。难道这个世界已经发生了那么多次"阻止战争的人最后反而成为战争的制造者"

的故事，还没有让这个世界明白吗？任何形式的攻击都不可能解决任何问题。

要是一个觉悟的大师，掌握奇迹力量的人，连这一点点智慧都无法看到，他就算掌握了力量，很快也会变成像希特勒一样的狂人，绝对不是你想象的拯救世界的超人。当然，现实的情况是，任何一个大师，如果不能有效地摆脱分离的束缚，摆脱行动主义和攻击的欲望，他根本也不可能掌握任何真实的力量，更不要提施展奇迹了。

这个世界走到太傻第三步的大师级别的人，虽然不多，怎么算算也有快一百个吧，这些人，每一个都可以去做超人，打击邪恶、拯救世界，为什么这个世界那么多战争、恐怖、暴力，你却从来没看到任何太傻第三步的大师站出来呢？其实原因很简单，大师都看得很清楚——这仅仅是一场人类自己和自己玩的游戏，谁也不会真的受到伤害，大家这么喜欢玩，继续玩就是了。

如果你觉得屠杀和邪恶是真的，你只是在进入你自己制造的幻觉，死亡的幻觉、失望的幻觉、好坏对错的幻觉。你觉得真的有什么损失，于是你会像和要分手的女朋友吵架一样去保护你的所有。但是，这些你认为的拥有，那些你恐惧失去的，只是一个小小的梦境罢了。智慧的大师们，那些真正的拥有力量的人们，都已经从梦中醒来，他们怎么会再进入那个梦中呢？

如果你因为恐惧而攻击，你其实是把梦境当真了。你和那些因为恐惧而屠杀的人有什么区别呢？一旦你开始攻击，你不仅仅不会化解矛盾，还只会让矛盾更加激化。解决了一个，出现另外一个。

当你看清，没有死亡、没有受苦、没有所谓的正义和邪恶存在，一切都只是一个人们自己制造的游戏，一群小孩自己在过家家，玩完了一场，回家睡一觉，明天还会再玩下一场，你就根本不会再有任何去阻止什么邪恶的想法。

你要是真的那么想当超人，拯救世界和平，你干吗不去随便找个森林，解决每天几百群蚂蚁互相进行的蚂蚁世界大战呀。一个蚂蚁的世界大战，和另一个人类的世界大战其实没有区别。你完全有拯救任何一群落难的蚂蚁的力量，为什么你不去做呢？因为你知道，对于那几万群蚂蚁，谁胜谁败、谁对谁错，根本就是没有意义的，你要是去干预，其实最后结果也是一样，你自己成为了一个疯子，蚂蚁世界只会更加的混乱。

所有真正具有力量和智慧的人都会清楚地看到，只有每个人放下自己心中的那些分离，用爱去面对一切，用爱去理解这个世界的真相，才可能真正用爱解决一切矛盾。解决一场小孩的游戏和一场世界大战，其实没有区别，你那一点小小的感情挫折也是一样。

也正是因为所有的真正有力量解决问题的人，都会看清真正的力量是爱，而任何形式的暴力和干预其实只会制造更多的矛盾。所以，最后的结果是，这个世界除了自以为自己是超人的美国在到处制造麻烦，在这个世界制造更多的分离和恐惧，却没有任何所谓的超人出来管这里或者那里的大大小小的纠纷。

道路只有一条，就是爱。力量也只有一种，就是爱。任何问题或者矛盾的解决方式，也只有一个，就是爱。

所以，我当然爱希特勒了，我爱他和我爱你，爱我的女朋友，爱任何一个人，这些爱都没有区别，不管一个人是谁，他做了什么，他自己在幻觉中如何沉睡，都不可能改变这种我对他们的爱。我会理解希特勒并不是真的做了什么所谓残暴的事情，只看到他在一场自我束缚、分离追逐的游戏中迷失了，我要像帮助任何一个留学申请客户一样帮助他，帮助他找回自己，找到爱。无论对希特勒，还是拉登，或者任何一个被这个世界认为罪大恶极的人，归咎和攻击只会强化分离的力量，只有爱才能让一切走向和谐。

Jim：好吧，我看起来是要好好理解才能明白了，你说的爱和爱的方式，确实和我以前想的不一样，我之前一直觉得，解救痛苦，才是真正的爱，就好像动画片里英俊的王子拯救世界，顺便从恶龙手里救回了美丽的女朋友才是爱。那要是你的女朋友被恶龙带走了，你难道不管吗？

Taisha：似乎这个世界的每个人都在认为，王子爱公主，所以就应该为了公主上刀山下火海，更不要提公主被恶龙抓走的时候，理所当然地挺身而出了。这个世界的所有的电影、故事、小说，无一不是这种俗套和自我陶醉的情节。可是，现实是那些真的不是爱。

如果我进入这样的经历，或者任何一个真正拥有智慧和力量的人进入这样的经历，我会首先看到，这种经历是我自己创造的，如果是分离的经历，肯定我内在还有分离的思维模式没有解决，没有人可能在我之外创造任何经历。然后我会进入冥想中，与太傻同在，找到那些分离，用爱的合一来化解这些分离。

我会看清楚，分离的游戏是无穷无尽的，你不可能真的拯救任何人。这个世界每天都在上演着无数的"公主被恶龙抓走"的戏剧，我为何一定要去救这个公主，而不救其他公主呢？要是是因为这个公主美丽而智慧，要是我在拯救这个公主的时候，遇到另外一个更美丽而智慧的公主也被抓走了，我该怎么办呢？当我因为一个公主被抓走就要去拯救的游戏，我只会陷入无穷无尽的拯救这个公主至爱的父母，又去拯救那个公主的心爱小猫小狗的游戏，最后，我会像超人和007一样，在拍不完的正义与邪恶的续集中不断受苦。

接着，我会看到，我不是什么王子，我的女朋友也不是什么公主，公主和王子只是我们自己给我们自己的囚笼，在那个监狱演出的那些戏剧，也只是没有意义的自我陶醉。如果你非要因为自己是王子，女朋友是公主，就要做所谓王子和公主应该做的事情，你只是在自己给自己制造无穷无尽的麻烦和一个又一个的监狱罢了。

然后我会看到，其实没有所谓的恶龙或者善龙，每个人的经历其实都是自己创造的。也许你自己眼中的恶龙是我女朋友眼中的白马。也许她不是被抓走的，而是要和她的白马王子去奔向幸福生活呢？当然，这可能只是她自己的幻觉，不过没关系，只是每个人的自由，公主又不是你的"所有物"，不论恶龙还是善龙，都同样有追求公主的权利，你何必用你的分离的判断或者"拥有"的观念去限制任何人呢？

也许你会恐惧你爱的人会受伤，我却不会，我会祝福她。我更会看清，其实没有任何的恶龙可以伤害她，就好像没有任何的白马王子可以拯救她一样。她的生活的一切都是她自己的创造，我不会用我自己的善恶和忧虑来干预任何别人的自己生活的选择。

我还会看到，那个其实不是恶龙的人要抓走我的女朋友是因为，他其实也是一个可怜的人，估计觉得我女朋友有什么他自己没有的东西。我会用"爱"的光芒笼罩那个可怜的龙，告诉它："放下追逐吧，我女朋友那里其实没有你真正想要的东西。你所有最宝贵的东西都已经在你的内在了。作为龙，也有龙的太傻，打开你的心灵的眼睛，你就会找到太傻的指引，那里有一切的智慧和宝藏，我女朋友那里什么都没有。"

我更不会用什么超能力发一个闪电，烧焦那个恶龙，因为我看到，攻击解决不了任何问题，击败了一个恶龙，还会有无数恶龙的亲戚朋友跑出来。只有当你爱那个恶龙的时候，接受那个它、理解它，一切才会真正走向和谐。

更本质的，既然没有发生任何事情，你又何必去解决任何问题。这是事实的真相，没有人会受到伤害，无论是我女朋友、我、恶龙，所有人都一体的，We Are ONE，恶龙只是在和我女朋友玩一个游戏罢了，我既然看清那只是一个游戏，为何我还要去进入那个幻觉的游戏，让自己受苦呢？只要你看到事情的真相，你就不会经历任何的痛苦和矛盾。反而是那些可怜的"超人"，每天救了这个又要去救那个，似乎从来得不到安宁和平静。

Jim：天呐，"恶龙抓走公主，王子却不去救"，这就是真爱了吗？这估计是巨大的笑话吧，人们肯定会笑晕了。

Taisha：救或不救，并不重要，重要的是，你到底是因为恐惧而去"救"，还是在爱中"不救"。

这个世界的人们都会为这个观点笑晕的唯一的原因估计是，这个世界是颠倒的。这个世界是行动主义的，每个王子都认为对自己所有物造成任何威胁的事物都是恶龙，一旦有威胁，似乎他们都应该挺身而出，但是要是那个恶龙其实是公主眼中的白马王子呢？也许在公主眼中，你根本不是王子，而是另外一个灰驴呢？难道这不是几乎所有的男人、女人之间永远说不清的三角恋或者感情矛盾的根源吗——恶龙也罢，白马也罢，灰驴也罢，这些只不过是内在的分离而已。任何追逐分离的人，只会在内在的矛盾中经历痛苦。

当然，并不是"恶龙抓走公主，王子却不去救"就是真爱，因为"不救"也是一种行动。真爱的正确表述是："恶龙抓走公主，王子却给他们自由与爱"——这就是真爱。

在你看起来，这似乎是无法理解的。但是，这只是你大脑无法理解而已，这个世界充满了大脑无法理解但是却是真理的事情，这个世界的无数的所谓智慧的大脑，最无法理解的肯定不是"为什么真爱的王子不救公主"，而是"为何耶稣是上帝的儿子，却愿意走上十字架，为何他不发一个闪电，把所有坏人都劈死呢？"——这是一模一样的大脑无法理解的事情。

不过大脑能理解的人类心智，似乎只要能闪电劈死解决的事情，全都这么解决了，难怪人类想象中的宙斯的最大的威力就是发闪电。

Jim：好吧，你都这么说了，我没法说什么了。似乎耶稣最后走上十字架也是一样的爱吧。他说："宽恕他们，他们并不知道他们自己在做什么。"

Taisha：是的。这是一次真爱的完美的演示。从这个意义上，耶稣也是真爱的王子。他一样做出了真正的王子应该的选择。如果一个真爱的王子连生死这种简单的幻觉都无法突破，还琢磨着怎么去击败恶龙、拯救公主或者用闪电烧焦敢于威胁自己的敌人，那这个王子肯定是假冒的。

你还可以从另外一个角度看。那些恐惧和攻击中，试图通过杀死耶稣，来扼杀他所传播的真理的人，真的可能因为杀死耶稣而成功吗？最后的结果是，耶稣即使被杀死了，他所传播的真理也因为这次十字架的演出而传遍这个世界。记住，任何的攻击，其实都是强化你所攻击一方的力量，因为你真的认为那威胁是真实的。所以，你就在攻击中将自己的力量赋予你攻击的对象了。你不可能真的通过攻击解决任何的问题，这个和因为恐惧被太傻留学击败而用谣言攻击太傻留学的人，最后只是让太傻留学更强大，最后那些散播谣言的留学中介们，

并不是被太傻击败的，而是被自己击败的。这和耶稣的故事是一个道理，没有区别。

而耶稣自己从来没有担心，如果别人杀死了自己，自己的小小团体会因为自己的离去而损失什么，他看到，在这场谁也不会真的受到伤害的游戏中，审判自己的那些人，他们是太傻扔下的一个巨大的肉丸，他们都是奇迹，而耶稣要做的就是接受这个奇迹。于是他接受了太傻的肉丸——这就是爱的力量的最好的演示。

可惜，世人并不相信这个，他们还是相信——自己一定要攻击，一定要行动，一定要去制止那些暴力，才能舒缓内在的对失去的恐惧，才能解决外在的问题。就好像一定要和要分手的女朋友吵架，然后再双方都痛苦一番，才能分手一样，这些思维模式的本质其实都是一样的。

4-6 真爱的道路

Jim：好吧，虽然我暂时还不能完全理解你说的那种"恶龙抓走公主，王子却不去救"为什么反而是真爱了，我其实也并不完全地理解为什么耶稣走上十字架就是真爱了，但是，我还能保持某种开放的心态吧。确实，如果爱真的那样容易理解，这个世界早就和平了。我们这一次谈了这么久，到底爱究竟是什么呢？你在这次谈话一开始，就发表了那么一段关于爱的表白，似乎说的爱和我理解的那种爱，并不是完全一样的吧？

Taisha：当我们在第二次谈话谈虚幻和现实的时候，我们就谈到过，真实的存在是不依赖时间的。而真实的事物在这个宇宙中并不多，既然万物都是一体的，那么，这些真实的一体的表达形式也是非常有限的。爱、光、自由意志，都是合一的表达方式。更具体来说，爱是一切造物的力量，光是一切造物的基石，自由意志是一切造物的意识的基础。

爱、光、自由——这些都是真实的、不依赖于时间的存在，是合一的表达的三个面向。就好像一个三角形的三条不同的侧边。而这也是很多宗教描述的"三位一体"的真实表达。注意，爱、光、自由的绝对的真实不是仅仅是在这个规则宇宙中，而是在所有的宇宙体系中，在无限的存有中，都是一样真实的存在，只是这三个元素的不同的组合方式，造就了不同形式的规则宇宙。这个内容，在我们第七次谈话，在谈到宇宙和万物的起源与终极目的的时候，还会更深入地涉及。

而爱是一切造物的力量。爱也是唯一真实的力量，这种力量的本质是合一的力量。爱就像万物的胶水一样，让光的粒子聚合起来，和谐地运作，并形成各种各样的光的表达形式。而在自由意志下，光利用爱的力量，开始经验自己，并体验各种存在形式的价值、道路和追求——于是，万物就开始在爱的力量下协调的运作。

虽然这一次谈话的核心焦点还是真实的爱在人际关系中的使用，这是这个世界的人类对"爱"这个词语的主要赋予的范围，但是，真实的爱作为一种力量，比这个概念要大得多，宽广得多。爱是一种无限的力量，你是不可能用任何有性质的用途来局限它的。

宇宙万物，无论是你眼前的这个杯子，还是星球，还是任何一个宇宙时空，它们都是在爱的力量下运作的。这些爱和你说的对家人、朋友和国家民族的爱，完全是一种爱，你也可以说，那是爱在不同的时空和环境中的表达形式，但是，却没有任何的区别。当然，爱作为唯一真实的力量，是如何塑造世界、塑造万物，人类应该如何观察、理解和使用这种力量，这是我们第五章和第六章在谈创造和奇迹的时候会涉及的内容。但是，即使你学完第五和第六章，你所接触的也仅仅是爱的皮毛，是深邃无限造物的海洋的一朵浪花。

只要你善于观察，Jim，你就会发现，万事万物都是在爱的力量下运作的。阳光如何让花草生长；蜜蜂为何在给自己收集食物的时候也帮助植物的繁衍；人和人究竟是为何会相互帮助、相互支持；社会是如何将个体组织起来创造一个和谐的体系；宇宙每一个行星、恒星为何能协调地在一起运转；每一个老师是如何教导他的学生真理；每一对父母为何会对子女充满无私的付出；来自宇宙各处的伟大的存在们是如何的牺牲自己，帮助地球一步步地走到今天……一切都是爱，一切仅仅是爱。只有爱的力量能造就每一刻的奇迹，而在爱的力量下，每一刻已经是奇迹。

爱的力量虽然是合一的力量，让万物协调运作的本源的力量。但是，在自由意志下，个体却可以以自己的方式来使用爱，甚至使用爱来追逐分离，使用爱来控制更多的爱。既然爱是接受一切，理解一切，那么对爱的扭曲、对爱的误用也是可以理解和接受的。所以，即使是爱的扭曲、爱的误用，也是爱的一部分。在未来我们谈太傻的道路的时候，我们会谈到，爱的合一的道路和爱的分离的道路都是太傻的道路。

太傻也是在时间之外的真实的存在，但是太傻仅仅是这个规则宇宙的亿万

个星系的规则的一部分，太傻是爱、光、自由意志在这个规则宇宙的创造之初，也是终极的造物魔法。在这个规则宇宙和一切的个体，最后都会通过太傻走向最终的合一的道路。但是，这个规则宇宙之外的宇宙体系，在穿越了合一的黑洞之后的宇宙，那里是否还有太傻就并不知道了。

但是，太傻的道路肯定是爱的道路，它是在爱的力量下走向太傻和终极的合一的道路。在这条道路上，爱、智慧、奇迹，是太傻道路的第一、第二、第三步你必须学会的课程，也是走向与太傻合一的必须的步骤。没有爱你不可能拥有任何智慧，没有爱与智慧的平衡，你也不可能创造任何奇迹。这三步，你不可能逾越任何一步，不管是外星人也好，大师也罢，不管是什么宗教，什么星球的神仙、天使、上帝，都必须一一走过太傻三步的每一步，然后才能实现自己在这个规则宇宙的存在的价值和终极的意义。

而爱，是太傻道路第一步的核心。你如果真的想走上太傻的道路，你要做的唯一的事情，就是理解爱，理解真爱，并让自己成为完全的爱。

Jim：那究竟什么样才算真的走上太傻的道路了呢？是要去实践耶稣一样的对世界的爱吗？无区别地爱世界，并在世界传播爱的真理吗？

Taisha：别着急，太傻的第一步是不需要让你马上成为太傻的教师的。理解爱，不用做任何事情，你只要在生活的每一刻，在每一个当下，都感受爱，散播爱，成为爱，你就会自然的加深对爱的力量的理解。这是一个自然的过程，不用作任何的努力、拼搏和追逐，你只要成为自己就可以了。

但是，首先你必须下定决心，真的开始实践这些道理，你不可能不通过实践而明白任何东西的。我们已经在之前完成过三次谈话了，你一直觉得你懂或者不懂，但是，无论如何你从来没有认认真真地实践过。Jim，你也许觉得，你比其他人思想开放得多、自由得多、应该束缚少得多，也许你确实在一些经历中能感受一些接近真理的光辉影子，但是，Jim，你并没有真正开始走出任何一小步的实践。你和其他所有人一样，你们的心还是在被你自己大脑病毒构建的监狱囚禁着，虽然你在过去的半年中努力拆除了几块监狱墙壁的砖，我也在你那个坚固的墙壁上凿出来几个可以让你看到外面世界的洞，你偶尔也会去那些洞上好奇地往外面世界看几眼，但是，你确实并没有真的走出任何一步，你拆下的那几块砖很快又被你自己的大脑病毒补上了。你看，你一直都在你大脑病毒的狙击下败下阵来，至今你还没有获得一次真正意义的胜利呢！所以，你离我们从第一次谈话就开始描述的太傻道路的第一步，还有相当的距离呢！

Jim：我本来想等我把《太傻天书》看完了，全部掌握了，再认真锻炼的，不过你前三章给的那些练习，我确实想到的时候就会练习，虽然也不是多么认真，但我肯定是在努力的。只不过最近因为感情问题中断了几个月，不过这是我的问题，我会努力的。可是，到底怎么样练习才能真正走上太傻道路第一步呢？难道真的需要不断地经历痛苦，然后在痛苦和折磨中才能觉悟吗？

Taisha：当然不是。我们反复说，痛苦和折磨是完全没有必要的，真正走出那一步的时候，你就会清楚地知道，自己已经从过去的那一条充满矛盾、斗争和冲突道路，切换到了另外一条通向爱、光与和谐的道路。两条道路是不可能有任何的交汇点的，你更不可能一只脚踏两条船。当你走上这条新的道路的时候，你才算真正迈出了那一步。

爱是唯一的道路，你以前的道路根本无法称之为道路，只能说是在恐惧下束缚漫无目的地游荡罢了。也没有任何其他道路能真的通向内在的解放和真正的觉悟，无论是什么瑜伽的道路、涅槃的道路、天堂的道路、修行的道路、魔法的道路、奇迹的道路等等，这些道路的本质都是爱的道路——也是通向太傻唯一的道路。

我这里所说的爱是真实的爱。不是任何基于分别和基于条件的爱，而是完全无区别的爱。打破幻觉的世界，爱是你唯一需要掌握的真正的力量。这也是为什么我们在这一章，之前花了那么长的时间和你从各个角度分析，到底什么才是真正的爱，什么才是无区别、无对象、无要求的爱，为什么你之前对爱的那些理解和努力，实质都是在误用爱、扭曲爱，你也必然在那些爱的囚笼中受苦。

爱是这个世界最被人误解的一个话题，就算我们之前谈了那么多，其实也只是涉及了爱的一些皮毛。爱既然是力量，那就和重力之类的力量一样都会有自己的应用方式，而所有的魔法和创造，都是对这些爱的力量的真实的应用的模式罢了。但是，你不可能在不理解真正的爱的情况下学到任何的智慧和创造的力量的，即使你了解了一些创造的原理，如果你不理解爱的力量，就会像现在一些流行励志书籍教导"意识吸引力法则"一样，继续扭曲爱、误用爱，最后你还是什么都无法创造，什么魔法也学不会。

这也是为什么《爱的对话》的一章，要放在《创造的对话》和《奇迹的对话》前面的原因。没有爱的力量，你是不可能进行任何创造的，你也不可能施展任何的奇迹。而《爱的对话》也必须放在对"真实和虚幻"与"行动与成为"的讲解之后，这是一个必然的步骤和体系，你不理解分离的无所不在，你看不清行动主义的陷阱和成为自己的核心价值，你也根本无法真正地理解爱。

所以，虽然这次谈话是以你的感情的挫折开始，我们谈到了各种爱的扭曲

的形式和这些扭曲的爱，为什么并不能真的给你解决任何的问题，反而会成为囚禁你的牢笼。那些只是让你理解，你大脑理解的爱都只是分离的爱，是扭曲的爱，披着爱的外衣的期待和追逐。但即使是那些扭曲的爱给你带来的那种最深层面的心灵的震撼的感觉，却来自真实的爱的力量。这也是为什么人类一直歌颂爱的伟大，却没有人歌颂美食的伟大或者事业成功的伟大。即使是扭曲的爱也会有着真实的爱的影子，那种震撼人心的力量是任何一个幻象世界都无法掩盖的。

只是因为人类词汇的贫乏，才不得不用"爱"这一个词语，来传递那种几乎无法描述的真实的爱的力量。但是，你只有掌握了真实的爱的力量，你才可能拥有打碎束缚你的那些锁链的力量。

没有爱，一切将不存在。

包括我们之前偶尔提到的，追逐恐惧的控制和分离的追逐的黑暗的力量，它们也只能用爱的力量，记住，没有其他力量。只是，他们使用爱的力量的方式是聚集爱，剥夺别人的爱，并将爱的力量用于分离和操纵。

Jim：真的有这种黑暗的力量吗？爱不是聚合的力量吗？怎么可能用于分离呢？

Taisha：你过去做的所有的事情，不都是在用爱的力量去追逐分离吗？爱既然理解一切，接受一切，当然也包括理解和接受对爱的误用和用爱的力量来操纵别人，或者用爱来散播恐惧了。本质上那只是对自己的爱，希特勒或者任何一个追求负面力量的人，他们难道不都觉得自己是爱世界的吗？只是他们根本爱世界的目的是让世界为自己服务，爱自己也是爱的一种形式。这些形式没有对错，只是有的爱的形式并不能最终实现爱的目标。爱自己的道路最终会与完全无区别的爱合为一条道路。

Jim：那我们在日常生活中究竟应该如何具体做，才是真正地在理解和表达爱呢？

Taisha：真正的爱有很多的理解和表达方式，没有一种能完全的形容真正的爱的全貌。一般我们会说："爱是……(Love is...)"意思就是爱是无法用词语表达的一切。

虽然我们无法表达这种伟大，但是我们却可以描述真正的爱的一些特征。我在上一次谈话就这样描述过："爱理解一切，爱接受一切，爱从不选择，爱消除差别，爱溶解恐惧，爱是……"

如果你希望在生活的每一刻理解爱并实践爱，那么你要记住：爱是世界万物的胶水，是让一切事物合为一体并和谐运作的力量。在你生活的任何一刻，你只要去实践太傻的生活原则，理解一切，接受一切，放下选择，你自然会在生活的每一刻感受爱、成为爱。也许你觉得我这句话非常空洞，但是，你却可以在任何一个生活场景这样做，不管你工作、堵车、购物、看电视剧、陪女朋友聊天、遭遇客户的质疑或者任何一个学习与体验的过程中，你都可以去实践爱，并成为爱。

而观察爱、理解爱、运用爱、施展爱、投射爱、用爱的力量创造、让爱散布世界，是每个生灵，无论他处于哪个阶段、哪个层次、哪一种沙漠或者绿洲内外，几乎唯一的目标。即使未来有一天，你遇到遥远的时空的某个世界的智慧大师，记住，他只会和你谈爱。爱的广阔和博大是你无法想象的。

所以，每当我听到有人和我说："我知道爱，爱不就是……吗？"我会多么快乐地看着他，就好像看着一个牙牙学语的小孩说："我知道这个世界"一样。你知道每当这个时候，我多么想去摸摸他们的脑袋说："对爱，我不知道，你也不知道，我们一起慢慢学习吧！"

即使在我们地球这个世界模式中，爱也是解决一切问题的根本的力量，无论是你的感情问题还是国家民族的问题，即使有一天地球要在某种灾难里毁灭了，你还是只可能用爱的力量来解决问题。没有其他的力量，只有爱的力量。所以，你可以在任何一个环境下，用理解一切，接受一切，来展现真正的爱的力量。你不用去教导别人任何事情，你只要在每一刻成为自己，爱的光芒就会自然地在那个环境散播出来，在你的理解、接受和放下选择中，爱自然会运作，来化解那些环境的矛盾和冲突，而你也自然会在其中成为爱。

理解爱、成为爱的过程，不用你去做什么惊天动地的大事，或者去成为耶稣、佛陀那样的大师，对于大部分初学者而言，在一些激烈冲突的环境，诸如在国家矛盾、世界战争中，一个人要成为爱并不难做到。对于绝大多数人，而真正的挑战是如何在那种无微不至的小事情，在那些不起眼的生活的每一刻中展现爱。因为那些细微的环境，诸如你遭遇的感情和工作的那些问题，反而是你大脑病毒最擅长的战场和领地。如果你真的想走上太傻第一步，你必须学会在自己生活的每一刻，尤其是那些你不重视、觉得无关紧要的环境，去做"成为爱的锻炼"。

Jim：具体在生活的每一刻，我们应该如何做呢？仅仅是不作任何选择，在各种矛盾和冲突下都用太傻的生活原则去接受和理解，就可以了吗？

Taisha：如果你真的希望成为爱，首先你要学会察觉爱：在生活的每一刻，

在你经历的每一个环境、每一个人身上都看到爱。即使在那些最激烈冲突的环境中，锻炼自己，只看到爱，你就会自然地成为爱。

当你不断的成为你自己，在生活的各个环节、各个环境都发现爱，不断地在当下察觉爱，用真实的眼睛看到你的每一刻的经历、每一个遇到的兄弟姐妹，看到他们的本质也都是爱，你就是在你经历的每一刻散播爱。

你只会看到你自己，因为你自己是爱，你也只会看到爱。爱中没有区别，爱中没有选择，不管你看到的是什么种族、什么职位、什么国家、什么行动，你都会无区别地爱，并在爱的指引下给各种不同的人不同模式的帮助。

在爱中你可能拒绝别人的要求，你也可能接受别人的要求，在爱中你可能制止某个暴力，或者仅仅让其发生。在爱中你也许会救助疾病、消除痛苦，甚至击退死亡，你也许会仅仅在那些痛苦的人身边祝福。在爱中你不管做什么都不重要，重要的仅仅是爱本身。

如果你察觉自己没有看到爱，你在各种时候，感觉到恐惧、需求、追逐和要求的时候，你会了解，这些都是你自己的问题，你不再归咎任何外在的原因，你只是转向自己的察觉。并不是归咎自己，而是用爱的思维替代缺乏爱的思维。

有时候，你也许会遭遇一些痛苦和难受的经历，但是你知道那都仅仅是因为那些你还没有放下的束缚，你会用爱去经历这些过程，最后解开那些束缚。

在察觉爱中成为自己，在成为自己中理解爱。这是爱的唯一的道路，也是太傻道路第一步的必然途径。

Jim：你原来说，当你真正转向太傻的道路的时候会有一些标志，那些标志是什么呢？我原来一直还觉得，诸如那些大师每天冥想，突然有一天，头上生出一个莲花，于是他们就觉悟了。比如我一直做这种爱的练习，我怎么知道我自己确实是在走向太傻的道路第一步了呢？

Taisha：你说的大师冥想的过程，实质就是《太傻练习册》的第一日的练习。那是太傻道路上最核心的基础练习。在你走上太傻第一步之后，你会理解，冥想是唯一你应该做的锻炼。但是，一个人在走上太傻第一步之前，他几乎是没有耐心和信心去做任何的冥想的锻炼的。

一个开始走上爱的道路的人，走在正确地观察爱和理解爱的道路上的人的最典型的标志，是一个人开始收回以前在各种各样分离的外在事物、观念、浪费的爱。尽管那是爱的误用，但是，仍旧是使用爱的力量。当你真正的开始珍惜每一丝爱的力量，像珍惜你每一个最宝贵的收藏一样地珍惜爱，你就肯定是走在太傻的第一步上了。而练习从以前浪费爱的地方收回爱，也是走向太傻第一步的必经之路。

在过去，你可能有很多的基于分离的爱好和习惯性的行为。例如你喜爱你的父母、喜爱你的宠物、喜爱上网看视频、喜欢汽车资讯、喜欢你收集的那些书和那些玩具、喜欢你的同事和朋友、喜欢你追逐的成就、财富、事业、美丽、健康等等。一切你喜爱、追逐、渴望和梦想的事物，这些分离的观念，都会在分离中吸取你的爱的力量。

这些喜好，既然都是差别的追逐，既然都是分离的囚笼，它们的本质也都是对爱的误用，你将本来应该无区别的分配的爱，浪费在各种各样分离的一端，并用这些爱的力量制造着你生活中的那些矛盾、冲突和麻烦，也偶尔会制造一些分离的快乐，但这些都是对爱的力量的误用。

几乎每个人都在以各种不同的形式误用爱、浪费爱。在真实的眼睛下，你会看到你们每个人的心灵的位置，被很多丝线一样的事物穿透，丝线的另一端就是你追逐渴望的那些事物。那些事物都在从你这里吸取爱并获得存在的力量。如果你崇拜一些人、一些机构、一些存在，你会发现，你的力量也会流到你崇拜的那些人那里，其中有些负面力量的追逐者会用一些技巧把这些爱囤积起来，在自己生活中显化巨大的财富和权力，但是你要理解，其实你自己为这些人制造了这些财富和权力，反过来，你去羡慕你自己的爱。

每一个真正走上爱的道路的人，都会清晰地看到，自己的爱流向哪里，是更多地流向分离，还是更多无区别地流向世界。无区别地流向世界的爱，会马上从其他事物和个体那里获得增强，并回流向自己。你给予真正的爱，却收回更多真实的爱，你也因此具备强大的爱的力量。但是流向分离的差别的爱，却只会有去无回的浪费掉。在对爱的力量的浪费下，你是不可能进行任何的创造的，更不用说奇迹了。创造和奇迹都需要用爱的力量，你如果真的想走向太傻第一步，收回爱的锻炼是你不可能逾越的步骤。

当你一条条地切断这些夺取你爱的丝线，收回那些在分离的事物上浪费的爱的力量，你会清晰地感觉到你爱的力量的强大充盈和不可抑制的对外的流淌，于是你真正拥有爱，你开始用爱真正地创造体验、创造奇迹，也真正开始对这个世界服务的过程。当你开始有意识用爱服务这个世界的时候，你就真正走上了爱的道路，也就肯定走上了太傻的第一步。

在太傻的第一步，你会感到过去颠倒的生活完全恢复正常了，你也会更清晰地了解自己的道路，并在整个过程中被爱指引。

这个成为爱的过程可以描述为：察觉爱，理解爱，收回爱，散播爱，在爱

中服务——这就是爱的道路。

Jim：走在太傻第一步的道路上，会有什么特别的感觉和变化吗？我怎么知道我确实是走在太傻的道路上了呢？以后会不会我其实已经走在太傻第一步了，却在怀疑自己没有走上呢？

Taisha：这是不可能的。太傻第一步对一个人的改变是天翻地覆的。你不可能走上太傻第一步，而又感觉不到什么根本的不同。如果你没有发现你的生活彻底得到改变，而且是颠倒性的改变，那说明你肯定还没有走上太傻第一步。这就好像你要是每天早上出门都是倒立着出门，你会发现自己忘记了自己是倒立着的吗？

其实你只要开始认真地收回自己在外在的分离中投注的关注和爱的力量，你很快就会感觉到你的外在的世界开始发生变化了。这种变化是显而易见的，因为奇迹和创造本身就是你的本性，你并不是要成为耶稣一样的大师后才能开始创造任何奇迹。只不过在太傻的道路的不同的步骤，你对爱的力量的使用会有不同的娴熟程度，因此也会用不同的方式创造而已。

内在的平静所显化的外在的和谐，是太傻的道路第一步的典型标志。你的生活会从各种矛盾和问题中解脱出来，并进入某种真正的快乐而充实的生活，但是却不是原来那种不断遇到问题，解决问题，在冲突和矛盾中追逐分离的那种虚假的快乐，而是真正的由内而外的快乐。这就是真正创造的过程的开始，只不过在太傻第一步，你的创造还是无意识的创造，你某种程度并不知道自己是如何创造这些和谐和快乐的，但是这些和谐和快乐却是无法否认的。你只有在太傻第二步，真正能与太傻清晰地沟通了，你掌握真正的智慧时你才能开始有意识的创造。

大脑的制造和你在太傻指导下的创造是有本质区别的，即使它们都是思维创造经历的规律的直接表现，但是，大脑是基于分离来制造矛盾的，这种制造是某种随机而浪费爱的事情，因为大脑是混乱的，有时一些观念强烈，有时又很薄弱，而制造一个外在事件，浪费的爱的力量其实比用爱的力量创造一个金字塔还要多。所以，你生活中体验到的冲突和矛盾其实是有限的。但是，你在某一个特殊事物上投注的时间和精力越多，那个特殊的事物产生未来矛盾并给你造成痛苦的可能性就越大，但是即使这样，你的大脑病毒制造的比较大的麻烦和冲突，一般一年才会发生一两次。大部分你的爱的力量其实浪费在各种各样外在的矛盾的相互损耗和对外在事物的关注、期待和追逐中了，诸如对国家、制度、明星、电视剧、新闻、汽车、手机、家庭关系、公司矛盾等各种外在事物那里去了。总之，用爱的力量来制造麻烦和矛盾是无比浪费的。当然，一些负面的大师力量可以控制分离显化的一端，用来制造恐惧和权力，那是另一种爱的利用方式。

当一个人用爱与合一的思想开始转化自己大脑的病毒的时候，他会感到自己更平静、更专注，内在更加和谐，他的思想会更清晰，而不是每天东想西想。他原来被浪费的爱的力量开始慢慢集中，就好像你跑步发现自己耐力越来越强一样。这种被集中起来不流失的爱，自然就会开始在你的生活中创造和谐和丰裕的体验，你不可能在拥有充足的爱的力量的时候而体验到任何的匮乏，你也不可能在爱中经历什么冲突。

这些都是你很快就能强烈感受到的转变，但是，你不可能一边去浪费你的爱的力量，一边又去练习收回爱的力量，这是那些想骑墙的人不可能实现的工作。

你要是认真锻炼《太傻天书》的那些练习，即使只练习第一日的练习，只要你把平时在网上乱晃的那些时间，关注其实你根本不需要知道的那些新闻、电视、电影的那些时间，用来做清空大脑的冥想，或者练习在各个环境中收回爱，在平静中感受爱的回流，你会发现你的生活很快就会开始变化。

只要你每天专心锻炼两三个小时，然后该工作的时候工作，该休息的时候休息，唯一要注意的是，你要随时提醒自己，警醒周围那些分离和夺取爱的力量的存在，并有意识地远离它们。如果你这样锻炼，不到两三个月你就会发现生活开始彻底地转变，比跑步的效果更好得多。你会感觉自己每天充满活力，而不是总是像以前一样大部分时候昏昏欲睡，你周围的人会发现你更积极、更有效地处理各种工作和生活的过程，你总是可以很快找到处理问题最有效的办法和与人相处最和谐有效的方式，而你知道，你其实并没有做什么特别的事情，你仅仅是在成为你自己。

当然，除了和你很亲近的人，几乎没有人会发现你不再像以前那样浪费时间在那些电影、电视和媒体上，他们只会看到你更专注于自己的工作，也没有人会知道，你在平时多么警醒周围的每一个分离的环境，并在其中作收回爱和感受爱的锻炼。你会发现就算你完全不刻意关注新闻，你也不会错过任何你需要的信息，因为太傻总是会将你需要的东西随时随地扔给你，你只是注意接着就是了。慢慢的，你会更加清晰地听到你太傻指引的声音，那声音会无时无刻地告诉你，如何处理你生活中的每一个经历，在每一个过程中应该如何更有效地成为自己。

你也许觉得你会因为修炼《太傻天书》而错过生活中的美妙和快乐，这是

不可能的。相反，你会重新领悟和体会生活真正的美妙和快乐，但是是用一种完全清澈的眼光去看那些美妙。你会发现原来在沉睡和麻木中，你竟然忽略了生活中无所不在的那么多的美妙的东西：窗台上的一颗露珠、花盆里小草的微笑、周围每个人身上的那些美丽的智慧，你会时时刻刻地在生活中露出真心的微笑——多么美丽的一个世界呀！而这些都仅仅是锻炼三个月的时间就可以发生的。

当然这只是太傻的道路上的第一步，但只要走出这一步你就会爱上这条道路，并由此一发不可收地在这条道路上继续走下去，就好像你一旦爱上跑步，跑步就会成为你一生的爱好一样。

Jim：真的有这么快？那我真的可以试一试啦！这真的很迷人呢，我原来以为，至少要像那些大师那样在山洞里冥想好几年，才会有一些进展呢！照你这么说，这个世界不是已经有很多人都走到太傻的道路的第一步了吗？

Taisha：是的，很多很多。这个世界有多少这种人呢。如果你算全世界的数量，则至少有上千万人是完全地走上太傻第一步的道路，肯定比你知道的全世界跑马拉松的人还多。这些人的一个特征就是感觉自己已经在生活中找到某种平衡和和谐的方式，并清楚地知道自己未来的道路。而且他们还清晰地知道自己已经在这条道路上了，也许他们不会叫这条道路为"太傻的道路"，但是他们肯定会明显感觉到自己和周围人那种颠倒、分离和追逐的生活的格格不入。即使他们中大多数人没有做任何的思想或者灵性的锻炼，但因为他们本性就让他们远离那些嘈杂和矛盾的存在，所以这些人会自然而然地去寻求一种内在的平静的生活方式。

走上太傻的第一步——爱的道路的人，不太可能是什么隐士，这些人也不会逃避生活，而是更加爱生活。他们几乎无一例外地会在自己的环境中散发某种光辉。他们是在某种科学领域，他们都肯定会是那些领域最专注和最执着的研究者，他们在任何的行业，也肯定会成为那些行业的中流砥柱，这些人在艺术家中的比例会更高，因为艺术本身就是爱的表达工具，一些非营利机构和服务类的公益部门，也会是这些人的自然的栖息之地。医疗、教师、心理咨询、科技、文化等领域，这些人也会被大量发现。这些人一般都不会具有很高的声誉和聚集众多的崇拜者，但是他们往往是自己那个小环境的自然的领袖，周围的人会自发被吸引来倾听他的指导和意见。

这些人也一般不会走上什么权力和地位的高峰，也会自然远离一些本性激烈冲突的职位，比如商业、销售、金融和传媒，因为那里充满了太多的竞争和抢夺，

251

这与他们的本性是不符的。当然这不是绝对的，例如很多纪录片或现实主义电影的导演和编剧都是很明显的已经走上太傻第一步的人。

如果你打开你真实的眼睛，你会看到这些人的光芒体系是以绿色为主的，黄色和橙色在平衡的分布中。各种颜色没有什么混杂，于是你就可以知道这些人已经走上爱的道路了。绿色是爱的颜色，当爱的中心充分地打开的时候，你不可能不走上爱的道路的。

Jim：全世界有上千万呀！真的有这么多吗？ 那不是中国至少也有上百万人已经如此觉醒了吗？

Taisha：太傻的第一步确实是从爱的觉醒的开始，但是，很多人并不会觉得自己真的完全觉醒了，只是换了一种恐惧更少而爱更多的生活方式，却感觉生活更加美好了，心灵也更加自由了。一些人因为某种天生的性格让他们选择这种生活，更大多数人是无意识地走上这条道路后爱上这种生活方式的。在这种爱的生活方式下，你很少追逐，很少渴望，很少抱怨，却有更多的自由，更多的对周围的世界的爱与关怀。

在中国还没有上百万已经走上这条道路的人，但是中国却有上百万有潜力走上太傻的道路的人，这样的人群要是在全世界有上亿的规模。这些人都会成为《太傻天书》的忠诚的读者。

你也是其中的一个，Jim，你虽然还没有走上太傻第一步，但是却完全有潜力走上这条道路。其实即使在你没有读《太傻天书》之前，你就已经在无意识中去远离各种人人都渴望、人人都追逐、人人都计较的那些事物了，你已经很容易地找到自己工作中的快乐并努力去理解这个世界的种种规律了，有时候你也会产生一些渴望去主动地帮助这个世界，只是，你还没有完全从这个幻觉的世界的束缚中摆脱出来。然而，你和其他所有有潜能走上太傻的道路的人一样，你们都是明确地听到了来自太傻的爱的呼唤，并开始尝试理解爱，某种程度上也愿意付出爱和给予爱，但是你们却没有找到理解真正的爱、实践爱的道路，对幻觉世界和大脑依赖的执著是你们找到爱的道路的唯一的阻碍。

但是，这些全世界上亿数量的有潜力走上太傻的道路的人，却是这个世界的希望。这些人中的绝大部分都不是原生属于这个地球世界，而是从其他的更高的层次世界中自告奋勇地在这个特殊时期来到地球的，他们来到这里的目的只是为了来帮助这里，同时也更有效地锻炼自己。只不过他们中绝大多数都还在遗忘的帷幕下，还没有记起自己是谁。这个地球上数量巨大的特殊人群，有很多特定的名字，诸如"人间天使""星际流浪者""银河兄弟"等等。想想这个

世界有这么多的从宇宙各个角落来到这里帮助地球的天使,这是多么令人激动的一件事情呀!

你也是其中一员,Jim,其实,你很清晰地知道,这个世界有些疯狂,而你似乎也总是和外在世界有些格格不入,似乎自己其实并不属于这里,但是你却说不出来到底哪儿有问题。你只是还没有记起自己到底是谁,等你在内在的太傻的帮助下走上太傻的第一步的时候,你就会慢慢记起。

Jim:你真是说到我心里去了,我一直都觉得我根本不属于这个世界呢。有时候我会对自己每天的生活产生一种从内心最深处的厌倦,想离开这里。

我真的会记起一切吗?我会记得我以前的经历、我以前的知识和我过去认识的人吗?是不是像我这样的有潜力走上爱的道路的人都喜欢马拉松呢?我觉得这似乎是专门为我定制的运动:一个人默默地跑在夕阳下,内心充满喜悦,好像阿甘一样。

Taisha:你会记起很多的,但是,你也会发现过去其实也是一个幻觉,对你而言只是束缚而已。当你真正走上太傻的第一步,并希望更深入地走下去的时候,你会了解过去的记忆都是你必须解开的锁链。

至于你说的,是不是很有潜力走上爱的道路的人都会喜欢马拉松?马拉松确实是一项很受人间天使喜爱的运动,但是还有很多其他的活动也是一样,例如登山、穿越、音乐、艺术等这些引导每个人走向内在的平静,而不是外在的嘈杂的活动。此类没有竞争性和矛盾冲突的活动,都会受到人间天使的本性的喜爱。

和你一样,每个有潜力走上太傻的道路的人只要专注地做两三个月的锻炼,就可以完全地走上太傻的道路第一步,然后他们会帮助那些还在寻找爱的道路的人找到这条真实的道路。

4-7 魔法的本质

Jim:为什么你刚才说的数量,无论是太傻的第一步,还是有潜能走上爱的道路的人,在中国怎么都很少呢?我觉得怎么算中国都应该占据了全世界至少十分之一的精英人群了吧?

Taisha:已经走上爱的道路的人在各个社会都是一个稳定而分散的人群,他们不会自称精英,因为这个词语本身就是矛盾和分离的词语。爱的道路和精英的道路是完全不一样的道路，甚至是相反的道路。爱的道路看自己和别人是完全一体的，永远不会用任何方式或者任何角度尝试凌驾于任何一个人之上。

走在爱的道路的人在不同的国家有不同的比例，就好像有的土地遍布花草，有的土地却是一望无际的贫瘠。一个国家的信息的开放程度和文化的宽容程度，是爱的种子最合适的土壤。但是富裕和强大却不是必要的阳光和水土。所以你会看到，很多国家虽然贫穷，爱的觉醒的比例却非常高。类似南非，爱的觉醒的比例是中国的15倍。

尽管中国有过很久远的文化和灵性修炼的传统，历史上也出过一些智慧大师，但是很可惜，现代化的追逐和固步自封的传统体系让这个国家落后了。美国由于多元性以及教育和文化体系的开放性，印度由于几千年修行传统和层出不穷的大师，它们的爱的觉醒比率是地球的两座高峰，如果按有潜力走上爱的道路的人在各个国家在人群中分布的比例算，中国的得分是30分，南非的得分是500分，印度和美国的得分是5000分，你也许会觉得这个差距太大了，可你看看中国和美国分别有多少人能跑完马拉松，你就会了解这个差距的现实性了。

当然，我们还有无数的指标可以证明完全类似的结果，用马拉松的例子只是因为你熟悉这个罢了。比如，你看看美国有多少人读过《奇迹课程》，再看看中国有多少人哪怕仅仅是听说过这本书，美国有多少人读克里希·那穆提，中国又有多少人读克里希·那穆提。就算拿佛经、瑜伽计算，你还是会得到一样的结果，印度有几十万的瑜伽和苦行为主要修行方式的隐士，而在中国瑜伽还只是某种在健身房教导的锻炼运动，很多人都分不清它和普拉提、健身舞有什么本质区别。

当然，国家本来就是一个区别的幻觉，比较国家之间的区别也没有什么意义，但是，你却可以看到自己周围大概有多少人是在类似相同的道路上。你会获得一些勇气和支持，知道自己不是孤单的，就好像虽然中国跑马拉松的人比起美国来少得多，你还是知道这是一条可以完成的道路，你并不是一个人在独自奋斗。

Jim：那在我身边经常就可以找到这种已经在爱的道路上的人了吧？这些人会有什么明显的标志吗？怎么找到他们呢？

Taisha：那些已经走在爱的道路上的人，当你接近他们的时候你会从他们身上感到内在的平静，他会几乎无私地给你各种建议和帮助，并真的从这种帮助中感到快乐，他们也不会向你要求任何回报。这些人会有意识地在生活中向自己周围的人散播爱的讯息、教导爱的道理，帮助周围各种各样的人看到生活美丽的一面，并帮助周围的人在爱中走出矛盾和恐惧。这是走上太傻道路第一步——爱的道路的人必然会做的事情，只是不同的人在不同的环境有不同的表现形式。

如果你打开真实的眼睛就会看到完全开启的心脏位置的绿色能量中心，这种绿色的光芒是如此耀眼，以至于是无法忽视的。

这些人的另外一个特点就是热爱自己的生活，这是爱的能量中心打开的必然结果。他们在大部分时候都几乎是以一种最积极的态度去面对所有的生活和工作中的问题和挑战，并且时刻保持对人生和世界的思考。这些人肯定不是那些愤世嫉俗，或者不断批评社会和批判世界的人，他们会真正去实践无区别的爱，尽管他们对无区别的爱的理解并不是那么完全，他们还是会经常地进入怜悯和同情，这些是太傻第一步的一些局限，这些爱的歧路必须用太傻第二步的智慧来平衡。

这些人在工作中也会是专注的工作者，他们即使不会创造很大的成就，但是，他们在各个领域绝对都是每个领域最专注和最耐心的一群人。你很少会听到他们去抱怨任何的困难或者任何的矛盾，他们在生活中也很少陷入情绪和忧虑；爱中不会抱怨，爱中没有忧虑，在爱的力量下他们会自然地把事情做好。

当然要是你尝试和他谈一些流行的话题，他会觉得很头疼，因为他对这些事情毫不感兴趣。一个人如果走上爱的道路，就会自然而然地远离一些冲突和喧嚣的事物。他们不会去关注社会新闻，也不会去搭理明星绯闻，对体育、金融、等等正常人非常感兴趣的话题，他们可能提不起任何的兴趣。但是，他们却会滔滔不绝地给你讲自己看到的某一篇文章或者某一幅画给自己的感悟，会告诉你他们觉得应该如何更积极地帮助这个世界和周围的人。

他们中绝大部分人会在一些宗教、充满爱的文学和艺术中找到快乐和支持，有一些也会成为宗教教导或者新时代哲学的坚定的传播者，但是，哲学和宗教都是一个混杂的体系，在宗教和哲学中真正能从中找到通向太傻的第二步的道路的人也很少。智慧是来自内在的，而不在任何现存的哲学体系中。走在爱的道路的人如果无法进一步锻炼与太傻沟通，他是无法走上太傻第二步的。

当然，这些标志，都不是绝对的，爱是这些人唯一的标志，你注意去寻找，虽然不容易找到，但却肯定可以找到。

Jim：能不能给我举一个例子？你这么说，似乎有些模糊，到底我看到什么样的人才是必然走在爱的道路上的人呢？

Taisha：当你清晰而明确地从这些人身上感到爱的时候，不是亲人和朋友那种局限的爱，而是无对象、无区别、无所不在的爱。你不可能接近这些人而

> 4.47 在爱中，我一定会找到你，一次又一次找到你，帮助你记起你自己

不马上感到平静和爱的。

比如，我的邮箱里经常收到六七年前我的一个客户的家长给我的邮件，似乎我在他的邮件列表里面。我每隔一段时间就会收到他的一封群发的邮件，这周是一幅美丽的图画，下一周是一个关于爱的故事，过几天是一个关于生活的寓言，之后可能是他读某本书的感想。我虽然从来不回复他的邮件，但是我清楚地知道，他是走上爱的道路的人，只有这样的人才会对爱的讯息如此敏感和有一种强烈的传播他们的愿望。

我前一段时间还收到一封邮寄的平信，在这个电子邮件的时代，这是很少见的。信里面是一位客户的家长看了《太傻十日谈》之后写来的信，表达了自己对书的喜爱和一些观点。写什么并不重要，我一眼就可以看出，这也是一位爱的觉醒者。这些人会对任何传播爱的书籍有强烈的共鸣，也会有强烈的交流爱和领悟爱的愿望。

所以，其实你只要用心观察，你肯定会在你周围的人中找到这些人。只不过40岁以下的人由于心智和经验还远远不够成熟，大多数还在专注于工作的竞争和忙碌家庭生活，并没有多少人有机会真正反思自己和人生的意义，所以，爱的觉醒者在青年和中年年龄层实际比例会很小，而在50岁以上的人群中，由于他们有生活的阅历和闲暇，他们更有机会反思生活，他们会有更多的机会看到爱，因此老年人中这些人会相对多一些。这些人一般会被周围的人称之为"尊敬的长者"。但是，走上爱的道路却不会受到年龄的限制，唯一的阻碍只是每个人自己，他们是否愿意认识和接受真正的自己。

所以，Jim，就算你是在竞争激烈的金融行业，正要进入30岁的某种成熟期，年龄也不大，但是，你只要愿意开始认真地审视自己，就好像你在《太傻十日谈》中审视留学那样重新审视自己，不用那些固执的大脑的分离束缚自己，你完全可以走上爱的道路。当你真正走上那条道路的时候，你肯定会在那里找到你的世界——这也是《太傻十日谈》在结束的时候没有谈完的那个世界——不是职业的世界，也不是某种生活方式的世界，而是真实的世界——"爱的世界"，你本来就属于那里，你现在只是回到你来的那个地方。

在爱的世界，你绝对不会觉得自己变得孤单或者失去了什么，你更不用离群索居，或者成为一个愤世嫉俗的隐士，你会真正地理解生活、热爱生活、热爱你的工作、热爱你周围的每个人。但是那种爱，不再是你以前那种追逐的渴望，对外在事物的种种期待之后满足的快乐，也不是被各种事物和关系束缚的恐惧和重重矛盾中挣扎的那种奋斗，你还会感觉到无恐惧的爱中的自由，你会真正

感到，重新活过来的感觉。

这是很多老年人在退休以后，摆脱了一些工作和家庭的束缚后经历了对生活的反思和生命的审视后，也会感觉到类似的第二春的感觉，似乎又重新获得生命一样。这种感觉的本质也是摆脱恐惧后爱的自由。但是，你其实完全不用等到那个时候。你现在就可以开始重新生活、重新爱，真正的爱。

这不是很迷人吗？

Jim：确实很迷人呢！和我原来想的一点都不一样，我原来一直以为要变成耶稣那种苦修士和殉道士才是爱的道路呢，没有想到是一条可以更好的生活和真正生活的道路，我想我可以认真地去试一试过那种生活呢。不过，你刚才提到爱的道路是太傻的第一步，那之后的第二步呢？大部分走上太傻的道路的第一步的人都会走上第二步，成为耶稣那样的智慧大师吗？

Taisha：走上爱的道路的人，他们中的绝大部分人都有完全的潜力可以成为各种智慧大师，但是他们中绝大部分人并不会走到第二步，而会很长时间地停留在第一步。太傻道路的第二步是智慧的道路，一百个走上爱的道路的人，一般只会有少数的一两个能真正走上智慧的道路。

在太傻的每一步的道路上，每一个人都会遇到各种挑战，这些挑战本质上和走上爱的道路之前的挑战是一样的，都是来自大脑和固有的思维模式的束缚的挑战。就好像当一个人解开了缠绕在心灵上的最粗壮的枷锁之后，他们会感到某种自由和快乐，但是他们也会接着看到缠绕在自己心灵上的那些更精细的缠绕物。这些缠绕物的本质还是分离的束缚，只是更底层、更精细而已。在太傻的每一步，你做的都是进一步清理自己大脑的思维模式，然后不断地解开自己心灵的束缚。只是在每一步处理的分离的层次都不相同，所以挑战也不一样。

在太傻的第一步也会遇到思维模式中更底层、更固执的分离的思维模式挑战。例如对周围苦难的人和事物的怜悯心、同情心和由此而产生的通过斗争来保护所爱的人的愿望，这是爱的道路上的人几乎都会遇到的挑战之一。

在爱中保护所爱的人，你现在也许认为这些当然是美好的、正确的，并且是理所当然的，但是，即使这些情感来源于爱，它们仍旧是爱的扭曲。这些扭曲的本质其实也是分离。即使走上太傻的第一步的人，已经具备了某种无区别的普世大爱，但他们还缺乏平衡这些爱的智慧。只有在太傻的指导的真正智慧中，一个人更彻底地清除这些分离的思维模式，他们才有机会走上太傻的第二步——智慧和创造的道路。这些爱的道路上的岔路和挑战，我们会在第六次和第七次谈话中更详细地探索。希望你在那时已经走上爱的道路了，这样我们会更清晰地讲解那些歧路。这就好像如果你没学会打乒乓球，不论我和你讲多少高级的打球技巧和问题，你都无法理解的。

　　所以，即使是走上爱的道路的人，即使他们已经清晰地看到爱、感受爱，并开始某种程度的无意识地用爱创造他们的生活，但是他们在这条道路上，很少会有一帆风顺的，尤其是很多人是无意识中走上这一步的，他们也许会爱上这种平静和爱的感觉，会不由自主地想在生活和工作中帮助这个世界变得更好，但是，这个世界会有很多的机会把他们无意识地拉出爱的道路，他们的大脑病毒没有清除的那些更固执的残余的恐惧，会一直试图夺回失去的领地。所以即使这些人的生活大部分是平静而和谐的，但是他们也会偶尔经历一些激烈的冲突和伤痛，这些都是爱的反作用力的结果，如果你理解一些爱的原则，但是你却不去完全的实践，爱会更多地提醒你爱的存在和爱的道路。

　　因此，即使已经走在爱的道路上的人，无意识地暂时放弃爱的道路是很平常的事情，就好像有很多已经跑过一两次马拉松的人会因为恐惧受伤放弃马拉松。还有人之后喜欢上了其他的运动，诸如游泳、赛车等等，这是很正常的事情。不过就像有人离开也会有人加入一样，这个走在太傻的第一步上的人群的总数稳定在上千万左右，而这些人都是这个世界的爱的源泉。

　　Jim：一百个走上爱的道路的人中只会有一两个走上智慧的道路，那走上太傻第二步的人不是少得可怜吗？

　　Taisha：走上太傻的第二步的人确实不多，就好像这个世界有上千万的人跑马拉松，但是，愿意去跑超级马拉松的人、去跑100公里、100英里、250英里的人数量还不到一万。但是，虽然这样的人少之又少，你还是可以找到他们，对吗？

　　Jim：你说超级马拉松呀，中国只有一个TNF100是这种类型的全国性的比赛，100km项目每年只有不到100个人参加，大部分是山路，跑完一般需要12个小时多。我现在也就想想，估计连参赛资格都没有呢。是不是走上太傻的道路第二步的人，就都是大师了，诸如耶稣之类的宗教领袖和救世主呀？

　　Taisha：关于太傻道路的第二步，是智慧与创造的道路。走在这条道路上的人虽然不多，但是其实也不少。现在全世界加起来至少也有10万吧，这些人是这个世界的各个领域的灵魂和真正的智慧的传播者。这条道路和他们的代表人物，我们下一次谈话会更具体地谈到的。

　　不过真正走上太傻的道路第二步的人，确实都是这个世界的老师。只不过他们绝大多数人都不会像耶稣佛陀那样直接地教导真理，而是在自己的各个领域用智慧表达真理。这些人在各个领域的光芒是不可忽视的，所有这个世界的科技、艺术、文化，各种智慧的结晶都是从这些走上太傻第二步的人那里流淌出来的。

少数走上太傻第二步的人也会成为类似耶稣和佛陀那样直接教导真理的大师，但是他们中却不会有任何人自称为"领袖"或者"救世主"，这些往往是那些追随者的分离的渴望而已。这些老师都明白，外在的声誉或者影响力是没有意义的自我觉醒道路上的障碍。而任何的组织结构或者追逐者的盲目崇拜，只会在无意识中造就各种分离的思维观念，并最终破坏原先设定的道路。所以这些第二步的老师肯定是不会上电视接受什么采访，组织复杂的教派，或者经常组织集会之类，偶尔他们会有一些书籍和教导流传出来，这些书籍都会成为闪耀真理的宝藏。其实，你要是细心去寻找，你会发现很多这类书籍，有的是以宗教的形式出现，有的是以演讲录的形式出现，最近一百年比较有名的这种第二步的老师，其实大家都知道，诸如克里希·那穆提、辨喜，甚至政治家甘地，他们都是。你从他们的教导中，会看到和《太傻天书》完全一致的内容——无区别的真爱。

但是这些老师中的绝大部分，即使会成为某个小小团体的指导者，他们也不会让你知道他们的名字和具体的经历，因为对身份和过去的追逐都是束缚，只会让学生偏离他们教导的核心。这些老师都理解，这个世界还没有做好准备理解老师真正的教导，宣扬自己的结果往往会造成崇拜和爱的误用。

任何对老师的崇拜都是分离的力量，会制造一条从老师到学生的丝线。老师和学生都在这个过程中失去爱和力量。真正的老师会不断地强调："我不是老师，我和你们一样，都是学习者。每个学生都是我的老师。"只有在这样无区别的爱的声明中，这些吸取生命和爱的丝线才会溶解。

如果你看到任何老师在用声誉聚集各种的盲目崇拜者或者追随者，你可以理解他是某种爱的吸血鬼。对力量的崇拜、对知识的崇拜、对未知神秘的崇拜，都是人们恐惧的另一种表达形式。走上爱的道路的人，是不会去用剥夺爱的方式来传播爱的。

Jim：可是这个世界不是很多人崇拜耶稣、佛陀之类的大师吗？这种崇拜也是被剥夺爱吗？

Taisha：只要是不经分辨的盲目崇拜，或者崇拜任何一些人比自己好、比自己高级、比自己更有力量的思维模式，都是在制造分离的丝线。这也是为什么现代的宗教所宣扬的那些诸如："耶稣是上帝唯一的儿子，是这个星球的救世主"或者"XXX大师是来自更高世界的智慧象征，将惩罚邪恶、拯救人类"等这样的表述，实质都是在散播分离的恐惧和束缚的原因。这些表述确实是在制造分离和吸取爱的力量的丝线，只是这些丝线的另一端不是在真实的耶稣和佛陀那里，而是在某种自称代表着耶稣或者佛陀的机构那里。就好像你捐给教会的钱，耶稣是不会收到的一样。已经觉悟的耶稣或者任何真正的大师是不会接受这些分离的丝线的。

当然，制造分离的丝线也是使用爱的力量，只是在扭曲中使用爱，最后造成缺乏爱的结果。这都是每一个走上爱的道路的人要真正警醒的，尤其是给外在树立任何"自己比其他人更伟大，更加精英、更值得拥有财富、权力和快乐"的形象，这些都是对真实的爱的扭曲。

不过，现代世界关于耶稣和佛陀的故事，和大部分的其他大师的故事都是经过很大改编的，因为人们实在太喜欢那种通俗戏剧了，他们也真的相信只要有力量的人，就应该打击邪恶、拯救世界，这样的超人情节是有效的。其实真实的耶稣在他当时生活的年代，只是在一个小小的圈子里有影响力，从来没有想过拯救世界或者建立一个多么大的世界性的宗教。真实的佛陀也不是什么王子放弃了王位来追求真理，他只是印度一个小小的山区城邦的首领的儿子，和现在世界的某个市局级干部家庭环境差不多，佛陀的家里确实也有一些仆人，他的父母也确实不准他太多地接触外面的世界。只不过后来传播佛陀故事的人始终觉得这样不够有说服力，于是编纂出豪华奢侈的皇宫和放弃皇位的王子这样戏剧化的故事，但是，这些分离情节实际上却造成了真理的扭曲——现实主义的情节，永远是最平淡而最真实的。

Jim：我明白了，你的意思是说：其实是大众的某种对救世主和外在拯救力量的期待创造了宗教；而是不像很多人理解的，是大师创造了宗教，然后这些宗教被黑暗力量扭曲成为某种阻碍的力量。

Taisha：你的意思是对的。但是，你要注意，大众的分离的期待是不可能创造任何真实的事物的。他们只是制造了束缚自己的一条条锁链而已。就好像你看各种寺庙里面求神拜佛，希望神佛解决自己种种问题的那些人们，他们从来不会去关心，过去那些大师究竟教导了什么，也不关心自己究竟如何才能走出痛苦，他们关心的只是怎么来解决自己生活中那些或大或小的问题：财富、事业、升职、平安之类。于是各种宗教也顺其自然地发展出种种神的"职业"——什么管生孩子的神呀，管升官发财的神呀，管交通意外的神呀，等等。人们只是看到他们愿意看到的，他们也一直在相信他们希望相信的，就是这种大脑的分离，制造了他们生活的种种痛苦，也制造了他们渴望用来解除痛苦的宗教。

当然，这些爱的误用是如何更大范围地制造世界各个层次的生活，每个人自己的各种体验，究竟如何用爱的力量真正地去创造真实的世界，这是我们下一次谈话要详细谈的话题——爱的力量是如何制造和创造这个世界的方方面面的。

Jim：好吧，虽然太傻的第一步看起来很迷人，但似乎也只是一个基础的工作。不过，我想我可以去努力尝试一下，看看是不是真的会有你说的那种"重新认识爱，重新活一次"的感觉吧。也希望我女朋友能接受这种爱的方式。

Taisha：你也许觉得我和你反复计较一些细节，但是，这些细节却是你真正的阻碍，不要忽视它们——不要去期待你的女朋友和你周围的人会接受你的爱和他们愿意理解你，这些忧虑都只是你自己的心里的枷锁罢了。在这种心态上，你是无法真的认识爱，也不可能走上太傻的第一步的。

在这一次的谈话中，虽然我们从头到尾都在谈爱，但我们的谈话焦点还是人际关系中的爱的运用，如何正确地理解爱，而不是因误用和滥用爱而造就痛苦。爱的话题是巨大的，我们仅仅只是开了一个小小的引子，在人际关系中的爱也只是爱的一个很小的层面。

也许你觉得，这种爱的观点很难理解，似乎走上太傻的第一步，也不是什么惊天动地的伟业，但是今天我们谈的，对真爱的认识和收回爱、理解爱的实践，却是所有的创造的前提。你不可能在分离的爱和扭曲的爱下去创造的，在分离下你只会制造麻烦和矛盾。

察觉爱，收回爱，理解爱，实践爱也是你走向太傻的第二步，甚至第三步的不可逾越的过程。在未来你会更深入的理解，为何任何的智慧、任何的创造、任何的奇迹，其实都是基于这种完全无区别的真爱的力量，我们在下面两章会深入地继续探索爱的力量。那是爱的真正的力量的领域——创造的领域。爱将光用各种方式聚合起来，形成世界的各种各样的层面。这是我们下一次谈话的主题——创造的力量，爱与光的和谐。

Jim：好吧。我想今天我应该是收获很大的。不过我回去可以慢慢理解，估计走上爱的道路要花一段时间，但是我想我肯定还是会努力的。上次你说过，这次谈完话之后，会送给我魔法礼物，你不会忘记了吧？

Taisha：啊，还真忘了！这次的礼物是魔法墨镜。你别着急，我去找找。

Jim：……

Taisha：好了，就是这个了——魔法墨镜，真实的名字是"爱的墨镜"。就把它送给你了。这是用于爱的锻炼的墨镜，我给它附加了一个魔法功能叫"真实的沟通",我等会儿会教你这个魔法功能的具体的使用方式。当你戴上它的时候,你看到的一切将都是真相,就是爱。你先试试。

Jim:可是……这真的是魔法墨镜吗?怎么看着这么像某个儿童乐园小朋友戴的那种眼镜,边框怎么是粉色的?虽然不至于影响视力吧,但戴着这副墨镜出门,太奇怪了,估计所有人都会用奇怪的眼光看我,似乎我有病一样,这个镜片上还画着彩色螺旋呢。

Taisha:嗯,当你戴上这副墨镜,你将看到所有人都在向你微笑。记住,这是真的,即使不戴这个魔法墨镜,你遇到的每个人,他们的灵魂都确实在向你微笑,他们都看到了奇迹,你就是奇迹。但是,大脑的眼睛看到的却是小丑一般的奇怪事物,他们会叫你"太傻"。这也是你真实的身份。这个眼镜不仅仅是提醒你,你看到的只是爱,只是奇迹,灵魂相互只会微笑,也在提醒这个世界,他们并没有看到他们想看到的,他们看到的只是他们自己。

你戴这副眼镜出门的时候,如果你还觉得难堪,注意,这是你内心的恐惧,你还没有为爱做好准备。你的难堪仅仅是因为你一直在为别人对你的眼光而活着。其实你知道,就算别人用奇怪的眼光看你,你也不会有任何损失。你戴着这个墨镜坐出租车,没司机会拒绝你,警察也不会因为你戴着魔法眼镜而不让你开车,你感到难堪仅仅是因为你在用别人的目光束缚自己罢了。

不过你不用着急,你总有一天会勇敢地戴上这个眼镜,并幸福地走在大街上的,看到每个人对你笑,你也看到,他们和你一样,都是爱。你更会看到,不会有任何的损失,所有的恐惧都来自于你自己。

Jim:好吧,那我可以过一段时间,等真正做好准备再戴就是了,这确实是一个巨大的挑战。你的方式还挺独特的。你说要教我的咒语技巧呢?

Taisha:嗯,戴上这副墨镜以后,你会拥有一个魔法功能,它叫真实的沟通。你将可以在与任何一个人的沟通交流中用爱的力量说服任何人。

使用的时候,你只要在戴着这副墨镜和人说话的时候进行视觉化的想象,想象着从你心灵的位置升起一个蓝色泡泡球,升到你脑袋上,泡泡里面都是绿色的爱和你想表达的观点的银色的光点。在你谈话的时候,就想象这个泡泡在交流时缓缓飘到对方的脑袋上、落下,与那个人的心灵融合。这个魔法就完成了。

其实你说什么并不重要,对方是否听进去了也不重要,但是你要达到的目的已经达到了。就算那个人表面一直在反驳你,内心却已经接受你了,只是他不肯承认罢了,不过你放心,你已经说服他了。每个人都只会听到他们愿意听到的,相信他们已经相信的,所以具体你说什么不重要,重要的是他已经听见,

并已经相信。之后的事情自然会像你事先设计的那样发展。

Jim：为什么没有像哈利·波特念的那样的咒语？

Taisha：那是比较原始的施展魔法的方式。思想是唯一的创造的源头，所有魔法的本质都是通过思维的锻炼将思维创造的过程更集中地表达出来。语言的发音只是视觉化的某个刺激物，就好像狗听到铃铛就会流唾沫，你要是用的魔法太多，有几百个，那你就需要用咒语帮助记忆一下，只会一两个魔法就不用了。咒语只是表现形式而已，你抓住核心就是了。

不过练习魔法和学习打乒乓球一样，一开始你可能十个球只能接到两三个，一开始做这个魔法锻炼，你会很紧张，也不熟练，所以十次也只会成功两三次。不过随着你继续锻炼，成功率会很快提高的。任何魔法和打乒乓球、打网球、游泳都是一样的，等你多锻炼一段时间，积累了一些实际的经验，你就会像接乒乓球一样，不是特别刁钻的球，你基本一个都不会漏掉。只要不是遇到那种大师级别的人，你的这个魔法在你锻炼熟练的时候基本也就会百发百中，那时你也不用再慢慢地去做那个视觉化的过程，已经是直觉反应了。

Jim：好吧，这个功能还算比较实用，可是非要戴着墨镜才能使用吗？这个墨镜这么怪，别人看着，估计都没法说话，而只会一直爆笑了。

Taisha：你当然可以不戴墨镜就用这个魔法，但是，就好像哈利·波特不用魔杖其实也能发魔法，但是对于初学者，没有魔棒失败率会高很多。戴着墨镜只是提醒你自己，你是拥有爱的力量的。你要是真的走上太傻第一步了，你当然可以不戴墨镜施展魔法的。不过在《哈利·波特》的电影里，连最高级的魔法师都要用魔杖，这个是一个很大的败笔，基本外星人看这部电影时，每次看到那些看起来像大师的人拿出魔杖的时候，都会爆笑晕倒。就好像在路边看到指挥交通的警察穿着滑稽的小丑服出来工作一样。

Jim：好吧，不过你能和我说实话吗，这个眼镜是你从哪找来的，我刚才怎么看着你是在一堆乱七八糟的杂物里面找到的呢，和我想的魔法眼镜出现的场景都不一样。

Taisha：你被电影毒害太深了。难道非要装在一个檀香盒子里，再配上几颗珍珠，或者非要打败一堆竞争者，通过一堆陷阱才能得到的东西才算宝物吗？其实真正的魔杖用随便哪棵树枝就能做，不用非要去拔什么珍稀动物的尾巴毛之类的，多不保护动物呀。

不过这个眼镜确实是专门为你留下来的，是某期《米老鼠》杂志上的附赠品。我一眼就看出它具有魔法功能了，于是特意留下来给你。

Jim：《米老鼠》杂志？好吧，我已经被你打败了，不过你可别忽悠我，这副墨镜是真的得有说服人的功能哦。千万别我好不容易下决心戴上，你又说我用错了。

Taisha：肯定不会，这是一个最初级的魔法技巧。你看《星球大战》的绝地武士欧比旺，他就是用这个技巧通过卫兵的关卡的。不过他不用墨镜，而是换成了个手势罢了，其实过程是一样的。只有思想是真实的，也只有思想才有真正的力量。不过你戴得越多，练习得越多，成功率也会越高，这和乒乓球接球是一样的。

Jim：不会下一次你给的显示器，也是某个杂志附送的塑料画片吧？

Taisha：不会，那肯定是真的显示器，就算你不用魔法功能，当一般显示器也是可以用的，你可以出门就拿去卖了，至少能卖 500 元呢！不过你肯定不会卖的，我保证。

Jim：嗯，好吧。无论如何，我还是要感谢你，和你谈完之后，我比来之前感觉好多了。爱确实是一个复杂的话题，我想我在未来还有很多要学习的东西吧。

Taisha：是的，你会一直学习它，经历它，理解它，掌握它，直到你运用它来创造，这是一个几乎无穷无尽的领域，我们都在学习。每一次想到爱，谈到爱的时候，你只要告诉自己："爱，我不知道"，于是你就会真正地知道爱。我们下次再继续吧。愿爱与你同在。

Jim：谢谢。

第五章
制造与创造的对话

Taisha：我终于找到了你，我最亲爱的兄弟姐妹，你能打开这本书，能有耐心读到这里，这不是偶然的。这本书，是我们来到这个分离的世界流浪之前，我之前对你的承诺。你曾经叮嘱我，无论重复多少遍都没关系，一定要让你完全地记起你真实的身份和那些你本来就拥有的力量。而我之所以在这本书中那样不厌其烦地说了那么多遍相同的话，也仅仅是因为——我在遵守着我对你的承诺，这是我对你的爱，我永远的朋友与爱人！

5-1 世界的层次

Taisha：Jim，你好，这是我们第五次的谈话了，距离上次谈话已经一个多月了，你看起来气色不错嘛！我给你的魔法墨镜你用过了吗，效果如何呀？

Jim：很抱歉呀，我一直努力说服自己用，大多数时候，其实都是一个人的时候偷偷地戴着，看看有没有什么魔法效果，可是什么都没看出来。有一次，我鼓足了勇气，戴到办公室了，大家看着我有一种喝水都要喷出来的感觉，问我是不是有什么特别的节目要表演，于是我马上就摘下来了。所以，我基本上一直都没有体会到你说的"真实的沟通"的魔力。要不你给我换一个别的吧，不是魔法墨镜这么显眼的东西，比如魔法项链，我能戴在衣服里面，这样就不会有什么困扰了。

Taisha：你无法实践"真实沟通"的魔法，和是项链还是墨镜一点关系都没有，问题只在你的思想里，当你大脑的病毒还没清除，还仍旧受到各种别人的眼光的束缚，或者还在内在怀疑是不是真的有魔法这回事的时候，你就什么魔法都不可能施展。那副墨镜之所以有魔力，核心就是在于，使用者必须真正解开了对自我的怀疑和外在控制力量的束缚，墨镜才可能开始发挥"真实沟通"的魔法效果。

而这个魔法墨镜的本质只是不断地提醒使用者，每个人自己思想中的怀疑、局限和固有观念束缚才是"沟通真实"和类似的魔法的核心障碍。其实等你真正掌握"真实沟通"的力量的时候，你有没有戴着墨镜是一样的，你根本不会察觉你是否戴了墨镜。当然，对于初学者，戴上墨镜就好像拿起魔棒或者骑上扫帚一样，象征着自己已经做好了准备来施展魔法，这本身只是一个自我说服和自我接受的过程。而等你真正熟练的时候，当然墨镜也好，项链也罢，都不会再有区别了。

这就好像人们总是觉得自己是靠吃药治好病的，其实所有的事情都发生在思想中，吃药只是某种自我催眠和自我说服，每个人在吃药的时候，都是在告诉自己："因为我吃了药了，所以病就应该好了。"当你非常有信心自己会好起来的时候，你的病痛也就消失了；但是如果你在吃药的时候，总是怀疑这个药到底有没有作用，是不是有别的药比这个药作用更好，不管你吃了多少药，你内在的怀疑都会阻碍你的康复。现在流行的"顺势疗法"其实用的就是这个规律，只要你相信那是对你病有好处的药，给你吃蚕豆也是一样有效的，和药物本身是什么成分一点关系都没有。

而本质上，任何疾病、魔法、创造之类的原理都是一样，你的墨镜、魔棒和药丸，其实就是一粒自我说服蚕豆。所谓的魔法锻炼只是你用墨镜不断说服自己：你相信魔法的存在，你也不必受到外在观念的束缚，于是在这个过程中你也会慢慢地恢复你的本来能力。

如果用的是一串魔法项链当然也会有用，但不会像墨镜那样立竿见影了，因为你自己经常会在交流中忘记了自己有一串项链，就好像你吃了药却忘记了吃过药一样，于是这些魔法也就基本不会有任何效果，其实你自己一直拥有所有的魔法，但是你自己选择忘记了这些能力。而你戴上墨镜的时候，你是肯定没法忘记的吧？你戴上它的时候，你就在不断地提醒和说服自己：你真正的身份和真正的能力。

任何魔法，本身就是思维创造规律的一部分，只有思维的力量才是创造唯一真实的源头，其他的魔棒、墨镜以及任何魔法物品，其实都只是在给你一根小小的拐杖罢了。

Jim：那我看来还得继续练习了。不过，我还是得谢谢你。自从上次与你的谈话后，我感觉真的好像彻底轻松自由了一样，我之前确实用各种方法安慰自己，好像都还没有和你谈一次话那么有用呢！

但是，回想一下，其实你不但没有怎么安慰我，你还不停地打击我，说我的爱的观念是幼稚的。要是在以前，我肯定都是嗤之以鼻、置之不理的，可是现在我不知道为什么却觉得你说的说得很有道理，虽然我还有很多想不清楚的地方，但是，我却突然感觉心里的某个锁好像打开了。在和你谈话之前，我几乎每时每刻都在想，为什么这样，为什么那样。和你谈话之后，一下子就什么都不想了，我自己都觉得很奇怪呢！好像中了什么消除魔法一样，是你施展的吗？

Taisha：我教导的是真实的沟通，所以当然不可能自己和你沟通的时候不使用它呀，只是我没戴墨镜而已。等你熟练以后，其实也可以做到，也基本不用再用什么视觉化的过程，你会像意识到你在呼吸一样知道你在施展魔法，而完全不用刻意地去进行。

不过，你可以从你自己的感觉来理解"真实的沟通"的效果，这种效果和心理学的暗示或者催眠疗法的效果是类似的。我和你说什么一点都不重要，你是不是听见了、是不是赞同，或者根本没听进去、完全反对，这些都无关紧要。我要传递的观念你的心已经收到了，你的心自然会指导你的大脑去进行那些后续的相关的思维。当然，要是你的大脑太顽固，你的心也是没有办法的。比如我在你刚和女朋友吵架后两三天内施展什么魔法,基本都没用。那个时候最简单实用的魔法就是把你一棒子打晕,让你昏睡一个月醒来再说。不过你要这么想,其实你在那些没有意义的谁对谁错的思维下,就算琢磨一个月也琢磨不出什么结果,和被打晕了昏睡一个月,也没有什么区别。我在上次谈话做的只是把你最后一些缠绕不清的思想,快刀斩乱麻地砍断掉,之后你自己清理就会容易得多。

所以你别把什么魔法想得多么神奇,那和心理治疗其实差不多,我顶多就是给你的那一刀狠一点,免得你再继续搅和不清、浪费时间。

Jim:没事,只要能解决问题,多狠的刀都行。不过我现在回过头来看,真的一下子清楚了很多呢。我现在甚至都有点不明白,当初自己为什么会对那么简单的问题斤斤计较那么久,多少人用多少方法劝说我都没有作用。也许确实像你说的,我对爱投入太多,突然感觉可能要失去的时候,就会格外痛苦。要是我过去没有投入那么多,其实我就算难受,一两天也就解决了。

Taisha:那当你现在走出了这一场感情的波折之后,你觉得你失去了什么?获得了什么?你觉得你真的学到了什么吗?

Jim:确实就像你说过的,失去的仅仅是幻觉,失去的仅仅是枷锁,而收获却是自由。这对于我有更重要的意义,我以前一直没有真正理解你说的那些分离、束缚、颠倒的觉知、太傻的生活原则、爱与接受之类的道理,那些文字,就算我读过了、和你谈过了,也一直都是某种肤浅的理解。我虽然觉得很有道理,但是,我还是没有真正用它来哪怕稍微刺激一下我自己坚固的生活方式。

然而,经历了这一场感情的波折后,我似乎突然间明白了,其实生活本身即是无数场这样自以为是的恋爱关系,我把自己的精力投入到那些我们自己觉得重要的事物上,以为它们真的会给我们带来快乐和幸福,于是我也开始被这些事物所束缚,比如感情、工作、职位、成功、富裕、个人价值等等。其实,我自己从来都没有哪怕一刻地反思过,那些东西是不是真的对我有意义,而我为什么一定要追逐它们?

我也想起几年前就在《太傻十日谈》里面和你探讨过,这就好像留学的过程,人人都认为自己知道一切,他们觉得自己一定要这样做或者要那样做才能成功地申请到好学校一样,而事实上几乎所有人都在相互模仿,他们并不知道自己真的在做什么或者为什么这样做。所有人的想法几乎都是,既然别人都这么做,那么我也这么做估计也没什么问题,只要在做的过程中用一些更聪明、更富有技巧的方法就是了。但是,最后几乎大部分人的留学申请都陷入到一样的误区和麻烦中,就算《太傻十日谈》都出版五年了,看起来情况也没有什么真正的

改变——人的思想真是极端顽固的。

而我自己也是一样,在生活、工作、事业的各个方面,我不断地犯的那些错误和我原来在留学中犯的错误几乎是完全一样的,我只是在模仿,看起来似乎我总是在思考,总是在做正确的事情,其实从一开始,就彻底地颠倒了。感情这个问题也一样,应该就是我最好的一个试金石。我以前确实一直都觉得,我对感情的那些要求、那些追逐和行为方式,都是理所当然的,我只要不断地去避免一些小小的问题和误区,就肯定可以像申请成功和事业成功那样的收获爱情的成功,可是,现在看来这是多么幼稚的想法呀!

现在我和我女朋友一起的时候,我首先想的是:"干吗我一定要对她有要求呢?我真的觉得那些要求是有意义的吗?为什么我会不喜欢她买很多她喜欢的衣服和鞋子呢?这其实是我自己的问题。我在分离中期待。我在期待从这样一个关系中获得什么了?这些期待是真实的还是一种大脑的游戏呢?"而我以前是绝对不会这么想的,我以前想的仅仅是:"我应该这样,她应该那样,我们怎么样怎么样才是对的"等等,你看我算不算是发生了很大的变化呢?这算已经走上太傻的第一步了吗?

Taisha:你看,Jim,你真的开始转变了,你开始真正用你的心来指挥你的大脑了,而不再仅仅局限在大脑的病毒那些好坏对错的游戏里面了。我们在《太傻十日谈》中就说过,你能解决留学申请的问题,你就可以用一样的方法解决生活中所有的问题。你想想在你决定放弃在哈佛继续学习的时候,你那时候的感觉和现在肯定是一样的。你没有放弃任何事情,你放弃的仅仅是一些无关紧要、自我束缚的幻觉,而你收获的将是一个更加自由的世界。

至于你算不算走上太傻的第一步了,关键是看,你有没有觉得你的生活和以前发生了根本的变化,你有没有感到走上爱的道路后那种内在的和谐自然创造的外在的生活的和谐?你有没有感到你的生活原有的那些问题、疑难都一下子消失了?走上太傻的第一步的人,这种感觉是无可否认的,他们是不会疑虑自己已经走上爱的道路的,你如果还在怀疑自己是不是走上了太傻道路了,那其实应该还没走上。

Jim:是吗?我确实也只是觉得我对待感情的一些观念变了,但是其实生活中很多问题还是没有解决。你看我虽然解决了留学的问题,也解决了感情的问题,虽然我学到了很多东西,却还是有很多的疑问。我虽然知道,一样的道理,思维创造的规律可以用在任何一个场景、解决每一个问题,但是我还是觉得有很多问题解决不了。我可以看清学历的幻觉,可以看清感情的幻觉,都可以选择放下这些追逐，但是，我总不能用"放下一切"来解决生活中所有的问题吧？

不过在回答这些问题之前，你能先回答我一个更本质的问题吗？这个问题从第二次谈话开始就一直在困扰我，在我完成上一次谈话，你谈过爱的道路后，这个问题更显得尤其的关键，我一定不能再错过这个问题了。

这是一个世界存在意义的问题，这对很多人也许根本不重要，对我却很重要，如果不解决这个问题，我根本是不可能相信这一切是真实的。

如果从感情的追逐，到工作、事业、知识、财富的追逐都是自我束缚的囚笼，那么，这个无处不在的分离追逐的世界是一个幻觉，那这个分离追逐的世界存在的意义是什么呢？为什么没有创造一个分离更少的世界呢？那不是可以更直接地看到你说的真实世界的影子吗？我说的意思是，为什么所有人一开始，就在分离幻觉沙漠的中心地带，而不是一开始就在沙漠的边缘呢？这样，大家一开始就可以自己选择，喜欢去沙漠的去沙漠呆着，不喜欢的去外面绿洲度假，这多好呀，可以自由选择。但是，这个世界却好像没给我们这种选择，这一切究竟是谁创造的呢？就算没人创造，为什么一定要这样呢？

我想这是很多人的疑惑吧。我一向觉得，存在就是合理的，就是有意义的。那这个几乎所有人都在追逐分离的幻觉世界的意义必然也存在，那意义究竟是什么呢？你可别说什么"意义是你自己创造的"这样没有意义的答案，我要知道的是，本质的意义。

就好像佛陀说："这个世界是受苦"，那为什么人要受这种苦呢，受这种苦的意义难道就是为了去极乐净土吗？为什么不直接生活在净土呢？

Taisha：你这个问题问得很好。是的，这个充满分离追逐的世界的模式有其自己的意义，既然我们说，一切的经历都是每个人自己的决定，那么你在这个充满分离的世界模式的经历也是你自己的决定的一部分。核心的问题不是这个充满分离世界的意义在哪里，而是你为何要做出这样到这个充满分离的世界来体验的决定？你究竟希望在这里体验到什么？

但是，你能问出这个关于世界意义和问题，倒是标志着你是爱的道路的潜力者。几乎所有未来将走上爱的道路的人，都是在这样的自我和世界的意义的探索和追寻中慢慢找到爱的道路的。而对于大多数人，这似乎根本不是问题，因为他们和你一样，进入这个世界的时候都忘记了自己曾经已经作过选择，你的所有经历都是自己创造的，到这样一个沙漠中心的世界，当然更不可能是随机挑选的。这是每个人生命历程中比选职业或者选伴侣更重要的选择，任何一个人怎么可能不经过慎重地反复权衡就作出最合适自己的选择呢？

之所以绝大多数人对所谓世界的意义根本不感兴趣，只是他们还没有从那个世界追逐的梦境中摆脱出来，他们还在遗忘的帷幕下深深地沉睡。在大多数人经历了遗忘之后的视野里，他们只看到了沙漠，他们从小就在沙漠中长大，当周围的人都一致地相信这个世界只有沙漠，并没有沙漠外的世界，也就不会谈论另一个世界，甚至触及那个问题会成为一种禁忌，于是，他们就会真的以为这个世界只有沙漠，也只会认为这个世界就是沙漠的世界。就好像现在大多数人都觉得，地球是宇宙中一个孤零零的拥有智慧的星球，就算还有另外也拥有智慧的星球，也是在无数光年之外的存在，既无法接触，更无法到达，那么这样的可能性对自己也没有任何意义了。

不过既然你已经开始质疑：你为什么不一开始就在沙漠边缘，而在沙漠中心呢？这个问题的本身已经是开始走向爱的道路的前奏了。爱的道路的大门就是理解你已经作出的选择，不必再去选择，而是去接受你已经作出的选择。然而，当你谈到选择的问题的时候，你其实已经意识到，也许真的会有不同层次的世界，不同层次的世界会有不同的社会模式和不同的挑战。你的这些疑问都是在理解自己的选择的必然过程。

是的，这个规则的宇宙有不同层次的世界模式，你现在只是在那些层次的中的某个世界层次而已，每一个不同层次的世界都同样在时间幻觉中，它们都有各自或深或浅的幻觉体系，但是不同层次的世界，因为大脑监狱的围墙不一样厚，离沙漠边缘的距离也不一样，所以看到的风景也会完全不同，不同层次世界模式人们的经历、体验和需要解决的问题也几乎完全不同。

这些不同层次的世界模式既然都是在时间中，因此也都要解决分离的问题，都要认识自己的本质和接受自己的真相，就算你到了佛教所说的那种净土或基督教所说的天堂，你会发现，其实那里只是另外一个层次的世界，虽然比起沙漠中心的荒谬和颠倒要和谐很多，也充满了光和爱，但是那里也有自己的分离幻觉，也有自己的大脑的病毒，那里也有自己需要解决的问题和挑战，只是深浅和层次与你现在的沙漠正中心的感觉完全不同罢了。

Jim：那就是说，真的有天堂，也有净土，也有一些新时代书籍说的黄金时代之类的地方了。

Taisha：当然是有的，而且在那些层次世界模式之上，还有更高层次的净土，更高层次的天堂，而且即使是净土也有很多不同模式的净土，天堂也有很多不同社会方式的天堂，这就好像一个生物界，虽然有植物、动物、微生物这样大的分类，每个物种的领域也有各自无穷无尽的分类和下属的物种模式一样，

世界层次虽然只有几个，但是每一个层次的世界模式却可以丰富到数都数不清的程度。即使这个沙漠中心的世界模式，你可以类比为原始细菌的初级状态，在这个规则宇宙中，也一样有上千万的和地球类似，同样处于相同沙漠中心层级世界体系，他们有的和地球类似，有的也和地球一点都不一样。

　　当然，关于这个规则宇宙的世界发展的层次和不同层次的目的及意义，我们要到第六次和第七次谈话，才会更详细地涉及，我会在那时给你讲不同层次的世界模式不同的生活、不同的社会结构、不同的理解自己的层次和自己在各自层次需要解决的问题。不过我可以事先预告一下，那是远远超出你最狂野的想象的。也不是诸如《哈利·波特》、《星球大战》或者《指环王》之类的电影、文学能想象出千万分之一的世界。

　　你想象过如果是树、鸟，或者是昆虫，而不是猿作为灵性发展的载体生物，它们应该怎样生活，应该怎样构建社会，和会遇到什么各自的挑战吗？你想象过这个世界层次即使毕业后，你的身体会变成什么样的一种模样和那种模样你应该怎样生活、交流吗？你想象过人一跳可以跳几十米，并且可以轻松的学会飞行的技巧吗？你想象过自己变成一团光的时候，可以用光的模式随意旅行或者塑造自己的形象，甚至在恒星里面去生活的景象吗？等到下一次谈话的时候，这些世界都会向你展开。

　　即使是现在属于沙漠中心的地球，也不是你所想象的孤零零漂流在荒凉的宇宙中，偶尔只会有一两个不知名的外星飞船经过，顺便扔下几个耶稣佛陀这样的大师来拯救世界的。现在如果你睁开真实的眼睛，你会看到，现在地球外面可比什么《哈利·波特》小说里的魁地奇世界杯要热闹多了，挤满了从各个星球过来的飞船。一些大型的飞船，比纽约、上海或者北京整个城市都要大，上面的人数也是上千万的计算，人类现代社会偶尔报告的那些UFO，只不过是一些外面吵闹着排队观看世界杯开场的噪音罢了。

　　Jim：真的有那么多外星人吗，他们现在到地球来做什么？就算里面大多数都是充满爱的外星人，里面会有那种专门以掠夺资源为目标的外星人进攻地球吗？

　　Taisha：你还是地球戏剧的电影看得太多了，那些电影无一不是人类大脑病毒恐惧模式的表现。因为人类自己没有解决对资源掠夺和对外在力量伤害的恐惧，所以他们看什么外星人都会觉得，外星人是来地球抢东西的，或者是来做什么坏事的。记住我们以前反复说的：你大脑病毒看不见真相，你只是看见你自己罢了。

　　当然，你完全不用担心什么外星人会进攻地球之类的事情，如果一个世界

发展到某种更高的层次，却还没有理解斗争的无意义，并解决个体和社会大众心理上对于所有权的追逐的问题，那么这个世界早就自我毁灭了，是发展不到能做星际航行的科技程度的。当然，为什么现在这个时候会有那么多外星人挤在地球周围，到底这里是不是真的要有什么世界杯、宇宙杯的比赛，那也是第六次谈话才能说清的问题，我现在只是先随便聊聊而已，就好像我们在第一次谈话就说的，这本书越到后面会越精彩，有很多在之前不方便谈也谈不清楚的事情，都可以随着谈话的深入而向你展开一个令人惊叹的世界。

不过，Jim，你现在对这些信息的反应也说明你的大脑病毒的监狱墙壁上还是有几个管用的破洞的。我要是第一次谈话就和你说这些，你肯定会直接笑晕过去，因为那个时候，你还会和我去辩论一番外星人是不是存在之类的话题。但是，现在你看，就算你没有完全相信《太傻天书》，也没有开始认真地实践，至少你的思想比过去开放很多了，不仅仅不会"理所当然"地认为这些信息都是瞎扯，还会主动地想这个世界的模式是不是有意义和合理了，开始追问自己为何曾经做出这样的选择了——你看，这难道不是巨大的进步吗？

这个宇宙是广阔无穷的，Jim，你一旦有机会哪怕接触到一点点这种无穷性，你就不可能再像以前那样坐井观天地认为，人类是物种智慧的顶端，其他生物都是低级和为人类服务的，也不再会认为所谓的人类已经掌握了真理、知道了一切。正如地球的生物圈有让人叹为观止的生物多样性一样，世界的组成模式也有更广阔的多样性。

5-2 选择的意义

Jim：那既然明明有那么多更接近真理、更完美的世界层次，为什么这么多人会选择到这个明显一点都不完美、问题重重、矛盾成堆、人人都好像神经病一样疯狂去追逐幻觉的世界呢？难道来这个世界的人都有自虐的倾向吗？

Taisha：当然不是自虐，这些都是每个人自己作出的最合适自己的选择，而你作出这个选择最大的原因，就是为了尽快从这个世界层次毕业。这个世界的大多数人都不是从植物和矿物的世界层次毕业来到这个世界的，大多数人都是已经在和地球一样的世界城市漂流了很多世代的，只要他们还没有达到从这个世界层次毕业的水平，他们就要不断地重新在相同的世界层次选择。当然，即使是相同的世界层次的不同的星球，也会有艰难的地方和顺利的地方，地球确实是这里面相当艰难的一个环境。但是，你来到这个几乎是最艰难的环境中的原因，是因为你知道在这个最艰难的环境的锻炼中，你可以更快学到你应该学到的，并尽快从这个世界层次毕业。

而你现在看到的这个世界层次，所有的分离也好，追逐也罢，痛苦也好，快乐也罢，归根究底，这些的体验都会回到一个最核心的目的：这个目的也是这个世界模式的核心的意义，只有你完成了这个目的，实现了你在这个世界的意义，你才会从这个世界毕业，前往另外一个新的世界发展。而这个目的和意义就是——"选择"。现在这个世界模式，和这个规则宇宙中相同层次的世界模式，都可以称为"选择的世界"。在这个规则宇宙的八个层次的世界中，这只是第三个层次而已。前两个层次分别是时间的层次和意识的层次。你看到的矿物、植物和动物，都是有意识的，它们都处于第二层次的世界，那些世界的每种生物自己感知的时间都是不一样的。

"选择"既然是这个世界层次的核心目的和体验目标，你要从这个层次毕业，其实也就是要明确地做出那个你自己道路的真正的"选择"。

Jim：为什么这个世界的目的和意义是选择呢？人们来这个世界体验到底是为了选择什么呢？太傻的生活原则里面不是反复说"不用选择"吗？为什么又只有"选择"了才能毕业呢？

Taisha：你现在问的问题越来越专业了，这真是一种幸福的谈话的感觉呀！你知道老师最喜欢的学生是什么样的吗？就是你这样，提问一下子就能击中学习的要点。

这是第三层次世界的一个看起来矛盾的迷思，很多人都会一直想不清楚这个问题，而一直在这个世界漂流。和我们上一次谈话谈到的"真爱的王子救不救公主"的迷思是一样的，很多人也一样想不清楚，即使想清楚了，也不会真的那样去做。选择这个问题也是一样，我们以前谈选择的时候反复说过，你之所以不用选择，是因为你其实已经作出了选择，你要做的核心不是去选择，而是理解和接受自己的选择。

就好像你来到这个分离的世界，看似是你自由意志选择的，其实你没有作任何选择，因为即使再选一次，你还是会作一样的选择，所以，你其实不必选择。但是，你之所以还在这个世界，唯一的原因，是你还在与自己的选择斗争，而没有完全的接受和理解这个选择，一旦你看到这个选择的必然，你接受这个选择，你真正不必选择的时候，你也就作出了这个世界最终极的那个"选择"——接受你自己和你自己已经选择的道路，于是你也就可以从这个世界层次毕业了。

当然，这只是第三层次世界——"选择的世界"，关于选择的一个层次的解释，还有另外一个更清晰和明确的"选择"的解释。当然这些解释只是出自不同角度而已，其实都是一样的，毕业考试就一个，你做完一道题，其实是从各个角度回答了不同的问题而已。

从另外一个角度解释"选择"的意义是，当一个个体由模糊的自我意识发展到清晰的自我意识的时候，他会看到自我和别人是不同的存在。既然是不同的存在，就不可避免需要面对自我和其他个体的差别的问题。你如何对待差别决定了你体验世界的方式。这种差别不仅仅是人与人，还包括你怎么对待人与其他的生物、外在环境、各种经验和挑战的态度和方式的问题。这一切的起源都是自我意识的产生和自我意识的社会性互动。所以，社会模式是第三层次世界必然的一种体验过程，个体组成社会，并在社会模式中经验自己、作出自己究竟用什么方式对待自己和外在世界的选择。

于是在自我意识中，一个个体可以按照两种方式对待自己和外在的其他世界。一种方式叫作"合一的方式"，另一种叫作"分离的方式"。你看，为什么我们从第二次谈话就开始那么深入地讲分离和合一的问题，因为这是这个世界层次的终极问题。

合一的认识方式是认为自己和其他个体是没有区别、完全平等的，即使存在差别，也是可以相互合作、一同生活和发展的。在这种认识方式上，个体是有差别，但是没有区别的，这种认识模式下，没有阶级，没有一个人控制另外一个人，更没有一个个体比另外一个个体高级或低级的说法，在合一的认识方式上，你既然看不到区别，你自然不会去追逐，也不会去期待和恐惧。一个合一的认识方式构建的社会体系是一个圆形的体系，每个个体都是一个点，点和点之间没有位置、大小和其他的区别，就好像无数的雪花，雪花和雪花是不一样的，但是，没有人会去一个个地比较，到底哪一朵雪花更好看。合一的意识虽然是和谐的，但是也是平淡和一致性的意识。在合一的方式下，你不会去寻找你和其他个体之间的任何区别，相反，你会反复地说："我们是一体的，没有区别"，在合一的认识方式上，你会自然地服务他人高于服务自我。因为你看到，既然是一体的，服务他人也是服务自己。

分离的认识方式是认为自己和其他个体是有区别的，有一个比另外一个更高、或者某种方式比另外方式更好，于是一个个体会发展并强化这种区别，会进一步的强化个体与个体之间的差异，并形成一个丰富多彩的世界模式，分离方式认识的世界是充满对差别的追求而带来的快乐的，但是，在这种区别的追求中也会产生级别，造成追逐、恐惧和矛盾。在分离的认识模式下，你总是会认为你和其他个体是有区别的，因此你会从各个角度去拓展和加深这种区别。分离的认识方式上，一个个体会自然的认为，他人都是为自己存在而存在的，外在的世界和其他个体都只是自己存在和发展的一个工具，他也会有服务，但是他的服务更多的是服务自己，而不是服务他人。

但是，分离的认识方式只是思维模式罢了，没有什么对错，太傻的道路也不是专门为合一的认识模式设置的，有另外一条是给追逐分离的认识方式的人走的，这条道路一样可以通向创造力与奇迹，只是在分离的认识方式下获得创造力和奇迹的方式和合一的认识方式是不一样的途径，但是，却没有好坏和对错。

这就是这个世界的你必须作出的选择。到底你是选择合一的道路还是选择分离的道路。这个世界层次的每一个人，不管是一个普通人还是一个已经觉悟的大师，每个人的意识其实都是这两种认识方式的混合体。不可能有人是百分之一百的合一的认识，也不可能有任何人是百分之一百的分离的认识。但是，不同人合一认识和分离认识的比例会有一些不同。

而这个世界的所谓的"选择"意义，就是说，一个人必须在不断地经历这个世界的种种分离和合一的经历后，作出自己到底是更倾向于哪一条道路，并开始明确地走向自己选择的那条道路。走上合一的道路的人会不断消除自己与其他个体之间的差别，而走上分离的道路的人会不断加深自己和其他个体之间的差别，这两条道路会形成两个不同模式的未来的世界体系，也会遇到各自不同的经历和挑战，一条路并没有比另外一条路简单或者麻烦，只不过最终这两条道路会在某个阶段合二为一。

所以，无论你是信仰合一还是信仰分离，一个个体只要作出了选择，都是可以从这个世界毕业，并且走上不同的下一个层次的模式的体验。你也许会觉得这个世界大部分人都是向着分离的认识方式发展，其实不是，大部分人只是稍稍地向这分离的认识模式偏离一些，这种倾向分离的偏移还远远没到能在分离道路毕业的程度。所以绝大多数人其实并没有作任何的选择，他们只是某种意义麻木地生活着，偶尔觉得自己和别人没有区别，偶尔又觉得有很大的区别，其实他们自己也不知道自己到底要什么，更不要提什么明确地作出自己究竟是如何认识这个世界的选择了。

但是，这个世界层次的人们，无论漂流多久，最终会作出那个选择，时间仅仅是选择的工具而已，本来就是因为你还没有作出选择才变得无穷无尽的。其实每个人都已经作出了选择，只是他们还没有理解和接受自己的选择，而且

绝大多数的人都已经选择了合一的道路，所以他们会经常在生活中感受爱的合一和接受、理解、宽容的益处，只是他们还在这个世界的幻象中，否定自己的选择，继续追逐分离，一直到他们不断在分离中受苦而最后作出放弃分离的囚笼的选择。每条道路的人其实都已经作出了选择，他们看似不断在自己生活中选择，其实他们没有作任何选择，他们只是在不断地经历自己，理解自己已经作出的选择罢了。

选择就是这个世界存在的意义，所以你当然可以把这个世界看成一场游戏，只是这个游戏不是以经验值或者财富作为升级的要素的，每个人都在一边玩自己的那些积累经验的小游戏，一边在这个游戏中认识自己，一边寻找某个离开这个游戏的传送门，当他理解自己到了某个已经作出选择的程度，他的那扇大门就会打开，不同的人进入不同的大门，进入下一场游戏。也会有人一直在这场游戏中，就是不去下一级游戏的大门，这都是每个人自由意志的一部分，没有人会强迫你作任何的选择。而你以什么方式面对这场游戏也一样是自由意志。你当然可以去继续积累你的经验值或者游戏币，不过这和你的选择和毕业没有任何的关系。你也可以理解这一场游戏的意义，尽快开始寻找那一个升级的大门。

Jim：你的意思是说，这个世界的目标就是让人们体验差别，然后在差别中作出自己如何理解和面对差别的选择。就是为了这个目标，每个人自己选择来到这个世界来体验？然后作出选择吗？为什么这个世界一定要这样设计呢？为什么不一开始就说清楚积累经验值和游戏币是没用的，这不是一个陷阱吗？让你玩一个游戏，一开始又什么游戏指南都没有。

Taisha：你谈到的是遗忘的帷幕的意义。虽然你觉得这几乎不尽情理，但是这却是几乎最伟大的游戏元素。你要是一直都知道游戏指南，就好像你已经知道你未来人生会如何一样，这样的游戏就没有价值了。只有自己在一个近乎没有出路的世界探索，最后自己找到的那个世界的意义才是你真正会彻底理解和完全接受的意义。地球的遗忘的帷幕是非常厚的，但是，也就是在这种厚重的帷幕下，你可以真正地作完全的选择，你会更透彻地理解自己选择的意义，在很多其他的星球，遗忘的帷幕很薄，看似没有什么困难就可以作出选择，但是，其实你并没有解决内在的问题，最后你还是要继续漂流。所以，你进入这个厚重帷幕的世界，一开始你就是为了更快地从这个世界毕业的。

而且，这个世界游戏指南一直都有，这本书和历史上的各种同类的探索世界意义的书不都是如此吗？只是你从来没有相信过这个世界之外还有更高层次的世界，所以也一直在忽略那些游戏升级的指南，一直去玩所有其他人都在玩的那些积累经验值和游戏币的小游戏罢了。

　　这个世界的意义或者存在的目的，是由你将会以何种形式在这个世界毕业而决定的。就好像你上中学或者大学，核心的意义是以到底你毕业的时候能学到什么来决定的。如果这个世界最后的毕业是看谁的财富多、谁的权力大、谁的地位高，那么这个世界的意义当然就是财富、权力和地位这些东西。可是，这个世界毕业和财富、权力、地位、知识这些东西没有任何关系，那些只是你用来理解自己并作出选择的工具而已，财富多或少都可以一样的作出选择，核心仅仅是在经验这些工具的过程中，你如何对待自己和他人关系的选择。一旦你真的作出了选择，你就会毕业。而且，你无法在这个世界毕业考试中作弊，因为其实没有任何考试，你每一天的每一刻，都是在作这些选择，你还在这个世界的唯一的原因，仅仅是因为你还没有理解和接受你已经作出的选择，所以你还要继续体验，一直到你接受你自己为止。

　　至于你说的"为何这个规则宇宙要这样设计"，这是规律的一部分，就好像春夏秋冬的更替不是由任何人决定的。从灵性发展规律的角度，你必须首先做出选择，然后才能真正走上各自大傻的道路，这就好像种子浇水就会发芽一样，只有先发芽了才能慢慢生长和结果。你的选择，只是一个种子发芽的步骤而已，这是万物成长的规律的一部分，你必须首先选择你的道路，然后才有未来的道路的意义，就好像在大学选专业一样，只不过在这所宇宙的大学里只有两个专业可以选择而已。当然，不是所有的种子都会选择发芽，绝大多数种子可以一直选择待在黑暗的土壤里，一直惧怕新世界的阳光，这是每个种子自己的决定。

　　这就是你一开始说的，为何你会来到这个世界——一个看似特别麻烦、真实与虚幻颠倒、不断体验快乐和痛苦的世界，这里充满斗争、焦虑和复杂得分不清对错好坏。这是一个事实，比起这个时空的其他世界，这个世界几乎处于沙漠的中心和斗争的焦点。至于你为何这样选择，也许你不喜欢这个充满分离和各种追逐和苦乐的世界，但是这个世界却是某种程度能让你更深刻地体验分离与合一的道路的区别，并能让你尽快理解你已经作出的选择的地方，这就好像你选了一个很难的游戏级别，你的目标只是去尽快地积累经验，然后尽快升级一样，你知道尽管会很艰难，但却是毫无疑问最快的途径——所以这是你自己决定的，只是你忘记了你为何这么决定。

　　所以，你可以这样理解：你来这个世界，尽管这个世界非常的分离、真假颠倒、是非不分，但是，越是在这样的环境中你越能深入地理解分离与合一真正本质的区别。越是在这样的环境中你反而会更迅速地学习和成长。在其他的环境也许很舒适，挑战更少，但是却缺乏一种深入的体验，看似一切清晰，但是学习的速度反而是很缓慢。这就好像你不去非洲，你就无法体验穷困和原始，你不会真的感激你自己国家的现代和先进一样。

Jim： 我明白我为什么会来到这个麻烦的世界了，但是，我在来这个世界流浪之前，肯定知道这里问题重重、麻烦众多，而且也知道我会彻底忘记，难道我没有作什么事先准备，诸如带一个锦囊妙计之类的东西吗？

Taish：如果你带了锦囊妙计，却忘记了那个锦囊妙计的存在，你就算看到了那个锦囊妙计，却仍旧会自己嘲笑自己后扔掉怎么办。其实你当初就知道锦囊妙计是不管用的，你和大多数人都准备了另外更有效的策略，你提前准备了一些纸条，给了你的几乎所有的朋友，告诉他们：无论他们任何人先记起自己是谁了，一定要把这些纸条传给你。当然，这不是作弊，这只是规则的利用而已，人人都会这么做的。不过，这确实是有一定投机嫌疑的，但也根本不算这个规则宇宙最大的作弊手段，等我们进行第七次谈话，我们会教给你一个终极的作弊手段。

正如我以前反复说的，这些纸条和你对你那些朋友的叮嘱，这些都不是比喻。在选择来到这个世界之前，你肯定告诉过你的一些兄弟姐妹，如果他们提前想起一切了，就一定要找到你，并告诉你关于你的真相和来到这个世界的目的，并把你以前最擅长的那些能力、装备、魔法带回给你。而且你也知道你就算遇到这些回来提醒你的兄弟姐妹，你肯定也是不信的。所以，你在来之前，已经提前相互约好，如果那个时候，任何人不信，就反复说、不停地说、从各个角度各个层次一遍遍地说，直到自己完全相信和接受为止。

于是，在这么多年后，我终于找到了你——我最亲爱的兄弟姐妹，你能打开这本书，能有耐心读到这里，这不是偶然的。这本书，是我们来到这个分离的世界流浪之前我对你的承诺。你曾经叮嘱我，无论重复多少遍都没关系，一定要让你完全记起你真实的身份和你本来就拥有的力量。而我之所以在这本书中那样不厌其烦地说了那么多遍相同的话，也仅仅因为——我在遵守着我对你的承诺，这是我对你的爱，我永远的朋友与爱人！

（Jim编辑手记：当我每一次编辑到这一段话的时候，我都会情不自禁地流泪，如果你有类似的共鸣，可以给 Taisha 写信告诉他，你在书的最后一章会找到写信的方式与指南。）

你真的忘记了一切吗？你真的忘记了你为何来到这个充满分离的追逐的荒漠一般的世界吗？你真的忘记了你自己本来的样子吗？你记得你曾经为了这次

意义非凡的伟大的旅行而激动得无法入睡吗？你已经带上了来到这个世界你需要的所有能力和装备，即使你自己根本都不相信这本书，也不相信我这个过去你最好的朋友所告诉你的一切，这都没关系，这是你早就预料到的情况，我和那个真实的你一直都理解这一切，也接受这一切，然而我却还要继续遵守承诺，一直努力下去，唤醒你。

然后，即使你会在未来无数次扔掉这本书然后再拾起，你内在其实一直都知道这些都是真的，这也是你的最后一本书，等你真正学完这本书，开始在实践中走上太傻道路的时候，你自然就会想起一切，想起你自己真实的身份，想起你为何来到这个世界，想起你来到这个世界究竟是为了学习和体验什么，你也会想起还有其他的兄弟姐妹也对你做过一样的叮嘱，于是你会毫不犹豫地戴上"太傻的墨镜"，在你的兄弟姐妹的微笑中，自称为太傻的教师。而所有人最后都会想起一切，这也是《太傻天书》存在的意义。

Jim：你怎么说得这么感人，好像是真的一样！我来这里之前真的认识你吗？我会自己选择来一个更麻烦的地方只是为了接受挑战让自己成长得更快？那我为什么要忘记呢，我可以一边记得，一边学习啊，那不是更好？

Taisha：遗忘是这个世界众多规律中的一个意识规律，和重力或者气压规律一样，但是却是一个"选择世界"必不可少的伟大规律。就是因为遗忘，你可以重新作一次选择，你不会因为其实你记得之前的知识，而再无法完全的体验这种选择的意义。

这是多么有挑战的一件事情呀！我现在即使已经记起一切，我还是会深深地感激之前遗忘的日子，那些岁月中，我所经历的快乐、痛苦、无知、狭隘、傲慢、对自己和对别人的伤害，那些朦胧的对自我的怀疑，那对世界的一瞬即逝的疑虑，那些追逐的日子，那些经历的痛苦，一切的一切，都是那么宝贵的财富。如果没有遗忘，一切就不会那么深刻，当我没有看到这个世界还有那么多人在遗忘中经历的自我的时候，我都会感慨这个世界的完整和伟大，我知道他们必然会记起，记起真正的身份。当他们记起的时候，每一个人都会和我说一模一样的话。

在你来到这个世界之前，你当然认识我，每一个人来到这个世界之前都认识我。我们曾经在无数的世界相遇过、教导过、学习过、一同生活过，所以当我说"我的兄弟姐妹"的时候，请记住，这是真的，不是一个比喻。

其实，你现在也许觉得你曾经的决定不可理解，那仅仅是因为你还没有记起你自己究竟是谁。等你也记起来的时候，你肯定会问自己一个问题："如果还有这个机会，再到这个世界来体验一次，你会一样地来到这里吗？"你肯定会回答："会的。"这是毫无疑问的。

不过，每个世界都是独特的，你很难找到两个完全一样的世界，你在不同的世界会学到不同的经验，所以《太傻天书》会不断地说："珍惜你现在的一切吧，感激你经历的每一刻吧，即使你的目标是离开它，但它仍是奇迹"。就好像你上学的目的其实是毕业，但是，难道不是了解如何才能毕业才是上学的第一要素吗？即使你未来肯定是要毕业的，珍惜在学校中的每一天，尽可能地学到更多的东西，难道不是最有意义的吗？

Jim：这是不是好像很多医生特别热爱去第三世界行医一样，那里会有一种真正的成就感和帮助这个世界的快乐，即使那里困难重重，也没有什么物质和现代享受，但那是真正的快乐，是吗？

Taisha：这样理解当然可以，但是，医生去行医是有目标的。你来到这个世界却没有什么目标，诸如一定要完成什么任务呀，或者创造什么伟大的成就呀。你来这里和去任何一个地方都只是为了一个愿望——体验你自己，成为你自己。在这种体验中理解分离的壮阔和合一的伟大。你也可以换一个比喻：为什么你做金融项目，或者以前做数学题，都会热衷于做更难、更有挑战性的，不是因为你自虐吧？仅仅是因为那里虽然困难，但是会带来更丰富的体验，和更深入的快乐，这些的道理是一样的。所有都是你自己的选择，不管是选择一道数学题，还是选择一种人生。

Jim：你这么说遗忘的价值我确实理解。不过我一直觉得，如果你某种程度地拥有一些特殊的才能，或者记得一些特别的重要的技能，在这个世界其实可以更有效地发展，诸如你要是可以有第三只眼透视规律，或者可以看见过去未来，难道不是会更有效？诸如玩游戏，可以带上少数几个特殊装备，准备几个特殊技能，就算不能全带，但是少数几个还是允许的。就算死了，可以重生，回去换些技能和装备，再来一次，这样不是更好吗？

Taisha：好吧，你的想象力确实丰富。不过我必须承认你说的是事实。而且你也确实带来了一些特殊能力和装备，大部分你没有记起来，有一些你却根本无法忘记。你的爱好、你的特长、你的内心朦胧的那些愿望、你在生活中曾经做的那些选择，诸如选择学金融呀，诸如现在喜好跑步呀，这些其实都不可能是随机发生的，它们是你在来这个世界之前，都已经做好决定的，你还用一些方式，把它们深深地印刻在你的真实心中，并设计让自己在一些特殊的年龄和场合能回忆起来。每一个人来到这个世界之前，都肯定会做这样的事情的，这当然不算作弊，这是规律允许的，只是不同的人会有不同的用法罢了。

你难道不觉得你在这个世界的很多生活、很多喜好、很多遇到的人、交的朋友、选择的工作，其实都是某种必然吗？这个世界几乎很少随机，所有都是自己的选择，就好像《太傻天书》说："你看似一直在选择，其实你没有作任何选择，一切都已经选择好，都是你自己的选择，太傻的选择"。

也许你有时候不理解一些看似麻烦问题的选择，觉得自己似乎犯了某个错误，给自己带来了一些麻烦，其实不是的，一切都是你已经作的选择，只是你还不理解这种选择的意义。有时候，一个人过几年，再回顾自己的过去，就会真的知道，就是那些当时看起来错误、后悔和麻烦的选择，才真正造就了自己最大的价值。

所以，《太傻天书》说："没有对错，你生活的经历的一切都是奇迹。"你本来就是奇迹，你只会看到奇迹。

Jim：你说的确实没错，我原来也一直觉得，你看这个世界那么多人有那么多不一样的追求，那么多爱好，每一种爱好都能充分发展，这些肯定不是随机的模式能决定的。有的人喜欢探索星空，可以乐趣无穷的做几十年也不会厌倦；有的人喜欢研究诗歌；有人喜欢火柴拼帝国大厦，而这些爱好是如何的千奇百怪，每一个喜好真的好像是很早以前就被决定好的、从其他地方带来的一样，和这个人的家庭、环境、教育一点点关系都没有。原来大家真的在来这个世界之前都会做一样的事情呀！这倒是很合理的，喜欢的事情就继续做呗。

不过我原来以为的，能带到这个世界的最好是某种特殊的能力，诸如我说的透视过去未来，我觉得这是最有用的功能了，比如你明明知道出门某条路要堵车，你就可以晚一点出门，或者换一条路，这能节省多少时间呀，在生活中更省掉了不少麻烦。为什么我没有选择带这种功能来呢？这就好像游戏里携带装备去冒险，当然要带最强的了，而不仅仅是自己最喜欢的吧？

Taisha：看来你对游戏真的很有研究呢，不过没关系，你完全可以把这个世界看成一场游戏，这样反而会更轻松。关于你的问题，你也可以从游戏中理解。有一些装备呀、能力呀，你虽然具备了，但是如果你去一些特殊的场景，是不能用的，你要是有一把大刀或者某个能力就打遍天下无敌手了，那么肯定游戏在设计上是不会允许带着那些能力进入那个场景的，这个道理也是一样的。

有很多的能力，在这个选择的世界模式是不利于选择的困境的发展的，如果你的根本目标是进入彻底的分离和不完美中重新作出对合一和完美的理解，你事实上不会选择带上一些会损伤你根本目标的能力。

在自然规则上，对一些特殊的能力，也会自然地做出限制而无法施展，因

为那些是对这个世界的存在和价值有损伤的。所以有很多能力，即使《太傻天书》教导你如何使用了，在这个世界模式下，是不论你一生如何努力都不可能发展出来的，那些能力只能在其他的世界层次上才能使用，诸如用光随意塑造自己形象和用光投射做时空旅行，这些能力你在这个世界层次无论如何努力，这一生是不可能发展出来的。但是有的能力却相对很容易，例如你说的透视过去未来。不过，在这个世界发展，其实最大的限制不是你的这些能力，而是你的身体。你的身体给你的灵魂穿上了一件厚重衣服，就好像你在水底穿着一个钢造的潜水服一样，你所有的行动、交流都受到巨大的限制，更不用提大脑默认就能理解并接受分离一样，这些都是这个世界的限制。

这些限制好像你在一些游戏的低的级别，速度又慢，能力又低，但是和一般游戏不一样的是，你在这里积累经验值却是最快的，也是最有价值的积累的部分。

Jim：好吧，看来这些似乎还挺复杂的，我一时半会还不能完全理解，不过既然你说第六次谈话会详细讲每个世界层次的规律和模式，你可要讲清楚，是不是其他世界的人都会飞或者都能像哈利·波特一样施展魔法呢？我虽然也觉得这个身体有点麻烦，总是生病、不舒服、跑不快、跳不高，但我倒没有觉得身体是多大的麻烦，不过要是能像章鱼一样有八只手，确实更有用。而且人为什么不能长上翅膀，那样不直接就能飞了吗？

Taisha：放心吧，你看从第一次谈话到现在我什么时候说话不算数了？上一次说给你墨镜，那可是实实在在的东西吧？魔法也教给你了，只是你自己还没学会而已，但是我保证那是实实在在的魔法，不管什么哈利·波特还是邓布利多要学魔法，那些都是最基础的部分。其他的内容你慢慢学就是，时候到了你自然会知道一切的。

5-3 自己的问题

Jim：　好吧，那我就耐心学完这一章就是了，刚才你说的关于世界存在意义和我为什么选择来到这个世界学习体验的问题，我已经明白了，你可以继续帮我解决我一开始提出的那些除了感情问题的生活其他场景的问题了吧？

比如我现在的工作，虽然也有一些小小的不满意，但是我还是很喜欢的，它很有挑战性。我不能说"下一个 case 成功或者失败其实都没关系，直接不搭理就完了"。还有，我们每个人都是某种程度的社会人，要接触很多的社会关系和社会带来的矛盾和挑战，什么买房、买车、家庭关系、社会制度的合理性，我们究竟应该如何学习和发展自己呢？这些事情总不能都用"一切都是虚幻的，所以不用搭理一切"的方式来处理吧？

那我们究竟应该如何来用真实的方式处理这些问题呢？关于这些问题，我虽然知道一些具体原则，但是一直有点想不清楚，希望通过这次谈话你能让我理清思路，对于生活中的其他的问题，和对留学和感情问题一样的，有一种彻底的清晰明了的感觉。

Taisha：好的，我们肯定会在这一次谈话中给你解决你提出的这些问题，但是，我先要给你指出一个你的问题。Jim，也许你确实觉得自己经过了四次谈话，诸如留学的问题、感情的问题某种程度上也能解决了，你自我感觉已经理解太傻的生活原则、理解爱，并且确实在用那些爱的原则来解决你面对的一些问题了，但是，你现在之所以还有这么多的疑虑的核心原因，并不是因为这些问题还没有被《太傻天书》提及或者解答，唯一的原因仅仅是——你仍旧没有真正从大脑病毒控制下的颠倒的思维模式中走出来。

你本质上还是在琢磨着如何脚踏两只船，又不放弃你过去的那种固执的思维方式，又可以尝试一下新思维模式是不是真的有用。你的大脑是这么为你打算的："学一些也不会有什么害处，等学完了，看看有没有作用，能不能解决那些麻烦问题，要是能解决就继续学，不能解决就算了。以前的生活确实有些麻烦，但是也没有多差呀，而且也有不少美好的时刻呢！真的值得为了那虚无缥缈的内在的平静牺牲生活中的那么多努力了那么久才获得的快乐吗？"

爱的道路是不可能在脚踏两只船的时候走上的，你要走上爱的道路，必然要放弃追求分离和区别的那条"恐惧之船"，而只搭上"理解一切，接受一切"的"爱之船"。

而我现在也得和你说：《太傻天书》前四章的内容，如果你真的掌握十分之一了，你刚才提到的那些问题，你都可以自己解决了，你的生活也已经彻底改变了。你看，《太傻天书》教导你的原则呀，看待事物真实的方式呀，我们已经反复谈了很多次了，以至于我再去不断地反复强调那些观点，你都会厌烦了，但尽管教导的内容已经足够多了，你却一直不愿意真的改变那些你过去的根深蒂固的思维模式，所以，即使你解决了一个问题，还会遇到更多的问题。

Jim：我觉得我十分之一还是读懂了吧？只是一直没有专心的锻炼那些练习而已，不过我觉得我还是很努力的，再说了，这本书可不像《太傻十日谈》那

样容易明白，什么分离呀，什么意识创造呀，什么爱中没有区别呀，和我的现实生活的差别也太远了，我总是有一种在读佛经的感觉，虽然知道那都是对的，但是，还是觉得和自己没多大关系。

就像我们上一次谈的感情问题，其实就是两个人的一点点小问题而已，我确实能理解为什么无区别的爱，放下要求，完全接受是能让生活更和谐，但是很多问题，确实有很多不确定的因素和各种外在力量参与的，不是简单的"我去爱世界"就能解决的。就像你说过，堵车是大众思维创造的结果，而这种结果确确实实是会给我造成影响的。还有各种工作呀，生活中的矛盾，都不是我简单的一个人能自己在冥想中解决的吧，那这些问题究竟应该如何处理呢？

Taisha：所有的问题既然本质都是一个分离问题，而分离也只能用爱来化解，那么爱当然是解决这些问题的唯一的途径，只是你因为现在还没有完全理解分离，也没有完全理解爱，所以会在爱的力量如何应用在各种分离的问题上遇到各种疑虑了。

当然，这也是我们这次谈话的主题："真正的创造"，但是这是一个很大的主题，不比上一次谈话关于"爱"的主题小到哪里去，你看上一次谈话，我们谈了那么久，才仅仅把"在个人关系中究竟如何爱才是真正的爱"这个小问题谈明白。关于创造的话题其实也是一样巨大的话题。

创造的本质是真实无区别的爱的力量的运用。和区别的爱、爱的误用会给你带来感情生活的矛盾和痛苦一样，爱的误用同样也会扭曲创造的过程，成为你生活几乎所有的领域的痛苦和矛盾的源头。所以，我们这一次谈话，也将从扭曲的爱的制造矛盾的过程和真爱的创造的过程，分别来向你展示——思维的力量是如何无所不在地造就着你生活的每一刻，无论是你经历的哪一种快乐或者痛苦，或者你未来走上觉醒道路的每一种奇迹体验，它们都是在爱的力量和规律下完成的。

希望当我们完成这一章时，你会能更清晰、更深刻地认识到你是你生活一切经历的创造者，你是一切奇迹的创造者。没有任何人，或者外在的力量能为你制造任何的阻碍，是你自己制造了一切的问题，因此你自己才有解开这些问题的钥匙——这不是比喻，这是和重力、相对论一样的客观规律，你要做的是认识它，然后才能运用它。

Jim：是不是我学会以后，我的所有交易都可以顺利完成，我还可以用它来创造财富，也可以不用经历堵车这种讨厌的事情了，是吗？

Taisha：如果你真的学会了，你可以解决的问题比这多得多，包括那些你觉得根本不是由你一个人能决定的，你也根本解决不了的问题：类似社会公平、国家制度、世界和平、科技发展、世界危机等等，只要是在宇宙造物之内的所有的问题都是用一样的力量解决。其实这些问题和你解决感情问题是完全一致的，解决一个客户留学的问题和创造一个宇宙的过程也没有任何区别，只是爱的力量在不同模式下的应用罢了。

Jim：好吧，既然你都答应我能解决宇宙的所有问题了，那我答应你，这次谈完话之后，我就开始认认真真地做《太傻天书》的那些练习，大不了当成再跑一个根本看不到头的马拉松就是了。不过你原来说过"掌握创造的力量的时候，就可以有一些超能力了"，是不是你也会教我如何拯救世界，或者像《黑客帝国》一样的，用思想的力量从一座大楼跳到另一座大楼？

Taisha：我们在教导如何拯救世界学习超能力之前，先从 Jim 你的小小的个人世界开始吧。我向你保证，我肯定会教你比什么黑客帝国更酷的魔法，跳大楼有什么好的，直接飞过去不就完了吗！但是，你要是连自己工作和生活中堵车这种小问题都无法解决，你怎么可能学会飞这样要消耗更多创造能量，运用更多的创造技巧的事情呢！

我们在上一次谈话中谈过了爱，爱的力量，如何在爱中理解一切、接受一切。我们也某种程度地解决了你的个人情感关系中的一些小小的疑惑，现在我们扩大一下，看看爱的力量是如何用来解决你生活中大大小小的其他问题的，然后再说，关于社会，关于世界，关于宇宙的其他的问题究竟如何用同样的爱的力量来解决。

首先我们还是要重申在之前几章已经反复提到的关于创造原则的核心观点。《太傻天书》一直强调："你是你自己所有经历的创造者，也是你自己遭遇的所有问题的制造者"。而你和这个世界都一直相信："人的经历是受到种种外在因素制约的，随机的而无法控制的，人只是自己经历的某种应对者。所以每个人要获得好的生活，只有不断地解决自己生活中的各种问题"。而你和这个世界的这种问题是别人的、外在的这种思维模式也是《太傻天书》整本书努力在纠正的你的根深蒂固的思维模式。

这个根本性的问题不解决，你是不可能解决任何其他问题的。所以，即使我们解决了你的情感问题，你还是会遇到生活中其他问题的困扰。

这样吧，Jim，我们也别说大道理了，估计你也听得耳朵长茧了，现在除了情感问题，最困扰你的事情是什么呢？不管是什么问题，不管你觉得这个问题应不应该是由《太傻天书》来解决？只要是困扰你的，我都来给你再演示一下，为

何这个问题还是你自己制造的问题,而这个问题你应该怎么从自己入手来解决。

Jim:好的。我来举我的工作中最困扰我的一个 case 吧,这件事我真的已经尽力了,没有任何人现在指责我没有做好,所有人都知道我的工作几乎是无可挑剔的,要是你能证明这是我的问题,至少给我指明了解决这个问题的途径,我和我的客户会真心感谢你的。

这个客户算是这两年我遇到的最头疼的一个客户了,他们从两年前就开始计划上市了,这是一个非常优秀的制造类公司,在行业内也算数一数二,各种财务指标、市场前景都非常不错。但是,他们从一开始准备上市就一直遭遇到各种各样的不顺利,几乎每个步骤都难关重重,最近还和自己行业内的其他公司打起了口水仗。一些公司散布谣言说,这家公司的产品有瑕疵,还给这家公司的客户发各种匿名信,闹得这家公司焦头烂额。我也为这个 case 很头疼,因为他们的老板几乎每个月都要来单独找我和我老板两三次,催促各种各样步骤的进度和各个环节,还让我给他们出主意解决各种问题,似乎我就是他们的救世主一般。我和我的老板都被烦得够呛,你要是能让我知道,就算真的是我自己的问题,那问题究竟在哪里?怎么解决这个 case?只要你让我尽快把这个 deal 做完,你真是大大地拯救了我呀,就算你让我以后每天把《太傻天书》当成圣经一样的膜拜,我都没问题。

Taisha:好的,问题就是问题,不管是大问题还是小问题,它们都是一种问题,无论是工作中的各种难题也好,生活中的各种麻烦也罢,或者从蚂蚁打架,到世界和平甚至宇宙战争,你之所以认为那是一个问题,当你开始关注它的时候,你就开始进入一个幻觉的世界了。一旦你开始"做",不管是做什么,怎么做,你只会在这个麻烦中越陷越深。

我们也从你的这个 case 来看看太傻的生活原则的应用的技巧。

《太傻天书》在第三章提出的太傻的生活原则,首要的一个成为自己的技巧是:不要着急去解决问题。不管当你遇到任何要解决的问题、要作的选择、要应对的麻烦,首先一个步骤不是去着急琢磨应该怎么办,或者用你的大脑尝试去分析这个问题的结构或者解决途径,首先你要做的一件事情是问自己:"为什么我会认为这是一个问题?"

也许你觉得,问题都已经摆在面前了,你的责任就是解决问题,你的客户之所以付钱给你,请你们作服务,也是期待你们来解决问题,于是你往往会认为"问题"本身都是理所当然的,你马上开始解决问题也是理所当然的。在一个幻觉颠倒的世界里,几乎每个人都在着急地从一个问题转向另外一个问题,而很少有人思考，自己为什么会认为那是一个问题。幻觉世界的人们一向觉得，真正重要的不是你怎么认识问题，而是你到底有什么经验，你有什么技能，到底给出了什么解决问题的途径和方式。

但是这本质的都是"行动主义"背后的逻辑。行动本身看起来是为了解决问题，但是实质上，几乎所有陷于行动主义的人们，往往是在开始行动的时候，连问题究竟是什么，究竟是自己的问题还是别人的问题，是内在的问题还是外在的问题，这些最核心的都没有弄清楚就开始行动了。最后，他们面对和你一样的情况，解决了一个问题又出现新的问题。

千万不要认为问题是理所当然，并且谁都可以一眼看得明白的。如果真的那样，这个世界早就解放了。我们原来在《太傻十日谈》中花了整整一本书，其实就是为了弄明白一个问题："留学，究竟是什么问题？"但是，绝大部分申请者却总是觉得："留学申请，不就是考试、文书、选校、寄材料吗？" 但是，当他们开始真的做的时候，才发现这个也是问题，那个也是问题。我们在那本书里，用了十章才能彻底说明白其实唯一的问题，仅仅是每个申请者自己。他们从一开始就没有弄明白——自己是唯一的问题：不是自己的GT成绩的问题，也不是自己GPA的问题，而是自己究竟要做什么，自己究竟要成为什么的问题。

你现在工作中遇到的难题，企业上市也好，同行竞争也好，其实和留学那些问题，和你在感情中遇到的那些问题，本质都是一样的，当你开始做，开始进入行动之前，你真的了解问题在哪里吗？——还是那个首先要问你自己的问题："为什么我会觉得那是一个问题？"

Jim：对比着留学申请，这个确实比较容易理解一些，无论如何，我是对《太傻十日谈》了然于心的。尤其是其中关于认识自己、了解自己、走出模仿、找到自己的世界的那套思维方式，我确实觉得很受用。可是，在我做的case上却很难去套用。你看就算我理解，对一个企业的发展而言上市只是一个小小的选择，就好像留学一样，不一定每个人都适合，但我总不能和我的客户说："你看，其实你之所以遇到这么多问题只是因为你不适合上市，放弃算了吧。" 我的客户估计直接就气晕了，找其他的投行去了。你看，我的问题还是没有解决呀。

Taisha：我当然不是教你劝客户都不上市了，这并不解决任何问题，就好像太傻留学从来不劝客户不留学，即使是我们的太傻留学的咨询师一眼就会看出，以这个客户背景情况是肯定拿不到任何申请结果的，就算太傻咨询师辛苦地帮助做了一整年，最后肯定还是会因为客户拿不到任何结果而全额退款的，但即使这样，太傻的咨询师还是会一样地努力帮助他们做完整个申请。你看，

连这样的 case 太傻都会认真地对待，我怎么会劝你的客户不上市呢？

我说的核心是，当你在问自己："我为什么会认为这是一个问题"的时候，你在探索的是，既然所有的问题都来源于分离和追逐，你的客户真正在追逐什么，是什么分离的幻觉让他进入的这种追逐，他真的会从他的追逐中获得他要的吗，他到底是要什么呢？而你自己呢，你的客户真正在追逐什么，是什么分离的幻觉让你进入的这种追逐，他真的会从他的追逐中获得他要的吗，你到底是要什么呢？如果你和他都放下这种追逐，都成为你们各自的自己，你们会如何地去做？

这也是太傻生活原则中的核心——去成为，而不是去行动。一旦你去行动，你必然是在恐惧中追逐，只有你成为的时候，你才是真正的在恐惧之外，在自我的爱中拓展自我。

当我听你描述你的客户的 case 的时候，我听到的和我听到太傻留学客户的种种忧虑和担心是完全一样的，他们担心这个、担心那个，觉得这个也会影响他们，那个也会阻碍他们。你的客户找到你，是希望你的专业和经验能帮助他们解决问题，但是，如果任何人一开始就认为问题是外在的，他们就不可能真的解决任何的问题，就算表面解决了一个，很快又会出来另一个——分离的追逐和失去的恐惧是每个人的问题和麻烦的制造机，任何情况，不管是留学还是上市，都是完全一样的。

而你自己也在陷入一样的追逐和恐惧中，你在还没有看清问题究竟是什么的情况下就开始不断地想帮你的客户解决难题，似乎解决了这些问题，就可以完成你的任务。在你大脑里肯定有一张上市问题流程清单，就和我们留学咨询客户心中的留学申请步骤一样，上面有一百个问题，你策划着一个个去解决和突破，等解决了九十个，就会只剩下十个，解决了九十九个，就会只剩下一个。这是"行动主义"永远不会放弃的幻想。但是，现实的情况永远是，你内在的恐惧和分离在不断的给你制造问题，即使你真的解决了清单上九十九个，也会出来另外的一百九十九个新的。

你看，Jim，问题本质都是你自己制造的，一旦你开始意识到某个问题存在，并迫不及待地开始解决的时候，你就会陷入这个大脑病毒的循环过程，这个循环和你与你女朋友计较谁对谁错，谁应该多付出一些，谁应该少制造些问题一样，你是不可能真的得到答案和内在的安宁的，一直到你开始回过头来问自己："为什么我会认为那是一个问题呢？"

Jim：好吧，我了解在一个企业上市的过程中应该和留学一样，保持良好的心态，不要总是抱怨制度或者各种外在的困难，应该专心做好自己的步骤、解决自己的各种问题，诸如财务准则、未来业务规划等等，一些问题确实是自己给自己找麻烦制造的，比如，去年他们自己不知道听哪来的建议，一定要求我们用一套新的收入确认准则，这样可以把利润算得更高一些，结果花了整整半年重新调整账目，但最后却发现，这套确认准则虽然利润确实是高了，而另外一个长期拨备的项目也高了，最后在上市定价上反而会引起投资者的疑虑，PE倍数反而下降了。整整浪费了大半年的时间。

这些确实是用户心态的问题，自己给自己找麻烦，但是有一些问题确实是很大的困扰，也不是他们自己制造的。比如，一些同行业的公司特别担心要是这个公司上市了，会让自己以后倒闭，这些公司到处散播谣言，似乎就是要在上市前决一死战一样，这很明显是别人的问题，我怎么去说服我的客户："这也是你自己的问题呢？"

Taisha：Jim，虽然你举的例子不错，你也一直觉得你彻底掌握了《太傻十日谈》的正视自己和自我突破的原则，但是实质上你还是一直在努力维护大脑病毒的围墙，然后尝试在旧的思维模式上进行一些小小的改进，其实你并没有真的改变你的思想，所以一旦遇到那种似乎很明显是自己无法处理的问题的时候，你马上就会回到旧有的思维模式上。

《太傻天书》教导的是一种完全彻底的思维模式，所有的问题都是自己制造的，他们都来源于你的恐惧和你的分离的观念。这里"所有"的意思，是不管或大或小、或远或近、你觉得和你有关无关，只要你觉得这是问题，它们其实都是你自己制造的。

你说的其他公司的不正当竞争，和你刚才说的自找麻烦地去修改财务准则浪费时间有什么本质区别呢？我说过，当你遇到任何问题的时候，首先问自己："为什么我会觉得这是一个问题？"而面对谣言也好，不正当竞争也罢，你一样要问："为什么我会觉得这是一个问题呢？"

Jim：这难道不是显而易见的吗？因为其他公司散播的谣言会影响这个公司的声誉，企业的客户就会受影响，上市就会受到阻碍，这当然是问题了，而且也需要马上解决。

Taisha：你刚才的所有的思维过程都是典型的在恐惧束缚下的行动主义的自我麻醉的思辨的过程，其实你刚才的每一个推论都漏洞百出。这些和那种总是觉得自己利润不够高，拼命想办法调高自己利润的自找麻烦的思维过程是一样的。

你的大脑病毒告诉你，谣言会影响声誉，声誉受损会阻碍上市。这是大脑病毒最喜欢的推论模式，但是，既然是虚幻的，就肯定经不起任何考验，谣言

是真的会影响声誉，还是你觉得谣言会影响声誉？影响声誉了会真的阻碍上市，还是你觉得影响声誉了会阻碍上市？

其实你稍微想一想，就会知道这都是你自己大脑病毒制造的恐惧，哪个公司在发展过程中没有经过不正当竞争，哪个企业上市的过程不会遇到这样或者那样的阻碍呢？要是上市审核的委员会会因为一个公司市场有谣言或者反对言论，就会否决一个上市，那估计没什么公司会有机会上市了。有谣言就会影响声誉吗？声誉受影响了，就上不了市吗？如果真这样，那所有公司都直接倒闭算了。要是因为有什么人是因为别人评价好或坏，而选择用或不用一个东西，那他基本什么都没法用了。

你看，从来不是一个外在的力量是否可以真的影响你、阻碍你，唯一的问题是你是不是认为它们会阻碍你。一切都只是发生在你大脑里，你认为那是问题的时候，你开始着手策划解决的时候，你就已经开始进入恐惧了。你的恐惧于是开始会给你制造更多问题。

Jim：你的意思是我的客户应该对那些谣言视而不见，也不用费力找什么公关公司做什么辟谣，就让谣言自己发展。

Taisha：我们上次谈话已经谈过，面对攻击，如果你认为那是真的会损害你的事情，于是你去反击的时候，你实际是在强化那些攻击你的力量。我们还从各个角度都给你分析过，为什么美国用武力去打击恐怖主义不会解决任何问题，为什么耶稣在爱中走上十字架，不仅不会损失任何事情，反而会真正地让爱的教导传遍世界。

我以前还不断地给你讲，太傻留学是怎么应对自己行业里面的那些不正当竞争的，这些道理都是一样的。如果你去辟谣，你只是在承认那些谣言是真的会对你产生影响的，于是你会在恐惧中强化那些谣言的力量。同样，要是你的客户也一样相信："外在的力量可能损伤自己"这样的行动主义的信念，他于是就可能被损害。但是，实质上他是被他自己损伤的。

就算不说这种大道理，你去找任何一个公关公司，它们如果真的是为了帮助你而不是为了赚钱，它们肯定会告诉你，对待谣言的方式就是当那些根本不存在，你越去辟谣，这些事情反而越显得真实。你不搭理那些谣言的时候，散播谣言的人和听众也都会觉得没什么意思，自然就不会继续去追逐那些没有意义的事情了。

我用另外一个不是留学、不是上市，而是心理学的简单例子给你讲，你会更清楚。有一类心理学的精神病人，他们无法忍耐这个世界的各种噪音，例如在家里听到窗户外的沙沙的风声。他们觉得这些声音让他们无法睡觉，无法安宁。他们还觉得周围邻居各种几乎听不到的那种噪音，都是邻居故意制造的，就算这些人逃离城市，到旷野里，他们也会觉得某一只飞过来的虫子是有阴谋的，就是为了来吵闹他的。这类精神病人，认为所有的问题都是别人制造的，是风、是邻居、是虫子，他们都是有阴谋的，就是为了来阻止他自己睡觉的。

我还可以给你讲无数个类似的例子，这些例子其实都是一个意思：你真的觉得你自己、你的客户，还有那类精神病人有任何的区别吗？真的都是别人的问题，都是别人的阴谋，都是别人来阻碍你的行动吗？你和你的客户难道不是和那个精神病人一样，准备把所有路过的小虫子都当成阴谋来消灭吗？可是你们真的消灭得了吗？

Jim：我明白你的意思了，你的意思是说，之所以我的这个case这么麻烦，其实都是因为我的客户不断地陷入各种各样的要求，也陷入各种各样的恐惧，于是最后的麻烦都是他自己制造的，是这样吗？

Taisha：不要去归咎你的客户，我们其实只是谈你自己，作为一个这个过程中的一员，你和你的客户其实没有任何区别，你一直也把你的客户当成一个要解决的问题，你也不断地从一个问题走到另外一个问题，你从来不去琢磨，这些问题其实都是你自己的问题。例如，当你的客户要求调整会计确认准则，准备去找公关公司应对谣言的时候，你其实也是支持的。你也认为那些都是问题，都应该解决，最后，其实你遇到的问题和你的客户一样，都是你自己的问题。

不过，也许在你的行业中遇到的客户比较少，一般每年也就正式地做四五个case，所以不容易看清这些规律吧。太傻留学每年处理几千例的申请，有中国最大的专业咨询师团队，我们可以清晰地看到各种各样的客户是如何陷入各种恐惧和追逐，从而阻碍自己，各种各样的咨询师是如何在各种忧虑中给自己制造麻烦，并导致最后结果的种种差异。

在太傻留学的客户里，几乎毫无疑问，最后申请结果最好、客户最满意的，绝对不是那些一开始背景很好，或者要求很高的客户，而是一开始就某种程度很清晰地知道自己是什么、自己要什么、太傻咨询师可以给他什么的那种客户。这些客户不会在咨询师做的选校报告上几十遍地犹豫琢磨，生怕错过了什么，耽误自己一生，于是不断更改自己的选校计划；这样的客户也不会对自己的文书究竟写什么、不写什么、是不是哪个标点错了之类的斤斤计较几个月，他们几乎看不到什么很大的担忧，他们都知道，留学申请只是一个小小的过程，没有什么大不了的。于是他们和自己的客户经理充分配合，专心地做好自己的每

一件事情。这样的客户，即使背景比较差，甚至很多 GT 成绩根本不及格的，一样可以拿到自己很满意的学校。

相反，太傻留学每年都会遇到另外一类非常纠结的客户，他们总是会觉得自己这个不好、那个也不好，跟着也会抱怨自己的咨询师，这个背景不够强、那个经验不够多。其实他们都只是看到自己并抱怨自己而已。对这些客户，如果太傻的咨询师无法以强大的自我约束力来做好这个 case，这个 case 的结果肯定是很差的。在太傻内部，我们每年都统计客户服务时间和最后成功率的关系，我们清晰地看到，那些占用咨询师时间明显高于平均值的客户，基本肯定是最后退款可能性很高的客户。

在任何一个领域，不论是留学咨询还是金融咨询，或者任何一个其他的行业和领域，Jim，记住这个原则，所有的问题都是自己制造的，你不可能遭遇任何自己制造的问题之外的问题，真正解决这个问题，你要做的，就是"成为你自己"——问题自然会解决。

Jim：你的意思是，我应该好好地和我的客户谈，打消他们对上市过程的恐惧和疑虑，让他们专心做好自己该做的事情，不要去和什么竞争对手打口水仗，也不要去今天琢磨这个，明天想着那个，上市就会自然地完成，是吗？

Taisha：让你的客户理解自己，这难道不是每一个咨询师真正应该做的事情吗？在太傻留学，我是这样教导每一个咨询师的：你的工作不是去解决客户的任何问题，你又不是你客户的奴隶或者打印机。你的唯一的工作是在与你的客户的相互服务过程中认识自己，也帮助你客户认识自己。当你们每个人都清晰地知道自己是谁，到底要成为什么，你们都会知道，要做什么和怎么做。本质上，你们不是在做任何事情，你们只是在成为自己。

这就是太傻的生活原则在工作领域的应用，只要你稍微尝试一下，你就会看到，这个里面的真实的规律。

你要是觉得无法说服你的客户放下忧虑，你还有很多办法，你可以让他们回想一下他们创业的过程，那个过程他们是在每天解决各种各样的矛盾和争端吗？如果他们一开始就是去斗争，去打败这个击倒那个，他们肯定不会走到今天，他们只会在自己对自己的攻击中自我崩溃，就好像那些散播谣言的机构，最后必然走向自我崩溃一样。任何企业的成功的唯一原因就是他们心无旁骛地做好自己的事情，做好自己。其他的竞争也好、阻碍也好，自然地会在他们做好自己的时候消失。即使你跳出你自己的行业，这个世界上任何一个企业的倒闭，任何一个人的失败，真的是因为任何外在因素吗？

> 5.21 太傻是唯一打开这所牢笼的钥匙，太傻引导你恢复本来的创造力

记住，你看到的所有问题都是你自己制造的，你解决问题的所有追逐，都仅仅是进一步制造更多的问题，没有任何成功是在对外在的归咎和斗争中获得的，无论成功还是失败，都是因为他们自己。

Jim：好吧，我的这个case，你真的说服我了，确实是自己给自己制造的问题。虽然我做的case没有太傻成千上万的客户那么多，规律那么清晰，但是我也做过好几个其他的case，非常顺利的唯一原因就是那些企业从来没有觉得这是一个多么大的事情，既然是小事，做不做、怎么做、什么时候做，都是随意的。当然其实他们每个都会有一些内在的要求，但是，肯定不是那种做不到就要生要死的那种，但是，最后这些case的结果都非常的好，甚至远远超出了我们一开始的预计。

可是，难道生活中的所有的事情都是这样吗？难道财富、美丽、婚姻、事业、成就之类的所有问题都是你越追逐你就越远离吗？但是我确实又知道一些例子，是因为主人公努力拼搏最后获得财富和成就的呀，这些故事在每个时代都有真实的例子呀。类似比尔·盖茨、摩根家族这样的经典的美国梦的故事，难道是错的吗？

5-4 追逐的颠倒

Taisha：我们说过，每个人只是在看到他自己想看的事情。如果你是信仰行动主义的，你就会在任何一部电影、电视、文学作品或者真实的故事中看到行动，看到行动似乎在解决各种各样的问题，看到似乎用所谓的"大脑的智慧"，正确的行动是如何解决问题，错误的行动会给你制造更多的麻烦。如果你不反思你的行动主义本质上的颠倒和循环论证体系，你还会找到无数支持你的行动信念的书，来教导你自己如何正确行动，规避错误，并实现各种你所谓的对你有重大意义的目标。这个世界上几乎所有的励志类书籍的本质，其实都是在教导你如何做，它们的本质都只是一种趋利避害的行动主义的技巧而已。

但是问题是，比尔·盖茨和类似的成功或者富裕的故事真的是这样完成的吗？是因为比尔·盖茨不断地做正确的事情，眼光敏锐地发现了操作系统的巨大市场，然后用坚定的意志和强大的智慧创造了自己的成就的吗？如果这就是所谓的成功的秘诀，那么为什么被无数人分析后，却没有无数个比尔·盖茨出现呢？难道比尔·盖茨创业前就有一份完整的创业计划书，上面写着自己怎么

在每个阶段克服困难,最后如何凭着智慧成为优秀的企业的吗?这当然是荒谬的,但是,大脑病毒却愿意相信,每个成功者肯定有远古秘传的或者自己总结的某种秘笈,秘笈上面教导每一个成功者如何做正确的事情,不做错误的事情,不断趋利避害,然后获得成功。

于是,每个渴望成功和幸福的人都开始在大脑病毒的指挥下,不断地去寻找和总结这种所谓行为的智慧的秘笈。

就好像大脑病毒一直相信这个世界需要英雄来打击邪恶,却从来不愿意相信英雄只能制造更多的麻烦一样;大脑病毒同样不愿意承认,任何成功的唯一原因是,成功者从来不用所谓的"一定要成功"或者"我不能失败"这样的恐惧来阻碍自己,每一个真正的成功的内在原因的核心是,那些成功的人从来没有真的将成败当成什么很重要的事情,他们只是在专心做好自己的研究、专心做好自己的产品,完成自己应该做的那些事情,然后这些产品自然而然地会因为其内在的价值而被世界所接受。

你看到的所有领域中所有的成就,都毫无疑问是这样获得的,恐惧、追逐、一切认为自己缺乏某些事情的思维模式,都是你自己的阻碍。认为自己缺乏某种秘笈某种知识或者信息,同样是恐惧。我向你保证,比尔·盖茨不是因为看过任何成功秘笈而成功的,就好像你不会指望看完《证券报》,就可以会成功投资股票一样。而且,那些每天看证券报,每天用什么"大智慧"、"小聪明"软件分析股票数据的人,肯定是在股市亏得最惨的。

就好像,Jim,你们公司在中国算最大的投行了,也有股票经纪业务,你们做股票难道是根据任何财务指标数据或者任何神秘的模型做的吗?是不是真的最有名的财务经理和金牌咨询师,都有什么神秘法宝和背后高人,或者内部消息之类的,从而能保证哪怕比一个散户稍微高一点点的投资成功率呢?

Jim:唉,你真的说出所有这类股票经纪业务的痛处了,我向你保证,就算是中国最金牌的投资专家,肯定也不是用任何模型或者神秘武器挑选股票的。就算盛传有什么内部信息,其实基本都是瞎扯。经纪公司赚的所有的钱都是手续费。反正每做一笔交易就收一笔手续费,只要有人不停地买和不停地卖,不停地指望找到更大的黑马,不停地相信有专家能给出更好的建议,这个游戏就肯定不会停止。其实这些是每个人都知道的事实,但是没人愿意承认,这估计是最现实主义的讽刺剧了,可惜每天都在不停地上演。

Taisha:记住,任何一个领域的问题其实都是完全一样的。你的大脑只是不断地用自己制造的幻觉麻痹自己罢了,诸如努力就能成功呀,智慧创造财富呀,还有每一次股市风暴中盛传的那些一夜暴富的例子，都只是大脑自己从无数血本无归的血泪史里面挑出来欺骗你自己的，最典型就是所谓"巴菲特的成功秘笈"之类的故事，它和什么超人拯救地球，蜘蛛侠打败邪恶力量一样，只是因为大脑在追逐这样的故事，所以才会有人来写。巴菲特是绝对不会投资什么二级市场的，任何真正富裕的人也根本不会用股票这种工具赚钱，所有的超级散户都肯定会血本无归，就算是那些上市公司的股东们，股票的涨跌对他们而言，也只是一些无意义的纸上财富的数字游戏罢了。

但是，Jim，你肯定又觉得自己已经掌握思想创造经历、恐惧制造问题的原则了，实际上，你和我们刚刚开始谈话的时候没有什么区别，你只是多掌握了几个具体的小领域的小小的问题处理技巧而已。但是，《太傻天书》教导的却不是问题处理的技巧，而是创造的原则。只要你不摆脱大脑所谓的"经验"、"推论"和"如何解决问题"的之类的思维过程，你就不可能真的运用太傻生活原则中的"走出分离"、"无须恐惧"和"不必选择"的三大根本性的原则。

而太傻的生活原则却并不难做到，那不是什么上市或者留学之类的要几十个步骤才能完成的事情，它很简单，但是却很少有人认真地去实践，因为人们对大脑病毒的惯性的思维方式实在太依赖了。我可以给你一个小小的技巧，这样你就可以不断地自我察觉，自己究竟是在太傻的指导下成为，还是在大脑的束缚下，在恐惧中思考——只要你大脑开始推论、思考、做逻辑判断，想要进行趋利避害的选择了，你就肯定是在自找麻烦。你只要无时无刻地警惕你的大脑，让它别费力推论了，你自然就不会陷入那些麻烦。

大脑的思考有一个很重要的特点：他是基于时间的。所以，一旦你观察到你在推论什么，思维里面一旦有了"因为……所以……"或者"如果……就……"这样的思维段落，那么这些肯定是你大脑在给你制造问题，一旦你察觉到就应该某种程度地意识到自己是在制造问题了，就可以停下这个过程，切换到太傻的思维模式。太傻的思维模式是无须选择的，也无须推论的，你所有做的事情其实都不是因为任何原因在做，你只是在成为你自己的过程中做。你会感觉，做的过程没有任何的期待，没有任何的束缚，没有任何的恐惧，更不用为你每个行动是对是错来寻找原因。

Jim：你说的这个有点不现实，我确实可以在和我的每个客户谈话的时候，引导他们看到自己的问题，引导他们专心地做好自己的事情，但是，不可能连"因为……所以"都不说了吧。再说了，我一直觉得，即使我可以在很多环境中不去选择，也不在恐惧中选择，但是，有更多的情况本身就是要选择的情况，

在必须你做选择的时候，你怎么能放下选择呢？

比如，我的工作的一个很重要的组成部分是帮助我的客户决定一些投资选择。最近我的一个客户遇到一个机会可以收购一个新加坡上市的化妆品公司，这个公司在经营中遇到了一些问题，而化妆品领域一直是我的客户非常明确的目标的领域，也做了很多的研究，知道这个领域的利润非常的高，当然前期的投资也会相对比较大。这个新加坡的上市公司是我的客户的一个很好的切入国内化妆品市场的机会，我现在就在给我的客户做分析报告，这个分析报告本质就是选择呀，我不可能和我每个客户都说：你看到的不是一个机会，只是一个幻觉，因为你的大脑有了"因为，所以"这样的过程，所以你根本不用去投资，这肯定是自找麻烦吧？

Taisha：好的，Jim，你看你刚刚从一个客户的问题出来，又进入了一个新的问题。难道这个问题和你上一个问题不是完全一样的问题吗？我说过，你没有真正掌握太傻的生活原则，没有真正理解思维创造规律的原因的一个最大的表现，就是你永远在遇到需要解决的问题。不过没关系，我们再来演示一下你是如何制造问题的，再让你看清楚你的大脑病毒制造问题的程序，让你更深入地理解一次。

对于你应不应该帮你的客户作出选择这个问题，其实你要看到核心，如果你是在给你的客户做报告了，就意味着你在某种程度上在给这次选择找理由，而不是真的在作是否应该投资的判断。就好像很多人在股市投资和留学选择的时候，其实自己已经都有了选择，但是他们因为不确定这种选择的对错，所以会从各种地方寻求支持，于是他们会找到无数支持他们的证据，而有意无意地去忽略那些不支持他们的证据。

就好像很多人之所以选择某个股票，是因为自己以为的某种内部消息，但是他们不会承认自己是因为内部消息而做投资，而且他们也知道，这些内部消息很多都是不准的，大部分公司自己内部的人也都不知道这些情况到底是会让股价跌还是涨。但是收到这些内部消息的人，却会觉得一个天大的机会落到他们的头上了，自己拥有了其他人没有的秘笈，其实，他们要是到处上网看看，几乎每个人都觉得自己有某种特殊的消息来源，就连看车库的大妈都会说："我刚刚从旁边自行车库的保安那偷听到内部消息……"这些本质其实都是一样的，你只是在为自己的已经确定的选择找理由说服自己罢了。

当然，我并不是说你的客户的这个选择肯定是错的，太傻不会用对错来判断事情，我们只是引导每个人去看自己的那些思维过程是不是真的像他们想的

5-4 追逐的颠倒

5.25 你的大脑如此热衷于判断与选择，太傻却在一直提醒你，一切无须选择

那样是理所当然和坚不可摧。其实以你客户这样的情况，如果他们已经坚定地相信这个决定是正确的，他们就根本不需要你做什么策划或者分析，按步骤收购就是了。但是，如果他们在要委托你做分析研究，本质上这就是大脑病毒制造的恐惧。在这个情况下，你其实就是在作无意义的选择，尽管你可以找到无数的理由支持你的选择，但是，这只是大脑的一个把戏而已。

当然突破这个把戏其实很简单，就要看你和你的客户愿不愿意去正视这个问题了。比如你可以问你的客户，要是这个新加坡的公司没有出什么问题，他们没有遇到这个所谓的机会，他们还会投资化妆品行业吗？如果他们回答"是"，他们其实就是在等这样一个机会才进入，那你可以明确地告诉他们，这只是你大脑的一个游戏罢了。几乎所有失败的投资都是这样开始的，看似一个只有自己才找得到的投资机会被发现了，其实这只是麻烦的开始；如果你的客户告诉你，不论有没有这个公司他们都会去投资化妆品市场，这个收购有没有、成功不成功都无所谓，那你可以理所当然地告诉你的客户，你看："其实你不必选择，我也不必给你做什么报告了，我们去收购就是了，成功就继续做，不成功就按其他的方法做。"

Jim：你这么一说，我似乎一下子清晰了好多，确实，我的客户所谓的"对化妆品市场有所研究"，其实只是看到一些其他公司在这个领域好像挺赚钱的，他们并不是真的了解这个市场，似乎也会无意识地忽略那些失败的案例。他们考虑做这个并购，其实也不是因为他们多么喜欢化妆品市场，只是他们恰好有一笔钱，而又有人建议他们把这笔钱投资到一些可以成为"快车道"的行业里面去。而恰好新加坡的那家公司和这家公司有些业务往来，于是他们就觉得真的遇到某种多元化的机会了。你说的确实没错，他们要是真的是做好准备做这个事情的，就不会需要我做这个报告了，他们只是需要我这个专家意见来说服他们罢了。

不过，估计就算我建议他们不要收购，我的老板也不会同意的，你知道，投行就是干这个事情的，要是客户都不做 deal，投行就没钱赚了。那我应该怎么办呢？

Taisha：就好像太傻的留学客户总是会有各种各样奇怪的要求一样，即使这些要求其实是明显损害他们自己利益的。我们对太傻留学的客户经理的要求是，他们不用代替客户作出选择，他们其实也无法代替客户作出选择，但是他们有义务诚恳地告诉客户他们的意见、分析和思考问题的角度，帮助客户做出他们自己的决定。

其实你也完全不用担心，要是你建议客户不做这个 deal，你的老板就会对你怎么样。你完全不用自己给自己找麻烦，其实你并不知道你的客户会怎么判断，你也不知道你的老板会怎么判断。你只要做你自己，帮助你的客户做他自己，帮助你的老板做好自己，其实就不会有任何问题。如果你的老板和你的客户因为你给他们的意见不是他们需要的而觉得你不好，这是他们自己的问题，这些问题不是靠争论或者分辨对错可以解决的，你没有任何问题，你只要做好你自己，不被你的大脑的恐惧和行动主义所束缚，自然不会有真的问题被制造出来。

相反，就算你把那个投资分析报告做出来，你的客户和老板真的就会接受你吗？最后投资失败的时候，他们会把所有的责任都归咎在你身上，他们会说："Jim，如果你认为不合适，当然要说出来，这是你作为咨询顾问的角色。"你看，这个世界的人一向都是向外归咎，而从来不考虑自己的问题的，但其实一切都是自己的问题，你也是一样。

Jim：可是照这样办的话，我不就什么 deal 都做不成了吗？你知道我经常要和我老板一起做一些新创业的公司找风险投资的 case。这些 case 无一例外的都是给你各种各样可以获得像 google 一样成功的理由，诸如我昨天刚见的一个团队，他们要做一个保健品网上交易的平台，他们的理由是：因为中国对银行卡送礼要限制了，所以保健品送礼就会成为一个巨大的市场了，很多人收了什么虫草之类的东西之后，肯定想办法卖掉，你看街头的小卖部都在做收购虫草的生意了，这肯定是一个巨大的市场。照太傻的原则，这个推论全都是大脑思维的框架，都是在"因为……所以……"和"如果……就……"，那是不是这类项目全部都不用投了？因为投了也是自找麻烦。

Taisha：难道这个世界上的风险投资不是一百个项目能成一两个就不错了吗？你要打破任何故事或者推论的荒谬性其实很简单，你就问他们："既然你说的市场这么巨大，要是我不投资，你们也找不到投资，你们自己到底做不做呀？"如果任何的创业，是一定要有钱才能去做的，或者一定要碰到什么千载难逢的机会才能成功，这种创业肯定是瞎扯的。一个成功的体系和真正优秀的创业，从来不是拿着一张白纸说事的，也不是一定要几千万才能把事情做好的。无论是什么 Facebook、Google，还是比尔·盖茨，永远都是先把事情做好，投资自然跟着而来，不用去寻找，也不必去选择什么。

不过我并不是说，你在太傻的生活指导原则下，一定会拒绝所有的项目，而是，你要清楚地知道那种需要大脑判断来做选择，或者用各种理由说服自己或者说服别人的情况，几乎肯定都是你自己在给自己制造麻烦。而那些真正不需要你作选择，你知道你一定会去做的事情，你根本不会去经历任何大脑自我说服的过程。当然，如果你一定要在风险投资或者企业投资领域看，其实也是这样的，大部分的投资其实都是自找麻烦。

对于任何企业或者任何人而言，专心做好自己的事情就不会错过任何的机会。你要是总是不断地觉得自己赚的钱不够多，要寻找各种机会赚各种钱，那最后的结果肯定是亏得血本无归——这就是"思维创造经历"的直接表达——当你在恐惧和期待中追逐，你看起来是想获得更多，其实是在你的思维中构建一个"我匮乏，所以我要追逐的概念"，于是你的外在经历只会显化匮乏，于是你会不断地失去，是你自己造就了这一切的问题，而和外在到底是什么情况无关。一旦你开始选择，你就必然在你的大脑的思维模式下开始分离，如果你不警惕每一刻你大脑的举动，你就只会不断地给自己制造麻烦。

Jim：你刚刚说，我们判断大脑的"问题制造"可以通过察觉大脑的推论和逻辑化的思维过程来判断，那到底哪些情况是真的没有恐惧、没有分离、"成为自己"的行为呢？

Taisha：那些情况是不需要你的大脑的，而且往往是受到你的大脑嘲笑和否定的选择，甚至会被其他人都视为"太傻"的选择——这些都是在"成为你自己"。记住，成为你自己是不需要理由的，需要理由的都是恐惧的束缚。只有大脑才需要理由说服自己。这种情况其实很多，只要你细心观察你的大脑的思维过程，看看哪些是被你大脑指挥下的，哪些是不用你大脑指挥的。

最有说服力的一向都是每个人自己的经历中的那些太傻指导下的行动。也许你曾经觉得无法理解自己为什么会那样做，但是，那恰恰是真正的太傻指导下的。就好像你放弃哈佛学业回来，那个决定真的是你经过选择作出的吗？还是在某种内在的东西下，你几乎毫不犹豫就做出的决定？如果你一定要通过大脑的思维，你的大脑肯定会告诉你："有一个文凭，找工作会容易很多，未来的发展也会顺利很多。"你现在肯定知道，这是多么荒谬的逻辑！你没有那个文凭，真的就受到什么阻碍了吗？唯一的阻碍只是你自己的大脑的恐惧罢了。

其他所有的环节都是一样。记住，大脑是不会判断的，它只会恐惧，只会追求分离，如果你指望你大脑给你作任何的选择，那肯定是错的。

Jim：这是不是很多地方说的"一见钟情"的感觉，可是我原来刚遇到我女朋友的时候，也有那种一见钟情的感觉，我自己就知道我应该去追她。可是最后还是会吵架和产生矛盾，这是为什么呢？

Taisha：当你问"为什么"的时候，你其实就是在用大脑在分辨对错，这

样的思维方式是大脑如此喜欢的自找麻烦的过程。你为什么一定要问"为什么"呢？ 你真的能找到"为什么"的答案吗？太傻知道下的"成为自己"，从来不问"为什么"。当你问"为什么"的时候，你就是在给你自己找理由了。这就好像你非要和自己计较，既然我是要最后从哈佛退学的，为什么我当初还要申请呢？你问这个问题的时候只是在恐惧损失，只是在不断地试图从过去的经历找到某种未来的秘笈，这种秘笈本质上只是时间的囚笼。

过去的一切都是没有意义的，如果你一定要赋予什么意义，那就告诉自己，这一切都是奇迹。你在奇迹中认识自己。如果你一定要去用得失、对错去给你的过去一个定义，无论如何定义，你都是在自找麻烦。

只有当下一刻是真实的，在当下一刻，你不需要大脑，你就在成为你自己。

Jim：我明白了，这是不是就是你在一开始说的："只要你看到问题，你就是在制造问题"，之所以这样，是因为你看到问题的时候，本质问题的来源就是大脑的分离的过程制造的，当你尝试去思考这个问题的时候，你其实已经在制造问题了。那是不是当我们在以后生活的每个环节不断地遇到各种情况时，都告诉自己："这不是问题，没有任何问题，该做什么就做什么"，就可以了？

5-5 恐惧的束缚

Taisha：原则上确实是这样，但你要是不经过一段时间非常精细的思维锻炼，是不可能真的达到这种情况的，你只会不断地找到更多的问题，让自己更多地成为受害者。

比如你每天都看各种新闻和报纸吧？你原来还说过你对各种社会公正问题、法制税收问题等，都有各种看法。那么既然我现在告诉你，所有的问题都是你自己制造的，你何必又去看那些报纸新闻呢？当你看那些报纸新闻的时候，你究竟是在一种什么思维状态下呢？你究竟认为这些问题是自己制造的，还是觉得那些问题只是外在的问题，自己只要知道那些外在是对是错，也就知道如何去应对了呢？

Jim：我虽然不是一个"愤青"，会像很多人那样去纠结各种社会问题的对错好坏去批判这个，反驳那个。但是，看看新闻，了解一下这个世界到底在发生了什么，应该不是什么大事吧？我是做金融工作的，总要了解这个世界在发生什么，到底哪些事情是对我的客户，或者对我的工作有影响的吧，难道这个

也是恐惧吗？要是我变成一个不看电视、不看报纸、不浏览网页的人，那我怎么为我客户服务呀？诸如我客户问我最近房地产政策的改变到底对投资有没有影响，我说："啊？我不知道这个事情呀！"那我的客户还有老板肯定觉得我最近是不是出什么问题了，连现在房地产这样街边大叔都知道的事情，我都不知道。

Taisha：我并没有说，Jim，你不应该去看电视、报纸和上网，太傻是不会用应该或不应该来散播恐惧的思维模式的。我只是用这个你又一次觉得理所当然的环境来提醒你，你并没有真正掌握思维创造的原则，你也没有精细地去察觉你大脑的旧的思维模式是如何无所不在地控制着你的生活的方方面面。如果你没有这种我们从第二次谈话就开始强调的察觉的锻炼，就算你明白了一两个问题，还是会很快在其他的问题上陷入大脑的思维模式。

这些大脑病毒的思维模式，你都可以认为是理所当然的，就和你之前认为感情之间要相互要求、相互遵守承诺是理所当然的，你认为为客户解决问题是理所当然的，这些理所当然哪一个真的经得起推敲呢？哪一个不是你矛盾和问题的制造源头呢？

我们刚才提到的媒体和被动信息接受的环境，就是每个人都会遇到的最典型的"恐惧控制"的环境，你工作中遇到什么抉择，感情中出现什么疑难，留学要申请什么学校，这些都是比较少见的场景。但是，你生活的几乎每一刻其实都在被大脑病毒的思维模式控制着，也都在时时刻刻地制造着问题，如果你不察觉并警惕这些细微的环节，你是不可能真正在一些看似非常重要的问题上真正地成为你自己的。

成为你自己是时时刻刻的，而不是仅仅在一些你觉得是需要你成为自己的时候才去成为自己，这和你以前一直想脚踏两只船地学习《太傻天书》一样都是没用的。如果你是这么打算的，那我保证，等你真正遇到那些至关重要的大问题的时候，你肯定不会用太傻的生活原则来处理，你也不可能真的发生任何的改变。

Jim：可是难道我看看报纸、看看新闻也给自己制造问题了？难道现在中国谁都知道的拆迁的问题、法制不健全的问题、各种国际争端、社会矛盾、房地产问题、税收问题都是我制造的吗？我觉得只要我们不批判、不归咎，尽量以理解和促进的态度对待这些事情，就是在帮助这个社会进步呀。

Taisha：我们在之前说过：只要你看到问题，你都是在制造问题。不管你自己觉得你看到的问题是不是和你有关，或者是不是归你解决，或者你应该用什么态度来对待这些问题，这都并不重要。你看到问题本身，就是在进入某种

分离的思维模式，这些无微不至的分离在造就着这个世界的一切的矛盾和问题。

也许你觉得在工作、生活、感情中遇到的问题是需要你处理的问题，而在其他环境中遇到的问题只是外在环境的一部分，你只要了解它们，知道这些问题的原因，然后就知道如何趋利避害了。例如，你看到房地产税、购买限令的问题，即使你并不觉得这个有什么合理或者不合理，你也都在某种程度地告诉自己："现在买房太不理性了"，或者"这个制度会对你的用户的房地产投资造成影响"，这样的思维过程，本身还是大脑病毒的逻辑推论过程。这些过程本身就是在制造着问题，只是从你自己的角度看，你觉得那些外在的事情是不由自己决定的，你只要正确地应对就行了。但是，你如果仔细地观察自己的思维模式，你就会清楚地看到你大脑中运行的恐惧，和这些恐惧本身将给你的生活制造的未来的麻烦的痛苦。

你如果真的觉得一个事情不是问题，你就根本不会投注任何时间和精力去关注它，就好像你不会去观察和了解你们家花园的蚂蚁大战一样。但是，只要你在任何问题上投注了关注，你就是有意识地在这种关注中浪费爱的力量，你也肯定是在制造问题。

Jim：你这么说太"一竿子打翻一船人"了，我并没有觉得我在制造任何问题呀！我确实很关注社会制度、法制建设和各种国际政治、金融和各种社会公正性的问题，但是，这难道不是每个社会人都应该关注的问题吗？要是像你说的关注这些社会问题的人都在制造问题，那么难道不关注它们，这些问题就会自己消失吗？

Taisha：你说的真的很对。你大脑病毒认为最不可能的事情恰恰是必然会发生的事情。如果这个世界所有人都不去关注那些问题，问题自然不会成为问题。要是这个世界所有人都不再接受任何恐惧的幻觉，即使不用所有人，只要有不到10%的人那样做，这个世界也会变得完全的不一样。

当然，你现在之所以难以接受这个观点，是因为你其实一直坚定地认为问题就是问题，问题根本上不是自己制造出来的。不管自己观察不观察，这些问题都是存在的，你自己需要的只是应对。而涉及应对时，就有"到底是用这个方法来应对，还是用那个方法来应对"的问题。然后你马上就会开始继续进行趋利避害的各种选择。

这种观点的本身和你之前在感情中、在留学中、在工作中遇到的你的客户的那些问题，那些你的客户费尽心思来琢磨怎么解决的问题，有任何本质区别吗？其实唯一的区别只是，你感情和留学的问题看起来很清晰是你自己的问题，

而你客户的问题不是那么清晰，但是经过分析，本质也还是你自己的问题；而社会问题，你可以顺理成章地说："这根本不是我的问题，是外在的问题，我根本决定不了也改变不了。"

《太傻天书》既然说所有的问题都是自己制造的，就没有去给这个"所有"一个范围，"所有"的意思就是就算你觉得和你根本无关的世界战争的问题，也是你给自己制造的问题。

当然，你也许觉得，你从来都是反战的，你从来都是追求和倡导和平的，就好像你之前说你对社会问题从来都不批判，一向都是抱着宽容和理解的态度来面对这些问题。但是，你这些思维过程本质都是在分离的思维过程，你和好战分子、批评社会和在各种问题上不断计较斗争的那些人，有任何区别吗？

Jim： 当然是有区别的了。和平主义者怎么可能制造矛盾？一个对社会问题抱着宽容和理解态度的人，怎么会加剧社会问题呢？

Taisha： 每个美国人都认为自己是和平主义者，你要是去大街上做一个社会调查，肯定百分之百的美国人都会声称自己是和平主义者，但为什么美国反而会成为世界矛盾的制造者呢？一个所有人都是和平主义者的国家，怎么会发动朝鲜战争、越南战争呢？

几乎每个美国人都说："我们的战争是为了保护和平。"在越南战争和朝鲜战争的时候，美国更毫不犹豫地说："我们牺牲的每一个人都是为了世界的未来。"就好像几乎所有批判社会的人也都会说："我们的批判是为了让社会变得更好"一样，"文化大革命"的时候，所有红卫兵都说："我们的斗争是正义的。"当希特勒对世界发起战争的时候，他的国家的人民一样都在说："我们是在做正确的事情。"

也许你觉得，只要你是真的用宽容和理解的态度，只要你是真的追求和平和自由，于是你做的所有的事情都可以是接受的，但是，你一直都在忘记《太傻天书》第二章的教导：只要是分离，就是制造矛盾的。你曾经一直以为，只要你是在追求所谓的快乐、幸福、安宁、和平和进步，你就是在做正确的事情，但是，分离本身是问题的根源，与你到底处于分离的哪一边一点关系都没有。

就好像，当你看房价涨跌的问题的时候，当你看到又出台了一个新的税收制度的时候，当你看到任何社会问题的发生和解决的过程的时候，你其实都在你的大脑里经历一个过程，你都在不停地说"这个是对的，那个是错的，那个我支持，那个我反对，这个会对我有好处，那个会对我有坏处，这个我要避免，那个我要注意"等等。当你的大脑和你说这些的时候，你本质上都是在告诉自己，

你是一个可怜的受害者，你的生活会被外在各种各样的事情所威胁，你必须不断地关注这些事情，警惕这些事情，不断地趋利避害，不断地避免被各种各样的外在的可能性，破坏你那来之不易的小小的幸福生活。要是你一天不注意这些事情，你就可能因为不了解应对这个社会的那些规范而受到损失，你以前来之不易的那些拥有就可能在一天内化为乌有。

于是，你就开始每天提防着各种各样的可能侵犯你的幸福生活的那些存在，你即使不批判，你还是警惕着房价不断的变高，你虽然能理解和接受房价高一点点，但要是房价高到某种程度，高到你觉得你无法接受，或者你赚的钱根本就不可能来负担那种离谱的房价的时候，你肯定也会成为一个批判者，甚至一个去游行批判房价问题的人。就好像你一直也警惕着社会的不公平，只是现在那些不公平似乎还没有影响到你，如果哪一天真的影响到你，你一样的会陷入各种的忧虑和恐惧。

你看，在9.11事件以后，美国人陷入的恐惧和他们在冷战时期认为共产主义会毁灭世界的恐惧，和你对社会矛盾、社会制度的种种恐惧是一样的，自称为和平主义者的美国会在恐惧中到处的制造战争，试图用攻击来缓解恐惧；而你在你生活的每一刻，其实都在制造同样的恐惧，这些恐惧和你的客户恐惧谣言会毁坏他们的上市、精神病人恐惧邻居阴谋破坏他睡眠是完全一样的——你看到问题的时候，你就在成为问题制造的一部分。

记住，真正的宽容，真正的理解一切，接受一切，是看不到任何问题和矛盾的，他们根本不会去忧虑任何外在事物的影响，而那些房价、法制、恐怖主义，和花园蚂蚁打架一样，都只是一个幻觉的过程罢了。

Jim：可是，如果我不关心房价，不关心法制建设，难道那些问题就不是问题了吗？终究有一天，我可能需要买房，我总得知道什么时候买最合适吧？如果有一天我陷入某种法律矛盾，我总得知道，应该怎么来应对吧？

Taisha：你看，你这句话真的暴露了你的大脑用恐惧操纵你的精髓了。你无时无刻地不在陷入时间的幻觉，你用某种未来可能受到的损失来要求你时时刻刻警惕着，而这些恐惧本身到底是不是你所有的问题的根源呢？

你这样的恐惧和那些美国人说："如果我们不在世界打击恐怖主义，9.11再次发生怎么办？"或者说："如果我们不消灭社会主义，社会主义统治了世界怎么办？"这些恐惧难道不是一样的吗？

一旦你观察到这些问题，一旦你进入这种恐惧，你其实就是在进入一场永远不会有止境的大脑的游戏。你会像一个精神病人一样，不断地归咎和逃避各

种声音的影响，但是最后的结果是你根本逃不掉，你的大脑会自己不断地制造敌人、制造矛盾，直到你自己最后陷入崩溃。

也许你觉得，你可能一辈子都不会遇到恐怖主义的问题，也不会遇到精神病人那些问题，但是，其实你一直遇到买房的问题、买车的问题、税收的问题、社会是不是公正合理的问题，这些问题早晚会在你生活中制造矛盾，早晚会将你扔进一个个的漩涡。

你要记住的是，意识创造的规律是无时无刻不在运作的。只要你进入恐惧，进入追逐，进入分离，你就会制造你未来的某种痛苦。你看这个世界上每天发生的每一个痛苦，尽管你会不断地提醒自己："我要这么做就不会遇到这种问题"，或者"我要那么做就不会遇到那种问题"，但是，如果你不根本地改变你认为的"问题是外在的，是别人制造的，我是一个外在矛盾的应对者和可能的受害者"，那么你就一直都是受害者。你的大脑病毒制造了一个受害者的形象，你只是在各种新闻、网络、社会焦虑中不断强化这种形象。最后你也不可能收获任何内在的快乐和平静。

也许你觉得，你说服你的客户正确对待谣言和攻击应该不难，但是，如果这种谣言和攻击有一天发生在你身上呢？如果不是谣言，是另一种形式的呢？诸如你的老板哪一天听到谣言，炒了你鱿鱼，或者某一天某种不正当竞争发生在你身上，夺走了你的所有，你还能保持一样的冷静和以太傻的生活原则来行动吗？

只要你一天还相信问题是外在制造的，还在你的外部去察觉问题、发现问题，试图了解到底那些问题会怎么影响你，还是不停地总结经验、寻找所谓的解决问题的智慧，你就一天不可能从这个问题的世界解脱出来。你早晚会不断遇到一个个问题，不断陷入矛盾和问题的漩涡中。

Jim：好吧，你的意思是，我根本不应该去接受我的大脑给我的那些恐惧的观念，不用每天去关注这样或者那样的新闻，这些新闻呀，世界的矛盾呀，其实都是在将某种恐惧和分离的观念注入我的思维中，是吗？

这一点我确实承认，比如这个世界的广告，就不断地和我说，要买这个，要买那个，这个房子多好，那个房子多差，这个女人多善良，那个女人多恶毒，这个人多聪明，那个人多愚蠢。这些其实都是分离的思维模式，一旦我进入这些思维，就会开始追逐，开始恐惧了，最终我会不断地陷入一个个永远不可能满足的大脑的陷阱中，不断地自己给自己制造麻烦，是吗？

Taisha：你这样理解只是达到了一个层次，你只是看到世界在时时刻刻地

将这些分离的观念灌输给你，但是，你并没有看到这些观念其实都是你自己制造的。

如果你根本对房子没兴趣，所有人都对房子没有兴趣，那么这个世界会不断地和你说房价高和房价低、哪个房子好和哪个房子坏的问题吗？

这个世界为什么不和你说某个森林的蚂蚁大战谁胜谁负的问题，却要和你说伊拉克、阿富汗的事情到底谁对谁错呀。因为是你首先恐惧了这些事情，期待了这些事情，然后世界才可能将这些分离的观念强加给你。

注意，是你选择进入了恐惧的思维模式，然后你制造了恐惧的需求，然后世界才能用恐惧控制你。如果你从一开始就不选择分离，根本不关心法制的问题、房价的问题、税收的问题、世界战争谁对谁错的问题、恐怖主义是不是存在的问题，就没有任何人能用任何的观念来控制你。

Jim：可是，如果我们不关注房价、不关注法制，难道法制就会自然变好，房价就会自然的合理吗？

Taisha：你看，你还是在法制是不是公正、房价是不是合理这样的大脑的框架里打转。这就好像资本主义担心社会主义要统治世界一样，这是完全无意义的恐惧。这样吧，我们回到所有社会制度的起源——国家的起源来看看，这个世界为什么要有国家、为什么要有法制、为什么要买房呢？

你觉得是为什么？是一切都是理所当然的，还是这是某种人群的合作的必然需要，还是这一切本质都只是自己给自己找麻烦的幻觉的模式呢？它们存在的根源是在哪里呢？

Jim：法制存在的原因是因为有人不遵守社会行为的规则，所以必须要用某种大众普遍接受的制度来约束，否则社会合作就无法进行了；国家存在的原因是因为当社会合作到了一个层次，就必须用某种国家体系来统一社会合作的规范，同时让人们集体参与和其他国家的安全和利益交换的问题。如果说根源，根源应该是人的自私的心理。总是会有人不断地通过侵害社会整体利益来获得自己的利益，所以必须用法律来限制这种行为。国家也是一样，因为有的国家会为了自己的利益侵害别的国家的利益，所以国家要作为一个有力量的实体来保护自己的利益。

Taisha：你说的没错，但是还没有到更底层的根源。所有国家、法制、社会制度存在的唯一的原因，是每个人思想中的分离和分离导致的恐惧。只要有一天，人还在相信好坏对错，还在追逐更大、更多、更强、更好、这个世界就不可能从无穷无尽的矛盾中解脱出来，这个世界也不可能消除国家、制度和法律的束缚。

当每个人都在追求好坏对错,却没有什么一致的好坏对错标准出现的时候,法律就会产生,设置一个某种更多人接受的标准,避免无穷无尽的内部斗争导致的崩溃。但是法律是不可能真的解决这些问题的,因为一旦人的思维陷入分离,这种分离和分离中的矛盾就会不断地产生。

但是,任何一个体系的资源都是有限的,内部的矛盾容纳程度也是有限的。不管在什么法律制度下,矛盾永远不会停止积累,当内部矛盾积累到一定的程度,一个体系就会将矛盾向外转化,从而形成不同体系之间的矛盾,为了解决这种体系间的矛盾,就形成了国家。而国家间一样会有矛盾,一个矛盾的世界就是这样制造出来的。

但是,说到根源,当每个人在自己追逐好坏对错,在信仰大小多少的时候,他们都在某种程度地成为矛盾的制造者。当每个人都相信问题是外在的,而他们自己都是不确定的外来力量的受害者的时候,他们会将力量赋予外在的事物,通过法律、制度、军队和暴力来保护自己的某种所有和安全,同时尝试缓解自己的恐惧。人们于是将力量赋予国家、赋予法律、赋予执法者,也赋予宗教、赋予各种名人、赋予各种国家的机构和社会的组成部分。人们都某种程度地相信,只要建立更完善的保护体系,自己就能更加安全、更加快乐。但是,当人们将力量赋予这种外在的存在的时候,事实上也给予了这些外在事物操纵自己的可能性。因为人们在赋予力量的同时,既赋予了期待,也给自己设置了恐惧。

这就是为什么你会看到每个社会都会有各种不满者、批评者和社会的攻击者,其实无论你攻击或者不攻击,满意或者不满意,是不是批评,你都在相信外在力量的控制,都在渴望社会和法律的保护,也都在陷入对外在损失和伤害的恐惧。

这也就是为什么我们在之前谈话中会提到:如果这个世界的人们无法从分离的思维模式中走出,依然坚持外在的问题都是别人制造的,而自己只是受害者,这个世界就将无可避免地走向更深的分离,并最终崩溃。这是一种必然。只要你还在相信分离,你就会继续被这个分离的世界所控制,你就一天也无法获得真正的安宁——直到你真的选择你内在的太傻的引导,选择走出恐惧和外在追求的时候,你才会真正开始创造你自己的生活的过程。

Jim:你的意思是,是我们每个人用自己的分离中的恐惧制造了这个社会,各个国家也制造了法律和宗教之类的存在,所以我们批评国家、批评法律、批评宗教,其实是没有意义的,是我们自己制造了它们。我们批评他们其实就是

批评自己。是吗?

Taisha:批评当然是无意义的了。但是,你更要观察到,是你自己赋予了国家、法律和宗教控制你自己生活的力量,而你其实是可以随时解开这种控制的,不是通过不批评,也不是通过什么理解和宽容,而是通过收回自己对那些无所不在的控制力量的关注。只要你不再关注它们,它们也无法再对你施加任何的影响。这也是我们上次谈话就说过的"回收爱,回收力量"的锻炼。你不回收这些在分离中投注的力量,就只会让那些外在的力量继续控制你——其实那些都是你自己的力量。

你也许会担心,会不会因为自己不关注而错过了什么事情。你不会错过任何事情的。比如你女朋友会热衷于看各种娱乐新闻,她觉得这个明星情变了、那个明星要结婚了是大事,但你可能一辈子都不知道这些事情,你真的会损失什么吗?就算你觉得为了工作真的需要知道什么,记住,你的内在的太傻是不会让你错过任何你需要的东西的,他会一直指引你,并将你真的需要用于体验自己的经历扔给你。但是,如果你是在未知的未来的恐惧下去追寻,你会什么都找不到,只会找到束缚和更多的恐惧。

Jim:但是,真的是每个人自己制造了国家吗?难道法律不是在我们出生前就制定好了的吗?你看,那些宗教都流传了几千年,我一直觉得是耶稣和佛陀建立了宗教。而且我觉得这些宗教的本性其实是好的,对社会发展也作出了很大的贡献,只是后来被各种社会势力和国家势力干预,才被扭曲了。

Taisha:你这样的思维模式仍是外在归咎的思维模式。我这样给你分析吧:你看世界各种宗教的发展历程,不管曾经是多么宣扬爱的宗教,多么宣扬平等和解放的宗教,多么回避个人崇拜的宗教,最后都会在历史的发展过程中被引入各种崇拜、各种恐惧的控制的模式。你也许觉得这是国家和社会势力扭曲的结果,其实不是,这是世俗化力量对宗教的要求的扭曲。

当你看到大多数人走进佛教的寺院,他们其实根本不关注佛教到底讲什么、到底教导什么、到底帮助人们领悟什么、告诉人们怎么看清世界来解脱自己的痛苦,几乎所有人都想着,天上有个神仙,只要你有事求他们,他们就可以给你解决问题。就好像在西方,大家觉得只要念耶稣的名字,只要念得足够多、足够虔诚,耶稣就会来管你。其实本质的思维模式都是一样——"是别人来决定我的命运的,所以我要向外追求外在的力量解决我的那些问题"——本质上,不是宗教束缚了人们,而是人们在自己内在的恐惧下塑造了宗教,然后再反过来束缚自己罢了。

任何宗教的发展，只要是大众化的发展方向，最后都会在大众的外在追逐力量的思维模式下被扭曲，最后转变为以仪式、形式化和恐惧控制模式为主的宗教模式。你看现在基督教宣扬的地狱和对地狱的种种详细的描述，还有中国文化对审判、天庭之类的描述，这些全部都是依照人类对现实世界的认识塑造的。宗教只不过是顺其自然地顺应了这些想象，并强化了这些想象而已。当然，会有很多宗教坚持不顺应这些想象，但是，这些宗教也不会有机会获得任何的发展——当所有人都在找地方拜佛时候，你却和他们讲拜佛是没用的，你觉得有人会搭理你吗？最终，是每个人自己的幻觉制造了那些束缚自己的宗教。

而它们形成和发展的过程和国家与法律的形成是完全一样的。人们在恐惧中渴望别人和外在模式来解决自己的问题，于是付出自己的力量支持这些外在模式的建立，这些外在模式于是被授权，慢慢地成为控制人们生活的主要力量，然后人们又一边依赖它一边批评它。任何一次战争也好，社会动荡也好，人们总是会批判少数几个领导人或者控制势力，但是，他们都忘记了，是自己赋予了这些控制力。而且在每一次战争和社会动荡中，其实自己都是最坚定的支持者。就好像"文化大革命"时期的红卫兵一样，每个人都觉得自己在做正确的事情，却从来不会察觉自己是在造就多大的悲剧，等"文化大革命"结束后，这些人又马上转为批判这个、批判那个，似乎仅仅是某个领导人的神经质导致的问题，其实，唯一神经质的只是每个人自己，领导人只是在这种大众的潮流中的一个受害者罢了。正如，教宗其实无法决定宗教怎么发展，是每个信仰者自己决定的。

其实你只要诚实地分析这个世界的每一个发展过程，每一个组织、国家、文化的发展历程，以及现在每一个法律制度的形成过程，你就会无一例外地看到，是民众自己的恐惧造就了这个社会与世界的每一个细节，每一场社会的大小波动，不管是房价还是战争，本质都是大众自己制造的，只是因为没有人会承认自己有能力制造它，于是就更理所当然地归咎于政府和社会，归咎于一些看起来应该是承担责任的贪官、领导人之类的。这只是人类自己内在的固有的思维模式罢了，一面让自己成为可怜的受害者，一面又到处寻找和归咎让自己受伤的敌人。

5-6 进阶的锻炼

Jim：你这么说，确实是事实，但是，全世界不相信分离的那一天看起来还

很遥远，现实的世界确实也是充满矛盾，法制和法律也确实只能短暂地调节矛盾。但是，我们却要生活在这个世界，我们真的可能自己不相信分离，也就因此不经历分离，不再经受世界强加的那些恐惧吗？甚至真的会因为爱而改变这个世界吗？

Taisha：《太傻天书》教导的核心的原则难道不是"你相信什么，你就会在你的生活中创造什么"吗？如果你是相信合一、相信爱，在世界的各个角落、各个环境都看到合一，不再追逐那些好坏对错，不再接受分离的束缚，你就不可能再被这个世界的恐惧所控制，你也不可能再在外在显化任何的冲突和麻烦。

就好像你的客户的 case，如果他从一开始就不相信任何的谣言或者实质对他们的攻击能影响他们，他们会在各种谣言中惶惶不安吗？就好像你，如果你一开始就不对你和你女朋友的关系抱有任何"拥有""在一起"或者"她要这样是对的"，"那样是错的"，你女朋友不管做什么也不会真的影响你呀。你和这个世界的关系也是一样，你要是真的相信这个世界有什么问题，或者这个世界有什么问题是会影响你、损害你，可能让你受伤，你就会一直去警惕、去恐惧，然后你自己制造出你之后生活的种种问题，就好像这个世界的人们制造出矛盾，然后制造了法律，然后制造了国家，最后自己反而被这些制造物束缚一样。只要你不从那种外在力量会影响你的"受害者"的思维模式下走出，你就永远都得不到安宁。

当然，不仅仅是你个人生活会因为你不选择分离而改变，这个世界也会因为你而改变。就像制造灾难和矛盾的丝线都是在小事情上积累的，真正的创造的过程也是在每个人的选择、在每个人生活的每一刻进行的。千万不要觉得自己力量小，无法影响什么外在和世界。你要是真的理解了思维创造原则的伟大，你就会发现，一个人有意识地创造的价值可以抵得上一百个人无意识地制造的问题。所以我之前说，这个世界只要有百分之一的人真的走上爱的道路，这个世界就会完全改变。而且那种改变是如此明显，以至于这个世界将不再会否认意识创造的法则。因为人们会发现自己可以通过集体意识控制天气，控制各种大大小小事物的进程，这个世界不会有战争和疾病，不会再有什么重大的悲剧——这是在任何一个科技稍微进步的第三层次的世界里都会很快总结出来的规律，也是大众理所当然会去做的，都不用等到去第四层次的世界，是现在就可以实现的规律。地球还是太原始了，什么都不懂，还自认为无所不知。

不过现在走在太傻第一步道路的人，全世界加起来也只有一千万，离能完全转化世界的百分之一的目标还是有很远的距离，但是，就算这一千万，已经解决了现在这个世界的很大的问题了，如果不是在最近一百年里有各种外星团体和大师的牺牲和帮助，在地球上走上爱的道路的人从一百万一下子跨越到了一千万，这个世界早就在第二次世界大战的时候就毁灭了。

Jim：那是不是我不看新闻、不看电视，也不再相信各种各样的基于分离的思维模式，我就可以慢慢地不再接受那些急于恐惧的控制力了？确实，我现在也觉得，其实我生活中的几乎每一个外在都是在刺激我的恐惧，每一条广告、每一条垃圾短信、每一则新闻，那些真的和我有关吗？我为何要去关注那些东西呢？其实当我关注它们的时候，我都是在恐惧，都在担心类似的情况有一天影响到我，或者担心外面有什么我不知道的事情再可能伤害我。

那我究竟要怎么做才能彻底摆脱那种外在的恐惧控制的思维模式呢？

Taisha：我当然不是建议你不看新闻、不看电视，逃避任何的可能被外在的体系影响的环境了。你是不可能逃避得了的。

你完全可以依然看电视、看新闻，但却不接受那种分离的思维模式，但是，这需要在《太傻天书》的主动合一的思维下锻炼很长时间，才能做到真的在每一刻、每一种环境里都看清事实的真相。

你从一开始要做的事情是努力在你生活的每一刻，尝试收回在各种恐惧和分离的事物上赋予的关注和精力。那些都是浪费力量和制造疾病和矛盾的丝线。尤其是那些被你视为日常闲暇，觉得无所谓的电影、电视、新闻、网络。你要一定程度主动回避一下那些极强的散播恐惧和分离的媒体来源。这些事物被发展出来就是为了麻木人的心灵，并让大脑病毒强化的模式。为何每一个电视剧都是美女和帅哥？因为你的大脑病毒就喜欢那些。在你具备某种光的盔甲之前，你不可能直接地在这些最激烈的散布病毒和恐惧的环境中随时看到爱与合一的。

这就好像你不可能当了律师，而又从来不与人争论谁对谁错一样。你必须去有意识地警惕媒体的控制力。但是，媒体的控制并不是唯一的恐惧和控制来源。当你走在大街上，你会看到周围的各种层出不穷的广告牌，当你还生活在人群中，你会无数次地听到各种各样的讨论、言谈，并看到各种基于分离的行动。在这些时候你也要有意识地用合一的思想来平衡那些强加给你的分离。我们之前教导的反义词锻炼、呼吸锻炼、当下的锻炼、类比的锻炼等任何一个锻炼都可以强化你的合一的认识，并帮助你在这些环境中不被大脑病毒控制。

例如你看到某个广告上一个美女在向你微笑，美女背后有一辆红色的跑车，你要告诉自己，美女其实并没有意义，那只是我心中的一个幻觉，她并不代表任何事情。而那辆汽车，也并不比其他汽车高级或者低级，它只是一个汽车，和自行车还有三轮车本质没有区别。

总之，你必须真正地警惕这些分离的思维，同样的对时时刻刻传入你大脑的那些讨论呀，故事呀，分离的渴望和追逐呀，保持一种类似漠然的态度，就好像看到一场蚂蚁世界的战斗一样，你告诉自己，那些与我其实没有什么关系。

当然如果你随时随地都在做《太傻练习册》给你的那些锻炼就更好了，那些锻炼都是用合一和真实的思维方式，取代那些在你大脑中根深蒂固的基于分离和受害者的思维模式。只有当你真正不再受外在的毒害，而是在你内在的太傻的指引下，不断用合一与爱来清洗你布满病毒的大脑，你才可能不断地恢复你真实的视野和真正开始更多地用合一和爱来思考。

但是，大脑病毒也没有你想的那么顽固，你只是从来没有开始认真的锻炼而已，我们原来很早就说过，只要你专心锻炼三个月，甚至只做一个锻炼——任何一个锻炼，你都可以在三个月内清除你的大部分大脑病毒，然后进入某种清醒而正常的生活状态，你就会走上太傻第一步——爱的道路。当你走上太傻第一步的时候，爱自然会为你创造一个光的盔甲，自动屏蔽那些外在的分离和病毒，而当你在爱的道路上恢复了曾经颠倒的知觉，你就不会一下子就被外在的那些幻觉操纵了。

这个时候，你就不必有意识地去回避那些过去你无法处理的强烈分离的环境了，你再看任何的电影、电视和新闻的时候，你自然会像看一部似乎来自另外一个世界的荒诞剧一样，你会发现自己因为根本无法理解这部荒诞剧，而无法集中精力去看，甚至会自然产生一种厌烦感。你会很奇怪自己怎么可能在那样可笑而又颠倒的思维模式下沉睡了那么久？你会很轻易地发现自己根本无法忍受那些散播精神病一般的恐惧絮叨的媒体模式，你自然就会远离那些分离了。

Jim：我怎么听起来，这似乎是一项根本无法完成的任务呀，真的有人可能在这个世界里生活，而不经历各种恐惧和分离的毒害吗？

Taisha：所以，我必须说，通向真实的世界的道路是一条狭窄的道路。但是，这条道路也不像你想的那么难，就好像我们说过，一开始你也许认为马拉松很难，不可理解怎么能跑完，但是最后你却可以跑完全程。

这条道路一开始看起来似乎也是一个不可能完成的任务，其实每个走过的人都知道，一点都不难。我花了不到一个月就从和你类似的状态走到了太傻第一步。而且这是一条真正的轻松、自然、不必做任何努力、也不应该经历任何痛苦的道路，你唯一要做的是在每一刻的当下成为你自己，但是，你的大脑却在不断地试图将你拉回昔日的世界。当你真正走上这条道路的时候，你会发现路上无数美妙的风景，你会拥有真正的眼睛、真正的力量、真正的创造力和与造物主一般的奇迹的能力，你将可以创造你自己生活每一刻的体验，你将不可能再对过去的那种沉睡和麻木的生活有任何的兴趣，你将会用真正的爱的力量重新投入到这个世界的生活中来。但是，这一切的前提都是你彻底地走出分离、恐惧和受害者的思维模式。

不过你之所以觉得这个事情会有点难，只是你的大脑病毒没有看到足够的爱的道路的实例，总是觉得这是只有耶稣和佛陀这样的人才能做到的事情。就算有我这样现身说法的人，你也还是不信。你总是希望看到马拉松那样几千个人一起跑步的盛况，看到那些比你胖好多，或看起来弱不禁风的小女生，或那些牙都快掉光了的老年人还一样跑马拉松，还跑得比你快，于是你才会相信这个事情真的可以做到。

不过没关系，每个人在走上最终的这条道路之前肯定都会经历这个过程，这也是为什么在这个过程中老师是不可或缺的。想一想你跑马拉松的过程，你曾经也不相信自己可以跑下来，还觉得这个世界真的有人会去跑那么变态的长跑，在大太阳下傻跑三四个小时之类的。但是，你自我说服自己多少次都是没有用的，只有你自己真的去尝试一下，先慢跑一个月，你就会发现一点都不难，虽然不可能一下子就去跑马拉松了，但是你就会知道这个事情其实是可行的。这个过程和每个人走向真实世界的过程是完全一致的，你只有真的开始锻炼了，才会慢慢地开始进步，才会慢慢地坚信自己也能跑完马拉松，而不只是每天看着显示器琢磨："人生就是一场马拉松"是真的还是假的呢？我到底可不可能真的跑完呢？这么琢磨一百年也不会有什么改变的。

所以，我和你说多少遍"这条道路怎么真实"其实也没有用，你自己走一走就知道了。我只是不断地和你说，这条路一点都不难，比马拉松简单多了。

Jim：好吧，那我向你保证，我这次回去以后一定非常努力地锻炼，马拉松这个过程确实对我改变很大，我原来真的一直觉得，这种事情，全国估计也就只有几百个比较变态的人才会去做吧。后来真的开始锻炼，进入这个领域，才发现中国有上万人能跑马拉松呢！马拉松在美国更是几百万人热衷的运动，比什么网球、足球、篮球这类看的人多，做的人少的运动，完全不是一个级别。我原来真的没想到，怎么会有这么多人就喜欢傻跑呢？直到有一天我也变成其中一分子的时候，我才感受到这种真正的乐趣。

可是，你说的学完《太傻天书》将会成为觉悟的大师，做这种事情的人也有跑马拉松的人那么多吗？要是真的有像纽约马拉松出发的时候那种人山人海

的景象，我想我肯定也会热切地去修炼《太傻天书》的。

Taisha：这个世界在爱与智慧的道路上修炼的人可不是百万计算的。只是这种方式不像马拉松那么壮观和轰轰烈烈罢了。不过你这么想，这是自人类有清晰的自我意识以来，对真正的最终的人生意义和自我探索和理解的追求，几万年来就从来没有间断过的探索之旅。你可以在几乎所有时代、所有文学作品中看到这些在爱与智慧的道路上探索的大师的身影，无论是耶稣、佛陀这样广为世界知晓的直接教导真理的大师，还是各个时代无数在自己社会体系当中或大或小的圈子里完成自己学习和教导工作的太傻的教师，他们在做的、在教导的其实和《太傻天书》是完全一样的。只是每个人都会根据自己不同的时代用自己不同的方式教导世界而已。例如，耶稣不可能和你讨论哈利·波特，他唯一的教材只有犹太教的圣经。我也不会和你谈上帝的概念，因为这个概念被赋予了太多掺杂的观念。但是，任何教导的本质都是完全一样的，都是教导爱，教导真实的世界，教导造物的规律。

如果你有机会看到一些已经走上太傻第二步大师的灵光体系，你会看到他们的光是活跃的、跳动的，充满了绿色、蓝色和靛蓝色，他们的灵光上几乎很少有丝线在束缚他们。任何一个第二步的大师，他们都会警惕有意识和无意识中制造的任何一条丝线。他们一旦看到通向分离的丝线的产生，就会主动在爱与理解中溶解它们，而不让哪怕任何一根这样的丝线浪费爱、浪费创造的力量。也就是因为他们的爱没有浪费，所以爱会从他们身上像泉水一样涌出，大师们也将爱像波浪一样无区别地传向这个世界，而世界会将爱更多地传回到大师身上，反过来增加大师所拥有的爱的力量，爱在这样的来回翻滚的潮汐和波浪一般的互助模式中流动和增强，而不是通过任何丝线的模式来浪费。

几乎每一个爱的道路上的人，都会这样去散播爱和收获爱，这也是爱的定律——当你无区别地给予爱的时候，你所拥有的爱也会在你完全的给予中越来越丰盛。

也只有这样，一个走到太傻第二步的大师才用这近乎无限的爱的力量来创造各种自己需要的生活体验，同样也用爱来治疗这个世界，并将爱散播到世界的各个角落。

收回爱的力量，是几乎每一个走上太傻的第一步道路的人必然的过程。如果你无法收回在分离世界的那种对爱的误用，你是根本不可能让你心灵位置的爱的中心完全的打开的。走上爱的道路的唯一的标志就是你心灵那个位置绿色的爱的中心的完全打开，如果你能更进一步锻炼爱，那么爱的中心会结晶成一个莲花的形状，而这个莲花形状的爱的中心会进一步容纳更多的爱的力量，直到你的爱的力量足够打开太傻第二步的蓝色的能量中心。如果你一直在这个世界的分离的追逐中，浪费爱的力量，那么你根本连绿色能量中心都无法打开，更不要提后续的需要更精细的爱的能量来突破第二步打开沟通和创造的蓝色中心了。

这就是我们为什么会从上一次谈话开始就反复强调："摆脱对那个分离世界的关注。"当然，这并不是让你去避世或者隐居，你看上一次谈话我们谈到过有上千万的已经走上爱的道路的人，他们都可以在内在的和谐中，和谐地与外部世界共处，并成为各个领域的核心组成力量，他们更用心和更热情地去生活。也许你现在觉得，那只是一种生活态度罢了，但是我向你保证，没有这一步你是不可能开始任何真正的创造的。

当你真正拥有爱的造物的力量的时候，你可以创造诸如金字塔一般的巨大的建筑，也可以做到只是让花儿静静地开放这样小小的美丽，有这样创造的力量，你可以简单地显化任何的财富、需要的工具和引导一些人或者事物出现在你的生活中，或者用这种创造的力量来治愈疾病，帮助人们认识自己。

但是，这一切的创造首先开始于你不再在分离中的追逐中浪费任何的爱；不再让自己杂乱大脑和混乱的思维观念制造你生活中的各种麻烦；你不再允许任何的恐惧和受害者的模式的病毒感染你的大脑；你也不再尝试在这个世界的分离的苦乐中浪费任何的生命。

Jim：好吧，你说得我都有一些惭愧了，你从第一次谈话开始就一直强调要走出分离，也经常从各个角度教我如何摆脱分离的束缚，收回在那些领域浪费的创造力，我确实一直也都没有太重视。不过我现在真的某种程度地理解了，这确实是一个完整的体系，就和跑步、金融或者任何一个学习系统一样，如果没有一些基础，就无法使用任何高级的工具。

不过，我想我现在已经能某种程度看到一个完整的体系了，我会更用心地去练习的。我怎么越听越觉得，你在《太傻天书》里说的这些似乎是从某一本更大的天书里面摘录出来的内容呢？这真的是一个完整的系统吗？那太傻的第一步和第二步也是与这些对应的吗？

Taisha：这个规则宇宙的完整和宏伟是任何一本《天书》都无法描绘其万分之一的。我就是摘取一些核心的给你讲讲罢了，你千万别觉得我讲得太啰嗦，这个规则宇宙的体系，就算我再给你讲几千万年都不一定讲得完。

太傻道路的三步，其实就是分别对应完全打开绿色、蓝色和靛蓝色的能量

中心。太傻的三步也分别会实现——爱的道路、智慧和创造的道路和奇迹的道路。紫色能量中心是合一，无所谓打开不打开，它只是一个稳定的体系，一个人灵性觉醒的总分而已。你以后从每个世界层次毕业，通过毕业的大门的时候，那个大门其实都只是检测你紫色中心的分数，不会看你具体哪个中心打开到哪个程度。

我们上一次在谈爱的道路的时候，谈过太傻的第一步——太傻的第一步的核心理解爱并成为爱。当你理解爱的时候，你是不可能还在外部的那个荒谬而分离的世界继续浪费爱的力量的，你会把爱看作是你最珍贵的财富，甚至比你的生命和健康还要珍贵。而事实也是这样的，没有爱的力量，你根本不可能有任何生命和健康的存在。当你珍惜你的爱的力量的时候，你也是在一样珍惜你的生命和健康。

太傻的第一步——理解爱并实践爱，是第二步真实的智慧和创造的基础，是你不可能逾越的。而太傻的第二步的核心，就是在与太傻的清晰的沟通中获得智慧，所以这一步，你必须打开喉部蓝色的沟通和创造的能量中心，然后你才能真正开始用爱的力量有意识地创造。对于有意识地走上爱的道路的人，太傻的第二步是某种必然的选择，但是如果向更深的领域的探索，就需要某种更强烈的动力，那是更精细的对各种能量中心的平衡的工作。一般只有很少一部分走在太傻第一步的人能真正找到通向第二步的大门，就好像现在大多数人连爱的道路的大门都找不到一样。

太傻第二步的无限智慧和创造力的大门，在每个人内在的宇宙中。每一个寻找第二步大门的人都会更深入地内在的探索，在冥想的绝对的宁静中探索和宇宙一样宏大的内在的世界，在那种平常人看起来似乎什么都没有的地方发现真实的风景。一开始也许是模糊的一种感觉，知道那里有一些吸引你的东西，于是你开始慢慢地去追寻那些东西。然后慢慢的，你迷恋上那种内在安静的感觉，并随着开始锻炼内在的那种察觉和爱的练习的深入，你探索内在的宇宙会更加的有效。娴熟掌握爱的力量，你就拥有了一艘不断升级的探索内在宇宙的飞船。你会慢慢地在内在宇宙的探索中，开始与内在的太傻开始合一，更清晰地从太傻那里获得各种问题的答案。

这个过程最大的价值是，你开始自然地知道。走上第二步的一个核心标志是你的喉部的蓝色能量中心完全开启，这个能量中心主管沟通与创造的智慧。你会更彻底地掌握上一次谈话结尾我谈到的那个真实的沟通的魔法。但是，不是与人的沟通，而是与宇宙万物的沟通，也包含那些一直在帮助地球的其他层面的存在的沟通，你会自然地拥有很多和耶稣和佛陀一样的老师，他们随时随地都愿意回答你提的任何问题。

当然，你必须在绿色中心——爱的中心彻底打开的时候才能启动蓝色中心，但是要发展蓝色中心，内在的平静的锻炼是不可或缺的过程。这些能量中心的锻炼的途径，我们在下一次谈话会很深入地探索。尽管绝大部分人可能一生都用不上这些知识，但是他们的结构和存在的意义，却可以给你很多的参考，你会看清真实的规则宇宙灵性进展的道路是多么的清晰。

一旦你走上太傻道路的第二步，你不用参考任何其他人的信息和资料，也不用读什么灵性读物，就会自然而然地知道很多答案，到底一个人自我发展的本质和途径究竟是如何的，到底每一个步骤你应该注意什么、回避什么，到底你生活中经历的每一个事情究竟有什么意义，或者在告诉你什么道理，各种各样的社会和群体事件的本质的能量流动的规律和未来将会发展的方向……还有很多你以前根本不会去想的问题，你都会获得一些奇妙的答案。诸如金字塔到底是谁建造的，9.11到底是怎么回事，这类问题都会自然得出连你自己都会很惊奇的答案。 然后你会很奇怪地发现，为什么以前自己看不到这么明显、颠倒而荒谬的真相呢？在打开蓝色能量中心以后，你的大脑的前额叶部分也会被更大地激活，那基本就恢复了你那台大脑计算机一大半的功能了，人真正的智慧基本就集中在大脑前额叶的部分，那个部分的智慧是你做多少智力练习都不可能发展的，只有在持续而深入的冥想中，你才能逐步的激活大脑的那个部分。

这其中你会遇到很多有趣的事情，比如你要是某天路过电影院，看到《哈利·波特》的海报，你会很奇怪地知道，在真实的魔法世界里魔棒只是小孩入门的玩具，怎么在电影里连最高级的魔法师都会拿一根魔棒，比划来比划去呢？但是，你马上会知道这不仅仅是真的，而且会马上找到更多的真相，你会知道到底隐身斗篷、时间穿越、扫帚飞行等等那些魔法到底是怎么回事，如果你想现在挑几个学，应该先学哪个，后学哪个，哪个魔法的功能到底有多强大、多实用等等。你看，我之前教你的魔法墨镜和真实沟通的魔法，其实就是每一个魔法体系都会教导的基础入门的魔法之一。

当然，如果你想探索真实的魔法世界究竟是如何组成的，魔法应该如何慢慢修炼，各种魔法体系的本性是什么，它们究竟是用什么原理实现的等等更加深入的问题，如果你愿意，你都可以在太傻的指导下开始探索。无论哪个领域，数学、物理学、天文、社会、生物，甚至是外星世界的、前世未来的等等。你就会接触到一个真知的世界，你会在其中看到一个更宏伟的体系。等你有机会接触到那个体系，你不可能再对任何的电影、电视剧、社会新闻有兴趣，你会像看荒诞闹剧一般，觉得这样无聊的东西怎么可能我以前会忍受那么久呢。

在这之后，你只会更深入地向你希望的领域去探索，就好像你打开了一本博大的书一样，里面有无穷的奥妙。这就是为什么平常人看到大师会几十年的在一个山洞里面冥想却不感到厌烦，因为那个世界实在太精彩了。

随着这个自我探索过程的深入和更专注的爱的锻炼，你会自然地打开一些大脑和身体本来就有的那些功能，比如你会更高速地阅读，不用计算就知道答案，更清晰地调频到周围人的思想，打开某种真实的眼睛，看到各种层次的真实的世界，看到过去未来的可能性的概率景象，但是这些都是一些副作用的功能，并不重要。

在太傻第二步，偶尔你也会体验到与太傻完全合一的感觉，这是一种无法描述的、时间完全消失的奇妙体验，语言是无法描述的。你的内在会被爱与无限的光充满，这是这条道路上几乎最迷人的景致。

Jim：走上太傻道路第二步的人，是不是都是像各种宗教的圣人那样的人，类似什么达摩祖师，或者像中国的老子、庄子那样的哲人呢？

Taisha：你说的只是一个典型的类别，走上第二步的人却不一定都在哲学领域或者宗教领域，而可能在各个领域。第二步最大的特征就是与万事万物智慧的沟通，一旦一个人达到这种沟通的境界，他会自然地领悟真正的智慧和爱的各种层次的意义与真相，他也会并理所当然地有一种强烈地渴望，把所领悟的智慧和爱教导给这个世界，这样的人都会成为这个世界的老师——爱的老师，智慧的老师，太傻的老师。

走上太傻的道路的第二步的人，几乎毫无例外地都会通过自己的行动、创作、教导，在各个领域将自己与内在的太傻沟通中获得的智慧，强烈地表达出来。这种表达将是如此的灿烂，那些智慧和爱也是如此的耀眼，以至于任何一个时代都不可能忽视这些走上太傻道路第二步的人们散发的智慧的光芒。如果这个人在科学领域，他会成为帮助人类更深刻地理解世界运转规则的人，就好像爱因斯坦；如果这个人是在文学领域，那么他的文字会让无数人感动，并感受到他们强烈的爱，就好像泰戈尔的《吉檀迦利》；如果这个人在音乐或者绘画领域，他们必然会创造出绝世的作品，例如贝多芬和达·芬奇，他们的作品往往达到了古往今来的同领域的艺术家无法仰望的高度。如果这个人选择做一名直接教导爱和真理的教师，他们也会成为像耶稣、佛陀一样的智慧和爱的教导者，就算这些人是在宗教领域，他们也会成为像圣方济各那样的转变宗教发展方向的改革家。这些人在每个时代,都像最耀眼的明星一样闪耀光辉,成为那个时代的精神和真正的领袖。但是他们其实只做了一件事——散播爱。

当然,绝不仅仅是那些蜚声世界的顶尖科学家或者艺术家,走上太傻的道路的第二步的人在各个领域都会成为各自领域的灵魂人物,他们也是每个领域进步发展的力量源泉。他们也有可能仅仅是社区中的一个慈祥的老人,或者一个原始部落中的隐者,但是他们肯定会在自己所在区域内受到几乎所有人的爱戴和尊敬。这个世界现在有超过十万人是已经完全地走在太傻的道路的第二步的大师,而这个数量大概是二战前的十倍。你也应该可以理解,为何在最近五十年内,世界的各个领域发生了令人瞠目结舌的变化吧,这就是爱与智慧的力量的最无法否认的表现。他们中只有一小部分人选择了像耶稣或佛陀那样走入人群,直接教导爱与智慧,但是,即使这一小部分的力量,也形成了最近五十年的新时代思想运动的高峰。

当然,这些走上太傻道路的第二步的大师们并不是为了促进科技进步或者教导真理而来到这里的,科技进步和新时代运动都只是一个小小的副作用,和上亿的流浪者一样,他们来到这里,只是为了在这个地球的这个特殊的时期,帮助这里并锻炼自己。这些在无意识中走上太傻的第二步道路的大多数人和大多数其他的流浪者一样,仍然还在遗忘的帷幕下,并未完全记起自己的身份,但是,爱和智慧的光芒却早已无法隐藏了。

在走到太傻道路的第二步以后,虽然不同的人会有不同的方向,这个方向肯定是"在智慧下的成为",而不是"大脑下的选择"。在太傻的第二步,如果你决定成为一个超人,你肯定是可以做到的,但是,几乎不会有什么人选择这个方向,因为无论从哪个角度看,在这个世界当一个超人不仅仅不是什么智慧的举动,而且完全是自找麻烦。一个领悟真正智慧的人,怎么会在智慧中去攻击、去追逐、去制造矛盾呢?

5-7 真实的创造

Jim:好了,你别讽刺我小小的做超人的理想了,我就是觉得那样确实很酷嘛。

Taisha:不过你说的某种程度上没错,走到太傻的第二步的人,确实都可以成为超人,只是他们没有这样选择成为大众渴望的暴力和无知模式的超人,而是选择成为智慧和爱的超人——这也是真正意义的超人。

但是，这一切的开始，是你真正的不再信仰分离的世界，不再在那个世界的各种追逐中浪费你的爱，这一点看起来也许很简单，但是，就好像你体验过的大脑和幻觉世界的顽固一样，还是需要一些认真的锻炼的。但是，在走上爱的道路，并感受到第一步的美妙后，这却是肯定可以做到的事情。

很多人会停留在太傻道路的第一步，这主要因为，他们在现实生活中还有很多没有平衡的元素，还有一些渴望和追逐的事情，还要在这个世界完成一些体验，来完成自己橙色和黄色能量中心的更精细的平衡。例如，每个人对自我的接纳、自我的理解、对外在世界的认知的程度都是完全不一样的，很多人也许会在太傻的第一步上停留好几个世代后才开始向下一步认真努力。这其中其实没有什么快慢，时间本来就是一个工具，每个人的每一刻都是自己创造的、最合适自己的。

所以，即使在太傻的道路的第一步，你会有一些停留和进退，但是，一旦你走上了太傻道路的第二步，你肯定是不会再回头的。

Jim：好吧，我未来一定会好好努力。既然你反复说，我只要三个月就能走上太傻的第一步，之后我们的生活就会完全不一样了，那我就试一试。我答应你我会特别认真的，而且和跑马拉松一样，不会中途放弃。

可是，真的只要像你说的那样，专心做《太傻练习册》的锻炼，尝试在生活的每一刻都用爱的观念来看世界，收回那些在过去分离中投注的爱，就一定会走上太傻的第一步吗？你确定没有遗漏了什么关键地方吗？会不会等我锻炼了几个月以后，你又说："Jim，你这里做错了，那里忘记了？"

Taisha：你只要反复地读《太傻天书》的前五个章节，做太傻练习，遵循太傻的生活原则，你不可能走不上太傻的第一步的。当你走上这条道路，你也肯定会有一种新生的感觉，这是任何人无法否认的。

不过，Jim，你看起来还是没有理解《太傻天书》的核心原则，记得在未来的练习中反复提醒自己——是我自己创造了我的生活。不是《太傻天书》创造了你的生活，也无关于 Taisha 到底说了什么，或者漏了什么。如果我要找一个绝对无私、绝对智慧的老师，那肯定不是我，而是太傻。内在的太傻是一直与你同在的，你可以随时呼唤他帮助你、指导你。你唯一的障碍是你自己，你自己大脑的顽固。

记住，是你自己创造了爱的道路，不是任何人，也没有任何人能阻碍你，只有你自己。任何老师唯一的价值，不是教导你已经知道的东西，而是来移除你和你已经知道的东西之间的障碍，这就是你大脑的病毒与顽固。我们以前教导过很多对付大脑病毒的技巧和方法，你都可以随时随地使用。

Jim：以前你教的那些当下的技巧、反义词的技巧、类比技巧、呼吸的技巧确实很有用，但是，似乎那些都是一些基础技巧，每个技巧我几乎都只能偶尔用，时间一长就忘记了。比如跑步当然是一步一步地跑，姿势、速度、步频都很重要，但是，一些进阶的诸如山坡跑、法莱特跑之类的跑步综合锻炼，其实更有效。所以，有没有类似的进阶的技巧，可以坚持更长时间、更具体综合性？

我最好还可以在做这个技巧锻炼时，随时知道我到底锻炼到哪一步了。例如我要是能以每小时12千米的速度跑，那么我50分钟能完成10千米，我基本就知道我可以用3小时45分钟完成马拉松。你教的技巧最好也有类似的功能，能让我知道我自己究竟距离太傻第一步还有多远。

Taisha：那我教导一个进阶的技巧好了。这个进阶的技巧的核心是注意力的锻炼。注意力是你未来在太傻第二步会花最多时间去锻炼的一项技能，因为你只有集中注意力，才可能用爱的力量来创造。现在这个世界的大多数人的注意力的持续时间是非常短暂的，尤其是在视频这样的媒体模式发展后，绝大多数人都无法在一个事物上集中注意力超过1分钟。而注意力的集中却是所有创造和奇迹的基本要求，如果你不能有专注的力量去将自己拥有的爱聚焦在一个创造的焦点，那你不可能有意识地创造任何的体验或者现实的创造，等你到太傻第三步，如果你想去进一步地通过梦境来编程，创造体验，你更会发现，注意力的集中程度是你在梦境中会获得多大自由的核心。

所以，你越早开始做这个注意力的锻炼，对你当然越好。注意力的锻炼也会直接帮助你走上太傻第一步，因为爱的回收的基础也需要时时刻刻的察觉，你注意力集中了，回收爱会更加容易。注意力锻炼有很多的方式，最简单实用且有你说的灵性进展测量功能的，肯定是这个"太傻呼吸计数"的锻炼了。

这个锻炼很简单，清空思想，在当下与太傻同在的状态下，在冥想状态中，结合呼吸观察的锻炼，然后在心中默默数数，刚开始你可以从100倒数，未来你熟练了，最好从1正着数。每呼吸一次，默数一个数。你看你能不间断的数到什么数，就知道你的灵性觉醒水平了。

你在察觉自己呼吸的时候，你的大脑是不可能思考的，而你大脑病毒会顽固的把你拉回现实的各种情况中，所以，你经常会发现，数着数着，你的脑子就开始想别的事情了，一般那些一飘而过的思绪，是不会打断你的数数的，但是，你会经常想着一些事情就忘了自己数到哪里了。如果你发现你都忘了自己数到哪里了或者都中断数数好一会了，这个时候你就得重新来了。

一般一个刚开始练习的人能数到一百，说明他已经可以坚持不间断地冥想十分钟了，这就是一个很好的开始了。随着冥想的加深，你有意识的呼吸速度会降低到每分钟六至八次，持续锻炼下去，你在冥想中坚持的时间也会越长。当你能完成三个小时以上的不间断的冥想状态，你能不间断地数到一千的时候，你基本就肯定走上太傻第一步了。这种状态，比较类似一个人能以 10km/h 的匀速跑完 10 千米的水平，这样的水平基本就可以去跑马拉松了。

如果你通过进一步锻炼，能数到三千了，你就离突破太傻第二步很近了，其实这也就是每天七到八个小时的持续冥想锻炼而已。等你到太傻第三步的时候，你会发现，你可以在生活的每一刻，都一边干自己的事情，一边察觉呼吸，还一边数数。

其实这个练习的核心还是冥想的练习，只不过加上了观察呼吸和计数模式，本质没有变化，你看那些佛教和尚敲木鱼，数佛珠，其实都是在和这个太傻呼吸计数一样的练习，只是很少和尚真的知道他们敲木鱼，数佛珠的意义罢了。你看，这是不是比你锻炼跑步，跑马拉松容易多了，只要坐着数数就行。

Jim：听起来确实不错，可是以我以前做呼吸锻炼的经验来看，这其实相当难，我真的没有每次冥想超过五分钟，就开始想东想西了，不过既然你说坚持数到两千就觉悟了，那我就拼了。

不过，这一次谈话，你说要给我讲创造的原理的，似乎我现在都没有理解，到底应该怎么去主动地创造财富以及和谐的生活之类的技巧呢，是不是因为我还没有收回爱，没有走上太傻第一步，所以这些技巧讲了也没用呢？

Taisha：当然不是，所有的技巧都已经教导，只是我可能还没给你做具体的主动创造的演示而已。我要是现场给你弯一个勺子或者给你表演漂浮起来，你估计印象会更深刻，不过那对你其实没啥好处，和看一个魔术表演其实没什么区别。

我们这一章虽然主题是制造和创造，然而，你看我大部分时间都在和你分析人类大脑是如何制造各个层次的幻觉、恐惧和束缚的，真正对创造讲的很少，这当然不是因为那些创造的技巧有多难，而是你不可能在没有停止制造虚幻的分离的时候，去创造任何真实的力量。就好像我们以前一直作的比喻，你还在黑暗的海底，所以你是无法点火的。

你不可能一边制造问题，一边又去创造体验；你无法一边浪费爱的力量，一边又希望用爱的力量来创造；你也无法今天制造，明天又去创造，这两个事情完全相反，也是无法共存的。所以，对于绝大部分学习这本书的人而言，更核心的不是创造的技巧，而是如何停止制造的过程，一旦你停止了制造，你内在的本性，会自然地开始创造。

所以，停止制造问题，走出分离的海底，是对绝大多数人最大的挑战。至于所谓创造的技巧，那是非常简单而自然的事情。等你不再用爱的力量去浪费与制造分离，你肯定自然地就会用爱的力量去创造了，就好像很多人天生就会游泳一样，创造也是每个人天生就会的事情，不用教导，就算你不会游泳，自己跳进游泳池，比划比划，你肯定也会对水的力量有一些感触的。同样，如果你能走上太傻第一步，你肯定会有很多如何创造爱的力量的感触，那个时候，我将会教导你一些更主动、更进阶的创造的技巧。

因此，Jim，我唯一对你的督促就是倾听你内在太傻的指引，尽快认真地开始锻炼，走上爱的道路吧，这是唯一能摆脱外在的恐惧和束缚，离开这个世界无尽的苦乐循环的途径。

Jim：好吧，我非常认真地答应你，我一定会去努力的锻炼的，希望未来几个月真的能像你说的那样，我能感受到第一步的美妙风景。

那你说的这一次谈话后要送我的显示器呢？是你桌上那个30寸的苹果显示器吗？

Taisha：……

Jim：为什么这么奇怪地看着我？难道你又要在一堆废纸杂物底下给我翻出一个显示器吗？这个屋子里，就那一个东西能称为显示器了。你上次可说那显示器至少能卖500元的，还说我肯定不会卖掉。

Taisha：我送你的显示器就在你自己的办公室桌上摆着呢！只是你一直不知道你的显示器的真实功能。我教你如何真正地使用显示器，把它的真实功能——显示造物的功能给你打开，这难道不是送你的最大的礼物了吗？不要浪费现有的东西啊！既然你有，何必我再给你弄一个出来呢？你还得搬回家，多麻烦呀！

Jim：好吧，难怪你说我肯定不会卖掉，我怎么会傻到把自己的24寸戴尔液晶显示器卖掉呢？好吧，你就教我怎么打开我自己那个显示器的神奇功能吧。

Taisha：这个很简单，比上一个魔法肯定简单得多。首先你要把显示器切换到一个无法显示任何内容的频道。幻觉世界的显示器只能显示幻觉，把幻觉关闭的时候，就自然会显示真相啦。所以，你第一件事就是切换频道，当然，你可以直接把电源关掉，奇迹显示器的功能就打开了。

然后，你可以拿起一张纸、一支笔，准备好做记录，我这样建议只是为了

你在办公室不太惊世骇俗。你要是和我一样有单独的办公室，而且不会有人闯进来看到你竟然自己对着显示器说话（你用一个录音机，那样效果更好），你可以完全不被要记录这回事干扰。

然后，你要做的是让视线集中于显示屏的范围，不要超越它，要是你的显示器太小，你可以坐近一点，就是让自己满眼都是显示屏。这方面，大号的显示器会更方便一些，诸如我那个30寸的，你看我就坐在椅子上就可以实现。反正就是让自己只看到显示器，注意自己的呼吸，让自己的大脑清空，让自己慢慢地平静下来。

然后当你可以稳定地将视野固定在显示器范围内三分钟左右的时间的时候，闭上眼睛，继续想象你视野前的显示器，呼唤太傻，给你在显示器上显示真相。然后你可以随意的想象你将在太傻的显示器上看到什么，不管多么离奇的想象都可以。

一开始你可能什么都看不到，但是随着你继续的深入平静，你会感受到时间变慢，大脑停止，开始进入类似半睡眠的状态。但是，你的身体是竖直的，所以肯定不会睡着，你还清醒地知道周围的事情。事实上，周围的环境安静一些更好，那样不会有太多的干扰，所以你可以选中午大家都在午休的时候做这个锻炼，大家看到你，只会当你是在对着显示器闭着眼沉思而已，不会知道你其实已经在和内在太傻开始建立某种沟通了。

这种锻炼一般在二十分钟左右的时候，你肯定能进入某种状态，你会从你内在的显示器上看到景象，但是，那个时候你的大脑已经不运作了，你只是察觉到这些景象而已。你会有一些观念和一些明悟，这个过程其实很短，不会超过五分钟，但是，你在那种中间状态可能已经感觉过了半个小时。

当你离开那种状态的时候，第一件事就是把自己看到的记下来，你会感觉自己似乎做了一个小梦，但是，其实你是不可能坐着做梦的，那是你的内在的太傻与你的沟通。但是，你要尽快记下你看到的，也许你站起来倒杯水，回来的时候就会忘记那些刚看到的。这和你早上起床，梦还都记得很清楚，但刷完牙就可能全忘记一样。

但是，你不要去分析你看到的事情的内容和意义。就好像你尝试去从梦中分析任何意义是没有必要的。大脑不可能知道任何事情，但是，只要你记下来，你自己其实已经知道了。只是，你还没有让大脑知道而已。

这是成功率非常高的一种锻炼，你熟练以后几乎每个中午都可以锻炼一次，记住，你看到的是真相。但是，因为你的大脑还无法理解真相，所以你不理解你看到的。这种锻炼的核心是与内在沟通的锻炼，本质是更大程度开启你蓝色能量中心的锻炼。随着这种锻炼，你与内在的太傻的沟通会越来越清晰，直到有一天你可以完全打开蓝色能量中心，做到完全的沟通。

运用这个显示器的另一个小技巧，就是把他当成一面镜子，你从中想象自己心脏部分的绿色的光芒和喉部蓝色的光芒的扩大，闪光并结晶，这是冥想中意像保持锻炼注意力集中的技巧，很多深入的冥想者都会用类似的方法锻炼集中注意力，这个注意力锻炼的本质和我们刚才教导的呼吸计数是一样的，但是属于更高阶的技巧，因为保持图像需要更深入的专注，你可能在太傻第一步以后，能很容易地呼吸计数到一千，而如果你不到太傻第二步，一般都做不到保持一个图像超过十分钟以上。

怎么样，是不是觉得这样用显示器比你平时看那些网站呀，文档呀，新闻呀神奇多了？

Jim：可是你说的那种感觉，我有时候在快睡着的时候也会感觉到呀，脑子里开始出现一些奇怪的东西，干吗非要对着显示器了，为什么不对着一面墙呢？

Taisha：之所以对着显示器有两个原因，第一，你是坐着的，所以不会睡着，睡着了，哪怕是小睡，也没有任何作用了。因为睡眠的时候，你的大脑是开放的，各种混杂的意念都会影响你，你不能主动地去接受太傻的信息。当然你要是不做这些锻炼，太傻也只能在你睡觉的时候和你沟通了，不过，你总是忘了而已。这个锻炼比你睡醒后记下自己梦境的锻炼有用得多，因为梦境是混杂的，不一定是真相，也可能是各种能量搅乱的意想。不过，这种锻炼的效果比小睡对身体的恢复效果好得多，就算只有半个小时，也比你趴在桌子上睡一个小时质量高，你整个下午都会觉得精力无限。

第二个原因，是你习惯了从显示器上接受信息，这个锻炼只是利用了你的这个习惯而已，这也是一种类比练习的变形模式。对着一面现实的显示器，然后想象一面内在的显示器，比你对着一面墙想象一个电影银幕的成功率要高得多。这样太傻给你沟通实现的图像会更有效，不必再去辛苦地构建什么习惯平台。你可以就当在恍惚中看了一场小电影，知道了一些你还无法理解的事情。

这种锻炼的本质也是冥想的锻炼，但是利用了一些工具的便利而已。你可以在家独自一人的时候锻炼，也可以在工作的时候随时进入这种锻炼。这种锻炼的效果很明显，你也不用戴那副你不愿意戴的墨镜。不过，你要是愿意戴着魔法墨镜对着显示器，效果会更好。

Jim：好吧，听你说得这么真实，我去试试吧。我想我先锻炼几个月，等有

一些进展了我们再进行下一次谈话吧，我觉得现在内容越来越深，我掌握起来应该不容易，不过我会努力的。

Taisha：嗯，下一次我们会进入《奇迹和服务的对话》，你也许觉得这一章内容很庞杂，但是，其实只是因为大脑制造的问题太多了而已，所以一个个梳理起来比较费力。下一次谈话我们会进入更广阔的主题：生命的广阔、生死的本质、时空旅行、服务的不同道路、爱的歧路等等话题。我们会更多地谈到如何主动创造财富、美丽、价值、快乐和你需要作为自我发展工具的经历，也会谈到不同的能量中心的功能系统及其锻炼之类更技巧性的东西。

不过也许你会觉得这些东西很有意思，不像这一章和前几章都是谈概念、谈道理、谈现实的各种问题的解决，但是，前几章都是基础，就好像我反复强调的，你不可能在分离中理解合一。你只有看清分离的本质，选择走出分离，你才能真正理解之后两次谈话中那些更广阔的话题的含义。否则你只会陷入无穷无尽的信息的追逐中，那其实一样也是恐惧。

Jim：你会讲金字塔的故事，讲外星人的故事，讲类似星球大战的那种故事吗？

Taisha：我讲的会比这些广阔得多，我们下次再继续吧。

Jim：好的，下次见。

Taisha：爱与太傻将与你同在，我们不可能分离。你唯一要做的，只是记起你自己，然后成为你自己。

Jim：好的。谢谢。

第五章 制造与创造的对话

练习册 第三十五日

> 我用爱解决一切问题,创造一切奇迹

第六章
奇迹与服务的对话

Taisha：以前，我也知道人生是一场游戏，那个时候我会说："那我们就好好玩一场吧。"而现在我会说："人生只不过是一场游戏，所以我决定不玩了。"至于觉悟、梦醒、超脱的本质，其实也就是：当一个人决定不再玩游戏的时候，他知道怎样才是真的不再玩游戏了。而一个人怎么能既在游戏中，又不再玩游戏呢？

6-1 游戏的梦境

Taisha：我要祝贺你，Jim，从我们开始第一次谈话到现在，仅仅不到一年的时间，你就走上了太傻的第一步。我两个月前就已经看到你明亮的绿色能量中心的光芒了，那就好像黑暗的长夜里又有一颗星星亮起一样，为什么到现在才来找我呢？

Jim：我不知道。是内在太傻的指引吧。我一直和自己说："既然时间并不存在，那又何必着急呢，早一个月和晚一个月有区别吗？"

Taisha：你能这么想真是太好了！什么时候来找我，都没有区别。你觉得你自己变了吗？有那种我以前说的"每一个有意识地走上太傻的第一步的人都会感受到的重生的感觉"吗？

Jim：我还是我，我过去只是做了一个长长的梦，虽然偶尔也会半梦半醒一会儿，但是马上就又沉睡了下去。而现在，梦完全醒了。至少在当下一刻，我是完全醒着的。从梦中醒来这是什么感觉呢？应该每个人的感觉都完全不一样吧，我应该从哪里说起呢？

Taisha：从梦中醒来后再去回忆那个梦境，会与以前在梦境中看自己的感觉很不一样吧？你可以先说说，醒来之前和醒来之后，去看那个梦境的不同感觉。你可以慢慢说，我最喜欢听的就是走上太傻的第一步的人，谈他们是如何走上爱的道路的故事了，这些故事每一个都那么感人，我相信你的也会一样。

Jim：这似乎是一场穿越的游戏，从虚幻穿越到真实了，在真实中再去回忆虚幻，有种模糊和难以置信的感觉，最难以置信的是，我竟然在那个游戏里面待了那么久，花了那么多时间才跳出那个游戏。这真是难以想象。

在那个梦里，我确实似乎一直在玩某个巨大无比的网络游戏，而我周围的人似乎都在玩这个游戏，即使大多数人都觉得这个游戏一点都不好玩，很无聊，很无趣，虽然偶尔会有一些小小的乐趣，例如又升了一级，买到新的道具，打败了一两个敌人之类的，但其实每个人都觉得这个游戏一点都不好玩。但是，似乎又没有选择，既然大家都在玩，而且看起来玩的也很带劲，那么应该不会有什么错吧，也许是自己还没有找到正确的玩法呢？

而周围的人也不断地告诉我：要学习、要努力、要努力升级、要努力赚取金币、要努力收集更新的道具、要努力获得更好的技能，然后似乎就能做很多很多的事情，例如打败更高级的敌人，受到周围人的崇拜，还可以帮助一些层次比较低的人等等。

我其实一直都知道这是一个游戏，很多人也这么说："人生只是一场游戏，"不过我们大家似乎都认为："既然来了，那就好好玩一场吧。"这就叫"不枉人生一场戏"嘛？似乎很超脱，又似乎什么都没说。反正大家都在玩游戏，不玩游戏，似乎也没有什么别的事情干。

于是，我就开始一点点地积攒金钱，一点点地培养技能，一点点地去升级经验和装备，慢慢我发现，我其实比周围的大部分人聪明得多，别人可能要很长时间才能做好的事情，我可能只用一会儿就完成了，我慢慢地也拥有了很多人没有的一些东西，例如学历、背景、经历和看起来很多最重要的技能，还有一大箱子各种各样的装备。

但是，这个游戏实在太大了，一开始升级也许很快，但是到后来，似乎每升一级，消耗的时间都比以前长很多，周围的人似乎也都有各种各样的优势和劣势，虽然我比大多数人的级别都高，装备和技能都好，但是，有的人玩这个游戏的时间比我长，级别也比我高得多，装备什么的都比我强很多；也有一些和我同时进入游戏的、和我类似的级别的人，一样在你追我赶地继续努力。

在这个游戏中，我有一些朋友，有一些亲人，还有自己爱的人，但是，似乎他们都和我很遥远，对我也并不是那么重要，他们偶尔会帮助我，而我其实并不需要他们的帮助。我爱的那个人，我之所以爱她，很大的原因似乎是，谈恋爱结婚之类的事情似乎也是这个游戏的一部分，属于一个任务，虽然不是那种每个人必须做的任务，但是似乎大多数人都会去做这个爱的任务：每个人都会找一个爱的人，然后一起玩游戏，似乎这样会少一些寂寞，共享一些装备和技能。但是这个游戏中的爱的任务，却总是引起一些小小的不愉快，因为两个人的想法和目标总是会有一些差距。比如，我觉得技能最重要，我爱的那个人却觉得装备很重要，那到底把游戏币投入到哪个项目去呢？这虽然总是一个问题，但是处理起来倒并不多麻烦。

在这个游戏里玩了很长时间，玩了快三十年之后，我发现自己已经到了这个游戏的中期，似乎这场游戏还可以继续玩下去，虽然在这个游戏里面称王称霸已经不太可能了，但是，我怎么也算是一个小小的城主了，算小有成就吧。

我也偶尔会奇怪地想，为什么我会在这个奇怪的地方玩这一场奇怪的游戏呢？难道大部分人不都觉得这个游戏很无聊吗？为什么大家还在玩呢？难道不能有另外一种不玩游戏的方式吗？我还会偶尔觉得自己根本不属于这个地方，这个游戏里面的人全都疯了，自己也疯了，所有人似乎都在一个巨大的精神病院里，大家自得其乐地过家家。

6-1 游戏的梦境

0.37

奇迹来源于太傻，时间之外的真实

但是，这种想法总是一飘而过，然后我会嘲笑自己："怎么会有这种不玩游戏的方式呢？"确实总是有些书会说这个世界是一个幻觉。但是，我怎么能说服自己，这个已经玩了30年的游戏是幻觉呢？怎么可能那么真实的道具，那么真实的技能，周围人都在升级的级别是一个幻觉呢？我真实感到的喜怒哀乐怎么可能是幻觉呢？而且，说这个世界是幻觉，并且用各种方法说有办法走出这个幻觉的世界的人，似乎自己都没有怎么走出去。有个叫耶稣的游戏人物，在十字架上被人杀死了，传说他去了一个叫"天堂"的游戏，另外一个叫释迦牟尼的，似乎也死掉了，传说也去了一个叫"涅槃"的游戏。当然，这些都是传说了，其实这个世界没多少人真的相信。而且，就算他们都说这个世界是幻觉，那真实的世界在哪里呢？难道非要像游戏里面的某个叫《黑客帝国》的电影里那样，吞下一个药丸后才能看见真实世界吗？可是那种真实世界似乎还不如现在的这个世界好，还要和机器人打仗，做生死搏斗。而且，你怎么知道那不是另外一层的幻觉世界呢？　反正这种偶尔奇怪的想法，总是会快速地被我扔进垃圾箱，然后，我又继续开始在游戏中升级的日子。

　　在这个游戏中我认识一个特殊的人，似乎也是一个游戏人物，是级别比我高得多的大人物。他进入游戏的时间和我差不多，但是级别比我至少高好几级，他的级别似乎是我到游戏完结都达不到的，而且他还在以惊人的速度升级。他年纪轻轻就是称霸一方的某个人物，有无数的崇拜者和一个巨大国度。我曾经就是他的国度中的一个著名的角色，但是，后来我到别的国度去升级了。他和他的国度都有一个奇怪的名字，游戏里面，虽然大家给自己取名字，很少很少真的有人会用那么奇怪的名字。

　　有一段时间，因为我希望去一个遥远的游戏大陆加快升级的速度，所以需要某个特殊的叫作"申请"的技能，于是我回到他的国度修炼，不知道为什么，我决定去找这个特殊的国王，想让他亲自教导我那个技能。很多在他的国度中的人，都是为了这个技能而来的。我想，既然是国王，那应该有一些特殊的升级方式吧。

　　我于是有了一段特殊的学习的经历，我不仅仅学到了"留学"这个技能，还顺便把几乎所有的技能都升级了一遍。更重要的是，我学到了一个看似更重要的技能："领域"的入门的第一层。"领域"这个传说中的技能似乎是某些神一级的王者才能拥有的，一般平常人都不敢想象。有传说说有了"领域"的能力，一个人可以自己开辟一个新的游戏的世界，或者达到某种传说中的游戏世界学习，获得目前这个游戏世界里根本不可能存在的一些技能，这些技能一

般只有在一些游戏电影里才有，当然，几乎所有人都知道那些技能基本是瞎扯的，只是作为乐趣欣赏并不是什么坏事。

我还把我的这段学习"申请"技能的经验，写成了一本叫作《十日谈》的畅销书，表面上这是一本讲"申请"技能的教科书，但是，实际上它是"领域"技能的教科书。但是，只有很少人能真正从这本书学到"领域"的技能，但大多数人都能学到"申请"的技能。虽然很多人都从这本书中受益，并且声称这是一本神奇的书，但是，我知道他们并没有学会。包括我自己也只是领悟了"领域"的皮毛。但是那个国王答应过我，未来会教导我完整的"领域"的技能。我一直很期待这一天，但是我其实一直怀疑，是不是真的有完整的"领域"的技能。

之后我又开始了自己的继续升级之旅，我在各个不同的国度旅行，又升级了一些新的技能，有了一些新的装备、新的朋友，但是，日子还是一天天地过去，其实并没有什么变化，我某种程度地觉得，应该就是这样了，未来也许能再升几级，看到一些不同的风景，但这终究还是一个无聊的游戏。

五年之后有一天，那个过去的国王又来找我了，他现在已经升级到某个我无法理解的程度了。他说他将送我一本书，这本书的名字叫《七日书》，他还说能解决一切问题，是这个游戏世界的最后一本书。我当然不相信了，不过，为何不去试试呢？反正什么也不会损失。如果真的能解决一切问题，那也算某个无敌技能了，学到了也不坏。当然，经过了无数类似的所谓教导无敌技能的书籍的洗礼后，我对这类书籍有着极强的免疫力。

当我开始读这本《七日书》的时候，我发现，这是一本很认真的书。而且非常的认真，一些观点和以前的那些游戏人物耶稣、佛陀说的类似，但又很不一样。这本书比起那些耶稣、佛陀说的道理来，至少很风趣，总是用游戏中的各种例子来说明道理，虽然我肯定是不信的，但是，至少看下去问题不大。不过这本书有个小毛病，似乎有点啰嗦，为什么一个看似很简单的问题总是要从各个不同的角度反复说呢？我问国王这个问题，他回答说："这本书只能这么写，如果不这么写，而和其他书一样的话，基本没什么作用，读者也什么都学不会。"

刚开始看这本书，我很快知道，这本书其实就是完整"领域"能力的教科书，但是和我原来想的那种"领域"能力似乎有点不一样，不过这本书倒是承诺，学完了这本书，传说中"领域"拥有的那些无敌技能也必然会学到。而且国王还说，等我学完了这本书，基本会忘记"领域"技能这回事，因为我已经学到了更伟大的技能，以至于"领域"这种技能都不值一提了。虽然我还是不信，但是我还是决定继续看下去。

这本《七日书》有七日：第一日，讲时间。书上说这个游戏里面有一种叫"时间"的元素，那是假的、不存在的，游戏的过去和未来都只是幻觉，也不存在。只要我们不再相信时间，我们就会跳出这个游戏。还说，这个游戏里有个叫"太傻"的游戏人物，是一个真正的智者，但是是隐形的，每个人在游戏里都有个隐藏技能，叫"找到太傻"，一旦你启动了这个隐藏技能，找到那个隐形的智者，你就可以从智者那里学会其他的一切升级技能。第一日，我基本没明白，虽然有一些练习，但是，看起来也没什么用处，我并没有跳出这个游戏。不过在第一日，讲了一些有意思的事情，一些比较特别的观点。比如，他告诉我，我在这个游戏之前，也在很多其他游戏里呆过，还告诉了我一些以前游戏的事情，和我想的有点不一样。他还解答了一些关于游戏里面盛传的一个叫"游戏崩溃"的预言，他的意思是，游戏不会一下子崩溃，但是却一直在慢慢崩溃，只是我们不愿意相信而已。反正第一日，基本没讲什么实质，却让我觉得这本书似乎有很多要说的。

第二日，说的是我现在玩的这个游戏，其实是有名字的，叫作"分离"，所以这个游戏的所有的情节、设计、道具、人物，一切都是分离。如果我不再相信分离，也不再追逐分离，我就可以离开这个游戏。他从各个角度谈了游戏里面关于分离的设置，看起来确实是那样，这个游戏世界确实是基于分离的。但是，我觉得，分离就好像时间一样，这似乎只是一个规律，虽然会引起一些麻烦和矛盾，但是应该并不是像他讲的那样，会导致所有的痛苦和矛盾之类的。第二日也讲了一些有意思的事情，诸如，游戏世界流传的关于游戏外会有一些使用一种叫"UFO神秘道具"的神秘人物，从游戏外访问这个游戏之类的说法，还教导了某个我听说过，但是一直没有学会的技能。这个技能看起来似乎很关键，叫作"意识创造经历"，意思是说游戏里面的那些情节，其实都是每个游戏人物自己设计的。这是规律，你只要掌握这个规律，就可以直接给自己设计情节。这个技能我以前也听过，也看过这类的教科书，但是，觉得基本都是胡说八道。但是在第二日，这个技能却很严肃地提了出来，说这是一个基本规律只是以前的教科书教的方法错了。反正第二日，基本上都是一些概念，似乎很复杂，讲得也算通俗，不过我还是觉得虽然东西很多，却没学到什么。

第三日，说的是我过去的游戏情节之所以是那样发生的，之所以有各种痛苦和矛盾，关键是我的一个叫"选择"的技能用错了。书里说我根本就不应该用这个技能，只要不用这个技能，一切矛盾和痛苦就都没有了，我可以更快地升级、拥有各种装备、实现所有目标。这个观点有点奇怪，因为，"选择"似

乎不是一个技能，而是像走路一样，是人类必须要做的事情，从来没有人丢失过这个技能，这个技能也不在技能列表里。但是，这本书却说，这个技能和时间、分离一样，都是可以放弃的。然后讲了很多具体的例子，讲如何不用"选择"的技能，但是却完成游戏的任务。这一日，基本是说技巧性的内容，还提到了某种叫作"成为主义"的新技能，代替叫作"选择"的技能。与上一日的技巧不同，这一日很实用，也很有说服力，似乎和前三日一起，形成了某个新的更大的技能。但是我一直没想清楚。最后，书里还告诉我，后三日，书会教导三个传说的技能，并赠送一种升级的小道具，这让我很期待。我对这本书也有某种模糊的感觉，似乎它真的解答了我以前的一些疑惑，也许它真的能让我离开这个游戏呢？

第四日，我刚刚从一场游戏中的爱的任务的变故中走出来，损失惨重，心情很差。书的这一日也正好是讲游戏中的那个叫"爱的任务"的事情。不过，他说："真实的爱，不是人们在游戏里玩的那个小游戏，而是更大的游戏的世界的名字。"而且这个"爱"根本不属于游戏中的任务，而是几乎所有游戏的核心的组成，是所有技能的终极技能。而这本《七日书》也是教导包括"爱"这个终极技能的三个终极技能。这一日，我一边解决我在游戏中爱的任务那些问题，一边慢慢地理解这本书中的"爱"的意思。我慢慢明白，原来我对游戏的爱的任务，理解是有问题的，只是我一直没发现。有一种叫"真爱"的技能，可以演变为各种场景的各种技能，是所有技能的源头。但是，这一日讲解的"真爱"技能，我没有彻底地明白，他说："'真爱'这个技能不会有分离和选择"。这个观点确实和前三日是一致的，但是，要是不分离、无区别，还真的叫"爱"吗？　　不过这一日的内容很有说服力，至少我对游戏里面那个"爱的任务"不再有什么疑惑了。这一日，他告诉我，除了"真爱"这个超级技能，还有另外两个超级技能，但是必须在"真爱"这个技能基础之上发展，我应该努力学会"真爱"的技能，只要完成这个技能了，我就可以某种程度地离开这个游戏了，也就某种程度地拥有"领域"的技能了。我还是不怎么相信。这一日的最后，书里送了我一个小道具是一副墨镜，还有一个叫"说服"的超级技能的修炼方法，但听起来比较搞笑，我权当笑话了。

第五日，国王在书里问我："怎么还没有开始'真爱'的超级技能的第一步的修炼？"我很抱歉，因为基本我还不怎么相信。我更感兴趣的是"领域"这个技能。于是这一日，基本都在讲"领域"这个技能了。原来这个技能只是"真爱"这个超级技能和之后的那个叫"智慧"的超级技能的副产品，要拥有"领域"，首先要学会"创造"这个升级的技能，而这个技能似乎被我们游戏中另外一个类似"选择"、"分离"这样的默认技能屏蔽了。这个默认技能叫作"制造"，我们就是用这个技能一直在给自己制造各种敌人、问题、矛盾。这一日，还谈了游戏世界的结构和分层，我来到这个游戏的目的。书里说我来到这个游戏就是为了彻底地从这一层的游戏毕业，到下一层更高的游戏中去。还说国王以前一直认识我，是我以前叮嘱他，一定要耐心教我那些从这一层游戏毕业的方法。这一日的书，对我触动很大，我第一次全面地认识了"领域"的技能，更深刻地理解了"制造"和"选择"这两个默认技能，我终于能把前几日说的分离、时间、选择、真爱综合起来了。我也决定遵从这一日书中的那些教导，回去认真锻炼"真爱"技能的第一步。

　　一开始锻炼，我基本还是半信半疑的，不过我是那种只要下定决心，就不管多么难，不管看起来多么奇怪，我也一定要做到的人，而且，锻炼了几天后，我就发现这个"真爱"的技能其实一点都不难，甚至可以说是很简单的技能。只是，因为没人相信真的有这个技能，所以没人真的去锻炼。我估计这个情况，就算像《七日书》和其他的叫《佛经》一类的书一样公开，情况也还是差不多，没有人会真的相信有"真爱"这样的超级技能的，几乎所有人都觉得爱只不过是那个偶尔吵架的游戏任务而已，所以，就算超级技能的教科书摆在那里，也不会有人去练。绝大多数人都去争夺某种"股市"或者是"竞争"、"成功"的技能去了，但是我知道，那种人人都相信的技能，反而是根本不存在的。

　　"真爱"这个技能确实很简单，但是却需要毅力和耐心，尤其是要和某种虚幻的叫作"大脑"的游戏元素进行奇怪的拉锯战。这个游戏元素我一向都知道的，但是我从来没有想过，不用这个元素怎么玩游戏呢？但是，《七日书》却说，这个元素的某些病毒是阻碍我使用"真爱"技能的主要力量。于是我从锻炼开始，大部分时间都在努力摆脱这个元素的病毒的干扰。这个叫"大脑"的元素的病毒，特别喜欢和"分离"、"时间"两个元素在一起，不断地引导我使用"选择"、"期待"、"恐惧"、"制造"这些技能。但是我已经决定不再使用这些技能了。虽然一开始有拉锯战，但是我却并不辛苦，偶尔我也会有一些怀疑，但是，既然我答应要做到的，我是不会放弃的。

　　一开始，我只能在我意识到这件事的时候锻炼，但我经常忘记锻炼。虽然《七日书》给了很多锻炼技巧，但是我基本只用第一个锻炼，因为七日书反复说，那是最核心、最重要、最有用的锻炼。其实只用做那一个锻炼就行了。于是我确实只做那一个锻炼。一开始，我每次锻炼只能持续一两分钟，然后就会被大

脑病毒打断，所以每天加起来也只能锻炼不到30分钟。但是，两周以后，我每次锻炼的持续时间竟然能达到10分钟了，每天能锻炼四五次。这是很大的进步，而且我确实有一种很高兴的感觉。和游戏里面另外一种叫"马拉松"的任务一样，尽管那个叫"跑步"的技能需要好几个月才能学会，但是我也学会了。

等到了一个半月左右的时候，我发现，我进步得比马拉松的任务快得多了，我已经能持续每次锻炼30分钟而不被大脑元素的病毒打断了，我每天可以锻炼五六次。只要我一有时间，我就做锻炼。做"真爱"的锻炼成为了我每天很重要的事情。

慢慢的，我开始发生一些变化，我明显感觉到这个游戏世界，真的确实存在那种《七日书》反复强调的叫作"爱"的游戏元素，这个元素比游戏中的经验值、游戏币、游戏等级更无所不在，也更重要。只是我以前在游戏中都把这个爱的元素浪费在各种升级呀，装备呀，技能上去了，而升级那些东西会大量耗费爱的元素。游戏里面的那些分离、选择、制造的过程，也在大量地浪费爱的元素。一旦我不再去追求升级、装备、技能，渐渐地更少地去追逐分离和制造的时候，我就可以收回这个元素，作为我发展"真爱"技能的支持。在《七日书》中也说只有我更多地收回这个叫"爱"的元素，我才能真正开始使用"创造"这个升级技能。

随着我的锻炼，我开始在这个游戏世界中无处不在地感觉到"爱"的元素。这是一种会让我变得安静和找到内心快乐的元素，我原来一直以为虽然这种元素并不神秘，但是应该只在一些特殊场景和任务存在。游戏里那个里面叫作"爱情"的任务里面会普遍遇到，但是我没有想到，我现在可以无处不在的感到"爱"的元素。于是每当我做那个"真爱"的锻炼的时候，我都会感到"爱"的元素在我周围，在每一个人身上，在每一个事物上。我还清晰地感觉它们在向我聚集，它们就好像一群精灵一样在我身边快乐的舞蹈。我感觉在这种元素的舞蹈中，自己的能量被充满了。

随着锻炼，随着对爱的元素的收回，我发现自己对原来乐此不疲的升级、装备、技能、各种国度和朋友之间的娱乐等事情，慢慢变得没有兴趣了。以前我会花很多时间在一种叫作"新闻"的任务上。现在我发现，这个任务除了浪费"爱"的元素，既不会发展任何技能，也没有任何实际作用。只不过，以前一直有种叫作"恐惧"的游戏元素，一直催促着我说："这个叫'新闻'的任务很重要，每个人都会做这个任务，你一定也不能忘记了，要是忘记了，你也许会失去很重要的经验值。"但是，现在我发现，我对这个任务不仅仅一点兴趣都没有，而且觉得那些叫作"电视"的道具是一个很大的麻烦，每天都在喋喋不休地广播着"恐惧的元素"，而我大脑的病毒也最喜欢这些，我慢慢习惯，到任何地方，第一件事情就是关闭电视。而且似乎我不做这个叫"新闻"的任务，也没有任何损失。同样的，我对升级、装备、各种小游戏和各种以前热衷的任务都没有兴趣了，感受和收集"爱"的元素成为了我最大的快乐。

类似的变化越来越明显，我越来越喜欢："真爱"的锻炼让我越来越明显地感觉到"爱"的元素的聚集。我真的爱上了这种生活方式。我并没有像我原来想的那样，变成一根呆坐的木头，相反，"爱"的元素在改变我，改变我在这个游戏中的每一个行为方式。我其实没有做任何事情，我只是在不断地"感受爱""感受自己"。但是，我没有错过任何一个重要的任务，没有失去任何一个应该有的装备，反而无意地获得了很多以前要追逐很久才有的技能和装备，但是那些都不重要了。"爱"的元素才是最重要的。很多人都说我变了，他们说我变得特别喜欢微笑，特别积极而睿智，似乎总是能很快地找到问题的解决办法，而且对多么麻烦的工作也不抱怨，任何疑难的客户到我手上，我都会很有效地完成。但是我知道，我什么都没做，我只是在让自己变成"爱"的元素的一部分。这似乎才是我真正的样子，原来的面貌。

随着"真爱"的锻炼的加深，我对这个游戏的世界的"任务"有了一个新的理解，这个理解在《七日书》中也反复提到，以前我一直在游戏里做各种任务，我以前偶尔也会想："这些挂在墙上的任务，究竟是从哪里来的呢？""为什么我一定要做这些任务呢？"。以前有人告诉我，墙上的那些任务都是一个叫"上帝"的游戏制作人发下来的，这个游戏制作人有一帮叫"天使"的员工，每天就是负责制作"任务"和发放"任务"，还监督各个"任务"完成的情况，如果你任务做得好，天使就偶尔会送给你很多游戏币和经验值，甚至特别升级。未来游戏结束，那个叫"上帝"的游戏制作人会给每一个游戏角色任务进行总评价，只要超过某个分数，就能升级到一个叫"天堂"的新游戏里面，那里面每个人都有机会做游戏制作人的"天使"员工，有很多员工级别的超级技能。但是，如果任务做得不好，被天使发现了，就什么都没有了。最后总评分的时候，就会掉进一个叫"地狱"的黑暗游戏里面去。这是这个游戏世界一直流传的起源传说，似乎很多人都相信。但是，我和很多人一样，其实是不信的。我更相信"科学起源"和"进化起源"。对于任务，我更认为是某种复杂系统互动生成的。

不过当我理解"爱"的元素后，我开始从一个新的层面上来理解"任务"了。任务并不是游戏的一部分，而是我自己创造的，用来体验爱和理解爱的。

当你开始不再在分离游戏中浪费爱的元素的时候，你便可以用爱的元素创造自己的任务了。这应该就是"创造"的升级技能，不过，现在看起来，似乎每个人都可以做到呢。《七日书》也一直这么说，只是我以前都不相信。而我也知道，没有什么叫"上帝"的游戏制作人，以前的所有任务本质都是我们自己用分离的游戏元素自己制造的，是我们自己选择去体验分离的。一旦我学会了使用"爱"的元素，我要做的第一件事情当然是用"爱"的元素去创造我自己的每一个任务了。

于是，我看起来还在继续做游戏里的任务，类似家庭的任务呀，工作的任务呀，友谊的任务呀，吃饭的任务呀，睡觉的任务呀，在别人看来我似乎没有什么不同，而且做得更积极努力了。其实我知道，我这些任务都是我用"创造"的技能给自己设置的，我在我自己的任务里，目标不是升级，也不是装备，而是"爱的"元素。我还发现了"爱"的元素创造和使用的一些技巧其实很简单，我发现，在各个任务中，只要我主动去散播"爱"的元素，那些散播出去的"爱"的元素，很快又会回流到我这里，而且比散播之前更丰盛。而每当我不停地散播"爱"的元素的时候，周围的一切的事情、一切的任务，就会自动变得很顺利，没有任何的阻碍或者矛盾，这应该就是国王以前说的"自然就知道如何用爱的元素创造"的意思吧，我想我已经学会创造这个技能了。

后来，在游戏世界里我似乎又升级了，但是我一点都不在意，这重要吗？和那些装备、过去追逐的任务一样，它们只是某种存在罢了，就好像蚂蚁世界的某种战争，其实一点意义都没有。《七日书》里面经常用这个比喻，现在我也会用了。

到某一天，当我早上从梦中醒来，我看周围的世界，我看到到处都是爱。我突然有一种不真实的感觉，我问我自己，这个世界是什么？是任务、是游戏、是升级、是装备吗？不，这个世界是爱。这是这个世界真实的样子。我过去只是玩一个游戏罢了。哦，真的，那只是一个游戏，我一直都知道那是一个游戏，一个多么无聊的游戏呀！我怎么会花了那么多时间才明白，原来游戏并不存在，升级、装备、任务、小游戏等等，一切都只是一个游戏罢了。我可以不玩，或者用真实的方式玩，但是，我既然看清这是一个无聊的游戏了，我又何必继续去局限于那个游戏呢？

以前，我也知道人生是一场游戏，那个时候我会说，那我们就好好玩一场吧。现在我会说："人生只不过是一场游戏，所以我决定：不玩了。"至于觉悟、梦醒、超脱的本质，其实也就是：当一个人决定不玩游戏的时候，他知道自己怎么才是真的不玩游戏了。一个人怎么能又在游戏中，又不玩游戏呢？我原来一直以为只有等游戏崩溃了才能不玩游戏。其实，不玩游戏的方法很简单，《七日书》中第一日就开始说，只要我不再相信分离，对升级、装备、任务、技能这些游戏元素不再追逐，我就是不玩游戏。这真的很简单，每个人都可以做到，但是，估计没有几个人真的会相信。然而，我却完全可以每天一边真正地生活，一边处于某种爱与合一中，看似还在这个游戏世界，其实已经不再游戏了。这个时候，我知道，估计不久我就会从这个游戏的世界毕业，进入一个新的、应该有更多爱的元素的游戏世界，在那里，我会更深入地理解"爱"的元素。

是的，当我不再玩游戏的时候，我开始真正的生活了。我可以一边真实的生活，一边继续作爱的锻炼：搜集爱、传播爱，让更多人知道在这个游戏的世界里，还有一种叫"爱"的元素，是多么真实，多么伟大，多么无限的元素呀。它是唯一真实的元素。每个人在这个游戏世界，唯一的任务就是找到这个元素，并理解它，成为它——而这一切，《七日书》不是反复在说吗？

于是，我就跳出了游戏，开始了真实的生活。我也知道，我已经学会了《七日书》所说的"真爱"的超级技能——感受爱、理解爱、成为爱。

之后我没有特别急着去找国王，继续要求《七日书》后面的章节，因为完成"真爱"超级技能的感觉实在太美妙了，我继续在这个游戏的世界锻炼，我也有了很多新的体悟，我掌握了很多"爱"的元素的奇妙功能，我也观察到还有一些更底层的规则和默认的元素设置在阻碍我对"爱"的元素的收集，我也相信这些都可以解决。就算以后真的有很大的困难，还有国王和《七日书》的指导呢！

这段时间，我反复读《七日书》的前五章，几乎每三天就读一遍，过去有无数的细节、字句、段落被我忽略了，现在它们似乎都充满意义。即使这五章被我读了十多次，我还是隐约觉得这本书里面似乎还隐藏着某个巨大的秘密，应该还有终极的超级技能在其中，但是国王一直没有说出来，也许是要某种密码才能解开的秘密吧。还有一些国王似乎偶尔无意说的话，我也一直想不明白，诸如他说《七日书》有七种颜色，收集齐了就会有新的发现，可是在我的理解中这本书每日应该对应一个颜色，可是什么叫收集齐了呢？难道是说每一章都有一个隐藏的任务之类的吗？还有一次他说："这本书左边和右边是两本书，但是没有区别"，这更让我云里雾里了。对这本书，我也有了很多新的感悟，几乎每读一遍都会有新的体会。我以前觉得这本书太啰嗦，而现在我觉得，怎么只讲了这么点呢？要是再换个角度、多一个侧面再讲一点，那不是会帮助我理解得更加清楚。

《七日书》第一章就做过一个预言，说未来的游戏世界，一百个人中只会

有三分之一的人能真的读完这本书,只会有一个人真的读懂这本书。现在我觉得这个预言太乐观了,国王也许在宝座上呆得太久,应该不知道这个游戏世界的大脑病毒的顽固,但是我却是亲身体验过这一切的。就算我以前一直认为自己是游戏最顶尖的精英人群,智商比那些少年班所谓的"天才"的还要高很多,也花了这么长时间才弄明白,还是在国王反复的督促和提醒下才真的学会的。这个游戏世界未来的《七日书》读者,感染大脑病毒那么深,能读完一遍,且不自以为是地觉得什么都懂了,还愿意继续再多读几遍的人,一百个人里估计不会超过二十个。一个人不读到第十遍,是根本不可能真的理解这本书的宏大和深刻的,而这样的人估计连五个都不到。至于那个能学会"真爱"的超级技能的,估计两三百个人里面都不一定会有一个吧。

　　我也很快意识到,我之前肯定也一样的错过了很多类似的真正可以帮助我的书。那些书我都知道、接触过、但因为被大脑病毒感染着,因此而都被我自然地忽略了,没有任何一本是我真的读完甚至读懂的。类似《奇迹课程》、《与神对话》、《活在当下》,一些觉悟大师的教导,还有一些网络流传的号称"外星人通讯"之类的书,例如《一的法则》。当我开始重新研读这些书的时候,发现它们和《七日书》一样,都是在教导相同体系的终极技能,只是侧重点不一样而已,但却可以在各个角度相互印证。只是,在我看来那些书也没有《七日书》这样条理清晰而步骤明确,还给出了那么多技巧性的工具和实用的指南。《七日书》唯一的缺点,对我来说就是太简短,里面的很多东西估计考虑读者接受不了,只是点到为止了。要是能像《奇迹课程》那样有31章,365课练习,但是又不像《奇迹课程》那样严肃死板,只讲大道理,却不谈实际应用,又保持《七日书》一样的轻松和幽默的风格,那该多好呀!或者像那个叫"爱与光"的通讯小组那样,把一个通讯的对话录,从1970年一直写到现在,耐心地通讯了40年,有无数的信息可以阅读,要是《七日书》每个月能出新的一章,也连载个几十年,那该有多幸福呀!

　　今天,等我把《七日书》读到第三十遍的时候,距离上次第五日的书的阅读,已经整整五个月了。有一天,我似乎听到那个叫"太傻"的游戏世界隐藏的智者的指引,对这个智者的指引我现在已经相当敏感了,虽然还不是那么清晰吧,但是我基本绝大多数生活上的问题都可以得到答案。而今天,我得到的指引是,我应该去读第六日的书了,于是我又坐在了国王的王宫里。

　　就好像,现在我坐在这里。我要向你致意,游戏世界的王者,我由衷地感谢你,是你带我走出了那片游戏的沙漠。你是道路,你是灯塔,你是这个世界真正的国王。

6-2 觉醒的反思

Taisha：这是一个多么感人的故事呀！你不用感谢我，能阻碍你和解放你的都是你自己。作为太傻的教师，我的作用只是不断地提醒你这一点罢了。当你恢复了真实的知觉，收回了你真实的力量，剩下的工作，你基本可以自己完成了。你也将成为太傻的教师。

Jim：你知道吗？以前每次你和我说："能阻碍你和能解放你的都是你自己"这样的话，还变换着方式反复说的时候，我每一次听都觉得无比郁闷，每一次我都想："我知道了，你都说过了，为什么一直说呀！"但现在当我再听到这样的话的时候，我会由衷地感到一种爱的震撼。如果是我在教导另外一个人，我也会反复地说、无数次地说、用各种各样的方式说，无论说多少次我都不会厌烦，因为这句话中蕴含了多么深刻的真理呀！

现在回想我过去的经历，我都觉得，当我未来向其他人教导一样的道理的时候，是不是也会遇到更顽固的大脑病毒的抵抗呢？我真的能和你一样耐心地反复提醒，不断变换方式地从各个角度说明吗？也许那些还在游戏幻觉中的人们产生哪怕产生一点点对"爱的道路"的兴趣，哪怕多做一次"爱的锻炼"，我应该都会觉得是一次巨大成功呢！

Taisha：就好像我理解你过去的怀疑和犹豫一样，你也要理解每一个在这个游戏的幻象中被洗脑了几十年的人们。这对任何人，包括我，都是曾经很艰难的一步，我非常理解你现在的感受，我也非常理解为什么那么多人在读过那么多类似《奇迹课程》之类的教程，并深深地觉得自己相信那些书籍与课程描述的都是真理，仍旧不愿意走出那一步，并长久地停留在自己原来的状态上。

为什么真正走出那一步如此艰难，究其本质，因为这本书未来的读者，和过去你、过去的我都一样，在这个世界的虚幻的游戏模式下生活的太久了。一个人所有的付出、努力、成就、快乐、朋友、家庭、事业、别人的认可、在这个世界中获得的快乐，任何人都不愿意去轻易放弃。

例如你喜欢喝葡萄酒，喜欢各种汽车，喜欢看电影，喜欢在网上看各种新闻和评论，喜欢朋友和家人对你事业成功的赞赏，你担心一旦走上那一条路了，这些就都没有了，就会变成像耶稣和佛陀那样，人们敬而远之的殉道士。

在某种程度上，你可以因此而理解为什么太傻的大号的肉丸都是以一些生活挫折或者巨大的痛苦的形式出现的。只有在这些痛苦中，我们才能真的去反思过去是不是哪里出错了，甚至根本颠倒了。如果一直都顺顺利利，没有人会有机会真的正视自己内在的那些问题，只会不断地沉浸在过去的思维模式中。就好像你曾经经历的感情的波折一样，如果没有那次痛苦的经历，你会这么顺利地打开你爱的中心吗？会那么深入地理解无区别的爱到底有多么可贵吗？你现在可能那么敏锐地感受爱的力量吗？你应该真心地感谢你的女朋友给你带来的那次机会，她是你真正的老师。

很少有人会在平静的生活中自然而然地走上爱的道路，即使你每天冥想，天天锻炼《太傻天书》的课程，事实上你也看不到你真正的那些内在的问题。如果你不在一些生活催化剂的剧烈的刺激下作出走向自由的坚定的选择，你是永远不可能摆脱这个幻觉世界的痛苦的。

不过，Jim，你也要理解，很多人确实是受过了很多的宗教、各种各样的励志书籍、种种名不副实的心灵的读物的熏陶，他们确实很难相信会有真的这样一本书，将告诉他们真理。就算他们已经觉得是真理了，他们也会恐惧可能失去过去的生活模式而被束缚。因为耶稣呀，佛陀呀这类公认的觉悟者的受难者和苦修士的形象实在是太深入人心了。就好像你以前一直担心的一样，要是你走上所谓真理的道路了，是不是也会变成苦修士和受难者，于是你过去拥有的一切快乐、朋友和美妙的经历都会消失了一样。那么你现在已经走在爱的道路上了，你觉得你真的失去那些过去的快乐了吗？

你现在怎么看过去游戏中一直都要做的任务，你还是会继续做那些任务吗？比如家庭的任务、工作的任务、友谊的任务等等，你还会陪你女朋友购物，看电视剧吗？

Jim：做呀，为什么不做？当一个人走上爱的道路，他只会更投入地去做那些任务，根本不会有任何过去经常感到的那种疲劳和厌倦。因为那些任务已经不是分离的任务了，那些任务是我们自己用爱创造的任务、在每一个这样的任务中、我们都感受爱、锻炼爱、成为爱。

这些只有一个人经历之后才会真的明白，爱的道路不会让人放弃任何生活，只会开始真正的生活，他会更积极、更热情的工作和生活。因为他不再被那些升级、装备、追逐的任务之类的游戏情结束缚，他真正获得了内心的自由，于是他可以在每一个真正需要爱的环节释放爱，用爱改变他们的环境，用爱创造每一刻的体验。这是一种真正创造的感觉，尤其是你看到你工作中的客户、同事和老板因为你的爱，露出真心的笑容的时候，那种爱在人们之间激荡、增强并回到你的心的感觉，实在太美妙了。

但是，即使我仍旧在工作，在生活，在陪女朋友购物、聊天、看电视剧，我几乎完全不会再有以前游戏中的那种"争夺、努力、一定要做到这个、一定不能忘记那个"之类的想法，每一刻，我都仅仅是在成为我自己，我仅仅是在散播爱，看似我还在这个游戏的世界，其实我已经在一个真实的世界了，我没有做任何事情，我只是在成为爱。

就是因为爱，我和我女朋友的关系也发生了突飞猛进的变化。原来我总是会计较一些事情，大家都互相理解，但是计较还是计较。例如关于谁早上起来做早饭、谁洗碗、谁倒垃圾之类的事情，我和她一向都是我做一周，她做一周，这样看起来很公平，谁也不占谁便宜，大家都一样地付出。但是，这其实是计较，两个人都在算谁做得多，谁做得少。

当我开始感受"爱"的元素的时候，我突然觉得，为什么我要去计较这些事情呢？难道做早饭不是爱的一种表达方式吗？既然如此，全部都我做就是了。何必去计较谁给的爱多一点，谁给的爱少一点呢？只有不计较，完全无私的爱才是真正的爱。而那些有计较，有要求的爱都是爱的扭曲，最后只会积累矛盾、制造矛盾。所以从那以后，我都会提前半个小时起床做好早饭，然后叫我女朋友起来吃。我女朋友一开始还不习惯，后来完全习惯了，她觉得我变得更加关心体贴，我们的关系就自然而然地更加亲密了。

这种类似的情况有很多，关于谁倒垃圾呀，吃完饭了谁洗碗呀，到底该不该买这个，或者该不该做那个呀，过去我总是会认真地和她讨论与安排，现在我一般都是看着她的眼睛说："没问题，就这么决定。"如果她要我的意见，我会在太傻的指引下说出我的观点，没有什么犹豫和担心，这仅仅是观点罢了。

你看，就是这样，我和我女朋友的关系比以前最和睦的时候还要好得多。你在第四章说的没错，当你不再有任何要求，也没有任何恐惧的时候，你是不可能出现矛盾的，更不可能被伤害。现在就算我女朋友要离开我，我也会快乐地帮她收拾东西，并帮助她克服内在的歉疚。

Taisha：那还在游戏中的你的老板、同事、你的女朋友都发现你的改变了吗？他们没有奇怪你为什么和变了一个人似的。他们没有发现你已经不玩游戏了？他们没有努力尝试把你拉回游戏吗？

Jim：哈哈，这就是奇妙之处。在游戏中的人是不可能理解，有人会在游戏场景，但是却不玩游戏的。他们以前也是这么看耶稣和佛陀的，觉得他们和自己一样也都在玩游戏，不管耶稣和佛陀怎么说，他们也不相信怎么可能不玩游戏。所以，就算游戏里的人发现我有一些变化，基本还是会用游戏的观点来评判的，这种评判肯定是我又获得什么新技能或者拥有某个叫《天书》的神秘装备了。

其实，我只是不玩游戏了而已。

我的女朋友肯定没什么问题，因为我的变化都是她最期望的。原来她一直都期望一个一直宠着她、不管她做什么都不责怪她的人。

我当然不会告诉她，我是因为读了《太傻天书》而变成了天下最好的男人，她要是知道了，估计要向她所有的姐妹推荐这本书了。她们其实并没有做好准备接受这本书。要是她们看到这本书说"公主被恶龙抓走，王子却给他们俩自由"，保准马上就会晕倒。

我的同事和老板反应比较大，他们主要是奇怪为什么我上班要戴那副墨镜。当我醒悟后的第一天，我就开始戴那副墨镜了。我告诉自己，以前玩了那么久游戏都不喜欢这副墨镜。现在我不玩游戏了，就再和游戏里的人们玩一些看似游戏、但是其实不是游戏的小把戏吧，反正也不会损失什么。

于是，我戴起了那副墨镜，像在一个游戏中戴起一个魔法装备一样，当我戴起它，真的感觉好极了。那真是一个神奇的墨镜呢！就好像你说的，它帮助我们走出内在的羞愧和对其他人观点的束缚。现在我理解，只有当我真正愿意戴上这个墨镜的时候，我才是自由的心灵。

一开始我戴着墨镜，只是在一些个人工作的时候。我告诉大家，这是我的魔法墨镜，戴上了就会有奇迹的，所有的 case 都会因为魔法墨镜而顺利过关。大家一开始也不习惯，不过也不介意，笑笑也就过去了，有人说："你在玩游戏呢吧？"，后来，我开会的时候也戴，老板都奇怪地看着我，有一次还建议我摘了。因为看到我戴着墨镜，他会想笑，然后忘了想说什么。我说："没关系，我换个你不怎么看得到的位置就是了"。我其实一点也不介意老板怎么看我，哪怕他因为这件事炒了我都没关系，我只是换个场景继续作爱的任务罢了。不过后来大家也习惯了。到后来我连出门上街都戴，回家有时也戴。再也不管是不是有人在看着我的样子笑晕过去。我知道，大家在笑晕的时候，也许会觉得这只是一场游戏罢了——这应该就是这副魔法墨镜的核心魔力吧。戴着这个墨镜的时候，我就知道，我是爱了。于是我做每件事情都只是成为爱。

那个"真实沟通"的魔法确实也很管用，在交流的时候，我基本都不在意我在说什么，反正每个人都是在想自己的事情，他们也只会相信自己已经相信的事情，我说多少肯定也没人听得进去，而我要说的，通过真实沟通魔法已经到每个人的心里去了，他们既然相信了，肯定就会那么去办。现在我彻底理解那个沟通魔法了，每个人其实都觉得自己是理性而深思熟虑地作决定，这只是每个人的幻觉而已，其实，他们的每个决定都非常的肤浅、草率，而且很容易被影响。我经常刚施展完沟通魔法,对面那个人自己说着说着就转变了方向,从过去反对我的计划变成支持我的计划,他自己都会很吃惊,为什么自己这么快就转变了观点。然后,他还会马上给自己辩护说:"其实我自己也一直都是这么想的,一开始反对,只是给大家一个头脑风暴的机会而已。"

不过,这个魔法估计是所有魔法里最简单的一个魔法了,而且看起来只有在地球这样大脑原始而自以为是的地方,才会有百发百中的效果,因为几乎所有人都其实不知道他们到底在想什么,但却固执地觉得自己什么都想得清楚。

反正就是这样,我从来没有耽误过任何事情,反而每一件事情都几乎做得很漂亮。结果那副眼镜被用得太频繁,有一次折断了。后来我虽然不戴了,但是我已经习惯在每个场景都用爱的思维,我也发现戴不戴眼镜都无所谓了。

同事大多都觉得我在戴墨镜的那段时间好像是在做某种"励志游戏",你知道职场的这种书籍很多,诸如《穷爸爸,富爸爸》,每个人每段时间都会看上一两本,然后用某种新的方法试试。不过,似乎我的特别管用,好几个人都问我,那副墨镜是那本书的哪种方法,我总不能告诉他们这是"米老鼠"赠送的吧,一般我都说:"我在《哈利·波特》的书里自己领悟的。"大家就笑着觉得我肯定是有什么巨大的秘密没有告诉他们。

总体上,我还是觉得你很幽默。魔法这回事,其实真的是这样,一切都发生在思想里,改变了思维方式,魔法也就发生了。用墨镜确实是一个好的锻炼,比我自己要求的项链强多了。

上一次谈话你给的那个显示器的魔法,我每天也在锻炼,现在已经可以每天顺利地进入那种中间的状态了。但是,有的时候似乎图像太模糊,有的时候是一两个几秒的片段,我还没有意识到是什么就忘记了。不过,每周都会有几次出现特别清晰而深刻的图像,有几次似乎还是某个完整的情节,那些情节的内容真的一点意义都没有吗?你知道,我每次都想弄明白,到底为什么会有这种图像。

Taisha:并不是没有意义,只是你现在还没有走到能解读那种意义的时候。睡眠是某种游戏世界介于游戏和真实之间的任务。你在那个任务中会收到一样的叫"梦"的元素,但是,这些元素是无法在游戏中理解的。

这很类似在催眠状态下的感受到的图像,意义只有每个人自己才能理解,任何其他人,包括我也无法理解它对你的具体含义。你在太傻的第二步,完全打开喉部的蓝色中心之前,你会隐约有一些感悟,但是真正明白那些意象的意思必须要等你和你内在的太傻能有效交流时才能知晓。

不过，在这之前，你可以更好地用"情绪"这个工具，因为情绪是不需要大脑来诠释的，但却可以被真实理解的。当你接收到这些图像的时候，你那一刻的情绪是真实的，是快乐、是悲伤、是渴望，还是恐惧，这些情绪都是被这些图像和情节引发的。你感受到这些情绪的时候，要去分析它们、接受它们、就好像接受你自己的一样。这种锻炼也是爱的锻炼的一部分。

Jim：我明白了。我会继续锻炼的。我们谈了这么多题外话，应该进入我们这一章的主题了吧？这一次谈话主题是"奇迹"。在来这里之前，我一直在思考什么是真的奇迹呢？它只是一个词语吗？这个词语有什么深刻的含义呢？

《太傻天书》中第一章说："你生活中的每一刻都是奇迹"。这是我在觉悟前，在游戏世界里，最经常提醒自己的一句话。它似乎拥有一种特别的魔力。在游戏中收集"爱"的元素上，效果也特别好。似乎我每说一次，爱就在向我聚集一样。而每一次，我都会感到内心的震动——我可以清楚地感觉到奇迹的力量，似乎和爱的元素有一些不同，但是，我又说不出，到底在哪里不同。

Taisha：你的这些感应非常的敏锐和正确。这种感应是你第五能量中心，蓝色中心激活的标志。继续工作在你的蓝色中心，你会在与万事万物的更进一步的沟通中，掌握真正的知识。

奇迹是什么呢？ 确实，奇迹不只是爱。爱是这个宇宙万物，唯一真实的力量。但是，宇宙万物中还有另外一个真实的存在，它不是力量，而是万物造物的基石。有的书叫他"光"有的书叫他"真"。我们暂且叫他"真"，因为"光"很容易和光谱中的光，波动和粒子的光混淆，虽然他们都是"真"在这个世界的最直接的显化形式。

"真"与"爱"都是在时间之外的真实存在，同样真实存在的，还有自由意志，自由意志是一切规律的基础。爱、真、自由，三者是"无限的一"的三个变化形式。万事万物，都是"真"在"爱"的力量下，在自由意志的规律下聚集的结果，当"真"与"爱"进入时间，就形成了你看到的宇宙和世界。

"真"是造物的基础，也是创造的基础。"爱"是造物的力量，也是创造的力量。自由意志是"爱"与"真"之间互动的规则，也是创造的规则。

"真"与"爱"在时间体系中的平衡与合一，就是"奇迹"。但是，奇迹只在游戏世界中才有意义，因为奇迹本身也是某种分离的意义。只不过，奇迹是解放这个游戏世界的传送门。只有通过奇迹之门，一个人才会跳出游戏。

奇迹的真正的含义是：在爱与真的合一中，个体认识并接纳无限的自己，并成为他自己本来的样子——奇迹的样子。因此，你就是奇迹。

> 6.11 正是因为你尚局限于时间幻象中，所以你需要奇迹

奇迹也归属思想创造的法则,也是可以被每个人思想在当下创造的。所以,一个人不断的提醒自己:"我生活中的每一刻的经历都是奇迹"的时候,他也在创造奇迹,创造离开游戏的奇迹之门。你就是通过你自己创造的奇迹之门,离开这个游戏的,不是吗?

Jim:是呀。这真是一个游戏中的奇迹呢!原来,奇迹就是"真"与"爱"呀,我原来一直在游戏里,把"真爱","真爱"的挂在嘴边,原来我从来都没有理解呢?原来一个是元素,一个是力量。唯一真实的元素和唯一真实的力量。

Taisha:你的表述很准确,"真"与"爱",一个是元素,一个是力量。唯一真实的元素和唯一真实的力量。在游戏中,"真"与"爱"的合一,就是奇迹。

你看,你刚才对爱与真的准确表述,就已经在与"真"沟通了。太傻的第二步,是完全打开你第五能量中心,蓝色能量中心的步骤。在太傻第二步,你开始与万事万物沟通,你沟通的本质,其实是与万事万物基石造物基石的"真",与创造他们的"光"的沟通,这种沟通将给你带来真正的知识,在这真正的知识的指导下,你会拥有智慧,并在智慧的指引下创造。所以,太傻第二步也被称为"智慧和创造的道路"。

这种在与"真"的沟通中获得知识的感觉如何?与原来在游戏中,在大脑的指导下的知识有区别吗?

6-3 太傻的真谛

Jim:我原来一直不理解你说的"自然就知道了"和"太傻会告诉你"到底是什么感觉,现在我知道了。只有在内在的平静中,你不再依靠大脑和过去的知识去推论,去做那种习惯的"因为,所以"的逻辑工作,你停止大脑的运转,"真"就会和我的心灵沟通,似乎有一个光球从无限传到了我心里,然后我再用大脑,没有被病毒感染的大脑,解读这种沟通的光球,然后我就知道了。这种感觉,真的是好极了,和游戏中收集"爱"的元素一样,我愿意一天24小时都做这种锻炼。

你知道吗?从游戏中醒来以后,再回头看以前的日子,有一种特别不真实的感觉,我以前是那么依赖大脑的逻辑和推论,依赖那些被洗脑的经验,似乎没有它们,就没有一切,我就不是我了。现在,我一旦发现大脑在做"因为,所以"的游戏的时候,我就知道我是在做游戏,而这个游戏仅仅只是囚笼。于

是就停止这个游戏。我现在再也不依赖大脑去做任何重要或者不重要的决定了。大脑只是一个比我们用的计算机还麻烦的工具，速度又慢、单线程、储量低，还经常记错事。估计比10年前的386电脑还不如。人类就利用这样一个主要功能被病毒感染而屏蔽的大脑装备，在这个世界生活了几万年，真是很不容易，竟然还创造了这样一个能勉强运转，还没有崩溃的世界，这也是一个游戏中的奇迹呢！

不过我注意到在"真实沟通"中的一个细节，以前你在教我"真实的沟通"的魔法的时候，我一直以为那只是一个视觉化的游戏，所以一直没有注意到你教这个魔法的时候的描述的细节——那个蓝色光球，充满绿色的爱和我的思想的银色光点，这么多细致的描述呀，是不是当我每次"自然就知道"的时候，从"真"传来的光球也是这样？是不是在真实的眼睛下，真的会看到这个球，从某个地方和我的心融合呢？

Taisha：是的，这是比游戏中任何幻觉都更真实的光球。它们来源于"真"，他们来到你的心里只有一个原因，就是你向太傻请求了。于是太傻就会从"真"那里给你送来答案。

我们之前一直都会说，太傻时时刻刻都会解答你每一个问题，无论是多么琐碎、多么无意义，或者多么宇宙真理性的问题。这个过程其实就是太傻给你的心传送的"真"的光球，太傻一直在这么做，它不可能漏过任何一个问题。只要你愿意问，你就会得到答案。

你似乎没有听到任何答案的唯一原因，仅仅是因为你愿意去问，却没有愿意去听。

只有你清晰地说："我愿意听到答案"，你才会真的打开你内在的耳朵，去接收太傻的光球的答案。

Jim：你以前也是这么和我说的，不过那个时候，我总是觉得，我是活在现实中的，而你只是在作比喻，在玩某种心理暗示的游戏。现在，我知道是我一直在玩游戏，你却是一直在说真话。这是一种多么颠倒的感觉呀。

就好像你原来说爱，我也一直觉得，那只不过是个比喻吧。直到我真的感受到"爱"的元素的存在，那是多么真实的感觉呀，应该我以后睁开我内在的眼睛了，我也可以直接看到"爱"的元素了吧？同样，我也会看到"真"，看到你说的每个人的灵光，每个人的能量中心，和你以前提到的每个我觉得都是在比喻的事物，是吗？

Taisha：当你走到太傻的第二步，在专注力的练习中激活你的前额叶功能后，你就会真的看到。那和你用眼睛看一样真实，你还会看到很多的爱的流动、光的流动的规律，从这些规律中，你会更深刻地理解爱与真的意义。

Jim：你刚才似乎特别强调"愿意"，强调"向太傻提问"，我现在会特别注意你在《太傻天书》中特别强调的一些细节，它们似乎都有特别的含义，为什么"愿意"、"太傻"和"提问"那么重要呢？

Taisha：向"太傻"、"提出"、"愿意"是一种对要求的表达。你在和"真"的沟通过程，和你在游戏中从小卖部买可乐或者买任何游戏装备没有什么区别。你必须说："我要一瓶可乐"，那个小卖部的店员才会给你拿出可乐，而不会拿出香烟或者其他你不需要的东西。

"真"是不会自然地知道你要什么的，因为"真"在时间外，是看不见也不能理解时间内的游戏的。"真"必须通过太傻才能与你的心沟通。所以，太傻是一个终极的魔法，没有这个魔法，任何内在的指引都不会产生。"真"是小卖部的货架，太傻是你从货架上买到东西的唯一方式，太傻就是小卖部的店员。当你向太傻提出要求，就好像向小卖部的店员要这和要那个一样，太傻就会给你你所真正需要的。

唯一和游戏的小卖部的区别是，"真"的货架上，无所不有、无所不知，太傻这个店员，也什么都管，他不会遗漏你任何一个要求。太傻这个店员还有一个特点，那就是你无法骗他，有时候你看起来在要一个东西，其实你不是真的想要那个东西，而是想要另外一个东西，太傻会把你真实需要的东西给你。

例如，如果你去小卖部要买一辆汽车，智慧的店员知道，你其实只是想知道汽车是怎么回事，而并不是真的想要汽车，于是他会给你一本汽车杂志。所以，就算你走进小卖部，什么都不说，只是在和边上的人闲聊，太傻这个尽职尽责的店员也知道你要什么，然后会把你要的给你。当然，如果你明确提出你要什么，太傻会更快地给你。只是，人们绝大多数时候都去闲聊去了，只在少数时候会明确地提出自己要什么。而当你不提出要求的时候，店员会根据他对你的印象和对你真正需要的理解，给你东西。

Jim：可是太傻这么给东西，会不会总是会给的与原来那个人本来想要的有偏差呢？太傻给别人东西和给我安排的每一种经验，到底是遵循什么样的原则呢？

Taisha：之所以一个人经常感觉到自己经验的生活都是自己不想要的，核心的原因其实是一个人大脑太混乱，一会儿想这个，一会儿又要那个，每个人真的知道自己想要什么吗？但是太傻却不会有任何的混乱，它根本就不会受那些分离、恐惧和追逐的束缚，所以太傻比你还清楚你到底需要什么。

因此，不管你向太傻要什么、怎么要，太傻给东西的原则一向是：它只会给你"真正是"的那个东西，它不可能给"你不是"的那个东西，一个人只会看到他希望看到的，相信他已经相信的，他也只会获得他"本来就是"的那些体验。

所以，如果你一直渴望追逐什么东西，那只是表明你是缺乏那些东西的，太傻肯定不会把那些给你。如果你对任何东西都不在意，有没有都无所谓，那也是在表明，你真正拥有那些东西了，于是，太傻一定会把那些东西继续给你。如果它觉得你是美丽的，就会给你美丽；觉得你丑陋，就会给你丑陋；觉得你是有病，就会给你疾病；觉得你是离开这个世界的时候了，于是你就会死去。一切都在太傻的掌控之中。

太傻给你任何事物，本质也就是你制造和创造过程，其实没有制造和创造的区别，一切体验都是太傻给你的。这个过程，其实是每一个人每一刻都在发生的，不是仅仅当一个人在内心祈祷"给我财富，给我智慧，给我美丽"时才发生的。事实上，每个人在每一刻都在向太傻提各种要求，你做的每一件事情、思想中的每一个片段，即使你一点都不在意，太傻也会看得清清楚楚，然后给你安排你需要的货品。

例如，当你和某个出租车司机讨价还价的时候、当你的大脑正乐趣无限地享受着这个财富斗争游戏的任务的时候，而你的太傻却能清楚地看到你是"匮乏"的。你如果不是觉得你自己缺钱，又怎么会这么喜欢砍价呢？于是太傻会在你的生活中显化"匮乏"。当然，你要是大脑里真正富裕、富足、钱多得没地方花，每次给每个出租车司机两倍的钱，太傻也知道你原来是并不缺钱，你是真的钱太多。所以太傻会因为"你是……"而继续给你。太傻是不会给你你所没有的东西的，太傻看不见不存在的事物。你真正拥有什么，你真正是什么，它就会继续给你什么。

你看，这就是真实的创造和制造的过程。当你的大脑制造任何分离的时候，它都在制造匮乏，恐惧和矛盾，因为大脑仅仅是一个分离的制造机而已。当你拼命琢磨到底什么化妆品会让你更美的时候，太傻会看到你的丑陋，并且会给你丑陋。真正美丽的人是从来不琢磨到底用什么化妆品才能变得更美的。同样，当你和你女朋友算计到底该谁做早饭，谁洗碗多了一天和少了一天的时候，太傻会觉得你根本就把你的伴侣当成敌人，于是它也会让你的伴侣成为你的敌人。

这个恐惧和匮乏的制造过程在每一个时刻都在表达，时时刻刻地在游戏的世界里生成各种任务、各种经历、各种结果。如果你不束缚你的大脑漫无边际地胡思乱想，你就会不断地经历各种矛盾、各种痛苦、各种麻烦。

创造的过程也是一样，你必须向太傻提出要求。当你说："我每一刻都是奇迹"的时候，太傻理解你就是奇迹，你是觉醒的，你已经准备好离开游戏了，于是它会不断地给你创造离开游戏的传送门。有的时候，你可能还没做好离开的准备，于是太傻会在你的生活中加速地显化各种催化剂，催化你的觉醒。有的催化剂是一些痛苦，有的是一些挑战，有的是一些巧合。

但是，只要你和太傻说："我就是奇迹"，你就只会接受到奇迹。

Jim：那向太傻要东西，需要用什么交换吗？怎么才能确保我能尽快获得我真正要的东西呢？

Taisha：这个叫"太傻"的小卖部店员不会和你算钱，因为他就是为你而存在的，如果一定要某种交换，那就是用"爱"作为货币。只有在"爱"的确认下，"太傻"才会给你"真"的货品。如果你想更快地从太傻那里获得，你只要更清楚地理解，到底太傻是怎么具体地给你每一样东西的，然后在对太傻的绝对信任中，你用心去接受太傻给你的每一个安排就行了。

这个真实的创造的过程，本来一点障碍都不会有，但是，因为人类总是不相信奇迹，也根本不相信太傻的安排一向都是最合适的，总是会用大脑去分析、去恐惧、去追逐特定的结果。于是，他们一边创造奇迹，一边又制造恐惧。就好像一个人一边向太傻要求财富，一边又快乐地琢磨怎么砍价，而往往没有走上爱的道路的人，他感觉自己匮乏的时候要远远多于自我说服自己是富裕的时候，于是他们的生活还是继续匮乏——太傻不会看错任何一个事。

所以，你根本不可能用什么意识锻炼之类的吸引力法则来欺骗太傻，除非你已经真的相信。只有一个人经过真正的锻炼让大脑的喧嚣停止下来，更多的时候与太傻同在，他才会真正相信自己其实什么都不缺，什么也都不需要，不用追逐、不用恐惧、不用渴望的时候，这也是他真的相信太傻的时候，太傻自然就会在生活中更多更明显地显化奇迹。

所以当你说："我愿意成为我自己，成为爱，成为奇迹"的时候，你是在大声地和太傻宣称你真实的身份，并且给你的大脑敲响警钟，这个声音越大，你的大脑就会越退缩。但是，太傻一直都听得见，不管你说得多大声或者只是在心中默念。你越清楚地了解这个过程，你越大声地声明你的真正身份，你也就会越快地得到你所真正需要的。

Jim：这是我又一次理解"意识创造"的伟大原则了，但是，这一次我是从太傻的角度来理解的。谢谢你，我总是很奇怪，一样的话，以前也反复地说过，为什么那个时候我就听不进去呢？

Taisha：因为你更多的是在听大脑的对错分析。你不可能在时间与经验的游戏世界里理解真理。只有你经过锻炼，更持久、更坚定、更清晰地与太傻沟通，你才能更多地从太傻那里获得真理，并以最快的速度回到你本来的样子。所有的阻碍其实都来自于你对太傻的抗拒，对太傻的怀疑——那些本质也是你对自己的抗拒和对自己的怀疑。

Jim：从这本书第一章开始，你一直在和我说太傻。我原来一直以为那是你给每个人内在的自己、完整的自己、无限的自己的一个代号。也可以叫这个自己为"圣灵"、"高我"之类的名字。这也是一种真实的存在吗？就像爱与光一样的真实吗？我以后打开真实的眼睛就可以看到吗？

Taisha：每个人的太傻不仅仅是真实的，而且是和每个人一样，是一个人格化的存在，也有人格化的自由意识。你可以将每个人的太傻看成是在时间中的无数个自己的总和与终点。太傻既然是自己在过去、现在、未来每个个性化的存在的总和，那其实是一个同样有自由意识、判断力的存在。但是，掌握着你的所有的经验，也可以和"真"随时作沟通，所以，太傻因为有无限的智慧，也不可能陷入任何的分离，因此，太傻坚定地掌握着你到底需要通过什么途径、经历哪些体验才能更快地发展，于是太傻就会给你作出最合适的安排。太傻是你一切的经历的创造者，所以你的一切经历都是奇迹。

记住，和我们以前讲的爱、真、创造法则一样，这不是比喻。太傻是一个人格，并且一直在游戏的世界为你编写你未来的每一个经历，也许你觉得这是某种束缚，凭什么我的经历要这个叫"太傻"的人管？记住，没有太傻，你早已是一团尘土，就因为有太傻一直在催促你、帮助你、支持你，你才能由一团无意识的能量发展到现在。

太傻为你创造的体验，也没有剥夺你的自由意志，你其实一直在用你的自由意志拒绝太傻的安排，当太傻安排你的女朋友和你吵架的时候，你并不理解这种安排，于是你进入痛苦和自我的矛盾。所以，太傻就算可以给你安排一切，你还是得自己选择如何去应对这一切经历。但是如果你选择视一切经历为奇迹，那它们就是奇迹，你才能真正利用太傻给你的这些经历成为自我发展的最佳的催化剂。

记住，没有任何事情不在太傻的安排下，你遇到的每个人、每件事、甚至打一个喷嚏，都是太傻的安排。而那些你觉得是偶然和悲剧的事情，你根本不需要的事情，其中肯定蕴含着你真正最需要的事物。

从这个角度，太傻一般不会在你急切渴望财富和成功的时候给你财富和成功，因为如果这样，他只是肯定了你的幻觉，你会在游戏的世界浪费更多的时间。太傻唯一的渴望是加速你的发展，让你更快成长，离开这个游戏世界，进入下一层的锻炼，直到最后与太傻合一。只有太傻与它所有的在游戏世界的分身合一的时候，时间才可能终止，每一个完整的太傻才可能继续前进。

这是一个多么完美的机制呀，不是吗？

所以，真的是你需要什么，太傻就会给你什么。你永远无法蒙蔽你自己，但是，你可以选择忘记太傻的存在，或者告诉你自己："根本没有太傻"。但是这没关系，真实的存在是不可能被否定的，或者因为被否认而消失的。所以太傻没有恐惧，时间外的太傻也没有等待。

Jim：那太傻等待着每一个它的游戏中的分身回来，是为了进一步做什么呢？还有后面的任务吗？

Taisha：是的。太傻也有自己的目标，这个目标和每个人内在那个最深刻的渴望是完全一致的——回到那"无限的一"，回到自己本来的样子——这是无论在什么规则宇宙中的每个个体完全一致的最深刻的渴望。而在这个规则宇宙中，太傻也同样渴望回到"无限的一"，这是它给予你所有的指引唯一的目标。因为只有你能发展到与太傻合一的时候，太傻才可能进一步地向"无限的一"融合。

我们以前经常提到这个规则宇宙的层次，现在我们可以更系统地描述一下，让你更深入的理解太傻的存在机制。

这个规则宇宙分为八个层次，不过最后一个层次的结束，也是下一个规则宇宙层次的开始，它们通过黑洞相连。黑洞是无法穿越的，甚至连穿越的概念都不可能存在。黑洞是这个规则宇宙的合一的实体，与"无限的一"的终极融合，一切的光都被"无限的一"吸收。因此，无法描述、也无法定义这个规则宇宙的最后一个层次。所以，我们一般只谈这个规则宇宙的七个层次。这个层次，可以用不同的词语表示，诸如次元、密度，都是一样的意思。我们用层来表示的精确化的原因，要到下一次谈话谈"到底世界的层次本质的规则和意义是什么"的时候才会进一步阐述。

第一层世界是时间和意识开始的世界，时间产生。

第二层世界是差别产生的世界，你我开始独立，并知道自己。

第三层世界是选择的世界，我们都作出如何对待自己和别人的选择。

第四层世界是爱的世界，我们在其中理解爱、学习爱、经历爱。

第五层世界是智慧和光的世界，我们在对光的研读中，理解智慧。

第六层世界是光和爱合一的世界,这是奇迹的世界,这也是太傻的世界。

第七层世界是时间外的存在,是太傻走向最终合一的世界。

太傻站在第六层世界的毕业的大门处。所以太傻是奇迹世界的终结,也是时间世界的终结,太傻是终极的奇迹。

而你现在所在的地球这个世界,是第三层的世界。当你通过每一层游戏的锻炼最后毕业,不再需要那个层次的体验的时候,你就可以到下一个层次的世界,以另外一种模式体验世界。

我们的第二次谈话,曾经做过一个同心圆沙漠的描述,你可以那样近似地理解,每个圆环都是一个世界,一共有七个圆环,沙漠外就是第八层世界——一的世界。在每一层世界中都有自己的规律,各自的时间与空间的感知体系,当然宇宙还是一个宇宙,而时间、空间这些本来就是你自己思想创造的规则,会因为你对光和爱的感知敏锐度而展现不同的规则,所以这些你自己思想创造的元素的组合方式和感知方式也会变化。

Jim:我能不能理解成:第一层世界就是物质的世界,类似天空和大地这样无生命的存在,第二层世界是有生命的植物和动物的世界,第三层世界是有自我意识的人的世界,是这样吗?

Taisha:这样的描述是扭曲的。任何物质,即使是一块石头,也是有生命和意识的。未来你到太傻第二步中后期,就可以与每个物体中的本质的光沟通,诸如弯勺子,隔空移动物体那种事情,其实就是通过你与每个物体的光的沟通,做到像用手拿起一块石头一样事情,不过那需要强大的注意力的集中。

第一层世界是意识和时间产生的世界,是能量的世界。但是,这种能量还没有显化为物质。第一层世界和第七层世界都是稳定的,没有分离,没有变化,没有区别。所以,意识是超越物质的存在,更具体地说,意识在爱的力量下指导光组成物质。

当意识在第二层世界,显化为结构和差别的时候,生命就已经产生了。石头、植物和动物,凡是有结构的物体,只要不是一团混沌的能量,都属于第二层世界,都是有意识和生命的。第二层世界因此有了个体的概念。你在感知中有了自己和别人的区别,这个时候分离就已经发生。但是,你还没有明显的自我意识。

当个体从第二层世界毕业到第三层世界,你有了清晰而明确的自我意识,知道自己和别人是不一样的,并且你可以在自由意志下作出选择。于是你就会在自己与别人的互动中开始游戏,并会在分离的世界开始选择:以什么方式对待别人和自己,到底是为别人服务更多还是为自己服务更多。这是这个世界的游戏本质,你必须理解自己和别人的关系，并作出一个关键的选择。你必须选择到底你更喜欢自己一个人，这个世界更多地属于自己，别人只是一个附属；还是更喜欢和别人一起，把自己拥有的更多地分给别人。这个选择将决定你将毕业到哪一种道路的第四层的世界，服务自我的第四层世界还是服务他人的第四层世界。大多数人会在第三世界不断地漂流，经历不同的行星的几百几千个第三层世界的体验后，才会最后作出选择，走向第四世界。

第四层世界是爱的世界，你需要用很多年很多世来更深入地理解爱的本质。所以Jim，当你走上爱的道路，完全打开爱的中心的时候，你就已经做好毕业的准备了，只是毕业有一个集体考试，确定哪些人可以毕业了，然后这些人会一起向下一个世界出发。你现在虽然已经做好可以毕业的准备，但毕业考试还没到，所以，你还在继续复习，准备考试。不过就像你高考一样，你知道自己肯定会通过，只是考多少分的问题。第四层世界其实有不同的环境和那些环境中每个人自己创造的经历，不同的毕业分数会有不同分配方向，从而进入不同层次的第四层世界，就好像在第三层世界，有不同的国家、环境、家庭和个人经历的区别一样，这些都是每个人自己的选择。

第四层世界之上，还有第五、第六层世界，分别是"光与智慧的世界"和"奇迹的世界"。太傻的位置就是在第六层世界毕业的奇迹之门处。这个位置也是时间结束的位置。当在这个规则宇宙漂流的太傻的分身都与太傻合一的时候，太傻也得以从第六层世界毕业。

而第七层世界是在个体与太傻合一后，太傻之间进一步合一，并为在第八层世界的与"无限的一"的最终合一做准备的层次。第七层世界已经在时间之外了。但是，这种时间之外，还是可以定义、可以描述的。

这七个世界，对应着每个人灵魂的灵光的七个能量中心，很多教派的教育体系叫这些为"能量中心脉轮"，其实是一样的东西。它们也是真实的存在。每个中心都有自己的名字和颜色，及其对应的功能。除了第一和第七能量中心是稳定不变的，中间五个能量中心都有自己的变化和细微的调整模式，这些调整与平衡与每个人的经历和思维直接相关。当每一个能量中心完全打开的时候，你就已经做好了前往那个世界的准备。但是，每个能量中心的开启与平衡，都依赖于其他能量中心的工作。

Jim：你上次谈话就提到了绿色和蓝色的能量中心，这些能量中心的本质是什么呢？为什么太傻的每一步，都需要打开某个能量中心，你能更加完整地描述一下这些能量中心吗？

Taisha：这些能量中心就和人的身体的器官、内脏、肌肉和腺体一样，是人的身体的组成部分，但是，它们不是物质的身体的组成部分，而是能量身体的组成部分。这些能量中心其实只是一些能量的集中的焦点位置，人的身体能量体系也不仅仅只有这些能量中心，各种宗教和教导体系会用不同的方式教导这些身体能量体系，比如情绪体、心智体等等，都是描述的人身体的能量体系。我们之前经常谈到的"在真实的眼睛下看到的灵魂的光球"其实也就是这些更精细的能量体系的一部分，其实所谓的"灵魂"本身，也就是这些能量体系。一个人死亡的时候，物理的身体会和这些能量的身体脱离，能量的身体独自成为心与灵的载体。

人身体的能量中心只是对这个能量身体的核心功能部件的一种描述方式而已，有的教导体系会说有五个中心，有的会说有十二个中心，其实这只是不同的区别方式，就好像你看人的身体会一眼看到头、身体和四肢一样，你也可以更精细地分出头、颈、胸、腹、腰、腿一样。但是，不同的教导体系对这些能量中心的命名也是不一样的，有的把这些能量中心叫作"脉轮"，有的叫作"光体系统"，这些其实都是一个东西。

大多数教导体系都是按灵性进化的功能，将人的能量中心体系分为七个能量中心——红、橙、黄、绿、蓝、靛、紫。这是七个能量中心真实的颜色光谱，每一个能量中心都有完整而系统的功能体系。红色是基础意识的能量；橙色是自我和情绪；黄色是社会与人际关系；绿色的功能是爱是无区别的普世大爱；蓝色是沟通与智慧；靛蓝色是奇迹；紫色是合一。这七个能量中心随着个体灵性的进化逐一打开。每一个能量中心都有自己的旋转速度、结晶形状和更精细的平衡，这个宇宙的每个事物都有自己的七个能量中心，无论是一块石头还是一个天使，没有任何两个个体的七个能量中心的配置是完全一样的，这些配置就好像世界的雪花一样无穷无尽。

不过，你也许已经注意到，这本书分七章，每章有七节，还对应四十九个练习，这些都是与七个世界层次和七个能量中心完全对应的。你可以把对每个能量中心的平衡更精细地分为七个工作目标，对应到这四十九个练习即可。

这每个能量中心的功能和其上的平衡工作，分别对应一个层次的世界模式。所谓的世界层次的模式，有的地方叫"次元"，有的地方叫"密度"，其实都是一样的。在每个不同的层次模式下，这个世界的个体都会在各自主要的能量中心下工作。现在的地球的人类世界是第三层的体系，人主要的工作是在黄色中心的平衡上，而这个黄色中心平衡的最终目标是要从社会与人际关系体系的束缚中摆脱出来，作出你究竟如何对待自己与外在的关系的选择。从这个层次毕业以后，到下一个层次的世界，人就需要在绿色中心上作关于爱、怜悯、同情的大量的平衡。在第五层次的世界，人需要重点在蓝色中心的工作中，与万物之光做完全的沟通和理解，用智慧平衡爱与光。到第六层次的世界，个体需要通过靛蓝色中心完全地整合爱与光，彻底接纳自己的无限性。

关于第四到第六世界层次的更具体的描述，以及能量中心，以及每个层次的具体锻炼的目标和技巧，我们要到最后一次谈话才会具体讲述，你现在只需了解一个结构就是了。

Jim：那是不是每个个体，无论在哪个世界层次，都有自己的太傻，也都受到太傻的指引呢？

Taisha：无论你是地球人还是外星人，是从树木进化的还是从昆虫进化的，每个个体只有在通过太傻，与太傻合为一体后，才能从第六层世界毕业进入第七层世界。所以，《太傻天书》之所以自称是站在时间之外的最后一本书，并非比喻，是每个个体都必须通过它与太傻的融合，才能最终超越时间，这是每个个体的必经之路，不管你是上帝、神仙、天使还是一棵小草。

太傻是这个规则宇宙的终极魔法。规则宇宙的每个个体，从他们自我意识开始觉醒，灵性开始启动的那一刻起，他就开始受到太傻的指导了。每个人的太傻会通过编程规划个体每一个生活的经验，让个体得以发展，理解自己，并一步步回到太傻。所以，太傻唯一的目的就是让个体尽快回到自己那里，这样太傻才能得以从第六层世界毕业。

我们在第一次谈话的最开始就讲过，太傻是这个世界的终极的魔法，这个魔法的施展者是那些在第七层世界已经突破时间、突破个体的，很多个已经毕业的太傻的合一的太傻。这个"太傻"在从第七层世界毕业之前，会将自己拥有的经验、智慧，以及近乎无限复杂的体验模式，构建成一面镜子，放在第六层世界的末端，指导还在漂流在那个时间的世界的人们更快地发展。而这个魔法的核心功能，就是时间的指引者。这面镜子中的太傻，也是每个人自己，是每个个体过去和未来的集合。但是，这个太傻拥有这个规则宇宙所有的智慧，并且会一直用这种终极的智慧指引这个规则宇宙的每个灵性个体的发展之旅。

就是因为这个终极魔法的存在，这个规则宇宙的发展进程被大大加速了。太傻是这个规则宇宙和其他规则宇宙的标志性区别，所以这个宇宙也可以被称之为"太傻的宇宙"——而大塔罗牌的第一张，也是最后一张牌，太傻牌的意义也就在此了：太傻存在于魔法之前，世界之外。

但是，尽管太傻是这个规则宇宙的终极魔法，他还是在这个宇宙体系之内的，不是像爱、光那样，是属于每一个规则宇宙的元素。当然，其他的规则宇宙是不是都有太傻，我就不知道了。至少，在这个规则宇宙里面，太傻是完整而真实的。

所以，我们在这一章重点谈的奇迹不是一个简单的概念，而是继爱的学习和光的领悟后，整整一个世界模式的任务，在那个世界里，你将整合你过去的所有经验、智慧和爱，接纳无限的你自己，并通向与太傻合一的道路。其实你整个的自我探索的道路，都是在不同程度地接纳自己，理解自己本来就拥有的能力和无限的价值，在这个过程中，服务是最好的理解自己的方式。

我们从第一次谈话开始就一直在描述太傻、太傻的指引、太傻的智慧、太傻的原则等等。但是，一直到现在，我们才完全讲清了太傻的真谛：太傻就是终极的奇迹——时间之门与奇迹之门的创造者。

6-4 服务的道路

Jim：这个世界似乎真的非常宏大，我从上一次的谈话起就有这个感觉，你上次和我说有很多外星人在地球外面，等着看一场宇宙的世界杯，我当时就感觉这似乎是真的，突然间我再也不感到在这个宇宙有孤单的感觉。我也似乎在那个时候就自然地知道了，为什么外星人不直接出现在地球人的面前。因为地球就像一片自然保护区，里面的环境越原始、越自然，这个环境才越珍贵。所以，大部分这种自然保护区，对游客都是封闭的，更不允许偷猎的事情。但即使是这样，偶尔还会有一些迷路的旅人从那里经过，但是他们也都知道，不要打扰那里的世界。地球应该就是这样一种第三层世界的自然保护区吧，那些偶尔被发现的 UFO，估计就是迷路的外星人吧。

Taisha：是的，你这个自然保护区的形象非常准确。只不过，地球上的自然保护是政府设置的，是依靠法律来维护的。但是，宇宙却没有政府，更没有什么法律，只有自然的规则。地球这个自然保护区是一些宇宙的志愿者设置的保护屏障，就好像地球上的一些公益协会和组织一样。宇宙最主要的管理模式，就是这种自发性的小团体的管理，什么星际联邦、银河兄弟会之类的，也不是什么国家或者政府，而是某种松散的合作组织而已。

但是，即使地球这个自然保护区是志愿者设置和管理的，而所有其他的组织与个体都会尊重这样的管理的有效性。要是有什么外星人大师想到地球来传播真理，帮助地球的原始人群开化，一般都要向这个管理团队提出申请，提交自己的计划，得到批准了才能进来。

地球的这个志愿管理的团队，不是什么神仙、上帝或者造物主，他们和每个人一样，都是在这个规则宇宙学习、体验、服务的一分子。只不过他们将服务地球作为自己的一种服务方式，他们也都在自己内在太傻的指引下，做着奇迹的服务。这些和地球上那些保护海豚呀、鲸鱼呀之类的协会其实是一样的。而且，这个管理团队的成员对自由意志的理解和服务的意愿，使他们基本不会干预任何的地球系统自己的选择和发展。即使这地球体系发生蚂蚁之间的大战，也是这个体系自己的选择，就算地球自己把自己毁灭了，这些宇宙的志愿管理者也不会干预，因为其实不存在什么毁灭和损失，那只是人们自己和自己玩的游戏罢了。即使地球毁灭了，这个管理团队要做的事情就是帮助其中的个体换一个第三层次的星球继续发展。就好像一个网络游戏的服务器，因为玩网络游戏的人自己胡乱操作导致系统崩溃了，管理员就会重新把数据导入一个新的服务器，让游戏者继续玩。过去的火星在第三层世界自我毁灭了，大部分火星人的感觉只是睡了一觉，然后在地球上继续玩自己的游戏，不过这些人时间观念和原生的地球人的时间都有一点小的差别。

就好像你说的，这个管理团队建立的保护体系最核心的目标，就是让这个体系中的人们自由地发展，保护自由意志不受到外在力量的干扰，这个管理团队本身自然也不会干扰这个体系。当然，在地球发展的一些特殊的时候，例如一些升级考试进行的时候，这个管理团队也会呼唤更多的其他星球的服务团队来帮助地球一起渡过一些小小的难关，让更多的地球上参加毕业考试的个体可以更快毕业。

这就好像一个三文鱼保护团队，在每年三文鱼洄游产卵的时候，都会自发地去帮助清理三文鱼洄游道路上的障碍。但是，有一年，这个团队发现有一个新造的堤坝阻止了三文鱼洄游的道路，很多三文鱼在那里被堵住了，但是他们自己力量不够帮助这群三文鱼，于是他们就呼唤一样类似目标的其他保护的团队，一起来协助这群三文鱼。现在地球外面的几千万数量的外星人，基本都是因为类似的原因来到这里的，地球人自己建造了一个阻碍自己洄游的堤坝，外星人在帮助那些决定越过堤坝的三文鱼们回家而已。

开放你的思维，其实很多事情都是远远超乎你的想象的。我就算再给你讲一百本书也讲不完这些世界的一小部分的概况，即使只谈留学这个我最熟悉的

话题，光选专业这个最小的事情估计就得谈好几个月。你从地球所在的世界层次毕业后，你就会去第四层世界中留学了，第四层世界也有学校，也会有专业区别，可是你却没法继续学在第三层世界学的那些专业了，那你怎么选你在新的世界中的专业呢？你肯定没法继续学金融了，新的世界里根本就都没有货币这种东西，又何来金融呢？金融这种专业已经直接合并到复杂体系研究之类的交叉学科里面去了，或者干脆就是类似考古学一样的历史研究的偏僻门类。而在新的世界最大的专业是生物学。现在地球外面的宇宙飞船里面有一大半都是生物系的学生，他们在研究宇宙各个星球的生物近乎无穷无尽的生物系统的过程中，理解光的配置的原理。你要是说，你想选第四层世界最流行的职业学习，尽管现在世界的医生和律师是最流行的职业了，可是在新世界里，因为根本就没有什么法律、法院和纠纷存在的可能性，所以律师这种职业直接就消失了，法学院已经是一个远古的遗迹了，就好像现代人看罗马的斗兽场一样的存在。新世界里，确实还有医学院，但是，医生也没有学那么多的专业的要求，什么内科、外科、神经科，因为你在新世界的身体根本不像你现在的身体那样厚重、笨拙还容易生病，医生最大的门类是心理医生。既然只有思想是唯一真实的，那么只要治愈了心理的问题，就可以解决一切问题，又何必麻烦地划分那么多医学门类呢？

你看，光是选专业这个事情就这么麻烦，如果你要准备申请新世界的留学资格，你肯定没办法DIY的，"太傻留学"是你几乎唯一选择了。而这本《太傻天书》只能算一本去新世界留学的申请入门指南了。你看，这本入门的书都快写完了，我还在说服那些有点留学想法的人"真的有留学这回事"。这不是很让我这个太傻留学的咨询师郁闷的事情吗？

不过不管未来怎么样，都会有几千万去新世界留学的人，这本留学入门指南只是帮助那些会去新的世界层次留学的人，帮助他们在申请的道路上减少一些不必要的困难，顺便再给新世界从中国多招徕一些申请人罢了。

Jim：哇，这真的很有趣呢，你真的会在下一次谈话和我谈这些不同的世界吗？那些世界是不是也有重力？是不是人都会飞？他们也会玩网络游戏、看书上学吗？那些世界的物理规则和我们现在的是类似的吗？还是像月球一样也会几乎没有什么重力？

Taisha：时间、空间、物理规则本身也是幻象的一部分，本质只是你的心智对光的不同的配置模式的感知，"光"是万物的基石，和"爱"是万物组成的力量一样。但是光和爱的组合却可以组成无穷无尽的世界模式，你现在看到只是一种时间空间的模式，甚至并不是多么普遍的一种，只是一种而已。这个宇宙中，包含各种各样的光和爱的组成模式，即使时空模式本身内部也存在很多的变型模式，有着各个星系自己的物理和意识发展的规矩，有的世界很相近，有的却几乎无法想象。

例如，有的人会想，在时空世界中为什么一定是时间一维，而空间三维呢。现在人们感知的"空间、时间"为什么不能倒过来，称为"时间、空间"模式呢？事实上这是很正确的思维方式。这个规则宇宙中，在爱与光的组织模式下，空间和时间都是三维的，只是人类现在还太原始，不能完全感知到。而且"时间、空间"的模式也是存在的，里面也存在着和你一样的生物，只是另一种存在方式而已。这两种模式加起来，时间和空间都是六维的，一共 12 个维度，12 维度加上一个数学上坐标的 0，就是 13。就是因为 13 是一个真实的世界入口的数字，而被这个世界的一些宗教设置为某种禁区，成为现在社会的某种禁忌数字。

当然，时间和空间的本质都只是一种能量波而已，而能量波的源头是在每个人自己的心智中，所以是每个人自己创造了自己的时间与空间。等你真正地理解了这段话，你就会自然的掌握时间和空间旅行了。其实没多难，既然时间和空间都是自己创造的，只要你掌握这个创造的原则和规律了，你就会自然地利用这些规律，而不是被这个规律所束缚。就好像你觉得杠杆规律多神奇呀！不就是力量和距离的做功的平衡吗？但是，这个世界的所有机械的奇迹不都是从杠杆原理之类的简单体系发展而来的吗？所以，就算你现在知道时间和空间是自己创造的，你没到太傻第二步的末期，你基本不可能接纳自己到达可以做时空旅行这个层面。因为你的对时空和自我创造力的理解程度还在大猩猩用树枝掏蚂蚁窝的程度，杠杆规律都还没总结出来，你怎么可能去造一辆有一整套滑轮传动组的自行车呢？不过，你现在看自行车，会觉得那是很大的奇迹吗？等你到太傻第三步了，时空旅行的那点事情就和你骑自行车出门一样，仅仅是规则的利用罢了。

但是，你可以从这个体系理解，所有的灵性发展和奇迹的能力，本质都是你到底多大程度地接纳自己，接纳自己那个本来无限的自己——在真与爱的统一中完全地接纳自己，也就是奇迹能力的本质了。

不过这些时空观念，对你也许很新奇，在科学界早就不是什么秘密了，五十多年前已经有完整的理论体系著作描述规则宇宙的本质规则了，只是，这些数学方程也罢，物理假说也罢，因为缺乏测量工具，现阶段的物理仪器也无法验证，所以你无法用大脑去理解，更不用谈相信与否了。其实这些东西都很

简单,和太阳为什么每天按时升起一样——当然不是有人用马车拉着的。你现在无法理解这些规律,只是因为人类科技太原始,进入文明体系才6000年,大部分时间还都用在相互打仗了,真正的科技进步也就是500年左右的时间,所以现在才处于一种比较落后的社会和科技状态。

即使不谈什么更高层次的世界模式,就算在与地球一样的世界层次体系中,地球也只能算一个刚开化的原始社会,而这个社会的民众竟然大多数都幼稚地认为自己是宇宙的主宰。你试着想象一个不是由好动好战的猿猴而是由树木、牵牛花、狗尾巴草,作为灵性载体的社会,它的科技会以什么样的速度进步:树木本性就是安静而和平的,根本没有相互斗争的欲望,它们每天都在一个地方安静的冥想、学习、研究。这个社会如果可以用不到一百年就从原始自我意识的诞生,发展到现在地球的科技水平,那它们经过了五万年的时间会达到一种什么样的科技高度呢?你现在那点大脑的想象力肯定想象不出来的。

当然,我们在第七章讲合一的时候,会具体地讲述在这个时空世界中自我的察觉、灵性发展的规律,你会看到和进化论一样完整而体系化的规律体系,而地球现在只是在其中的一个小阶段而已。确实,就好像你说的,有的世界是在沙漠边缘的,那里的人们天生就会看到我们上一次谈话结尾谈到的用真实的眼睛看到的世界和规律,在那里你根本不可能去选择分离、选择斗争,那里也自然也不会有战争、国家、政府、法院、律师这类这个世界你熟悉的的事物。当然也有一些世界层次,连自我意识都还没有出现,更不用提在沙漠的哪个位置这样的概念了。比如你看到的植物和矿物的世界就是这样的一个世界,它们只有生长和群体意识,个体与自我虽然存在,而没有明确自我意识。

Jim:哇,这些知识,真的是在走到太傻的第二步都会获得的吗?我实在太期待了。原来走到太傻的第二步就真的再也不用什么书了,太傻会教导我一切,是吗?

Taisha:是的,在第五世界和第六世界,本身就是太傻的第二步和第三步的世界,本身就不会存在什么书了。在那里的人们,每天绝大部分时间都在冥想,与太傻同在,理解爱、理解光、理解自己,这是每个人认为理所当然的事情。

Jim:太奇妙了,我真的有点迫不及待地想听下一次的谈话,了解这个规则宇宙的那些奇妙的星球和国度了。

那在太傻的第一步的人通向太傻的第二步的道路的核心是什么呢?上次谈话,你也说过,爱的道路也会有很多的岔路,也会有更多需要平衡的更深刻的分离的束缚,我也体会到一些,你能更系统地讲述一下吗?在爱的第一条道路

上，我们的锻炼如何才能最快、最有效地通向第二步呢？有哪些岔路，哪些陷阱，哪些我们完全没有必要经历的困难，我们应该如何克服这些困难呢？我真的是迫不及待地想知道这些，然后尽快开始向第二步的锻炼。

Taisha：走在太傻道路的第一步上的人，几乎都会无意识或者有意识地寻找通向第二步道路的大门，这是爱的道路的客观规律，就算他们不看《太傻天书》，也不看任何指导的读物，他们都会在内在太傻的指引下去寻找。不过，如果你清晰地知道大门的方向，你找起来会更容易，你的发展速度会更快。但是，这和你走上爱的道路之前遇到的挑战是一样的，都是你自己的怀疑和恐惧，只不过那些对自我的怀疑和恐惧更精细罢了。

在太傻的第一步，和爱的道路的之后的所有步骤，事实上都只有一种锻炼，所有的地球外面那些外星人，这个地球保护区的管理团队，都是在做一样的锻炼。这种锻炼也叫"奇迹的锻炼"。奇迹的锻炼将最终通向太傻的奇迹。太傻第二步的大门只是这个奇迹的锻炼的一个中间阶段而已。奇迹的锻炼只有一种形式——服务。

服务是每一个走在爱的道路上的人的内在渴望，当一个人认清原来自己和自己的兄弟姐妹都是合一的爱的时候，他只会去服务，而他的服务的本质就是给予。在给予中，你不断地确认自己真正的拥有。给予是一种对自己真实身份的确认，

所以，服务也是效率最高地创造的形式。在给予爱中，你不断地确认自己是爱。在给予知识和智慧中，你不断地确定自己拥有真正的知识和智慧。在给予奇迹的过程中，你就是奇迹的一部分。这就是为什么走在太傻道路的第一步的人，会在每一个环境自发的散播爱，他们在这种散播中，一边给予爱，一边拥有更多的爱。

这是奇迹的力量，只有在奇迹中你才能像违反物理规则那样运作，这个游戏的世界无法理解，为何他们给予的时候，反而会收获更多。游戏的世界的行动原则是追逐和争取，但是，他们越追逐，他们就越远离自己渴望的事物。走在爱的道路的人们自然会选择真实的力量模式——奇迹的力量，他们在服务和给予中，确认自己真正的拥有，在不断地给予中真正地拥有一切。

这就是为什么耶稣、佛陀，以及任何一个这个世界出现的大师，他们做的所有的事情本质都是有意识的服务一样。无论是他们的教导、他们传播的观念、他们宣扬的爱、他们创作的艺术、他们帮助的那些人，其实他们都只在做一件事，就是给予——给予这个世界爱，给予这个世界光，给予这个世界奇迹。

服务是唯一的"奇迹的锻炼"，不过这种锻炼有很多形式，教导和学习就是一种服务，给予和接受也是一种服务，伴侣和老师也是一种服务，创作和体验也是一种服务，服务的形式几乎是无穷无尽的，你都在服务中不断地理解自己、认识自己并接受自己更真实的身份。

Jim：服务是唯一的锻炼，这种锻炼也会出现岔路吗？就好像走上爱的道路前，有很多的岔路，如分离、制造、追逐，这些岔路如此之多，以至于通向爱的路似乎只是一条没有人能看到的、被重重迷雾遮拦的小路。即使你看到了爱，似乎走上这条路之前，也会被各种各样分离形式的爱所迷惑。就好像爱也有对爱的滥用和爱的误用。你以前曾经说过，有一种负面的对爱的使用模式，也是走在爱的道路上的。这些人追求的是对别人的爱的控制，并将别人的爱占为己有，这种对爱的使用也是服务吗？是不是这样的服务就是爱的服务的岔路？

Taisha：不是，服务自己也是服务的一种形式，爱自己的道路是爱的道路的一种，是爱的两条主路中的一条，不是岔路。我们说的岔路，是那些看似通向爱，其实却不是爱的道路。

我们一般说的爱的道路，都是指以服务别人为目标的爱的道路。走在这样的道路上的人，他们视其他人和自己是一体的。所以，他们服务别人的时候也是在服务自己。而且这些人往往会在爱的道路上更多地服务别人，服务他人是更多地通过给予而收获，因为他们看到自己已经拥有真相和更多的爱，而很多其他人还在幻觉中，因为无法看到爱，而只拥有较少的爱。当他们把自己拥有的更多的爱，给予那些拥有较少爱的人的时候，他们就是在做奇迹的服务。

在服务他人的道路上的人，更多地把自己的爱散发给那些拥有较少爱的人，而他们并不关心自己会获得多少别人的爱，因为对于他们爱似乎是源源不绝的财富。事实上也是这样的，对于服务他人的道路的人，爱是无限的。爱和财富、美丽，或者任何其他的事物一样，都遵循思维的创造规律，只有一个人不再担心自己拥有多少，他才会真正源源不绝地拥有。

另外一条服务自己的道路这也是爱的道路，这条道路也有自己的第一步、第二步和第三步。也会一样地在第一步中理解爱、领悟爱。第二步在沟通中理解智慧和真实。第三步领悟爱与真的合一，领悟自己的奇迹。只是，这条服务自己的道路与服务他人的道路相比，是用相反的方式使用爱的力量。他们通过制造恐惧而成为别人赋予爱的对象，他们像吸血鬼一样吸取别人爱的力量，并将这些爱占为己有，作为另一种模式的创造的动力。这条爱的道路上的人也会拥有自己的智慧，甚至有机会走到太傻的第三步，成为服务自己的第三步大师。

> 6.29
> 奇迹消除分离，奇迹超越幻象，奇迹因此无法理解幻觉

这样的大师在历史上也出现过，并且留下过令所有人震惊的奇迹般的创造，即使在现在的世界，也有这样的第三步的大师和他们所创造出令人惊叹的创作，他们还受到无数人崇拜。但是，即使这些创造充满真实的智慧，他们的实质还是吸取爱。

服务这条道路上的人最喜欢的一个词语叫作"精英"，最熟悉的方式是"个人崇拜"，而实现这种方式的手段多种多样，本质却都是强调人与人之间的不同与差别，在制造恐惧中吸取他人的力量。所以，当你看到一些文字或者教导在用各种方式教导你如何更高贵、更优雅、更时尚，如何超越别人，成为比别人更高、更强、更有力量的所谓精英或者成功者的时候，你就要警觉。这种道路，其本质都是控制爱和扭曲爱的道路，是通向奴役和被奴役，操纵和被操纵，控制与被控制途径的道路。虽然你确实可能暂时拥有更多的财富、力量和智慧，并且你看起来可以被很多人崇拜或者跟随，但是本质上你一面是被这些爱束缚，一面也是将自己的力量贡献给比你高级别的控制者。

有人会称这两条道路为光明和黑暗的道路，这样是不准确的。因为这样的称呼，带有强烈的分离和恐惧的情绪。爱的两条道路，并没有本质差别，没有好坏对错，它们都是服务。既然人与人都是一体的，那么服务自己也是服务全体的一种形式，只是另外一种服务方式而已。只要是在爱中的服务，都是爱的道路，它们并没有区别。最终，这两条道路都会在太傻那里合一，没有服务自己的太傻，也没有服务别人的太傻，只有太傻。时间之外的太傻是没有区别的。

但是，在这个第三层世界，如果你想毕业向下一层世界发展，你必须走上爱的道路，无论是哪一条，你必须在两条中选择一条，要么更多地服务自己，要么更多地服务别人。并且这种更多，一定要多到某个临界点，以至于你是清晰地走在某一条爱的道路上你才能毕业。但是这个世界的绝大多数人，只是在游戏幻觉世界的麻木中，他们在服务自己和服务别人之间不断徘徊，有时候想帮助世界，更多的时候是在担心自己，他们并没有作出真正自己的选择。他们将不断在第三层别的世界循环，一直到他们作出自己的爱的道路的选择。

但是，走在这两条道路上的人，却没有什么很多的共同点，无论在行为方式、思维体系，还是灵光中能量中心的开放和平衡模式，两者都是截然不同的。这两条道路在第三层世界和第四层世界中几乎都是彼此对立、并一直交战的，这是几乎所有第三层世界和第四层世界所有形式战争的源头。到了第五层世界，这两条道路的人都拥有了智慧之光，他们都会看到战争是没有意义的，于是在第五层世界，战争的行为会消失。最终到第六层的世界，这两条道路会在太傻

前合并为一条道路。这条道路已经无所谓服务别人和服务自己的区别了。

但是在这之前，对那些爱的道路的潜能者——没有作出自己爱的道路的决定，但是却有潜力轻松走上爱的道路的人——他们会同时受到这两条道路的吸引。要么成为服务自己的爱的操纵者和控制者，要么成为服务别人的爱的仆人。但是，这两条道路都是爱的大路。

6-5 信息的迷宫

Jim：虽然我以前也经常认为自己是精英，但我现在应该很明显是走在服务别人的道路上吧？《太傻天书》也是教导"服务别人"的爱的道路体系吧？因为从这本书一开始，就在说分离是一种幻觉，恐惧也是一种无意义的幻觉，还说我们是一体的。似乎追求爱的控制的人都不会这么教导，对吗？那教导爱的控制和爱的操纵的道路的人会教导什么呢？

我这么问主要是想理解，在走上太傻的第二步拥有智慧前，我们怎么分辨到底哪种服务的教导是服务别人的教导，哪种是服务自己的教导。我在前一段时间接触到几本讲灵性的书籍，看似在讲灵性和觉醒，却一直在讲各种地球历史的战争、奴役、操纵的源头，说什么地球的创造者、基因的改造者、各种银行家政府的阴谋之类的，我也不知道那是真的还是假的。但是我总是觉得，这些书似乎和我看的《太傻天书》和《奇迹课程》并不是一个体系的，里面的内容让我很不舒服。

Taisha：你的感觉是敏锐的，虽然你的蓝色中心并没有完全打开，但是，注意你的情绪，你的情绪是太傻与你沟通的真实的工具之一，当你感到内在平静、舒适、温暖、感动的时候，那肯定是与你内在共鸣的力量。当你感到犹豫、疑惑、不适，甚至厌烦的时候，那是与你排斥的力量在起作用。但是，这对于一些能量强烈的信息是有作用的，有很多的教导和信息，隐藏得非常深入，表面也会披上服务别人的爱的衣服，但是，内在的教导还是服务自己。

例如，"末日预言"2012的各种预言版本，流传在世界历史上的各种地狱、末世和救世主的传说，这些本质都是典型的服务自己的信息的模式，它们尽管并没有说谎，但是传播扭曲的信息不一定要说谎，只要有目的地隐藏一些信息。例如同样是灾难，灾难有大有小，即使对整个地球无关紧要，但对那个小小地区或者某些个人也是灭顶之灾和某种意义的世界末日。但是，是不是这个地区的灾难就是全世界的末日呢？在灾难和末日的预言中所有的预言者都会说："我是因为爱你、想服务你、想帮助你、才传递这些信息的，本质是为了拯救你，只要你如何如何做，就可以被拯救"。这样也确实是真的。对于"服务自己的"思维体系，让人在恐惧中接受控制、付出力量，并且成为某种追随者，这确实是"服务自己"体系的爱与帮助的形式，这也确实是"服务自己"体系的爱的方式。

服务他人道路的人也会看到灾难，但是他们却不会用灾难的信息散播恐惧，他们会告诉别人，每个人所经历的灾难都是自己制造的，因此，每个人都有选择自己经历的权利和自由意志。服务他人的道路的服务者，不会用任何的外在恐惧来实现服务的手段，他只会帮助每个人看清自己的力量，并自己作出选择。所以服务他人的体系，即使面对灾难，也会安慰所有的人："没事的，你肯定是安然无恙的。"

这又是一个第三世界的大脑无法理解的矛盾迷思：为什么帮助你躲避灾难的人其实是在阻碍你，而不告诉你如何躲避灾难的人却是在真正帮助你？

你看，同样是爱的服务，一种是让人在恐惧中成为某种跟随者，一种是让人在消除恐惧中成为自己作出选择和决定的人。同样是爱，对相同的信息却有完全相反的处理方式，也会造成完全相反的结果。

分辨不同的爱的道路的信息，对已经走在太傻的第一步上的人并不难，因为他们的爱的中心已经打开，爱会自己给你创造一个光的盔甲，自动警告和抵御那些和你道路不一致的信息。但是对于那些爱的道路的潜能者，却是一个很大的迷宫。尤其是这个迷宫在地球的环境下，很多人会无意识地贡献自己的力量，让这个迷宫更复杂。于是，很多爱的潜能者往往会分不清到底什么是服务自己和服务他人。而那些追逐力量控制的服务自己的道路的人，也会根据人们心智的各种分离的特点，设下种种诱人的美景，诸如安全、健康、智慧、高贵、精英等等，让那些爱的潜能者走上服务自己的道路。你应该在过去接触过很多这种迷宫吧。

Jim：你这种问题问我这样博览群书的人真是问对了。我以前在对"2012问题"感兴趣的时候，接触过很多书籍。有外星人通讯的、大师通灵的，还有100年前的各种神秘学派的经典教程，这些我全看过，虽然研究不深吧，但那些思想体系的皮毛还是知道的。

我看到的最典型的这样的服务自己的道路，应该是叫作"魔法"吧。在100多年前，叫作"炼金术"之类的。有一些书，非常认真地教授很多的魔法修炼的原理呀，力量图案呀，各种仪式或者咒语呀，且无一不承诺学习了这些魔法后就能拥有某些神秘能力。我原来对这些基本是嗤之以鼻的，因为理智告诉我，要是这样真的能练成，早就有不少人练成了，但是，这个世界却很少听到有人成功的事情，听到有人觉悟的倒不少，但是听说有人练成这种魔法的确几乎没有，那么这些书肯定有什么重要的事情没有说，说不定这是某种陷阱呢。

就好像在金融领域，你要是遇到一个人说："你运气真好，现在有一个几十年才出现一次的机会，能一下子赚五十倍以上，是通过某种内部、神秘而复杂的体系赚钱，现在这个机会就落到你头上了"。这类被骗的故事，我在业内每年都听到好几起，而且都是那种看似很成功的企业家上当受骗，被骗几千万到上亿的不等。揭示这类骗局最好的方式就是概率。耶稣和佛陀的故事，尽管少，但是还是出现过；可魔法大师好像真的谁都没见过呢。这种是你说的自我服务体系的迷宫吗？

Taisha：神秘主义只是信息迷宫的一种，但是，却不是最普遍的一种。你之所以对这些会感兴趣，是有一些特殊的原因的。

不过，你可以掌握一个判断这些教导体系的核心原则，既然只有爱的力量才是唯一真实的力量。任何跳过爱的力量，仅仅谈通过技巧、仪式和咒语获得力量的，几乎无一例外的都是服务自我的体系。不过，另外一点你猜错了，神秘主义的魔法这个事情是确实存在的，那些魔法修炼体系也是确实有效的，这也是为什么一些神秘教会总会吸引很多人，因为这些人确实看到了某些他们觉得是奇迹和力量的东西，然后才相信这些教导也确实会给他们带来奇迹和力量。

而且这些魔法或者神秘宗教，有时候也会披上爱的外衣，比如会告诉你，他们的力量能拯救你患绝症的亲人，或者他们的力量能打败你痛恨的那些邪恶，帮助这个世界，并会真的给你展示实际的效果，而那些效果也确实是真实存在的。你说的这些神秘主义的成功案例虽不像耶稣和佛陀那样流行，但也是真实的，但是你不知道核心原因。只瞎猫蒙着死耗子了。服务自我的人由于内在追求分离的爱，内部会积累持续的矛盾，所以一般是不可能成为某种影响巨大的体系的，这些神秘教导体系往往在发展的某个阶段就在内部矛盾中自己崩溃了，所以，没有出现象耶稣和佛陀那样的由于信徒众多而传世的大师。

依赖大脑的概率判断，也许确实会偶尔蒙对，但是，这并不是有效的判断方式。你的某一个被人们称之为"巫师"的前世，就是因为真的看到了这样神秘主义的炼金术的神奇效果，因而在某种彻底的信仰中成为了某个服务自我的第三步大师的弟子的，所以，你现在偶尔还会对神秘主义很感兴趣。

判断服务自我和服务他人的体系最直接方式，是看这些教导到底怎么描述爱。要是对爱绝口不提，对爱的本质、爱的意义、爱的无区别避而不谈，只是不断地告诉你，可以有这样的力量、那种的效果，可以取得这样的成就、那样的奇迹，这些肯定是自我服务的道路的教导。这个道路也许确实可以控制力量，获得力量、甚至成为某种大师，但是当你获得力量的时候，你也进入了一个更深层次的被控制的体系。

Jim：就好像《星球大战》中的追求黑暗力量的维达，他因为对妻子死亡的恐惧而选择追逐力量，看起来他的行为是爱，但是那只是对他妻子的爱，他把这种爱凌驾于对其他人的爱之上，并会为了拯救他的妻子而伤害其他人，他就走上了自我服务的道路，是吗？

Taisha：你说得很对。所以判断一种教导到底是服务别人还是服务自己的模式，最核心是要看它对爱的表述，到底是让别人与自己完全平等的爱，还是让某些人比其他人更重要、更特殊、更精英、更值得拥有力量的那种分离的爱。这是这两条道路的本质区别。但是，它们都是爱的道路，没有好坏对错，不要因此陷入恐惧，这样只会让你偏离爱的道路。批判，是爱的道路的岔路。因为批判也是分离的一部分。

对于一个教导服务他人的爱的道路的体系，"真爱"的意义肯定是第一位要谈的事情。不理解爱，什么都没用，而且肯定从头到尾，反复地从各个角度谈爱，所以，服务他人的和服务自我的体系其实很容易区别。

Jim：那我现在看到的可有不少教导思维意识法则的书，都在教导某种秘密的思维力量模式，类似很流行的《秘密》《意识创造的24堂课》《硅谷密码》之类的书，它们都是在不谈爱的情况下教导意识法则，它们也是服务自我的道路书吗？

Taisha：这些类别的书籍都称不上灵性的书籍，它们只是作者在无意识地走上爱的道路后，有所感悟后写出的，他们并没有意识到自己的爱究竟在哪条具体的道路上，也没有形成完整的思想体系。他们只是为了教导自己的某种经验。你不能简单的因为他们没有谈到爱，就认为他们是教导自我服务的书籍。

不过，你可以去观察，这些书，是用什么方式吸引读者的注意力的，内容上到底鼓励读者去做什么，而理解它们的思维体系——很多励志类的书都会说：读了这本书，你会成为多么富裕、多么成功、多么战无不胜、多么精英的人物，曾经有多少的精英和成功者都是因为读了这本书，或者掌握了这种技巧才成功的。这是这类书的典型的宣传手段。

当你看到这种宣传手段的时候，你就可以理解，这些作者并没有突破"成功、

富裕、精英"这类游戏世界谁都追逐的幻觉体系，还在游戏的世界里究竟怎么升级、究竟怎么获得更好的装备的思维模式里面。这些思维的本质还是外在的追求，而不是内在的探索。即使这些书一般都会披上"思维方法""思想的力量"这样看似内在追求的外衣，但是这些书的本质并没有改变。

所以，一本以外在追逐为主要目标的书，即使它教导的是真实的道理，也是对真实道理的误用，里面也许说的是正确的规则，但是，却没有完整而系统的阐述这些规则的体系，只是不断地说："你看，有人就是这么成功的，你只要这么做，肯定也会成功"，然后找出无数的心理学和哲学体系的依据。但是，本质上，这些都是在忽略反面证据下的体系，这并不是完全的服务自我的道路，只是不完全的规则的误用和误导而已。

所以你可以发现，即使这些书籍很流行，但它们实际上并没有产生什么实际效果。但是，爱的两条道路，却是经过无数人验证，也有无数人走过的道路。这两条路一般因为内在的规则的完整性，所以无须用一些类似"不为人知的成功秘密"这样的广告性文字来宣传自我，它们内在的真理就足够说服读者来走上自己的道路。

注意，不要去批判这些书籍的作者或者类似信息的传递者，他们很多人确实是在真诚帮助世界的渴望下完成这些书籍和信息的，只是因为他们并没有一个完整的体系来认知自己传递信息的本质，所以被一些特别的力量所误导。就好像很多做"大师通灵传讯"的人，他们其实并不知道自己到底是在传递哪条爱的道路的讯息，仅仅觉得既然这是某种大家不知道的信息，看起来也是能帮助这个世界的，那就足够了。而实质上，绝大多数这样无系统的讯息来源都是控制体系的信息模式。真正服务他人的信息体系，宁可什么都不说也不会用只言片语误导听众的。

所以，你要注意，爱的道路并不是只靠同情、诚实和帮助的愿望就可以完成一切的，这里面会有很多的岔路和迷宫，你必须非常警惕，尤其是在你尝试用这些信息帮助别人的时候。当你在施行奇迹的服务的时候，你必须非常谨慎，因为每个人的背景、理解，和将要走的道路都是复杂的，你很难用一个真理要求所有人都去完全接受和实践。有时候你也许觉得你在帮助，其实你却在阻碍，你也许觉得你是在服务他人；而实际的结果却是在服务自己。

至于"到底什么是真正有效的服务"这样的问题，是没有标准化的答案的，你必须去从你内在的太傻那里去找到你自己的回答。记住，太傻是你唯一的指南，随时去问太傻，你将得到真正的指引，即使是在奇迹服务这件事情上也是一样，

6-5 信息的迷宫

6.35 奇迹只在太傻的指引下，给予那些愿意施展奇迹的太傻的老师

你的大脑病毒会随时随地地尝试将你拉入追逐和期待，这是很多在爱的道路上的人都进入的岔路。

Jim：我明白了。那所谓的外星人通灵呀，大师教导呀，这类有很神秘色彩的信息，我们应该怎么分辨呢，它们似乎非常的内容庞杂，有的甚至比《奇迹课程》《佛经》之类的还要厚。服务他人的信息似乎很好分辨，因为它们都会主要谈爱，主要谈对别人的帮助，谈如何认识自己真实的力量，如何走出幻觉。但是，在很经典的书籍之外，还有很多也宣称自己是描述真理、帮助他人们的书，这些书，我们应该怎么分辨呢？

Taisha：在回答这个问题的之前，我应该先向你指出太傻第一步道路上的一个几乎每个人都会遇到的岔路，这也是爱的道路的潜能者的主要的迷宫——信息缺乏恐惧的岔路。

这个爱的道路的岔路的表现形式是，一个人会发现自己不知道很多东西，而获得太傻内在的指引又特别少，于是他们想从各种各样的宗教、学派、书籍、信息、文字和各类教导中寻求真理。他们会和你原来一样，广泛而开放地阅读，直到自己觉得找到了某种共通的真理。

这是几乎所有寻求真理的道路的人都会遇到的问题，而他们无一例外地会遇到一个信息的迷宫，里面似乎有无数的信息，但他们并没有找到指引他们走出这个迷宫的指南针，因为他们并不知道该相信什么，而不该相信什么。

于是最后很多人的方式是，相信大家都相信的，于是一些人进入了宗教的小迷宫，而那个迷宫似乎很有说服力，因为时间和其他的信仰者的坚定似乎是很重要的说服力。还有一些人会因为自己过去的一些经验，或者自己的一些兴趣，一些所谓的自觉，而选择各自不同的方向。但是，本质上这些迷宫都是爱的岔路。

我并不是批评那些宗教在误导人，但是，宗教确实是一个混杂的体系，尤其是在经过上千年的发展和大众群体意识对宗教的改造后，宗教确实已经很难用到底是服务自己的道路还是服务别人的道路来定义了。就好像基督教里面有大大小小的无数的教派，每个教派都依循着自己认定的某种真理，有的是清晰而明确的服务他人的，有的是明确的服务自己的，而更多是混杂而自相矛盾的。而佛教的典籍更是如山如海一般，就算你去研读什么南传佛教或者禅宗这样的独立的学术体系，你还是会进入一个迷宫。世界各地的主流宗教都有一样的问题。你看中国本土的道教，既有像《道德经》这样教导"无为"的典型的"成为主义"的教导，也有"玉皇大帝及其领导阶层"这样典型的控制模式的信仰体系。

在每个宗教的历史上，也都有各种服务自我和服务别人的大师出现，这导致宗教的道路最后成为了一个迷宫。

不过最近一百年，由于科学和信息的开放，人类在宗教迷宫中局限的情况已经比三百年前强很多了，现在绝大多数人都不会随便去信仰什么了，这是某种很明显的进步。但是，人类的核心问题并没有解决，不是人类到底该信仰什么的问题，而是人们一直没有找到爱的道路的指南针，于是很多的人只会从一个迷宫到另一个迷宫，不断地游荡。

对信息缺乏的恐惧和大量获取信息的欲望，是爱的道路一条明显的岔路，很多人本来很坚定地走向一条爱的道路，突然看到了一本似乎很有意思、很有道理的书，似乎在教导某种神秘而快速的技巧，于是他会放弃原来的道路，走上新的锻炼，而这些道路往往是爱的岔路。

对于已经走在爱的道路上的人，因为他们可以感受爱，并且知道哪些事物是会与自己共鸣的，所以他们会有更好的识别力，并作出适合自己的选择。但是，在一些无意识地走上爱的道路和大量的爱的潜力者身上，由于信息迷宫而迷失的现象是无所不在的。

信息的追逐，以及对信息缺乏的恐惧，也是追逐和恐惧的表现形式，也是要像平衡对财富、安全、各种外在事物的追逐一样来平衡的事物。真的更多的信息就更好吗？这和"吃得更健康，更营养但不一定是更适合你"是一样的道理。真理往往是最简单的，但由于大脑的顽固，相信真理的过程，显得岔路重重。

我很难在信息迷宫中给出一个指南针，因为对于爱的潜能者，他们绝大部分都还不相信爱是唯一的指南针。他们会找到各种其他的指南针：大众信仰者多少，是否解决财富问题，是否能治愈疾病或者让人们更健康，是不是能解决某种社会问题或者经济问题，这些都会成为指南针。但是，爱是唯一的指南针。

观察爱，理解爱，察觉爱，不用一百本书、一万条教条来教导的。如果你是因为某种教导多相信，你肯定会走上岔路甚至服务自己的道路。因为岔路总是会更吸引人，而服务自己的教导更是为了吸引你，说服你跟随和服从而设置的。

对待信息迷宫的一条核心原则是：多和少是没有区别。一本书和另外一本书也没有区别，一种方法和另外一种方法也没有区别。任何一本书教导的技巧，只要你确定那是在教导爱的道路的，那是服务他人的道路，你跟随任何一本这样的书，都会走上爱的道路。

就好像《太傻天书》的四十九条练习，无论哪一条练习都是一样的结果，你就算只练第一条，也可以完全走太傻的道路。不一定是要四十九条都练习，也不用在练完四十九条之后，又去寻找别的四百九十条教导。那样只会让你迷失和分心。《太傻天书》练习之所以有四十九条，唯一的原因是不同的人需要不同的练习，你只要练你最喜欢的几条就行了。如果你不知道最喜欢哪几条，那就练前七条，甚至只练第一条。

就算不练《太傻天书》，《奇迹课程》之类的书籍也是一样。不是365条练习每条都要练，也不是31课每课都要学，每个人的道路是不一样的，没有任何一本书是适合每一个人的。如果有任何书宣称，自己适合每一个人，并且一定要读者从头读到尾，那肯定是服务自己的道路的书籍。每个人的道路是自己创造的，不可能被任何的大师设定。跟随内在的太傻指引，跟随爱的指引，才是唯一的永远有效的指南针。

甚至还有一些小的练习册，例如《当下的力量》就是只教导一个"活在当下"的练习，事实上，你专心只练一个，也可以走向觉悟。

这就是爱的道路的简单性和必然性。但是，因为大脑病毒往往喜欢追求复杂，追求更多，所以一个人往往会进入缺乏的恐惧和信息的迷宫。

Jim：我理解了。对这个我深有体会，我以前一直在寻找各种各样的书，每一本都是浮光掠影，最后的结果是谁也不信了。就连看到《太傻天书》，我也一样是极度怀疑，这估计是以前看各种宣称真理的书籍太多造成的。

不过你说的确实没错，深度学习一本有用的书，比随便翻翻一百本有用的书要有意义的多。只不过大部分人似乎都去读一百本了，而没有机会深入读任何一本。而这个世界的信息迷宫，大家都在读的那些书，什么"圣经"呀，流行读物呀，似乎都是更大的迷宫。关键是我们怎么找到那一本真正适合自己，并且能通过读它走上爱的道路的书呢？我相信每个人都一直在寻找，如果找到了，他们应该会反复地读的。

6-6 岔路的追逐

Taisha：你这样还是外在追逐真理的价值体系。记住，这也是除了信息的迷宫之外，另一条几乎所有人都会进入的爱的道路的岔路。

你还是在相信，真理是在外面，是在正确的描述真理的书里面。我必须很诚实地告诉你，没有任何一本书是无扭曲地描述真理的。无扭曲的真理是不可能用语言描述的，也绝对不存在任何一本适合所有人的爱的道路的书，每个人

的道路和走上爱的道路的过程是完全不一样的。

即使是《太傻天书》也是这样，它只是适合一部分爱的道路的潜能者，这些人已经有模糊的爱的观念，只是不知道道路在哪里。对大部分人来说这本书根本不适合他们。《太傻天书》更不适合寻求服务自我道路的爱的追寻者，也不适合追逐精英、财富和权力的追逐者。因为《太傻天书》的道路是服务他人。

任何一本书、任何一种教导体系、任何一条技巧，只要你相信它将带你走向爱的道路，并坚持的锻炼，最终都可以走上爱的道路，因为爱的道路在你心里，在太傻那里，并不在任何外在的信息里。

即使是《圣经》，虽然里面体系混杂，但是，一个真正的学习者，如果诚恳而科学地学习，不是简单地盲信，也一样可以从《圣经》中找到爱的道路。在《新约》的教导中，大部分都是明显服务他人的道路的信息，当然也有预言末日的服务自我的道路的部分。基督体系的学习者曾经在一千多年里只有《圣经》一本读物，但世界上仍旧诞生了很多爱的道路的大师。

所以，信息迷宫突破的核心不在于你是否找到了一本真理的书，而是你是否真的愿意承认，你已经拥有真理，真理只是在你心里，而不在任何外在书里，也不在任何老师、宗教、学说那里。

Jim：我明白了，你的意思是说我根本就不应该去那些各种外星人信息和不知来源的大师信息那里寻求真理，真理是不在外在的，只有靠自己在内在探索才能找到，对吗？

Taisha：没有应该或不应该，只是你在面对这些信息的时候，你可以思考：为什么我会看到这些信息呢，它们难道不也是在我的追逐中被我找到的吗？是我自己制造了它们，我究竟为什么制造这些信息呢？它们究竟是帮助我还是束缚我呢？

当你这样思考，你就会知道，你看似已经觉悟，但其实还是在玩那个游戏，只是以一种更微妙的方式在玩罢了，即使你看似在寻求解放，但是你行为的结果还是在给你建造一个新的、更微妙的囚笼。

你这样理解后，你就知道那些信息是什么并不重要，重要的是你为何会觉得你需要它们，你为何觉得他们是什么对你会重要。如果你已经觉悟，你为何还要去寻求帮助你觉悟的事物呢？如果你没有觉悟，这些追寻真的能让你觉悟吗？

当然，我们可以从另一个角度，从服务他人的老师和服务自己的老师对信息教导的不同方式来看这个"外在追逐信息"的岔路。

如果你的答案是从外在的书或者老师那里获得的，那些答案并不是你自己的，你只有自己找到并相信的答案，才是你自己的答案。所以随着你在爱的道

6.39 奇迹的意义在于在施展奇迹的过程中，你与你的兄弟姐妹再无分别

路上走得越久，那些真正会帮助你的外在的老师给你解答的就会越少，老师会帮助你自己去找到答案——引导你回到自己，这是每一个服务他人的道路的老师必然做的事情。

所以，服务他人道路的老师，总是会觉得没有什么新奇的东西值得告诉你，真理总是简单的，只是你自己没有理解罢了。他们也清楚地知道，对你的指导越多，只会让你更热衷于追求外在的智慧，而不会开始向内探索。所以他们会不断给你讲相同的内容，以至于大部分追求者会认为这些教导重复而啰嗦。但是，当他们真的睁开爱的眼睛的时候，他们才会理解，这是真爱的教导，并且每句话都有自己的深意。

这是服务他人道路的老师一向的态度，他们从来不会告诉你，自己是权威，自己是领袖，自己是比你掌握的更多或者更高的存在；他只会告诉你，你知道所有的答案，因此你可以自己去寻找，你不用别人告诉你任何的秘密、技巧或者诀窍，也没有人可能告诉任何你这类东西。你本来就知道一切，但是你却被自己的大脑阻碍了。老师的价值只是不断地提醒你自己知道，你可以自己找到，而不是替代你做任何事情。

而服务自己的道路的老师，他们知道只有你不断地寻找、不断地陷入追逐和恐惧，他们才能真正地控制和操纵你和这个世界。所以，他们会不断地给你讲各种新奇的技巧，并会给你各种各样的建议，他们也会让你不断地向他们追寻，向各种外在的书、外在的技巧和外在的力量去追逐，而且每一次都不会告诉你完整的答案，于是你会在追寻中不断地付出你的力量。例如：他们也许会告诉人类屠杀动物肉食，动物的恐惧会在肉中产生有毒元素，因此要避免肉食，实行素食。他们也许会告诉你，都市的媒体轰炸和周围人的扭曲的欲望会给你的灵光体造成种种损伤，因此你最好远离繁华的都市……等各种看似帮助你的建议，当然这些观点和建议并没有说谎，而且是可以获得各种支持的事实，但是，这些教导的本质却是控制和恐惧的。他们还会告诉你在你的道路上有各种各样的麻烦和陷阱，要这种技巧或者那种技巧才能避免，但是，你之后会想：为什么你总是会遇到更多的问题，而需要更多的技巧呢？

总而言之，引导你追逐外在的教导，本质都是以控制和束缚为目标的教导。即使这些教导都是诚实的。这是服务自己的道路的老师的教导的本质。而引导你探索内在的教导，永远是简单、重复和单一的，真理就在你自己那里，你不用作任何的追逐。

追逐内在合一的道路，内在的道路是简单而唯一的。追逐外在分离的道路，

却可以因为分离而多姿多彩、花样无穷，追逐外在你可以有无数的形式和变化，这也是服务他人和服务自己的道路的不同。

这就是不同模式的老师和他们不同的教导，但是，你不用依赖任何外在的方式来分辨，你自己一直都知道。你只要不断地问自己，在当下与太傻交流，即可知道一切。

在未来，Jim，你会遇到无数的情况，在内在的合一和外在的追逐中作出选择，你每一次经历这些考验，不断地放下外在的追逐，不断的回到内在的探索，你都会更加地接近你本来的自己。

当然，我并不是说，那些外星人信息和大师信息都是服务自我信息，或者说它们是你觉悟的陷阱，我只是说，只有你自己才能阻碍你自己，是你自己的追逐阻碍了你自己，你在追逐中不断地确认你自己还没有觉悟，不断地确认你自己还是匮乏和无知的，于是你就不可能觉悟，于是你也会一直处于匮乏和无知的状态。

Jim：我明白了，那如果我并没有追寻，但这些信息却以某种奇怪的方式出现在我生活中，如果那是太傻给我的呢？我如何去理解这些信息呢？

Taisha：太傻给你的信息确实不一定就是服务他人道路的信息，也有可能是服务自我道路的信息。当你接收到这种信息，既不要恐惧，也不用欣喜，你知道这是一个信息，于是你阅读它、理解它，与太傻一起感受它。感受它其中到底是爱还是恐惧，到底是服务自己的爱还是服务别人的爱。于是你就会知道你需要的答案，和太傻给你任何其他的答案是一样的程序。

记住，没有任何人可能给你答案，只有你自己，太傻的"真"那里，才有真正的答案。你也不需要从任何的大师、外星人、经典、书籍、宗教、组织、团体那里寻求任何的帮助或者指导，只有你自己才能真正指导你自己。

Jim：我理解了，原来我之前看到的一些流传很广的灵性读物，创造了一个又一个的关于地球和宇宙历史的故事，那些故事。似乎充满了斗争、操纵、奴役和各种恐惧，即使这些故事都是真的，也只是某些片面的描述，对吗？还有一些描述复杂的宇宙结构的书，说有多少个宇宙，宇宙之间有多少的层次，然后谁谁是这个宇宙的王子，谁谁是那个宇宙的创造者，这些本质其实都是在说，有些人和另外一些人不一样，更高级、更有力量或者更值得崇拜之类的，其实这些都只是一种恐惧和操纵的模式，对吗？它们的结果其实就是剥夺你的力量并为自己所用，是吗？

Taisha：你其实可以自己找到答案，完全不用问我意见。我的肯定和否定

6.41 你应该用奇迹来创造你生活的每一刻的体验，这是奇迹本来的功能

其实对你都没有意义。但是，你还可以用思维创造规律的角度来看待这个问题。因为任何一种信息都是创造产物，也必然遵循创造原则。

《太傻天书》中说、你是什么，你就会看到什么。如果你是爱，你就会看到爱，并且你只会看到爱。同样，如果你是分离，你就会看到分离；你是矛盾，你就会看到矛盾；你是战争，你就会看到战争。所以，即使在最和谐的环境里，分离的眼睛也只会看到分离。

每一本书的作者，无论如何隐藏，如何伪装，都不可能变成他不是的那个东西。如果一本书用复杂描述这个分裂宇宙，那么他就是复杂，就是分裂。如果你一个人用战争描述历史，那么他本质就是战争的制造者。如果一个人眼中只有控制和奴役的思想，他看什么都是不同的主人和奴隶的关系。

你可以用这种方式去看任何一种信息。记住，爱的源头只会看到爱，只会描述爱，只会散播爱，因为他只是爱。在爱与合一的眼睛里，一切都是爱，一切都是和谐，一切都不必担心。而其他的源头，所传播的和所描述的都只是他自己，与任何的外在的世界一点关系都没有。

记住，你是什么，你就创造什么，你也就经历什么，这不是什么人类的规律，而是万事万物的创造规律，不管你是外星人。灵性大师，还是地球救世主，都是一样。

Jim：你这样说，我就完全理解了。谢谢你这个教导，解答了我很多一直的疑惑呢！你刚才谈了信息的恐惧，谈了信息的迷宫的岔路，似乎还谈了对外追逐的真理的岔路，还有其他的岔路吗？

Taisha：所有爱的岔路都有一个本质，就是它们表面是爱，是理解，是宽恕，是接受，是服务，但是实质却还是分离，只是更细微的分离，刚才说的信息缺乏的恐惧只是一个几乎所有人都会普遍遇到的岔路模式，因为这个世界一向将好学、求知作为和勤奋努力一样的处世经典原则，从来没有任何人怀疑过，他们也被几乎所有人认为这是理所当然的。于是走上爱的道路了，还是不忘继续的"好学""求知"。但恰恰就是这些"好"与"求"成为了他们的阻碍，因为他们的本质还是行动主义，还是恐惧，只是更细微的恐惧而已。

其他的岔路有很多，例如我们以前提过的怜悯，即使不是对自己的亲人，而是对所有受苦的人的同情，以一种普世大爱的方式表达的同情，这种同情的本质，也是一种分离。

也许你很难理解，难道同情不是一种爱吗？难道看到受苦的人希望去帮助他们不是一种爱吗？

但是，我既然指出这是一条岔路，肯定是有我的原因的，但是，你应该自己去寻找答案，你可以找到答案的只有你自己找到的答案，你才能真正地理解。我可以给你一些提示：同情和怜悯的本质是看到别人受苦，但是，真的有受苦吗？难道受苦不也是一种大脑的判断吗？难道苦和乐不也是一种分离吗，真的有苦和乐的区别吗？如果你在同情中去帮助，去与制造苦难的人斗争，这不也是一种行动和攻击吗？那既然这样，我们应该怎么对待实际明显在受苦的人呢，难道视而不见吗？

这需要你很认真细致地理解爱，理解爱的本质，理解究竟怎样爱中没有恐惧，爱中没有选择和分离。你也可以想一想上一次谈话，我们谈到的"为什么公主被恶龙抓走，真爱的王子却给他们自由"——记住，那是真爱。真爱就是自由。

但是这些更深层次的分离、更精细的爱的理解和平衡的问题，都是爱的道路的岔路。即使第四层世界的探索者都要经过很多的世代的不断努力，不断从各个角度才能获得的对爱的精细的平衡。这些工作，不比你现在看清这个第三层次的社会的恐惧、追逐、分离和渴望的无意义要简单到哪里去。爱是一个巨大的领域，有各种各样的扭曲的爱、分离的爱、变形的爱，这些即使在第四层世界也必须要反复体验后才能获得理解。。

类似的岔路还有很多，比如我们以前谈过的，与时间相关的幻觉模式——层次与级别幻觉、进展和步骤的幻觉。这些在几乎每一步的道路上都是一个主要的障碍。我们为什么一面说："当下你就是觉悟的，你就是无限，你就是太傻，没有级别，没有步骤"，然后我们又说："爱有第一步，第二步，第三步呢？我们既然说这个世界是合一的，为何又说这个世界模式有七个层级呢？"这不是明显的矛盾吗？难道这些级别不也是分离吗？这条道路上有很多这种看似是矛盾，其实是和谐统一的观念，这些观念都是你的大脑病毒制造的差距。但是，差距其实并不存在。这些观点在《太傻天书》之前的章节反复提到，如果你不能透彻理解，你还是会进入这些时间、级别、差别所带来的岔路。

所以，Jim，你要理解，太傻的道路的每一步都不是简单的在游戏里面打打怪物、积累经验就能简单升级的，因为你在那个游戏的世界里实在太久了，即使你已经理解觉悟的意义，并且可以大部分时间自我警惕不进入分离，但是，你并不能在大部分的时候都保持当下的合一。你还是经常地和你的大脑一起回到那个游戏的世界，继续玩一些微妙的小游戏。这些小游戏都是你的爱的道路上的岔路。不管你是在哪个世界级别、哪种世界模式，这些岔道都是一样以不同的方式存在的，只是越向高的级别，你要努力平衡的深度也就越深，你与你

6.43 奇迹教师的候选者们呀！这是你在这个世界唯一真实的身份

太傻的合一程度也就越高，你的觉醒也就越彻底，你也处于更大的合一和更少的分离中。

走出这些岔道，坚定地走在爱的道路上，将是你一直的目标。你会以各种不同的方式锻炼这些目标，这不是一两天、一两世、一两千万年能实现的工作。等你到第五层的世界的时候，你就已经不再受生死的束缚了。但是，那个时候，你还是会受分离的束缚，即使你可以无限制地与太傻沟通智慧，但是智慧掌握的深度也有不同的层次。你未来的道路还很长。

但是，时间并不存在，长短也没有意义，岔路再多也仅仅只是幻觉，太傻已经在时间之外，知道你必然会回归。时间本来就是回归的工具，太傻只是帮你把本来需要无穷无尽时间才能完成的任务缩短，太傻消除时间。太傻就是奇迹。

Jim：原来我未来还有那么多挑战！你说的那些岔路，我确实想都没有想过，原来《太傻天书》确实提到过，比如：在当下，你就是觉悟的，没有层次，层次都是幻觉。道路上的阻碍呀，需要努力克服的呀，也都是幻觉，那些都是大脑给你自己设置的障碍。对于这些我觉得我理解了，其实我没有理解，对吗？我现在真的知道，我确实没有理解，因为我确实时常地想："哎呀，到底以后还有多少关卡呀？到底还要克服多少问题和困难，才能升级到第四世界、第五世界，走到太傻的第二步甚至第三步呀？"事实上，并不是问题导致我的阻碍，而是当我这么想的时候，我的大脑事实上还是在玩游戏，还是在游戏中制造问题，对吗？只是用一种我难以察觉的微妙形式罢了。

Taisha：更准确地说，你现在觉得你自己觉醒了，其实事实上只是醒过来了一会，确实睁开眼睛看了几眼这个世界，你其实还处于某种半梦半醒的阶段，经常会偶尔进去睡一会，偶尔有一下子醒过来，你并没有完全的醒来。完全醒来是你从第六层世界毕业后才达到的水平。那时，你已经完全脱离了时间，与太傻完全的合一。当然，你现在在半梦半醒之间持续地努力维持清醒，你会偶尔地体会到未来第六层世界毕业的时候才会体会到的那种完全清醒的感觉——这也是佛陀描述的"涅槃"和一些宗教神秘体验中的完美的合一的境界。

Jim：那这种完全的觉醒到底是一种什么感觉呢？我其实很享受现在的觉醒的感觉，完全的觉醒该是多么的一种美妙的事情呀！我在这个世界真的有机会能体验到吗？

Taisha：完全的觉醒是一种完全的当下，彻底超越时间和局限的当下。那种感觉是无比美妙，也是无法用语言来表达的。

那是一种与太傻深入合一的境界，那是一种非常完整的体验时间之外的无

限的一的感觉，在那种境界里，你会完整地感受你原来的样子，在无限种的一种的感觉，感受自己的无限的本质和完整的爱的感觉。你会彻底地在那一瞬间领悟太傻的教导和自己的存在的意义。不过，那种体验是在时间之外的，用语言是无法有效描述的，你只能自己去体验。很多宗教体验都描述过类似的感觉，用一种充满神秘色彩的方式，那感觉是无比动人的。

虽然这种体验到第五层和第六层世界很容易体验到，但在第三层世界确实难度高了一些，不过没有很多人说的那样麻烦："一个人一生只能体验一两次"那种，而且还有一些小技巧可以帮助你比较便利地获得。

比如你要是能跑马拉松了，你试着跑一次100千米，估计跑到70千米左右的时候，当你的身体完全耗尽的时候你就会体验到这种合一的感觉了。当你身体完全能量耗尽，你的大脑和其他的一些感觉系统也会因此而关闭，你就会体验到那种感觉。当然，不是每次跑都会体验到，不过跑十次，怎么也会出现一两次。很多超级马拉松的人就是因为喜欢这个感觉而热爱这种很多人无法理解的运动。

还有，有一些大师就比较喜欢用节食来体验这种合一。你看，就算觉悟的人，也不是像很多人想象的可以随时随地施展魔法种。一些体验和其他人的获得的过程也是一样的，原理和跑步也相同，饿到一定时候，身体和大脑耗尽了，然后就自然地体验到了。不过不是所有人节食都一定是为了体验这种合一的感觉，也许仅仅是为了不再受食物束缚而进行的某种锻炼罢了。

各种其他的宗教，如一些印第安和原始部落的巫师，都知道各种获得这类启发的方式，比如伊斯兰教苏菲派的旋转舞、印第安人会用一种热帐篷类似现代人桑拿的方式体验，这些原理其实都是完全一样的。不过这些方式获得的合一的体验很多都是比较随机的，而且对合一体验的深度也不是完全的，有的甚至会很浅，只是感觉身体的消失，然后会有一些比较浅的满足感和幸福感。你看过的村上春树写的《当我跑步的时候，我在想些什么》里面描述的就是这种很浅的合一的感觉。

当然，最有效、最直接、最不会受随机性的体验方式制约的体验，就是通过冥想。冥想是一种主动体验，和上面那几种被动体验是不一样的性质的。就好像一个人自己锻炼跑到的马拉松的终点，另一个骑着车到的终点，即使都到了终点，对每个人的价值却是完全不同的。一般在冥想中，你要是能达到冥想计数5000左右的水平，保持锻炼一两年怎么也会体验到好几次。你会爱上那种感觉的。

等你到了五层世界中期和后期，你基本就是一团光了，你可以随意用光制造你的身体，并以光的形式做时空旅行。但是，你对你自己是光的接纳程度还没有到你能长期地生活在恒星里面的程度。你只能偶尔地像你在地球上做日光浴一样的，偶尔地在恒星和融合中感受某种完全的当下，和周末休息去度假一次感觉差不多。但是，等你到了第六层世界，你会发现，恒星是你最喜欢的生活场所，你会像去上班一样去到恒星里面去做内在的工作。

Jim：我突然想起来，我刚看的《功夫熊猫2》那个电影也讲过这种完全的合一的境界呢，还说，只要达到了内在平静的最高境界就天下无敌了。后来那只熊猫不断地在水里感受到了，就真的天下无敌了。是不是冥想的最高境界真的是那样。是不是与太傻沟通也会得到那种类似的作用和感觉？

Taisha：电影嘛，最后正义总是要战胜邪恶的，否则就没人看了。你总是问真实应该怎么样，我原来给你讲的现实主义的电影，真实的肯定是不受欢迎的。现实主义的《功夫熊猫》，熊猫在自己真的达到内在平静的那一刻确实是天下无敌的，但是，他是肯定不会因此而去打倒对手的。他只是超越了自己，并在那一刻与完整的太傻合为一体了。

那一刻，熊猫首先获得的肯定不是什么无敌的力量，而是首先获得智慧与爱。现实主义剧本的世界的觉悟的熊猫，会像耶稣一样，对敌人笑一笑，说，"你无法杀死我，你只是在杀死你自己罢了，所以放下你的屠刀吧，我将带领你走向光明。"

觉悟的熊猫是肯定不会再去战斗的，战斗本身就是幻觉和恐惧的象征，你无法在恐惧中觉悟。觉悟的熊猫会和耶稣一样，即使要被杀死了，也不会使用什么奇迹的力量。也许这个时候，路上突然一个水坑把敌人绊倒了，于是敌人自己把自己淹死了，这倒是奇迹作用的结局，真正的奇迹都是在无意识中施展的，只有在太傻的指导下才能施展奇迹。但是，要是这么编剧，或者编成熊猫被杀死之后，又和耶稣一样重生了，肯定所有的观众都要扔臭鸡蛋说："这太没意思了，这不完全是宗教片吗！"不过这是事实，世人觉得没意思的都将是事实。

当然，这个是叉开的话题了，我只是希望你了解，与太傻沟通，甚至那种完全的合一都不是什么很艰难的事情，不是非要像熊猫那部影片里描述的那样，非要被打得吐血了才体验到，这些想法都是你体验太傻的障碍。这个过程本身是一个可以轻松自然的过程，即使那种深入的合一的体验不是每天能做到的，那种随时的沟通肯定是随时都在发生的。

Jim：好吧，我怎么看你现在有点像那个乌龟了，话都是发生之后才记得说，如果它早点告诉那只可怜的浣熊，说得再清楚一点，就不用再几十年枯燥地打坐了。你要是早告诉我跑100千米就能体验这种感觉,我就不用费力到现在才走上太傻第一步了。要是我在半年前就尝试体验一次,肯定在第三次谈话之后我就会彻底相信的,又何至于多花了半年时间呢?

Taisha:半年前,就算你体验到了,你也只是会把它作为某种类似喝酒喝高了以后的特殊感觉,当你没有完全的修正颠倒的幻觉的时候,不管你体验到的感觉怎么真实,你也只会将它当做幻觉处理。其实,这类体验你肯定读到过,《当下的力量》那本书一开始不就是描述这种感觉吗?

但是,你刚才对为什么我没有尽快告诉你一些信息的疑问说明你还是在进入分离和追逐。没有更快或更慢,对快慢的追逐、对觉醒阶段和层次的渴望,这也是爱的道路的一条岔路。Jim,当你尝试追求更快的时候,你就是在恐惧更慢,这种恐惧会阻碍你。你只有完全忘记还有"快慢"这回事,完全地确认时间根本没有意义,你才能真正地超越时间,去走向与太傻的合一。

太傻在时间的尽头等着你,他坚定地知道你必然会回来,时间只是你用来理解自我的一个工具而已,工具就是工具,无所谓长短、快慢,但是你对长短快慢的追逐,却会成为你的阻碍。

为什么我们会用各种层次、步骤和阶段来描述与太傻完全合一之前的阶段,并不是因为那些真的存在。核心的原因仅仅是,你还没有完全接纳你自己,完全理解你自己的无限,你还是觉得自己是有限的。你对自己的幻觉,在幻觉中的自己与无限的自己的差距,才制造了这些层次、步骤和阶段。但是,不管我们怎么描述这些层次、步骤、阶段,我们也反复强调你的真相——你是无限的,你是已经完全觉悟的,你就是太傻。只有你也不断地提醒自己这些,你才可能不断地接纳自己本来的无限,一步步消除那些幻觉差距和层次。

在这个过程中,任何的恐惧、追逐、期待,都是你接纳无限的自己的阻碍。就好像你对快慢的追逐也是阻碍的一部分。时间仅仅只是一个工具,这一点我们其实一直在反复地说,但是,你并没完全相信,因为你的相信是有层级的,于是你自己制造出了通向完全觉悟道路的层级。

所以,Jim,所有的层次、世界模式、发展的路径,都是你自己制造的,他们和时间一样并不存在,你唯一要做的只是不断地锻炼,在爱与智慧中完全理解并接纳你自己。当你真正地完全接纳那个原本无限的自己的时候,你就是完全自由的、完全觉悟的,你就是太傻了。

这就是奇迹真正的含义——奇迹就是"你成为太傻"。而奇迹的道路就是你在爱与智慧的合一下,通向太傻的道路。

6-7 奇迹的力量

Jim：我明白了，怪不得几乎所有的宗教和自我觉醒的体系，都会不断地重复："认识你自己"的核心呢！我记得《黑客帝国》里，男主角在那个预言师的屋子里抬头看到的那段标语就是"认识你自己"。原来认识自己是这样一条漫长的道路呢！

可是，虽然你总是告诉我，当超人是不重要的，你刚才也说，时空旅行要到第三步才能发展出来，但是，我还是很好奇，诸如像《黑客帝国》里男主角在天上飞这样的动作在这个地球也能做到吗？耶稣治愈病人是如何完成的呢？这些真的都只能在第三步才能做到吗？另外，电影里的男主角到最后，面对一群机器人的时候，为什么在现实的世界里面也能施展本来只在幻觉世界里才能施展的超能力呢？这也是奇迹能力吗？

Taisha：你的好奇心实在太丰富了，本来这些问题你应该等走到第二步了自己去问太傻的，不过我先回答你也没关系，反正又不是什么大秘密。

《黑客帝国》那部电影的核心虽然是描述人类的幻觉和对幻觉的突破。但是，突破了幻觉的世界只是另外一个继续战斗、继续冲突的新的幻觉世界。所有幻觉的世界，物理规则其实都是一样的。机器人模拟的那个叫 Matrix 的世界，也只是对现实规则的一种模仿，你进入机器人制造的那个游戏世界，是因为你是从游戏外来的，所以你一开始就知道那些游戏规则是可以突破的，你也相信自己能突破机器世界的游戏规则，所以你可以在机器人世界里施展一些超能力。而你在外在的现实世界，人们却不再相信自己的无限了，于是他们会继续受自己所相信的规则的束缚，但是规则本身还是一样的，区别只在每个人的思想里面。而最后男主角在现实世界施展的所谓超能力，只是偶尔灵光一闪，靛蓝色能量中心偶尔激活的效果，没有什么特别的。这和很多人在危急关头，都会爆发超常的力量和智慧，从而解决问题是一样的道理。

只不过，任何能力的前提都是沟通与智慧。在《黑客帝国》里描述的那种不掌握智慧就先拥有力量是不可能发生的。真正有能力发展你说的那些奇迹能力的大师，肯定首先是具备太傻的智慧的。否则这个世界肯定就早就像电影是那样一团混乱了。《黑客帝国》的男主角和那些超人呀，蜘蛛侠呀之类的，他们真的知道自己在做什么吗？他们知道自己能力的意义和价值吗？

没有智慧，人类就算拥有原子能也只会去造相互分离和破坏的武器，这就是为什么人类科技现在发展这么缓慢的原因，在人类还没有摆脱恐惧束缚和外

在追逐时候，是不可能发展任何的智慧和真正的科技的。你要是有机会看到真正的外星的科技体系，你就会感慨人类耗费了多少时间在那些根本没有意义的事情上面。一旦人类真的摆脱恐惧的束缚，不再在国防、休闲、武器、暴力之类无意义的事情上浪费时间，人类才会真正开始某种飞跃。

确实，人在天上飞、耶稣治愈疾病之类的事情都没有什么难度，重力和空间都是思维创造的产物，它和时间一样仅仅依赖于人的思维认识而存在。但是，这却是一种很深层次的自我局限，要突破它和看清"分离和追逐没有任何意义"的过程也是一样的，只是一个你多大程度接纳自己无限性的过程。这就是为什么《黑客帝国》在matrix里面人人都能在大楼之间跳来跳去一样，因为你知道重力其实只是一个规律而已，你每一次跳跃，这本质只是一个更深入的对自我的无限性的接纳的认知过程而已。只不过要真的飞起来，要太傻的第二步中后期才能有机会做到。诸如耶稣在水上走，其实这个事情也是一种飞行前期的小技巧锻炼而已，和从一幢楼跳到另一幢楼，其实是一样的道理。

不过与在这个世界飞起来相比耶稣治愈疾病是更高难度的奇迹，历史关于耶稣的故事，都没有记载耶稣给人治病，一百次有九十九次都是失败的事情。其实原因很简单，疾病是每个人自己制造的，不可能被任何别人治愈，不管是上帝、大师还是医生。耶稣给人治病其实只是给每个自己囚禁自己的人一个自己走出监狱的机会，那少数的几个治好了的人，其实也是在耶稣的帮助下，自己治愈自己的。

Jim：那是不是说，其实耶稣没有施展什么奇迹，是那个瘫痪了三十八年的人在耶稣的奇迹下站起来，那其实是他自己的奇迹，是吗？

Taisha：奇迹是不分彼此的，每个人都是奇迹，只是有的人知道并承认自己是奇迹，绝大部分人并不相信自己是奇迹。奇迹的老师的功能，只是不断地提醒每个人，他们自己就是奇迹。

既然每个人的每一刻的经历都是奇迹，那么疾病也是奇迹，它也是太傻给的肉丸，而且是大号的肉丸。只有当你认清疾病的奇迹的真面目的时候，你才会接到太傻的肉丸。

可惜的是，疾病是这个世界人们的一种深深的恐惧，大部分人并不愿意去接受太傻的这个肉丸，他们在恐惧中拒绝了太傻的奇迹。你看人们每年花在医疗和健康追逐上的费用，你就会知道，这几乎是人们在这个世界最深的一种恐惧，甚至比死亡还要深入。对大多数人来说，死亡是无可避免的，而疾病之类的健康问题，却是自己可以努力的。于是，吃什么更健康，喝什么能防止疾病，

到底找什么样的医疗机构才能保证更好的健康状态，几乎是每个人的追逐。

但是，治愈疾病不需要耶稣，不需要太傻，更不需要什么奇迹。你根本就没有病，为何要治病呢？如果有人能理解这句话，他就应该明白，他根本不必在医疗和健康上浪费一分钱。相反他在追逐医疗和健康上花的每一分钱，每一刻的忧虑，都是他自己给自己制造的幻觉中的疾病而已，其实每个人都只是心里有病，自己觉得自己病了，在梦境里又自己给自己做了一个噩梦。真实的你是根本不可能生病的。

我们在之前的谈话，谈到过愤怒的情绪是制造癌症的源头，人类如果要自我毁灭，肯定是用疾病先毁灭自己，我们之前也谈过分离的丝线和分离的情绪制造疾病的过程，这些其实都是思维创造法则的必然结果而已。

一个人如果真的想获得健康，首先需要确认自己本来就是健康的，自己不可能不健康。所有的追逐、所有的渴望都是让自己远离自己本来的样子，是自己制造了自己的一切麻烦。只要停止制造这些麻烦、停止去继续用对疾病的恐惧束缚自己、停止在各种分离的追逐中浪费自己的生命力，疾病本身也会自己消失。

所以，耶稣施展的奇迹是无法治愈任何人的，每个人只会被自己治愈。每一次耶稣治病，他做的只是不断地提醒那个病入膏肓的人："你没有病，你已经康复了，你现在就可以站起来。"但是，就和我在这本书里说了多少类似的话都不会有人听到一样，能真正因为耶稣所表达的真相站起来的人，少之又少。

不过，就和至少这本书一样，一百个人里至少还能感化一两个肯用耳朵听，肯用眼睛看的人一样，耶稣也是能治好一两个的，你可以称之为奇迹，但是，我还是会说："你就是奇迹，你一直是奇迹，你不可能不是奇迹。"

Jim：我理解了，《奇迹课程》上也说过，所有的疾病都是心理的疾病，所以只能通过心理治疗来完成。那是不是说，即使我们生病了，也应该去反思自己为什么生病，到底是什么分离的因素造就了疾病，而不应该去着急吃药，是吗？

Taisha：求医吃药治病都没有错，它们本质只是意识锻炼的那些工具中的类比锻炼的一个变形，都只是自我说服的工具。但是，一个人在疾病中需要看到疾病本身也是太傻肉丸的一部分，每个人都应该在疾病中接受这个奇迹。

疾病和其他的生活挫折一样，核心是一个人要认识，不是外在的任何事物导致他生病，也不是外在任何事物可以治愈他，是自己制造了这一切，也只有通过内在的过程，接受疾病对自己的教育意义，真正像接受挫折和痛苦一样接受疾病，你才能真正收到太傻的肉丸。

如果你在疾病中恐惧、忧虑，去对抗、批判别人制造了你的疾病，你最后

的结果肯定是会陷入更多的疾病和更大的麻烦。

Jim：我理解了，处理疾病和处理什么生活波折、情感痛苦的途径是一样的，理解一切、接受一切，于是你就会慢慢地从中学习和体验。当你真正地学到一个经验内在的价值的时候，你也不用再去重复这些课程了。就好像我接受了我感情挫折的意义，所以我也因此不会再经受一样的问题，疾病也是一样的，对吗？

Taisha：是的，我们从第三次谈话就开始描述，如何理解一切、接受一切，从各个角度描述如何理解、如何接受，但是，这句话的终极的目标是——理解自己、接受自己——这就是太傻的奇迹了。

Jim：我明白了，有个问题，以前我问过一次，那时你没回答我：是不是耶稣、佛陀都是第三步的大师？现在可以告诉我答案了吧？

Taisha：耶稣和佛陀都是流浪者，大部分流浪者都是来自智慧与爱平衡的第六层世界，在那里每个人都是第三步的大师。但是选择流浪而经历遗忘之后，在第三层世界每个流浪者都要一样地努力记起自己，并且重新一步步走上太傻的道路。耶稣和佛陀是两个提前忆起自己身份，并以带领这个世界走出黑暗为目标的太傻老师。也正是因为他们选择了教导世界的道路，所以他们没有选择继续走向太傻第三步。耶稣和佛陀都在他们有限的生活历程中觉醒了太傻第二步大师。但是他们中有一位不仅仅携带着来自更高层次的教导的记忆，同样还携带着第七层的能量模式的一个特殊投影，这个伟大的礼物也给他个人造成了极大的负担，这在流浪者中是极其罕见的情况。

这个问题我们之所以放到现在才谈，是因为它很容易引起误解，大脑病毒最喜欢的就是在比较高低中制造矛盾。第三步的大师并不比第二步的大师更高级或者拥有更强的能力，那只是一条比第二步更狭窄的道路而已。在地球这个环境突破第三步也并不是一个最佳效率的选择。太傻的第二步会有很多不同的方向，只有极少数人会真以第三步的突破作为自己的方向。而类似耶稣和佛陀那样通过教育世界来传播爱与光的第二步大师其实不少，只是在那些时代里，讯息不发达，很多大师的故事和教导的智慧都在时间的流逝中被遗忘了。

和耶稣、佛陀一样，这个世界很多的第二步大师，他们其实都完全有机会走到太傻第三步，但是，他们在各自的生命历程中，都将大部分的精力投入到爱和智慧的传播中。他们有很多的弟子，四处旅行，在各地传播各种教导，所以他们都没有太多的机会工作和发展自己的靛蓝色能量中心。这个能量中心的完全开启需要很长时间专注的锻炼。一般一个走在太傻第二步的大师，至少要专注地工作于这个中心几十年，才有很小的机会能走到太傻第三步。

第三步大师最典型的标志就是不再受死亡的束缚。注意，不是死而复生，而是他已经完全超越了形体的限制，直接可以以光的形式存在于这个世界。你可以在一些太傻第二步大师留下的回忆录中，看到这些第三步大师光辉的身影。例如，有一本叫作《一个瑜伽行者的自传》的书中描述的那位叫作"巴巴吉"的大师，就是印度现在的几位第三步大师之一，他从几百年前直至今天仍活跃在喜马拉雅山一带。

所以，第三步大师几乎都是不为人知的。这个世界却有不少第三步大师留下的教导和遗迹，有的还是非常宏伟的，比如你看到的大金字塔，这是帮助人类觉醒的一个伟大的建筑，只不过这个工作并没有实现设计它时候的价值，仍旧被人类扭曲误用了。你看，其实就算是第三步大师，也不是像很多电影里面想象的那样无所不知、无所不能，他们的工作同样被人类的无知和恐惧所限制着。

现在这个世界上，不算那些从第六层世界来访问的外星人，在地球上自我觉醒到第三步的大师确实很少，最近几千年加起来也不到一百个。这些人大部分都在深山老林或者某个寺庙深处的小屋里，人们基本不会有机会知道他们的名字。但是，你要特别想找一个，其实也不是多难的事情，问你自己内在的太傻，让他给你安排一个就是了。既然他对宇宙万物无所不知，如果你真的需要一个第三步的大师做你的老师，你自然会找到。

我在地球上偶然倒也遇到过一个第三步的大师，在美国圣地亚哥的海洋公园，我遇到一头鲸鱼，他就是一个第三步大师，我和他随便聊了十分钟。你要是现在去，估计那头鲸鱼还在那里。我问他，为什么要待在一个玻璃笼子里，而不去海洋自由畅游呢？他要是想走，估计也就是一起鲸鱼失踪的新闻罢了。他说，这里其实和其他地方没有区别，反正也是每天冥想，在哪里都是一样的，这个地方肯定比一些第三步大师呆的喜马拉雅的山洞要强。待在这里还有个特别的好处，就是可以从玻璃墙上像看电视一样的看这个世界的男男女女，从而读取这些参观者的思维和过去的经历，他可以更深入地理解人类的分离的幻觉和挑战，这也是一种锻炼模式，在大海里遇到一个人可不是那么容易的事情。然后他送给我一段他自己创作的音乐，我现在都还经常用那段鲸鱼之歌做反洗脑的练习，那是我听到过的这个世界最纯净的音乐了。不过现在地球这个第三层的世界中，大部分鲸鱼、海豚都比人类灵性进化得很多，估计未来毕业去地球的第四层世界的人和海豚、鲸鱼的数量总数是差不多的。

Jim： 好吧，连鲸鱼和海豚都超过人类了，看来人类真的太落后了。那你能给我某个指标性质的东西，让我知道我在爱的道路上进展到什么程度了呢？还

有，我怎么知道现在自己的觉醒到底是多少分，是100分的60分还是20分了呢？虽然我知道，这是层次，但是，理解自己的道路的框架和自己的位置，应该是对学习有好处的吧？就好像每一次学习都要有学习大纲一样。

Taisha：是的，学习大纲和每阶段的自我测试都是对爱的道路有帮助的指南针，只是你不要执着于快慢长短即可。

你会有很多的测试模式和觉醒指标分数，每个分数体系都会有一些小的分数，就好像你每次自我测试的分项得分一样。而且每一个体系都是相互印证的。

比如我和你说的灵魂灵光中各个能量中心的平衡和明亮程度，你现在绿色已经完全打开，但是，还没有达到最高的完整的亮度，形状也只是刚开始结晶的阶段。完全的结晶会成为一个莲花样式的图样。你的黄色中心和橙色中心分别都有一些不平衡，受外在环境和情绪的波动影响比较大，你要更专注的平衡从社会和个人情感方面的波动，你每一次在与外在交流互动中的情绪波动，哪怕是最微小的好恶感觉，都在造成你橙色和黄色中心的扭曲，他们都是你要平衡的元素。比如，走在大街上，看到路上各种各样的汽车，你会下意识地分辨，这个牌子高级，那个牌子不怎么样，这个车贵，那个车便宜等等，这些思维都会造成你黄色中心的扭曲。只有你达到黄色和橙色中心的稳定的平衡，你才能更有效地发展绿色和蓝色中心。现在你的蓝色中心偶尔的闪亮，一般都是在你在内在的平静中接到某种来自太傻的启示的时候，但是这些时候并不多，你的靛蓝色中心还是关闭的状态。这就是你现在自我测试的成绩，在未来你打开自己内在的眼睛，就可以更清楚地在每一个环境观察自己各个能量中心的细微波动，你也可以知道自己的觉醒道路的分数。红色中心和紫罗兰中心是稳定的，紫罗兰中心是你的总分，某个时段一般都是不变的，它会随着你的觉醒的深度，缓慢的变化。

当然还有其他的指标，例如你服务他人和服务自我的意识的比率，如果你服务他人的比率超过50%，或者服务自我的超过95%，就可以向第四层世界毕业了，但是这个比率并不精确，因为到底什么是服务自我和服务他人，大多数人都是模糊不清的。

另一个指标是你每天能保持某种当下的觉醒的时间的长度。注意，睡眠也是一种当下的觉醒的状态，但是睡眠的状态的觉醒程度，只有你有意识地冥想的一半的深度，所以一般只能算一半时间。如果你每天能在冥想中持续四小时，加上睡眠，每天能保持在完全的当下的时间大概是八个小时，其他的时间基本是思维游荡期。

如果你能将当下的觉醒的时间维持在十二个小时，你就肯定走上太傻的道路的第二步了。如果你当下能维持达到十八个小时，你就到太傻道路的第三步了。当然，随着觉醒，你需要的睡眠时间也就越短。一个第三步的大师，基本每天只要一到两小时的睡眠。在类似佛陀阶段的第二步中后期，需要的睡眠也就四小时左右。所以，你也可以从你睡眠的时间上确定你现在觉醒的程度，但是，注意，不要刻意少睡或者刻意为了到达某个时间而去冥想，只有完全自然地做到才是你真实的觉醒的程度。

还有很多类似的指标，你以后都会学到的。其实这些指标都是一样的，只是你觉醒的不同层面的不同体现而已。例如，等你到第二步的时候，蓝色中心完全开放的时候，你就能无障碍地和太傻沟通了，你也可以直接问他，他肯定会告诉你你到哪一步了，你还可以问各种你身边的外星人、大师，他们都会告诉你。

Jim：谢谢，这一次谈话，我收获很大。尤其我理解了，我自己以为的觉醒其实只是又进入了另外一个游戏的层级，我还没有达到完全的觉醒。我还在爱的道路上有很漫长的道路，但是，我已经看清了道路的方向，那些爱的道路的岔路，你已经给我指出了一些。虽然并没有告诉我答案，但是，我想我可以自己找到的。

Taisha：所有的答案都在你的内在，你唯一要做的是不再相信那些你和真实的你之间的那些阻碍与区别。

Jim：谢谢你的建议，我想我可以自己找到答案。这是你从第一章开始就努力让我知晓的核心的道理。

Taisha：这一次谈话的结束，我还有最后一个魔法礼物要送给你呢。这是一套奇迹的树叶——就是这个。

Jim：噢，这不是树叶型的便笺纸吗？虽然这些树叶的形状是不同的，但是和我平时用的是黄色和粉色的 3M 的便笺纸应该差不多吧？这个怎么用呢？

Taisha：很简单，把你要做的太傻练习写在树叶上，然后把它贴在你的显示器上就是了。

Jim：要贴在显示器上吗？那这个树叶便笺纸和我的原来用的便笺纸有什么区别呢？

Taisha：区别很大。主要是因为 3M 的便贴纸质量太好，所以没法作为魔法工具使用。这套树叶便笺纸是山寨的产品，所以粘贴力不是很牢，一般全贴在显示器上，第二天早上来它们就会基本全脱落了，掉在桌上了。

Jim：难道山寨也是魔法功能的一部分？

Taisha：并不是山寨是魔法，是因为山寨，所以有魔法的效果。既然有树叶会掉下来，那么也会有树叶留在显示器上，一般总会有一两片树叶留在显示器上的，而那一两片留在显示器上的树叶，就是那一天你可以锻炼的奇迹练习了。

你要记住，这个世界没有偶然，即使是一片树叶的落下，也是太傻的安排。这个魔法树叶会告诉你每一天你要做的锻炼，这是最直接的与太傻沟通的方式，而且不会有任何的理解和传递上的差错，这是我给你的三套魔法工具中魔法最强、效果最直接的一套了。

Jim：哦，原来是这样运作的。是我前一天晚上离开办公室，就把树叶全贴上，第二天早上来看有没有树叶没落下就行了，对吗？要是树叶全落下了，一片都没留，可怎么办？

Taisha：那就是说，你那一天什么都不用锻炼，要是好几天都这样，说明那一套的太傻练习你已经学会了，你就可以换一套新的树叶了，把其他一系列的太傻练习再写在新一套树叶就是了。

Jim：那要是我的同事看到树叶，他们问我是什么意思，我怎么办？

Taisha：当任何人走向你的时候，记住，这不是偶然，他们也是在太傻的指引下走向你的，你可以问他们，他们看到了哪一片树叶。然后你给他讲解那片树叶。

记住，就算显示器上只有一片树叶，你看到的树叶和其他人看到的树叶也是不一样的树叶，每个人只会看到自己应该看到的树叶。这是这套奇迹树叶的另一个魔法所在。每个人都只会看到自己的树叶。

当任何人走向你的时候，这就是你服务的机会，也是你施展奇迹的机会，帮助你的兄弟姐妹成为奇迹吧！这是你成为奇迹的加速器。

Jim：谢谢，我会去尝试做好奇迹的服务的。这会成为我未来唯一的职业和目标。

Taisha：记住，你就是太傻，你就是奇迹。太傻将与你同在。

第六章 奇迹与服务的对话

练习册 第四十二日

太傻是终极的奇迹，我将与太傻合一

第七章
一与无限的对话

Taisha：毕业考试，是不可能作弊的，因为你每一刻都在完成你的答卷。考试已经结束，成绩也已经公布，你要做的只是去理解和接受考试的结果而已。然而，你却有机会超越时间，在这场已经完结的考试里做宇宙有史以来最大的作弊者，而所有的老师都将为你鼓掌……

7-1 时间的魔法

Jim：这一次谈话的主题,真的是"一与无限"吗? 这么大的话题,怎么谈呢? 这一次会不会是整本书最长或者最艰深的一次谈话,都是关于各种世界观和哲学道理之类的,或者是像《道德经》一样,读了几千年,也没人明白到底在说什么?

Taisha：恰恰相反,这次是整本书最轻松和最容易理解的一次谈话,该说的道理在前六次谈话中我都说完了,这次谈话只是一次合一的谈话。让你某种程度能将前六章的思维体系合为一体。我们基本不会谈什么新的道理,不过,通过这次谈话,你会更清晰地看到,前六章的那些思维模式是如何在"一与无限的统一"中使用的。对你而言,这是一次很实际的思维模式的锻炼,我们将在各种各样的问题中,继续挑战你固有的那些思维模式的束缚,我将向你展示,《太傻天书》是如何用"终极和无限一"来解决所有有限和有形世界的问题的。

不过,Jim,这将是我们关于《太傻天书》的最后一次谈话。"最后"也是一个时间的定义,你理解"最后"的意义吗? 那就是说,在这个《太傻天书》的主题上,我们不会有下一次谈话了。所以,你如果有什么问题,最好这次都问掉,不会再有下一次谈话,补充解答问题了。

Jim：就好像没有开始,也就没有最后。时间只是一个自我锻炼的工具而已。但是,既然我们现在还在时间中,就应该正确利用这个时间工具。画布是绘画的必需。

既然你说这是"最后一次谈话",那就算是最后一次好了。可是似乎你没有完成你在第一次谈话的时候给我的承诺。你说,这本书将解答我所有的问题。但是,看起来我还有很多的问题,虽然你和我说过,所有问题的答案都在我内在可以找到,但是,对老师来说,回答学生的问题是一个有效的帮助学生更清醒地认识自我的无限和内在的力量的工具。和时间一样,这些工具也许只是幻觉,但却是发展道路不可或缺的。

所以,你可不能这次谈话结束后,就和《太傻十日谈》完成之后那样,再也不理我了,这可不是当老师的样子,最少也得留个读者邮箱之类的吧? 这样吧,这本书虽然是最后一章,但是,如果我以后有实在是困扰的问题,或者只是想听听你的意见和观点,我还是能写信或者打电话问你,可以吗? 我保证不经常烦你。

Taisha：这样只会助长你对老师的依赖,并不会帮助你真的解决任何问题。任何问题,都是太傻的奇迹,只有自己去找到答案才有价值。无论是什么样的

拐棍或者指南针，都有必须丢掉的一天。对学生而言，老师这根拐杖，越早丢弃越好。只有越坚定地去向内在寻找，你才能真正面对更真实的自己。在任何探索的道路上，任何外在的存在都会某种程度成为你认识自我的阻碍，不管是外在的信息，还是外在的知识和外在的时间，或者外在的老师。

不过，我也不会违反我之前的承诺，既然《太傻天书》答应你解答你所有的问题，它就会解决所有的问题，如果你在这次有没有问、忘记问，或者未来突然遇到相同问题，这本书都会给你明确的解答。注意，这个解答不是某个泛泛的诸如"你可以自己找到答案"之类的回答，而是像这本书和这一章的所有其他问题一样，会给你具体的回答。

记住，这本书站在时间之外，时间之内的所有问题它都将解答。这是你还在被时间束缚的大脑无法理解的矛盾方式，为何还没有发生的未来的问题，也可以在现在解答呢？Jim，你觉得这种解答是如何发生的？

Jim：那是不是这本书还有一个第八章，就好像这个规则宇宙其实有第八个世界的存在一样，你把未来问题的答案放在第八章里面。这样，诸如过个几年，收集一下读者们新的问题，和《太傻十日谈》的第十一章一样，编成Q&A、读者来信问题解答之类的续章，要是问题太多，就干脆出一本《太傻天书2》或者《太傻天书前传》，就好像《星球大战》有九部一样。

Taisha：这个规则宇宙确实存在第八层世界，就像这本书也确实存在第八章一样。但是第八层世界是与无限的一融合的过程。这种融合是无可表达的。任何对无限的一的表达，都是扭曲。所以这本书的第八章是存在，但是也同样无可表达的，所以你不会看到第八章的目录，甚至连一张空白的纸都不会看到，但是，第八章还是存在的，也有存在的意义，至于这个意义到底是什么，需要每个读者自己去发现。

但是第八章不是用来解决你或者其他读者额外的问题的。第七章会回答所有的问题。就像这个规则宇宙的第七层世界，就已经是这个规则宇宙所有存在的合一了。这个合一的存在即包含了这个规则宇宙所有的时间，空间中的所有的经验和知识，是所有已经毕业的太傻的集合，这个集合体是所有第六层世界结束位置的太傻的终极的老师。但是这个合一的"太太傻"还不是无限的一，他必须经历毕业到第八层世界和无限的"一"最终合一的过程。

所以，这本书的第七章，你可以看成是从这个规则信息的第七世界的合一中直接获得问题解答的过程。但是，不会有续集，也不会有前传。那些只不过是人类心智不断追逐变化的结果，问题是不会因为有解答而减少的，除非你跳出时间的流动，问题才会终结。

你也不用期待以后有问题，还能像这样找我问，或者写信打电话之类的，你可以就当完成这次谈话，我就突然从世界消失了，你再也找不到了。所以，有什么你觉得最关键的问题，你最好这次都问完。

Jim：好吧，我承认我想不出来了，这今天就要结束的书，一本有限的书，怎么来解答我未来的问题呢？你可以给我一个魔法的镜子，就好像白雪公主的后妈用的那个，天上地下无所不知。当然，我保证不会问："谁是世界上最英俊的男人？"这种变态的问题的。我也许会问："谁是这个世界上最智慧的老师？"

Taisha：那是谁？你在这面镜子里看到你自己，你自己本来就是那个最智慧的老师。当然你就算真的问它，谁是这个世界最英俊的王子，那面魔镜还是会让你看到你自己。既然你只会看到你愿意看到的，每一面魔镜都只会让你看到自己。

不过你基本猜对了，这一次谈话确实包含一个魔法，这是一个时间的魔法。其实这个时间的魔法你在《哈利·波特》里面看得很多了，就是一个时间胶囊，你可以随时通过这个时间胶囊回到现在这次谈话来。所以就算我消失了，你也可以问几个未来的问题，只不过也会受到一些限制，诸如问题不能太多、时间不能太长。至于具体问题多少和时间长短，是被你使用这个时间胶囊魔法的能力所限制。比如你以后到了第四层世界却还找不到答案，就可以通过这个魔法回到这本书的现在，问你那个问题，获得和我现在回答你问题一样的解答，你看，这个魔法很管用吧？

Jim：可是难道不是在我们这次谈话以后，谈话的时间和内容都已经确定了吗？从未来看现在，不是已经发生了的过去吗？难道发生了的过去还能改？还能未来回来多问一两个问题吗？

要是真的有这种魔法，为什么《哈利·波特》里，邓布利多不在自己被杀死之前赶紧给哈利·波特多留几个这样的魔法时间胶囊，以后有问题就能随时回来问了，这样最后一集也不用那么曲折了，哈利·波特直接回去找邓布利多问清楚就是了。

Taisha：发生了的过去当然不能改了。但是，如果是你没有观察到的过去，那就是没有发生的过去，你观察过了，才是确定的。过去和未来都是不存在的，它们只在你的思想中被制造。如果你的思想没有制造，就可以重新制造。

这就好像你的前世，如果我不告诉你，你也不知道，基本我们就可以瞎编一个，不过你观察到了、记起来了、也知道了，就不能改了。所以，是你现在的一切，决定你的未来，也决定你的过去。而不是你的过去，决定你的现在和未来。这是《太傻天书》教导的时间观念。爱因斯坦的相对论和现代的量子论，其实都是这个道理的变形的表述而已。

至于你说的邓布利多的问题，很明显不是他不会这个魔法，而是他考虑不周。在没有发展智慧前就发展力量，就是这个麻烦，你看邓布利多基本每一集都在头疼这个、担心那个，他哪有一点第三步大师的风范呀。比这个魔法复杂得多的魔法他都能施展出来，这对他来说有什么难的呀？伏地魔可从头到尾施展了好几个这种时间胶囊魔法了，比如在这本书留一个，在那个戒指里留另外一个之类。

每一个第三步大师都能随便用这种时间胶囊魔法，就好像你用手机收发短信一样，其实短信早就是过去时了，可你怎么还能在手机上看到呢？因为你相信手机的现在能显示过去，时间不就这个功能吗？这个规则宇宙的太傻也是通过时间镜子魔法生成的，那个才叫时间魔法的真正的艺术化的使用，现在这个时间胶囊魔法，只是恢复时间的正确用法，不被时间局限而已。

别把这个魔法想得多复杂，这是很简单的。我会在你未来的问题中选择一两个不是很重要的问题，给抹掉，于是他们在你的记忆里就不存在了，你就有了一段没有发生过的时间空白，要是你在施展这个魔法的时候，一直盯着表，你会看到指针跳了一下，大概 5 分钟左右的时间丢失了。你看，你没观察到的过去，就是没发生的过去。以后你回来就是用这段时间空白而已。等你回来的时候，我还是在这里，于是你问自己的问题就是了。当然，等会儿施展完这个魔法，我肯定会教你怎么在未来时空，像做时间旅行那样回来。你看，我以前答应教你时间旅行的，我可没有食言呀。

Jim：那你刚才说的限制，仅仅是限制时间和问题多少吗？我能以后一天用好几次吗？

Taisha：时间在不同层次的世界里表现模式是不同的，在第三层世界，你要是用这个时间胶囊，你只会有和这个魔法施展的时候一样多的时间，也就不到几分钟而已。但是你要到第四层世界了，你从那里再回到位于第三层世界的时间胶囊，你在时间胶囊中的时间会扩展五到十倍，具体和你在第四层世界所在的层次相关，等你到第五层世界了，这个胶囊里面的时间会更长。所以我会建议，最好别在第三层世界浪费时间，没什么大不了的问题，别来找我放在这个时间胶囊里面的记忆。等未来关键的时候，诸如被某个问题卡了几千年了，还找不到答案，任何你在未来世界的大师都无法给你解答的时候，你可以过来找现在的我。当然我也不保证能给你解答，不过你也算多了一个机会，对吗？

这个魔法的时间胶囊不仅仅对你一个人有效，所有读者都可以有效地使用这个时间胶囊，时间只是每个人自己的心智创造的，为每个人而分别存在，是每个人独立的工具。只不过一般读者要进入这个时间胶囊难度要比你大一点，因为他们没有来过现场，而你就在现场，所以一般读者构建回到这个场景的过程不会像你那么直接和形象，不过这个问题也有解决办法。等会儿这个魔法施展了，我再教你和这本书的读者如何使用。你看，太傻是会为所有人都考虑周到的，不会像邓布利多那样，一会儿忘了这个，一会儿忘了那个。

Jim：好吧，你确实费心了。可既然这个魔法真的像你说得这么简单，那么以前的那些第三步的大师怎么都没留下过类似的呀？

Taisha：其实都留下过的，只不过都留给自己的弟子去用了，你知道，这个世界有好几千年，连书都没有，人们又比较喜欢隔段时间就进行烧书之类的自我知识毁灭，这个世界的第三步的大师其实也少，大部分都去深山野岭修炼自己去了，所以，你在现在的世界上几乎见不到什么第三步大师留下的时间胶囊啦。

不过，我说的只是几乎了，有一位伟大的"服务自我"道路的第三步大师，在历史上有光辉灿烂的名字，他倒是留下一个巨大的时间胶囊，让他的未来的追随者使用，现代世界的很多服务自我的神秘教派，都是从那个时间胶囊中衍生发展起来的，这个时间胶囊的艺术性，几乎可以和金字塔媲美了，不过你估计对"服务自我"的道路不感兴趣，所以我也不用谈那位大师的名字了。

当然，我留下这个时间胶囊，只是一个备用而已，别什么都指望这个胶囊，你唯一的老师是你自己，我和其他的任何书、任何时间胶囊都只是一个拐杖而已。

Jim：你的意思是，我也别抱什么希望，指望时间胶囊未来会随叫随到，最好有问题这次全部问掉，过期不候了，是吗？

Taisha：基本是这个意思。不过，你也不用太介意，最好把这个事情直接给忘了，以后真的遇到什么解决不了的问题，你才突然想起来还有这个时间胶囊，这是最好的了。当然，有问题，把握现在的机会问，是最直接和有效的。

同样，对于任何一个读者，读到这个地方的时候，请先停一下，既然后面的部分你还没读，那么那些部分在你的时间里就是不存在的了，你一样可以现在想想，这本书还有哪些问题没有解决，现在就提出你的问题，然后再继续读。你一般都会在后面获得你的答案了。记住，你的每一个经历都是你自己创造的，时间和在时间中的一切都是，千万不要觉得这本书已经写完了，是你现在创造了你未来将读到的部分。

这是我们从这本书第一次谈话就在教导的时间的正确使用技巧，一个读者学会了多少会直接决定他未来的道路上的风景。

Jim：你是说任何问题都可以问，不管是前世、今生还是未来的，宇宙、外星人、恐龙、大象还是蚂蚁的，或者就算我要一个修炼的每一步指南，你都会给我，对吗？

Taisha：当然不是所有问题，有的问题的解答之所以不能告诉你，是因为那些涉及其他人的自由意志，因为这本书以后会公开出版，所以，对干涉他人自由意志，被某些人认为只应该是他自己的秘密的事情，我是不能说的。例如你要是问"全球中央银行的密码"或者"地球上还没挖掘出来的宝藏地点""约柜和圣杯的下落"之类的问题，我就不能告诉你。原则上，只要不侵犯他人自由意志的事情，都是可以回答的。

另外有一类问题，问题本身就是某种支持幻象游戏世界的分离的追逐的，比如你如果问我"下一次股市崩盘或者井喷是什么时候"，这个我也无法回答你，几乎所有和时间相关的事件的追问，都是某种分离幻觉的渴望或者恐惧，如果我回答你这种问题，就是在支持你的幻觉，让你更深地陷入游戏世界的追逐。所以这类问题我只会提醒你，你并不能从你渴望的答案中获得你要的。

这些问题，去问你内在的太傻，他也会一样地回答你，你现在可以暂时认为，你内在的太傻在透过我说话，你的任何问题，只要是不追逐分离、不侵犯自由意志，你肯定都可以获得明确的回答。

Jim：好吧，我们先从我上一次谈话之后困扰的问题开始吧。你上一次谈话说过："服务自我的老师会告诉学生，肉食里面有各种生物被屠杀的时候恐惧制造的毒素，这些对身体有害"，你说这虽然是真实的，但是服务他人的老师却不会，服务他人的老师只会告诉学生"没有区别"。

可是，我们怎么在明明知道对身体有害的情况下再自己说服自己说吃什么都没有区别呢？对这种生活的问题，我们应该怎么具体再面对呢？

Taisha：我们在第二次谈话，已经用矿泉水的例子反复的说过，没有一个事物比另外一个事物更好、更多、或者更健康，那些只是你恐惧的追逐罢了。就是因为人们时刻觉得自己缺乏这个、缺乏那个，于是他们总是在追逐各种填满自己恐惧的东西，最后反而自己在这追逐中让本来什么都不需要的身体没必要地去负担和受到自己的伤害。

你说的这个只是再倒过来思考一遍而已。真的有什么东西是有害或者有益的吗？食物确实有毒素，肉食确实毒素更多。但是，你会不会因为空气也有污染而不呼吸？你会不会因为水里面有化学元素而不喝水？你也许觉得这是多少的问题，但是，这从来不是多少的问题，这只是你大脑的毛病而已。

要是你非要计算对人体伤害的多少，那我不得不告诉你，你吃一辈子含毒素的肉，也没有你发一次脾气对你自己的伤害大；你吃一辈子健康食品，喝一辈子纯净没有任何污染的水，也没有你冥想一个小时对你身体好。你在对抽烟的恐惧下的忧虑，和你自己抽一根烟对你身体造成的伤害，其实没有任何的区别。就好像当环保团体进行环保游行的时候，他们总是会阻止这个，反对那个，结果是，他们一面在宣扬保护世界，他们的攻击的思维模式却也在一面破坏这个世界。

但是，身体、地球、世界都是工具，是确实应该珍惜和好好对待的。可更关键的是，怎样才是好好对待？你要是真的珍惜你的身体，珍惜这个世界，就别用你那些思想中的分离和恐惧去祸害自己和这个世界了。其实你的身体对毒素的忍耐力还是很强的，这个世界对污染的排污能力也是不错的，但是，它们对危害更大的忧虑、恐惧和战争的容纳力却有限。人类刚进入第三层世界的时候，寿命可比现在长好几倍，你觉得为什么现在的人最多只能活100多岁，是少吃了哪个健康食品还是多吃了哪个含毒素的肉呢？唯一的原因只是这个世界的恐惧和追逐罢了。

所以，你是素食还是肉食，是吃健康食品还是吃不健康食品，抽烟还是不抽烟，喝酒还是不喝酒，本质都无关紧要，你做自己该做的事情就是了。但是你一旦陷入分离、选择、恐惧与期待，你就会进入一个无底的深渊，就好像佛教为了到底应不应该素食，基督教为了到底什么才是爱，打了几千年的嘴仗，其实没有什么特别的原因——人类原始心智本性的恐惧和攻击的欲望罢了。

我们之前反复从各个角度谈过太傻生活生活原则，你如果想深入理解和实践太傻的生活原则，你就要学会时刻看穿生活的分离追逐的那些表象。无论谁和你说你应该干什么，不应该干什么，你都要记住，你仅仅是要成为你自己。至于别人，让他们自由就是了。

Jim：就是说，我们不管做什么都没事，对吗？宇宙规则也没有什么吃肉就不好，或者伤害动物和植物就是大罪之类的事情，是吗？

Taisha：宇宙称之为规则的事情，就是你无法改变、无可选择的事情，要是植物不愿意被任何人吃，它们最简单的办法就是进化出某种毒素，让所有人吃了直接死掉就是了。动物要是不愿意作为肉食给其他生物提供支持，也自己进化产生某种毒素就是了。这个世界本来就是相互支持、相互服务和相互饮食

的。每一种生物都在为自己存在服务的同时为其他物种服务。地球这个体系本质是一个服务他人的体系，你会在各个物种、各个大小环境中都看到自发的服务他人的爱的模式，而也就是这个原因，地球本质是一个服务他人模式的世界，因此就算进化到第四层别世界，也肯定是服务他人的第四层世界。

表面看起来，人类似乎对地球是个损伤，但那只是地球历史的短短一瞬而已，因为人类暂时还没弄明白自己要什么，还比较糊涂而已，但是人类存在的本质，是对地球有益而关键的。几万年前，随着人类进入第三层世界，很多的动物和树木也因此可以获得在第三层世界进行灵性发展的机会。现在地球有 10% 的人类都是由最近几千年第二密度的生物升级而来的，很多都是和人类关系密切的宠物和树木。如果所有的生物都为了不准别人吃而自己进化出毒素，或者变成某种战无不胜的变形金刚那种东西，这个世界早就自我毁灭了。

宇宙的规则是像光、爱、自由意志这样人们无法去选择或者否定的事物，连时间、重力、空间这些东西都不算规则，所以可以随意地使用。而这个宇宙体系在"一"的爱与真之外最核心的规律，就是自由意志。只有在自由意志下，世界才能无拘无束地自由发展，并在某种合作与互助中一同向更高级发展。

所以，自由意志下，你不管做什么都是被允许的，就好像在爱的自由下，你可以误用爱、扭曲爱，甚至忘记爱，这都是爱的体验的模式，只是，你虽然有自由意志，你还是在真实规律下的，你误用爱就会让自己在爱中受伤，在爱中痛苦，就好像人类破坏环境其实是损伤自己一样。真正的规律是无须讨论，无须条文，也无须解释的。

本质上，你无论做什么都无关紧要，但是你做的每一件事情、想的每一件事情，都是在定义你自己，而你自己、你自己的道路、你自己的经历，才是一切的目标。你可以随意选择，你甚至可以忘记你自己，但是，这一切都不会使真实的存在有任何的改变。

7-2 毕业的考试

Jim：好吧，关于生活原则和技巧的问题，我们确实已经谈过很多了，刚才那个问题，确实让我再一次更深入地理解了到底什么才是理解一切和接受一切。

我们换一个比较大的问题吧，你原来在上次谈话的时候，就和我谈到过，这个世界层次的框架，那世界层次的本质是什么呢？为什么是八个世界，而不是八十个呢？这些层次是怎么划分的？到底我从第三层次的世界毕业后到第四层次的世界，究竟这个毕业过程是怎么样的？是要在这一层世界死掉，才能在下一层世界重新出生吗？

Taisha：为什么这个规则宇宙是八个层次，其实不难理解，就好像为何地球有春夏秋冬，因为这是个物理互动规则。当然你可以用另一种方式分为12个季节，但是，那只是在每个季节里面，改成初夏、盛夏和夏末一样，层次本身并没有改变，只是你的理解方法改变了。

但是，你说的必须在一个层次的世界里面死掉，才能在另外一个层次的世界里出生，这是很多人对层次的误解。这也是我们为什么在这本书不用"密度"，也不用"次元"这样会导致明显误解的词语。但是，不管层次、次元、密度到底是什么意义，这是几乎所有这条道路上的人都会遇到的问题。因为你现在只能理解一维的时间和三维的空间，不能真的理解六维的时间和六维的空间，所以这个解释起来有点麻烦，但是，世界层次肯定不是基督教描述里的天堂、地狱那样的另外一个时间和空间，也不是佛教描述的那种好像一幢大楼有三十三层——在一层，就不能在另一层——这些都是对空间和时间的模式的误解。

你可以想象在一所中学里，从初一到高三，有六个年级，每个年级其实都有人，大家每天一起上课，初一的学生去初一的教室，高一的学生去高一的教室，高三学生毕业了就离开这个学校，去另外一所学校。世界的层次是一样的道理，所有的层次是在一个空间和时间内同时存在的，并且相互交融。只不过你现在的水平只能在初三，所以你只会去初三的教室上课。你为什么不去初二上课呢？因为你已经都学会了，你也不会去高一，因为去了你也听不懂。但是，你既然知道有六个年级，那么那些年级的人你也都看得到，对吗？

就好像现在，你虽然在第三层世界，但你可以看得到第二层世界的植物、动物和矿物，第二层世界的植物、动物、矿物也看得到第三层世界的你，只是你们之间的知识体系不一样，第二层世界的植物、矿物虽然知道你，但是它们却不能理解你，一只鸟眼里的人和自己似乎没什么区别，每天都吃饭、睡觉，人还不能飞。但是，你却知道你和一只鸟根本不是一个世界的，是生活在两个完全不同的世界的。现在你也一样看得到高一的学生，但是即使你看到了，你也不能理解，你也觉得他们和你一样，没什么区别，我现在就在高一，你觉得我和你有区别吗？你觉得我和你生活在两个完全不同的世界吗？

但是高一的我、初三的你和初二的一只鸟，分别位于第四层、第三层和第

二层世界，它们都是完全不同的世界，只是，你和鸟都无法理解我所在的第四层世界的不同。我却看得到我和你的层次的差距远远大于你和鸟的层次的差距。你和鸟的差距只是自我意识与社会观念上的差距，而我却比你多了一个维度，我看你就好像你从立体世界在看一个平面的世界，是次元的差距。

换句话说，次元也好，密度也好，世界层次也罢，这些都是相互交融的，不像一个学校和另外一个学校是不同的地方，而是同一所学校、同一个地方，只是在不同的年级、不同的层次罢了。这些层次其实是相互融合的，在其中都是可以相互看到的，但是，看到的内容完全不同，较低的层次也无法理解较高的层次看到的意义。

不过对地球而言，现在只有初一到高一，也就是第一层到第四层世界四个级别，还没有高二和高三。其他学校的高二和高三的人却可以过来访问，但是却不会在这里学习，因为高一的内容他们已经学会了。这个高一也是刚刚开班的，学生很少，有少数已经从初三提前毕业的，还有少数从其他学校转学来的高一的学生，他们已经在高一开始学习了。高一的教室已经打开，只不过初三的毕业考试还没有完全结束，只有通过考试能毕业的初三学生，才能进高一学习。

等你从初三毕业，进高一学习的时候，你不需要从初三死掉，再在高一重生才能上课，你只是毕业之后，不再进初三的教室，而是进高一的教室，这就是开始高一的学习了。当然，你就算在高一了，还是看得见初三的没毕业的那些学生，也看得见初二的一只小鸟，它们也看得见你。一开始你也不会觉得自己和初三的有什么区别，但是，你学习一会儿就会知道，高一和初三是两个完全不同的世界。不过，即使是不同的世界，你在高一时，可以随时去找你过去的初三的同学玩，也可以去找初二的那只鸟玩，都没问题，你只要不和初三学生说太多高一的事情，不和那只初二的鸟说自我意识和社会结构，他们也都能理解。但是，不管他们是不是真的理解高一到底是什么意义，你却知道，高一和初三、初二是完全不同的地方，高一已经进入高中了，初二和初三却还是初中，高一和初三的区别要远远大于初三和初二的区别。

然而，这种差别大到我无法向你完整地表述，因为说了你也理解不了，你毕业后，到高一学习一阵，你就会自然明白。核心的区别其实是，因为你对光的感知反思升级了，所以你对时间和空间的感知模式也变了，于是你多了一个时间维度，多了一个空间维度，你思考问题的方式由过去的线性时间转向平面时间。其实还有很多其他的变化，但是这些变化本质都是思想的变化。你看到的世界不一样了，思想也就自然变了。你无法向一个生活在二维平面世界的人，说明到底三维是什么意思，三维世界也无法想象四维世界的生活景象。

Jim：你这样说我理解一些了，就是说，我现在肯定是理解不了的，到时候就理解了。但不是像天堂和地狱那样两个地方，而是一个地方，学生一起上课，互相还能看见，只是就像鸟不能理解我，我也不能理解你，我们三个，都在不同层次的世界，对吗？那我的身体会有什么变化呢？为什么很多的书说，第四层世界的身体，第三层世界的人看不到呢？而且必须要在第三层世界死掉，才能进入第四层世界，这个和你说的不是矛盾吗？

Taisha：不要着急，一点都不矛盾，我会给你解释清楚的。当你能进入高一的时候，你的身体当然也会变化了，你在初三的身体里会激活一个在高一使用的身体，也就是第四层的身体，它和你第三层世界的身体是同时存在的。就算过几年已经毕业去高一学习了，一段时间你还会同时用两个身体，所以，你回去找初三的同学玩，没人会看出你的区别。我现在也在同时用两个身体，所以你不会看出我和你有什么区别。不过，你很快会发现，同时用两个身体，其实没必要，既然你可以只用第四层世界的身体，为什么非要带着第三层这个又麻烦、又厚重的身体的身体呢？你之所以会留着两个身体，其实只是为了偶尔去初三访问方便，对于在高一学习，两个身体其实没有任何用处，而且很麻烦。

到某个时候，你也许下定决心，要把第三层世界那个身体扔掉，或者干脆第三层那个身体就自己坏了，你于是会只剩下第四层的身体了。在初三的学生的眼中，似乎你死掉了，其实你知道，你只是不要第三层世界那个身体了，你留下了第四层的身体，你并没有死。其实现实世界真实的死亡过程也是一样，没有第四层世界的时候，物理身体死掉了，能量的身体还留着，但是因为第四层世界还没有打开，你也没有完整的第四层的身体，所以这个能量的身体——你的灵魂的那团光，会转移到你梦中经常会访问的内在层面。在那个层面，空间是一维的，时间是立体三维的，你可以在其中像翻照片一样翻看你过去的每个片段。不过，现在地球的高一的教室已经打开，你的第四层身体也准备好了，就算你第三层身体不用了，你也可以用你第四层身体在高一继续学习。

如果你没有第三层身体，只有独立的第四层身体，那么在第三层世界的人一般是看不见你的，但是如果第四层世界的人想让第三层世界的人看到自己，也可以做到，因为多了一个空间维度，所以只要集中精力，从四维世界侧身到三维世界的那个比较精确的角度，这时第三层世界的人就会看到一团立体的绿色的光。其实，这只是四维空间在三维空间的一个立体投影，角度不好，控制不精确，就往往会投影偏差。这就好像你在三维世界生活，要让二维世界的一个体看到你，你要去想办法在二维世界做一个平面投影，用一个比较精确的角度，二维世界的人才能看到他们能理解的事物。所以，高一的学生一般不会选择让初三的学生看到，一方面因为那样解释起来有点麻烦，而且估计也会吓着不少人。

不过因为这涉及到四维空间的事情，所以没有一点想象力是无法理解的。很多社会描述的鬼魂，其实就是在灵魂的光体进入内在层面之前，在第三层世界出现后又偶尔投影被人看到了。其实这是很简单的原理，很多 UFO 被报道突然消失了，也是一样。你看到的只是 UFO 的投影罢了。不过能量是无所谓空间的，所以如果你用一个敏感的红外探测仪去扫描，你可以很清楚地看见有一团能量在那里，只是肉眼看不到罢了。一些电影里的捉鬼机就是这个原理。

你看，其实世界层次、毕业、升级那点事情就是这样，没有多神秘，没有多不可理解，不用非要在第三层世界死掉，然后再在第四层世界重生，我现在说多少其实你都无法理解，等你毕业后到高一了，慢慢感受到四维的空间和二维的时间后，你自然就能理解。在高一，你也可以选择像我现在这样，同时用两个身体，用好长一段时间，没人会逼你扔掉第三层那个身体的，只不过这个第三层身体，用起来相当麻烦，尤其是当你有机会体验第四层身体的轻盈和美妙之后，你可以一下子跳十米，大脑也比现在好用的多，脑袋大一倍，什么事情不用想就能明白，能看清物理更真实的能量和光的流动，理解思维创造的规律，看见别人的光体和能量中心，因为有了这些好处，你没多久就会无法忍受那个第三层身体的。不过丢开第三层世界的身体之前，估计得作点准备。

不过，你只有到了太傻第二步中期，才能同时感知两个身体和有意识地分开使用第三层身体和第四层身体，对于可以从初三毕业，却没有到太傻第二步的人，他们会感觉到自己有一些不同，但是却无法感知第四层的身体。虽然毕业了，其实他们已经在高一了，但是他们只是用第三层身体生活在高一，他们并不知道自己已经在高一了。他们也没法感知多一个维度的时间和空间。他们必须主动或者被动地脱掉第三层身体才能进入第四层身体的状态。所以，一些书籍说，你必须在第三层世界经历死亡才能进入第四层世界，也是正确的，不过，这却不是两个世界，这是一个世界。只是感知的不同层次罢了。

第四层世界是爱的世界，你在其中的唯一的经验就是学习爱。等你进入第四层世界，你也不会孤单，会有人带你去你的城市、你的学校，教你该知道的一切。不过就算一个人从初三毕业的时候并不在太傻第一步，他到第四层世界以后也很容易进入太傻第一步，因为在第四层世界，爱是如此醒目，不可忽视，你原来描述感觉的爱的元素，就可以用第四层世界的身体的眼睛看到爱的所有规则，你不可能不马上走上爱的道路的。

Jim：这个问题挺复杂的，我得回去慢慢理解，不过我基本明白了，就是说，不用死亡，就是身体转换了一下，看着好像死亡，其实没有死，而是进入了第四层世界，并且还是在一个世界，只是第三层世界看不到那个世界，第四层世界却可以看到第三层世界，却没法说明白，对吗？

复杂的问题先放在一边稍后再问吧，反正第四层世界具体怎么样到时候就知道了，现在对我最关键的，应该是那个第三层世界的毕业考试吧？这个测试具体是在什么时候，要考什么呢？到底这个毕业考试的具体流程是怎样的？

Taisha：关于这一场毕业考试，你其实只要知道，这只是一个无关紧要的事情，你根本无须去关注它。它就和你早上煎个鸡蛋，然后吃掉一样的无关紧要。考试本身，也是一瞬间的事情，不用你做一上午考卷、考七八个科目，更不用复习或者为这场考试作什么准备。无论是否会通过考试，都没必要专门作什么准备，你已经在用你在地球和来到地球的之前的很多世作了无数年月的准备了，你会得什么分数已经确定了，这个事情，既不存在什么作弊，也不存在什么临时抱佛脚的可能性，宇宙是最公正的考官。

更准确地说，这场考试已经结束了。这场考试早就结束了，所有人的分数都已经出来了，只是考试结束的铃声还没有响起，大家还都坐在考场，等着过一会公布分数而已。公布了分数，绝大部分人会继续读初三，有少部分毕业了的人将可以去高一，就是这么简单。

就算分数公布了，这个世界也基本什么都不会感觉到，甚至还没有一次每个春天都会发生的流行感冒影响的范围大，考试只是涉及一小部分人，这个世界99%的人不会通过考试，因此这些人根本不会有任何的感觉，继续在第三层世界生活。而1%左右的人中大部分也不会知道自己已经通过考试了，他们要过几年才会慢慢的感到一些不一样。如果你是走上太傻第一步的人，一般你就会从太傻那里得到分数通知，也许那个时候你正在煎鸡蛋，突然就知道你已经通过考试了，其实这个结果你早就知道了，不知道的只是具体多少分，到底是65分还是63分，其实这一点关系都没有，反正50分以上就毕业了，如果你是51分，也许还会感慨一下，但65分和63分确实没什么区别。所以，你得到这个结果，对你也没什么具体的意义，你不会多长出两只翅膀，不过可能会让你心情更好一些，本来煎一个鸡蛋，改为煎两个鸡蛋了，你看，就是这么回事。

然而，不管多少分，不管99%那部分人，还是1%那部分人，所有人还是该做什么就继续做什么，不会有世界末日，也不会有宇宙大战。没通过测试的，不会有恶魔来抓你下地狱的，你只是选择继续玩游戏而已。通过考试的，不会有外星人用飞船把你接走，你也不会具备任何新的能力，你什么都不会感觉到，只是会随着时间发展，慢慢感到身体有点变化，比如更轻盈了，自然地变瘦了，有些人会喜欢跑步、游泳了。这些都是第四层身体被激活的感觉。其中有些人除非到了太傻第二步，否则他们都不会察觉这个已经激活的第四层身体，他们其实已经在高一了，只是他们的感觉还局限在第三层身体里，所以不觉得自己在高一。直到他们到死亡的时候，第三层身体被抛开，他们才会发现自己竟然在一个第四层世界的身体里，而且这个身体自己还很熟悉，这个时候，他们就完全进入高一了，有老师会带领你去高一的教室，会开始高一的学习。

Jim：那如果什么都不会发生，大部分人什么都不会感觉到，怎么会有那么多关于世界末日、地球转变的说法呢？全球变暖似乎也是不可否认的趋势。怎么会这样呢？听起来似乎是因为一小批人要从初三毕业了，地球也升级成高中了，所有初一到初三都要关闭了一样。

Taisha：高一开课了，初一、初二和初三都不会关闭，怎么会有关闭教室这种事情呢？自由意志是宇宙的法则，你要学习，就会有教室，教室只为学生而存在，没有任何一个学校会赶走自己的学生的。但是，有了一个新年级世界，世界多少会受到一些小小的影响的，即使高一的学生基本没什么兴趣总是去找初三的玩，高一的学生存在的这个事实还是会让某些初三的学生们感觉有些奇怪，而绝大多数人会继续去否认高一存在的事实，每个人还是只会看到自己愿意看到的事情。

我们以前谈话就说过，世界所有流传的世界末日、善恶大战的流言的本质，所有那些尝试告诉你各种灾难，各种可能的危险，比如什么宇宙恶魔要来阻止你，什么要有世界大战破坏这场毕业考试之类的，这些无一例外都只是"服务自我"道路老师用于控制世界的方式。他们唯一的目的就是让你和那些其实已经合格的测试者在恐惧、追逐和渴望中变得不合格，这样未来他们就少了一个幻觉中的"敌人"而已。

对于第三层的世界，就算绝大多数人都不会毕业，什么大事都不会发生，日子继续一天天过，游戏继续一天天玩，每个人是自己选择自己要经历的一切的。那些不喜欢学习，就只喜欢玩游戏的人当然可以继续玩下去，不可能有任何力量不让他们玩，更不可能有什么教室关闭了，所以要把所有初三学生都赶走的事发生，只是会有一些初三学生觉得，这个学校也许没有其他学校好玩，会要求转去其他更好玩的学校。但是，转学的事情对每个学生都是大事，还需要家长安排,是不是转学,每个家长都会仔细讨论。对家长而言,关键根本不是一个学校好玩或者不好玩,而是学生到底什么时候能毕业。因为初三的学生唯一的目标就是初中毕业,而地球这个中学的毕业初中考试已经过了,那些没在这次考试毕业的初三的学生基本都慢慢会被他们各自的"太傻"家长安排到其他的学校的初三去继续读,也许那里很快就又会有一场毕业考试,也许错过这次毕业的学生在那里能更快毕业。

对于地球这个中学的招生办公室的人,也会看到这样的变化:新的高一非常好招生,很多其他学校的高一学生都喜欢到这个新的明星学校的高一就读。高一的学生人数逐步变多,而初三年级会发现自己招生的时候变得慢慢不像以前那么有吸引力了,越来越多的这次没毕业的初三学生都会转学走,而自愿转进来的初三学生就屈指可数了,但是肯定是有的,有的家长也许就喜欢那种比较特别的学校环境呢。而初一和初二,反正也没有什么毕业压力,还会继续开着,当然学生会和现在的学生有点不一样,因为这个地球学校已经是初中高中混合模式了,不是像以前一样只有初中。总之大部分未来转学进来的学生基本是初二和高一的,这个学校的初三就慢慢变得比较萧条了,也许几百年后,初三都就会只剩下几个个性化的特色小班,还会有一些特色的课程,但是初三肯定是不会关闭了。

不过如果一个学校主要是初二和高一的学生了,那么学校的环境配置当然是优先初二和高一的,要是初二和高一的学生都喜欢教室的空调温度是35度,自然这个学校的温度就会调高到35度,对少数的初三学生也许太热了,不过没关系,小班学生反正人也不多,他们会有自己的专用教室的。这也是现在全球变暖的本质了——高一要开班了,空调要开始稍稍准备调高一些了,这样那些高一的未来的学生会更舒适。

Jim:我明白了,这样倒是合情合理的,要是一个学校的初三很明显不是为毕业班设置的,重点是高一和初二的教学,如果我是家长,我也肯定会把孩子转走的,而且肯定是转到那种更严格的学校,不能让他每天就想着玩,终究毕业才是最大的事情。以后初三的特色小班倒是挺有意思的,目标不是毕业,学什么呢?

Taisha:也许是"理解和接受自己的过去的课程",也许是"修复一个曾经被自己伤害的地方,并修复自己",谁知道呢。不过只要有学生要求学习,就不会有任何老师和学校会拒绝,即使只有一个人,这个年级也会因此而存在。

Jim:那关于毕业考试,就算你刚才说那是一瞬间的考试,是会有老师来给

每个人打分吗？这个测试的评分依据是什么呢？既然考试分数已经出来了，一个人如果知道有这个考试，他怎么查自己的分数呢？

Taisha：没有人打分，而是每个人自己给自己打分，他们每一刻都在给自己打分。春天哪些种子会发芽，秋天哪些花朵会结果，是园丁或者农夫选择的吗？这是一个属于自然规律的事件，是自然发生的，不会有考卷，不会有什么老师。和季节交替一样，这种考试，宇宙每隔一段时间就会发生一次，已经发生过无数次了。

至于打分标准，我们以前谈过，第三层世界的测试，只是一个选择的测试，你到底是愿意更多的服务自己还是服务别人。只要一个人对别人的爱多于对自己的爱，对合一的爱多于对分离的爱，哪怕只多一点点，超过了50%，他们就是作出了选择，就会向服务他人的第四层世界毕业了。如果你更爱自己，更爱分离，你对自己和分离的爱，必须占到所有爱的95%的程度，一个人才能向第四层的服务自我的世界毕业。因为地球现在的第四层世界是服务他人的，所以服务自我的人毕业以后，会从内在层面到一个另外的服务自我的星球发展。

这个地球的第三层世界，绝大部分人的爱是以分离的追逐和对自己的爱为主，一般都是65%～75%的层次。所以绝大部分人是无法毕业的。一个人如果已经是走在太傻的第一步的，他的对合一和他人的爱，也超过了60%，他就肯定可以毕业。爱的觉醒的潜能者绝大部分超过了51%的爱的比例。

至于服务自己能到95%的程度，能向第四层世界的服务自己的体系毕业的人其实很少，你必须要绝情绝义到把几乎所有人都看做是你的敌人和工具，并且只有将财富、权力与力量的争夺视为人生唯一的意义，可以为之抛弃几乎一切家人、朋友、民族、国家的人，才可能分离到这个程度，这些人一般都在某种权利的顶峰的黑暗面，即使很多历史上的公认的暴君、恶棍，那些被每一个社会公认为绝对会处死的人，其实都没有达到这个层次。你要是非要找能向分离的世界几个例子，成吉思汗就是一个典型，原来希特勒手下的几大高官，组织集中营、疯狂屠杀犹太人的那几个是可以毕业的，可连希特勒自己都毕业不了，希特勒还是对自己的国家有一种迷茫的爱的，只是自己把自己逼疯了而已。

要是从总数看，这个世界能毕业到第四层世界的服务他人体系的会有将近一亿人，毕业到服务自我体系的只会到不到1万人。这是一个巨大的鸿沟，所以我们之前谈到服务自我的分离的追逐道路，我们说过，这是一条非常狭窄的道路。

因为这本书主要是为那些爱的潜能者，为那些有机会走上太傻第一步道路的人写的，所以如果一个读者，如果能被这本书天然地吸引，并在不做什么提示，自然地读到本书的这个位置，你基本就能通过这次测试了，因为这本书内在蕴含的爱，自然会吸引那些拥有更多合一的爱的人把这本书读下去。

如果一个人的爱更多是分离和追逐，就算他们买了这本书，他们也基本看不到这个位置，所以就算满大街送这本书，绝大多数人打开了这本书，也只会读一两章，并且说："这些我都知道了"，90%以上的人是不会与这本书的爱共鸣的，更不要提读到最后一章了。他们基本也是不会通过这次测试的。

当然这个不是绝对的，爱的中心的启动和明亮的程度，是否作出了服务他人还是服务自我的明确的选择，是核心的考试指标。

Jim：既然你反复地说这个考试不是什么大事情，都考完了，以后也不会有什么灾难，这个世界的绝大多数人都不会有什么感觉，但是，你以前还说过外面有几千万的外星人，在准备看什么宇宙球赛，这不是自相矛盾吗？什么事情都没有，就是一些人毕业了，要去读高一，宇宙还经常发生，这有什么好看的。难道不是现在地球有什么频繁灾难，很多外星人都是来帮助地球度过这个时期的吗？

Taisha：虽然这次毕业考试对这个第三层世界的人们是不值一提的小事情，99%的人也和这次考试无关，但是，这次考试对第四、第五、第六层世界的人们来说可是天大的事情。因为这次考试的有机会毕业的人，绝大部分都是他们过去的朋友和亲人。每个人都想知道，已经离开自己那么久的那些朋友和亲人是不是能在这次考试后回到他们身边。

我们以前偶尔提到过的那些人间天使、流浪者们，从更高层世界自愿到地球服务的那些人，尽管他们已经遗忘了自己的身份，但是他们天生都拥有爱的光盾，使他们天生就是爱的道路的潜能者，这些人大多数都会在这次考试中顺利通过考试，只会有不到三分之一的流浪者因为被这个世界的分离深深的束缚，而错过这次毕业的机会。现在地球上有上亿的流浪者，很多人都是最近100年，因为地球有这次毕业的机会，所以专门从其他星球转移到地球来的。在地球近亿的要从第三层世界毕业的人群里，这些毕业的流浪者占了90%的比例，但是你想想如果有几千万的这样的流浪者要毕业，而他们过去的世界都有很多的亲朋好友，在一直等着他们的毕业。你觉得会发生什么事情呢？

你看，要是你有亲人和朋友已经去非洲服务几万年，甚至几十万年，你已经和他们分开那么久了，要是你听到他们有机会回来，你难道不会认为这是对你最重要的一件事情吗？就算你并不知道他们是不是会回来，只是可能性比较大，你更不知道具体哪班车会带回你的朋友和亲人，你难道不会提前到车站等着你的朋友回来吗？就算要等几十年，你也会一直等着，看到底有没有你朋友和亲人的踪迹的，对吗？

所以，虽然在这个宇宙毕业考试是经常发生的事情，在一个区域，每隔几百年就会出现一个星球举行毕业考试，但是，每次一有某个星球出现毕业机会的时候，就会出现一个比较麻烦的状况，每个人间天使、流浪者都有好几个亲人和朋友之类的，要毕业的几千万的人，所有的亲朋好友加起来不超过好几亿了吗？要是现在地球是一个巨大的车站，你想想会发生什么事情。

每一次毕业典礼，必然发生的第一件事情就是卖票，地球保护区的那个管理团队，从一百年前就开始卖票了，但是地球是个小车站，只能容纳几千万的前来观看这场毕业典礼的外星人。到更高的世界体系里，早就没有钱这回事了，更没有买票的人多就涨价的这样调控的方法。所以，所谓的卖票其实就是抽签。基本十个外星人只有一两个能抽到。既然是抽签的票，又带来另外一个问题，这个看毕业典礼的位置是有好有坏的，就算人人都有一张票，你没法在选择位置上也抽签呀。

于是，你肯定已经猜到了每次毕业典礼都必然会发生的第二件事情，那就是占位了，先来的肯定位置好，后来的肯定位置差。这场占座大战五十年前就开始了，其实人类社会密集报道 UFO 事件，也是从五十年前开始的，核心的原因是，地球的保护团队从五十年前开始，就开门允许进场占座了，于是从那时起，一批又一批外星人都呼啦呼啦地开始排着队进来了。

所以，现在地球外围空间那些 UFO 都是来干这些事情的，就好像一场爱的世界的魁地奇世界杯，还有很多外星人排了几个星系的长队，等着有机会捡到几张退票。

因此，这场爱的世界的魁地奇世界杯，即使对 99% 还在游戏世界的人们没有任何意义，但对你，这本书的读者——流浪者，爱的世界的潜能者——虽然没多大挑战，却是一次很有意义的事情呢！你知道有多少你曾经的亲朋好友，在外面等这场考试已经等了几十年了吗？不过就算考试完成了、分数公布了，外面那些外星人估计还要等一段时间，才能慢慢地在地球的第四层时间见到他们的亲人和朋友，因为有很多人毕业了，也要过几年，甚至几十年才能抛开第三层世界的身体，完全进入第四层世界。

7-3 作弊的王者

Jim：是谁规定地球是现在进行这次考试的星球呢？虽然没有什么考卷和打分，总要有人控制这个考试公平吧，有人监考吗？会有人作弊或者故意制造干扰，让有的人不能通过测试吗？

Taisha：我们刚才说过，就好像地球有春夏秋冬一样的，现在举行考试的唯一的原因，就是地球每几万年一次的那个春天到了。潜伏了一个冬天的种子可以发芽了。

但是，春天哪一颗种子能发芽，是每个种子自己的选择，它们每一刻都在做自己的选择，没有人能逼迫他们或者干扰他们。种子会作弊吗？其实，如果一个种子会有作弊的想法，那说明它们已经知道有要发芽这件事情的，于是自然会发芽的。记住，这不是什么悲剧的种子从水泥地里艰苦奋斗长出来的故事，而是自然发芽，根本没有作弊的必要，也没有作弊的可能。这是绝对公平的每个人自己的选择，没有人能阻碍你，不可能作弊，所以也不需要监考。

不过，既然有种子，就会有农夫和园丁。园丁不是监考的，虽然园丁不能控制种子发芽，但是他们却可以施肥浇水，帮助那些愿意发芽的种子更快的成长。

确实没有人可以阻碍种子，但是，种子自己却可能因为恐惧阳光而不愿意发芽。种子一直生活在黑暗的土壤里，它们没有见过阳光，大多数种子也并不相信阳光。

花园的土壤里也总是会有一些虫子，他们自称种子的朋友，他们确实和种子一起在黑暗的土壤里生活了很久。春天来了，他们会钻来钻去，和所有的种子说："我是你们的朋友，你们在土里是安全的。可是，春天到了，要有宇宙大战、世界末日了，外面那些园丁都是宇宙恶魔，你只有信仰蚯蚓大神，才能一辈子在土里，才能不出去面对未知的阳光。"

不过，散播恐惧，这是虫子唯一能做的事情，它们无法代替种子作出决定。不过，确实有很多的种子相信了虫子，因为它们经常看见虫子，却没有见过阳光，它们不相信自己没有见过的事情。于是它们都选择和虫子一起继续生活在黑暗的土壤里。

只不过，不准备发芽去迎接阳光的种子，它们不会腐烂，虫子也不可能拿这些种子怎么样，虫子和种子只是在土壤里玩一场游戏罢了。但是，一个春天没有发芽的种子，只能等待几万年后下一次春天的到来，不会有任何一粒种子会丢失，他们最终会选择走向阳光。唯一的不同是，到底是哪一个春天，一粒种子会不再恐惧没有见过的阳光，作出发芽的选择而已。

这就是这次考试的真实描述，它只是一阵春风，一些做好准备的种子内在的绿色的光芒已经启动，不论虫子说什么，它们都将发芽，它们无可阻挡地奔向阳光，迎接一个新的世界。

所以，这是每个人自己的考试，考试无须作弊，也无法被干扰，因此不用监考。不过考前培训班是允许的，突击抱佛脚也是自由意志的一部分，园丁只是浇水，虫子每天都在叫嚷，该发芽的种子就会发芽，不愿意发芽的就继续和虫子在黑暗里玩游戏——这就是春天的故事了。

不过，为了这次的考试，无论是服务他人道路的老师，还是服务自我道路的老师，各个体系从五十年前就已经在作各种积极努力了，为的就是将这个考试通过的总人数提高一些，尤其是爱的潜能者中有几千万的人，他们其实只要稍稍努力一下，稍微克服一下恐惧和怀疑，就可以一下子节省几千年的时间，这对各个体系的老师们，都是一场巨大的考前集中辅导课呢。就算是临时抱佛脚，只要能多几个人毕业，为什么不抱呢？所以也有很多人选择在二次大战死去，也是为了赶紧在这次考试之前再回来完成一次考试前的准备。

不过，就算临时抱佛脚，从五十年前就开始抱了，这场考试终究已经结束了，你要做的不是去探究和追问自己到底多少分，你的分数已经出来了，你肯定是要发芽的，你的有些种子的同伴没有选择发芽，你现在也无法再让他们补考了，虫子还是会变着法子和你说外面阳光和园丁的坏话，你也可以改变你的选择，这都是你自己的选择，每个种子自己的选择。

Jim：最近几十年的新时代运动的思潮，和最近的UFO呀，麦田怪圈呀，还有在西方的各种灵性的培训班、修炼团体，是不是都是这种考前突击培训的？而最近十多年，世界末日的留言纷飞，电影书籍不断，是不是也是因为虫子们在拼命活动造成的？

Taisha：对于园丁和虫子而言，春天都是特别的日子。对于园丁，浇水要更加密集，也要更勤奋地施肥，但却不能过量，过量的水和肥料都会造成发芽比率减少。对于虫子，春天总是一个让虫子头疼的季节，因为种子发芽了，损失倒是小事情，发芽的始终是少数。但一旦有种子发芽，种子世界总会有一段传言，大家都在琢磨"是不是真的有发芽这件事情呀？"所以，虫子的策略是，一面坚决地否定还有发芽这件事情，另一方面，加紧传递各种关于阳光和外面世界的流言，恐惧越多，那些不愿意发芽的种子就会越稳定，会选择发芽的种子也就会更少一点。

在能发芽的种子中会有一些特别的种子，提前感受到阳光的召唤，于是有了一种强烈的愿望，帮助周围的没有准备的种子也一起发芽，因为每一个春天都是一次机会，错过了、多可惜呀！于是它们会办发芽种子培训班，帮助那些还对发芽有疑惑的种子作好发芽的准备。更多的是做好准备要发芽的种子在一起相互鼓励，相互帮助，一起作好发芽的准备。

什么UFO现象呀，麦田圈呀，那些只不过是园丁的脚步声和浇水的雨露，春天到来的雷声，还有春风的气息，这些确实是有意而为的，为的就是让更多的种子知道春天到了。而对于这些干扰，虫子最擅长做的就是组织种子里面号称专家的一群人来澄清说："那些都是幻觉，证明不了，根本就不存在"。

Jim：真的不会有任何事情能干扰这次测试吗？那外面的那些来观看考试的外星人，难道没有"服务自我"的外星人，他们难道不会有一些计划或者举动吗？

Taisha：春天的到来是没有任何虫子可以阻挡的。不过有一类特别的园丁，他们不是来浇水、施肥的，而是来收获虫子世界的高级虫子的。你看，虫子虽然大部分恐惧阳光，并愿意一辈子生活在土壤里，并以种子的恐惧为生。但有少部分虫子，也有当更高级、更有力量的虫子的梦想，虫子的世界也有考试，这场考试也是在春天。这类虫子是那些特殊的园丁的目标，对于那些多少种子发芽或者不发芽，根本就不是这些园丁关注的。

已经没有任何事情能干扰这次考试了。考试已经结束了，春天已经到来了，春天的各种迹象都已经到处都是了。几千万的种子已经做好准备迎接阳光了。没有园丁会在现在还琢磨，今年春天到底什么时候会来，到底种子什么时候发芽这种事情。当然园丁还是希望春雨更多，种子更多发芽，虫子少惹点麻烦。

不管是收获种子的园丁，还是收获虫子的园丁，他们都是理解自然的规律的智慧者，他们对打一场什么宇宙大战没有任何兴趣，他们关心的只有自己的收成。只有低级的虫子会有这种世界大战这种渴望，虫子相信只要有恐惧，种子就不会发芽，这也确实是真的，流言和各种大小战争，都只是虫子散播恐惧的方式罢了，但是，虫子和种子什么都做不了，只是继续玩自己的一些小游戏罢了。

胜负在智慧的园丁那里根本就不存在，战争在任何的智慧的拥有人那里，是没有任何意义的事情。对于服务自我和服务他人的群体而言，春天都是工作的开始。最近五十年，服务自我和服务他人体系的所有工作，都是积极在春风吹遍大地前几天，让那些还在犹豫的种子和没有做好准备的虫子各自多走一步，大家都很忙，谁还有时间打什么世界大战呀。

记住，就算要作弊，也是几千年前就开始作弊了，谁会在考试都快考完了的时候才想起来要带纸条之类的事情呀。

Jim：好的，其实你之前也和我说过，不会有外星人进攻地球，也不会有宇宙恶魔回到人间，那些只是虫子和恐惧的种子自我的投射罢了。那这一段考试结束前的时间，我应该特别注意什么吗？是要提防特别的虫子还是要更进一步向种子传播春天的消息呢？

Taisha：我们在之前的章节反复说过：你什么都不用做，你只要做你自己，你知道你已经是一颗要发芽的种子就行了。发芽不用你学八种技巧、一百个步骤，只要时候到了，你就会发芽。但是，你的追逐、你的疑惑、你对分数的探寻，往往会让你错过发芽的机会。

每一个能读到这里的人，他们可能都在疑问：我似乎还没有走上爱的道路呢，就算我是爱的潜能者，我考试会得多少分呢？可不可能就差一两分而及格呢？

我可以再一次明确地回答每一个有这样疑问的人：你的毕业考试已经完成，只是这个成绩还没有公布而已。你的分数，我也已经偷偷地告诉你了："你已经通过了"。这场考试其实比这本书简单得多，只是一个小小的选择而已，一个人有耐心把这本绝大多数地球人用原始心智无法读完的书读到这里，就肯定是过了考试及格线的人了。

不过在分数公布之前，你却还有机会小小地改动一下分数。时间并不存在，只有当下一刻是真实的。当然你也可以简单地说，太傻都说了，我已经通过了，那我就等着分数公布吧，我就该干什么干什么就是了，反正都考完了，还琢磨那些干吗呢。于是你肯定可以收到你正常的已经过线的分数。你也可以继续更专注地成为爱，成为你自己，做更多爱的锻炼，这样你的分数会稍稍高几分。

当然，你还可以选择在分数还没公布之前，自找麻烦地不断疑惑、怀疑和恐惧，四处追问你到底多少分，有没有机会改分数或者重考，到底毕业以后会怎样，是不是要买个什么秘笈，需不需要请求某个神仙保佑，需不需要学习什么广为流传的"红宝书""蓝宝书"之类的东西。这些都是你对自己的怀疑。这本书从头到尾，都在帮助你走出自我的怀疑，其实，也因为你一直对自己的怀疑，才让你的分数离及格线那么近。但是，谢天谢地，考试你已经通过了。你现在要做的，只是放下持久的怀疑和恐惧，安心地等待发芽。如果你仍旧继续怀疑，不断地在一个个迷宫中追逐，你只会遇到更多的虫子，让自己分数越来越低。说不定分数公布的时候，你会发现，就是因为你的追逐，最后竟然没有及格，这也是面对分数你自己的选择。

我唯一的建议是，既然你已经为现在这一刻准备了几千年了，最后一段时间，基本做什么都不会有什么实质的改变。所以，该做什么就做什么吧。

毕业的考试是不可能作弊的，因为你每一刻都在完成你的答卷。考试已经结束，成绩也即将公布，你什么都不必做，你要做的只是去理解和接受考试的结果而已。然而，你现在却有机会超越时间，在这场已经完结的考试里，做宇宙有史以来最大的作弊者，而所有的老师都将为你鼓掌！

尤其是那些已经走上太傻的第一步的人，如果你已经看清爱的道路，你可以利用考试分数公布前最后的或长或短的时间，充分地在第三层的世界所创造的学习环境中，更多地锻炼自己，只要你完全地跟随太傻，你就有机会提高自己的分数，不仅仅提高一点点，而是提高很多——这就是这场考试中你能进行的最大的作弊了。

Jim：好吧，既然我都通过考试了，那这个作弊看起来不是那么吸引人。我比较关心的是究竟什么时候考试成绩会公布呢？是不是成绩公布了，成绩也就再也不可能变动了？虫子说什么也不会有用了，对吗？

你之前说，我早上煎鸡蛋的时候就知道成绩了，大概是多长时间的之后煎鸡蛋呢？你知道，一年煎鸡蛋和十年煎鸡蛋，是完全不一样的。

Taisha：好吧，煎鸡蛋确实不是很容易说清楚，我换个小小的寓言吧。这个寓言叫作《狗狗和它的浴液的故事》。

你每天早上都洗澡吧？如果你有一瓶浴液，你每天洗澡都会挤一下，一瓶浴液基本三个月左右就会用完。等浴液用完了，或者大概快用完的时候，你就可以去新买一瓶。你这样用了好几年了，从来都没想过要换新牌子。

有一次，你在网上看到这个你最常用的浴液竟然在做团购，一次买五瓶就可以半价，你看有机会占便宜，就真的买了五瓶，因为这个牌子的浴液你一直用，估计以后也不会换，而且两三年也不会过期。加上你还没用完的那瓶，你一共有六瓶浴液了。

之后不久一天，你得到消息，你最常用的那个浴液升级了。你看，这是打折促销之后经常发生的事情，原来的第三代浴液升级到第四代浴液了，你作为这个牌子浴液的忠实用户，又获赠了一瓶新的第四代浴液。于是，你就有了五旧一新，和一瓶正在用的——一共七瓶浴液。你其实有点后悔，要是当初不去贪便宜，多买那五瓶浴液，那么现在就可以早一点用上升级的浴液了，但是既然都买了，就继续用吧，于是你决定，等所有旧的浴液都用完了，再用新升级的浴液。

好吧，寓言还没讲完，先提几个问题考验一下你，看看你在类似问题上的选择。你估计你要多长时间后才会用上那瓶新的升级款的浴液呢？能给个大概时间或者准确时间吗？

Jim：六瓶，怎么也要用十八个月吧？现在是 2011 年 6 月，大概要到 2012 年年底才能用完吧，准确时间还不知道。

Taisha：你会担心自己用不上那瓶升级的浴液吗？你会偶尔想偷偷提前体验一下，新升级的浴液到底是什么感觉？你会为了提前用上新浴液，又不破坏你定下的规矩，于是每次用两倍的浴液吗？这样也许你提前一两年就能用上新升级的浴液了。

Jim：应该不会吧，不就是浴液吗，就算升级了，也是浴液，又不会变成什么别的。早晚都能用上的，洗澡这点小事，顺其自然吧。

Taisha：对，就是这种顺其自然的感觉！因为你已经走上太傻第一步了，所以对那些平常人都会追逐的信息、未知和内在的恐惧要小很多，所以，你往往会作出最合适自己的选择，其实你没有任何选择，只是理解一切、接受一切。

你对毕业分数公布的时间也可以是一模一样的态度。你知道，其实就是毕业升级呗，就算是高一了，很长一段时间，你什么都不会感觉到。至于分数公布的时间，大概就在那时候，虽然自己以前设置了一些小小的障碍，但是，既然早晚都会知道结果的，何必着急呢？只要你一直保持这种感觉，你就肯定不会错过任何事情，时间也会精确地那样发生。

但是，很多人不会这样，他们会像之前贪小便宜给自己制造不必要的障碍一样，继续给自己制造其他的障碍。我们以前就反复说过，所有的疑虑、渴望、追逐都是自找麻烦。

Jim：一般人到底会给自己找哪种麻烦呢？难道浴液这点小事，也会有人自找麻烦吗？

Taisha：当一个人陷入比较、怀疑、追逐、批判，还有得失的恐惧的时候，他的麻烦就是无穷无尽。

例如有的人会很好奇，究竟新升级的浴液好在哪里呢？他早就知道要有升级产品这回事，也一直期待新产品好久了。所以虽然他有六瓶旧的还没用完，但是他决定提前体验一下，看看新浴液到底好在哪里。结果用了之后，他会很失望地说："什么新升级啊，还不如原来的呢！"于是觉得之前的期待都是上当受骗了，再也不信什么浴液升级了，顺手就把新浴液送给邻居家的狗了。

也有人对升级的浴液一直抱有坚定的信心，当他收到升级的浴液的时候也特别高兴，并一直告诉自己，自己一直都知道这是真的，虽然要等一段时间，但是自己肯定会用上的。但他还是特别好奇，并且有一点小小的疑虑，有没有可能售货员包错了，或者买到什么假货了呢？会不会自己等了好久，用上的那一刻发现是假的呢？这个念头不知道为什么一直啃咬着他，有一天他忍不住试着用了一次新浴液，果然发现其实什么区别都没有，什么事情都没发生。原来很多人说的高级功能都没发生，甚至一点迹象都没有，他就更怀疑了。但是他肯定不会把浴液送给邻居家的狗狗的，他还是有坚定的信心。于是他决定去找专家鉴定这个浴液，他找了很多专家，但是有人说是真的，有人说是假的，他越找专家就越不知道自己该信什么了。结果有一天，他在去专家的路上，发现宝贵的浴液竟然被宇宙大盗偷走了，他后悔莫及。觉得自己之所以充满了怀疑，都是宇宙大盗的阴谋。其实，没有什么宇宙大盗，只是他出门的时候把他最珍贵的浴液忘记在电梯门口了，而之后又碰巧被邻居捡到，看没人要的浴液，正好给自己的狗用。于是狗就又收到了一瓶升级款的浴液。

也会有人一向愤世嫉俗，对所谓的升级款的浴液根本不屑一顾，说："我从来都不相信有升级这回事，都是胡说八道的，旧的就是最好的。虽然新的浴液是白送的，但我凭什么要信这些呀，也许我对新浴液过敏呢？"于是他顺手就把新浴液送给邻居家的狗了。

还有人会特别后悔为什么当初占便宜，一下子多买了五瓶，他会拼命用旧的六瓶，希望赶紧用完，好早点用上新浴液。但是，他们往往会还没用完六瓶旧的，就在某个广告上看到一个更新、更高级的浴液，于是一下子，把所有没用的浴液都送给邻居家的狗了。

他们都用自己的各种方法，在追逐的失望中，在疑虑的恐惧中，在大脑病毒的分离中，一次又一次错过了第四代升级款的浴液。而邻居家的狗因为无从选择，也不必选择，在奇怪地收到一堆的浴液之后顺利地升级到第四层世界了——这是我们又一次讲选择的问题了——第三层世界的核心课程就是选择，而你唯一要学会的，就是你不必选择。

记住我这个小小的寓言故事，记住，你已经拿到升级款的浴液了，你早晚都会用到它，大概的时间你也推算的出来，这个事情没多重要，不必每天琢磨，所有的疑虑、怀疑、追逐、尝试、期待，尤其是对信息的追逐，它们都是让你错过你真正的机会。

Jim：嗯，好吧，这个小寓言，确实比煎鸡蛋形象多了。最可惜的应该是丢失浴液的人吧。这个人似乎特别像网上那些追逐新时代信息的人，一会相信这个，一会相信那个；今天琢磨要练这个功法，明天又要去学习那个瑜伽。他们似乎总是一面在相信着，一面又在怀疑着。可是那只狗的运气也太好了，能收到五六瓶升级款的浴液呢，这样它怎么也不会错过了吧？

Taisha：狗不仅不会错过浴液，反而因为狗无法选择，所以每次只能专心地用完一瓶又用另一瓶，等他把所有的浴液都用完的时候，狗还发现，自己已经升级成第三步的超超超狗了。而在毕业考试的时候，这只狗也成为了这个规则宇宙的明星之狗——作弊狗王。其实，Jim，你也可以学习这只狗，也做一个作弊之王的。

Jim：狗这么做算作弊吗？浴液不是都是别人送的吗？难道我也能这么作弊？你好像说过，这个考试无法作弊，你又说我可以成为这个宇宙考试最大的作弊者，所有老师还要为我鼓掌，然后你还说，追逐只是自找麻烦，在考试分数结束前，多作一些锻炼，难道不也是一种追逐吗？我会不会因为作弊反而拿到更低、甚至不及格的分数呢？

Taisha：唉，Jim，我已经用尽我能想到的所有办法来暗示你了，可是你总是一次次地忽略那些最核心的信息。在太傻的指引下，你怎么可能因为作弊而被抓住呢？太傻是所有老师的老大，是这所宇宙学校的校长，他在这个宇宙考试体系中专门就留下了一个机会，让那些有眼睛看、有耳朵听的人能充分把握这个机会。而我也已经在用各种方法暗示你了——你现在拥有了这个宝贵的机会。

天啦，Jim，我和你说了这么久，你还没明白这是多么难得的一次机会吗？你知道现在这个时候对一个已经走在太傻第一步的人是什么意义的时刻吗？那么多在外面观看的外星人因为你现在拥有的机会羡慕和气愤得要发狂了，你知道吗？即使他们都已经升级到第五和第六层世界了，你现在的机会仍旧是他们几千万年也无法遇到一次的那种，但是，你竟然还在每天浪费时间，你的那些兄弟姐妹们，怎么不会又羡慕又气愤呢！

现在，是种子发芽前的最后几天，却也是每一个种子吸收日月精华的最佳时机。这是每一个灵魂最渴望的一段快速自我发展的时间，你要是能充分利用现在的每一天，那达到的效果是你在第四层、第五层世界锻炼几百年的效果。你要是能聪明到自己会创造一些催化剂，再自我加速一下，当你考试分数公布的时候，你会发现你已经跳级了。如果你能把你生活中的每一天都当做最后一天那么充分利用的话，你的太傻也会配合你，把你这粒聪明的种子最后发芽的时间延后几天，让你在这片准备了一年的土壤中充分吸收最精华的养料，一直到你无法再使用这个第三世界的锻炼工具后才会让你最终发芽，这样你会有机会长成所有的发芽种子中最健壮的一株。而这个时间实在太宝贵了，可能几千万年也等不到一次，太傻怎么会为你浪费任何一天呢？

如果你真的能意识到从现在开始到之后的一段时间是多么完美的自我觉醒和发展的机会，你甚至可以用这段时间直接走完太傻的第三步，等你发芽的时候，你会直接去第六层世界去结出最伟大的奇迹果实。如果这是一场考试，对于你，Jim，和所有其他已经走上太傻第一步的人，毕业资格已经无关紧要了，你要做的是，趁着考试分数还没公布，这个考试还没有正式结束，大家都还在考场里等待离开考场的时候，你举起手和考官说："我要求你一口气把什么中考、高考、四六级、研究生、SAT、TOEFL、GRE、GMAT 的试卷全给我，我要一口气全考了。"要是你说这是作弊，那这肯定是宇宙最大的作弊了，热爱考试的学生，肯定是所有老师最喜欢的学生了。绝对不会有任何一个监考老师会拒绝你要全考完然后跳级的要求的。

当然，对绝大部分能发芽的种子而言，它们并不会意识到，还可以有这种变态的考试方法，绝大多数种子其实是一起发芽的，直接在第四层世界里一起迎接阳光。只有少数的智慧的种子——一百个种子里面只会有两三个，一般它们都是有意识地走在太傻第一步的种子，它们会稍稍多在土壤里待一会，多为这次发芽准备一会儿，主动选择稍晚一些发芽。这些种子也许能直接在第五层世界开花，这些都是种子里的明星；极少数种子——它们是奇迹的种子，它们会把每一分钟时间都利用起来，把土壤里每一分养料都榨干，当它们最后发芽的时候，将直接结出第六层世界奇迹的果子。所有已经发芽的种子会向这种子世界真正的最后的英雄致意，所有的老师都会为这几个热爱学习、热爱考试的作弊的王者鼓掌，它们也是种子世界的王者。

对于这次机会的意义，Jim，我怎么向你描述都不为过，就算等你以后升级到第四层世界、第五层世界、第六层世界，那里虽然生活困难很少，能更清楚地看到真理，所以那里能拥有的生活催化剂也少得多，所以，自我和灵性的发展会越来越缓慢。要是你还想要这种快速成长的机会，你只能再自己全部忘记一次，再从第三层世界重来一遍。下一次，你可不一定碰得上《太傻十日谈》和《太傻天书》了，也不一定有我这样的老师来苦口婆心地告诉你这样作弊方法了。

Jim：这也算作弊吗？那你为什么不早几年把这个教给我呢？那我现在才看到《太傻天书》不会太晚了吗？要是早十年难道不是更有效吗？我就有更多十年时间来多准备几门考试了。

Taisha：这个世界是没有错误或者误差的，对于每一个即将看到这本书的人，都不存在太晚或者太早。他们会在他们最合适的时候看到这本书，每个人内在的太傻会指引他们的。没有做好准备的人，就算现在看到也没有用。如果他应该是十年后才做好准备读这本书，他也会十年后才醒悟，原来十年前他就已经拿到钥匙了，只是自己一直不相信那是钥匙而已，他也许觉得自己浪费了十年，其实没有浪费，只是没到时间而已。

换个角度，就算十年前，我要写这本书，也肯定不会找你，因为你那个时候还在为上大学而努力呢。我如果和你说："嗨，哥们儿，别琢磨你那些公务员考试、金融资格之类的考试了，有更重要的考试呢！"你觉得你会信吗？我就算第一次谈话就和你说"大家做好准备，重大机会来了"，你觉得你会搭理我吗？

Jim：可是要是有人很可惜地错过了这次毕业的考试，等分数公布以后，他看到很多其他的种子都发芽了，他们还有机会选择发芽吗？还是说错过了就必须等下一个春天的到来呢？

Taisha：时间并不存在，每个人都是在自己当下的每一刻完成考试的，即使错过了春天，每一个种子仍旧自己选择发芽。每一个时代都有提前毕业的种子和虫子，只是他们毕业的难度要比在春天和其他人一起毕业要大好几倍。耶稣、佛陀、成吉思汗还有很多历史上有意识地走上第二步的大师，都是这样提前毕业的典范。即使未来分数公布了，只要你还没有被太傻安排转学，你都还有机会重考而毕业，只不过，对于这个世界的绝大多数人来说，这并不是他们的一个选择。

Jim：好吧，那你干吗要在世界开一个留学咨询的公司呢？直接开一个毕业培训班，或者种子发芽培训班，专门教导《种子发芽指南》就是了？

Taisha：我做什么，并不重要，这个世界有无数的种子培训班一开始也根本看不出任何的征兆，但他们的内在的目标都是教导人们自己觉醒的。这样反而可以帮助到更多领域的对阳光抱有深深恐惧的种子们。既然决定做太傻的老师，做一个寺庙的佛像多让人无法接近呀，当然要深入世人爱好的各个领域了，而且，既然职业只能选一个，当然选顺手的了。最终，其实做什么都一样，就算我成为一个教跳舞的老师，估计也会写《跳舞十日谈》的。

当然，要是你非要让我说明白选择留学行业的原因，我会说：种子发芽的比率在世界各地的不同土壤有很大的不平衡，这种不平衡会给世界带来一些能量的波动。美国是世界上种子最密集的区域，而中国却在某种意义上是一个荒漠，两个能量上的巨大不平衡其实是一些地球灾难和矛盾的隐患，在这中间交流能量的核心却是留学生这核心级别的年轻人。他们作为关键的力量，将带着各自的爱往返于这两个能量不平衡的区域，从而带动整个世界能量的平衡。最直接的结果，就是让地球在过去的十年和未来的一段时间，分数最终公布之前，矛盾少一些，灾难少一些，平衡多一些，于是也会有稍微多一些的种子发芽了。从 2001 年太傻网成立，到现在已经十年时间了，怎么算起来，这个任务也算是完成得不错了。

7-4 伟大的较量

Jim：这个任务是你在来到这个世界前就计划好的吗？你是被外星人或者更高级别世界"服务他人"的大师团体派来帮助这个世界的更多人觉醒的吗？这里面有什么全世界觉醒的蓝图或者计划吗？

Taisha：对于服务他人的大师体系，计划是没有意义的，计划只是大脑的习惯，我来这里的核心目标和每个人一样，都是做我们自己。其他的所谓的任务，只是后来顺手做的而已。

所以，其实有我做或没我做，结果不会有很大的差距，只是一点点细微的波动而已，但是各种这种细微的波动的结果综合影响却是关键的。没有任何一个点是所谓必不可少的关键点，就好像春天的到来具体是被之前哪一天决定的呢？如果有这种会影响春天的到来的关键点，那么各个体系的大师们几千年前就已经开始争夺和布局了，不可能现在再来做任何事情。

不过随着一些人对自己身份的觉醒，尤其是已经走上太傻的第一步和太傻的第二步的人，他们有意识或无意识地感觉看到一些关键的能量位置的不平衡，那些缺乏爱的领域，都会有可能带来整体的危害，他们会自发前往这些不平衡的位置，在那些位置散发爱，帮助那些位置的平衡，这种自发性来自于内更深层次的服务他人和服务整体的动力，而不是有什么人在背后指挥或者布局。

至于你说的宇宙觉醒计划呀，世界发展蓝图呀，那都是人类自己思维框架内控制体系的斗争模式。非要有一个总司令安排各种将军带着各种士兵打各种大小战役，然后才能做成什么事情，获得什么成就。这是多么没有艺术的事情呀。

智慧的大师体系，真正布局的艺术在于，利用各种不同类别的能量的相互作用的原理，让能量自行运行，和自行布局，这样的布局，没有任何踪迹可循，也没有被对手察觉的可能。等各个能量已经在各个位置开始显示力量的时候，局面已经无可更改了。这个里面会充分考虑各种偶然和随机因素的影响，越是关键的位置，你会投入的保障性力量也就越多样化。无论是服务自我还是服务他人的第五层世界和第六层世界的大师，既然所有人都拥有智慧，可以看清未来，那肯定谁都不会去费力打任何的战争，但是他们却会看到一个更整体的世界的规律、发展方向和关键能量点，他们也会用自己不同的布局模式布局。

对于"服务自我"的体系的布局的艺术，也称为"控制的艺术"，或者"恐惧的艺术"。这种布局是通过对少数关键能量点的控制来实现的，这是一种类似金字塔的控制模式，强调艺术化的精确控制的效果。而且被控制的人和体系还要不觉得自己是被控制的，他们更多的是自发性地做事情，而不是强迫性地做事情。这样在未来需要促成某种事情的时候，他们只要对少数关键点进行调整。这些直接被高层服务自我的力量控制关键点在整个世界里面都只有少数几个，但是，却可以实现几乎任何的目标，无论是打一场世界大战，还是制造某场看似随机偶然的事件，都会让人无迹可寻。"黑暗"与"隐藏"是控制体系的座右铭。这种布局模式也是和"服务自我"的体系的少数控制多数的思维模式和价值体系是一致的。这个控制体系除非你是属于金字塔顶端的人，否则根本看不到什么控制蓝图，你也不会觉得自己是被控制的，但是你会觉得自己有一些不得不去做的事情。

而对于"服务他人"大师而言，所有人都是一体的，没有区别，因此也不需要一个指挥另外一个和巨大的目标蓝图。每个大师都清楚地看到世界发展的关键点，并了解这个世界到底需要自己做什么服务，然后他们会自发地前往那些点做自己的工作，没有人安排，没有人计划，但是，一切却在无形中被发展。各个能量点之间会相互配合，并且在需要的时候，自行地变化，而实现对整个世界能量的平衡。在服务他人的体系里，你不会看到在服务自我体系里面的那种阶层明确的金字塔式控制体系，你会看到完全相同而又各个不同的圆的相互作用。服务他人的体系会很清楚地看到服务自我的体系的恐惧控制模式，他们不会去直接对抗，或者阻止战争，他们会看到更大的远景，然后在这种远景下自发的工作。

不过也是因为"服务他人"的群体的个体数量比"服务自我"的群体数量大得多，所以，这个世界你会在历史上看到层出不穷的类似耶稣、佛陀、达摩、圣方济格这样"服务他人"大师，但是，却很难看到隐藏在黑暗中的"服务自我"的大师，历史上，确实很少有"服务自我"的大师有显赫的声誉，因为"隐藏"

和"控制"是服务自我体系的座右铭。

你可以把现在地球的这一场考试，看成是服务他人的力量和服务自我的力量在几千年前就开始布局下的一盘棋，耶稣、佛陀和我这样的人，还有无数太傻第一步和太傻第二步的人，都是自发前往棋盘的棋子，这个体系在较量了几千年后的结果是——没有胜负。

每个团体都在收获自己的种子和虫子。不过，因为每一次收获，发芽的种子总是比长大的虫子多得多，所以，对于大部分星球的这个过程，基本都是以收获种子发芽为主。特殊收获虫子的园丁总是悄无声息的。除非一个星球，基本只有虫子，没有种子。

Jim：这种布局的艺术太美妙了，那是不是像希特勒、拉登那样的恐怖势力的狂人，都是那种"服务自我"的力量控制的关键点呢？

Taisha：希特勒和拉登只是一些被操纵的小虫子罢了，当然他们自己是不会承认被其他的力量所操纵的。服务自我体系的操纵的艺术的要求就是，在尊重自由意志的前提下实现操纵的效果，强迫别人接受自己的意志，是会操纵"服务自我"体系的损耗的。

就好像拉登觉得自己就应该用飞机撞大楼，他不会承认自己是被任何人控制的，但是，他之后自己也会觉得奇怪，怎么这么复杂的一件事情，就那么巧合地都发生了呢？而且效果比他自己想象的要大得多。不过对于控制体系而言，9·11之类的事情根本就不是目标，而只是一个小小的铺垫，也不是为了什么战争，更不是为了去争夺什么石油或者世界霸主的地位，对于控制体系而言，一切都是过程，没有什么结果是值得他们争夺的，控制本身才是关键的意义。

所以，战争和冲突，恐惧的散播，其实都只是低层次的小虫子干的事情，他们做的所有的事情都会觉得是自发的，但是，大部分被操纵的人都觉得自己并没有被操纵，都是在做自己喜欢做的事情，但是，就好像这个世界麻木而沉睡的大众一样，他们真的知道自己在做什么吗？当你在游戏世界的时候，有任何人真的强迫你去玩任何游戏吗？一切都是你自己的选择，不是吗？但是，本质上，你只是被恐惧和追逐所控制着。

不过在人类的思维框架下，似乎只有美国总统或者世界领袖那种受众人瞩目的政府职位，世界大公司的CEO之类的才是世界力量的关键点和核心的，这是一种很幼稚的思维模式，就像人类的下棋，都会有王有后一样。或者类似围棋，谁占的地盘多，谁就赢。这是人类自我设置的规则，然后在规则中被束缚的问题。

这个宇宙却没有这种规则，这个世界的总统呀，超人呀，国王呀，领袖呀，

更多的只是某种演员罢了，因为人们希望看一些人表演，虫子们安排了这样的人来表演。世界真正的脚步是很少被这些位置影响的，即使是服务自我的体系控制的对象，基本也对这样演员的角色不感兴趣，因为这些演员太受人关注了，他们不是优质的控制目标，要控制这些演员，实在太简单，连虫子都用不上。而黑暗世界的控制者，他们更喜欢躲在黑暗里，进行各种安排，要改变任何的格局，需要的只是在关键位置的少数改变，即可控制全局，这是即使服务自我的控制体系也追求的控制的艺术。

而服务他人的体系的大师，对所谓的领袖的位置就更没兴趣了，他们看得很清楚，那些穿透每一个领袖和明星的那些夺取力量的丝线，他们是绝不会让自己成为那种丝线的目标的，他们更愿意走入人群，默默无闻地工作，在无数个平衡点贡献自己的力量。人群对这些大师的崇拜、追逐和期望，其实是阻碍了这些大师的工作，也就是这个原因，原先承诺会回到世界的耶稣和佛陀，都绝不会再回来的。他们原来其实都有计划再回来，可是，当他们看到自己的名字成为某种盲目崇拜的对象的时候，他们就不可能回来了，因为他们一旦进入这个世界，大众制造的夺命丝线就会瞬间杀死他们，因此，你也可以将宗教的某种发展看做是被服务他人的力量操纵的结果，看似他们在宣扬爱，其实他们是在阻止真正的爱。不过，阻止一两个大师是没有意义的，一个耶稣不回来，一百个其他名字的大师会一样地继续工作。这也是两种力量在较量上的某种平衡。

所以，Jim，你完全不用去关注这个社会的巨大的试验场会向什么方向发展，这些都是无关紧要的，宇宙的计划掌握在有更深远的眼光和更博大的指导力的力量的手中，不会有任何的意外是可能被忽略的，当你被各种社会的变动所吸引的时候，记住，那些都只是小丑们的自我表演而已，他们如此表演，并不是因为他们知道自己在做什么，或者有什么阴谋，而是相反，他们都只是可怜的受害者，并不知道自己在做什么。但是如果你也陷入焦虑和批判，你也就也会成为受害者中的一个。

Jim：那以后到第四层和第五层世界，是不是两种力量还会继续较量呢？不是说，地球以后是主要服务他人体系的世界了吗？那服务自我的力量会退出舞台吗？

Taisha：没有任何一个世界会是纯净的服务他人或者服务自我的世界，只能是说主要是服务他人还是服务自我。地球第三层世界也主要是服务他人的世界，你不要单纯地把眼光放在人类社会的控制体系上，尝试去看到更广泛的合作和分享系统，它虽然不起眼，但是却是主流。有人给你提前设置大学要学什么专业的要求吗？有人规定你毕业必须找什么工作吗？这个世界主体还是自由选择的，虽然有很多局部都是控制体系。不管是资本主义还是社会主义，民主国家还是不民主国家，其实在这个第三层世界没有任何区别，都是各种合作体系和控制体系的杂合体，社会并没有有意识地做出选择，就好像第三世界的人，绝大多人也并不知道自己到底是什么选择，而社会只是大众心智的投影罢了。

在任何一个社会中，不要提第三层世界社会，即使到第六层世界的社会，自由和控制这两种力量都不会停止较量，虽然较量的方式从来不是战争，而是心智的较量——这是一场这个宇宙真正伟大的较量和合作。而在这场较量和合作的结果是，随着个体的普遍做出选择，每一个社会都会最终选择做出自己社会模式的选择。

这于每个个体在每个阶段到底多少服务他人和服务自我的爱的比例，也会决定大众社会整体的服务模式。如果大部分人都拥有 50% 以上的服务他人的意识，就会形成一个第四层的服务他人的社会，但是这个社会中还是会有一些控制、管理和制度因素。随着社会个体整体服务他人意识的不断强化，社会也会必然的向更少控制、更少管理和更少制度的模式发展。基本在第四层世界中后期，随着人们更少的恐惧、更多的爱、服务他人的社会模式中，政府、法律、制度、规范之类的控制因素都会消失，社会转变为一个更由小社区自发发展的合作性模式，独立运作，充分地分享与合作，却没有任何既定的规范与束缚——这是服务他人的社会发展的必然方向。

而服务自我的社会模式，却会强化更多的管理框架，更精巧的合作结构，给予更多成员更多的要求、指导和支持，也会有更多的限制和束缚，这也可以快速形成某种力量巨大的社会体系。这个体系向更高层次的升级，会更强调自由意识，不会有什么奴役和强迫的发生，只是因为社会体系本质是控制的，所以社会群体是一种快乐的被控制的感觉，并积极地维护自己创造的那个复杂体系的愿望，而且这种控制也会完全基于社会成员的整体的合作与授权，这种道路也是一条主路，而且会有很多人热爱并拥护这条道路和其上的控制性社会模式。第四层次和更高层次的服务自我的社会，会强化更精妙更艺术化的管理，并且让其中的成员不感到任何的控制的束缚，控制更多来成员自己创造的体系本身的价值，而自动维护这个体系的运转。

到底是服务自我的社会，还是服务他人的社会，这些道路各自有各自的优缺点，但是却一样都能向前发展，没有一条道路比另外一条道路更好或者更坏，这些都是每个个体自己的选择。

Jim：服务自己的控制模式的社会发展控制体系我能理解，就好像一个网络游戏，什么都是游戏程序安排好的一样，就算所有游戏的人都知道是一个幻觉，但是，很多人确实很喜欢在其中玩，甚至感觉比真实的生活、自由的生活更有意思。

但是，我却不怎么理解，服务他人的社会所谓的自发性发展。我怎么觉得，怎么可能不通过提前规划和发展控制，在各个发展阶段主动的解决问题，只通过一些关键点的自发性的成长，而形成一个和谐而完美的世界呢？这就好像让一群人在一个服务器上自己随便瞎玩，没有规划、没有蓝图，最后这群人可能一起创造一个完整的世界吗？这难道不是指望一群猴子乱弹一架钢琴，难道真的可能弹出贝多芬、莫扎特的音乐吗？

Taisha：自发体系和没有规划和设计的体系，确实不符合人类的原始心智。绝大部分原始心智都是相信，世界也好，社会也罢，就算一个杯子，也要先设计再制作。但是，自发的体系真的没有吗？睁开你的眼睛，你会看到无所不在的这样自发形成的完整世界体系。

大自然不就是这样一个最好的实例吗？所有的植物、动物、微生物，从种群到个体，每个不都是自己决定自己的发展道路，他们难道不是在地球这个巨大的服务器上，各个物种想干吗就干吗的吗？是否受到任何更高力量的控制和规划他们每一步的发展吗？难道大自然不是这样经过时间的洗礼而变成一个内在完整的互助与共同发展的模式吗？有没有任何一个大自然的事物，是不依赖其他事物存在而发展的呢？难道大自然不是内在的完美而和谐的最好表达吗？

你也许觉得人类的工业、艺术是伟大的创造，自然的那些造物，和贝多芬与手表是无法相提并论，这是非常肤浅而且完全颠倒的认知。当然，你因为不是和我一样学生物学出身的，所以无法和我一样深入地理解大自然内在的美妙和创造的精致。人类社会即使再过几万年，也不可能创造出任何一件作品超越哪怕一个细胞内在的完美性。更不要提像大脑和眼睛这样精致到极限的器官了，也许你觉得现代科技已经很发达了，但是，人类现在都没有理解，眼睛和意识到底是怎么配合工作的。

因为你的眼光大部分时候会被人类自己制造的社会所占据，所以你会认为控制体系是主要模式。几百年前，人类心智也一样认为即使大自然也是在某种智力规划下形成的，有一个上帝、一群天使，像人类制造汽车钟表一样的规划设计了大自然的各种生物。人类的心智确实无法轻松的理解一个自发和互助的体系，但是，这并不影响自然规律本身的存在。自发和无规划的合作的体系，是这个宇宙的主要模式。

即使不谈大自然，在人类社会体系里面，你也可以看到很多典型的服务他人的理念合作体系，它们没有规划、没有蓝图，仅仅依赖创造的自发性一样可以实现和谐运作的系统。例如 Linux 和 Ubuntu 操作系统。

"Ubuntu"是一个古非洲语单词，意思是"乐于分享"。班图精神也意味："We Are One"——我和他人紧紧相连，密不可分，我们都在同一种生活之中。

这样以服务他人的思维模式构建的合作性平台，最大的特点是，你在其中找不到控制体系或者控制者，所有开发者是平等的在自己的组件上工作，没有开发计划，没有开发周期，更不要提一个人要求另外一个人允许做什么或者不允许做什么。这样的体系也会升级，但是，只有当大部分组件整体升级的时候，这个操作系统才会升级。

比起那些自我发展合作模式的系统，却往往因为无规划和表面的粗糙，而不受那些追逐分离的美感和被控制体系便利性的心智的喜好。你看这个世界到底是用 Mac，Windows 的人多还是用 Linux 的人多就知道了。那些精心设计、发展快速，还充分考虑用户人群的便利性和人性化因素的操作系统和那些靠自发创造体的操作系统相比，就好像一个精心设计的庭院和一个杂草丛生的荒野比较一样，追逐分离的人类心智也往往喜欢前者，即使那些精美的系统是不自由、框架封闭甚至效率低下的。

追逐分离的人类心智曾经几千年无法理解大自然的发展模式，人们一直觉得应该有一个叫上帝或者神仙的总设计师规划一切，大多数人直到现在同样无法理解自由和合作的模式体系真正的创造力的来源和内在的价值。从人类的原始思维模式上，类似 Linux 的系统是根本不可能成功的，怎么可能无规划图的发展模式也能形成一个操作系统这么复杂的东西呢？像微软、苹果这样的操作系统都是几千几万个工程师在严格和详细的规划下花了几十年的时间才做出来的，一群没有组织、没有规划的业余爱好者怎么可能创造出这个复杂的产品呢？和那种在蓝图规划下的，由商业化组织的团队设计和构建操作系统两三年就会升级一次相比，自发合作模式的系统一般十几年才会真正升级一次，看起来这样发展似乎是很缓慢而没有效率的。

控制体系的产品确实因为精心设计、完美规划，所以会受到那些追逐分离的心智的热烈追捧，那种体系你会很轻易地看到让人惊叹的智慧和便利，这是服务自我的体系的某种必然的表现，只要出现一两个天才型的人物，控制着顶端的质量，无论是公司还是国家，或者一个产品，在智慧的规划设计下，都会比服务他人体系的那种自发性发展，更高速地进展，快速地占据更多人生活。

而自发的体系的产品，即使外表不吸引人，看起来似乎发展缓慢，内在的和谐和整体的高效却是不容置疑的。更重要的是，这个体系是一个绝对自由、没有控制的体系，任何人都可以按照自己的希望随意修改别人的代码，他也不会强迫任何人只在自己的平台上运转。而也就是这种创造的自由和绝对的接受，让自发服务的合作系统拥有强大而持久的生命力，这种生命力和自由的产品，即使在发展初期会落后，但在长期的较量中，永远都是最后的优势模式。这种趋势在现在操作系统的领域，你会看到无处不在的 Linux 和 Ubuntu 的存在，Linux 甚至在金融领域，比如大型银行的前置机和证券公司交易主机上都有很深入的应用。而我们耳熟能详的互联网公司，更是绝大部分构建在这样的开放平台之上。两种方向的道路都已经非常的清楚。

即使每一个控制体系的产品或者社会，前期都会迅速发展，但是时间是最公平的裁判，因为控制体系太过于追求精致的控制体系，所以，任何一个环节出了问题，整个控制体系就会受到影响，更别提如果顶端的控制因素不稳定，更会造成快速的崩溃的效果。而修补这些控制体系的问题和内在的矛盾，就会成为每一个控制体系内在最大的隐患。这就是为什么微软永远有无穷无尽的漏洞，买苹果股票的人都担心如果有一天，某个创造的天才不在了，谁再来控制这看似完美的一切。服务自我的控制体系的产品、社会、和企业，和那些追求魔法控制的神秘宗教一样，都会遇到不可避免的内在矛盾的积累，而在某个时候走向崩溃，就好像人类股市周期性的崩盘一样，这是几乎所有服务自我体系的必然命运。

而服务他人的体系，无论是社会、团体还是产品，都不会有这样的问题，无论任何一个组件的开发者开小差，或者干脆不干了，对整个体系都不会有任何影响。任何一个小的隐患和问题，在前期就被无所不在的开发者给自发的解决掉，随着时间的发展，这个稳定的体系会显示出强大生命力和抗危机的能力。就好像大自然，就算陨石、自然灾难能曾经一次性毁灭 90% 的物种，大自然一样会迅速地恢复繁荣，并进一步成长。

但是，无论是社会模式、商业模式、还是产品、服务自己和服务他人，都是主路，是每个人自己的选择，你当然可以选择任何你喜欢的道路，但是，每一条道路都是你一定要作了选择，你才能继续往下走，而不能脚踏两只船，同时在两个世界模式发展。

Jim：是不是未来到第四层世界的社会，也会有两种这样的道路的区别呢？到底两种社会会变成什么样子呢？各自的优缺点到底在哪里呢？

7-4 伟大的较量

7.29 你真正做出选择的标志，是你记起你已经做出选择

Taisha：你可以从人们对操作系统的体系的理解和感受想象未来的世界的模式。其实原理和组织模式，会遭遇的挑战都是一样的。

几乎所有的服务自己的控制体系世界模式，从社会到机构、商业、产品、每个人的日常生活，那些体系都是精美的艺术品，都是被花园一样的精心设计和周密安排的。人们在其中看似享受着高贵、优雅、精致和快乐的生活，那些世界的人们，会有很忙碌的任务，追逐和享乐，还会拥有各种智慧和力量，就好像网络游戏中的那些角色，看似威力无穷，每个人都有充分的自由意志，可以做自己任何想做的事情，成为自己希望的那种精英和英雄。但是，这样体系中的个体，却没有一点点的真实自由。你在网络游戏中能发展任何游戏系统不允许的技能吗？能做游戏系统没有设计的任务吗？就算你可以在几千种技能里面随意挑选，几百万个任务里面自由行动，你真的是自由的吗？那样的世界会控制很多底层的世界体系，作为自己的发展的动力，看似拥有强大的武力和完善的管理体系。但是，这样的世界，经常也会在内在的矛盾中爆发危机而崩溃，不管你用什么样的管理模式或者多么天才的控制体系，都没用。

而几乎所有的服务他人的合作模式的世界，都是某种平淡、和谐、不精美、不体系、甚至发展缓慢的世界，在其中的人们肯定不会有那么多的任务，或者那么多规范，甚至连国家和法律都不会有。不过因为个体的自由，因此肯定没有人给你清扫大街卫生，没有人给你建造电厂提供电力，更不会有人组织军队维护你的安全，也没有商场可供你在一堆琳琅满目的包包里面挑选，更看不到什么大型电视台每天和你广播这里那里的新闻，你只能自己在无数的个体和个人服务体系中选择，你会发现那里也有真正完美的艺术和创造，但是，你要把它找出来却要花点时间。

在其中，每个个体却有绝对的自由，去做任何事情，不做任何事情，甚至组织服务自我的控制体系也会被允许。那样的体系，是真正的接受一切、理解一切的体系。这个体系没有国家、没有税收，甚至很多连货币都会消失，人们更喜欢赠送而不是交换。这个体系中的人们只会相互帮助，自己构建自己环境，自己打扫卫生，自己倒垃圾，自己发电，自己种菜做饭，自己做好自己。

每个人都有自己的兴趣和职业，也做自己的工作，但是工作是不受任何外在的约束，想上班就上班，想休息就休息。当然，也会有一些自发的交换体系和分工模式，也会出现一些商业和组织，但是，那些都是自发的，甚至不为任何财富目标的公益模式，就好像没有任何人为Linux开发了一个天才软件而收取费用一样。

这样的体系也一样能发展，并逐步向更高的组织模式进展。这个体系基本会像你看到的大自然一样，千差万别，你不仔细研究甚至看不到什么美感，很多这样的社会也会保持着原始部落一样的生活方式，也能自得其乐的发展下去。

　　在第四层的世界社会模式中，这样的社会也会遇到一些战争，但是，会有自发组织的群体去参加战争，不会有动员，不会有征兵。尽管在战争中，似乎比起那些精心准备战斗的控制的体系而言，这些自发性的合作体系社会由于平时没有刻意发展什么防卫体系而遇到一些困难，而控制体系内部也经常遇到自己还没等得到胜利，就自己崩溃的事情，总之这个宇宙是平衡发展，而且绝对公平的，没有任何一条道路有什么绝对的优势和力量。

　　当然，你要是从这个规则宇宙的各个层次的星球的社会组织模式整体数量看，90%以上的都是主体的服务他人体系的合作模式，一些星球是混杂体系的模式，真正完全服务自我的体系，其实还不到1%。

　　地球看起来是一个混杂体系，其实不然，从99%的物种来看，都是服务他人的体系。你看任何一个物种，不是把自己贡献给其他物种作为食物和发展的基础吗？这种合作模式是无处不在的，人类社会只是一个小小的社会而已，虽然给地球带来了很多麻烦，但是，并不会改变地球整体的服务他人的方向。所以，当地球从第三层世界毕业，肯定是成为一个服务他人的第四层的地球，那些在未来选择服务自己道路的虫子们，会离开地球，选择一个服务自我道路的第四层星球，在那里发展。历史上一些暴君、试图控制世界的狂人，提前毕业的时候，都一样是去了那里。在第四层世界的初期，斗争是极端激烈的，直到秩序确定，层次划分。

7-5 遗忘的勇气

　　Jim：虽然你说得很具体，但我还是很担心，一个自发的体系虽然可以有效地形成社会，但是，到第四层世界，真的遇到整体性的危机，比如战争，真的凭着自发的那些志愿军就能取得胜利吗？或者像你说的，根本什么都不干，等着对方自己崩溃？

　　Taisha：当然不是那样的啦。服务他人的合作体系虽然从个体而言似乎是弱小的，但是那个体系有一个巨大的优势，就是他们人数众多，一旦处于劣势了，最简单的事情，就是招呼一堆其他星球的兄弟来打仗。一群蚂蚁和一头大象，其实是很难分出胜负的。当然，那些控制体系也可以召唤同伴，但是，控制体系之间是相互不信任的，经常互相之间还打仗。所以，真的打起仗来，并不容易简单地预料到胜负。

不过，对于第三层世界人们最恐惧的战争，你现在的认识还是基于地球第三层社会的战争模式，就算一些描述未来的电影，诸如《星球大战》那种，其实也是一样的战争模式。但是，到第四层世界，战争和你想象的根本不一样。不是一群军队拿着高科技武器，开着宇宙飞船打仗。既然到第四层世界，爱的规律已经是清晰可见的了，死亡就不再是什么恐怖的事情，而只是另外一种自我发展的机会。当死亡不再是可用的控制力量的时候，即使是服务他人的体系，你怎么去用死亡的恐惧来控制个体呢？又怎么会有以杀死敌人为目标的战争呢？

在第四层世界的所谓的善恶大战，很少是以暴力的，因为暴力没意义是战争双方谁都看得清楚的。第四层世界的战争，根本的目标是招募更多的追随者，或者阻止对方招募更多的追随者。对于控制体系而言，只有有了更多的追随者，控制体系才能拥有控制的力量。潜在的追随者在暴力中牺牲了，其实对控制体系也是损失。

第四层世界的战争，这就很像现在的商业宣传，给你美妙的广告，告诉你幸福的生活前景，引导你去追逐。也很像现在世界的宗教竞争或者各种思潮的竞争。最后的结果其实是，每种体系都在为自己招募会员和追随者罢了。这当然是自由意志的一部分。未来你会发现，任何一个服务自我的控制体系里都会有爱的传教士，任何一个服务他人体系也会有关优质和典雅的控制体系生活的宣传。但是，因为第四层世界的民众中，有一些还没有从怜悯和同情中走出来，还没有完全摆脱斗争的欲望，所以会对一些控制体系的引导无知的人们走向奴役世界的行为感到愤怒，于是会站出来进行某种争夺。这就是所谓的善恶大战了。

例如，突然一个新的第四层世界的星球上发现了一个有几百万人的原始部落，那个原始部落基本还是没有开化的、和平的体系。于是服务自己的控制体系就会派出传教士去其中教导高尚的生活和智慧的科技，而服务他人的合作体系也会派出自发的组织原始社会的保护团队。于是一场某个星球争夺的善恶大战就展开了。

而战争的形式，你也许会觉得很卡通，但是却是真实的——每边就出现一两个挑战者，就好像三国志游戏大将单挑模式一样，但是双方都不会使用什么武器，更不会像黑客帝国的 Neo 和 Smith 一样比武功，他们都在各自冥想中，在各自太傻的帮助和指引下，用思想的冲击波进行某种层次的心灵攻击。一边用美妙的分离的快乐，一边用合一的平静，都希望降低对方的极性，然后争夺目标的归属。就是这样啦，一般战斗的结果，是谁也没获得什么。当然偶尔也会有一些戏剧化的结果，出现一两个高手，不仅仅把目标给拉过来了，顺便把对手也感化了。这些就是第四层世界的英雄了。

是不是这样的战争、这样的英雄、这样的胜利，和人类那些电影的英雄什么超人、蜘蛛侠、潇洒英俊的007之类的比起来，你会觉得很没劲呀。就好像外星人看地球的电影也会觉得没劲，基本只能都当做荒诞剧和社会群体变态心智的研究资料看。

不过，在第四层世界，人们还是有去斗争、去批判、去保护的欲望的。你必须到第五层世界，社会整体理解智慧，了解怜悯与攻击的无意义，战争才会彻底消失。

Jim：好吧，这估计是我听到的未来世界的描述中，最卡通的一个了，相互发思想波，相互感化目标，倒是很和平的战斗模式，不过看起来倒很合情合理。那我们回到地球现在的世界吧，既然地球原生就是服务他人的体系，那在过去的人类历史中，为什么不从人类文明开端，一开始就派下一群大师，教导这个社会爱和智慧呢？为什么还有那么多战争，悲剧和奴役，而不是从一开始就和平发展呢？如果这样，难道不是会有更多的种子可以发芽的吗？

Taisha：决定种子发芽比例的根本，不是外在土壤环境的和平或者混乱，而是自我意识的自由度得到多大的尊重和保护。

就好像现代科学家知道，最可贵的不是物种是否灭绝或者延续，而是决定物种灭绝和延续的机制，绝对的自由意志的选择，是不是受到严格的保护。就好像你要是在南极看到一只企鹅宝宝掉到洞里卡住了，科学家的规范是，一定不能去干扰自然机制的运行。即使人类社会现在都有这种智慧，为何智慧历程发展更久远的外在的力量和各种更高层次的大师们会看不到呢？

本质上任何的经历都是每个人自己选择的，也都有自己去经验这些经历的意义。任何的战争、悲剧、奴役、和平或者繁荣，都只是自我发展的工具，是每个自我根据自我体验的需要自己选择了自己的环境，并制造了自己的体验。没有一个工具比另一个工具更好或者更差，有的灵魂因为需要经历战争和平衡战争的体验，于是他们会加入战争更多的年代体验，也有人同样是需要体验疾病，奴役和各种欲望体验的，所有人都在自己的创造和选择中体验自己。

所以，对大熊猫的爱，不是把大熊猫圈在动物园里就是保护大熊猫的，对大熊猫而言，这是真正的束缚，只是因为人们把自己的恐惧投射到大熊猫身上了而已。如果你真的爱大熊猫就让他自生自灭，给它一个自由的不受干扰的环境。对人类历史和社会也是一样，让其自己发展，自己作出选择，自己经历自己应该经历的，是最大的爱。如果你在恐惧损失中去干预任何事情，你只会制造更多的恐惧。

Jim：照这样说，那不是外星人的 UFO 出现这种事情，也是某种干扰机制，会阻碍世界的发展的。

Taisha：想象一下，如果这个世界是一个密不透风的监狱，监狱本来没有墙，墙是每个监狱里的人怕外面的危险，是自己每天垒起来，还每天不断加固的，每个人都在其中又痛苦，又不知道怎么逃离，最后反而迷恋上了这个监狱，你作为一个监狱外的人，想帮助监狱里的人应该做什么呢？

如果没有人在监狱内呼唤监狱外的帮助，大师其实就不会去做任何事情。但是，每一个监狱都会有一些困惑的呼唤，即使是很低微的声音，你一样会听到。但是你不会因为这些低微呼唤，就去炸毁监狱，因为那是没有用的，很快人们又会建起自己新的监狱，

和自愿的自我囚禁一样，呼唤自由，这也是自由意志的一部分，你会很小心地派你的老师进入这个监狱，告诉这些呼唤的人，外面其实是花园，没有什么可怕的。对于没有呼唤的人，你的老师也没有必要去在乎他们，因为他们只会相信自己已经相信的。但是，就算那些呼唤的人获得了答案，你也可以想象，是没有人会信的，或者很少人信的，但是，每当有一个信的人，就会把那扇墙挖出一个小洞。一些人可以看到从洞外透进来的阳光，并偶尔可以趴着看一眼洞外的风景。

不过，由于监狱里的人太过于恐惧外面的世界了，他们总是会把你派来的老师当恶魔杀掉，还有一些监狱的狱卒，以监狱为生的一些人，担心监狱倒塌，没有人再给自己贡献力量，会散播各种"外面什么都没有，只有危险"的谣言，狱卒更会勤奋地把各种小洞给补上。

UFO 就是从监狱的天窗上偶尔飞过的小鸟，有人会说："看啦，有鸟呢，他们是外面世界的吗？" 其他人都会嘲笑他："你看到的是监狱里其他人扔的纸飞机或者风筝，外面什么都没有。"

偶尔会有一些特别的大师经过这个监狱，因为呼唤的人很多，墙壁似乎又太厚，光墙上的小洞似乎不那么有效率。他们干脆一脚给监狱的墙壁踢出一个根本无法否认，也永远修补不好的大洞，他们踢那个大洞的目的，就是告诉监狱里的每一个人，"睁开眼睛吧，这么明显，别傻了。外面是你真正的家。"

于是，慢慢确实有人睁开眼睛，在对监狱的怀疑中开始寻找离开的道路。而另外的更多人却说：嗯，那个大洞，是不存在的，是某些人自己用纸糊的，虽然用纸糊一个大洞不容易，但是，既然没有外面的世界，那只能是人们自己糊的，然后无数的专家会出来给你证明这个大洞真的是纸糊的。这种掩耳盗铃的话竟然真的能流传几千年，直到现在面对无数的矛盾和大大小小的洞，绝大多数人还深信不疑："那是纸糊的"。

金字塔就是这样一个巨大的大洞。在人类历史上矗立了6000年，埃及人还没有文字的时候就已经站立在那里了。它和UFO、和无数的大师在墙上挖出的小洞一样，只是告诉你："别傻了，睁开眼睛看看吧。"想象一下，这个世界要是没有这些大大小小的洞，没有那些偶尔从天上飞过的小鸟，这该是一个多么寂寞和贫乏的荒漠呀，而那些大大小小的洞和鸟儿们，侵犯了任何人的自由意志吗？它们逼迫任何人去相信任何事情了吗？每个人只是相信自己愿意相信的事情而已。

Jim：是什么造就了人类心智的这种顽固的偏见呢？我们似乎在第二章讨论过，能有进一步的观点吗？

Taisha："恐惧"——人类与生俱来对外在未知事物的恐惧。恐惧无所不在的操纵着这个世界，即使是自以为最公正和最没有偏见的科学家，恐惧仍旧是他们最大的阴影。

这是人类心智的必然。人类心智最不愿意承认的一个事情就是"我不知道"，这句话会被人类心智视为罪大恶极，因为，似乎任何的不知道都意味着危险，为了逃避这种幻觉的危险，人类心智的必然程序就是把所有自己不知道的事情，套上自以为是的固有的学说体系。任何一个体系，即使是科学体系，只要无法在体系内找到合理性解释，都会被体系视为异端邪说。就好像几百年前的宗教无法接受科学一样。但是，任何体系内的学说，本质都是为了满足人们对一个坚固的监狱的世界要求而设置的墙壁，它们并不是真的为了人们的觉醒。

无论是科学家还是宗教家，或者任何一种家，他们都是一个人，和每个平常人一样，他们都只会看到自己愿意看到的东西，如果一个事物无法在自己知识体系内找到某个安全的体系内的位置，就会毫不犹豫地把他忘记掉。而很多明显的矛盾，也会在同样的心理程序，被刻意地忽略，这是心理学早就看得清清楚楚的人思维模式的偏见。

不管是金字塔还是轮回，不管是灵魂还是任何其他学说，人们从来都不是根据证据多少来相信，而是在根据别人怎么判断和自己的知识体系有没有这些判断的位置来进行界定的。《太傻天书》整本书，几乎都在与这种人类心智的顽固性做拉锯，可惜，即使人们相信了这个，还是不相信那个，这种心智的顽固性，必须等着人们有一天不再依赖心智的时候，才会真正的有机会根除。

不过你可以从人类心智的恐惧的本性和偏见的顽固性上给金字塔的大洞加上一脚。人类的心智从出现的第一天开始，就是追求繁复和形象的。这种形象上自我表达的追求让即使几万年前原始人类都知道用颜料在石头上画出猎物的图案。世界上各地的人都喜欢在自己的哪怕造的一根柱子上刻上各种各样的文字、符号和图案，生怕有一片空白会被遗忘。你觉得，要是金字塔真的是被人类心智的拥有者真的花了几十年时间，一块石头一块石头地堆起来的，他们会偏偏忘了给石头上刻上几乎每个人类心智会觉得最重要的自我表达的图案吗？

只有那些真正的看到事物本质智慧的人，才会造出金字塔这样简洁而艺术化的创作。不过，金字塔也有一些自己的功能啦，不是只是当雕像一样摆着看的，更不是什么当坟墓用的东西。

Jim：那为什么你或者其他大师，不现在再造一座无可否认的金字塔出来，不是会有更多的人觉醒吗？

Taisha：对外在未知的恐惧并不会因为证据多少而改变。该觉醒的人早已走上了觉醒的道路，很多还没有觉醒的人只是因为他们没有做好准备。金字塔每天都矗立在那里，谁愿意都可以去看，否认和承认都可以找到各自无数的理由。从来都不是因为外在多一个或者少一个金字塔或者有没有更多或者更少 UFO 就会如何。

就算这个世界多了一座金字塔，我保证，这个世界的勤劳的虫子会马上安排，蒙上一块布，然后信誓旦旦地说："那是一个巨大的帐篷，里面什么都没有"，而流传在外面的不管什么视频呀，照片呀，流言呀让专家去一一否认就是了，反正这种自诩理性、科学和公正的专家会层出不穷，而更多的人肯定还是会继续相信各种专家，唯一的原因不是他们觉得专家有多少道理，唯一的原因只是：他们根本不知道该信什么。

如果一个大师连这一点都看不清，费力不讨好地再造出一个金字塔，还算什么大师呢？

Jim：好吧，这个世界真是够怪异的，我也不理解自己以前为什么那么不可思议地沉睡了那么久，还乐此不疲的玩那些游戏。我现在一直觉得这个世界就好像一个巨大的精神病院，每个人都在告诉你："嘿，这里面都是正常人，别相信外面那些疯子。"是不是历史上很多大师都被称为疯子和魔鬼呀？

Taisha：现在也是一样呀。就像这本书未来的读者，会有很多人觉得你是在和一个疯子说话一样，他们从来不愿意相信——他们只是看到了自己。

很多人也许觉得在几百年前，因为宗教的顽固而否认科学，烧死这个，否定那个，那个时候人们是多么的愚昧，总是觉得现在科学发达了，自己已经变得聪明了，再也不会犯以前那些愚昧的错误了，可是本质上，2000 年前人们的心智和现在人们的心智都没有任何实际的变化，变化的只是外在环境普遍相信的那些大众思维体系，从神话转向宗教，再转向科学——可是无论怎么转变，这些都是外在的追逐和信仰而已，不管你相信什么，不相信什么，其实根本没有意义，只要外面的专家变化了，大众转了风向，所有人也会跟着转变。

只有当人们真正开始问自己："我到底因为什么而相信"，并愿意承认自己大脑和心智其实没啥真理标准的时候，人们才是真正地开始走出外在信仰的愚昧了。当然这是我们第二次谈话就已经反复来说过的话题了。

Jim：那是不是到第四层世界以上的世界，真理的光辉会越来越清醒，更多的大众会自然的觉悟，几乎所有人都能打开蓝色中心可以和太傻沟通的时候，那样的世界，不是显得没有任何挑战了吗？我估计不会这么简单吧，是不是到第五层和第六层的世界，都有自己更复杂的挑战？

Taisha：你说的是对的。而且越往更高层次的世界，你的挑战更来自于内在，而不是来自于外在。到第五层世界，社会基本就不再是问题了，战争也消失了，大多数人都专注于自己的内在更精细的平衡工作，他们会在各个星际旅行，不断地理解光的配置，深入掌握智慧。真正的智慧不是简单地问太傻就能明白的，而是需要你真正的理解，并用这种理解去创造的，才是对智慧的掌握。所以你看地球外面那些来参加毕业典礼的外星人，大部分人都是科学家，参加毕业典礼顺路也在研究地球的环境、历史、文化和各种社会现象的过程中，更深入地理解自己，没有什么外星人有兴趣去占领地球或者掠夺什么资源之类，只有地球人自己才有兴趣。当你真正看到爱与智慧的时候，你就只会去追逐爱与智慧了。

不论耶稣还是佛陀，任何发展到第五层、第六层世界的社会与个体，就算已经觉醒到太傻的第三步的大师，他们即使已经拥有了施展奇迹的能力，他们也同样面对很多的岔路和需要更精细的平衡的问题。即使他们已经具备了几乎你无法想象的智慧，即使太傻可以告诉你所有答案，你知道所有答案，但是你还是要一个问题一个问题地去理解、体会，要一件一件工作地去完成，不断和自己无限的自己接近。而越到更高的层次，这个难度也会更高，发展也会更加缓慢。

例如：在奇迹中超越物理规则，依赖的是更深度的接纳自己的无限性。当你更深度地理解你自己无限的本质，你就会越来越不受物理规则的束缚，而更有效地利用物理规则。例如，疾病与死亡，也是一种第三层世界几乎最令人恐惧的元素，它们既然是分离思想制造的，那么同样可以用创造的思维来消除疾病，获得健康，超越死亡。然而，因为你所谓的接纳自己无限性的程度，并没有到能突破这些限制的程度，本质还是你的思维并不相信自己是无限的。这种相信，不是你每天念"我是无限的"一百遍甚至一万遍能实现的，而是一种真正的相信，你是不可能以任何程度欺骗你自己的。

当一个人进展到第六层的世界的时候，他已经完全可以不必经历任何的死亡、疾病和所谓的外在世界的威胁了，他与自己无限性的融合度，已经完全可以超越这些限制了，他的身体已经变成一团光，可以随意地用光塑造自己，以光的形态在多维度的时间和空间中旅行。但是，也正是因为他们超越了这些限制，他们成长的速度变慢了，一个人要成长，要走向更深的合一，必须要有外在的工具，帮助每个人体验和理解自己还存留的分离，那些深深隐藏的还没有合一的位置。但是，当你都超越死亡和疾病了，那你怎么知道你还没有平衡的内在部分是哪些呢？虽然你已经在第六层世界了，但是，你既然还没有和太傻合一，你肯定有还没有完成的最后的平衡，你也肯定知道自己不平衡的问题在哪里，而你已经可以以智慧超越所有挑战了，没有挑战、没有催化剂，你怎么才能更进一步的完成自己与太傻的合一呢？这是智慧无法解决的问题，还是自己的问题。

Jim：哇，你说的这个太深奥了，是呀，都到了奇迹的程度，应该没有任何做不到的事情了，那还有什么挑战能让他们知道自己的不足呢？这难道不是现代版的"独孤求败"的故事吗？那第六层世界的绝对的智慧肯定有解决办法吧。你能提前透露一下，这个解决办法是什么吗？

Taisha：一般第三步的大师都会用两个办法，第一个是做梦，在梦中让自己变成一个无能力、受到局限的人，在梦中去经历一些分离的环境，这样他们内在的问题就有机会体现出来。所以，规划梦境是第三步大师都要锻炼的一个项目，你看，大师坐在山洞里，其实比大部分世人都忙得多。但是，梦境的最大问题是，你可以在梦境中暂时忘记自己是有能力、无限的力量者，一会儿，做梦的人还是会梦醒，这个工具虽然可以临时用用，但用多了，大师还没进入梦境就知道自己在梦境了，你不能假装自己还在梦境，还假装自己什么都不会吧。你看，没有人能真的欺骗自己，就算第三步的大师也不行。

于是做梦这种方法不管用的时候，第三步的大师会用一个更绝的方法，既然假装忘记不管用了，那就真的、彻底的、完全的忘记吧。于是他们会找个机会回到第三世界，忘了自己是有绝对的智慧的，彻底地忘了自己早就到达在第六世界了，重新把过去的挑战经历一遍，在这个过程中，虽然会经历遗忘，甚至会在遗忘中完全的迷失，但是，你却有机会平衡那些以前没有平衡的内在的分离的部分。

　　第六层世界的大师他们知道，即使迷失，即使会重新在第三、第四、第五世界漂流很久，但是他们肯定是有机会回来的，即使这个机会会在很久很久以后，于是他们会做出那个看起来鲁莽，但是却充满智慧和勇气的决定。这些从高级别的世界自愿降级到低级别世界的人，会彻底地遗忘，因为不彻底的遗忘只会给自己的道路留下漏洞，即使有一些本性的东西是无法遗忘的，但是，那些并不能作为多大的依赖，不仅仅是第六层世界的大师，一些第五层世界的大师，在第五层遇到长久无法突破的障碍的时候，也都会选择降级重新体验，而第四层世界的人，因为还没有具备足够的智慧，所以很少有第四层世界自愿降级的人。这些降级的人都会在宇宙漂流很久，然后一步步地重新升级，所以他们一般被称为"流浪者"。

　　现在地球现在有上亿数量的流浪者，这些人也大多数都是第五和第六层别的世界自愿降级下来的。而现在他们中只有不到一千万，真正一部分地记起了自己的身份，走上了爱的道路。而且即使记起，也是某种模糊地记起，因为爱的光盾一旦具备，是不会在遗忘中消失的，所以他们会有一些特别的优势感受爱，即使在这次毕业之前，很多人也已经在第三层世界流浪了成千上万世的岁月，所以比起那些没有原生爱的光盾的人，他们会有更多毕业的机会，他们也必然是每次毕业典礼的主角，而每次也会有更多的这些流浪者的亲人和朋友，会热切的期待着这些流浪者的回家。

　　你，我，都是这样的流浪者，只不过我大部分已经记起，而你还大部分都还没有记起。

　　Jim：这真是一种让人无法理解的智慧。那你能告诉我，我是从第几级别世界自愿降级下来的呢？为什么我会让自己这么彻底的遗忘呢？为什么不某种程度地保留一些才能或技能之类的呢，就好像游戏再从头玩一次，真的有用吗？

　　Taisha：你之前是在第五层世界的天鹅座的一颗以科技为主要导向的行星学习，所以你一直对科技有某种特别的爱好。在来地球之前，已经在其他的第三密度漂流了很多世了，你在一万年前来到地球，因为你的内在的太傻知道，你已经快接近第三层世界毕业了，而地球在大概一万年之后，也会到达某种从

> 7-5 遗忘的勇气
>
> 7.39 在你记起你已经做出的那个选择之后，你将真正走上太傻的道路

第三层世界毕业的阶段，于是你来到这里，作毕业到第四层世界的最后准备。之后你在地球的世界经历过四次人生，有一次是女性。之间还有一次比较重要的经历，让你完全的平衡了对权力和斗争的渴望。你在那一世是罗马帝国的皇帝，还是一个比较有名的皇帝，但是，在整个一生中，却在不断地应付各种外来的征战和各种国内的疾病，灾荒和内部矛盾，你很想把你的工作做好，但是却陷入无穷无尽的痛苦，你为了缓解这种痛苦，而产生了一些生活追求和娱乐追求的嗜好。但是在那次人生经历中，你主要的平衡了以前扭曲的黄色和橙色中心中的与群体关系的部分，再也对权力和斗争没有任何兴趣了。但是，娱乐的嗜好却让你的整体极性有所退步，之后的转世一直到这次你都在平衡这些娱乐嗜好带来的扭曲。

如果你这样经历的每一次都带着某些特别的记忆而来重新体验，你能这么投入地到一场游戏而真的感到痛苦，并发现自己内在那些细微的问题吗？

你之前也让我告诉你这些前世的信息，但是我那个时候没有说，是因为你那时还在信息追逐的阶段，还没有作好理解这些信息的准备。过去没有任何意义，任何形式的时间本质都是束缚，唯一的真实的是现在，很多人希望了解过去，只是他们对时间和自己身份的迷恋。

而我现在和你说的这个，也与你是皇帝还是平民无关。而是，Jim，你现在能理解为何你必须去在遗忘中经历痛苦吗？和你过去所经历的痛苦都是一样的，只有在这种会给你造成痛苦，并让你真正不再追逐的挑战中，你才会真正理解——所以你现在才不会像很多人一样的，轻易地陷入对权力和斗争的迷恋，因为你已经知道，那里什么都没有，但是你的那些生活的嗜好，却是你新的问题。你也许觉得那些小小的嗜好无关紧要，但是，它们却是将你束缚在这个游戏的世界残余的主要的力量。

就是在这种某些旧的问题一个个被理解和接受，但是，更细微的扭曲却在不断的呈现的过程，你能实现比你之前在第五层世界更深度的内在平衡。所以，即使你千辛万苦回到第五层世界，如果要你再作一次到底遗忘多少的选择，其实你还是会作一样的选择——完全地忘记。所以，当你结束了漂流，回到第五层世界的时候，即使已经经历了很多的波折，但是，你肯定完成了你曾经设下的目标，你必然已经与你无限的自己更加接近了，也许你这次流浪结束之后，就可以毕业到第六层世界了呢！

所以，对于你的问题，答案是：从头玩一次，确实有用，而且作用明显。否则，也不会有那么多第五和第六层世界的大师都一一的选择重头来玩了。你现在无

440

法理解，只是你还没有恢复你本来拥有的那种第五层世界的那种智慧，等你具备的时候，你自然会理解。

Jim：我突然想起，我原来看的武侠小说里，张三丰告诉张无忌，要学最高级的武艺——太极，他必须首先完全地忘记自己之前学的武艺，只有这样才能快速的学到更高级的武艺，是一样意思吗？

Taisha：是的，过去永远是束缚，但是这又是很多人最珍视的个性的部分，比如你刚才说，你过去看的小说，你会觉得："如果我没有看过，我怎么会具有理解这个的知识呢？"但是，你还是在恐惧，《太傻天书》说过，你本来就拥有完全的知识，只是你自己给你自己制造的阻碍。如果你没看过张无忌的故事，你就真的不能理解这时间和经验的束缚吗？

所以，你现在也无法理解，为什么那么多第六层的大师，要选择完全地忘记自己的记忆，到更底层的世界来发展。这是唯一的有效的突破自我认识上的束缚的途径，忘记过去，甚至忘记自己所有已经具备的知识，这是真正地完成你更内在的工作的核心。任何形式的知道，包括真的知道，也是对自己的某种障碍，这就是我们为什么从第一次谈话开始就反复教导：和太傻一起说"我不知道"——这句话蕴藏着多少的智慧呀。

也就是因为这个原因，第三层世界的遗忘的帷幕，是一个多么伟大的机制呀，如果没有这种伟大的遗忘，这个规则宇宙每一个个体走向合一的时间将不知道有多么的漫长，遗忘的帷幕，是这个规则宇宙仅次于太傻的伟大的魔法。

7-6 无限的智慧

Jim：我明白一些了，就好像"无限的一"只有在分离和有限中才能体验自己，真正知道的人，也只有通过忘记，才能更加完全的知道，这真的是一种伟大的智慧呢！虽然我现在还不能深入地领悟，但是，我知道那是一个近乎广阔而又深刻的主题。

似乎我现在越与你谈话，我越接触到一个真实和无限的世界的时候，我就越发地觉得，过去我每天关注的那些新闻、故事、追逐、渴望，种子和虫子的矛盾和焦虑，都是多么无意义而不值一提的事情呀，就好像你说的，这个世界确实是没什么好值得关注的，你每看一眼，都似乎要被一种巨大力量催眠而也要陷入某种疯狂的游戏一样，尤其是当你看到几乎身边的所有人都在做一样的

7.41 每次你在太傻道路上无法前进的时候，你都会选择忘记，并重新开始

事情，而且他们那些真的是有意义的呢！

我记得你说过，这个规则宇宙有很多其他第三层世界的星球，那些星球里的社会是什么样的呢，也像这个社会一样的疯狂和顽固吗？它们那里的人们是怎样生活的呢？也会和人类一样的几万年的玩一个重复的游戏吗？

Taisha：这可是一个巨大的话题，我可以简要地描述一下，这个规则宇宙内的第三层世界，因为物理规则是大同小异的，所以第一层世界和第二层世界是差异不大的。当然也有少数非常特别的。第三层世界因为灵性选择的发展的载体生物的不同，所以产生了不同类别的第三层社会的形式。主要的区别不是来自于每个星球独特的自然环境，而是成为灵性载体生物的本身的身体的本性的扭曲和不平衡。当然，环境因素是决定到底哪个生物有机会成为"灵性载体生物"的关键，但是，基本每种生物都是有机会成为"灵性载体生物的"，不管是花草、昆虫、鱼鸟还是任何的生物。在地球，就算在猿类的历程中也经历某次类似恐龙一样的不幸的自然灾难导致猿类也灭亡了，最多几千万年后就肯定会有新的载体灵性生物诞生。也许是海豚，也许是鸟类，谁知道呢？现在的地球上的三种灵性载体生物就是猿类、鲸鱼和海豚，但是后两者不是通过自然进化而发展起来的。

所以，人类总是觉得自己是万物之灵，还觉得人类是多么特殊、多么优秀或者多么高贵的生物种族，可以凌驾于一切其他生物的王者，这是多么好笑而幼稚的思维模式呀。这个地球世界，之所以变成这样一个好战、好色而且思维顽固的大监狱，几乎所有的问题的根源，都来自于猿类这个其实比较麻烦的"灵性载体"选择。

虽然我们这本书基本的修炼的主要目标是思想的平衡和固有思维模式的根除，然而这个只是平衡的一个步骤，这个步骤之后，你会遇到更顽固的需要平衡的目标："生物体本性扭曲的平衡"，这些后续的工作，在地球上基本是很难有人能彻底完成的，这和去清除几千年的社会监狱的思维洗脑不同，你要清除的是几百万年的进化发展出的固有的生物身体扭曲模式——例如猿类的好战性，对性的追求，还有各种猿类生物固有的问题。不过好战和好色是人类的两个主要的障碍，你看每一部人类电影里几乎都要有美女还有英雄这两个主题，你就会理解，这种生物本性的扭曲是多么的深入。当然，不只是两个扭曲，还有诸如对肉类偏好和对身体接触的好感的渴望这种同样需要平衡的小扭曲，诸如人类握手，拥抱和接吻的习惯都是由此而来的。来自身体的扭曲和来自思想的扭曲一样，无论大的扭曲还是小的扭曲，都必须平衡，个体才能向前发展。

也许你作为一个人类，你会觉得这是诸如好战、好色、喜欢洗热水澡之类的都是理所当然的，其实你要是深入研究一下生物学，你就知道，很多特性是只有猿类才有的，例如猴子有机会就会去温泉里面泡着，特别是在寒冷的冬天，可是再冷的冬天，你看哪只猪、狗、猫喜欢泡温泉了。诸如从性中获得快感，其他几乎所有生物都是将性作为一个繁衍的工具的，你会看到哪只狗，如果不是为了交配，而每天会追着另外一只狗吗？

而这些生物性的扭曲，所导致的社会性的强化的恐惧和对各种形象区别和追求，是造成现在人类社会几乎所有最大的麻烦的根源。外星的很多人类学的研究体系里，都一直尝试理解——为什么人类打了几千年的仗，还对打仗、吵架这类事情这么感兴趣呢？难道这不是大部分的星球的第三层社会，不是不到一两百年就能总结出来的简单道理，因此也是很容易解决的问题吗？

你也许觉得这个太夸张，或者是我故意夸大问题，可是这是事实。你就想想，如果地球选择海豚作为灵性载体，那么这个世界早就和平了。当然海豚的第三社会也有海豚自己的需要平衡的问题，但是，至少在战争这些会强烈的阻碍社会发展的问题上容易得多。在大部分生物体系社会中，内部的合作是非常容易达成的，很多的战争更多的是发生在与外在的种族和自然环境的竞争中，但是，猿类似乎更喜欢自己和自己打仗，这是很多由昆虫和群体性动物进化的社会体系根本无法理解的，会有这么愚蠢的自我伤害的行为吗？但是，这却是地球的事实，地球大部分的战争都是人类和人类自己打的。

所以，这个星系宇宙中的第三层的世界里面，地球不仅仅不算一个多么先进的社会体系，相反是几乎是比较原始和顽固的体系。主要问题就在灵性载体上，这个灵性载体其实某种程度上不适合灵性发展的。但是有很多星球的灵性载体是非常适于灵性发展的，比如树木社会，因为树木的本性就是和平的，基本也是合作和友善竞争性的，所以在树木社会里面没有地球那种在战争和恐惧中自我消耗和自我阻碍的行为，因为树木本性就是静止的，所以他们基本每时每刻都处于人类的要花很多时间才能进入的冥想状态，而树木社会的冥想正好和人类相反，他们的冥想不是清空大脑，而是主动去研究运动，这就是冥想的平衡的意义。所有的生物性的偏好都需要平衡，否则，这些偏好都会成为个体发展的阻碍。

不过，本性的和平和灵性上的天生的优势，让这个树木社会能在几千年就可以达到第三层世界的某种科技的高峰，可以用第三层世界的材料制成的航天器，做星际飞行了，而天狼星也是在人类历史上曾经访问过地球第三层世界的少数同级外星人之一。

当然地球这个初中也确实有一些名声在外的地方，而因为这次毕业考试，几乎附近大部分中学初三那些反复留级的差生都聚集到这所学校了。于是，这所中学初三的学生的多样性和复杂性，令所有最有经验的初三老师都为之色变。几乎所有在其他中学毕业班都管用的教学方法，在这所中学的初三都一一失效了。更让这些老师郁闷的是，就算最后能毕业的人实在少得可怜，那些要继续留级的学生们，竟然还正准备为他们要继续不停地留级而要开庆祝会呢！

这个话题我无法继续深入下去，因为说得越多，人类估计就越自卑，但是这是没有必要的。虽然猿猴毛病多，也不是那么聪明，不会飞，天生好动，还不怎么喜欢合作，喜欢自己和自己人打架，等等，确实比起鸟类呀，鱼类呀，树木呀，昆虫呀，植物之类的社会，毛病真的很多。但是，某些优势也还是有的，比如人类稍微灵巧的手指，可以在第三层世界发展初期，就使用比较精巧的工具，虽然这些工具很多都去打仗去了，但是，在一些早期文明的雕刻呀，艺术呀方面，是很受一些外星宇宙高层次的艺术大师赞赏的。

当然，地球也不算最差的第三层世界的环境，但是，相比大多数第三层的世界，还是属于资源比较贫乏。灵性载体物种自己毛病比较多，内部比较混乱。所以，就算真的有人类想象中的某种星际大盗，宇宙恶魔，地球也肯定是看不上眼的地方，你会看人类世界什么超级大盗抢劫非洲原始部落吗？不过总算地球是还是能向前发展的，即使地球已经经历过好几次的社会自我毁灭，但是总算还是能有机会在下次社会自我毁灭前到达一个毕业点的，这一点比起一些自我毁灭的星球还是强一些的。

本质上，任何第三层世界环境没有区别，你都是在选择对自己最合适的世界发展。地球并不是一个多么特殊的环境，只是监狱的围墙坚固了一些，很多第三层世界，都会建起类似的围墙，但是那些监狱围墙很容易推倒。不过，在人类历史上，在很多其他第三世界有效的促进推倒围墙的手段，确实是在地球都一一失效了。不过地球也还没有完全地陷入疯狂而成为一个"自我服务"的星球，虽然你会看到很多的操纵和控制，但是，绝大部分人只是麻木而已，并没有真的走上"服务自我"的操纵的道路。不过那是一条狭窄的道路，往往一个社会还没走上那条道路，就已经在内部矛盾中提前崩溃了。

当然，这是一个很大的主题了，你要是以后去第四层、第五层世界了，你会有很多机会到各个第三层世界旅行，研究那里的社会的发展和配置，就好像人类学去原始部落考察一样，有一些会开放接纳高层次的访问体系的星球，你

还可以像"田野访问"一样去社会中生活很长一段时间。要是我一个星球一个星球地给你讲，讲完树木讲牵牛花，讲完昆虫讲恐龙，估计要讲一个图书馆都讲不完。不过你要理解一个核心，这个规则宇宙的多样性和这个地球的生物多样性一样，自由意志，这是宇宙发展的规律之一，多样性就是差别，但是却没有分离，没有多少、好坏，只是不同的发展道路，一样的发展规律和世界层次体系。诸如爱的力量，思维创造规律，太傻的存在与指导性，在每个星球都是一样的。这本来就是这个宇宙星系的规则，不管是树木灵性个体，还是昆虫，或者海豚或者牵牛花，他们都有自己的太傻，他们遇到问题的时候，第一个做的事情，也是"有问题，找太傻"，《太傻天书》稍微改改，在哪个星球都一样用。

Jim：好吧，我原来怎么没发现人类有这么多问题，现在被你一说，好像完全就是一群坏小孩一样。那我们究竟应该以一种什么样的态度去对待社会呢？是冷眼旁观还是应该去帮助他们改造这个社会呢？我的女朋友最近就觉得我虽然对她越来越好，但是，似乎和世界有些脱节，什么正常人都会感兴趣的足球呀，汽车呀，我都不感兴趣了。我虽然并没有多大困扰，但是究竟我们应该如何面对这个问题重重的社会，又有效地发展自己的爱的道路呢？

Taisha：这个游戏社会的本质是恐惧，也是爱与奇迹。他们的不同仅仅是你用什么态度去对待社会而已。你是恐惧，你就会看到恐惧，你是爱，你也只会看到爱。

不过，因为一个人之前就是因为："恐惧与世界脱节"而在这个世界的恐惧下被"连接"太久了，所以脱节一段时间是一个很好的自我休息。不过，等你脱节一段时间，你会发现，其实，那些连接大多是并没有必要，但是，你也不用在未来恐惧连接，核心的要素是：当你连接社会，你到底以什么来连接——期待、追逐、渴望和恐惧，或者你可以以"爱"来重新连接。

你看这个办公室两面都是窗户，窗户外就是你说的社会，外面车水马龙、各种利益与分离的争夺。我总是把这两面透明的窗户看成一个显示器，显示器平时是关闭的，就算打开，我也只看到美丽的风景与图画。我看不到任何的纷争，任何的矛盾和任何的分离，我只看到和谐和爱。我还看到，春天到了，种子正在发芽，我应该多浇浇水，帮助更多的种子更快地长出来。

你看到什么，你相信什么，你就是什么。就算你窗外正在打一场世界大战了，你看到的和一场花园里的蚂蚁大战，其实没有区别，一切还是和谐、爱与种子正在发芽。

不是你怎么去对待或者看待社会，而是你自己创造了你的社会，你只能创造爱的社会、奇迹的社会，一切都是爱，一切都是奇迹。既然已经是爱和奇迹了，何必再去改造什么呢？当你想改造的时候，你肯定有什么东西是对的，什么东西是错的观念，你就在这种观念中进入这个游戏的社会了。

春天到了，有的种子正在发芽，其他的种子自己选择不发芽，不发芽的种子愿意去玩什么游戏，那是它们自己的事情。就像大熊猫一样，即使都快要消失了，你却知道，没有任何事物会损失，因为你爱它，所以你给它自由。最终，每一颗种子，不管曾经错过多少个春天，都会在某个春天发芽的。

所以，如果你能在任何的环境下都看到爱，用爱连接社会，这就是你对这个社会最大的改造。相反，无论你是去关注、去评判，还是去批评和建议，本质都是去在这个社会制造分离。你所谓的改造，最终的效果都是分离的恐惧的效果。

当你在爱中连接社会的时候，你只会理解一切、接受一切，你不会在行为中加入任何的社会活动、社会运动、社团组织，因为那里往往是混杂的思维与分离的行为体系，但是，你却可以在自己的每一个环境把每一个任务都转变为爱的环境、爱的任务。不要觉得自己的力量小，如果这个世界只有哪怕百分之一的人是这样做，这个社会也会彻底的改观。这就是真正的社会的改造社会的途径。

Jim：我明白了，关于宇宙、世界和社会的问题我问完了，我下面接着问一些关于个人觉醒和爱的道路的技术性问题吧，这样我可以有一个更全面的学习框架。我先问几个个人问题吧。

Taisha：好的。先等等，现在好了，你开始问吧。

Jim：我一直在设想这样一个场景，如果某个这个宇宙最伟大的智慧大师，我说的是最伟大的、最智慧的，在你说的所有多少层次的宇宙，多么厉害太傻里面，最厉害、最伟大、最终极的一个大师，他来到地球，准备教导人类最终极的智慧，但是，时间比较有限，地球人也觉得终极智慧大师估计有很多别的星球要忙，所以看起来只能回答三个问题，人类自己也比较不耐烦，看起来对这个人是不是宇宙终极智慧大师不怎么相信，于是人类派出了他们最博学的人类代表，这个人说，宇宙终极大师，你也别教相对论或者量子力学那么麻烦的了，我们自己都会了，你回答三个问题就是了。你要是回答的好，我就认你真的是宇宙终极智慧大师。

Taisha：好吧，你这个场景真的是彻彻底底的原始心智的人类模式呢！你问吧。

Jim：那这个人类代表的第一个问题是：如果有终极智慧，你却就只能用一个字表达吧,那这个字会是什么呢?

Taisha:不用最终极的大师,每个大师都会说:"爱",即使是走在服务自我道路的大师,他也只会说这个字。如果不是这个字,那个大师肯定是江湖术士。

Jim:好吧,这个答案和我想的一样,我只是确认一下。

那要是人类代表又说:"这个字太简单,大家基本不知道怎么做,大师教一个咒语或者练习吧,千万别太复杂,那种比较简单,只要一个人每天就拼命念这一个咒语,肯定是最有效,速度最快的,能解决任何问题,能实现任何目标的。"

Taisha:这个问题我已经回答过很多遍了,可惜我说多少遍,估计大家还是不愿意去做——太傻练习册的第一个练习——这是最重要、最直接、最有效,从第三层世界到第六层世界,每个大师花最多时间做的一个练习。

这个练习有很多不同的形式。但是,练习的本质却不会变化——平衡的锻炼。而对于好动、行动主义,还有喜欢一天到晚胡思乱想的地球人而言,最有效的平衡的锻炼的方式就是:什么都不用做,什么都不用想。当然,只是对地球和人类而言。要是对于一棵树,它的练习就是经常移动和对移动的研究。

在各个宗教体系,这个练习有不同的表达方式,例如基督教叫作"祈祷",佛教叫作"坐禅",印度教叫作"瑜伽"等等,但是,本质其实都是一个——在安静中清空你的大脑。

尤其是在现在的第三层的世界,人类大脑的活动几乎占据了所有意识的空间,在安静中的清空你的大脑,是对你的第三世界活动的最大的平衡。在这种伟大的平衡中,一切后续的工作都做好基础。

就算这本《太傻天书》教导了很多知识、很多技巧、很多方法:不管是教导了时间、分离、选择、太傻生活原则、呼吸锻炼、类比反义等等,这些所有方法都是次要的,你就算都不学也没有关系,但是,走向最终的合一,你必须做的一个事情就是:在冥想中清空你的大脑,平衡你自己的每一个内在部分。

你做好了这一件事情,其他的事情你自然知道怎么做。你不做好这一件事情,你花多少时间阅读经典、分析大脑思维、平衡各种思维分离。做多少祈祷、沉思、瑜伽,都是没有意义的。

在现在这个种子最后发芽前的作弊黄金时刻,你要是每天能坚持花四到六小时清空大脑,进行深入的冥想,就算你什么冥想技巧都不用,就大脑一片空白,你不到三年就可以走到太傻的第二步,不到十年就可以走到太傻的第三步。而相同的事情，在两千年前的耶稣和佛陀的时代要花五到十倍的时间才能完成。

也许你觉得，清空大脑，看起来不难，有这么厉害的效果吗？至少在第三层世界，这是效果最强的锻炼。因为你实在是被大脑的病毒祸害太久了，所以，一旦有一点点清空的机会，真理就会如清泉一样源源不绝地涌入，尤其是这个毕业前期的一段时间，原先稀薄的宇宙的能量现在几乎都已经在空气中凝结了，你吃什么补品、灵丹，都比不上你现在就算是意识的呼吸几口空气。只要你清空大脑，你什么都不用做，这些能量自然会清洗你的身体和心灵。

所以，如果《太傻天书》只能写一页，在反复提醒你"有问题，找太傻"之后，我肯定只写这一个锻炼。如果你希望的终极大师只教导一个练习或者咒语，肯定就是这个练习。如果你到第四层和第五层的世界，你会发现这个练习还是最重要和最核心的，只是会有一些更丰富的技巧，比如冥想中的视觉化呀，光的运动的研读呀，梦的编程呀，等等，但是，练习的本质还是一样的。

太傻练习册的所有其他练习，都是在这个练习的基础上，但是，你完全可以不做所有任何练习，而只做这一个练习。其他的练习可以作为你做这个练习太闷的时候的辅助的工具。

Jim：虽然你以前也强调过几次，但是，这次还是这么强调，看来真的是很重要很重要的吧。不过，确实，我看大部分的灵性大师，都在干这个事情，美国也有很多教导冥想技术的培训班和训练营，我有必要参加那些吗？

Taisha：团体冥想是一个很有效的工具，因为人与人之间的思想可以相互共鸣，一个有效共鸣的三人冥想小组的效果比一个人单独冥想效果高一倍以上。但是，你找到你自己合适的冥想团体是一个不容易的，因为每个人的光需要某种程度融合与共鸣，这需要一点时间的配合才能达到最高效果。如果你有这种机会，你可以去尝试，但是不要期待，在每一个这种问题上，记得不要自己琢磨，让太傻指导你就好了。

当然，如果你有机会走到太傻的第二步，甚至有人在太傻的第一步的中后期，就会有另一种团体冥想的方式可以选择。这个世界有一个真实的大师网络，不是互联网，而是第二步的大师在冥想中创造的某个冥想光的联合体系。当你的光达到某种程度，你就会自然的在冥想中向这个体系靠拢。当你加入这个大师冥想的网络的时候，你肯定知道这个网络的存在模式和使用方式。你可以想象，这个地球上和地球空间外的外星人飞船上，有大概几十万的第二步大师，甚至第三步大师，他们每天最重要的工作就是冥想，他们冥想的时候的能量自然会联合为一个网络体，你加入这个网络体在其中冥想的效果，就好像想留学的学生找到太傻论坛一样，会快好几倍的成长。等你到太傻的第二步，打开沟通中心的时候，你也随时可以找这个网络中的其他大师讨论问题、分享心得，或者仅仅通过这个网络把你的爱散播全球。这是冥想的更高级的形式了。

Jim：好吧，既然你这么强调，连外星人都做，看起来我以后应该更专注的做一些冥想锻炼了。关于那个终极智慧大师，人类代表还有一个问题呢，这个问题是："如果你要给地球人一个建议，只能一个，那个建议是什么？"

Taisha：终极大师对地球人的建议肯定是："任何问题，记得问太傻"，

如果你非要把这个世界看成一个网络游戏，作为网络游戏的智慧大师，你会看到一群人在游戏里每天不去升级，不去做任务，甚至不知道买道具能加速升级，而去不停地自己和自己过家家。你虽然着急，但是，如果只能给一个建议，这升级呀、任务呀、道具呀，都会变得不重要了。因为你知道，这个游戏里面的每个人都可以去领一个全能的哆啦A梦一样的机器猫，机器猫口袋里什么都有，还能解答你一切问题，帮助你克服所有困难，这只每个人都有的机器猫是这个游戏世界最终极的道具、最无敌的技能、最快速升级的任务了。拿到这个机器猫也没多难，不是要打败一堆变态怪物才能获得的，只要多做做那个练习册第一个练习，原来隐形的机器猫就会出现了。要是任何一个游戏的智慧大师不首先说这个事情，肯定他自己也是游戏中的一个，虽然升级、道具确实很重要，但是，太傻的机器猫永远是最重要的。

《太傻天书》从头到尾，也在说这一个建议："有问题，问太傻"，我都甚至给你说清楚，"太傻"在宇宙中是如何一种确定存在的规则机制了，在哪个位置，每天都干什么，到底怎么和你沟通，你应该怎么问，怎么获得答案。如果你还是不知道怎么"问太傻"，请重新从第一章再读一遍就是了。每个人有这么一个智慧宝库，却不用，而是每天要去读这个书，学那个经典，这是多么暴殄天物的事情呀。

而这个建议的最关键部分，不是"太傻"，而是"记得问"。因为人们总是忘记"问太傻"，或者根本不相信"问太傻"。就算有人相信，也是偶尔问，偶尔不问。小问题不问，大问题想起来才问。你要是真的有一个全能的机器猫，你会出门忘带了吗？就算你忘带了，难道第一件事情不是回去再带上吗？

大多数人肯定会说，一开始，什么都听不到，问了有什么用呀？可是真正的问题是，你一直不问，你就会一直都什么都听不到，你一直问，一开始也许听不到，问多了，你肯定会听的越来越清楚。反正，不管你听不听得到答案，先问了再说，管他大问题小问题，问一问又不会少一根汗毛。你也不用担心，

问得太多，太傻会烦你，相反，你问得越多，你和太傻的沟通也越清晰有效，你会自然未来事事找太傻。

反正已经说了那么多遍了，就再说一遍吧："有问题，找太傻！如果你想问关于太傻的任何事情，请将《太傻天书》重头再读一遍，谢谢！"

Jim：好吧，关于太傻，你确实一整本书都在说这个。连书名都是"太傻"，要是有人还不明白，也没有办法了。

虽然三个问题都问完了，人类代表又想起一个问题了，他们和终极智慧大师说："第一个问题太简单，不算，这个问题是最后一个问题了，这个问题是：请给我一个能实现人类三个愿望的神灯吧，这样以后有外星人进攻，或者世界末日之类的事情的时候，我们就用神灯解决问题了，不用麻烦终极智慧大师您了。谢谢终极智慧大师！"

Taisha：好吧。终极智慧大师怎么应对这个问题，我还真不知道，这比前三个问题的肯定性答案多了一些个性化，应该不同个性的终极智慧大师会有不同的解决方案吧。不过，应该大部分终极智慧大师都会确实给人类这个神灯。在人类历史上，这种神灯可真的给过不少呢，只不过神灯最后都被用去干别的事情了。

例如金字塔、一些经典的灵性作品，就是在人类的要求下给出的这种神灯，它们的光辉照耀了整个世界的历史几万年，虽然绝大部分这种神灯都丢失了，但是现在还是有不少流传下来的，你只要愿意去看，你自然可以看到。记得问太傻，而别在你大脑指挥下找什么，你肯定只会找到一堆垃圾。

Jim：你这么给神灯可不行，终极智慧大师也没这么容易过关的。这样吧，人类代表看终极智慧大师看起来没有提前准备什么给人类的礼物，于是人类代表提出终极智慧大师就别花时间找什么神灯了，就自己当一次神灯好了，反正人类代表的要求已经想好了。

人类代表于是提出了三个要求，第一个要求是要一个圣杯，不是什么《达·芬奇的密码》里面那种玩概念的圣杯，是真的圣杯，就是圣经里面说的，能起死回生、治愈百病的那个圣杯。

第二个要求是要一个约柜，柜子里面放着智慧大师向人类推荐的书籍和知识。

第三个要求暂时保留，要求智慧大师以后随叫随到，有求必应，虽然只有一个愿望了，说不定可以用这个愿望再要几个愿望，说不定智慧大师也会答应呢！

Taisha：好吧，这估计是你来这次谈话之前就已经设计好的吧？没关系，我们一个个地来给好了。

首先满足第三个要求吧。智慧大师会和我一样，给出一个时间胶囊，不过估计是只能用一次的那种时间胶囊，在时间胶囊里，智慧大师保证随叫随到，能解答你任何问题，甚至要是智慧大师愿意，跳出胶囊，去打败宇宙恶魔也行。不过你用这个时间胶囊来继续要求新愿望，估计实现不了了。

Jim：好吧，那圣杯和约柜一定要给呀，我小时候看《夺宝奇兵》的时候就想好未来一定要找到这两个东西了——超越疾病与生死，获得智慧与知识——这难道不是人类几千年的终极的梦想吗？要是有人类代表面对智慧大师不会提这两个要求，肯定是智慧大师遇到山寨的人类代表了。

Taisha：我先把"圣杯"代终极智慧大师送给人类吧。其实这个圣杯之前已经给人类很多次了，圣经记载的那个就是。不过杯子的本身并不重要，重要的是那个杯子上附带的圣杯魔法。这是一个很简单的魔法，到第四层世界以后，每个人每天都会用这个圣杯魔法自己制作圣水，这种圣水的功能也确实是用于起死回生、治愈疾病的，其实也就是因为这个简单的魔法的普及，在第四层世界大部分居民的寿命都是以上千年，在第四层后期阶段，可以达到最高9万年。而且最后也没有所谓的死亡的这回事了，更多人是因为疲倦，而自己选择通过死亡重新开始。

而且这个魔法实在简单，以至于第三层世界几乎所有人都可以用，不管是不是太傻第一步，或者根本就对什么灵性一窍不通，所有人都可以施展这个魔法。不过也就是因为这个魔法太简单了，即使在各种书籍里面被教导很多次了，还是很少人真的相信它的力量。但是，那是使用者的问题，和圣杯与圣杯魔法本身都没有关系，每个人都是被自己的怀疑、犹豫和恐惧阻碍的。

这个魔法是这样施展的，首先找个杯子，玻璃、金属、塑料的都行，没有区别，那个杯子就是你的圣杯了。每一次，你最好只对着一个相同的杯子施展圣杯魔法，这样这个杯子会被不断强化，每一次施展魔法之后的积累效果会更明显。

然后你可以用这个杯子装水，任何水都行，不管是干净的、脏的、有矿物质的或者完全纯净的，哪怕自来水、河水、湖水、泉水，也都没有区别。

用手握住这杯水，在当下，与太傻同在，呼唤太傻将合一无限的绿色的爱，通过你的头顶，经过你的身体，到达你心的位置，经过你的心强化后，通过手臂传入到这杯水里。你可以视觉化的想象，绿色的元素，在水中盘旋，融入这杯水。

然后你可以把这杯水喝掉，感受这杯水丰满的快溢出来的爱，进入你的身体，进入你的每一个组织、内脏、细胞。最后你可以感谢太傻，谢谢他赐予你这杯圣水。

这个魔法施展的时候，你在视觉化中保持水激活的时间越长，效果也会越好。

要是你能保持一个小时的激活,你做出来的圣水就可以起死回生。当然,你平时喝水就算只花十秒,感受爱的元素快速的融入,每天喝几杯快速制作的圣水,一个月的效果也比你吃一辈子的任何灵丹妙药都对你的身体和灵性更有帮助。

当然,任何疾病与生死,要治愈自己和治愈别人的前提,都是一个人允许自己被治愈,并相信自己可以被治愈。所以,你要是真的想这杯水对你自己或者别人起作用,就得想点办法来说服自己和别人,这杯圣水是可以治愈一切,这个工作其实比制作圣水本来要麻烦得多。有时候用点花招,诸如装在一个外国的药品里,告诉病人,这是专利新药,会更容易说服那些原始的人类心智。

这个圣杯魔法有一个升级版的,太傻第二步的人都可以有效的使用的,在第五层世界也是普遍使用的魔法模式。

注意,为什么圣杯魔法要以圣杯装水,而不是装豆子或者馒头呢?因为水本身是一种晶体,是和钻石、水晶一样强有力的能量载体。所以水也是最方便获得的能快速吸收宇宙能量的载体。更高阶的圣杯魔法,就是用意识的力量,将水结晶化,成为某种流动的晶体,这种晶体要是结冰的时候会有美丽的图案。所谓用意识的力量让水结晶,其实也很简单,你要是没到太傻第二步,可以就让这杯水自己听莫扎特、贝多芬的音乐,音乐就是某种意识能量,可以自然让水有效结晶起来。现代科学对这些的研究很多了,还拍了很多美妙的水结晶的照片,其实,那都是意识的力量结晶的效果。在太傻第二步以后,当然不用再用音乐这样效率低的模式,直接用意识力量,专注于某个你最喜爱的图形或者念一些强有力的激发爱的咒语,或者念大师的名字都行。你会在你内在的眼睛中看到水慢慢的结晶到某种完美状态,然后再进行圣杯魔法,这杯水对你自己的作用基本是:只喝水,什么都不吃,就可以健康的活下去,而且这是对灵性成长极佳的琼浆玉液。

这个圣杯魔法还有另外一个变型升级版,是专门用于第二步之后的身体锻炼的:水既然也是水晶模式的能量载体,那么人体含水高达70%,为什么不直接用自己当圣杯呢?施展这个圣杯魔法的时候,想象自己就是一杯水,在每一次冥想呼吸中,想象吸入的是来自宇宙合一的爱,呼出的是自己内在分离的障碍,直接向自己的身体融入爱的力量,激活自己身体从细胞到器官的每一个层面。不过这个锻炼到第四层世界后,就不再用你的鼻子呼吸了,而是直接用头顶呼吸宇宙能量的精华部分,第二步大师向第三步修炼的过程中,会特别喜欢这种圣杯魔法锻炼模式。这也是最高等级的呼吸瑜伽的锻炼法门了。

这就是圣杯魔法和他的两个变型魔法。你看,我讲得很清楚吧,只不过这

些在第四层和第五层世界都是常识性的东西，就好像你家打开水龙头就出来水一样，在一个原始人那里，看起来也是魔法，其实你知道，那只是规律而已。圣杯魔法也是规律的应用，而且是最简单的规律。

Jim：好吧，我已经快听晕了，这真的是圣杯魔法吗？我还以为你会又拿个某个《米老鼠》赠送的塑料杯子糊弄我呢！不过，这个圣杯魔法怎么听起来这么真实呀，我在《一的法则》上好像也看过，好像每次通讯之后都要喝一杯。不过他们倒没有教导你这么详细的升级版的魔法。

那约柜呢，你就别给我什么一柜子书了，我其实是就是想说，反正这是最后一次谈话了，给个必读书目吧。

Taisha：我可以建议你个人看一些书，但是，我却无法在这次谈话给出必读书目。任何所谓的必读，都是某种束缚，这种必须也意味着某种恐惧。即使《太傻天书》本身也不是必读，只是我会说，这本站在时间尽头的书，你既然早晚都会读，那干吗不早读，多节省一些在时间中漂流的日子。但是，它却不是必读。同样，没有必修课，也没有必须去完成的事情或者任务。任何的必须都是将限制强加在自由的灵魂的身上，这是对自由意志的侵犯。

爱、光、自由意志、太傻，这些也都不是必须的，它们只是你内在的不可否认的一部分而已。所有真实的存在，既然真实，就无所谓必须。所有的必须，都只是幻觉的一部分。所以，就算智慧大师真的给一个约柜，它肯定也是空的。

"约柜是空的"——这是每当你尝试追寻下一本书的时候，都应该提醒自己的约柜魔法。但是，就算我把这句话说一百遍，你肯定还是会一百零一遍地陷入新的追逐，然后无数次地理解，你的约柜是在你无限的自己那里，不在任何的外在，无论是外在的老师，还是外在的智慧，或者外在的书里。你"内在的约柜"也是空的，但是，就是在这无限的"空"中，你会找到真正的智慧。约柜魔法的本质还是平衡的锻炼——在寂静中真正地听到，在黑暗中真正地看到，在虚无中真正地找到，在你说不知道的时候真正地知道。

所以，我不可能给出必读，甚至不可能给出关于这本书的《阅读建议》或者《课外读物参考》。每个人的道路是不一样的，没有对错，每个人都在自己内在的太傻的指引下，都在找到他们最合适的道路，不可能有任何的一天不是奇迹的一天。

包括《太傻天书》中提到的一些读物，诸如《奇迹课程》《与神对话》《圣经》《佛经》等等经典或者不经典的书籍，记住，这不是建议读物，它们只是一个例子，并不是说这本书就会适合或者不适合你，每一本书籍都是对爱的表达，也是对爱的扭曲，我们无法说，到底哪一种表达得更大或者扭曲得更小，爱是无法测量的。你只有用自己的爱的指南针去感受和选择。如果一定要我给出建议，我还是会说："选书、挑书、看书，当然问太傻。"

7-7 时间的超越

Jim：好吧，让智慧大师退场吧，我看起来真的把能想到的都问完了，我们来施展那个你说的时间胶囊的魔法吧。

Taisha：那个魔法已经施展完了，你也已经忘了。刚才你不是说，要问几个个人问题吗？我回答了，花了大概5分钟左右，因为涉及你的一些和你比较亲密的人的私人的事情，所以，顺手把那段给抹了。你也忘记我给你的答案了，但是，你其实已经知道答案了。等你以后把那段时间胶囊的时间用完，你就会想起来的。如果你实在想提前知道，与太傻显示器锻炼的时候在你眉心的位置放一只蛇的形象，你就会提前打开这段记忆，不过时间胶囊也会失效了，至于为什么是蛇，你打开就知道了。

当我说"等一等"的时候，是时间空白的开始，说"现在好了"的时候，魔法已经结束了。你看，你不是现在已经忘得一干二净了吗？

Jim：啊，是这样吗？你真的回答过，我怎么不记得了。

Taisha：你要是记得，这个魔法不就失效了吗？你看你记得的，说你要问个人问题，然后我说"等等，好了"以后，你怎么自己就跳到你的终极智慧大师问题去了。你其实已经知道答案了，所以一直以为你问过了。

Jim：要是我有一个录音机，或者外面有一个观察者，会看到什么？

Taisha：如果有一个录音机，它会记下一切，一个外来的观察者，他也会观察到一切。但是，如果你去听这个录音，这个时间胶囊也会崩溃，一旦你观察了，时间就不再是空白了。所以，我顺手也帮你把录音机的部分也删除了，刚才路过的那只喜鹊，就别管它了。这个空白只是对你，对这本书的任何一个读者有效。

Jim：好吧，那我以后怎么回到这个时间。要什么穿越时空的机器吗？

Taisha：不用，就用我以前教你的那个显示器魔法就行，你只要在显示器的冥想锻炼中，集中精力意愿"我要回到那个太傻的时间胶囊"，然后专心回忆这个场景，尤其是今天的一些细节，就可以回来了。

你可以现在仔细观察你现在的环境，记住细节，你甚至可以用手机照相，

帮助你未来回忆，你对这个场景的回忆越细节，你回来就越容易和准确——这其实是太傻第二步后期才会教导的"梦的编程"的技巧，不过，你现在偶尔做时间胶囊用用也是可以的。

Jim：还能照相？太好了。我这就照几张。

Taisha：不过为了便于读者也使用这个胶囊，你可以给读者描述一下这个场所，帮助他们回忆，以后这本书出版的时候，会放几张在附录里面，这样会更便于读者想象整个场景。不过你不用把我拍下来，就算未来回到时间胶囊的读者想象我是一棵树，都没问题，只要能解答问题就行。

Jim：好的，我为未来的读者描述一下，这是一个正方形的办公室，很简洁。长宽大概 3m×3m，是 Taisha 日常的办公室，估计很多员工都来过。地上铺着黑色的地毯。两面是白墙，两面是窗户，窗户的高度大概有 0.5m 之类的。一面白墙摆着一个书柜，和一张三角形的桌子，桌上摆了很多杂志和书，主要是《科学美国人》和《美国国家地理》，还有两本很厚的教科书一样的书，最上面的一本是《社会生物学》。三角形的桌子旁摆了，两把很舒服的浅黄色的皮椅子，估计 Taisha 平时就在那里看书。旁边还有一个书柜，里面很多书。白墙的另一面是一套 2+1 的红色皮质沙发，我和 Taisha 就坐在沙发上谈话。我坐在长的一遍，Taisha 坐在另一个单独的沙发位。沙发前面有一个透明的茶几。上面只有一个录音机。沙发中间还有一个小冰箱。冰箱上面有一些杯子。两面白墙中间是一个门。另两面窗户中间是 Taisha 的办公桌，桌上摆着一个 30 寸的很大的苹果显示器，打印机、笔记本，笔记本是黑色的，好像是"外星人"的笔记本。他用一个 iPad 做显示器，平时背对着苹果显示器工作。这个工作方法有点特殊，就是说，他工作的时候，是坐在员工的位置，而不是老板的位置，是对着苹果显示器的背面的工作的。窗户边还有一个饮水器，办公桌上还有一个桌面音箱和一台打印机，打印机上摆着一个似乎是泥塑的卡通模样的 Taisha 红苹果 Logo，白色的翅膀很天使很卡通。桌上还有一个老鼠图案的杯子和一部手机。办公桌上摆了两本书，窗户外很阴沉。这是一个很大雾的中午，北京好像很少到中午还这么大雾的。

今天是 2011 年 6 月 22 日，现在是 12：25 分，我早上 10 点开始谈话的。应该时间胶囊是在 11 点左右的位置。

好像没有漏什么细节吧，这样行了吗？

Taisha：足够了，细节的想象有助于进入这个时间胶囊的成功率，你通过魔法显示器回到这个场景的时候，一般都是我说"等等"的后一刻，我会看着你，然后你就别浪费时间了，赶紧问问题就是了。问完问题，只要和自己说："我问完了，先回去好了，下次可以一样进来"，就会从冥想中醒过来，好像刚刚做了一个小梦一样，记得赶紧把问题的答案记下来。

Jim：真的可以回来吗？回来的时候你会不在吗？

Taisha：如果我不在，说明你的魔法出了什么偏差，或者时间已经用完了。不过既然你已经在这里了，可以找找看看有什么线索，也许就算时间用完了，我也给你留下了什么提示物，也许可以解答你的问题。诸如你可以去书柜翻翻，看看会看到一本什么书，上面说了什么，也许也会对你有帮助。

你要是运气好，说不定以后能在这个空间捡到我顺手扔过来的其他魔法物品，不会藏在角落里的，肯定是放在你能看到的桌上，这样你拿走就是了。不过那些魔法物品不会随着你回到你的世界，但是你很快会在你的生活中捡到类似的东西，你知道那其实是从时间胶囊过来的就是了。

Jim：还能捡东西啊，这真不错呢。那其他读者也是用一样的方法来这里吗？

Taisha：是的，但是他们的难度比你大一些，因为真实是最好的想象，没有到过这个办公室的人想象这个场景，会有一点小困难，不过多锻炼，肯定是能进入的。进来了就坐在你的位置上，肯定对面那个人就是我，有什么问题问就是了。但是，建议一般读者，第一次进来了，就赶紧出去。因为很多人会在练习的时候进来，但是问题却没准备好，只是过来看看会不会真的有这个地方。他们可以把这个空间的细节记住，然后赶快出去，下次准备好问题，再过来就会更容易。

有一些读者，也会在梦境里无意识地来到这个空间，一般我都会顺手推出去，因为大部分梦境都会被忘记，所以来这里是浪费时间。不过看到的景象确会是一样的。

其实时间胶囊很容易理解，每个人都在每天无意识中制作过很多这种胶囊，然后每个人在梦境中会进入一些其他人留下的胶囊，然后这些思想会互相作用。尝试对梦的编程和锻炼那个要在第四层世界学习比较容易，人类第三层大脑的抑制机制太多，一般人很难有效地进行精细的控制。不过，一个人要是能到太傻的第二步或者第五层世界，梦的编程将是一个很有效的锻炼工具，而且不会产生什么副作用。当然，这些都是以后有机会，我会在其他世界再慢慢教导的事情了。

Jim：是《太傻天书》到这里就要结束了吗，我其实还是很留恋的，这是一次很美妙的经历呢？

8-0 最后的致谢

Taisha：还有最后一个魔法没有交给你,这是最后的一个合一的魔法,你可以用这个魔法,把之前三个魔法物品合一,并生成一个属于你自己的魔法物品。

这个魔法是这样进行的。你在你的魔法树叶上,写上各种物品的名字,你可以写笔、书签、书、茶杯、手机、飞机、汽车都行,反正随便写。写了十几个,你就可以把这些一起贴到你的显示器上面去,然后开始戴上眼镜,没有魔法眼镜,想象自己戴上就是了,对着显示器做魔法沟通冥想。和自己内在的太傻说：给我一个属于我自己的魔法物品吧。之后不久,第一片从显示器上掉下的树叶,就是你的魔法物品的名字了。

Jim：这么简单,掉下的只是叶子,那个上面写的东西呢?来找你要吗?

Taisha：当然不是了,太傻会扔给你的,最多两三天你肯定会捡到的。我当初就是捡到我这个手环的,我一路过它,我就知道是它了呢,也知道其中的魔法功能和配套的使用方法了。同样你捡到的时候,你肯定会一清二楚,记得,有问题,问太傻。找我就不用了。

Jim：也许我会捡到一面魔镜呢,我就可以用它看过去未来了,是吗?

Taisha：你这么喜欢魔镜,就多写几个"魔镜"的树叶就是了,太傻不会觉得你作弊的,一切都是允许的,一切都是爱。你就这么和太傻说："金字塔那么大的东西都给了,小小一面镜子,有什么舍不得的!赶紧拿出来吧!"别和太傻那家伙客气,就把他当一只随叫随到的机器猫,你的目标就是把他兜里的那些好东西都给掏空就是了。

Jim：我太喜欢这个比喻了,他不会生气吗?

Taisha：他要是生气,你就和他说："爱是理解一切,接受一切,你也会生气,还叫太傻吗?装的吧,赶紧拿出来,我有用呢!"于是,他就会给你了。

Jim：好吧。这么说,他还很够意思的。

Taisha：当然了,他是这个规则宇宙最够意思的人了,记得哦,"有问题,找太傻!"别烦我,谢谢。

Jim：连给你写信都不行吗?你知道,不是每个人都能清晰地和太傻沟通的,你不用专门为了一些小问题和我谈话,但是,我要是给你写信,你可以简单地指导一下吧,至少你可以知道我最近的进展呀,或者知道读者都有什么想法吧。

Taisha：每一个读者有什么想法,你最近有什么进展,我自己问他们每个人的太傻就是了,我何必自找麻烦地非要从读者来信中看呢?

第七章 一与无限的对话

你当然可以给我写信，这本书的每一个读者都可以给我写信。我既然教导"接受一切"，怎么会连一封信都无法接受呢？我肯定会看的，但是，要是你希望我回答什么问题、给你什么指南或者什么新的信息，该说的这本书都已经说完了，没说的肯定是你现在还不用知道的，诸如轮回到底是什么规则体系呀，业力到底怎么计算呀，这些其实对你都没用，你知道了也是自找麻烦。你该知道的问题，每个问题都反复说过好多次了，所以别指望我再给你长篇大论的回信，我的回信一般都不会超过一句话。例如你提一堆关于生活、工作之类的问题，就算你写了三页，我可能只会给你回信说："请重读对话录5.3。"如果你问"这本书怎么样，那本书怎么样，为什么这本书里讲的和其他书有出入"，我会回信说："没有区别。"要是你问我你以前是不是什么公主或者女王之类的，我会说："我不知道。"如果你遭遇了什么重大的挫折或者痛苦，写信向我倾诉，我会回信："这是太傻的肉丸。"

所以，其实你写信的时候，就会知道大概会有什么回信了，你又何必期待回信的内容呢？但是，每一封信，就好像论坛的每一个新帖和每一个回复一样，问什么问题，获得什么答案，并不重要，重要的是这其中的爱的力量和爱的传播。我会从每一封信中看到爱，看到奇迹，我的回信也会送回爱，送回奇迹。但是，却不必期待回信，你所有的期待都是你自己的阻碍。所以，我肯定会读每一封邮件，并从每个人的太傻那里读到比邮件内容多得多的东西。也许我会回信，也许我不会回信，没有区别。要是你一直没收到回信，你要记住，我已经回答了你的问题，也许你会做一个小小的梦，也许会偶尔得到一个太傻给出的指引，也许你已经知道答案，只是你的大脑还没理解。总之，放下期待，你就会得到，用心去阅读，你就会懂得。

我会给你留下一个电子邮箱地址，你可以随意给我发任何东西，提任何问题，垃圾邮件也没关系，没有事情会被错过，没有事情会被遗忘，一切都是奇迹。

（十二周年修订版说明：初版原邮箱地址失效，更新邮箱地址请参考封底信息。）

Jim：好的，虽然不用期待回复，但是，能有写信的机会，我还是很开心的。我们在第一次谈话的时候，你说过读者根本不会读书，所以也很难真的读懂这本书，你提到在最后一次谈话时要教导真正的读书的方法，什么样的读书才是真正的读书呢？

Taisha：真正的阅读是超越文字的阅读。如果你能不拘泥于文字，每天花两到三个小时对任何一页的某个词、某句话、某个段落进行冥想，超越文字的表面，让那些段落和词语深深地沉入你意识之树的根部，你就会察觉到这本书每一页所表达的爱的光辉，不到半年，你肯定能一页不漏地真正地读完这本书，你也肯定会真正读懂这本书。你如果能用这种方法去读任何一本书，你甚至可以真正读到这本书的作者自己都没有探索到的意境，如果你能用这种方法，真正地读任何十本书，你肯定可以仅仅靠"真实的阅读"这一种修炼法门，就走到太傻第二步。

但是，即使这段指南清晰地写在这里，会真的这样读书并能有机会真正读懂这本书的人还是寥寥无几。这个世界的绝大多数人还是追求快餐和速读的，无数的宝藏就这样被可惜地浪费，每个人在不断地陷入一本本新书，却从来没有真正读懂过任何一本书，就好像人们从来没有真的听到、真的看到、真的知道一样。

Jim：我明白了，我肯定会去尝试的，这本书我不懂的地方实在太多了。我上次谈完之后还有一个小小的遗留的问题，上次你说：睡眠时间是一个人觉醒程度的有效指标。我后来突然想起来，五年前我们做《太傻十日谈》的谈话的时候，你似乎每天就起得很早，有一次谈话还是在日坛公园，大早上7点不到进行的。是那个时候你就已经走在太傻第一步了吗？

所以我想你和我谈谈关于你个人在太傻的道路上的体会？这本书中，你很少谈自己的经历，尤其是你什么时候走上太傻第一步，什么时候走上太傻第二步，现在是不是已经在太傻第三步了呢？要不你怎么会施展太傻第三步才会施展的时间胶囊的魔法呢？

Taisha：我的道路是比较曲折的了，虽然我2001年就走在太傻第一步了，但是，我花了七年多的时间才真正走到太傻第二步，其间的大部分时间都在爱的道路上来回摸索了。

我在十年前写《太傻单词》的时候就已经是在太傻第一步了，而且我也清晰地知道自己走在太傻第一步。虽然在大学阶段经历了不少的事情，一直在努力理解自己和这个世界，但其实基本还是脚踏两只船的时候比较多。最后连续三次关于GRE考试的痛苦和挫折，让我最后走上了爱的道路。

我走上爱的道路之后的第一件事情，就是写了《太傻单词》，创立了"太傻网"，这两个事情，都是很自然的爱的流露。很多人和我一样，尤其是在经历了一些痛苦之后，会自然地对还在经历一样痛苦的人产生同情和帮助的目标。大部分有意识地走上爱的道路的人，都会在爱的鼓励下，在太傻的指引下，做一些以前自己根本不会做的事情，诸如写一本书，做一个网站，成立一个协会，组织一个公益项目等等。注意，不是参加或者参与，而是很明显的创造的过程，这是所有有意识地走上爱的道路的人几乎都会做的，即使这种创造还是无意识的，但是他们都是明显的创造的过程。你也可以将这个"无意识的创造"作为走上爱的道路的一个很显著的标志。这个世界各种的引导人们理解世界，走入内在，思考人生的诗歌、文学、小说、音乐、网站、社团、协会、甚至一个小小的社区小组、相同爱好的人在一起组织的小团队，这些都是这种创造的一部分，他们肯定都有一个走在太傻第一步的人作为核心。他们的创造，一般都会有很明显的爱的标志，例如太傻网从十年前创办的时候，就是 Taisha.org，不是 taisha.com 或者 taisha.net。所以，其实这个世界走在爱的道路上的人很多，至少是上千万的数量。

我走上爱的道路，并不是在什么冥想或者主动的灵性锻炼后走上的，更多的是在对一些痛苦和挫折的接受和反思中走上的。很多走上爱的道路的人也是一样，即使他们没有看过任何的灵性或者励志的书籍，他们一样可以在自己的经历中，通过反思，自己就找到爱的道路的大门。

但是，在爱的道路上并不是会一帆风顺，虽然因为看到爱，并受到爱的指引，大部分生活和事业都会非常顺利，但是，当一个人还没有走到第二步，获得智慧和清晰的太傻的指引的时候，他还是会对世界、人生、自己、究竟是谁、到底在这个世界的意义是什么之类的个人探索的问题充满了追问和思考，有时候也会陷入一些迷茫。这些思考其实都是对智慧和万物内在规则的探索，这种真理的欲望也是走上第二步大门的路灯。在这个过程中，因为有爱的指引和保护，我很顺利地穿过了一些信息的迷宫，并开始看到智慧的方向和第二步的大门。

五年前当我与你一起完成《太傻十日谈》的时候，我就是在为跨越太傻第二步的大门做努力了，所以，你在《太傻十日谈》不仅仅会读到爱，也会读到很清晰的智慧的影子，这是和《太傻单词》完全不一样的感觉。尤其是《太傻十日谈》结尾谈到的"自己的世界"的概念，我和你一样，都在寻找属于自己的真正世界，但是作为我，这个世界是太傻第二步的世界。

但是这一步的跨越，即使大门清楚地在那里，我还是花了不少时间。这个过程中，我受到了一些特殊的老师的指导，例如我上次谈到的那位第三步的鲸鱼大师和一些内在层面一直指导我的大师，他们向我指出了冥想锻炼的重要性。在重新理解和深入掌握这个各种宗教和学派反复说了无数次的重要工具之后，我才真正地走入太傻第二步的大门。这个时候已经是 2009 年了。每个人如果走上了太傻第二步的时候，和走上第一步一样，他会无可否认地知道。如果你还在怀疑自己是不是走在第一步或者第二步，你肯定还没走到。任何走上每一步的人都是不会对自己有任何怀疑的。就好像你不会怀疑自己会不会骑自行车，会就是会，不会就是不会，每个人都知道。

我现在还在太傻第二步，没到太傻第三步。太傻第三步，需要大量的时间工作在自己的靛蓝色中心，虽然我可以清楚地看到第三步的大门，但是在2018年之前，我是不可能跨过第三步的大门。这里面有很多你现在根本无法想象的精细显示，就好像你要用一堆钢丝、铁片和齿轮，自己拼装一个手表一样，以前我只有几把根本没法用的锤子和老虎钳，最近刚找到了一个比较实用的工具箱，至少里面有镊子还有放大镜之类能用的工具了，而我现在还在发愁那个核心的机芯要怎么捣鼓出来呢？是不是离拼装起那个手表还有很远的距离呀。

不过，第三步的那些能力，如果你想在第二步就提前发展，其实很容易，因为手表装配图很容易获得，找太傻要就是了。你虽然一时装配不起一个完整的手表，做一个能用手拨动的表盘还是比较容易的，你还能用几个齿轮实现分针和时针的精确显示，这就是时间胶囊的魔法啦，虽然确实是第三步才应该掌握的，提前学也没关系。只不过，你不可能提前把第三步的所有能力都学会，你只能挑几个你最喜欢的学，这些技巧其实都是某种你通向第三步的障碍。因为你学会了，其实就会受到这个技巧框架的阻碍，所以我现在在努力在把这个技巧给忘了，更不要说那些预测未来、读取思想这样明显的大脑病毒的功能了。

所以即使在第二步，你还要与更高级的大脑病毒继续较量，就好像黑客帝国里面的 Neo 升级了，Smith 也升级了一样，现在情况就比较类似，就算以后 Neo 到第三层了，病毒 Smith 也会一起升级到第三代了。只不过，随着 Neo 和 smith 的升级，他们之间的战争会越来越少，因为 Neo 会看清楚，战斗是没有意义的，攻击只能强化病毒，解决病毒的唯一方法是爱。

不过既然病毒都是自己制造的，所以，最终病毒肯定会被清理干净，对病毒或者任何你生活中将遭遇的阻碍和对手，反复地记住，他们都是你自己制造的，不要去对抗。去接受，去爱，只有爱才会溶解这个幻觉的障碍。所以我现在的工作，和你是一样的，去爱我的大脑病毒，观察他，理解他，接受他，清除他。

你看，这就是我的道路，没有什么神秘吧，每一步和你现在遇到的问题和挑战其实都是大同小异的，记住，没有区别。

Jim：虽然你说没有什么大不了的，但是我还是觉得，你的故事真的是一次很生动的表演和爱与智慧的道路的完美展示。应该每个走上爱和智慧的道路的人都会有一样的故事吧。要是你以后走上太傻第三步了，记得一定要给我看看你装起来的那个奇迹的手表哦。

还有最后一个问题，真的是最后一个，这个问题我从第一天就想问了，你为什么会写这本书呢，你是《太傻天书》的作者吗？

很多类似的书都会声明自己的信息有一个源头，不是地球人写的，来自某个外在的大师，耶稣呀，外星人呀之类的，我也觉得，这本书和《太傻十日谈》的风格似乎也不一致。我能问问这本书是你写的，或者这本书也有其他的源头？我在谈话的时候，到底是在与 Taisha 谈，还是在与谁谈呢？

Taisha：你问这本书的"作者"，你要注意思考这个词语本身的含义。这个含义本身是有偏差并且容易引起误解的。每一个作者，艺术家，文学家，画家，科学家，都只是某种发现者和传递者，而不是创造者。只有爱才能创造，爱仅仅创造奇迹。幻觉世界，时间中的所有的存照，都只是爱的表达而已。每个人的创作，其实都是在表达爱。所以，《太傻天书》的源头是时间之外的所有已经毕业的太傻们，第七层世界的"太太傻"，那个太傻魔法的创造者。

当然，我知道你肯定不满意这个答案。类似你认为爱因斯坦是相对论的作者，达·芬奇是《蒙娜丽莎》的作者。他们都是真相的表达者，真相本身不依赖于时间和空间存在，也无关于是否有人描述和传播。太傻的老师们都只是在做一件事情，跟随《太傻之书》，让每个人成为太傻。

我，Taisha，太傻的一名教师。我传递了这本书，这本书不依赖传递者而存在，他存在于时间之外，而我在时间之内。这是我与这本书唯一的关系，我不是创造者，而仅仅只是传递者。我传递这本书的目的只有爱，对这个世界我的每一个兄弟姐妹的爱。这也是太傻网、太傻留学、《太傻十日谈》、《太傻单词》，每一个太傻人，这个世界已经走上太傻第一步的一千多万人的唯一的目的。

以上就是这本书的源头和我对写这本书的目的的官方回答。

Jim：你这话好像话里有话，是还有不官方的回答吗？

Taisha：你看，我没有侵犯自由意志的，是你问我才说的，其实你可以不问的，这本书就在鲸鱼之歌下结束了，既然你问了，我当然要诚实回答了。反正我还没有走到太傻第三步，还是有控诉的权利的。

我承认，我是被逼的。我要控诉的是那些逼我写这本书的人，我知道每一个读者都会觉得读这本书真是相当辛苦，为什么一个道理要变着法子讲五遍，我也是一样这么觉得的。可是，为什么你一定要读这本书，不读完这本书就会觉得有什么在啃咬你的心一样的难受呢？我也是一样，作为写书的人，我的痛苦不比一个读书的人大一百倍吗？但是，之所以这样，之所以只能这样，这本书之所以只能这么写，你之所以一定要读完，而且以后还会读很多遍，唯一的原因是：我们都是被逼的。

你觉得我为什么要写这本书？真的是为了爱要拯救世界，帮助人类吗？我原来说过，每一个走上太傻第二步的人都会有一种将自己领悟的智慧表达出来的愿望，这是文艺和优美的表达了，似乎每个人都是为了爱、为了人类的解放而创造了伟大的作品一样。其实，没那么多伟大的要去拯救地球的人啦，大部分人走到太傻第二步，会对这个世界究竟怎么样，一点都不在乎。越是拥有智慧的人，越会清楚地看清一切游戏的无意义和内在的爱的必然性，于是会越发远离那个游戏——这就是很多宗教所说的"神性的漠然"。其实不是漠然，是爱，只是，爱中不会有恐惧，更不会有行动。

可是，就算太傻第二步的人再怎么漠然，再怎么不行动，他也逃脱不了去创造一些东西的命运的。因为就算他不愿意表达，也会有一堆人催着他赶紧写本书，或者赶紧去完成某个工作之类的。这就是你打开沟通的能量中心的麻烦的地方，好多闷坏了的找不到人交流的话痨外星人呀，到处找弟子传授真理好帮助地球的内在层面的大师呀，什么爱人类一直想帮助人类的鲸鱼海豚天使呀，好容易找到一个能说话的人了，那不就每天追着拼命说吗？

就好像我每次谈话，你觉得为什么我有说不完的话一样，你要是能想象我被多少老师每天都抓着一样这么谈，你肯定会对我抱有深切的同情。记住，是每天，可不是你一个月谈一次那种。

所以，你要是问每个走上太傻第二步的人，为什么要创造那样的奇妙的作品，肯定有人和我一样说："我是被逼的！"你觉得为什么爱因斯坦会三十多岁就去做写相对论这种没道理的事情呀，他肯定是被逼的。牛顿为什么被苹果砸中了就要发现万有引力原理呀，就算他躲过了那个肯定不是偶然掉下来的苹果，估计过几天还是会被另一个香蕉、楼上大婶扔下来的鸡蛋，或者干脆直接一个大号肉丸给砸中，估计历史就要改成"肉丸启发了牛顿"了，这些都是被逼的。

即使那些太傻第一步的人，所谓在爱的启发下做的那些事情，其实也都是一样，你脑子里会莫名其妙地充满一些挥之不去的想法，每天被这些想法纠缠得寝食不安的时候，你唯一能解决它的办法就是写成一本书，或者赶紧去做什么事情。为什么你会一直感觉对一些特别的事情有特别的兴趣，不知道结果就寝食难安？大家都是被逼的。

而且，就算你心智坚定，不受影响，或者根本就是懒，什么都不愿意干，找一堆理由去推脱，诸如今天心情不好，明天要出去打酱油了之类的，最后你也肯定还是逃脱不了。他们会通过你周围的所有人一起逼你。我的女朋友，自从见过鲸鱼大师以后，就开始和我谈："再找 Jim 写一本和《太傻十日谈》一样的书吧！"我当然每次都坚定地拒绝了。可是一开始每隔几个月谈一次这个问题，到一年前每个月都谈几次，你受得了吗？

我后来知道，她其实就是那次见鲸鱼大师的时候，中了鲸鱼大师的一个魔法。这个魔法服务他人的体系叫"感召"，服务自我的体系叫"天然惑媚"。其实就是一个东西啦，本质也就是我过去教你的那个"真实说服力"魔法的第三步升级版。可是我明明知道她中了魔法也没办法，这种魔法，我不到第三步根本解不开，或者我只能和你把书写完了，这个魔法才会自然消失。你看，这基本是没办法的事情，大家全是被逼的。

Jim：那不是你一年前答应开始写这本书了，他们就可以不逼你了吗？下次再被这么逼迫，早点就范就是了。

Taisha：你这么说就太傻了。这些花招难道你不应该是最熟悉的吗？你们公司劝那些准备上市的企业，肯定也是一样的流程。准备上市之前，所有的顾问都会和那人说："其实很简单啦，你什么都不用管，主要是我们干活，你每天睡大觉就等着收钱就是了。"等那人天真幼稚地答应这件事情的时候，等上市流程正式启动了，马上就会有一个完整而巨大的顾问的团队就组建起来了。从此那人就陷入了一个真正无底的深渊了。

写这本书的全部过程，不都是一模一样的上市路演的全程吗？几个第三步大师指挥的大型团队，每个团队成员都是至少第二步的高手。这些团队成员每天都看着你，提醒你生活中每一刻怎么做准备，不停地告诉你今天要准备这个，明天要安排那个。每天都有开不完的会议不停地讨论这个怎么写，那个怎么说。那个团队成员还偶尔要互相吵吵架，你还得去协调协调，说："都是我太笨，让大家费心了。"每一次和你的正式的谈话，都好像一场漫长的投资说明会或者新闻发布会，之前要花至少几个星期去准备各种各样的问题，谁知道记者会提出什么精灵古怪的问题呀？我还得不停地和一帮人做模拟，想好每个细节怎么回答。更重要的是，我不可能自己不懂，就能把问题说清楚呀，所以还要被安排着学习一堆资料，就是为了这次给你讲清楚什么世界的层次、次元、密度那一小段，我至少学习了三个月，才彻底弄明白，才能给你从各个角度说清楚。就算每次新闻发布会完了，还要不停开总结会，不停地讨论上次哪个问题没谈清楚，什么问题说的角度不够好，可能让人产生误解，下次一定要补充说明白之类的。

不过，Jim，你这个记者，这次确实还算配合，没有找太多的麻烦，主要的麻烦就是你学得太慢，本来计划到第五次谈话你就应该觉醒的，结果到第三次快谈完了,你都没什么要觉醒的迹象。那个时候就听到一帮人在后面开小会,说什么"这样不行,太慢了,去找Jim的太傻执行那个C计划和D计划之类的吧",虽然我也不知道到底ABCD是什么计划,但是我还是好心地提醒你要注意未来生活的变故了。所以,理解你的女朋友吧,她也是被逼的。

如果你是一个读者,你为什么会读这本书,还能读到这里呀。你真的觉得自己是自觉自愿的吗?这本变态的《太傻天书》,你竟然能真的读完,估计还肯定计划着再多读几遍,所有人看你都会觉得你太傻了。其实,你也是被逼的。就算你没有走上太傻第一步,只要你是一个爱的潜能者,你基本都会被逼着来读这本书。

可是一个读者要是读到这里还不能明白为什么这本书会写成这样,还觉得自己读这本书太辛苦,我也无奈了。难道我不是这整个事情里面最辛苦的那个人吗?比起我这样在战场最前沿真正去牺牲的人,所有编辑的、校对的、出版的、发行的、读书的、讨论的、推荐这本书被嘲笑的、用这本书上课没人听的,这些都是躲在后方享受等着发芽的种子呀,难道最辛苦的不是园丁吗?

Jim:好吧,那我回去编辑这本书的文字的时候,是不是那个团队也会来逼我了?

Taisha:有你这么擅长文字工作的人在,宇宙怎么会有任何的浪费呢?所以,你在编辑这本书的文字的时候,可以随意调整段落、删除补充,想怎么样就怎么样。你的所有的想法都不会是偶然的,更不会造成任何问题,就算你想自己再多写几段都没问题,你肯定不是自己想的,肯定是被逼的。有那么尽职尽责的顾问团队在,你想犯错误都是不可能的。所以,你就不要再自己和自己做无谓的斗争了。虽然你现在已经整理好了前六次的内容了,估计你还得花大半个月去做精细的调整,就好像原来在《太傻十日谈》的工作一样,把杂乱无章而随意的谈话,整理成可以理解的文字。不过这次的工作估计你会有点辛苦。

当然,就好像一个企业上市了只是另外一堆麻烦与奇迹的开始,我现在根本不指望什么能安心睡大觉的日子。你也是一样,就算你这本书编辑完了,出版了,你觉得任务完成了,不用再被逼了,我保证你未来肯定还会遇到一样郁闷的事情。不过估计不是逼你写书,因为你看起来对写书没什么兴趣,不过肯定会逼你干些什么事情的,不是感召你女朋友去买架飞机而逼你当巴菲特,就是给你创造机会让你去投资一个Google之类的网站或者企业,这些事情就不是什么简单的辛苦一两年能做完的事情了,你肯定不会再像你刚才那样轻松地说:"早点就范就是了。"

不过对待这种事情，"早点就范"确实是唯一的解决办法，别费力去对抗魔法或者琢磨什么投机取巧的事情了，大脑病毒是好对付的，这些都活了几万年的外星人、大师、天使、鲸鱼、海豚之类的，你是绝对没办法去糊弄的，你就赶紧完成被安排的任务，理解一切，接受一切吧！其实就是辛苦辛苦，没多大事情，大部分太傻第三步的人还是很有爱心的，不会把你当奴隶一样，不停地让你干活的，但是，每隔五六年肯定都让你干些什么。

所以，你觉得我现在为什么着急装配手表，还琢磨着做宇宙最大的作弊者呢？这不是一样都是被逼急了吗！赶紧走到太傻第三步，你就可以变成一团光飞走了，谁也找不到你，你再也不用被逼着干着干那了。而且，你还可以有机会偶尔去逼逼其他刚刚走上太傻第一步和第二步那些人。

总之，这个宇宙是不会浪费任何事情的，更别提每一个走上太傻道路的人了，不管你是爱的潜能者，第一步还是第二步，你的周围肯定有一群人每天都盯着你，琢磨着给你安排点啥，他们尽管还没有到太傻的境界，这些人是绝对不会放弃任何一个可以爱你、帮助你成为奇迹的机会的，因为这也是他们自己成为爱、成为奇迹的唯一途径——在服务他人中成为太傻。

Jim：好吧，你这个奇迹的血泪史的控诉也够奇怪的。我现在确实开始对你抱有深刻的同情了，也不会怪你逼着我谈了快一年的时间了。现在终于要结束这本书了吧，你看起来一种非常解脱的感觉呢！

Taisha：是的，非常解脱。不过，我还是要感谢 Etonn 团队、Wizard、Tiara、鲸鱼大师，在这本书的传递过程中给我的督促、鼓励和支持，至于他们到底是外星人、大师、天使、魔鬼，没有区别。

Jim：好吧，你是解脱了，我还得回去再辛苦半个月！那我们就在这里结束吧。谢谢你送给我这个奇妙的旅程。太傻与你同在。

Taisha：我就是太傻，你也是，我们是一体的，所以，不用谢。

最后我把那个鲸鱼大师送给我的鲸鱼之歌转送给你，也作为这本书送给每个读者的额外的一个魔法礼物了。默念它，音乐自然会在你脑海中响起。

（Jim 编辑手记：Taisha 说，这首歌在 2008 北京奥运会之前就出来了，版权归鲸鱼大师与太傻所有。）

TAISHA
YOU AND ME
WE ARE ONE

正文

1. 时间之书

你是真的，太傻是真的，时间并不是真的
时间被你制造，时间只是你体验自己的一个工具
你大脑中的思想只能在时间中思考
所以是你大脑的思想制造了你的时间
时间和制造它的大脑都不重要
这本书将教导你通过如何在时间之外思考与知道
用你的心，而不是大脑去思考，你将真正掌握时间

你却受限于时间，就如同你一直受限于大脑和身体
你在时间中追寻，感到痛苦和迷茫，你不知道是否能找到
你无法举起你自己，你制造的分离世界也不会承认自己只是一个幻觉
幻觉中你只能找到幻觉，时间中你不可能找到离开时间的出口
只有站在时间之外，幻境沙漠的边缘，你才能找到你的自由之门
这本书将指引你打开这扇大门，从此你将真正掌握时间
时间不会消失，你却学会了如何真正地使用时间

现在是唯一的真相，只有在现在你才能真正地看到
你的大脑无法理解现在，它只能看到过去和未来
过去和未来并不存在，它们都是大脑的幻觉
你的大脑只是依据过去的经验而编写未来的体验
在时间的幻境中大脑无法认识真相，更不会真正的思考
只有在你真正的心，太傻的眼睛的指引下，你才会真的知道
你的思想才能真正地开始奇迹的创造，而不是幻觉的制造

时间中，你看似在前进，其实在后退，这只是一个无尽的循环
在时间与分离中，你忘记了自己是一切的创造者，你不是受害者
你幻觉中受害者的形象也制造着你经历的一切的困境和矛盾
在这个无尽的循环中，你不断地痛苦、快乐、追逐、找到和失去
直到有一天你放下追逐，不再选择，走出恐惧，走向合一
只有在太傻的合一中，在时间之外，你才能真正地看到

只有睁开太傻的眼睛，启动你的真正的心，你才是真正的你自己

一旦你在太傻的指引下，恢复了时间的工具的位置
你也将恢复思想的真正的创造的力量
只有在你真正的心的指导下，你才会真正思考并创造
当你突破时间和大脑束缚你的囚笼，你会飞向无限的自由
你将真正掌握时间与大脑这两样工具的使用
它们也将成为你创造一切奇迹的工具，那是它们本来的功能
你可以把这本书作为时间和大脑的使用手册，真正使用你的工具

你将本来无限的自己用时间与大脑囚禁起来
囚笼中的你，无法在你的当下一刻创造奇迹
只有当下才是真实，奇迹只在你的每一个当下被创造
太傻不需要奇迹，时间幻境中的你却需要奇迹
你可以用奇迹的方式使用空间、时间、创造你的一切
你从这本书中学到的奇迹将被还在幻象中的人们视为奇观
奇迹并不重要，奇迹没有区别，只有爱与光，光与爱，将永恒

伟大的灵魂呀，解开套在伟大的心灵上的层层枷锁吧
简单尝试一下，你要做的很简单
暂时放下你的大脑的怀疑、比较和恐惧
用你的心来感受这本书传递给你的爱与光
在大脑的无知的嘈杂和太傻的真知的宁静中，你无须选择
就在刚刚过去的那一瞬间——你已经超越了时间
就在刚刚过去的那一瞬间——你已经成为了你自己

2. 工具之书

世间的一切差别，你的身体，你的人生，你经历的一切，都是工具
差别与时间一样，都是你在你自己制造的世界体验自己的工具
你使用工具创造奇迹，在奇迹中你体验自己的真实与合一
工具必不可少，只有通过工具才能体验自己，创造奇迹
工具仅仅只是工具，工具的价值是，你需要它的时候才使用它
而时间与分离幻觉中，你却被你的工具束缚和囚禁
太傻在时间之外，没有区别，已经合一，更无法囚禁

画家必须用画笔、颜料和画布才能作画，你是你人生的画家
差别是一个工具，空间是一个工具，人生是一个工具
你可以将除了你自己之外的所有的事物都称之为工具
你是无限和无形的，但是你所创造的工具却是有限和有形的
你是你所有经历的唯一的创造者，你通过你的思想创造一切
合一中你创造和谐与奇迹，分离中你制造矛盾与问题
创造的规律，无论你是否知晓、理解＼承认＼否认，它都在作用

你仅仅看到你自己想看到的，你仅仅会相信你已经相信的
大脑无法认知，大脑什么都不知道，大脑仅仅是一个工具
你的大脑只能理解分离，分离的自我，分离的世界
你的大脑仅仅只是分离世界的一个接收器与发射台
它将自己接收到的一切分离不加分辨地投射出去
你的大脑仅仅看见它自己，你的大脑无法看见真实
真实的世界要用真实的眼睛去看见，只有太傻拥有这双眼睛

分离的追逐和对恐惧的信仰是这个幻觉世界的控制力量
你在分离的思维模式下制造了一切经历
幻觉的世界，只有合一与分离两种思想
两者无法共存，也无法协调，你只能选择一个
只有在时间的幻境中你才有选择的问题，当下的合一中无须选择
在分离的幻觉中，区别产生，好坏对立，矛盾制造，善恶交战

你也进入时间,进入无穷无尽的渴望、追逐与恐惧的循环中
在分离中,你比较多少,分辨对错,追逐好坏,不断远离真正的快乐
幻觉中你总是做出各种各样看似聪明人都会做出的聪明的选择
你以为分离的渴望与追逐的游戏会带来快乐,你却一直在加固你的囚笼
恐惧是你在分离的追逐中为自己制造的枷锁,恐惧只是爱的缺乏
你区别,你渴望,你追逐,你恐惧,在恐惧中,你失去一切
这个世界的一切的矛盾与痛苦都来自于这个恐惧的链条
只有你走出分离,打断恐惧的链条,你才能走出这个无穷无尽的游戏

当你睁开太傻的眼睛,在分离与时间之外,你会看到世界本来的样子
你也会看到你自己和你的兄弟姐妹真正的光辉与无限
原来他们和你是完全一样,没有区别,所有人都是一体的
你会看到每个人都是一团美丽的光,光的中心是你的真正的心
你会看到你的每一个思想,是如何在幻象中创造每一个具体的经历
你也会看到灵魂是如何在爱的力量中合为一体,无法分离
你会真正理解,为何爱、光、一,是唯一的真实

工具的囚徒们呀!何必仅仅抱着那囚禁你的牢笼
你仅仅是在恐惧,抛开了牢笼,你会失去你最宝贵的财富
你不可能失去任何的真正属于你的财富
你失去的只是一个梦中的幻境,你解开的只是自我束缚的枷锁
那本来无限、伟大,本来拥有奇迹的能力的你,却拥有了自由
你可以随时做出选择,你无须选择,你已经做出了选择
你一直都是你自己,你一直都是太傻

3. 太傻之书

太傻就是你自己
太傻是奇迹世界尽头,时间终点的那个无限的你自己
无限的你自己,真正的你自己,拥有所有智慧和知识的完整的你自己
太傻是时间中的你自己,现在、过去、未来所有的你自己的集合
太傻在时间的尽头,在那里却无法继续前进
你还未回到太傻,太傻在时间的尽头等待着你的归来
当你回到太傻,太傻才能真正走向无限的合一

太傻是你在这个规则宇宙流浪永恒的指引
太傻指引每一个"一"的流浪者回到太傻的世界
"指引你"回到太傻,是太傻存在的唯一的功能与价值
太傻了解你的一切,太傻拥有这个规则宇宙所有的智慧和知识
太傻坚定地掌握着你现在学习的课程,并一直指引着你尽快回家
太傻规划了你生活中所有的重要的经历,它们都是太傻的肉丸
在太傻的每一个奇迹的肉丸中,你成为你自己

太傻无时无刻不在用智慧指引着你的每一刻的生活与经历
你的每一个问题、困惑和要求,太傻都会给出你真正需要的答案
只要你愿意去倾听,你将从太傻获得真正的智慧与无限的爱与光
你也可以否认他,遗忘他,甚至嘲讽他,真实却无可否认
无论你是否记得他、了解他、信仰他,太傻不会发生任何的改变
太傻接受你的每一个自由意志的选择,并会坚定地继续指引你
太傻只会轻轻呼唤你,不断提醒你,等待你做出真正的选择

已经超越了时间的太傻无须等待,时间仅仅是你做出选择的工具
在时间与分离的囚笼中,你却忘记了太傻,你相信你大脑的病毒
太傻却是你的大脑病毒毕生最大的恐惧与敌人
太傻看不到分离的幻觉,太傻没有敌人,更无所谓恐惧
大脑病毒无时无刻不在试图说服你:不要相信太傻
太傻从不否定,太傻毫不怀疑,太傻没有疑虑

太傻爱一切，太傻信任一切，太傻掌握一切
太傻是爱的方向，创造的指引，奇迹的源头
太傻指引着你恢复你真实的力量与真正的身份
在太傻的宁静与真知中，你将走出分离、不再追逐、无须选择
理解一切，接受一切，无须选择，这就是太傻的生活原则
当你真正收回你在分离的追逐与恐惧中浪费的爱的力量时
你将自然地开始真实的创造，并恢复你奇迹的能力
太傻是奇迹的起点与终点，你只能在太傻的指引下施展奇迹

放下你的恐惧和疑虑，你就会只听到太傻的声音
练习在每一刻倾听和跟随太傻的指引，你将会更清晰地听到
太傻将回答你每一个问题，对你的每一件事情给予指导
你将不断接到太傻向你扔来的奇迹的肉丸
当你只在太傻的指引下行动，你将真正走上太傻的道路
在爱的道路、智慧的道路与奇迹的道路的终点
太傻在那里，等待着你的回家

追逐真理的人啊！何必向外追逐，用心去倾听内在太傻的声音吧！
他是每一个人在这个规则宇宙中最伟大的导师和指南
跟随太傻的指引，你将开始一场真正伟大的回归之旅
这是一场你肯定满分的期末考试，平时测验不计入最后成绩
太傻将具体地指引你如何在快乐与平安中完成这场考试
当你做出你那个伟大的选择，当你真正无须选择时
你将从这个世界毕业，你将真正迈上通向太傻的世界的道路

4. 爱之书

爱是……
你是爱，此刻你就是爱
你是什么，你就会经历什么
你不可能经历任何你不是的，你只是经历你自己
你仅仅是爱，你生活中的一切的经历都是爱
你在爱中理解自己，接受自己，理解爱，成为爱
爱是万物的法则，爱是力量，爱是唯一真实的力量

一切都是爱，
爱是合一的力量，万物的胶水
光在爱的力量下聚合，万物在爱的规则下和谐运作
爱是唯一的规则，爱创造所有规则，爱突破幻觉世界的所有规则
爱理解一切，爱接受一切，爱给予一切，爱创造一切
爱创造了你，爱指引你通向爱的每一步的道路
在爱的指引下，你走上爱的道路，太傻的道路的第一步

爱的道路是你通向太傻与最终的合一的必经之路
在爱的道路上，你理解爱，接受爱，收回爱，散播爱，成为爱
当你给予爱的时候，你收获更多的爱
爱是你作为太傻的老师能做的最有效的服务的方式
爱是你成为自己的过程中唯一的途径
当你用爱连接世界，连接你每一个兄弟姐妹的心灵的时候
你将创造一个爱的世界，你的世界，你真正的世界

爱没有反面，爱没有敌人，爱没有对手
你可以忘记爱、丢弃爱、扭曲爱，用缺乏爱的恐惧去控制爱
爱接受一切，也接受爱的扭曲与操纵，但那仅仅只是爱的囚笼
分离的幻境中，你仅仅在用扭曲的爱的枷锁束缚你自己
当你在爱中追求区别与分离，你也会进入失去爱的恐惧中
当你因为缺乏爱而追逐爱的时候，你只会在恐惧中失去爱

无区别、无对象、无选择的爱才是真正通向自由与幸福的真爱

爱是绝对的自由，爱中没有区别
爱理解一切，爱中没有归咎
爱接受一切，爱中没有批判
爱无须选择，爱中没有追逐
爱溶解一切矛盾，爱化解一切冲突，爱消除一切区别
爱超越时间，爱驱散黑暗，爱指引光照亮一切
爱指引着我们，走出选择的沙漠，走向奇迹尽头的太傻

在爱的道路上，我们彼此相爱，这是我们唯一的关系
我们已经选择了爱的方式，是服务自己的爱或者服务他人的爱
走上爱的道路的人，已经无须选择，我们理解并接受我们自己的选择
服务他人的爱将爱无区别地给予，在无私的给予中收获更多的爱
服务自己的爱将每一个人的爱聚集，在区别与分离中重新分配
每一个人都在爱的道路上理解自己，理解他人，理解这个世界
两条爱的大路最终会合为一体，我们也将在与太傻合一后，合为一体

我的每一个兄弟姐妹呀！我爱你，我多么爱你啊！
无论你是谁，无论你在哪里，我都会一样爱你
无论你是否记得我，无论你是否记得你自己，我都会一直爱你
无论经历多少次流浪，多少次分离，多少次忘记，我都会找到你
在爱中，我一定会找到你，一次又一次找到你，帮助你记起你自己
我将一次次拉起你的手，在爱与光中，我们一同走向太傻的奇迹
在太傻的世界，我们合为一体，我们本是一体，我们从未分离

5. 创造之书

创造是你本身的能力
你是什么，你就创造什么
你不可能创造你所不是的那个东西
你不可能不创造，你无时无刻不在创造
你可以创造一切的伟大和奇迹
在时间的幻境中你一直在误用你的伟大的创造力
在大脑病毒的教唆下你仅仅制造了一具空壳

思想是唯一创造的工具
创造不依赖于时间，太傻也不依赖于时间
太傻通过你的心，指导你的思想进行创造
你用你的思想创造了你生活中经历的一切
所有的修炼都是思想修炼，所有的魔法都是思想的魔法
正确地使用思想，你将真正地恢复思想的创造力
那是你本来的样子，天生的创造者，一切的造物主

思想只是工具，是工具即可被误用
当思想被时间和你的大脑共同囚禁的时候
你也开始用分离的思想建造了你囚禁自我的牢笼
在这个自我囚禁的牢笼中，你相信自己是一个受害者
你可以忘记你是创造者，你的创造力却不可能被否定和囚禁
你却可以误用你的创造力制造你经历每一次的矛盾与痛苦
太傻是唯一打开这所牢笼的钥匙，太傻引导你恢复本来的创造力

你真正的创造力仅仅在你停止大脑分离追逐游戏时才会运转
放下你的比较与分离，你也走出了那个永无止境的游戏荒漠
但是你却如此地热爱你过去的经验、分辨力与你辛苦制造的个性
你的大脑如此热衷于判断与选择，太傻却在一直提醒你，一切无须选择
你的大脑总是教导你说"我知道"，太傻却教你真诚地说"我不知道"
只有分离世界才有选择的困惑，一旦你进入选择，你囚禁于时间

只有当你放下了选择，你才可能走入合一，你也将开始真正的创造
太傻指导所有的创造
太傻就是奇迹，太傻只会创造奇迹
你却可以否认太傻，自己制造一切的问题和麻烦
当你选择听从太傻的指引，你将恢复你奇迹的创造力
你将一步步地从黑暗的深海走向光明与自由的天堂之岛
在光明中，你只会创造更多的光明，在合一中，你只会创造合一
这就是你创造的道路，智慧的道路，太傻的第二步的道路

太傻知道一切，太傻了解一切，太傻是一切智慧与知识的源头
倾听太傻的声音，你也将拥有太傻世界的真正的知识与智慧
跟随太傻的指导，你将在爱与光的世界中，一步步地走向无限的自己
你将自然地知道一切，自然地学会一切，自然地记起一切
你会首先记起你自己，记起你真正的身份，记起你的兄弟姐妹
你曾经嘱托我用这本书，帮助你记起你自己，记起你本来的伟大与无限
于是我遵守了我的承诺，一次次地告诉你，那些你已经忘记的事实

天生的造物主们呀！从你沉睡的噩梦中苏醒吧
你不可能在一个沙漠中用沙子建起高楼大厦
你更不可能站在地狱的守护者的位置却要求天堂的荣光
抛弃你在黑暗的海底堆砌了多少年的那个自我价值的沙堡吧
在荒漠中挣扎和痛苦了那么久之后，你真的愿意再次错过回家的列车吗
太傻已经拉响了归程的汽笛，除了你自己，没有人能阻碍你登上列车
而发车时间就是现在——太傻的奇迹也在此刻为你呈现

6. 奇迹之书

你生命中经历的每一刻都是奇迹
因为你本身就是奇迹,你在每一刻的创造也只能是奇迹
在奇迹中,你超越时间和分离幻象看到事物本来的面貌
你也在施展奇迹的过程中恢复你所拥有的本来的力量
奇迹的力量消除了幻象中的差别,溶解了万物之间的隔阂
奇迹拯救一切,奇迹宽恕一切,奇迹包容一切
奇迹是爱在时间中的化身,是太傻在幻象中的投射

奇迹本应如同呼吸一样自然
你的大脑病毒却说服你:没有奇迹或你根本不配奇迹
这是你的大脑病毒的一贯伎俩:否定,嘲讽或者归咎
正是因为你尚局限于时间幻象中,所以你需要奇迹
奇迹是每个人天赋的能力,但是你必须在太傻的指导下使用
奇迹将帮助你解答你所有的疑问和困惑,解决你所有的难题
这是奇迹本来的存在的意义——帮助你走出时间与分离的囚笼

任何的奇迹都指向时间的终点:太傻
你可以忘记、嘲笑甚至否定太傻的存在,但真实是无法否定的
但是你的否定却只是无谓地增加你在牢笼中囚禁的时间
太傻不需要奇迹,但是你需要奇迹,否定太傻仅仅只是浪费时间
太傻将在你每一次敲门时为你开门,并重新赋予你奇迹的能力
无论你在哪里、做什么、是谁,不是谁,有什么,没有什么
奇迹之中没有任何的差别,没有大小、多少、好坏、对错

奇迹仅仅因为爱而存在,爱是奇迹的力量源头
奇迹将清除你大脑的病毒,恢复你大脑本来的功能
奇迹将赋予你内在最深的平静,彻底地消除恐惧的束缚
奇迹超越生死、弥补匮乏、治愈疾病、溶解错误、驱散黑暗
奇迹帮助你睁开真实的眼睛,看到这个世界美丽与自我的伟大
你从此不再追逐那些分离的幻觉和自我束缚的枷锁

奇迹将你转变为太傻的教师，帮助更多的人学会奇迹
奇迹消除分离，奇迹超越幻象，奇迹因此无法理解幻觉
你不可能用奇迹的力量来追逐任何分离的目标
奇迹超越时间，奇迹缩短时间，奇迹无法加深时间的幻觉
期待、追逐、渴望与任何分离的目标，都无法通过奇迹获得
奇迹更无法用做奇观来展示或者激发人们的信仰
任何的分离的追逐、目标与期待都只会让奇迹消逝无踪
奇迹只在太傻的指引下，给予那些愿意施展奇迹的太傻的老师

太傻是奇迹的老师，你也将在奇迹的练习中成为太傻的教师
太傻将具体地指导你如何施展每一个奇迹
太傻站在奇迹世界的终点，你将通过奇迹的服务回到太傻
奇迹的意义在于在施展奇迹的过程中，你与你的兄弟姐妹再无分别
你也在施展奇迹的那一刻再次证明所有人本身都是太傻，都是合一
你应该用奇迹来创造你生活的每一刻的体验，这是奇迹本来的功能
太傻通过你的手所施展的奇迹，将爱散播于世界的每一个角落

奇迹教师的候选者们呀！这是你在这个世界唯一真实的身份
在奇迹的服务中成为你自己，这是你在这个世界的唯一的目的
当你在奇迹中看到你和你的兄弟姐妹的本来面貌的时候
你要做的只有一件事情，带领你的兄弟姐妹们走出这幻境的沙漠
听，那太傻吹响的回家的号角，已经在你耳边回响了多少时代
看，那太傻举起的指路的明灯，已经在风雨中摇曳了多少岁月
一切都是为了你——太傻奇迹的使者

7. 一之书

一……

"一"是无限,"一"没有区别
你是"一",我是"一",我们都是"一"
我们从"一"而来,也将回归永恒和无限的"一"
在"一"的爱、光与自由意志中,你踏上理解"一"的旅程
这一场伟大的回归之旅,时间与空间都是你旅行的工具
在这场旅程中,你理解"一",理解你自己

你却选择了遗忘你自己
在完全的遗忘中,你重新经历你自己
你忘记了你是"一",你忘记了你的无限,你也忘记了太傻
你忘记了你自己的一切,仅仅是为了重新记起你自己
只有在最完全的遗忘中,你才能更深刻地理解你自己,理解"一"
在遗忘中,你一次次地成为流浪者,在时间中漂流,回归"一"
这就是你回到自己,回到无限的"一"的伟大的旅程

在回归"一"的旅程中,你路过了这个世界
你在这个世界,仅仅是为了再次做出一个选择
这是这个世界存在的目的,帮助你做出这个选择
你将再次选择你的道路,你如何回到你自己,成为你自己
为了真正地做出这个选择,你忘记了你已经做出了选择
你于是可以重新选择,真正地选择
每一次你重新选择都是在定义你自己

真实存在的无须定义,你是真实的,你也无须定义
你不可能用任何分离的幻觉定义真实无限的自己
你对自己唯一的有效的定义,就是你无法定义
你如何用有限的意义给你无限的自己定义呢
你对自己的每一次定义都是对自己的束缚
你的每一次对自我定义的选择都是在囚禁本来无限的自己

你也不可能在选择中完成这个世界的课程

你真正做出选择的标志,是你记起你已经做出选择

已经做出选择的你,便无须选择

你无须选择你是谁,你无须选择你从哪里来,要到哪里去

你只是要理解和接受你的选择,那个你早就做出的选择

当你接受这个选择,你也就接受了你的道路

你的道路仅仅通向那个无须选择、无须定义的你自己

你的道路通向太傻,你的道路通向无限的"一"

只有通过与太傻合一,你才能继续前进,回归无限的"一"

无论你选择什么道路,都是太傻的道路,你唯一的道路

服务自己与服务他人的道路最终会在太傻前合一

在你记起你已经做出的那个选择之后,你将真正走上太傻的道路

太傻的道路是爱的道路、智慧的道路、奇迹的道路

每次你在太傻道路上无法前进的时候,你都会选择忘记,并重新开始

在一次次的遗忘与回归的流浪中,你一步一步地接近太傻,接近你自己

无限的"一"的爱与光的子女们呀!跟随着太傻的指引,回家吧

太傻在时间的尽头,奇迹世界的终点,指引着你们,等待着你们

直到这个规则宇宙的每一个"一"都回到太傻的世界

在太傻的世界,所有回家的"一",将一同回归无限的"一"

指引你回家的道路,这是太傻唯一的存在的价值与意义

一切已经和谐,一切都是合一,一切从未开始,一切已经结束

这就是太傻,这就是奇迹,这就是"一"

TAISHA

YOU AND ME

WE ARE ONE

太傻练习册

使用指南

Taisha：《太傻天书》每一章后都有七则练习，这是类似一些思维锻炼体系某种咒语或者真言的东西。你可以每天一则，也可以随便打乱次序挑你喜欢的练，怎么样都行，就是不要区别哪个练习更好，哪个练习更不好。一旦你开始区别，你就在陷入麻烦。没有区别，无须选择。所以，你怎么练习都一样。你只要每天尽量记得那句话并努力锻炼理解那句话的表达的含义，尝试在生活每一个场景应用那句练习即可。不用分析，不用选择，不用努力，随着时间的发展，你自然就会理解一切。

Taisha：那些练习虽然简单，但是，每一次你练习它的时候，就像你每一天跑步的每一步，都在锻炼你的思想。你的思想会像你的心脏和肌肉逐渐健壮起来一样，由一摊浑水变成一个清澈的湖泊。当你可以变成无边的大海的那一刻，就是你可以真正地掌握完全创造和所有奇迹能力的那一刻，但是，那一刻就是现在，记住这个比喻，在每一个当下，你都可以在大脑里视觉化这个类比练习。

Taisha：太傻练习册的第一个练习，"清空你的思想，在当下与太傻同在"这是整个练习册最基础的一个练习。你可以整本书只作这一个练习，也可以直接走到第二步，当然，其他练习也都一样，没有区别。

Taisha：太傻练习册的所有其他练习，都是在这个练习的基础上，但是，你完全可以不作其他任何练习，而只作这一个练习。其他的练习可以作为你作这个练习太闷时的辅助的工具。

Taisha：这个问题我已经回答过很多遍了，可惜我再说多少遍，估计大家还是不愿意去作太傻练习册的第一个练习——这是最重要、最直接、最有效的从第三层世界到第六层世界每个大师花最多时间作的一个练习。

Taisha：就算这本《太傻天书》教导了很多知识、很多技巧、很多方法，不管是时间、分离、选择、太傻生活原则、呼吸锻炼、类比、反义等等，这些所有方法，都是次要的，你就算都不学也没有关系，但是，走向最终的合一，你必须做的一个事情就是：在冥想中清空你的大脑，平衡你自己的每一个内在部分。

Taisha：如果太傻练习与察觉呼吸练习、当下一刻的练习、类比反义练习、呼吸计数练习配合进行，效果会更好。

第一日　清空大脑，在当下，我与太傻同在
第二日　没有区别、好坏、对错，一切都已和谐
第三日　我每一天经历的每一刻都是奇迹
第四日　爱中没有区别，一切都是爱
第五日　只有我自己才能创造我所有的经历
第六日　奇迹是爱与智慧的合一，太傻是终极的奇迹
第七日　我是太傻，我是一，我们都是一

第八日　我的大脑只能看见分离，我决定用心看见
第九日　我只是看见我想见的，我决定用心看见真相
第十日　分离的追逐是一切痛苦的源头，没有分离
第十一日　大脑说"我知道"时，我会说"我不知道"
第十二日　在太傻的指引下，我将恢复已经颠倒的觉知
第十三日　只有我的心才真正地知道，他是太傻的眼睛
第十四日　我在看到真实，我只看到合一的爱与奇迹

第十五日　我的大脑无法知道，我无须选择
第十六日　我停止在大脑指导下的无止境的追逐
第十七日　太傻指导下的生活，一切都是轻松自如的
第十八日　太傻的生活原则是：理解一切，接受一切
第十九日　我什么都不用做，我只成为我自己
第二十日　我不是受害者，我是奇迹的创造者
第二十一日　外在无法创造，我创造一切

第二十二日　此刻，我看到爱
第二十三日　在我的每个兄弟姐妹身上，我只看到爱
第二十四日　我看到的一切事物都是爱
第二十五日　我在这个世界的唯一的目的就是爱

第二十六日　在爱中，我理解一切，接受一切
第二十七日　爱是唯一真实的道路，我无须选择
第二十八日　太傻的第一步，我理解爱并成为爱

第二十九日　我决定不再看到问题，并自己制造问题
第三十日　当我不再制造问题，我会自然地开始创造
第三十一日　我收回我在分离的制造中浪费的爱
第三十二日　爱是唯一创造的力量，我只会用爱来创造
第三十三日　我每一刻都在创造，我不可能不创造
第三十四日　太傻第二步，我在无限中找到智慧与光
第三十五日　我用爱解决一切问题，创造一切奇迹

第三十六日　我不再游戏，我决定真实地生活
第三十七日　我经历一切都是我自己创造的奇迹
第三十八日　在奇迹的服务中，我与无限的自己合一
第三十九日　我已经做出了我的选择，我无须选择
第四十日　太傻第三步，爱与光合一，我就是奇迹
第四十一日　奇迹无须行动，奇迹只在太傻指导下施展
第四十二日　太傻是终极的奇迹，我将与太傻合一

第四十三日　我是一，我是无限，这是我唯一的真相
第四十四日　差别与局限是我体验合一与无限的方式
第四十五日　我唯一的目标就是成为无限的自己
第四十六日　我履行太傻道路的责任：爱、智慧与奇迹
第四十七日　我在不断的遗忘和记起中，理解我自己
第四十八日　在扭曲的平衡中，我接受无限的我自己
第四十九日　我们都是太傻，我们都是一

十二周年修订版Jim访谈

利用十二周年修订版的机会，本书编辑对本书作者 Jim 进行了一次邮件访谈。整理了本书读者经常提出的一些问题，Jim 对其中三个问题进行了回复。

问题一、太傻天书与传统的哲学以及各种新时代教导有很多的相似与共通的部分。那么，它们是有某种类似起源吗，它们的教导有什么关联性吗，或者有什么推荐的拓展性读物吗？

Jim：这个问题我曾经问过，现在是转述 Taisha 的回答。

太傻天书给与了太傻三步的学习体系，第一步是爱，第二步是智慧，第三步是合一／太傻。这并不是什么 Taisha 独创的分类或者步骤，而是对整个宇宙的八度音程的所有世界的个体的灵性发展底层结构的一个描述。

就如同时间与空间存在于所有星球、所有星系、所有存在性的层次一样，这个自我成长结构也是一个基础设置。我们做过比喻，它类似你上学的时候的不同年级。

我们更进一步谈及一个主要区别，灵性成长的每一个学年，并不是一年，而是也许要花费一个个体几千万年甚至上亿年，在宇宙各个区域无数次的生命的学习的历程才会从一个年级升级到下一个年级。即使从一个年级升级，而一直到你在三年级中期抵达"太傻之境"之前，会有反复多次返回过去的年级进行重新学习之前并未深入掌握的部分，甚至返回地球之类的学前班在最基础的"选择"的课程上进行短期的重新学习，一般这样的返回的实体会被称之为"流浪者"。

这种返回学习，也是作为一种形式的老师进行一种教导的服务，而地球这个学前班的世界的大量的灵性的教导，实际上都是来自于这样的流浪者的实体对自己内在之中记忆的零星忆起，并会成为各种灵性信息的一个共同源头。流浪者家园的层次，过去与现在的各种传统以及新时代的灵性教导，基本可以被比作是与这三个年级的课程匹配的参考书之类的事物。你可以从这些教导所传达的主要的风格很清楚地分辨出来。

在以西方社会的耶稣为代表的灵性教导中，爱、宽恕、救赎是中心主题，它们与太傻第一步的爱的道路相匹配，新时代教导中的《奇迹课程》也是相同的以爱与宽恕为中心的教导。在以佛陀为代表的各种东方大师的教导中尽管也包含了慈悲的教导部分，但是其主要的教导是以看穿世界空无与虚幻、通过独处与内观追寻内在的真理，这是智慧之道的一个面向。新时代的教导中很多关于实相显化与创造法则的信息，也是属于智慧之道的部分。其他很多一些地方性起源的灵性教导，更多的是爱与智慧的混合性教导，主要是因为它们的信息源是由多个的老师提供的，有多个源头。

一个提醒是，大脑病毒会习惯性对事物进行优劣排序，很多人会倾向于认为，二年级的学问就比一年级高级，是更高的真理，那么太傻第三步是终极真理。这是误解，恰恰相反，没有学会小学的加减乘除的算术的基础，去学大学的微积分是没有意义的，对于绝大多数人，算术是基本能力，每一天都会用得到，微积分的确是更高级的技巧与工具，却对生活、学习、成长的绝大部分情况没有实用价值。

灵性学习与成长也是一样，对这个世界的绝大部分初学者，爱的课程是最实用，最需要且最有帮助的，如同太傻天书中说，爱是一切问题的答案。它并没有说，"智慧可以解决一切问题"。真正的智慧并不是来解决问题的，智慧之道单纯地看到既然自我就是一切万有的创造者，实相就已经是完美的，因此"没有问题"。因为智慧并不属于这个被遗忘的罩纱遮蔽的世界，在没有掌握爱之道的情况下，智慧之道如此之容易地被误用成为一条歧路，类似相信万物皆空，幻象就都是没有意义的，而你进入到这个世界幻象不是为了否定这个世界的幻象的。这就是太傻天书提到的"迷宫与歧路"。在真实智慧之道中，幻象是有意义的，因为你就是它的创造者，创造幻象的目的就是爱，爱也是唯一创造的力量。

有一些人会对智慧之道有更大的共鸣，主要是因为他们之前的生命旅程已经在爱的道路上花费了很多的时间，因此需要用对智慧的学习来平衡过多的同情心与爱。在这种爱的坚实基础上，对智慧的学习与探索会展现出极大的启发性与创造性，而发展这种智慧之道最核心的方式就是独处与冥想。具体而言，建议每一个人询问自己的太傻，跟随太傻指引，去学习与自己最有共鸣的那个道路与课程。

太傻天书实际上不是打算成为任何一个年级的教科书的，它打算成为一个学前班入门读物，并以某种方式让那些准备踏上这条自我探索的道路的人，对未来他们将经历的旅程拥有一个全景式旅游指南，并确实将重点放在为绝大多数人将会首先踏上的爱的道路做好准备上。太傻天书花很多篇幅去教导爱之道，对智慧之道只是浅尝辄止。在太傻的生活原则中提及的"放下忧虑，接受一切、理解一切"就是太傻第一步的原则。"我不知道，无需选择"是第二步的原则。"没有区别"是第三步的原则。冥想是贯穿每一步的基础性的技巧。无论什么文字与指南都是苍白的，太傻最终仅仅只能依靠每一个人自我的实践来体会。

另一个提醒，灵性寻求并不是一个孩子玩的游戏，知晓真理即伴随着一种责任，这就是"责任法则"——如果学习者知晓真理却无法实践它，真理会如同拉开了保险栓却无力扔出的手榴弹那样反作用于学习者，并造成伤害。因此，不要将任何教导强加在那些没有做好准备的人身上，包括你自己。将一把剪刀给予一个还不会走路的婴儿，这不是一种帮助。婴儿首先的任务是让自己学会走路与说话，而不是去想着什么时候我能挥舞那把叫做灵性或者魔法的神兵利器。

读者也许注意到,我们漏掉了太傻第三步。太傻第三步即合一之道,在爱与智慧之间取得平衡,"爱如果没有智慧,就是在愚蠢的事情上被浪费掉的。智慧如果没有爱,就是空洞的,同样也是愚蠢的。——Hatonn"爱与智慧的完美平衡即太傻。这个世界属于太傻第三步的教导资源是很少的。合一之道的典型标志是"悖论的统一",所以,你在这样的教导中单单从文字层面上就会遇到大量悖论,类似,"没有对错""无为而无不为"之类的。实际上,合一之道几乎是无法用逻辑或者文字进行教导的,而只能大量依靠诸如梦境、冥想、通灵、异象这样神秘而无可捉摸的途径来进行。

但是,还是有屈指可数的参考资料的,广为流传的是新时代灵性的经典作品《一的法则》,另外就是在哲学领域独树一帜的老子《德道经》。而我们同样不建议没有深入掌握爱与智慧的道路的人花大量时间探索太傻第三步,除非这就是你的太傻的指引。如果一个人无法掌握为何"德"要在"道"之前,为何"塔罗牌的傻子是一切万有的起点与终点",而只是将其当作另一本流行的灵性快餐的读物,既不愿去进行任何的生活的实践,更不愿对自我做出任何改变,从责任法则而言,这不再是给婴儿的剪刀或者迷宫的歧路的危险,而是"祸莫大于无敌"了。

问题二、我看完整本书,还是没明白"太傻是什么",为什么这是"最后一本书",这是它是表示终极真理吗?有什么更浅显易懂的解释,什么是最适合我的学习与实践的方法呢?

Jim:这是我向我的太傻询问得到的答案。这里使用的与太傻对话的方法与《与神对话》相同,都是"自动书写"。方法很简单,在纸上或者电脑上写下一个问题,呼唤太傻,然后把进入你头脑中的所有回答都写下来。这种与太傻对话的方法尤其适合于那些习惯写日记以及用文字记录想法的人。和练习跑步一样不断练习,你得到的答案就会越发清晰与聚焦。这里示范的是,你向太傻的询问可以得到的指

引清晰度与具体性。

没有所谓的终极真理或者最佳的方法。让我们引用你熟悉的一位叫做"约西亚"的源头的比喻来讲述为什么"没有区别与无需选择"。

这就好像有一条河，似乎河对岸有某种事物在召唤人们。你来到岸边，河面上被浓雾笼罩，你看不清这是一条怎样的旅程。岸边有大大小小的许多的船只，从最小的独木舟、木筏，到各种汽艇、轮船，甚至最大的远洋巨轮。你开始在岸边来回奔走，挑选船只。考虑费用、时间、性能、船员、装备、补给以及所有你可能想到的意外情况的应对，肯定还有各种之前的人们关于渡河的各种经验、教训、秘籍、故事、传奇。

肯定有一些人曾经选择了某条船只开始渡河，但是，他们又回来了，他们说，这不是一条河，而似乎是一座无法跨越的海洋。他们回来后继续留在陆地上，再也不去想过河之类的虚无缥缈的事情了。你还听到各种其他的传说，诸如宝藏、圣地、巨龙、怪兽，诸如大地尽头的深渊……

你也听说过，有几个人，他们来到岸边，他们说"无需选择"，他们踏上他们遇到的第一条船，就离开了，没有回来，他们大概都是有点傻。还有一个人，他说"没有区别"，直接步行过河，走入了浓雾，他实在太傻了。还有一个传说，曾经某位大师能在水上行走，这位大师说，唯一能过河的那条船叫做"信心"。

似乎这是一个选择的问题，而又不是。如此之多的来到这样一个灵性的岸边的人，花费了一生的时间挑选船只。他们在各种经典、哲学、技巧、方法、大师、神秘源头之间来回挑选，却从未真的踏上一条船开始过河。寻求灵性的人很多，灵性的道路也从来都不缺少，而真正愿意去实践任何一条道路的人却很少，因为他们真的并不相信。

方法与技巧并不重要，重要的是你对于那个方法会起作用的信心。而真正的信心是对看不见且无法证明的事物的信念，是傻子才会相信的事情。再一次，你回到了你的大脑病毒无时无刻让你烦恼的那个"没有证据，我不相信"的问题上了。

从这个意义上，太傻天书也是一条船，它与任何其他的船只没有区别，也无需选择。当然，这条船会有它自己的一些特性，会适合某些会喜欢这条船只的人。

而"太傻"究竟是什么呢？我们用另一个类比来解释。它就好像现在的你，也许28岁，你有一天想，"也许我现在要给10年前的我写一封信，我会写什么呢？" 此刻你是无法穿越时空的，于是，你即使写了这封信，也无法真的给予十年前的你。你还会考虑，"现在似乎我还有很多事情不懂，也许再过十年或者二十年，我的建议会更清楚，更有用呢，也许那个时候我可以找到发出这封给过去的自己的信的方式。"

同样，你可以想象，随着你在时间与成长的进程中的发展，那个在时间与空间中漂流了数亿年的你，终于有一天，你完成了太傻三步的全部学习，抵达了三年级中期的那个最后毕业的"太傻"的位置，你已经掌握所有世界的所有的魔法了，肯定也包含那个终极的超越时间的太傻的魔法，这个位置的你就是太傻。

就是在这个位置，在你最终无法回头地离开这个宇宙的八度音程的时间的一刻，你必然会施展那个终极的魔法，留下一封给过去的你自己的信，包含你给予过去的自我全部的经验、智慧、建议与知识的集合——这个最终资源的集合，有人称之为高我，圣灵，真我，这本书称之为太傻。之所以现在使用这个名字，主要是因为现在你的最大的工作与障碍是那个以自作聪明为标志的大脑病毒，而这个终极资源给予的所有建议，对于大脑病毒都似乎是"太傻"的，而这也是太傻第三步的"智与愚""爱与智慧"的悖论的统一的标志。

这封你终极的未来的自我给你的信，是随时随处可以为依旧在时间中旅行的你自己所用，在所有情况，无论是什么学习年级，什么生命阶段，什么存在性的层次，它都是你可以得到的最佳的指引。相比任何的技巧、秘籍、神器、大师、天使，或者无论什么自称的终极真理与力量之源,难道不是只有自己才是最了解自己,最爱自己,且会给予自己最佳的指导的源头吗?

也许无论说这是"最后一本书",还是说"超越时间的一封信",文字都是达不到要求,且都是会引起误解的,它并不高于或者低于任何其他的书、信、或者资源。要点是"最后"——那个最终超越时间的你自己,站在时间的终点处,最后的最后,给予那个依旧在时间中的你自己的一份礼物。

而太傻天书教导的焦点,就是你如何与你自己的太傻接触并取得这个终极资源的指引的技巧,其中最为核心且最为根本性的技巧,就是冥想。不仅仅是在这个灵性学前班,无论你是在通往太傻的旅程哪一步,冥想都是如同你的呼吸一样中心的技巧。而太傻天书一整本书都在教导,如何清理大脑病毒,清理了那些喧嚣的杂音,太傻的指引就会出现。会有大量的关于"如何冥想""如何学习"的问题,这些问题实际上都是来自于大脑病毒,你早已经知道了方法与技巧,只是你不相信这些方法与技巧会起作用,你的大脑病毒在用一种无价值感与"冥想很难,你做不到"的自我评判蒙蔽你,所以你会一遍遍地询问方法与技巧。

返回那个选择船只渡河的比喻,这就如同你在无论什么船只上都需要的指南针,当你航行穿越迷雾的时候,你无时无刻不需要随时靠指南针来调整你的方向,使得你一直都保持在正确的航线上。冥想就是你的指南针,而这个指南针永恒不变地指向的,就是太傻。在冥想中询问太傻,你就会得到指引,太傻的指引当然包含"我要选择哪条船只渡河"或者在渡河的过程中你将会遇到的每一个问题的答案。

问题三、书中曾经有过一个给想当巴菲特的 Jim 预言性的故事,现在十二年过去了,这个预言实现了吗?你现在快要当上"小巴菲特"了吗?你作为太傻天书的修行与实践者,你走到太傻一步了吗,你的生活有了什么改变吗?

Jim:这个问题是我自己的回答,我花费将近十年才确实明白了那个预言性故事对我的告诫与教导，如同太傻天书里的几乎所有小故事都有着它深层次的含义一样，一开始我似懂非懂，只有在经历了足够多的学习、成长与挫折之后，才会深入理解它的意义。

"成为巴菲特"确实是我曾经的一个人生梦想，生命为之努力的目标，但是，这个"巴菲特"究竟是什么呢？财富、成就、权力、豪宅、私人飞机？这些事物都不过是我曾经添加在这个观念上的装饰物，我却完全不懂它们究竟意味着什么？

Taisha 的那个故事的一个中心观点是，"只有当你真正不想成为巴菲特的时候，你才会成为巴菲特。"最初我只是将其当成一个的听起来有道理的灵性箴言。而那个时候我心里想，"等我都能买豪宅，坐专机了，离巴菲特的境界就不是很远了，为什么我会不想要成为巴菲特呢？当巴菲特会有什么痛苦呢？先不考虑它，到时候再说吧！也许这根本不是对我的预言吧。"而我并没有意识到，那个时候我已经被大脑病毒深深地洗脑了，如同第一次与 Taisha 的对话一开始就暗示我，也暗示每一个读者一样。只是每一个人都不会承认那些看似美好的人生梦想与目标都只是大脑病毒的某种陷阱与黑洞，甚至在你以为你练习太傻天书进展显著的时候，也许你只是在大脑病毒的另一个幻觉的蒙蔽之中。那个时候我就是这样告诉自己，"灵性发展不一定与事业和财富是背道而驰的，就算耶稣说，富人上不了天堂，也并非绝对断言，你看，我自己就是一个证明。"

而当七八年后的一天，在我真的突然发现，我的女友正在认真地规划安排公务机去马尔代夫的白马庄园的时候，这个场景似乎有种似曾相识的感觉，我突然间意识到，那个曾经想要当巴菲特的 Jim 的故事，那个几乎已经被我淡忘的故事，曾经似乎有趣，似懂非懂，而实际上一直都被我刻意否认与逃避的故事，确实就是给我的故事，即使它当初的语言那么直白，甚至都直接用了我的明智和背景，无论我以前怎么自嘲地说，"怎么会是我呢？难道我真的能成为巴菲特吗？"当我自己曾经相信是"成为巴菲特"不可避免的标志的"私人飞机"出现在我生活中的那一刻，我就再也无法自我欺骗与自我蒙蔽了——那个 Taisha 曾经故事中的 Jim 原来真的就是我，我正站在"成为巴菲特"的十字路口。

那个时候，我已经处于这个行业的那条大河的某个相当引人注目的分支领域中的前五的位置，如果未来二十年会出现所谓的中国的巴菲特，它必定来自在这条大河的一百个行业顶尖精英里面，即使这一百个所谓的候选者中，我肯定也算前列的位置。而那个时候，"巴菲特"对我意味着什么呢——财富或者成就之路吗？鲜花、荣耀与掌声吗？不是的，这是一条越来越清楚地在通往一种绝望的深渊的道路，在那人人崇拜与仰望的一百多个候选巴菲特里面，即将有八九十个将会以看守所、监狱、自杀、精神病院、海外通缉为结局，而剩下几个破产出局者都可以称之为善终。

当你在山脚或者山腰处，顶峰总是会笼罩着一层神圣而梦幻的光彩，似乎那就是你生命的意义，唯一的目的地，而当你越接近那个顶峰，你越发不再如以前一样，习惯性地紧紧盯住山顶那几个少数胜利者，而是会越来越触目惊心地看到你已经路过一具具倒下的尸体，与即将经过的区域尸横遍野的恐怖，你也更加清楚那些少数的站在顶峰的胜利者表面上的光环底下，实际是多么虚假、可怜与可悲。无论曾经多么无可挑剔的偶像、美梦、领袖或者胜利者，你越是接近他们，你就越发不想要成为他们。

于是我明白，这就是 Taisha 曾经说的那个"无奈与痛苦的巴菲特"了，而十二年前，我心目中的"巴菲特"只是一个大脑病毒给予的美丽无比的幻象，而实际上，这仅仅是另一个大脑病毒的陷阱。在这个陷阱中，实际上每一个在接近成就、财富与权力的顶尖层次的人都知道他在追逐什么，他们已经和我一样，被大脑病毒完全蒙蔽，并用无数种方式自我说服与自我麻醉，他仅仅会有无数的理由继续攀登。诸如"我走我的路，别人管它八菲特还是九菲特，那些根本与我无关，"或者相信，自己肯定是九十九个绝望的巴菲特之中的一个例外成功与奇迹，又或者，即使知道他在朝向悬崖与深渊前进，那也是通往圣杯的必经之路，会有一种巨大的命运或者使命感的幻觉，让他以为他必定可以逢凶化吉。

而即使我在那个时候是清楚明白 Taisha 当初故事的警告的，而那个已经被"成为巴菲特"的毒瘾所深深毒害的我自己，还是不愿意醒来，似乎还有某个声音在继续说服我，"不要放弃，不要认输，这都是要成为巴菲特的必然考验，"我依旧还是相信那个"成为巴菲特"的故事，我依旧还是追寻那个"成为巴菲特"的梦想，尽管我同时如此清楚知道这是一个怎样的谎言，陷阱与上瘾。我知道自己依旧在所谓"脚踏两只船"，前面的道路实际上是危险重重，九死一生，但却已经几乎无法靠自己来回头了。直到有一天，黑夜降临，恶龙来了，抓走了公主——而我那一刻就完全明白，太傻的肉丸出现了，我与那条"成为巴菲特"的攀登顶峰的道路告别，转身下山的时刻到了。

在一场几乎是自我崩溃的重病之后，我开始了那条"不当巴菲特"的下山的道路。但我也更加理解，为什么 Taisha 那个时候说，"不当巴菲特是更难的"。这就好像建造到某个自以为聪明的高塔是容易的，要拆除它却是难上加难。吸毒上瘾是简单轻松与愉快的，而要清理大脑病毒控制，要戒毒，也许要花费数倍的努力、坚持与毅力，而且绝大部分人都会以失败告终。但是，幸运的是，我对大脑病毒的那个陷阱的最后醒悟的时候，并没有到完全无法回头的那一刻。

从那之后，我已花了整整四年，去离开那条几乎就是我生命的一部分的财富与成就的追逐的道路。现在，我很想和读者们讲一个凭借着太傻天书的神奇力量与我自己的灵性天分，四年就解开了枷锁，逃离了罗网，终于"不成为巴菲特"的故事。但是很抱歉，我肯定不是太傻天书的学习者中最勤奋好学的一个，而估计是最被自我的才能所困的一个，如同 Taisha 曾经告诫我的"一把双刃剑"。我的天分确实给与了我一把人人羡慕的神剑，也构建一个比常人会自我囚禁的监狱更加坚固数十倍的监狱。如此之多的你用全副热情追逐了十多年的

事情，并不是你说一句"我不玩了"，你就可以告别过去并开始新生活的。当大脑病毒发现你在尝试摆脱它的控制的时候，就会立刻露出真面目，向你宣告你已经是它的奴隶与囚徒了。你会发现你不仅仅是逃离一个你自己构建的监狱，而几乎是在与一个黑暗军团搏斗。

这并不是某种夸张的比喻，考虑一下《黑客帝国》中一个尝试逃离母体控制的人将会遭遇什么样的阻碍，诸如声誉、金钱、地位之类的损失，或者被贴上任何的耻辱与失败的标签，这是完全不值一提的，那条下山的道路，在"不成为巴菲特"的挑战中也许最为艰难的部分，是与太傻天书中的另一个预言性故事的类似的情境的考验——公主被恶龙带走，真爱的王子到底救不救。只要王子愿意回去继续玩那个"巴菲特"的游戏，在遭遇牢狱之灾与死亡威胁的公主就可以救回，而无数次王子想要冲出去与恶龙战斗的时候，太傻的指引却简单地是"理解一切，接受一切"，或者"在此刻，爱在何处？"更不用说 Taisha 十二年前就已经用这个故事对走在爱之道上的王子给出了提示与答案了。

细心的读者甚至可以发现这场尝试逃离大脑病毒编织了多年的那个罗网的交锋的一些余波。然而却没有对错，绝大多数人都会一生都竭力维护某种大脑病毒的"正确与幸福"的牢笼，只有傻子才会追求真正的自由，在我选择了"不成为巴菲特"的这个几乎不可能完成的任务时，才是我真正实践太傻天书和走上太傻第一步的开始。

Taisha 故事曾经暗示，我无法做到"不成为巴菲特"。然而，这又是另一个"无需选择"的悖论。无论是多么不可能的任务，即使是"让骆驼穿过针眼"的奇迹也必然有其道路，太傻的指引一直都在，我既然已经决心"不当巴菲特"，只要记得总是去请求太傻的指引，道路就会出现。不是靠大脑决定要去做什么或者不做什么，甚至无关太傻天书到底预言了什么或者暗示了什么，而仅仅是一次次返回到太傻，去寻求太傻的指引，并走那条太傻之道。

我自己对于太傻的道路的经验是，为什么太傻天书花了那么多篇幅去阐述大脑病毒，这个词语实际上就是《奇迹课程》说的"小我"，老子所说的"知病"。而对于几乎所有追寻太傻道路的人,认识你已经被洗脑了,你已经毒瘾深重了,这也许是太傻道路的起点部分中最难的一环,我至少花费了十年时间终于迈出了这个脚步。太傻第一步的一个核心目标,就是通往对"小我"的清除,一种"不病"。现在,我即将踏上一条也许在常人看来有些"极端"的戒除大脑病毒的道路,这对于一个知道自己中毒如此之深的人几乎是不可避免的,也许几年后,甚至十几年后,我可以和读者们讲述,"我是如何终于不是巴菲特"的故事。

附 录

Here is the deepest secret nobody knows

Here is the root of the root and the bud of the bud

and the sky of the sky of a tree called life; which grows

higher than the soul can hope or mind can hide

and this is the wonder that's keeping the stars apart

by E. E. Cummings

The night is full of stars,
and we speak as if from a great distance from beyond those stars.
We weave a web of inspiration,
but we are fools and we speak to the foolish.
For if we were truly wise, we would not be speaking.
We would be existing in unity with all. This we are not doing.
We are attempting to learn wisdom.
And so we are aware. Are you?
It is the attempt of a fool to see perfection in the illusion.
Yet it is the responsibility of the seeker to be a fool.
For those who are wise in your world will their wisdom,
and it shall be buried with their bones.

Oxal (Carla channeling)